Gerhard Ebeling
Dogmatik des christlichen Glaubens
III

Tilo Brach

Gerhard Ebeling

Dogmatik des christlichen Glaubens

Band III

Dritter Teil

Der Glaube an Gott den Vollender der Welt

Register

2., durchgesehene Auflage

1982

J.C.B. Mohr (Paul Siebeck) Tübingen

CIP-Kurztitelaufnahme der Deutschen Bibliothek

Ebeling, Gerhard:
Dogmatik des christlichen Glaubens / Gerhard Ebeling. –
Tübingen: Mohr.
Bd. 3 = Teil 3. Der Glaube an Gott, den Vollender der Welt;
Register. – 2., durchges. Aufl. – 1982.
ISBN 3-16-144613-5
ISBN 3-16-144614-3

1. Auflage 1979
2. Auflage 1982 (durchgesehen)

Printed in Germany. Satz und Druck: Gneiting GmbH Filmsatz + Druck, Tübingen.
Einband: Großbuchbinderei Heinrich Koch, Tübingen.

Gesamtplan

Prolegomena

§1 Die Aufgabe der Dogmatik
§2 Die Quellen der Dogmatik
§3 Das Verfahren der Dogmatik
§4 Der Aufbau der Dogmatik

Erster Teil

Der Glaube an Gott den Schöpfer der Welt

Kapitel 1: *Glaube*

§5 Glaube und Leben
§6 Glaube und Religion
§7 Glaube und Denken

Kapitel 2: *Gott*

§8 Reden über Gott
§9 Reden zu Gott
§10 Reden von Gott her

Kapitel 3: *Welt*

§11 Natur und Gott
§12 Geschichte und Gott
§13 Schöpfung und Erhaltung

Kapitel 4: *Mensch*

§14 Der Mensch coram Deo
§15 Der Mensch als Sünder
§16 Der Mensch als Gottes Ebenbild

Zweiter Teil

Der Glaube an Gott den Versöhner der Welt

§17 Einführung in die Christologie

Kapitel 5: *Gott in Christus*

§18 Die Menschwerdung Gottes
§19 Der Tod Gottes
§20 Das Leben Gottes

Kapitel 6: *Der Mensch Jesus*

§21 Der historische Jesus
§22 Das Wort Jesu
§23 Das Verhalten Jesu

Kapitel 7: *Die von Gott geliebte Welt*

§24 Die Gottessehnsucht
§25 Der Gotteshaß
§26 Der Gottesfriede

Kapitel 8: *Der Glaube an Jesus Christus*

§27 Jesus das Wort Gottes
§28 Jesus der Bruder der Menschen
§29 Jesus der Herr der Welt

Dritter Teil

Der Glaube an Gott den Vollender der Welt

§30 Einführung in die Pneumatologie und Eschatologie

Kapitel 9: *Der Mensch in Christus*

§31 Heiliger Geist und Menschengeist
§32 Der alte und der neue Mensch
§33 Der Mensch als Gottes Werk

Kapitel 10: *Der rechtfertigende Glaube*

§34 Die Gerechtigkeit des Glaubens
§35 Das Wort des Glaubens
§36 Die Gemeinschaft des Glaubens

Kapitel 11: *Die Überwindung und Vollendung der Welt*

§37 Die Weltgeschichte post Christum natum
§38 Zeit und Ewigkeit
§39 Tod und Auferstehung

Kapitel 12: *Gott alles in allem*

§40 Das Reich Gottes
§41 Die Gerechtigkeit Gottes
§42 Die Dreieinigkeit Gottes

Inhalt

Gesamtplan V

Dritter Teil

Der Glaube an Gott den Vollender der Welt

§ 30 *Einführung in die Pneumatologie und Eschatologie* 3

A. Die Zweiheit von Pneumatologie und Eschatologie 5

I. Symptome der Zweiheit von Pneumatologie und Eschatologie . . . 5

1. Traditionshinweise 7

a) Biblisch 8 – b) Theologiegeschichtlich 9 – aa) Der dogmatische Ort der Pneumatologie 10 – bb) Der dogmatische Ort der Eschatologie 11 – cc) Das gemeinsame Problem dogmatischer Einordnung 13

2. Erfahrungshinweise 15

a) Religionsphänomene 16 – aa) Pneuma 16 – bb) Eschaton 17 – b) Allgemeine Lebensphänomene 17 – aa) Elend und Fülle 18 – bb) Endlichkeit und Endgültigkeit 18 – cc) Gegenwart und Zukunft 19 – dd) Personales und Universales 20

II. Die Konvergenz von Pneumatologie und Eschatologie 20

1. Transzendenzerfahrung 21

a) Im Verhältnis zur Welt 21 – aa) Im Zeichen des Eschaton 21 – bb) Im Zeichen des Geistgeschehens 22 – b) Im Verhältnis zur Zeit 23 – aa) Die Zeitlichkeit des Menschen 23 – bb) Transzendierung der Zeitlichkeit unter den Bedingungen der Zeitlichkeit 24

2. Konkurrenzprobleme 24

a) Pneumatologie und Eschatologie als Quelle der Häresie 25 – aa) In katholischer Sicht 26 – bb) In protestantischer Sicht 26 – cc) In der Sicht historischer Beschreibung 27 – b) Indikatoren theologischer Verlegenheit 28 – aa) Dogmatische Fehlfunktionen der Eschatologie 28 – bb) Dogmatische Fehlfunktionen der Pneumatologie 30

3. Christologische Verklammerung 31

B. Vollendung als Gedanke und Wirklichkeit 32

I. Vollendung als Problem allgemeiner Erfahrung 33

1. Im Bereich des Naturgeschehens 34

2. Im Bereich des Handelns 35

3. In Hinsicht auf das Sein des Menschen 37
4. In Hinsicht auf die Weltgeschichte 38

II. Vollendung als theologisches Thema 39
1. Abgrenzungen gegen den Optimismus und gegen die allgemeine soteriologische Tendenz 39
2. Die sprachliche Spannweite der Vollendungsgewißheit 41
3. Die eschatologische Folge der Erscheinung Jesu Christi 45
4. Vollendung als Signatur des Handelns Gottes 47

C. Zur Gestaltung des letzten Teils der Dogmatik 49

I. Einheit und Vielfalt 50
1. Der Gegenstand des letzten Teils der Dogmatik 50
a) Das Achten auf die innere Einheit 50 – b) Die Tragweite des Gesichtspunktes der Vollendung 51
2. Das Verhältnis zum Ganzen des christlichen Glaubens 51
a) Der Zusammenhang mit dem Glauben an Gott den Schöpfer und Versöhner 52 – b) Die Vollendung von Gottes Werk 52
3. Das Problem der Fundamentalunterscheidung 52
a) Die Rolle der Fundamentalunterscheidung in der Dogmatik 53 – b) Die Verdichtung des Problems der Fundamentalunterscheidung im letzten Teil der Dogmatik 54

II. Konzentration und Konkretion 55
1. Die Konzentration des dogmatischen Stoffs 55
2. Die Konzentration auf die Konkretion 56
a) Das Thema der Ethik 56 – b) Die Frage nach dem Konkreten 57

III. Zur Disposition 58

Kapitel 9
Der Mensch in Christus

§ 31 *Heiliger Geist und Menschengeist* 61

A. Das Sein in Christus als Sein im Geist 62

I. Sein und Verhalten 63
1. Die Seinsverbundenheit mit Christus 64
a) Das Sein in Christus als Teilhabe am Leben Christi 64 – b) Die Vollstreckung des Seins in Christus durch den heiligen Geist 65 – c) Spielraum und Genauigkeit der biblischen Sprachüberlieferung 66
2. Die Diskrepanz von Sein und Verhalten 67

II. Universalität und Partikularität 69
1. Die faktische Ausrichtung des Christusgeschehens auf die Menschheit 70
a) Die Menschwerdung als Annahme anhypostatischer menschlicher Natur 70 – b) Tod und Auferstehung Jesu Christi als für alle gültig 72
2. Die aktuale Ausrichtung des Geistgeschehens auf den Einzelnen . 73
a) Die Kategorie des Einzelnen und die Universalität 73 – b) Das Wirken des Geistes und das Problem der Partikularität 74

B. Die Dimension des Geistes 75

I. Geist in allgemein anthropologischer und religiöser Hinsicht 76

1. Die Bedeutungsvielfalt des Wortes Geist 77

a) Assoziationen 77 – b) Wortverbindungen 77 – c) Komplementäre Gegenbegriffe 79 – d) Verwandtes und Äquivalentes 80

2. Die Ambiguität des Geistes 81

a) Die Grundbedeutung von Geist 82 – b) Die Rolle der Fundamentalunterscheidung im Geistbegriff 84 – aa) Im Alten Testament 84 – bb) Im Griechentum 85 – cc) In der Scholastik 86 – dd) In der Moderne 89

II. Strukturmomente des Geistes 90

1. Das personale Moment. 90

2. Das partizipiale Moment 91

3. Das intentionale Moment 91

4. Das aktuale Moment 92

C. Wesen und Walten des heiligen Geistes 93

I. Die Quelle der Rede vom heiligen Geist 94

1. Die Herkunft des Ausdrucks heiliger Geist 95

a) Das Aufkommen in vorchristlicher Zeit 95 – b) Die Aufnahme im Urchristentum 95

2. Das urchristliche Geistwiderfahrnis 96

a) Jesus und der Geist 97 – b) Ostern und Pfingsten 98

3. Die paulinische Lehre vom heiligen Geist 101

a) Der Christusbezug des Geistes 102 – b) Der Glaubensbezug des Geistes 104 – c) Der Humanbezug des Geistes 106

II. Die Gegenwart des heiligen Geistes im Menschen. 109

1. Personalität 110

a) Der heilige Geist und die Personalität des Menschen 111 – aa) Das Problem psychologischer Lozierung 111 – bb) Der Eingriff in das Personsein 114 – b) Die Personalität des heiligen Geistes 116

2. Partizipation 117

a) Die Teilhabe am heiligen Geist und durch ihn 117 – b) Kommunikation im heiligen Geist 119

3. Intentionalität. 120

a) Der heilige Geist und das Ziel des Menschen 120 – b) Der heilige Geist und die Bewegung des Lebens 121

4. Aktualität 123

a) Der heilige Geist und das Aktuelle 123 – b) Objektivationen des heiligen Geistes 124

§ 32 *Der alte und der neue Mensch* 125

A. Der heillose Mensch 126

I. Die Antithetik von alt und neu 126

1. Das gewöhnliche Urteil 127

2. Das biblische Urteil 128

a) Altes Testament 128 – b) Neues Testament 129 – aa) Die schärfere Bestimmung des Alten 130 – bb) Die christologische Orientierung 130 – cc) Die Beziehung zwischen den Antithesen „alter und neuer Mensch“ sowie „alter und neuer Bund“ 131 – dd) Alter und neuer Bund – Altes und Neues Testament 132

II. Die Antithetik des Menschseins. 133

1. Die differenten Redeweisen 133

a) Sprachdifferenz und Sachdifferenz 133 – b) Die strittigen Berührungspunkte 134 – c) Der Wirklichkeitscharakter des Gottesbezugs 135 – d) Die Verschiedenheit von Ort und Art der Antithetik des Menschseins 136

2. Verschiedene Formeln für die Antithetik des Menschseins 138

a) Alter und neuer Mensch 139 – b) Äußerer und innerer Mensch 140 – c) Fleisch und Geist 141

3. Die Antithetik des Menschseins in verschiedener Perspektive. . . 145

a) Das Richtungsgefälle der Antithetik 145 – b) Der heillose Mensch in der Selbsterfahrung 147 – c) Der heillose Mensch in der Sicht des Glaubens 149

B. Der erlöste Mensch 150

I. Das Verständnis der Fundamentalwende 150

1. Die Einmaligkeit 151

a) Der Grund der Einmaligkeit 151 – b) Die Fixierung der Einmaligkeit 152

2. Das Nacheinander 153

a) Jetzt und das vergangene Einst 153 – b) Jetzt und das künftige Einst 154

3. Die Entwicklung 154

a) Das ganze Leben als Umkehr 154 – b) Das Wachsen 155

4. Das Zugleich 155

II. Die Antithetik im Leben des erlösten Menschen. 155

1. Das Leben des Christen im Widerspruch von alt und neu. 156

2. Das Leben des Christen in der Entsprechung von Erhaltung und Vollendung 156

§ 33 *Der Mensch als Gottes Werk* 157

A. Spiritus creator 157

I. Creatio ex nihilo als Signatur des heiligen Geistes 158

1. Die Modifikationen der creatio ex nihilo 158

a) Schöpfung und Totenerweckung 158 – aa) Totenerweckung und creatio ex nihilo in der alten Dogmatik 159 – bb) Sünde und Totenerweckung 159 – cc) Radikalisierung des Gedankens der creatio ex nihilo 160 – b) Der neue Mensch als creatio ex nihilo 161

2. Das Wirken des Geistes und die Schöpfung 163

a) Die Umkehr zum Schöpfer 163 – b) Die Einkehr in die Schöpfung 164

II. Sola gratia als Signatur des heiligen Geistes 166

1. Das Verhältnis von creatio ex nihilo und sola gratia 167
2. Das Problem der Differenzierung der Gnade 168
3. Tendenzen zur Nivellierung der Gnade 170
B. Der Mensch als Gottes Werk und die Menschlichkeit des Menschen 170
I. Phänomen und Begriff der Freiheit 171
1. Der Begriff der Freiheit im Griechentum 172
a) Das Freiheitsverständnis in der griechischen Polis 172 – b) Das hellenistische Freiheitsverständnis 173
2. Das paulinische Freiheitsverständnis 174
a) Die christliche Rezeption des Freiheitsbegriffs 175 – b) Die Dialektik des paulinischen Freiheitsbegriffs 176 – aa) Die Dialektik im Freiheitsgedanken überhaupt 176 – bb) Das Ineinander von Sklavesein und Freisein bei Paulus 177
3. Das Geschick der Freiheit in der Moderne 180
a) Das Freiheitserbe 181 – b) Die Selbstsetzung der Freiheit 182 – c) Die Selbstaufhebung der Freiheit 183
II. Gott und Mensch im Problemhorizont der Freiheit 184
1. Die schlechthinnige Abhängigkeit von Gott 185
a) Das Verhältnis von Abhängigkeit und Freiheit 185 – b) Das freisetzende Handeln Gottes 187
2. Das servum arbitrium 188
a) Die Willensfreiheit und ihre Grenzen 188 – b) Die Unfreiheit in Hinsicht auf das Sein vor Gott 189
3. Die libertas christiana 190

Kapitel 10

Der rechtfertigende Glaube

Einleitung 191
1. Geist und Glaube 191
2. Der Hinweis auf den Geist um des Glaubens willen 192
3. Der Hinweis auf den Glauben um des Geistes willen 192

§ 34 *Die Gerechtigkeit des Glaubens* 194
A. Der rechte Mensch 195
I. Die Rechtfertigungsfrage 196
1. Die Sprache der Rechtfertigungslehre 197
a) Der historische Ort 197 – b) Die Terminologie 198
2. Die Sache des Rechtfertigungsglaubens 199
a) Die allgemeine Frage nach dem rechten Menschen 200 – b) Die biblisch präzisierte Frage nach dem rechten Menschen 201 – aa) Gott 201 – bb) Sünde 202 – cc) Heil 203 – c) Das Problem der Zumutbarkeit der Rechtfertigungsfrage 204 – aa) Der Eindruck der Unzumutbarkeit der Rechtfertigungsfrage 205 – bb) Die Zumutbarkeit eines Hinausfragens über die Sinnfrage 207
II. Die Rechtfertigungsaussage 208

1. Die Rechtfertigungsaussage als Ruf in die Grundsituation des Menschen 210

a) Die Grundsituation als Gegenübersein 210 – b) Gott als Gegenüber 212 – c) Das Problem der Erfahrung Gottes als Gegenübers 213 – d) Das Gegenüber in der Rechtfertigungsaussage 214 – e) Die Verstehensbedingung der Rechtfertigungsaussage 215 – f) Rechtfertigungsgeschehen und Rechtfertigungslehre 217

2. Die Elemente der Rechtfertigungsaussage 219

a) Solus Christus 220 – b) Sola gratia 221 – c) Solo verbo 222 – d) Sola fide 224

B. Der rechte Christ 225

I. Die Rechtfertigung im religiösen Kontext des Christen 227

1. Die Nötigung zur Differenzierung 227

a) Stadien des religiösen Lebens 227 – aa) Vorbereitung 228 – bb) Entscheidung 229 – cc) Wahrung und Mehrung 229 – b) Die Mannigfaltigkeit biblischer Aussagen 230 – aa) Soteriologische Vielfalt 230 – bb) Aussageketten 231 – c) Die dogmatische Systematisierung 231 – aa) Katholische Scholastik 232 – bb) Reformation 232 – cc) Altprotestantische Dogmatik 233

2. Das Kriterium aller Aussagen über das Christsein 234

a) Erwählung und Rechtfertigung 234 – aa) Erwählungsgewißheit als Folge der Rechtfertigungsgewißheit 234 – bb) Erwählungsverständnis im Alten und im Neuen Testament 235 – cc) Erwählung und Berufung 236 – b) Buße und Rechtfertigung 236 – aa) Buße und Christwerden 237 – bb) Buße und Christsein 239 – c) Heiligung und Rechtfertigung 240 – aa) Die Rechtfertigung als Heiligung 241 – bb) Die Heiligung als Folge der Rechtfertigung 242

II. Die Rechtfertigung im welthaften Kontext des Christen 242

1. Glaube und Werke 244

a) Der Glaube als Quelle der Werke 244 – b) Der Glaube als Einschätzung der Werke 245

2. Glaubensgerechtigkeit und politische Gerechtigkeit 246

a) Die doppelte Gerechtigkeit 246 – b) Die materialethischen Impulse des Rechtfertigungsglaubens 247

§ 35 *Das Wort des Glaubens* 249

A. Gottes Wort als Gesetz und Evangelium 251

I. Das überlieferte Wort Gottes 252

1. Menschenwort und Gotteswort 252

a) Der Sinn des Unterschiedes 252 – b) Kennzeichen des Unterschiedes 253

2. Gebot und Verheißung 255

a) Geschichte und Lehre 256 – b) Das Ineinander von Verheißung und Gebot 256

3. Altes und Neues Testament 257

a) Das Verhältnis von Bibel und Wort Gottes 258 – b) Das Ineinander von Altem und Neuem Testament 259

4. Schrift und Geist 260

II. Das Sein unter dem Gesetz 261

1. Begriff und Wirklichkeit des Gesetzes 262

a) Gesetz im Horizont von Wirklichkeit und Sprache 262 – aa) Moralisch-juridisches und logisch-naturwissenschaftliches Gesetzesverständnis 262 – bb) Leben und Wort 263 – b) Der theologische Begriff des Gesetzes 265 – aa) Der alttestamentliche und der paulinische Gesetzesbegriff 265 – bb) Die Lebenswirklichkeit als Gesetzeserfahrung 268

2. Der Inhalt des Gesetzes 270

a) Der singularische Gebrauch des Wortes Gesetz 270 – b) Die geschichtliche Vielfalt des Gesetzes 271 – c) Der Inhalt des Gesetzes nach christlichem Verständnis 272 – aa) Die Konzentration auf den Menschen als ganzen 272 – bb) Die Konzentration auf das Doppelgebot der Liebe 273 – d) Die interpretatorische Funktion des theologisch gedeuteten Gesetzes 274 – aa) Die Ausrichtung auf das allgemein Menschliche 275 – bb) Die Ausrichtung auf Gott 277

3. Macht und Ohnmacht des Gesetzes 280

a) Die zwei Arten der Interpretation des Gesetzes vom Evangelium her 280 – aa) Die inhaltliche Präzisierung 280 – bb) Die Lehre vom Vermögen des Gesetzes 281 – b) Der usus theologicus legis 282 – aa) Zum Begriff des usus legis 282 – bb) Die Macht des Gesetzes als Kehrseite seiner Ohnmacht 283 – cc) Die Aktualisierung des theologischen usus legis 284 – c) Der usus politicus legis 286

III. Die Unterscheidung von Gesetz und Evangelium 288

1. Der Gesichtspunkt der Unterscheidung 289

2. Die begriffliche Unterscheidung 290

a) Im Hinblick auf den Inhalt 290 – b) Im Hinblick auf die gegenseitigen Relationen 291

3. Die Unterscheidung am Gewissen 293

4. Die Unterscheidung in der Verkündigung 294

B. Gottes Wort in sakramentaler Gestalt 295

I. Spezifische Schwierigkeiten der Sakramentslehre 296

1. Wort und Sakrament 296

2. Sakrament und Zeremonialgesetz 297

3. Sakramentsvollzug und Sakramentslehre 300

II. Begriff und Phänomen des Sakraments 301

1. Der Sakramentsbegriff 302

a) Mysterium und sacramentum 302 – b) Der katholische Sakramentsbegriff 303 – c) Die Problematik des Sakramentsbegriffs in reformatorischer Sicht 305

2. Das Sakrament in kontroverstheologischer Sicht 307

a) Die quantitative Reduktion 308 – b) Sakrament und Heilsverständnis 310 – c) Sakrament und Kirchenverständnis 314

3. Die konstitutiven Momente des Sakraments 315

a) Die Einsetzung 315 – b) Die Gestalt 318 – c) Die Gabe 321 – d) Die Gemeinde 323

III. Die Bedeutung von Taufe und Abendmahl für das Sein in Christus . 325

1. Die Einmaligkeit der Taufe und das andauernde Leben in der Taufe 326

2. Die wiederholte Begehung des Abendmahls und die Einmaligkeit des Todes Christi 327
3. Taufe und Abendmahl als Wegzeichen des heiligen Geistes 330

§ 36 *Die Gemeinschaft des Glaubens* 331
A. Das Leben der Kirche 333
I. Theologisches und empirisches Reden von Kirche 334
1. Die Kirche im Urteil des Glaubens 334
a) Das Wort *ekklesia* 335 – b) Die Vielzahl personaler Bezeichnungen 337 – c) Der Begriff Leib Christi 340
2. Die Kirche in empirischer Hinsicht 343
a) Die historisch-objektivierende Sicht von Kirche 344 – aa) Religionsvergleichend 344 – bb) Kirchengeschichtlich 345 – cc) Soziologisch 346 – b) Die lebensmäßige Erfahrung mit Kirche 347 – aa) Die Bedingtheit heutigen Zugangs zur Kirche 348 – bb) Potentielle Erfahrungen 351
3. Das Problem der Unterscheidung in ekklesiologischer Hinsicht . 352
a) Die Distinktionen im Kirchenbegriff 353 – aa) Gegenständliche Distinktionen 353 – bb) Dialektische Distinktionen 354 – b) Die Notwendigkeit ekklesiologischer Fundamentalunterscheidung 356
II. Die Kirche als Leib Christi 358
1. Der Lebensgrund 358
a) Jesus Christus als Grund der Kirche 359 – b) Das Leben Christi im Leibe Christi 360
2. Die Lebensfunktionen 360
a) Gottesdienst 361 – b) Dienst am Menschen 363
3. Die Lebensgestalt 364
a) Gesamtleben und Einzelleben 366 – b) Gemeinde und Amt 366
B. Die Existenzprobleme der Kirche 368
I. Die Funktion der Glaubensattribute 369
1. Die antithetische Aussage 369
2. Die Ansage des Verborgenen 370
II. Die Kirche in der Anfechtung 371
1. Die Einheit der Kirche 371
a) Die Einheit als Problem 371 – b) Die Einheit des Lebensgrundes 372 – c) Die Einheit als Aufgabe 374
2. Die Apostolizität der Kirche 375
a) Die Apostolizität als Problem 375 – b) Die Apostolizität des Lebensgrundes 376 – c) Die Apostolizität als Aufgabe 376
3. Die Heiligkeit der Kirche 378
a) Die Heiligkeit als Problem 378 – b) Die Heiligkeit des Lebensgrundes 379 – c) Die Heiligkeit als Aufgabe 380
4. Die Universalität der Kirche 382
a) Die Universalität als Problem 382 – b) Die Universalität des Lebensgrundes 383 – c) Die Universalität als Aufgabe 383

Kapitel 11
Die Überwindung und Vollendung der Welt

Einleitung 385
1. Individuelle und universale Eschatologie 385
2. Pneumatologie und Eschatologie 386

§ 37 *Die Weltgeschichte post Christum natum* 387
A. Die Veränderung der Welt durch Christus 388
I. Das Eindringen des christlichen Glaubens in die Welt 389
1. Das spannungsvolle Verhältnis des christlichen Glaubens zur Welt 389
2. Die Ambivalenz der Verchristlichung der Welt 390
II. Welteroberung und Weltverlust in der Moderne 391
1. Ursachen und Folgen des Transzendenzschwundes 392
2. Christlicher Glaube und Säkularisierung 393
3. Die Zukunft der Welt als Problem der Moderne 395
B. Weltgeschichte und Eschatologie 396
I. Phänomen und Begriff des Eschatologischen 396
1. Geschichtsende und Geschichtstranszendenz 396
2. Wandlungen des Begriffs Eschatologie 397
II. Hermeneutische Überlegungen zur Eschatologie 399
1. Die Quelle eschatologischer Aussagen 399
a) Die Mängel biblizistischer Auffassung 399 – b) Die Frage nach dem Ursprungsgeschehen eschatologischer Aussagen 401
2. Kriterien eschatologischer Aussagen 403
a) Der Evangeliumsbezug 403 – b) Der Schöpfungsbezug 404 – c) Der Erfahrungsbezug 405 – d) Der Zukunftsbezug 406

§ 38 *Zeit und Ewigkeit* 408
A. Der Zeitbezug der theologischen Fundamentalunterscheidung 408
I. Der fundamentaltheologische Sinn des Eschatologischen 408
1. In der Sprache christlicher Überlieferung 408
2. In der Situation der Moderne 409
II. Der Erfahrungsgrund der Unterscheidung von Zeit und Ewigkeit . 410
1. Die Zeiterfahrung 411
a) Objektivierte und internalisierte Zeit 411 – b) Die Strittigkeit der Zeit 412
2. Die Ewigkeitserfahrung 413
a) Die Identitätserfahrung 413 – b) Die Gewissenserfahrung 416
III. Gleichzeitigkeit und Gleichewigkeit 417
1. Das Nacheinander und das Zugleich 417
a) Die Ewigkeit als das Zugleich aller Zeiten 417 – b) Die Gleichzeitigkeit in der Zeit 418 – c) Das Zugleich in der Theologie 419

2. Das Problem der Gleichzeitigkeit des Ewigen 420
a) Die Gegenwart der Ewigkeit zu jeder Zeit 420 – b) Der Verlust der Gleichzeitigkeit des Ewigen 421 – c) Die Gleichzeitigkeit kraft des Ewigen 422
3. Das Problem der Gleichewigkeit des Zeitlichen 422
a) Das Nein zur Gleichewigkeit der Welt mit Gott 422 – b) Das Ja zur Gleichewigkeit der Erlösten mit Gott 423
B. Der Zukunftssinn von Ewigkeit 423
I. Die Sprache an der Grenze von Zeit und Ewigkeit 425
1. Das Problem sprachlicher Grenzüberschreitung 425
2. Die Intention eschatologischer Zukunftsaussagen 427
II. Das Wesen der Hoffnung 428
1. Hoffnungsinhalt und Hoffnungsgrund 429
a) Der Erwartungshorizont 429 – b) Die Kraft des Hoffens 430
2. Grenzen und Erfüllung der Hoffnung 431
a) Hoffnung gegen den Tod 431 – b) Hoffnung auf Gott 432
3. Glaube und Hoffnung 434
a) Die in den Glauben integrierte Hoffnung 434 – b) Geschichtliche Hoffnung im Fragmentarischen 435 – c) Eschatologische Hoffnung auf Vollendung 436

§ 39 *Tod und Auferstehung* 437
A. Die Eingrenzung eschatologischer Zukunftsaussagen 438
I. Das Verhältnis zu Zukunftsaussagen überhaupt 439
1. Strukturen von Zukunftsaussagen 439
a) Die Vorzeichenstruktur 439 – b) Die Wirkstruktur 440
2. Säkulare und religiöse Zukunftsaussagen 441
a) Zukunftsaussagen in exakten Wissenschaften 441 – b) Zukunftsaussagen im Bereich des Ethischen 441 – c) Religiöse Zukunftsaussagen 442
3. Die Veränderung religiöser Zukunftsaussagen im Christentum . . 442
a) Weissagung 443 – b) Prophetie 443 – c) Apokalyptik 444
II. Die eschatologischen Hoffnungsaussagen im Ganzen des christlichen Glaubens 444
1. Das Verhältnis zu Gott dem Schöpfer 446
a) Das Eschaton und der Gottesglaube 446 – b) Das Eschaton und der Schöpfungsglaube 447
2. Das Verhältnis zu Jesus Christus 447
a) Das Eschaton und der Glaube an den Auferstandenen 448 – b) Das Eschaton und die theologia crucis 450
3. Das Verhältnis zum heiligen Geist 451
a) Das Eschaton und der Vorschuß des Geistes 451 – b) Das Eschaton und die Fülle des Geistes 452
B. Die Dimensionen eschatologischer Zukunftsaussagen 453
I. Die Überwindung des Todes 455

1. Die Unsterblichkeit der Seele 456
a) Außerchristliche Vorstellungen 456 – b) Theologische Integration 457 – c) Theologische Kritik 458
2. Das Problem des Zwischenzustandes 459
a) Raum und Zeit in eschatologischer Hinsicht 460 – b) Das Fegefeuer 462 – c) Die eschatologischen Dehnungsfristen 463
3. Die Auferweckung der Toten 464
a) Antithetik und Kontinuität 464 – b) Auferstehung des Leibes 465
II. Die endgültige Offenbarung 466
1. Die Wiederkunft Christi 467
2. Das Gericht 468
3. Das Schauen Gottes 470
III. Das Ende der Anfechtung 471

Kapitel 12

Gott alles in allem

Einleitung 472
1. Die nochmalige Rückkehr zur Gotteslehre 472
2. Gott und das All 473
3. Gott selbst 475

§ 40 *Das Reich Gottes* 477
A. Die Herrschaft Gottes über die Geschichte 479
I. Die Herrschaftsverhältnisse der Welt 479
1. Die Machthaber 480
a) Der Mensch als Machthaber 480 – b) Transsubjektive Mächte 482
2. Die Herrschaftsgebilde 483
a) Strukturierung von Macht 483 – b) Legalität von Macht 484
II. Die Verborgenheit der Herrschaft Gottes in den Herrschaftsverhältnissen der Welt 485
1. Gottwidrige Herrschaft 486
a) Die Tiefe des Gegensatzes 487 – b) Die Herrschaft des verborgenen Gottes 488
2. Von Gott angeordnete Herrschaft 489
a) Die Geduld Gottes 489 – b) Das Mandat Gottes 490
B. Das Kommen der Herrschaft Gottes in der Geschichte 491
I. Das Reich Christi als das Kommen der Herrschaft Gottes 492
1. Das Aufgehen der Reich-Gottes-Verkündigung in das Reich Christi 493
a) Die Erwartung des Reiches Gottes nach dem Tode Jesu 493 – b) Das Reich Christi im apokalyptischen Spannungsfeld 495 – c) Der Anbruch der Herrschaft Gottes in Jesus Christus 496
2. Die Art der Herrschaft Christi 498
a) Geistlich 498 – b) Gegenwärtig 499 – c) Künftig 500

II. Das Reich Gottes als Geschichtsmacht 501
1. Reichgotteshoffnung und Reichgottesarbeit 503
2. Reichgotteshoffnung und Geschichtsverantwortung 504

C. Die Herrschaft Gottes als Ziel und Ende der Geschichte 506

I. Das ewige Leben 507

II. Die neue Schöpfung 508

§ 41 *Die Gerechtigkeit Gottes* 509

A. Das Theodizeeproblem und die Selbstrechtfertigung Gottes 511

I. Das Ringen um das Theodizeeproblem 511
1. Die Fragestellung 512
2. Die Lösungsversuche 513

II. Die theologische Antwort auf das Theodizeeproblem 514
1. Der Unterschied im Problemgehalt 514
a) Der Anschein der Verwandtschaft 514 – b) Die Wurzel der Verschiedenheit 515
2. Die Umkehrung der Fragerichtung 517
a) Die Forumsituation 517 – b) Die Selbstrechtfertigung Gottes 518

B. Das Vorausdenken Gottes und das Nachdenken des Menschen . . . 519

I. Die Prädestination als Prüfstein theologischen Denkens 520
1. Das situationsvergessene Denken über Gott 521
2. Das situationale Nachdenken der Gedanken Gottes 522

II. Die Spannungen der Prädestinationslehre 523
1. Gottes Allmacht und die Schuld des Menschen 524
a) Determinismus oder Synergismus 524 – b) Vorherbestimmung oder Vorherwissen 525
2. Gottes Gnade und die doppelte Prädestination 526
a) Universalität oder Partikularität der Gnade 526 – b) Verewigung oder Vernichtung des Bösen 527

§ 42 *Die Dreieinigkeit Gottes* 529

A. Die Problematik der klassischen Trinitätslehre 530

I. Das trinitarische Dogma in seinen geschichtlichen Relationen 531
1. Das Dogma und die Bibel 531
2. Das Dogma und die Theologie 532
3. Das Dogma und die Kirche 533
4. Das Dogma und der Glaube 535

II. Problemaspekte der orthodoxen Trinitätslehre 535
1. Die Terminologie 536
2. Die Homoousie 537
3. Die Relationen ad intra 538
4. Die opera ad extra 538

B. Der lebendige Gott und der lebendige Glaube 539
I. Der trinitarische Glaube als Bekenntnis zu dem lebendigen Gott . . 540
1. Jesus Christus als Offenbarung des lebendigen Gottes 541
a) Die Christologie als Quelle trinitarischer Gotteserkenntnis 541 – b) Die ökonomische und die innergöttliche Trinität 542
2. Das Leben Gottes als Liebe 543
II. Der dreieinige Gott als Grund und Inhalt des lebendigen Glaubens . 544
1. Die trinitarische Struktur der Glaubensrechenschaft 545
2. Die Einheit des Glaubens 545
3. Das Leben des Glaubens 546

Register zu Band I–III

Bibelstellenregister 549
Sachregister 563

Dritter Teil

Der Glaube an Gott den Vollender der Welt

§ 30 Einführung in die Pneumatologie und Eschatologie

Folgt die Dogmatik des christlichen Glaubens der Anlage des Credo, so ergibt sich schon aus der formalen Struktur des Apostolikums für den dritten Teil eine besondere Schwierigkeit. Die Formulierung des ersten wie des zweiten Glaubensartikels ist syntaktisch so konstruiert, daß alle einzelnen Aussagen jeweils nur Appositionen zu einem personalen Subjekt sind, auf das der Glaube ausgerichtet ist. Der ersten Grundaussage „Ich glaube an Gott" folgen einige Explikationen dessen, wer dieser Gott ist: Vater, Allmächtiger, Schöpfer des Himmels und der Erde. Auch der zweiten Grundaussage „Ich glaube an Jesus Christus" folgen nähere Bestimmungen dessen, wer dieser Jesus Christus ist. Zunächst ebenfalls mit substantivischen Prädikationen: Gottes einziger Sohn, unser Herr, sofern man nicht auch den Christustitel, obwohl er zum Eigennamen geworden ist, mit dazu rechnen muß. Darüber hinaus aber – dies ist für den zweiten Glaubensartikel charakteristisch und begegnet nur hier – erfolgt die Erläuterung durch eine Reihe verbaler Prädikationen in chronologischer Ordnung. Sie erzählen die Geschichte Jesu Christi in knappster Markierung von Empfängnis und Geburt bis zu Tod und Auferstehung und sogar, prophetisch darüber hinausgehend, bis zu seiner noch ausstehenden Wiederkunft als Weltrichter – eine Geschichte also, die im wesentlichen zwar abgeschlossen und doch keineswegs der Vergangenheit anheimgegeben, sondern eminent zukunftsträchtig ist.

Bei der dritten Hauptaussage „Ich glaube an den heiligen Geist" verhält es sich nun aber auffallend anders. Ihr folgen in lockerer Reihe weitere Glaubensgegenstände: die Kirche, die dem Wortsinn nach mehrdeutige communio sanctorum, die Vergebung der Sünden, die Auferstehung des Fleisches, das ewige Leben. Allerdings ist das erste Glied deutlich von den anderen abgehoben. Nur dem heiligen Geist wird die Wendung „credo in" zugestanden, nicht der Kirche und den anderen darüber hinaus noch aufgeführten Glaubensinhalten. Zwischen dem Glaubensgegenstand im Sinne von Glaubensgrund und dem Glaubensgegenstand im Sinne von Glaubensinhalt wird also unterschieden. Der heilige Geist ist in anderer Weise Glaubensgegenstand als etwa die Kirche oder die Auferstehung. In Entsprechung zu Gott dem Vater und zu Jesus Christus gehört der heilige Geist mit zu dem Gegenüber, dem sich der Glaube verdankt und von dem er lebt, das er anruft, an das er sich klammert und auf das er sich verläßt. Diese Wendung „glauben an", die einst aus der Beziehung zu Jesus entstand und ursprünglich auf sie beschränkt blieb, ist nun wie auf den Vater so schließlich auch auf den heiligen Geist bezogen worden. Im Unterschied jedoch zu dem, der als der Vater, und zu dem, der als der Sohn geglaubt und angerufen wird, leuchtet bei dieser dritten Namhaftmachung des Glaubensgrundes sein personaler Charakter nicht ohne weiteres ein. Der trinitarische Ort und Rang des heiligen Geistes ist mit besonderen Problemen verbunden.

Symptom dafür ist die anscheinend lose Zuordnung dessen zum heiligen Geist, was seiner Erwähnung im Apostolikum folgt. Anders verhält es sich später im Nicaeno-Constantinopolitanum, das die Trinitätslehre auch hinsichtlich des heiligen Geistes zum Abschluß bringt. Dort sind die pneumatologischen Zusätze ebenfalls substantivische und verbale Prädikationen. Im Apostolikum hingegen handelt es sich gar nicht um direkte Prädikationen des Geistes. Am ehesten könnte man sagen: es handele sich um seine Wirkungen. Die doppelte Wiederholung des Heiligkeitsprädikats in den Aussagegliedern sanctam ecclesiam catholicam und sanctorum communionem unterstreicht dies. Auch dürfte es sich nahelegen, die remissio peccatorum zum Wirken des heiligen Geistes in Beziehung zu sehen, obschon der Sinn dieser Beziehung nicht eindeutig feststeht. Bezeichnenderweise schöpft das Nicaeno-Constantinopolitanum die trinitätstheologisch erforderlichen pneumatologischen Prädikationen nicht aus denjenigen Aussagen, die sich als Beschreibung der Wirkungen des heiligen Geistes verstehen lassen. Ob endlich die letzten Aussageglieder carnis resurrectio und vita aeterna der ursprünglichen Intention nach als Werke des heiligen Geistes dem Credo eingereiht oder aber bloß anhangsweise als abschließende Glaubensaussagen dem dritten Artikel hinzugefügt worden sind, das zu entscheiden ist eine Spezialfrage der Symbolgeschichte. Der Wortlaut des Symbols läßt es zumindest offen. In bezug auf die Struktur des dritten Glaubensartikels könnte man wohl eher den Eindruck einer Polarität zweier Gesichtspunkte gewinnen, die miteinander in einer gewissen Spannung stehen: der Gegenwart des heiligen Geistes und der endgeschichtlichen Zukunft der Welt; oder in der dogmatischen Terminologie: der Polarität von Pneumatologie und Eschatologie. Sollte sich diese Spannung jedoch als Ausdruck eines einzigen Sachverhalts herausstellen in dem Sinne, wie dies die Überschrift des dritten Teils der Dogmatik ankündigt: „Der Glaube an Gott den Vollender der Welt", dann hätte das nicht nur für den inneren Zusammenhang dessen Bedeutung, was in diesem dritten Teil zur Erörterung kommt. Darüber hinaus müßte es sich auch auf dessen Verhältnis zu den beiden vorangegangenen Teilen auswirken, die vom Glauben an Gott den Schöpfer der Welt und vom Glauben an Gott den Versöhner der Welt gehandelt haben.

Daraus ergibt sich: Die einführenden Überlegungen haben zunächst die Zweiheit von Pneumatologie und Eschatologie ins Auge zu fassen, um von daher auf ihr Gemeinsames hin vorzustoßen. Sodann ist die Art dieses Gemeinsamen, das durch den Begriff der Vollendung gekennzeichnet sein soll, am Verhältnis zur Lehre von der Schöpfung und zur Christologie schärfer zu profilieren. Daraus werden sich schließlich Hauptrichtlinien für das weitere Vorgehen ergeben.

A. Die Zweiheit von Pneumatologie und Eschatologie

Obwohl die dogmatische Besinnung der Haupteinteilung des Credo folgt, vollzieht sie sich doch nicht als seine Interpretation im einzelnen. Was mit den Stichwörtern Pneumatologie und Eschatologie anvisiert wird, muß in einem viel weiteren Horizont auf seine Konkretionen und Relationen hin bedacht werden. Die Mannigfaltigkeit der Überlieferung, die dafür in Betracht kommt, ist zu berücksichtigen und desgleichen ist die Erfahrung zu befragen, die durch solche Überlieferung angesprochen wird. Das geschieht in diesem einleitenden Paragraphen freilich nur vorläufig, um eine erste Orientierung über das Ganze zu gewinnen. Wenn dabei zunächst Beobachtungen zu der Zweiheit von Pneumatologie und Eschatologie gesammelt werden sollen, so läßt sich dieser Gesichtspunkt freilich nur beschränkt von dem anderen Gesichtspunkt sondern, was sich dabei als Verbindendes anmeldet. In einer nur relativen Schwerpunktverteilung wird darum zunächst vorwiegend auf Symptome jener Zweiheit geachtet, sodann auf die Konvergenz in der Zweiheit.

I. Symptome der Zweiheit von Pneumatologie und Eschatologie

Über diese beiden Komplexe von Glaubensaussagen zu reden, noch dazu in der Nomenklatur wissenschaftlicher Theologie, ist selbstverständlich nur auf dem Boden von Tradition möglich. Durch eine Sprache, die auf Grund von Erfahrungen die diesbezüglichen Vorstellungen, Symbole und Begriffe hervorgebracht und weitergereicht hat, wird uns der Zugang zu dem intendierten Sachverhalt erschlossen. Ohne diese Vorgabe wären wir unsererseits nicht imstande, von dem empirisch unmittelbar Gegebenen her ohne Rücksicht auf Überlieferung an die Sache selbst heranzukommen, als könnten wir Pneumatologie und Eschatologie gleichsam in eigener Regie kreieren. Anderseits ist der Aufgabe keineswegs Genüge getan, wenn man die Tradition nur referiert und sich darauf beschränkt, überlieferte Gedanken darzustellen und zu systematisieren. Ist doch, wie angedeutet, der Erfahrungsgrund zu berücksichtigen, dem diejenigen Aussagen letztlich ihre Herkunft verdanken, die in der Pneumatologie und Eschatologie zur Erörterung kommen. Pneumatologie wäre nichts ohne ihren Ursprung aus Geisterfahrung. Und ebenso wäre Eschatologie nichts ohne ihren Ursprung aus Erfahrungen, die zu der Erwartung eines endgültigen Endes Anlaß geben, zugleich aber auch zu der Erwartung berechtigen, dem endgültigen Ende nicht hoffnungslos ausgeliefert zu sein. Gewiß sind beide Vorstellungs- und Aussagenkomplexe von dem Verdacht nicht schlechterdings frei, daß viele überlieferte Inhalte darin bloße Worte, Ansprüche, Wunschgebilde, Phantasien oder literarische Konstruktionen sind. Dennoch ist es gerade diesen beiden Bereichen von Glaubensaussagen in betonter Weise eigentümlich, daß sie nicht bloß auf Erfahrungen Bezug nehmen, sondern den Erfahrungsbezug des Glaubens selbst thematisieren. Sie sind die entscheidenden Einbruchsstellen, wo in die theologische Lehre das Leben selbst hereinbricht. Deshalb wird hier die Möglichkeit, sich bloß lehrend dazu zu verhalten, in höchstem Maße in Frage gestellt. Vom Geist zu lehren scheint geradezu ein Widerspruch in sich zu sein. Es kommt darauf an, den Geist selbst zu empfangen, von ihm erfüllt und getrieben zu werden sowie ihn anderen weiterzugeben. Vom Ende aller Dinge zu lehren, könnte nicht minder widersinnig erscheinen. Kommt es doch dann, wenn das Ende aller Dinge so nahe ist, daß es uns angeht, alles darauf an, sich entsprechend einzustellen und zu verhalten, der Realität dessen Raum zu geben, was da über uns hereinbricht.

Nun empfinden wir sehr wohl die Verschiedenheit zwischen unserer Situation und der Tradition, aus der sich Pneumatologie und Eschatologie speisen. Die Differenz scheint derartig stark zu sein, daß man daran zweifeln möchte, ob Pneumatologie und Eschatologie überhaupt noch unsere Sache sein können. Wer dürfte sich schon eigener Geisterfahrungen rühmen oder machte sich nicht verdächtig, falls er es dennoch täte? Wer wollte heute gar in eschatologischer Hinsicht Erfahrungsaussagen in Anspruch nehmen, die mehr besagen, als daß man etwa pessimistische Zukunftsperspektiven in apokalyptischen Tönen grell ausmalt oder eschatologische Vorstellungen in utopische Handlungsziele umfunktioniert? Eben dieses Defizit an Geisterfahrung und an lebendigem eschatologischem Bewußtsein verstärkt ja das Angewiesensein auf entsprechende Überlieferung. Es verschärft aber auch die Problematik des

Umgangs mit ihr, solange dabei nicht doch die eigene Erfahrung in angemessener Weise mit ins Spiel kommt. Wenn im folgenden trotzdem der Blick nacheinander auf die Tradition und auf die Erfahrung gerichtet wird, so bedeutet dies wiederum nur eine relative Schwerpunktbildung innerhalb eines Zusammenhanges, der sich nicht auseinanderdividieren läßt.

1. Traditionshinweise

Die maßgebende Überlieferung, an der innerhalb einer Dogmatik des christlichen Glaubens Pneumatologie und Eschatologie orientiert sind, ist die heilige Schrift. Das steht jetzt außer Diskussion. Dieser Hinweis birgt jedoch ein doppeltes Problem in sich: Zum einen ist der Weg zu bedenken, wie aus den betreffenden biblischen Aussagen in gegenwärtiger Glaubensverantwortung Pneumatologie und Eschatologie hervorgehen. Es kann unmöglich der Weg einer harmonisierenden Summierung und eines interpretationslosen Rezitierens sein. Diese biblischen Aussagen sind vielmehr unter Berücksichtigung ihres einstigen sowie des gegenwärtigen Kontextes konzentrisch auf Jesus Christus hin zu reflektieren. Zum andern muß man sich über folgendes klar sein: Auch bei einer Beschränkung allein auf die biblische Überlieferung wird immer schon, selbst dann, wenn man es gar nicht wahrnimmt, der Kontakt zu einer Fülle außerbiblischer Überlieferungen hergestellt, teils infolge der religionsgeschichtlichen Einflüsse, die im biblischen Text selbst wirksam geworden sind, teils infolge der auslegungsgeschichtlichen und wirkungsgeschichtlichen Ausstrahlung der biblischen Überlieferung, woran man im gegenwärtigen Umgang mit der heiligen Schrift stets in irgendeiner Weise teilgewinnt.

Auf dieses doppelte Problem: die dogmatische Verarbeitung der biblischen Aussagen und deren Verhältnis zum Außerbiblischen, kann an dieser Stelle nicht näher eingegangen werden. Es mag nur an einer Beobachtung erläutert sein. Halten wir uns noch einmal an die sechs Aussageglieder des dritten Artikels des Apostolikums, so ließe sich fragen, was an ihnen eigentlich eindeutig christlich sei. Von jedem einzelnen Stichwort: dem Geist, der *ekklesia,* dem Anteil am Heiligen, der Sündenvergebung, der Auferstehung und dem ewigen Leben, könnte man auch eine jüdische Auffassung vertreten. Gewiß würde eine genauer eindringende Interpretation der sprachlichen Nuancen und der Intention dieser Zusammenstellung den neutestamentlichen Hintergrund deutlich erkennen lassen. Aber auch damit bliebe noch offen, wie innerhalb dieses Überlieferungsstromes die einzelnen Traditionselemente älterer Herkunft in das spezifisch Christliche integriert sind. Das alles sei jetzt aber dahingestellt und in einem ersten kurzen Feststellungsverfahren die Aufmerksamkeit darauf gerichtet, wie in der christlichen Überlieferung Pneumatologie und Eschatologie als zwei unterschiedene Themen begegnen.

a) Biblisch

Begnügt man sich zunächst mit einer ganz groben Übersicht, so kann man einige Feststellungen allgemeiner Art treffen. Sowohl das Thema des Geistes wie das der Eschatologie wurzeln im Alten Testament. Aber es ist ein untrügliches Kennzeichen des neutestamentlichen Schrifttums, daß hier beides eine ungeheure Intensivierung erfahren hat. Das läßt auf eine innere Verknüpfung schließen, wie sie schon im Alten Testament etwa darin vorgezeichnet ist, daß der Geist ein Geist der Prophetie ist und als eine Gabe der Endzeit für alle erwartet wird (Joel 3,1f). Mit der Intensivierung beider Themen im Neuen Testament hat sich auch diese innere Verknüpfung wesentlich verstärkt. Es gibt kaum eine neutestamentliche Schrift, in der nicht beide Themen begegnen, und selten wird das eine expliziert, ohne daß die Querverbindung zum andern hin erkennbar wird. Dieser Befund leitet sich allerdings nicht aus einer bloß ideellen Entwicklung her, aus Veränderungen von Vorstellungen und Gedanken. Es hat offensichtlich mit der historischen Erscheinung Jesu Christi zu tun, daß sich sowohl in bezug auf den heiligen Geist als auch hinsichtlich des Eschatologischen etwas grundlegend Neues ereignet hat. Die lukanische Pfingstgeschichte (Apg 2,1–13) hat das Geistgeschehen heilsgeschichtlich zu einer bestimmten Szene verdichtet – eine relativ späte Traditionsbildung, die aber das Ursprungsgeschehen am Anfang der Christenheit der Sache nach treffend auf einen symbolkräftigen Nenner gebracht und auf die Folgezeit ungemein prägend gewirkt hat. Das Bekenntnis zu Jesus als dem Christus hingegen hat das eschatologische Ereignis, das in seiner Person eingetreten ist, auf vielfache Weise auszusagen versucht. Es ist deutlich, daß sich durch diese Verbindung mit der Person Jesu eine Situationsveränderung in pneumatologischer und eschatologischer Hinsicht vollzogen hat. Sie mußte sich wiederum auf das Verständnis von Pneumatologie und Eschatologie auswirken. Und diese Veränderung im Verständnis hatte zur Folge, daß sich die beiden Themen des Geistes und des Eschaton noch viel enger miteinander verflochten, als es ohnehin schon der Fall war.

Dennoch blieben es unterscheidbare Themen. Darauf sei jetzt mit kurzen Hinweisen die Aufmerksamkeit gelenkt. Es heben sich bestimmte Texte heraus, die, wenn auch nicht ausschließlich, so doch ganz überwiegend einem dieser beiden Themen zugewandt sind. Was Paulus betrifft, so denke man etwa an die Ausführungen über den Wandel im Geist in Röm 8 oder an die über die Charismen in 1. Kor 12–14 sowie an seine Darlegungen zur eschatologischen Totenerweckung in 1. Thess 4,13–18 und insbesondere in 1. Kor 15. In dem Schriftenkreis, der unter dem Namen des Johannes überliefert ist, stellt sich die Themenverschiedenheit geradezu kraß dar als das Gegenüber von Joh 14–16, der Verheißung des Parakleten in den Abschiedsreden, auf der einen und der Johannes-Apokalypse auf der anderen Seite. Das Urchristentum weist auch unterschiedliche religiöse Typen auf: Die einen sind stärker apokalyptisch geprägt, andere fühlen sich als Pneumatiker. Damit soll weder eine erschöpfende Charakterisierung von Frömmigkeitsrichtungen gegeben noch gar ein Alternativverhältnis behauptet sein. Selbst da, wo sich die angedeuteten Möglichkeiten extrem vereinseitigen und ins Häretische abgleiten, fehlt es nicht an Beziehungen zum anderen Problemaspekt. Aber auch da, wo beide Themen einander aufs engste berühren und durchdringen, verschmelzen sie doch nicht zu einer unterschiedslosen Identität.

Man könnte sich zwar fragen, ob an den entscheidenden Stellen diese Zweiheit überhaupt ein geeignetes Interpretationsinstrument ist. War Jesus in erster Linie Pneumatiker oder Apokalyptiker? Offenbar beides nicht und doch nicht ohne Symptome von beidem. Obschon hier die Einordnung in ein fertiges Schubfach abwegig ist, wäre es doch nicht minder verkehrt, eine Dualität der Gesichtspunkte überhaupt zu bestreiten, die zu solcher Fragestellung veranlassen könnte. Ähnliches gilt für Paulus. In die Diskussion über die Apokalyptik als Untergrund seiner Theologie wird man gewiß nicht antithetisch mit dem Gesichtspunkt eingreifen dürfen, daß er Pneumatiker war, als bedeute dies ein Gegenargument. Dennoch sind es zwei Aspekte, die nicht einfach zur Dekkung zu bringen sind, und zwar nicht etwa nur im Hinblick auf die Verschiedenheit jüdischer und hellenistischer Traditionen, sondern auch und vor allem im Hinblick auf die Ursachen innerchristlicher Auseinandersetzungen. Die konzentrische Ausrichtung auf die Erscheinung Jesu Christi hat das Verständnis des Geistes und des Eschaton sowie deren Verhältnis zueinander einer Veränderung unterworfen. Was es mit dieser Veränderung in bezug auf den Geist und das Eschaton infolge des Glaubens an Jesus Christus auf sich hat, das zu erfassen kann man ohne Übertreibung als das Hauptproblem bezeichnen, um das im Urchristentum gerungen wurde. Aber auch diese Tatsache, daß nun in bezug auf den Geist sowie in bezug auf das Eschaton analoge und untereinander zusammenhängende Auseinandersetzungen geführt werden mußten, bestätigt nur wiederum das Bestehen einer aufs engste ineinander verflochtenen Zweiheit.

b) Theologiegeschichtlich

Die Wechselbeziehung von Pneumatologie und Eschatologie sowie ihre Metamorphosen durch die Kirchen- und Theologiegeschichte hindurch zu verfolgen, wäre eine überaus lohnende Fragestellung. Sie könnte an entscheidende Tiefenvorgänge der Christentumsgeschichte heranführen. Ein derartiger Versuch kann hier selbstverständlich nicht unternommen werden. In einer sehr begrenzten, aber doch recht aufschlußreichen Perspektive seien vielmehr unter Verzicht auf alles Detail nur einige Beobachtungen verzeichnet, wie sich die dogmatische Tradition mit dem Verhältnis von Pneumatologie und Eschatologie auseinandergesetzt hat. Dabei sei der Blick auf diejenige Gestalt der Dogmatik beschränkt, die sich in der Hochscholastik herausgebildet hat, die sich sodann trotz starker reformatorischer Vorbehalte in der altprotestantischen Orthodoxie, konfessionell variiert, wieder durchgesetzt und in der Neuzeit tief eingreifende Korrekturen erfahren, jedoch die Grundzüge des Aufbaus im wesentlichen behauptet hat. In dieser klassischen und, wenn ich so sagen darf, nachklassischen Dogmatik – das läßt sich zunächst allgemein sagen – ist die Zweiheit von Pneumatologie und Eschatologie sozusagen sichergestellt und erscheint nahezu problemlos. Diese beiden Themen sind in der Dogmatik deutlich voneinander getrennt loziert und ihrer inhaltlichen Bestimmung nach so ausgerichtet, daß sie sich, auch bei äußerlich naher Berührung, gegenseitig nicht stören, sondern harmonisch ergänzen. Das ist durch den heilsökonomischen Gesamtrahmen ermöglicht, der ja schon das Credo in seiner trinitarischen Ordnung strukturiert hat.

aa) Der dogmatische Ort der Pneumatologie

In dem heilsökonomischen Aufbau, der von der Schöpfung über die Versöhnung zur Vollendung führt, hat die Pneumatologie einen doppelten Ort erhalten: einerseits in der Trinitätslehre, also zumeist – cum grano salis – am Anfang der Dogmatik innerhalb der Gotteslehre; anderseits in der Soteriologie im engeren Sinne, dort also, wo im Anschluß an die christologische Begründung des Heils von der Heilszueignung an den Einzelnen gehandelt wird. Dieser doppelte Ort ist für das verschiedenartige Interesse aufschlußreich, das der Pneumatologie entgegengebracht wird.

In der alten Kirche wurde die Pneumatologie als Thema theologischer Reflexion vornehmlich durch die Trinitätslehre absorbiert. Sie behielt dort auch künftig ihren ersten Platz. Die Art, wie das Neue Testament vom heiligen Geist spricht, hätte freilich anderes erwarten lassen. Auch wiesen aktuelle Phänomene des Geistverständnisses in der frühkatholischen Kirche: der Montanismus, das freie Charismatikertum oder das bischöfliche Amt, in eine ganz andere Richtung, wie das pneumatologische Thema zu erörtern wäre. Man kann sich zwar fragen, ob die trinitarische Einbeziehung des Geistes in die Gotteslehre zumindest indirekt bestimmten soteriologischen Interessen in bezug auf die

Wirksamkeit des Geistes Rechnung getragen und dafür auch etwas erbracht habe. Das zwischen Ost und West bis heute strittige filioque, die Differenz in bezug auf die innertrinitarische processio des Geistes, gibt dieser Frage besonderes Gewicht. Aber in den betreffenden dogmatischen Erörterungen selbst hat das subtile Problem ihrer soteriologischen Relevanz keine ausdrückliche Rolle gespielt.

Die abendländische Scholastik hat dann neben der trinitätstheologischen Erörterung des Geistes einen zweiten Schwerpunkt der Pneumatologie innerhalb der Soteriologie ausgebildet. Dabei dominiert freilich der Begriff nicht des Geistes, sondern der Gnade. Die Pneumatologie tritt hier also in der Gestalt der Gnadenlehre auf. Im Rahmen einer äußerst differenzierten Psychologie beschreibt sie die innermenschlichen Wirkungen der göttlichen Gnade als sogenannte theologische Tugenden samt ihren Nebenerscheinungen. Die Reformation hat mit ihrer Kritik zwar vornehmlich an dieser Stelle scholastischer Theologie eingesetzt. Sie hat aber insofern doch deren Tradition fortgesetzt, als die Pneumatologie in der Thematik der Rechtfertigung sola fide und deren Folgen ihren angestammten dogmatischen Ort behielt. Der Begriff des heiligen Geistes spielte dabei ebenfalls eine relativ untergeordnete Rolle. Die altprotestantische Dogmatik hat dann daraus in Analogie zur Scholastik das Lehrstück von der gratia spiritus sancti applicatrix gemacht. In ihm wurde der sogenannte ordo salutis detailliert behandelt: ein Stufenschema der Heilszueignung von der Berufung, Erleuchtung und Bekehrung über die Wiedergeburt und Rechtfertigung bis zur Heiligung und Erneuerung, zur unio mystica und schließlich zur Verherrlichung. Die Pneumatologie wird hier sozusagen im Spiegel der inneren Biographie des Christen zur Darstellung gebracht. Gewöhnlich folgte darauf die Lehre von den Gnadenmitteln und der Kirche, ohne daß darin ausdrücklich eine Fortsetzung der pneumatologischen Thematik gesehen wurde. Das änderte sich erst im 19. Jahrhundert, als die Kirche stärker in den Brennpunkt dogmatischer Reflexion rückte und nun – wie etwa bei Schleiermacher – der Schwerpunkt der Pneumatologie sich hierhin verlagern konnte.

bb) Der dogmatische Ort der Eschatologie

Bei der Eschatologie liegt der Sachverhalt im wesentlichen einfacher. Das heilsökonomische Grundschema der Dogmatik, das in äußerster Stilisierung dem Gang der Bibel von der Genesis bis zur Offenbarung Johannis folgt, weist der Eschatologie mit Selbstverständlichkeit ihren Platz am Ende der Dogmatik an. Dort kann sie dann mit unterschiedlicher Ausführlichkeit behandelt werden. In der Scholastik und wieder in der altprotestantischen Dogmatik hat sie z. T. voluminösen Umfang angenommen. Nicht deshalb, weil hier die eschatologische Erwartung besonders hohe Wellen geschlagen und ein spezielles Interesse an diesem Lehrstück ausgelöst hätte. Vielmehr nötigte hier die Akribie des dogmatischen Verfahrens zur Erörterung besonders vieler Materialien und Probleme. Im Unterschied dazu läßt sich unter der unmittelbaren Einwirkung der Reformation und dann wieder im Gefolge der Neuzeit eine Schrumpfung des eschatologischen Lehrstücks feststellen. Das geschah aus unterschiedlichen Motiven.

In der Reformation war es durchaus nicht der Mangel an eschatologischer Orientierung, wohl aber das tiefe Mißtrauen gegen das sich verselbständigende Interesse an apokalyptischen Zukunftsvisionen. Man sah darin eine Konkurrenz zu der christologischen Zentrierung, wie sie im Lehrstück von der Rechtfertigung allein aus Glauben auf das Leben hin ausgerichtet war. Hier meldet sich also die Möglichkeit einer Spannung zwischen der so verstandenen Pneumatologie und einer sich davon emanzipierenden Eschatologie an. Darum ist es für den reformatorischen Ansatz charakteristisch, daß der Ausblick auf die eschatologische Zukunft in die Pneumatologie integriert wird. So hat es Luther bei der Auslegung des dritten Artikels im Großen Katechismus getan. Und ebenso ist Calvin im dritten Buch der Institutio verfahren. Daraus konnte dann bei ihm und später auch bei anderen die überraschende Variante entstehen, die Dogmatik nicht mit der Eschatologie zu schließen, vielmehr die Lehre von der Kirche und in weiterem Sinne von den göttlich geordneten geschichtlichen Institutionen überhaupt folgen zu lassen. Calvins Institutio mündet deshalb aus in ein Kapitel De politica administratione[1]. Das ist eine erstaunliche Abweichung vom Üblichen. Die in sich immer schon zweigliedrige Eschatologie ist nun auch äußerlich zerteilt: Die individuelle Eschatologie wird als letzter Ausläufer der Soteriologie behandelt[2], während die universale Eschatologie überhaupt entfällt und eine Lehre von der Kirche in der Weltgeschichte an deren Stelle tritt. Das ist überspitzt formuliert, deutet aber auf schwerwiegende Probleme hin, die später zu behandeln sind. Man muß sich jedoch davor hüten, die an Calvin veranschaulichte Lösung mit Intentionen der Moderne kurzschlüssig gleichzusetzen.

Das aufs Ganze gesehen schrumpfende Interesse der neuzeitlichen Dogmatik an der Eschatologie ist vornehmlich durch die Veränderung des Weltbildes bestimmt. Daraus konnten zwar ausgedehnte kritische und methodologische Erörterungen erwachsen. Aber der Bereich theti-

---

[1] Inst. christ. rel. (1559) IV, 20, in: I. Calvini opera selecta, ed. P. Barth, W. Niesel, V, 471–502. Der Sache nach entspricht dies schon dem Abschluß der Erstausgabe von 1536 mit Kap. VI: De libertate christiana, potestate ecclesiastica, et politica administratione, ebda. I, 223–280.

[2] Inst. christ. rel. (1559) III, 25: De resurrectione ultima, in: opera selecta (s. vorige Anm.), IV, 432–456.

scher Aussagen wurde mehr und mehr eingeengt. Das konnte entweder dazu führen, daß die Eschatologie am traditionellen Ort als Abschluß der Dogmatik nur noch ein ganz bescheidenes Ausmaß hatte, oder dazu, daß die Zuordnung als Appendix der Soteriologie bevorzugt wurde, oder aber auch dazu, daß in entschlossener Vergeschichtlichung des Begriffs des Reiches Gottes sogar die gesamte Soteriologie unter dieses Theologumenon gestellt wurde[3]. Damit konnte in Umkehrung der vorher erwähnten Möglichkeit einer umgreifenden Rolle der Pneumatologie, die auch die Eschatologie in sich hineinnahm, nun die Eschatologie, wenn auch in einer weitgehend vergeschichtlichten Deutung, die Führung übernehmen und sich die Pneumatologie integrieren.

cc) Das gemeinsame Problem dogmatischer Einordnung

Die Möglichkeiten dogmatischer Einordnung von Pneumatologie und Eschatologie sind damit gewiß nicht erschöpft, obschon der Spielraum der Haupttendenzen abgesteckt sein dürfte. Die vorausgenommene Behauptung, in der klassischen und nachklassischen Dogmatik sei die Zweiheit von Pneumatologie und Eschatologie sozusagen sichergestellt und nahezu problemlos, wurde durch die nachfolgende Übersicht nur zum Schein widerlegt. Auch bei den erwähnten Versuchen, das eine Thema in das andere mit hineinzunehmen, wird die Zweiheit nicht schlechterdings aufgehoben, wenn sie auch in der äußeren Anlage nicht mehr so deutlich erkennbar sein mag. Daß zwischen diesen beiden Themen eine Spannung empfunden würde, kommt jedenfalls kaum zum Ausdruck. Eine schwerwiegende Problematik wird allerdings in dem Sinne spürbar, daß in bezug auf den Inhalt beider Lehrstücke eine Unsicherheit entsteht.

Für die Pneumatologie gilt dies zunächst insofern, als das Verhältnis ihres trinitätstheologischen und ihres soteriologischen Aspekts zueinander eine Quelle vielfach verdrängter Schwierigkeiten ist. Ferner aber und insbesondere gibt folgendes zu denken: Die Lehre von der Heilszueignung und gegebenenfalls auch die Ekklesiologie werden zwar in irgendeiner Weise dem Thema des heiligen Geistes zugeordnet. Aber im Grunde bleibt es unklar, inwiefern es dabei um Pneumatologie geht. Könnte man nicht das ganze dogmatische Programm von Soteriologie und Ekklesiologie auch ohne Pneumatologie behandeln? Was fällt eigentlich fort, nicht rhetorisch, sondern sachlich, wenn die Rede vom heiligen Geist zwar nicht aufgehoben wird – das scheitert offensichtlich an der Sprache der biblischen Tradition –, wenn sie aber nicht Gegenstand eines besonderen dogmatischen Lehrstücks ist? Man könnte auch

[3] Z.B. R. Seeberg, bei dem der auf die Christologie folgende letzte (5.) Teil der Dogmatik die Überschrift trägt: Die durch die Gottesherrschaft erlöste Menschheit oder das Reich Gottes, in: Ders., Christliche Dogmatik II, 1925, 319ff.

so fragen: Wie steht es mit der Besonderheit einer Lehre vom heiligen Geist neben der Christologie? Tritt etwa sozusagen ein zweites soteriologisches Prinzip neben Jesus Christus? Wäre nicht eine Konkurrenz zwischen Christologie und Pneumatologie widersinnig und für beide verhängnisvoll: für eine Christologie, die erst noch durch eine Pneumatologie ergänzt werden müßte, und für eine Pneumatologie, die nicht durch und durch christologisch bestimmt wäre?

Für die Eschatologie ist die Problemlage eine andere. Der Pneumatologie droht neben einer eng umschriebenen Lozierung in der Trinitätslehre eher die Gefahr einer diffusen Stellung innerhalb der Dogmatik: Es kann ihr sehr viel zugewiesen werden und all das doch wiederum nur sehr eingeschränkt. Dagegen bildet die Eschatologie anscheinend einen scharf umrissenen Komplex. Aber auch dies ist nicht unproblematisch. Es ist mit einer Isolierung erkauft, die dem neutestamentlichen Sachverhalt keineswegs entspricht. Dort ist nahezu alles von Eschatologie durchtränkt, zumal wenn man bedenkt, daß der Christusglaube der ungewöhnliche Fall einer perfektischen Eschatologie ist, welche die futurische Eschatologie zwar keineswegs aufhebt, jedoch auf die Christologie hin relativiert. Das eschatologische Lehrstück der Dogmatik hat sich vielleicht mit guten Gründen auf die futurische Eschatologie beschränkt. Diese Eingrenzung wird aber bedenklich, wenn sie einer Verselbständigung Vorschub leistet, die dazu verführt, die Eschatologie ohne strenge Rücksicht auf die Christologie und damit auf die Weite der eschatologischen Thematik durchzuführen. Die große Entfernung, in der sich schon dem dogmatischen Aufbau nach die Eschatologie von der Christologie befindet, mutet, vom Neuen Testament her geurteilt, seltsam an. Das hat in unserem Jahrhundert zu einer heftigen biblisch-exegetischen Kritik im Namen der Eschatologie an der traditionellen dogmatischen Eschatologie geführt. Auch dies kann erst später genauer bedacht werden. Aber es zeigt sich schon jetzt, daß der scheinbare Vorzug des eschatologischen Lehrstücks, seine präzise Umgrenzung, zu durchaus berechtigten Fragen in bezug auf die gesamttheologische Relevanz der Eschatologie Anlaß gibt und sogar den Begriff der Eschatologie selbst strittig macht.

All diese vorgreifend angedeuteten inneren Probleme der Pneumatologie und der Eschatologie könnten nun damit zusammenhängen, daß beider Verhältnis zueinander im Gefüge der Dogmatik zu einer allzu problemlosen Zweiheit geworden ist. Wenn man an die religiösen Lebenserscheinungen denkt, die durch außergewöhnliche Geistwirkungen und durch eschatologische Erregung gekennzeichnet sind, so könnte sich einem der Verdacht aufdrängen, ob nicht dies alles einer reflektierenden und systematisierenden Dogmatik notwendig fremd und ihr gewissermaßen stilwidrig ist. Liegt es nicht im Wesen einer Dogmatik, beides, das Wirken des heiligen Geistes und die lebendige Enderwartung, zu dämpfen? Die Schubladisierung zu Pneumatologie und Eschatologie wäre dann als eine Domestizierung dessen zu verstehen, worum es im Geistgeschehen und im Endgeschehen eigentlich geht. Wenn der Sachverhalt aber doch nicht so einfach liegt, wie es diese provokativen Fragen suggerieren, wenn vielmehr eine selbstkritische dogmatische Besinnung hier durchaus sinnvoll ist, dann muß sie unbeschadet dessen, daß der heilige Geist und das Ende aller Dinge zwei verschiedene Themen sind, stärker, als dies in der Dogmatik üblich ist, das Verhältnis beider zueinander zum Problem machen. Das könnte die Pneumatologie wie die Eschatologie zu einer größeren Sachnähe führen und ihre Bedeutung für die Dogmatik des christlichen Glaubens im ganzen deutlicher erkennen lassen.

2. Erfahrungshinweise

Die bisherigen Beobachtungen zur biblischen und dogmatischen Tradition seien zunächst noch in den weiten Horizont menschlicher Erfahrung gestellt. Das darf nicht so mißverstanden werden, als liege die Erfahrung, auf die jetzt geachtet werden soll, außerhalb und abseits des bisher Besprochenen. Reflexionen über Fragen des Aufbaus einer Dogmatik machen zwar leicht einen doktrinären Eindruck. Sie haben den Anschein eines abstrakten Gedankenspiels, zumal wenn dabei mit so formelhaften Sammelbegriffen wie Pneumatologie und Eschatologie hantiert wird, aus denen das Leben, auf das sie Bezug nehmen, völlig entwichen scheint. Daß die dogmatische Tradition nun aber doch auf das Leben Bezug nimmt, von dem sie herkommt und auf das sie abzielt, gilt nach ihrem eigenen Verständnis als das Kriterium, nach dem sie beurteilt sein will. Indem für die Dogmatik die biblische Überlieferung maßgebend ist, richtet sie sich, um es einmal so formal und untheologisch auszudrücken, auf einen ungewöhnlich intensiven Brennpunkt menschlicher Lebenserfahrung aus. Um dessentwillen muß sich eine Dogmatik christlichen Glaubens dabei behaften lassen, daß sie auch wiederum menschlicher Lebenserfahrung zugute kommt.

Nun waren die vorangegangenen Traditionshinweise auf den Bereich des Biblischen und Theologiegeschichtlichen und somit des Christlichen beschränkt. Wenn demgegenüber die folgenden Erfahrungshinweise diese Begrenzung überschreiten und auf allgemeine Phänomene des Religiösen und des Lebens überhaupt anspielen, so heißt das selbstverständlich nicht: dem Christlichen als der bloßen Tradition werde nun die lebendige Erfahrung in Gestalt nicht spezifisch christlicher Phänomene konfrontiert. Erkennt man dem christlichen Glauben überhaupt einen Vorrang zu – andernfalls gäbe es gar keine Dogmatik –, so muß sich dieser Vorrang als ein Vorsprung in Sachen menschlicher Lebenserfahrung erweisen. Jedoch nicht so, daß irgendwelche neuen Spezialerfahrungen hinzukämen, vielmehr so, daß das, worum es in aller menschlichen Lebenserfahrung geht, durch den christlichen Glauben ernstgenommen, getroffen, aufgedeckt, richtiggestellt und zurechtgebracht wird. Darum ist der Erfahrungsbezug christlicher Überlieferung so tief eingesenkt in menschliche Erfahrung überhaupt, religiöser wie nichtreligiöser Art. Das ist nun auch der Grund, weshalb für den bisher besprochenen Sachverhalt: die Zweiheit von Pneumatologie und Eschatologie, jetzt noch auf Erfahrungen allgemein menschlicher Art hingewiesen werden soll. Der Abzweckung dieses Paragraphen gemäß kann es sich dabei freilich nur um Präliminarien handeln.

a) Religionsphänomene

Die Bedeutung, die der Pneumatologie und Eschatologie für den christlichen Glauben zukommt, wird durch die Feststellung nicht abgeschwächt, daß dergleichen in irgendeiner Ausprägung, und zwar nicht so sehr im Sinne theologischer Reflexion, sondern vornehmlich als elementare Wirklichkeitsdeutung, mehr oder weniger ausgeprägt in allen Religionen anzutreffen ist. Daß man sich auf Geistwirkung beruft oder von eschatologischen Vorstellungen bewegt ist, stellt selbstverständlich nichts spezifisch Christliches dar. Beides gehört neben einigen anderen Hauptbereichen wie der Gottesvorstellung oder dem Kultisch-Rituellen zu den fundamentalen religiösen Phänomenen. Obwohl sich auch hier leicht Querverbindungen aufweisen ließen, zeichnen sich doch deutlich zwei verschiedene Komplexe ab. Zu dem einen gehören Erscheinungen, die sich dem weit gefaßten Stichwort Pneuma subsumieren lassen, zu dem andern solche, die unter das ebenfalls weit gefaßte Stichwort Eschaton fallen.

aa) Pneuma

Auf der einen Seite stehen alle möglichen Formen religiöser Ergriffenheit durch eine Übermacht: Inspiration, die eine Erkenntnis von Verborgenem vermittelt und zu prophetischer Rede befähigt, Ausstattung mit ungewöhnlichen Kräften, die Wunder vollbringen oder die den Träger selbst nach der Seite des Heiligen oder des Dämonischen hin verwandeln, Ekstase mit Visionen und Auditionen, Versenkung in einen Konzentrations- oder Trancezustand oder die verschiedensten Ausprägungen von Enthusiasmus, Fanatismus und Besessenheit. Ob die Verursachung dessen den Charakter eines reinen Überfalls von außen her hat oder ob sie sich mit bestimmten meditativen und asketischen Praktiken verbindet oder ob sie durch Narkotika gefördert wird, auf jeden Fall tritt in der gewöhnlichen Umwelt, aber unterschieden von ihr, eine höhere Wirklichkeit auf, hinreißend und überwältigend für den, dem sie selbst widerfährt, ansteckend und beeindruckend, vielleicht aber auch erschreckend und abstoßend für diejenigen, die nur die Wirkung sehen.

bb) Eschaton

Auf der anderen Seite ist an all die Vorstellungen, Ängste und Hoffnungen zu erinnern, die mit dem Eschaton zu tun haben, sei es mit dem Tod des Einzelnen, sei es mit dem Ende der Welt. Es gibt wohl kaum eine Religion, in der nicht beides ein starkes Movens wäre und in Riten und Mythen Ausdruck fände. Man kann zwar fragen, mit welchem Recht auch hier analog zu den pneumatischen Erscheinungen von Erfahrung die Rede sein könne. Geistwirkungen sind handgreiflich, mag auch ihre Deutung ins irrational Unbegreifliche weisen oder zu rationaler Skepsis Anlaß geben. In bezug auf das Eschaton hingegen stützen sich die religiösen Aussagen, wie es scheint, auf bloße Vermutungen und Phantasien ohne jeden Anhalt an der Erfahrung. Das ist ein schwerwiegender Einwand gegen Eschatologie überhaupt und muß später näher bedacht werden (§ 39 A, s.u. S. 438ff). Aber ein differenzierender Gesichtspunkt legt sich gerade in allgemein religionsphänomenologischer Hinsicht nahe. Auf jeden Fall hat dasjenige, was dazu veranlaßt, an ein Eschaton zu denken, in ganz massiver Weise den Charakter von Erfahrung: daß das Leben mit dem Tode endet, daß menschliches Sterben gemäß der Eigenart menschlichen Lebens als etwas anderes erfahren wird denn als ein bloßes Verenden oder daß Ereignisse katastrophaler und rettender Art nach dem künftigen Gang und Ausgang der Geschichte überhaupt fragen lassen. Entsprechendes gilt jedoch ebenfalls für die Art, wie das Eschaton im einzelnen vorgestellt wird, und zwar nicht nur vor, sondern gerade auch hinter der Todesschwelle: etwa als die Schattenhaftigkeit der Seelen im Hades oder als die Gräßlichkeit der Höllenqualen oder als die Seligkeit im Himmel. Trotz der Problematik, die dem anhaftet, hat all das einen unbestreitbaren Wirklichkeitsanhalt. In solchen Vorstellungen spiegeln sich tatsächlich erfahrene Ängste und Freuden. Dabei wird das Spektrum welthafter Empirie allerdings zumeist weit überboten. Zuweilen jedoch bleibt selbst eine solche übersteigerte Vorstellung weit zurück hinter unaussprechlichen Schrecken und Anfechtungen und unbeschreiblichen Wonnen, von deren wirklicher Erfahrung etwa Mystiker stammelnd reden.

b) Allgemeine Lebensphänomene

Selbstverständlich sind auch die religiösen Phänomene Lebensphänomene. Sie sind es gegebenenfalls sogar in besonders repräsentativer Weise. Denn in der Religion, nicht nur in ihr, aber vornehmlich in ihr, verdichtet sich die Lebensproblematik. Deshalb sind gewisse Strukturen religiöser Erfahrung in der allgemeinen Lebenserfahrung vorgezeichnet. Das trifft auch für die Zweiheit zu, von der unter den Stichworten Pneuma und Eschaton die Rede ist. Für das zweite wurde soeben schon auf allgemeine Lebensphänomene angespielt: die Erfahrung mit dem Tode, die Sinnfrage angesichts des Geschichtslaufs oder die Internalisierung und Projektion von Lebensangst und Lebensverlangen. Für den Bereich des Pneuma legen sich Phänomene nahe, die dem Religiösen eng benachbart sind und zuweilen ins Religiöse hinein oszillieren, aber auch ganz profan verstanden werden können wie etwa die Inspiration des Künstlers, die Intuition des Wissenschaftlers, der Instinkt des Politikers für den Kairos, die Suggestivkraft einer Modeströmung, die Begeisterung oder der Fanatismus einer Aktionsgruppe, die Raserei einer Volksmasse und dergleichen mehr. An die daseinsmäßige Wurzel all solcher Phänomene von Pneuma-Erfahrung und Eschaton-Erfahrung allgemeinster Art kommt man freilich dann erst heran, wenn man verschiedene quer zueinander liegende Spannungsmomente von ontologischer Relevanz in Betracht zieht.

aa) Elend und Fülle

Da ist zunächst die das ganze Leben durchwaltende Spannung von Elend und Fülle. Man kann sie verschieden illustrieren: als Hunger und Sättigung, als Schmerz und Lust, als Unrast und Friede, als Sehnsucht und Erfüllung, als Verworfensein und Angenommensein. Die Einschätzung als dies oder das steht freilich nicht fest. „Mancher ist arm bei großem Gut, und mancher ist reich bei seiner Armut", lehrt einen die Weisheit (Spr 13,7). Die Fülle kann Quelle des Elends werden und Mangel kann verheißungsvoll sein. Die Hinfälligkeit des einen wie des andern kann ganz verschiedenes bedeuten.

bb) Endlichkeit und Endgültigkeit

Hinzu kommt die Dualität von Endlichkeit und Endgültigkeit. Die Berührung von Elend und Endlichkeit könnte meinen lassen, es handele sich nur um eine Variante der erstgenannten Spannung. Aber das ist durchaus nicht der Fall. Es wäre falsch, alles Elend auf die Endlichkeit zurückzuführen, als ob nicht im Endlichen unendlich Schönes und Beglückendes und unendlich viel davon begegnete. Die Erkenntnis, daß alles vergeht, gibt kein Recht zu trüber Gleichmacherei und resignierter Gleichgültigkeit. Schließt doch die Endgültigkeit als der andere Pol das Endliche keineswegs aus. Sie schließt es vielmehr insofern ein, als es in seiner zeitbestimmten, unwiederholbaren Einmaligkeit in gewisser Weise auch den Charakter des Endgültigen, Nichtrückgängigzumachenden, Definitiven hat. Darum steht beides, das Elend wie die Fülle, als Endliches im Zeichen der Ambivalenz, in welchem Sinne ihm Endgültigkeit zukommt.

Im Blick auf die Dualität von Pneuma und Eschaton könnte man nun geneigt sein, das erste primär mit der Spannung von Elend und Fülle in Verbindung zu bringen, das zweite mit der Spannung von Endlichkeit und Endgültigkeit. Das Pneuma hat zur Lebensfülle Affinität, das Eschaton ist das Endgültige. Freilich ist das Pneuma ebenfalls dadurch gekennzeichnet, daß hier etwas Unbedingtes, Endgültiges hereinbricht, während das Eschaton, jedenfalls als Ersehntes und Erhofftes, Erfüllung bedeutet. Aber auch hier gilt wieder die Ambivalenz. Das Eschaton steht im Zwielicht von Erfüllung und Vernichtung. Das Pneuma steht in der Zweideutigkeit von gutem Geist und Dämonie. Die beiden erstgenannten Polaritäten von Elend und Fülle sowie von Endlichkeit und Endgültigkeit weisen somit eher auf etwas, was dem Pneuma und dem Eschaton gemeinsam ist, worin sie verwandt sind. Nun müssen aber noch zwei andere Spannungsmomente beachtet werden, welche vornehmlich ihre Zweiheit begründen.

cc) Gegenwart und Zukunft

Da ist zunächst die Zeitdifferenz von Gegenwart und Zukunft. Zur Dualität von Geist und Eschaton stellt sich die Verbindung sofort in der Weise her, daß das Eschaton offensichtlich die Zukunft betrifft, das noch ausstehende Ziel und Ende. Von der darin anklingenden Dialektik wird öfter noch zu reden sein: ob denn das Ende auch Ziel bedeute, ob man am Ziel ist, wenn man am Ende ist und ob man am Ende ist, wenn man am Ziel ist. Aber trotz solcher Verunsicherung geht zweifellos von der durch den Tod gekennzeichneten Zukunft der Ernst des Eschaton aus. Deshalb haftet, jedenfalls primär, an der Zukunftsdimension und ihrer radikalen Infragestellung die Thematisierung des Eschaton. Dagegen hat das Pneuma offensichtlich wesenhaft zur Gegenwart Bezug. Der Ausdruck Geistesgegenwart kennzeichnet die Macht des Geistes in Hinsicht auf die Zeit. Es handelt sich nicht um eine zufällige Wortverbindung. Denn Geist ist gegenwärtigmachende Gegenwart, und Gegenwart wird nur durch den Geist wahrgenommen, und so erst wird sie wirklich zur Gegenwart. Da der Mensch nicht nur im physikalischen Sinne zeitlich ist, sondern in dem lebensmäßigen Sinne des Verhältnisses zur Zeit, wird Geistesabwesenheit und Geistesgegenwart für das Verhältnis zur Zeit bestimmend. Dadurch ist deshalb auch das Verhältnis zur Vergangenheit und vor allem das zur Zukunft mit betroffen. So öffnet sich eine Verbindung vom Pneuma zum Eschaton hin, wie umgekehrt auch das Eschaton die eigentümlich zeitigende Wirkung hat, alles Vergangene einerseits erst definitiv vergangen sein zu lassen und anderseits allumfassend gegenwärtig zu machen. Dennoch bleibt die verschiedene Beziehung zur Zeit für die beiden Dimensionen menschlichen Lebens konstitutiv, die als Pneuma und als Eschaton zu unterscheiden sind. Die Priorität des Gegenwartsbezugs beim Pneuma und des Zukunftsbezugs beim Eschaton bestimmt die Verschiedenheit dessen, wie sich durch sie die Polaritäten von Elend und Fülle sowie von Endlichkeit und Endgültigkeit formieren und aktualisieren. Das Pneuma läßt Fülle und Endgültiges gegenwärtig werden, das Eschaton läßt derartiges von der Zukunft erwarten.

dd) Personales und Universales

Ein letztes Spannungsmoment tritt endlich noch in Gestalt der Polarität von Personalem und Universalem hinzu. Das Pneuma ist dem Personalen, das Eschaton dem Universalen zugeordnet. Diese Unterscheidung bedarf allerdings der Differenzierung. Was im weitesten Sinne unter die Geisterfahrung fällt, braucht durchaus nicht in dem strengen Sinne personaler Art zu sein, daß es auf den Einzelnen und seine Verantwortung beschränkt wäre. Im Gegenteil, das Stichwort Pneuma hebt eher das Ergriffensein durch ein anderes sowie das Gewiesensein an andere und das Verbundensein mit anderen hervor. So gibt es im Extrem auch eine entpersonalisierende Wirkung des Pneuma. Dennoch liegt seine Eigentümlichkeit darin, daß es stets auf dem Wege über den Einzelnen und durch ihn hindurch wirkt. Sein Eingreifen erfolgt im Innersten, sosehr daran instrumental auch äußere Dinge beteiligt sein mögen. Wenn demgegenüber das Eschaton dem Universalen zugeordnet wird, so soll damit nicht bestritten sein, daß sich seine nächstliegende Erfahrung durch den Gedanken an das eigene Ende einstellt. Aber selbst so handelt es sich um eine auf die Welt bezogene Erfahrung, nämlich um das Scheiden aus der Welt oder um das Versinken und Verwesen in die Welt hinein, auf jeden Fall also um die Aufhebung des personalen Weltverhältnisses. Nicht erst im Blick auf das Ende aller Dinge, auch schon im Blick auf den Tod des Individuums hat die Erfahrung des Eschaton universalen Charakter. Das Hereinbrechen des Eschaton setzt nicht im Innersten des Menschen an, sondern an seiner Leiblichkeit und seiner Welthaftigkeit. Mit deren Auflösung gelangt für ihn die Welt selbst an das Ende.

II. Die Konvergenz von Pneumatologie und Eschatologie

Indem bisher auf Symptome der Zweiheit von Pneumatologie und Eschatologie geachtet wurde, kamen immer auch schon Anzeichen ihrer Konvergenz in den Blick. Im Unterschied zu der problemlosen Sonderung voneinander, wie sie in der dogmatischen Tradition vorherrscht, empfiehlt es sich, ihr Verhältnis zueinander genauer zu bedenken. Freilich ist weder zu erwarten, daß ihre Unterscheidung zur Identität aufgehoben werde, noch auch, daß sie sich zu einem Konflikt zuspitze, in dem eines das andere negiert. Konvergenz meint die Annäherung verschiedener Linien auf ein Gemeinsames hin. Das setzt gerade ein Spannungsverhältnis voraus und gibt Probleme zu bedenken. Dem gehen wir wieder auf verschiedenen Reflexionsebenen nach.

1. Transzendenzerfahrung

Das Gemeinsame läßt sich zunächst in allgemeinster Form als Transzendenzerfahrung bestimmen. Das gilt nicht nur für die religiöse Erfassung und Deutung von Pneuma und Eschaton. Auch die allgemeinen Lebensphänomene in Gestalt polarer Spannungen, die zuletzt als der Wurzelgrund jener Zweiheit besprochen wurden, haben den Charakter von Transzendenzerfahrung. Sie begegnen durchweg auch in der Profanität, obschon der Vorgang des Transzendierens im Erkennen und im Lebensvollzug allerdings eine besondere Problemnähe zum Religiösen aufweist. Nun umfaßt Transzendenzerfahrung freilich eine *große Skala* von Möglichkeiten im allgemein menschlichen wie im speziell religiösen Sinne. Deshalb muß spezifiziert werden, was mit diesem Stichwort hier als Gemeinsamkeit von Pneuma und Eschaton gemeint ist.

a) Im Verhältnis zur Welt

aa) Im Zeichen des Eschaton

Am deutlichsten stellt sich die Tendenz zum Transzendieren dort ein, wo die Welt unter dem Gesichtspunkt des Eschaton erfahren wird. Man mag sich dies entsprechend der ersten Kantischen Antinomie[4] an der doppelten Unmöglichkeit verdeutlichen, sich ein Ende der Welt nach Raum und Zeit vorzustellen oder die Unbegrenztheit in beider Hinsicht denkend zu realisieren. Beachtenswert daran ist die Tatsache, daß der logische Ausweis eines Scheinproblems nicht von der Nötigung befreit, darüber hinaus zu fragen. Die Unbegrenztheit hat ebensowenig etwas Beruhigendes wie das reine Nichts. Das Problem ist nicht abstrakt kosmologischer, sondern existentieller Art. Wenn auch auf die Welt als ganze ausgerichtet, hat es doch seinen Antrieb in dem unausweichlichen Ausgelöschtwerden des je eigenen In-der-Welt-Seins. Es wirft seinen Schatten schon voraus als die Frage, wie man sich zu dem Entgleiten und Dahinschwinden alles Welthaften einstellt. Ob man diese Frage überhaupt verdrängt oder ob man mit innerweltlichen Perspektiven – im Gedanken etwa an den Nachruhm oder an die Nachkommen oder an die Nachfolger – das Ausscheiden überblendet oder ob man sich

[4] Sie betrifft nur die Frage, ob die Welt einen Anfang in der Zeit habe oder nicht, während die Idee eines Endes der Welt in diesem Zusammenhang unerörtert bleibt. Kritik der reinen Vernunft, in: I. Kant, Werke in sechs Bänden, hg. von W. Weischedel, II, 412f.

resignierend fallen läßt, so oder so wird stets versucht, über die Welt, die im Zeichen des Eschaton steht, hinwegzukommen, sich von ihr zu lösen und in diesem Sinne gewissermaßen eine Geste des Transzendierens zu vollziehen. Ausdrücklich bejaht und ergriffen wird dann aber das Transzendieren der Welt in religiösen Antworten, ob nun dabei in symbolhafter Sprache vorgestellt wird, was uns erwartet und auf uns zukommt, oder ob als transzendentes Ziel das Erlöschen alles Welthaften gilt, das Aufgehen in das Nirwana. Auch wenn ein solches ausdrückliches Transzendieren durch eine welthafte Pseudo-Konkretion der Jenseitshoffnung gefährdet oder durch rationalistische Kritik schlechtweg für sinnlos erklärt wird, decken doch solche gedanklichen Vorgänge keineswegs ohne weiteres die sich dahinter verbergenden Intentionen ab.

bb) Im Zeichen des Geistgeschehens

Transzendenz im Verhältnis zur Welt kennzeichnet nun aber auch alle Weisen des Geistgeschehens. Eine abgeblaßte Sehnsucht danach kommt schon in einer so trivialen Wendung zum Ausdruck wie etwa der, daß man einmal Abstand von allem gewinnen, sich über den Alltag erheben möchte, auch wenn es dabei dann recht geistlos zugeht. Was einen Rausch im ganz trivialen Sinne zu verursachen vermag, bezeichnet man dennoch nicht ohne Grund als Spirituosen. Und nicht zufällig verwendet man in vulgärer Umgangssprache als Kraftworte für äußerste Steigerung von Schönem „verrückt" oder „wahnsinnig". Im übrigen sind ekstatische Widerfahrnisse profaner und religiöser Art, sofern überhaupt, oft nur durch eine hauchdünne Scheidewand voneinander getrennt. Man denke an die kultische Rolle des sexuellen Orgasmus oder an die Besessenheit bei quasi-religiösen Rock-Festivals. Doch der Extreme bedarf es nicht, um das Grundsätzliche zu erfassen. Jede Art von Eingebung, von Erhebendem, von Begeisterung, von Ergriffen- und Hingerissensein ist Symptom der Fähigkeit und des Bedürfnisses, sozusagen die kommune Welt zu einem Höheren hin zu transzendieren. Die begrenzten eigenen Möglichkeiten werden durch unerwartete und unverfügbare Kräfte gesteigert und erweitert. Im Gewohnten und ermüdend sich Wiederholenden bricht plötzlich völlig Neues auf. Zwänge und Grenzen werden gesprengt und Befreiung wird einem zuteil. Das sind Erfahrungen des Lebens überhaupt. Freilich besteht auch hier jeweils eine besondere Nähe zum Religiösen, für das Widerfahrnisse solcher Art gerade konstitutiv sind. Diese Affinität kommt etwa darin zum Ausdruck, daß sich bei solchen Gelegenheiten auch in eine rein profane Sicht religiöse Deutungskategorien einschleichen. Ein Künstler etwa wird als „begnadet" tituliert, eine überraschend geglückte Leistung als ein „Wunder". Um ein solches Übersteigen des Natürlichen zum Ausdruck zu bringen, bieten sich letztlich als einzige Sprachmöglichkeit Rudimente religiöser Überlieferung an. Denn was die eigenen Möglichkeiten, das Gewohnte, die welthaften Zwänge transzendiert, macht ein Grundthema des Religiösen aus.

Da sich nun dasjenige, was einen vom Eschaton her angeht, und dasjenige, was einem vom Pneuma her widerfährt, darin treffen, daß auf beide Weisen die Welt transzendiert wird, so ist es verständlich, daß sich auch beide Weisen miteinander verbinden können. Intensive eschatologische Erwartung äußert sich in pneumatischen Erscheinungen. Und Geistwirkungen besonderer Art gelten als Anzeichen des Eschaton, sind jedenfalls vielfach eschatologisch ausgerichtet. Davon wird gleich noch zu reden sein. Zunächst aber sei der gemeinsame Gesichtspunkt der Transzendenzerfahrung noch in einer anderen Hinsicht erläutert.

b) Im Verhältnis zur Zeit

Die Bedeutungshorizonte von Welt und Zeit können gänzlich ineinander verschmelzen. Deshalb könnte es überflüssig erscheinen, Transzendenzerfahrung im Verhältnis zur Welt und im Verhältnis zur Zeit zu unterscheiden. Nun spielte allerdings für die Erfassung der Zweiheit von Pneumatologie und Eschatologie die Differenz von Gegenwart und Zukunft eine ausschlaggebende Rolle. Darum stellt sich die Frage, ob sich nicht doch die gemeinsame Welttranszendenz als Zeittranszendenz aufspaltet, so nämlich, daß im Falle des Pneuma die Gegenwart direkt in die Vertikale hinein transzendiert wird, während sich im Falle des Eschaton diese vertikale Transzendenz auf dem Wege über die Horizontale vollzieht, indem die Gegenwart zunächst in die Zukunft hinein transzendiert wird. Doch würde diese Zuordnung den Sachverhalt vereinfachen. Sie würde verdecken, daß in beiden Fällen die Zeit nach ihren drei Ekstasen hin transzendiert wird.

aa) Die Zeitlichkeit des Menschen

Das entspricht ohnehin dem menschlichen Verhältnis zur Zeit. Dadurch, daß sich der Mensch zur Zeit verhält, verliert sie den Charakter des rein Sukzessiven. Infolgedessen geraten ihre Zeitekstasen ineinander. Die Gegenwart wird durch das Verhältnis zur Vergangenheit und zur Zukunft bestimmt, dadurch also, wie sich Vergangenheit und Zukunft einem darstellen und wie man sich zu ihnen einstellt. Die Zukunft sucht man zu vergegenwärtigen, zu beeinflussen, zu gestalten, herbeizuholen und sogar zu überholen, um sie alsbald zur Vergangenheit zu machen. Die Vergangenheit wird ebenfalls vergegenwärtigt, sei es, um sich dadurch von ihr für die Zukunft zu befreien, sei es, um aus der Vergangenheit Halt und Freiheit gegenüber dem bedrohlichen Dunkel der Zukunft zu gewinnen. Man kann aber auch die Gegenwart versäumen durch Flucht in die Vergangenheit oder in die Zukunft oder aber die Gegenwart allererst dadurch gewinnen, daß man sich zur Vergangenheit und zur Zukunft hin öffnet. Was sich damit andeutungsweise an Interdependenz im Zeitverhältnis zu erkennen gibt, läßt sich als ein ständiges Transzendieren von Zeit verstehen. Das gehört wesenhaft zur Zeitlichkeit des Menschen.

bb) Transzendierung der Zeitlichkeit unter den Bedingungen der Zeitlichkeit

Sowohl die Pneumaerfahrungen als auch die Eschatonerfahrungen, und zwar in ihren profanen wie in den ausgesprochen religiösen Ausprägungen, radikalisieren nun aber das Verhältnis innerhalb der Zeitekstasen zu einem ekstatischen Verhalten, welches die Zeit schlechthin zu transzendieren strebt. Wo Geistbegabung am Werke ist, da mag wohl Zukunft vorausgesehen und vorausgesagt sowie Vergangenheit gedeutet oder auch überwunden werden. Der Schwerpunkt liegt jedoch darauf, in eine Gegenwart zu versetzen, die das Zeitliche überhaupt transzendiert und aller Vergänglichkeit deshalb überlegen ist und überlegen macht, weil sie erfüllte Gegenwart ist. Und entsprechend: Wo das Eschaton bestimmend wird, da mag wohl die Gegenwart als Entscheidungszeit unendliches Gewicht erhalten und zugleich als schnell vorübergehende Leidenszeit leicht wiegen; und die Vergangenheit mag bedrohlich oder tröstlich als unvergessen präsent sein und zugleich als definitiv erledigt gelten. Der Hauptakzent fällt aber darauf, daß Vergangenheit und Gegenwart nicht auf eine Zukunft hin ausgerichtet sind, die ihrerseits wiederum erst zu Gegenwart und dann zu Vergangenheit wird, sondern auf die Zukunft aller Zukunft, auf ein Ende von Zukunft, das entweder alles überhaupt vergangen und vernichtet sein läßt oder aber als ewige Gegenwart verstanden sein will.

Im Gedanken des Ewigen konvergieren also Pneuma und Eschaton. In religiöser Sprache kann es genauer lauten: im Gedanken ewigen Lebens. Von daher wird verständlich, daß trotz dieser Konvergenz und sogar ihretwegen nun aber auch die Möglichkeit einer tiefen Spannung besteht. Denn die Pneumaerfahrung und die Eschatonerfahrung haben ihren Ort stets in der Zeitlichkeit selbst. Dadurch erscheint die Transzendierung der Zeit zur Ewigkeit in verschiedener Perspektive. Es muß nicht, aber es kann daraus die Spannung erwachsen, daß in der einen Sicht die vom Pneuma erfüllte Gegenwart das Ewige schon als Gegenwart erfahren läßt, während in der anderen Sicht die auf das Eschaton ausgerichtete Gegenwart das Ewige als Zukunft auffaßt.

2. Konkurrenzprobleme

Unter dem Gesichtspunkt der Konkurrenz soll nicht diese sich gegebenenfalls verschärfende Spannung zwischen dem Präsens des

Pneuma und dem Futurum des Eschaton weiter erörtert werden. Die Zweiheit von Pneuma und Eschaton ist innerhalb der Zeit und infolge der Zeitlichkeit des Menschen unaufhebbar. Das läßt jene Spannung stets vorhanden sein, wenn auch oft nur latent, während sie zuweilen zu akuten Gegensätzen führt. Letztlich aber erweist sie sich als sachnotwendig. Denn wenn man die Transzendierung von Welt und Zeit unter dem Aspekt des Pneuma wie des Eschaton genauer bedenkt, tritt schließlich stets auf beiden Seiten, wenn auch vielleicht mit stark verschiedener Akzentuierung, diese Spannung auf zwischen dem Schonjetzt und dem Noch-nicht.

Worauf dagegen nun die Aufmerksamkeit gelenkt werden soll, betrifft eine Konkurrenz, welche Pneumatologie und Eschatologie gerade miteinander auf ein und dieselbe Linie rückt. Für das Gesamtverständnis des christlichen Glaubens können beide gleichermaßen zur Quelle von Häresie werden, aber auch beide gleichermaßen zum Indikator theologischer Verlegenheiten und Mangelerscheinungen. Wir verlassen jetzt also den weiten Horizont allgemein menschlicher und religionsphänomenologischer Beobachtungen, in dem sich die Bemerkungen zur Transzendenzerfahrung als dem Gemeinsamen von Pneuma und Eschaton bewegten, und wenden uns dem Befund in der christlich-theologischen Tradition zu. Die Möglichkeit soll nicht bestritten sein, daß damit ein Sachverhalt zur Sprache kommt, der mutatis mutandis auf dem Felde der Religionen überhaupt und darüber hinaus sogar des Menschseins insgesamt anzutreffen ist. Man könnte an die Spannung zwischen dem Spontan-Enthusiastischen und dem Dauerhaft-Institutionellen erinnern, zwischen dem Revolutionären und dem Konservativen, zwischen dem Prophetischen und dem Priesterlich-Klerikalen, oder wie immer sonst man solche divergierenden Tendenzen in der Geschichte der Menschheit charakterisieren mag. Doch sei dies jetzt nicht weiter verfolgt. Wir beschränken uns auf einige kirchen- und theologiegeschichtliche Reminiszenzen.

a) Pneumatologie und Eschatologie als Quelle der Häresie

Der Begriff Häresie macht sogleich die Rahmenbedingung bewußt, unter der die Pneumatologie und die Eschatologie gemeinsam in diese eigentümliche Rolle des Verdächtigen und Anrüchigen geraten können. Hier wird von der Perspektive etablierter Kirchlichkeit und Orthodoxie her geurteilt und dasjenige, was sich nicht darein fügt, mit dem Makel einer Art religiösen Aussatzes versehen. In dieser Hinsicht scheinen die beiden großen Konfessionen des Katholizismus und des Protestantismus sich die Hände zu reichen und zusammenzuhalten. Freilich auch nur bedingt.

aa) In katholischer Sicht

Hält man sich jedenfalls an frühere Urteile von römisch-katholischer Seite, so ist auch die Reformation trotz ihres Kampfes gegen die Abweichungen zur Linken die Folge und die weiterwirkende Ursache eines religiösen Subjektivismus und Spiritualismus. Er wirkt kirchenauflösend, indem er die katholische Beantwortung des Geistproblems in Gestalt der sakramental fundierten Lehr- und Jurisdiktionsgewalt verwirft und desgleichen die katholische Beantwortung des eschatologischen Problems in Gestalt einer Kirche, die ausweisbar schon jetzt von himmlischer Dignität ist, wie dies in der mariologischen Symbolsprache durch das Dogma von der leiblichen Aufnahme der Gottesmutter in den Himmel zum Ausdruck kommt[5]. Ob sich durch den ökumenischen Klimawechsel der jüngsten Zeit und die abgemilderten Urteile über den Protestantismus an diesen Grundstrukturen römisch-katholischen Selbstverständnisses etwas geändert hat, kann jedenfalls nicht auf Grund privater theologischer Äußerungen entschieden werden, sondern hängt davon ab, ob das kirchliche Lehramt ausdrücklich seine einstigen für unfehlbar und irreformabel erklärten Aussagen revidiert.

bb) In protestantischer Sicht

Eine entsprechende Problemlage besteht aber auch auf protestantischer Seite. Der Sammelbegriff des Schwärmertums wurde durch Luther geprägt und ist von ihm selbst, wie man weiß, sehr umfassend gehandhabt worden. Man könnte meinen: unverantwortlich und undifferenziert, wenn man nicht nur an die sehr verschiedenen Gestalten aus dem eigenen Lager denkt, die hier auf einen Nenner gebracht werden, sondern auch daran, daß Luther schließlich ebenfalls die römische Kirche, ja sogar den Islam dem Enthusiasmus subsumiert, der „in Adam und seinen Kindern von Anfang bis zu Ende der Welt" stecke, „von dem alten Trachen in sie gestiftet und gegiftet", und „aller Ketzerei, auch des Bapsttums und Mahomets Ursprung, Kraft und Macht" sei[6]. Es gibt allerdings zu denken, daß hiernach dasselbe falsche Geistverständnis beide Extreme verbindet: den Kirchentyp und den Sektentyp, wie man später in soziologischer Sicht gesagt hat. Man könnte sich fragen, ob nicht deshalb der Protestantismus seine Orientierung verloren hat, weil ihm die Schärfe des pneumatologischen Kriteriums abhanden gekommen ist, von dem her jenes Urteil nicht ein Ausdruck der Leichtfertigkeit andern gegenüber war, vielmehr die Folge einer überaus strengen theologischen Selbstkritik.

[5] Denz. 3903.

[6] BSLK 455, 27–31.

cc) In der Sicht historischer Beschreibung

Die in jener Äußerung Luthers ungemein tief angesetzte Beziehung zwischen Pneumatologie und Ekklesiologie, worin auch die Beziehung zwischen Eschatologie und Ekklesiologie mit inbegriffen sein könnte, muß vorläufig zurückgestellt werden. Beschränkt man sich zunächst auf eine kirchen- und theologiegeschichtliche Phänomenbeschreibung, so stellen sich die Dinge anscheinend folgendermaßen dar: Auf der einen Seite steht die Großkirche mit ihren festgefügten Ordnungen und Institutionen, mit ihrer geschichtsmächtigen Dauerhaftigkeit, mit ihrer Verflochtenheit in Kultur, Gesellschaft und Staat, mit ihrer volkskirchlichen Weite, mit ihrer Offenheit zur Welt und der welthaften Sicherung ihrer Unterscheidung von der Welt, nicht zuletzt mit ihrer Bereitschaft zur Ausbildung wissenschaftlicher Theologie. Statt auf das nahe Ende aller Dinge ausgerichtet, hat sie sich in der Geschichte wohl eingerichtet und auf eine noch unabsehbare Zeitdauer eingestellt. Anstatt sich auf das unverfügbare Wehen und Wirken des Geistes zu verlassen, hat sie sich gegen das Unverfügbare und Unberechenbare durch Tradition und Buchstaben, durch Dogma und Kirchenrecht abgesichert. In domestizierter Form hat sie zwar durch das vielgestaltige Mönchtum eine Spiritualität in sich aufgenommen, die dem Wirken des Geistes am Einzelnen und in der Gruppe sowie einer stärker eschatologisch orientierten welt- und gesellschaftskritischen Haltung Raum gibt. Um so schärfer aber wurden immer schon diejenigen Bewegungen bekämpft, in denen sich Berufung auf den Geist und eschatologische Parolen zu einer explosiven Mischung verbanden. Man denke an die Montanisten oder an die Katharer oder an Joachim von Fiore und seine Nachwirkungen bei den Franziskanerspiritualen, an die Taboriten oder an Savonarola – eine Reihe, die sich im unmittelbaren Einflußbereich der Reformation fortsetzt, wofür Thomas Müntzer und die Wiedertäufer in Münster die spektakulärsten Beispiele sind. Auch der Protestantismus hat sich gegen einen extremen Spiritualismus und Chiliasmus entschieden ablehnend verhalten, freilich auch immer wieder – von Gottfried Arnolds „Unparteiischer Kirchen- und Ketzerhistorie" bis zu den kirchlichen Partisanen unserer Zeit – Sympathisanten der Außenseiter hervorgebracht, die den Kampf gegen Verbürgerlichung des Christentums und gegen kirchliches Establishment auf ihre Fahnen geschrieben haben.

Diese Konstellation hat sich in der Kirchengeschichte ständig wiederholt: die offizielle Kirche und Theologie im Streit mit Bewegungen, die mit der Leidenschaft des Enthusiasmus und mit der Glut eschatologischer Erwartung das wahrhaft Christliche zur Geltung bringen wollen. Das mutet auffallend an, wenn man bedenkt, welch fundamentale Bedeutung Pneumatologie und Eschatologie im Neuen Testament haben und welche Rolle die dahinter stehenden Realitäten für das Urchristentum spielten. Jene nicht zur Ruhe kommende innerchristliche Kirchenkritik hat sich darum auch immer wieder an dem Vorbild des Urchristentums orientiert, bewegt von dem Ideal apostolischer Armut, von der Antithetik zur bestehenden Welt und von der Hoffnung auf deren radikale Veränderung.

b) Indikatoren theologischer Verlegenheit

Der Häresieverdacht kehrt sich also um in den Vorwurf, Kirche und Theologie seien vom Ursprung abgefallen und vor der Radikalität des Christlichen zurückgeschreckt. Was im Geist begonnen war, sei im Fleisch geendet (vgl. Gal 3,3). Statt dem Vergehen der Welt und dem Kommen des Reiches Gottes zugewandt zu sein, sei man an der Erhaltung der Welt und am Aufschub des Endes interessiert. Nun ist es allerdings offensichtlich, daß solche Vorwürfe viel Verworrenheit und Widersprüchliches enthalten. Ihre Berufung auf die heilige Schrift ist zweischneidig, da sie sich zumindest auch mit Erscheinungen berühren, die dort bereits verurteilt sind. Das plerophore Reden vom Geist und der massive Umgang mit eschatologischen Aussagen garantieren nicht das wahre christliche Verständnis. Dennoch berechtigt das Mißtrauen gegen Schwärmerei nicht zur Abschirmung gegen den von daher laut werdenden Protest, das Christentum habe sich den Weltverhältnissen angepaßt und seine weltverändernde Kraft eingebüßt, es sei sein eigener gefährlichster Gegner, der unter dem Schein des Christlichen das Christliche abschafft[7]. Bei der Behandlung der Pneumatologie und der Eschatologie muß in der Tat die tiefe Beunruhigung darüber wirksam sein, daß die Gefahr eines solchen christlichen Realitätsverlusts nicht nur droht, sondern immer schon ihre Opfer gefunden hat. Man muß dabei jene Stimmen im Ohr haben, welche die ganze Kirchengeschichte begleiten, die Proteste gegen die Erstarrung des Geistes zum Buchstaben, gegen die Ersetzung des Eschatologischen durch das Geschichtliche. Andernfalls mag man wohl noch durch die betreffenden Lehrstücke an das Entschwundene erinnern. Man verrät dadurch aber nur die Verlegenheit, die diese Themen innerhalb der Dogmatik bereiten.

aa) Dogmatische Fehlfunktionen der Eschatologie

Es seien jetzt nicht normative Aussagen gemacht, sondern nur einige Feststellungen getroffen, welche Rolle weithin faktisch die Enderwartung in der Dogmatik spielt und inwiefern sich dabei Symptome der Verlegenheit zeigen. Der Problemkatalog, der sich daraus ergibt und der im nächsten Abschnitt im Blick auf die analogen Fehlfunktionen der

[7] S. Kierkegaard, Einübung im Christentum, in: Ders., Ges. Werke, übers. von E. Hirsch, 26. Abt. (1951), 34; Ders., Der Augenblick, ebda. 34. Abt. (1959), 167; u.ö.

Rede vom heiligen Geist seine Fortsetzung findet, nennt nur andeutungsweise einige Themen, die erst später zu behandeln sind.

Das geradezu klassische Beispiel theologischer Verlegenheit in bezug auf die Eschatologie ist das Problem der Parusieverzögerung. Die Enttäuschung der urchristlichen Naherwartung durch das Ausbleiben des Endes, so stellt man es dar, habe nicht ein bloßes Umdenken in eschatologischer Hinsicht erforderlich gemacht. Sie habe vielmehr das Urchristliche in seinem Kern tödlich getroffen. Die unausweichliche Folge sei darum der Bruch des Christentums mit seinem eigenen Wesen. Die Kirchengeschichte überhaupt – so Franz Overbeck – und das Kirchenrecht als solches – so Rudolph Sohm – stehen darum angeblich mit dem Wesen der Kirche im Widerspruch. Oder etwas anders gewandt: Die Entstehung von Kirche – so Alfred Loisy – sowie die Entstehung des Dogmas – so Martin Werner – werden als ein geschichtliches Zerfallsprodukt aus der Selbstauflösung konsequenter Eschatologie erklärt. Was die Dogmatik dann trotzdem noch als Eschatologie enthält, sei eine Entschärfung und Umdeutung, ja eine Verstümmelung urchristlicher Eschatologie. In diesen nur schlagwortartig plakatierten Thesen meldet sich trotz aller Einwände, die dagegen zu erheben wären, ein richtiges Empfinden dafür an, daß sich nicht nur das Gewicht der Eschatologie im Ganzen des christlichen Glaubens verändert hat. Auch ihr Verständnis hat sich grundlegend gewandelt. Die Eschatologie im Neuen Testament und das eschatologische Lehrstück der traditionellen Dogmatik sind gar nicht ohne weiteres vergleichbare Größen. Der Anschein von Identität erzeugt jedoch das Gefühl eines unbedingt zu absolvierenden Solls. Dieser dogmatischen Pflichtübung unter den veränderten weltbildhaften Bedingungen nachzukommen, bereitet dann vielerlei Schwierigkeiten. Von daher kann das eschatologische Lehrstück zu einem Musterbeispiel apologetischer Peinlichkeiten werden.

Aber auch das Umgekehrte kommt in Betracht: Die Eschatologie soll Verlegenheiten beheben, die anderswo in der Dogmatik entstehen. Es gibt eine Behandlung der Eschatologie, die den Eindruck erweckt, nun werde die theologia crucis rückgängig gemacht, die man allenfalls nur als einen Sektor der Dogmatik gelten lassen will. Wie in der vulgären Vorstellung die Ewigkeitshoffnung als Vertröstung auf das Jenseits erscheint, so faßt man die dogmatische Funktion der Eschatologie als Ablösung der theologia crucis durch eine theologia gloriae auf. Nicht als ob von der ewigen Doxa etwa nicht die Rede sein dürfte und davon, daß Gott aller Menschen Tränen von ihrem Angesicht abwischen werde und Tod, Leid, Jammer und Elend einmal ihr Ende haben (Offb 21,4). Dogmatische Unklarheit verrät sich aber daran, daß dann nur noch die Antithese zum Kreuz Jesu Christi zu vernehmen ist und der innere Zusammenhang und die Übereinstimmung mit ihm entschwinden.

Von einer eschatologischen Retusche innerhalb der Dogmatik könnte man auch noch in anderer Hinsicht reden. Der sogenannte eschatologische Vorbehalt, der Hinweis auf das Noch-nicht, auf das noch Ausstehende, kann dazu mißbraucht werden, abzuschwächen und einzuschränken, was durch Jesus Christus geschehen und vollbracht worden ist, als habe dies nur in potentia Gültigkeit durch Bereitstellung eines Schatzes im Himmel, nicht aber schon auf Erden durch dessen Wirksamwerden in actu. Die Eschatologie kann zum Deckmantel dafür werden, daß vorerst doch alles beim Alten geblieben ist und es weiterhin so bleibt. Dann drängt sich allerdings ein Umschlagen in das Gegenteil auf: Durch die Säkularisierung der Eschatologie sucht man der Dürftigkeit dessen aufzuhelfen, daß allein auf Wort und Glaube gestellt sein soll, was von Jesus Christus zu erwarten ist.

bb) Dogmatische Fehlfunktionen der Pneumatologie

Auch die Pneumatologie befindet sich in der Gefahr, zu einem Lückenbüßer der Dogmatik zu werden. Das kann zum einen in der theologischen Erkenntnislehre der Fall sein. Wo man mit der Argumentation nicht zurechtkommt, wo Sprünge im Verstehenszusammenhang auftreten, wo man auf die Grenzen der eigenen theologischen Einsicht oder der Kommunikationsfähigkeit stößt, da ist man geneigt, vorschnell den heiligen Geist zu bemühen. Allerdings ist es wohl berechtigt, mit der Bezugnahme auf den heiligen Geist den Hinweis auf seine Unverfügbarkeit zu verbinden, auf sein Einbezogensein in das göttliche Erwählungshandeln gemäß dem ubi et quando visum est Deo[8]. Aber es ist fatal, wenn die Pneumatologie auf einen solchen Vorbehalt zusammenschrumpft und nur noch als das Eingeständnis theologischer Ausweglosigkeit erscheint.

Nicht weniger verhängnisvoll ist eine andere Möglichkeit. Ähnlich wie bei der Korrektur der theologia crucis durch eine eschatologische theologia gloriae erscheint das, was der Glaube von Jesus Christus empfängt und was als Rechtfertigung sola fide verstanden wird, als unzureichend. Man meint, hier den heiligen Geist einführen zu müssen, um über eine solche soteriologische Engführung hinauszukommen. Wie Joachim von Fiore in seiner geschichtstheologischen Schau in Aussicht stellte, das Zeitalter des Sohnes werde durch das kommende Zeitalter des Geistes noch überboten, so stellt sich die Heilszueignung leicht als das Stufenschema dar, wonach die Heiligung als das Wirken des heiligen Geistes die bloße Rechtfertigung im Glauben an Jesus Christus hinter sich lasse. Diese Auffassung hat so sehr den Schein des Rechts für sich, daß das letztgenannte Beispiel wohl als der schwierigste Problemknoten

[8] BSLK 57,7f.

der Pneumatologie gelten darf. Denn wenn der Glaube an den heiligen Geist nicht in irgendeiner Weise doch über den Glauben an Jesus Christus hinausführt, so droht, wie es scheint, vollends eine Verlegenheit zu entstehen, was denn dann überhaupt noch der heilige Geist ist und wirkt.

3. Christologische Verklammerung

Anzeichen einer Konvergenz von Pneumatologie und Eschatologie gibt es mannigfach. Der Gesichtspunkt der Transzendenzerfahrung gab dafür positive Anhaltspunkte. Geschichtliche Beobachtungen bestätigten die Konvergenz durch den Aufweis einer negativ akzentuierten Schicksalsgemeinschaft zwischen beiden. Pneumatologie und Eschatologie können miteinander sowohl zum Nährboden häretischen Protestes werden als auch signifikante Beispiele dogmatischer Verlegenheit und Sterilität liefern. Beides zeigt an, wie empfindlich der christliche Glaube gerade auf diese Themen reagiert. Der innere Zusammenhang aller Hauptaussagen des Glaubens ist zwar derartig eng, daß jede von ihnen zum Testfall des Ganzen werden kann. Man könnte z.B. durchaus sagen: alles hänge von dem rechten Verständnis des Schöpfungsglaubens ab; oder: alles werde durch ein falsches Verständnis der Sünde verdorben; ganz zu schweigen von der für alles ausschlaggebenden Rolle der Christologie. Aber auch wenn man sich der Relativität solcher Akzentuierungen bewußt ist, ihrer berechtigten Abhängigkeit von zeitbedingten Problemsituationen sowie der ohnehin bestehenden Interdependenz aller theologischen Urteile, so scheint doch folgender Eindruck nicht unberechtigt zu sein: Der Komplex des dritten Glaubensartikels, der durch die Spannung und Konvergenz von Pneumatologie und Eschatologie bestimmt ist, wird in besonderem Maße zum Testfall, jedenfalls unter den geistigen Bedingungen der Neuzeit. Ohne deshalb jetzt das Epochenproblem diskutieren zu müssen, können wir diese Annahme an einigen Hauptbeispielen illustrieren.

Der entscheidende Brennpunkt des Neuen in der reformatorischen Theologie liegt im Bereich des dritten Artikels, wie die Konzentration auf die iustificatio sola fide als articulus stantis et cadentis ecclesiae unterstreicht. Es ließe sich darin eine eigentümliche gegenseitige Durchdringung von Pneumatologie und Eschatologie unter der Führung der Christologie erkennen. Der Neuprotestantismus hat dagegen den Schwerpunkt in das Problem der Heiligung verlagert und damit zugleich in das Problem der Ethik und der Verwirklichung des Reiches Gottes – auch dies ein Schnittpunkt pneumatologischer und eschatologischer Interessen. Für den Katholizismus wurde in der Neuzeit zunehmend die Ekklesiologie zum dogmatischen Fundament. Auf deren spezifisch katholische Bezüge zum heiligen Geist und zum Eschatologischen wurde bereits hingewiesen. Auch für den Humanismus aller Schattierungen, ob religiöser oder nichtreligiöser Tönung, ließe sich ein vorwiegendes Interesse an der Wirklichkeit des Geistes und der Geschichte aufweisen – die säkulare Verarbeitung der Probleme, wie sie aus dem theologischen Erbe anstehen. Der gemeinsame Grund all dieser Variationen ist die Nötigung, sich über das Verhältnis zur eigenen Lebenswirklichkeit neu Klarheit zu verschaffen. Entsprechendes läßt sich auch für die Christologie der Neuzeit als charakteristischer Nenner angeben. Sie wird in der Moderne vornehmlich von Gesichtspunkten des dritten Artikels her angegangen (§ 17 B II 2 c, s. Bd. II, 39 f).

Nun könnte der Anschein entstehen, der allgemeine Aufweis einer Konvergenz von Pneuma und Eschaton im Gesichtspunkt der Transzendenzerfahrung, ergänzt und modifiziert durch die Problemausrichtung der Neuzeit, liefere die Erklärung für eine Konstellation, die sich auch auf die Christologie auswirkt. Die Sache verhält sich jedoch wesentlich anders. Was an konvergierenden Tendenzen in Hinsicht auf das Transzendenzproblem von allgemeinen Phänomenen her erkennbar wird, bleibt im Vagen und Strittigen der stark divergierenden Auffassungen von Pneuma und Eschaton. Die angedeutete Problemsituation der Neuzeit dagegen ist eine Folgeerscheinung der Christologie und veranlaßt nur zur Thematisierung dessen, was in der Erscheinung Jesu Christi von Anfang an gegeben war, aber nicht immer im Vordergrund des Interesses gestanden hatte. Jedoch handelt es sich dabei nicht um eine willkürliche Wahl. Wie sich historisch zeigen läßt, hat die Erscheinung Jesu Christi darin ihre Eigentümlichkeit, daß sie die beiden Erfahrungsdimensionen des Pneuma und des Eschaton in unvergleichlicher Weise in Anspruch genommen und dadurch neu bestimmt hat. Deshalb konvergieren im christlichen Verständnis Pneumatologie und Eschatologie in der Person Jesu Christi und damit im Glauben an ihn. Was es mit dieser christologischen Verklammerung beider auf sich hat, wird zum Leitmotiv des dritten Teils der Dogmatik.

B. Vollendung als Gedanke und Wirklichkeit

Die Wahl des Wortes Vollendung zum Leitbegriff des dritten Teils der Dogmatik mag befremden und Bedenken verschiedener Art hervorrufen. Wenn soeben als Leitmotiv die christologische Verklammerung von Pneumatologie und Eschatologie angegeben wurde, so scheinen darin schon die wesentlichen Einwände enthalten zu sein, die dagegen sprechen, eben dies auf den gemeinsamen Nenner der Vollendung zu bringen. Der Ausdruck paßt, so möchte man meinen, allenfalls für die Eschatologie und auch da nur für den allerletzten eschatologischen Ausblick. Dagegen erscheint es höchst problematisch, die soteriologische Ausrichtung der Lehre vom heiligen Geist vom Gedanken der Vollendung bestimmt sein zu lassen. Damit tritt offenbar die Vorstellung beherrschend in den Vordergrund, daß die geschaffene Wirklichkeit übernatürlich aufgestockt wird. In dem Maße, wie dies geschieht, verschiebt sich die entscheidende theologische Thematik. Nicht das Thema der Sünde und der durch sie verursachten Heillosigkeit bestimmt dann das Heilsgeschehen, auf das die Dogmatik konzentriert ist, sondern die Endlichkeit und Unvollkommenheit alles Irdischen, die nach einem überhöhenden Ausgleich rufen. Das Interesse ist dann gar einer Vervollkommnung des Menschen zugewandt, die ihn dazu instandsetzt, seine Selbstverwirklichung auf Grund des in ihm Angelegten zum Ziel zu bringen. Als Folge solcher Weichenstellung wittert man mit Recht die Gefahr, entweder in das Gefälle katholischer Gnadenlehre zu geraten oder gar einer rein humanistischen Umdeutung der Soteriologie ausgeliefert zu werden. Mit dem reformatorischen Verständnis scheint die Grundtendenz, die sich in dem Worte Vollendung ankündigt, jedenfalls kaum vereinbar zu sein. Und eben dasselbe Empfinden der Unvereinbarkeit stellt sich im Verhältnis zur Person Jesu Christi ein. Kann man die Wahrheit seiner Erscheinung gründlicher verfehlen, als wenn man ihn zu einer Idealfigur der Vollkommenheit stilisiert?

Nun gehört allerdings offensichtlich das Stichwort Vollendung in ein verwickeltes semantisches Feld, auf dem ihm Worte wie Vollkommenheit und Fülle, aber auch Ziel und Ende eng benachbart sind. Es empfiehlt sich darum, mit einigen Überlegungen zu den allgemeinen Anwendungsmöglichkeiten des Wortes Vollendung zu beginnen, bevor es auf seine theologische Brauchbarkeit hin geprüft wird.

I. Vollendung als Problem allgemeiner Erfahrung

Vollendung ist ein nomen actionis. Auch wer bei diesem Wort in erster Linie an einen Zustand denken sollte, muß ihn doch als einen erreichten Endzustand denken, sei es im Blick auf dessen Entstehung und Gewordensein, sei es zumindest im gedanklichen Aufstieg auf einer Skala bis zu deren höchster Stufe. Das Wort meint seiner Grundbedeutung nach: zur Fülle bringen oder gelangen. In einem Ablauf, einem Vorgang, einer Entwicklung ist ein Endpunkt erreicht, der nicht überboten werden kann. Dem Sinne nach handelt es sich um einen Superlativ. Ihm voraus liegen Möglichkeiten der Steigerung. Folgen können ihm gewissermaßen nur Rückschritte. Die erreichte Vollendung setzt dem Fortschreiten darüber hinaus ein definitives Ende. Nun kann dies freilich wertneutral verstanden werden, indem es auf den Ablauf einer bestimmten Frist bezogen wird. Ist sie beendet, so ist die vorgesehene Zeit vollendet oder erfüllt, was eine Sanduhr besonders anschaulich macht. Nicht jedes beliebige zeitliche Ende, das durch ein zufälliges plötzliches Abbrechen verursacht ist, sondern nur das Ende, das der Zielpunkt einer von vornherein begrenzten Zeit ist, etwa einer bestimmten Wartezeit oder der Schulzeit, kann als ein Vollenden im formalen Sinn verstanden werden. Gewöhnlich bezieht sich der Ausdruck freilich auf eine inhaltliche Qualifikation des erreichten Ziels, etwa der Reife in einem Wachstumsprozeß. Dieser Sachverhalt des Naturgeschehens sei zunächst etwas erörtert, ehe dann das Problem der Vollendung im Hinblick auf das Handeln und das Leben des Menschen sowie auf das Sein der Welt bedacht wird. Bei all dem soll das Stichwort Vollendung nur als Richtungsangabe dienen, um das Augenmerk auf alle möglichen Anzeichen teleologischer Art zu richten, in möglichst offener Fassung des Begriffs des Teleologischen.

1. Im Bereich des Naturgeschehens

Es liegt jetzt die Absicht fern, eine teleologische Theorie der Natur zu vertreten. Zu der Auseinandersetzung um den ontologischen Modus des Naturzusammenhangs soll nicht Stellung genommen werden. Nur dürfte die Erinnerung daran nicht überflüssig sein, daß die Beschränkung des Kausalgedankens auf die physikalisch nachweisbare Wirkursache eine Verengung der Pluralität von Hinsichten darstellt, unter denen eine Sache auf ihre Ursache hin bedacht werden kann. In dem aristotelischen Schema der vier causae nimmt neben der causa efficiens sowie der causa materialis und formalis mit guten Gründen der Gesichtspunkt der causa finalis einen hervorragenden Rang ein, wobei die Formal- und die Finalursache einander eng berühren. Der wahrscheinlich von Aristoteles geprägte Begriff der Entelechie bringt das entsprechende Wirklichkeitsverständnis eindrücklich auf eine Formel: Konstitutiv für die Bewegung der Verwirklichung ist das ihr innewohnende Telos, – das Ziel als Vollendung oder die Vollendung als Ziel, so könnte man sagen. Ob in der teleologischen Wirklichkeitsbetrachtung stärker der Gestaltgedanke oder die Zweckvorstellung oder das Sinnproblem dominiert und mit welchem Recht sich die neuzeitliche Philosophie und Naturwissenschaft von der Vorherrschaft dieser Perspektive befreit haben, freilich wiederum nicht ohne Reaktionen dagegen, und nicht ohne einen hohen Preis dafür zu zahlen, darauf soll jetzt nicht näher eingegangen werden. Es genügen einige schlichte Beobachtungen.

Was etwa schon an der Bildung von Kristallen erstaunlich zur Darstellung kommt, die Regelmäßigkeit in der Entstehung bestimmter Formen, das findet im Bereich des Organischen mutatis mutandis eine Überfülle der Veranschaulichung. Das einzelne Lebewesen vollzieht vom Samen zur Pflanze, vom Embryo zum Tier einen Wachstumsprozeß auf die im Keim programmierte und in der Reife erreichte Gestalt hin. Jedes Einzelleben strebt nach voller Verwirklichung, zur Vollendung seiner Wesensmöglichkeit. Dabei kann es durch ungünstige Einwirkungen von außen her oder durch innere Erkrankungen zu Entwicklungsstörungen, zu Mißbildungen oder zu hybridem Zellenwachstum kommen. Das sind aber Ausnahmen vom Normalen und Gesunden, so schwierig dessen Gehalt im einzelnen zu bestimmen sein mag. Auch noch in dem Fehlwuchs verrät sich die Macht der Zielgerichtetheit, wie sie etwa an der Hinwendung zum Licht und dem Suchen nach Nahrung, an dem Streben nach Vereinigung mit dem Geschlechtspartner und nach Fortpflanzung und an allen sonstigen Äußerungen der Selbstbehauptung und der Freude am Leben zum Ausdruck kommt.

Die Frage freilich, ob man dabei überhaupt von einem Vollendungspunkt, von einem erreichten Ziel reden könne und wo gegebenenfalls eine solche Grenzmarkierung anzusetzen sei, bringt die Mehrdeutigkeit und Fraglichkeit des Begriffs der Vollendung zum Bewußtsein, ohne ihn doch als Problemanzeige erledigen zu können. Ist etwa bei einer Pflanze der Zustand des völligen Ausgewachsenseins oder die Blüte oder die Frucht ihr Telos? Je nach subjektivem Interesse sind wir von Fall zu Fall zu dieser oder jener Antwort geneigt. Aber auch in objektiver Sicht ließen sich verschiedene Auffassungsperspektiven nebeneinander vertreten. Auf jeden Fall wird deutlich, daß das individuelle Leben normalerweise eine Kurve beschreibt, deren Kulminationspunkt sich nicht mit dem Endpunkt deckt, sosehr man geneigt sein könnte, als den Daseinszweck die Erhaltung der Art anzusehen und so die Lebenserfüllung und die individuelle Lebensauslöschung in Harmonie miteinander zu bringen. Aber auf der Ebene der Arten wiederholen sich die Probleme. Auf der einen Seite ist die Evolution unbestreitbar eine Entwicklung vom Niederen zum Höheren, zum Vollkommeneren. Auf der anderen Seite wäre es nicht nur voreilig, sie für abgeschlossen zu erklären, sondern auch kurzsichtig, die Tatsache zu übersehen, daß sich im Bereich der Arten und des Lebens überhaupt eine Kurve des Entstehens und Vergehens vollzieht, die der individuellen Lebensbewegung entspricht. So gibt es gar keinen Anhalt dafür, im Blick auf das Ganze, das wir ohnehin nicht überschauen, von einer Vollendung in absolutem Sinne oder auch in unendlicher Pluralität zu reden. Der Gesichtspunkt des Endes scheint den der Vollendung aufzuheben.

2. Im Bereich des Handelns

Vom Handeln im strengen Sinne kann nur beim Menschen die Rede sein. Handeln bedeutet ein zielbewußtes Verhalten, dessen Ausrichtung durch Verstand und Wille gelenkt ist und dessen Ausführung auf der Wahl angemessener Mittel beruht. Auch ein Vogel baut zielstrebig und zweckmäßig sein Nest, aber mit einem nur unwesentlichen Spielraum instinktgeleitet, wie auch immer der so etikettierte Sachverhalt zu erklären sein mag. Die Ausrichtung auf ein Ziel schließt das Verlangen ein, es auch zu erreichen, das Vorhaben zur Ausführung zu bringen, mit der Arbeit fertig zu werden, das Werk abzuschließen. Handeln ist auf Vollbringen aus. Aber seine Sinnhaftigkeit hängt nicht unbedingt daran, daß es auch wirklich zum Abschluß kommt und in diesem äußersten Sinne vollendet wird. Auch das Fragment kann sinnvoll sein. Erst recht aber deckt sich mit der äußeren Vollendung nicht notwendig die wahre Vollendung, die Erfüllung der qualitativen Norm. Ein vollendetes Werk kann sehr unvollendet sein und das unvollendete die Züge der Vollendung an sich tragen. Dennoch verhalten sich diese zwei Aspekte nicht völlig gleichgültig zueinander. Beides enttäuscht: ein Fabrikat, das zwar fertig, aber schlecht hergestellt ist, und ein Kunstwerk, das zwar Vollkommenheit ausstrahlt, jedoch ein Torso geblieben ist. Es verhält sich auch nicht so, daß diese beiden Aspekte von Vollendung nur extrem selten zur Deckung kämen. Gewöhnlich ist man bestrebt, seine Arbeit möglichst gut zu machen. Gewiß weist sie vielfach Mängel auf. Und ein Perfektionismus kann sich auf das Gelingen sogar hemmend auswirken. Dennoch gibt es in begrenzten Bereichen und in bestimmter Hinsicht durchaus nicht selten den Fall, daß menschliches Handeln Vollendetes hervorbringt. Ein technisches Gerät, ein Kunstwerk, eine Darbietung können je in ihrer Weise vollendet sein, und zwar keineswegs nur sensationelle Spitzenleistungen, vielmehr auch schlichte alltägliche Hervorbringungen und Hantierungen. Was mit Können und Hingabe getan wird, mag ganz unscheinbar, kann aber in sich vollendet sein.

Das gilt erst recht dann, wenn man sich nicht primär an das vom Handeln ablösbare Produkt hält, sondern an die menschliche Tat in ihren situationalen Bezügen. Daß es in diesem Sinne gute Werke gibt, wird auch durch das reformatorische Verständnis des allein rechtfertigenden Glaubens keineswegs bestritten, soll im Gegenteil dadurch erst in seiner Wahrheit zur Geltung kommen. Freilich ist eine Hauptbedingung dafür die, daß die Abzielung nicht diesem guten Werk als solchem gilt samt dem, was es seinem Täter einbringt. Vielmehr soll es frei von solcher Reflexion sozusagen selbstvergessen allein auf das Ziel ausgerichtet sein, das die Tat erreichen will: daß eine bestimmte Notlage abgewandt, einer Erwartung entsprochen, eine Bitte erfüllt, eine Freude bereitet, ein Mensch glücklich gemacht wird. Solche guten Werke leben davon, daß sie unbeachtet bleiben, zumindest von denen, die sie vollbringen. Als gute Werke sind sie dann grundsätzlich nicht steigerungsfähig. Auch die verborgensten und geringsten sind vollkommen. Sie sind das allerdings nicht unter dem Gesichtspunkt der meßbaren Zweckerfüllung. Danach geurteilt mögen sie unbeholfen und überbietbar sein. Dagegen hängt die Vollkommenheit eines guten Werks daran, daß es situationsgerecht ist in dem radikalen Sinne, wonach Liebe das in höchstem Sinne Benötigte und Gebotene ist. Wo wahre Liebe waltet, ereignet sich etwas Vollkommenes, erfüllt sich Menschlichkeit.

3. In Hinsicht auf das Sein des Menschen

In bezug auf das Handeln wurde mit vielleicht überraschendem Nachdruck die Möglichkeit von Vollendetem und Vollkommenem betont. Das war deshalb erforderlich, weil man sich die Problemlage zu leicht macht, wenn man sich ihr bereits auf dieser Ebene mit dem Gemeinplatz menschlicher Unvollkommenheit entzieht. Dem darf freilich nicht mit verharmlosender Beschönigung entgegengetreten werden. So waren auch die vorangegangenen Darlegungen nicht gemeint. Sie hinterlassen gewiß auch die Frage, warum nun eben doch relativ selten Vollendetes glückt und insbesondere offenbar erst recht selten wirklich gute Werke geschehen. Weit bedrängender ist aber die andere Frage: Warum wird das, was in sich selbst durchaus vollendet ist, zumeist nicht wahrgenommen oder aber in falscher Weise gedeutet und durch Mißbrauch verdorben? Die Antwort liegt nahe: weil der Mensch, obwohl er mancherlei in vollendeter Weise kann und tut, sogar mehr, als er selbst gewahr wird, dennoch in seinem Sein der Vollendung völlig ermangelt. Gerade weil er bildungsfähig und somit vervollkommnungsfähig ist, klafft bei ihm eine ungeheure Differenz zwischen dem, was er sein könnte und sollte, und dem, was er tatsächlich ist. Scherenartig gehen Möglichkeit und Wirklichkeit, Essenz und Existenz, Ziel und augenblicklicher Stand zunehmend auseinander, je weiter die Menschen vorankommen: „Wir spinnen Luftgespinste und suchen viele Künste und kommen weiter von dem Ziel."[9] Ein Tier befindet sich mit seinem Wesen in Übereinstimmung. Darum ist beispielsweise eine Möwe so vollkommen in ihrem Flug. Der Mensch hingegen entbehrt seiner Identität, ringt zwar um sie, läuft aber Gefahr, sie dadurch um so mehr zu verlieren. Er kann an sich selber arbeiten und seine Fähigkeiten vervollkommnen. Aber was er dadurch wird, betrifft nur bestimmte Seiten seines Könnens. Dank Talent und durch entsprechendes Training macht er aus sich vielleicht einen perfekten Fußballer oder einen brillanten Pianisten. Dies betrifft jedoch nicht sein Selbst.

Was im gewöhnlichen Verständnis mit dem Schlagwort Selbstverwirklichung gemeint ist, bleibt oft noch hinter dem Streben nach Selbstentfaltung durch harte Bildungsarbeit weit zurück und begnügt sich mit dem Traum eines möglichst ungehemmten Sichauslebens. Aber

---

[9] M. Claudius, Abendlied, Vers 4.

gerade dann, wenn der Gedanke der Selbstverwirklichung streng und anspruchsvoll gefaßt wird, führt er in ein unauflösliches Dilemma. Wann hätte denn der Mensch je sich selbst verwirklicht? Auf der Höhe seiner Leistungsfähigkeit, auf dem Kulminationspunkt seiner beruflichen Laufbahn, auf dem Gipfel des Glücks? Es wäre eine törichte Illusion, für die Gebrechlichkeit und Flüchtigkeit solcher Lebensmomente den Begriff der Vollendung in Anspruch zu nehmen. Was kommt im übrigen nicht alles an Törichtem und Fürchterlichem durch den Menschen zur Verwirklichung, indem er sich selbst verwirklicht und in die Tat umsetzt, was in ihm steckt? Der Blick auf die misère de l'homme ringsum und die nüchterne Erkenntnis, wie es mit dem eigenen Leben gegangen ist, weitergehen und enden wird, lassen einem die Vorstellung von Vollendung in Hinsicht auf das Sein des Menschen gänzlich vergehen, sowenig man freilich dadurch von der inneren Vollkommenheits- und Ganzheitsforderung frei wird. Gerade derjenige, der menschlicher Vollkommenheit am nächsten zu sein scheint, der weise, einsichtsvolle, illusionslose Mensch, weiß am genauesten, wie fern er der Vollendung bleibt, dem völligen Einswerden mit sich selbst. Er nimmt es ernst, daß flüchtiger noch als das Leben selbst das Glück des Lebens und die Lebensgüter und Lebenskräfte sind und daß sich der Mensch früher oder später auf das Abnehmen und Schwinden seiner Möglichkeiten, das Loslassen seiner Habe und das Erlöschen seines Seins einzustellen hat. Dieses Ende ist zwar Vollendung der gesetzten Lebensfrist, im übrigen aber allem Anschein nach ein brutales und definitives Nein zur Vollendung des Menschen.

4. In Hinsicht auf die Weltgeschichte

Daß die Geschichte des Universums, sofern sie dem Menschen erkennbar ist, keine Aussicht auf Vollendung bietet, scheint ohnehin klar. Ist doch hier, im Unterschied zur Evolution der Lebensformen, kein Anzeichen einer Aufwärtsentwicklung zu erkennen, sondern nur eine ungeheure, aufs Ganze chaotisch anmutende Expansion samt der Möglichkeit totalen Kollabierens. Davon umklammert ist als winzige Größe der Prozeß der Evolution, der, wenn nicht lange zuvor, spätestens durch kosmische Katastrophen endet. Beschränkt man sich auf die Menschheitsgeschichte, diesen bloßen Moment in der Geschichte des Universums, so lassen sich zwar hier analog zur Evolution ebenfalls gewisse Symptome einer Aufwärtsentwicklung erkennen. Aber in bezug auf die Zukunftsprognosen, die sich daraus für das Ganze ergeben, ist, wenn nicht tiefster Pessimismus, so doch äußerste Skepsis am Platze. Aus partiellen und ambivalenten Fortschritten in Vergangenheit und Gegenwart auf einen universalen Fortschritt zu künftiger Vollendung der Menschheit hin zu schließen, ist unbegründet, so erwünscht auch eine solche Zielvorstellung als Motivation menschlichen Handelns sein mag. Sie ist aber auch in sich selbst haltlos, da unter den Bedingungen der Geschichte eine Vollendung nicht Bestand haben und auch schon gar nicht zustandekommen könnte, ohne daß das Sein des Menschen selbst zur Vollendung käme. Derartige Utopien pflegen sich in dem Zirkel zu bewegen, daß man sich von radikalen geschichtlichen Veränderungen die Veränderung des Menschen und von radikaler Veränderung des Menschen die Veränderung der Geschichte verspricht. Auf dem Hintergrund der sich widersprechenden elementaren Geschichtsfaktoren: des menschheitlichen Anspruchs auf ein grenzenloses Wachstum und der Tatsache, daß diesem Wachstum Grenzen gesetzt sind, ist jener utopische Zirkel nur zu begreiflich, gewinnt aber dadurch nicht an Überzeugungskraft.

II. Vollendung als theologisches Thema

In äußerstem Kontrast zu dem, was die Welt- und Lebenserfahrung zu erkennen gibt, aber auch in beachtenswertem Unterschied zu Bedenken und Hemmungen, wie sie aus theologischer Reflexion erwachsen können, ist die Bibel von der Gewißheit erfüllt und durchdrungen, daß alles auf ein Ende zuläuft, welches im Zeichen der Vollendung steht. So selbstverständlich diese Feststellung ist, wenn man unter dem Einfluß der biblischen Tradition steht, wird doch ihr Sachgehalt höchst erstaunlich und verwunderlich, wenn nicht gar schockierend und unglaubhaft, sobald man ihn dem konfrontiert, was einem sich sonst aufdrängt und einleuchtet. Deshalb ist es notwendig, sich das durch und durch Unselbstverständliche des biblischen Sachverhalts bewußt zu machen.

1. Abgrenzungen gegen den Optimismus und gegen die allgemeine soteriologische Tendenz

Auf die Formel einer Grundstimmung gebracht, könnte man versucht sein, von einem überwältigenden, alles übersteigenden Optimismus zu reden. Es besteht die felsenfeste Zuversicht auf ein nicht bloß gutes Ende, sondern herrliches Ziel. Und das nicht etwa nur im Sinne eines plötzlich und unvermittelt hereinbrechenden happy end, sondern als eine Grundüberzeugung von der schon jetzt gültigen Tendenz, daß alles – freilich nicht allen, sondern denen, die Gott lieben – zum Besten dient, daß für sie also eine universale Kooperation zum Guten statthat (Röm 8,28).

Nun ist freilich dafür Optimismus eine unangemessene Bezeichnung. Man denkt bei ihr an eine subjektive Lebenseinstellung, die allem eine gute Seite abgewinnt und wie die Sonnenuhr nur die heiteren Stunden zählt, indem sie das Widrige nicht registriert, über es hinwegsieht, es verharmlost oder verdrängt. Die biblische Vollendungsgewißheit dagegen ist nicht eine in sich selbst ruhende Stimmung, sondern von außen her begründet. Sie übersieht nicht das Böse, wird seiner vielmehr um so schärfer gewahr. Sie gilt nicht begrenzt für einzelne Erscheinungen und Vorkommnisse, sondern bezieht sich auf das Ganze. Dennoch sollte man nicht nur den Gegensatz betonen. An dem Optimismus im gängigen Sinne ist trotz allem etwas Wahres. Er ist, so möchte man sagen, die gesunde Reaktion des Lebens gegen die ansteckende Macht des Morbiden, des Lebenzerstörenden, vor dem man nur allzuleicht schon im voraus die Waffen streckt und kapituliert. Die biblische Vollendungsgewißheit unterscheidet sich von diesem Optimismus nicht dadurch, daß sie ihn einschränkt und abschwächt, sondern dadurch, daß sie ihn sowohl seiner Begründung nach als auch in bezug auf seine Ausrichtung radikalisiert.

Entsprechend stellt sich ihr Verhältnis auch zu dem soteriologischen Grundzug der Religionen dar. In keiner fehlt es an irgendeiner Art von Heilserwartung. Natürlich läßt sich leicht vom biblischen Denken her, sogar ein Stück weit im Bündnis mit der rationalen Religionskritik, polemisches Geschütz dagegen auffahren: Es handele sich um Wunschträume, Illusionen und Surrogate, die der Mensch aus seiner Notlage heraus erdacht hat, die ihn aber letztlich desto mehr darin festhalten. Dennoch ist dieser soteriologische Grundzug der Religionen ein bemerkenswerter Hinweis darauf, daß menschliches Leben dessen bedarf, was Zuversicht gewährt und hoffen läßt. Wenn es überhaupt in einer Hinsicht evident ist, daß sich beim Entschwinden von Religion deren Grundzüge in säkularisierter Form alsbald wieder durchsetzen und das Vakuum, das inhaltlich entsteht, sich sofort anders auffüllt, so tritt dies daran zutage, daß es in der Menschheit überhaupt keinen soteriologiefreien Raum gibt. Der Kampf gegen die Religion ist noch immer im Namen irgendeiner angeblich besseren Heilsbotschaft geführt worden. Setzt man nun die biblische Vollendungsgewißheit dazu in Beziehung, so ist bei aller erforderlichen Differenzierung doch auf etwas Verbindendes Gewicht zu legen. Mit der religiösen Soteriologie überhaupt hat die biblische Vollendungsgewißheit dies gemein, die Frage des Heils als etwas einzuschätzen, was das Handeln des Menschen übersteigt, weil sie ihn in seinem Sein selbst betrifft. Auch hier ist das biblische Denken nicht durch einschränkende und abschwächende Vorbehalte bestimmt, sondern dadurch, daß es dem soteriologischen Sachverhalt an die Wurzel geht. Deshalb zeichnet sich die biblische Vollendungsgewißheit dadurch aus, daß sie stärker, als es irgendwo sonst geschieht, das Gegensätzliche und Widersprechende in sich aufnimmt. Das führt zu einer ungewöhnlich verschärften Akzentuierung des Ja, das letztlich über alle Weisen des Nein triumphiert. Dasselbe zeichnet sich auch innerhalb der Bibel an dem Gefälle vom Alten zum Neuen Testament ab. Ganz unverkennbar ist die Vollendungsgewißheit im Neuen Testament so stark betont wie nirgends sonst. Mit dem Thema der Versöhnung ist sie aufs engste verbunden und meldet sich in ihm bereits an, obschon sie als dessen Folge deutlich von ihm zu unterscheiden ist. Von dem Thema der Schöpfung wiederum ist sie ebenfalls durchaus nicht getrennt, obwohl sie es weit in den Hintergrund zu drängen scheint. Es wird sich aber zeigen, daß das Motiv der Vollendung, recht verstanden, auch im Schöpfungsglauben selbst verwurzelt ist.

2. Die sprachliche Spannweite der Vollendungsgewißheit

Der Begriff der Vollendungsgewißheit ist ein sprachlicher Notbehelf und mit entsprechender Vorsicht zu verwenden. Was zu besonnenem Umgang mit ihm nötigt, ist nicht dies, daß sich über seinen Inhalt wenig Klares aussagen ließe, sondern im Gegenteil die Tatsache, daß man sich im Neuen Testament einer Flut von Ausdrucksmöglichkeiten gegenüber sieht, die alle mit verschiedenen Nuancen dieses gewaltige Thema variieren. Es gibt Bereiche der biblischen und speziell der neutestamentlichen Sprache, in denen jeweils eine bestimmte Vokabel unumstritten dominiert. Das Wort glauben ist dafür wohl das eindrücklichste Beispiel. Auch die Wörter Sünde und Gnade gehören dazu. In bezug auf Gott spielt die Bezeichnung als Vater eine solche überragende Rolle. In der Christologie sind es gleichermaßen der Sohnestitel und der Kyrios-Titel. Auch die Wortbildung heiliger Geist hat eine unersetzbare Zentralfunktion. Und ebenso etwa das Wort Liebe. Diese Beobachtung soll jetzt nicht weiter durchgespielt und durchreflektiert werden. Das Faktum solcher Grundworte im neutestamentlichen Vokabular wäre in einer theologischen Sprachlehre weiter zu bedenken. Dagegen muß nun auf einen umgekehrten sprachlichen Befund aufmerksam gemacht werden. Für den soteriologisch-eschatologischen Komplex hat das Neue Testament kein einzelnes überragendes Wort, das alles in sich schlösse. Man könnte sich fragen, ob es nicht in bezug auf die Deutung des Christusgeschehens ähnlich sei. Aber wie mir scheint, zeigt sich der angedeutete Befund viel ausgeprägter hier, wo es um die Auswirkung des Christusereignisses geht. Es wäre eine irreführende Erklärung, würde man dies auf eine Kumulation zurückführen, die durch die dabei vorausgesetzte Verbindung von Soteriologie und Eschatologie zustande kommt. Selbst wenn man daraus dem üblichen dogmatischen Vorgehen gemäß zwei gesonderte Themenkreise machte, fände sich in beiden ebenfalls eine auffallende Vielfalt der Terminologie. Und schon am Vergleich des Vokabulars wäre dann zu erkennen, wie stark sich beides überschneidet. Daran verrät sich etwas spezifisch Neutestamentliches. Die Soteriologie im Sinne der Heilszueignung und die Eschatologie durchdringen einander so eng, daß man alles miteinander als einen einzigen Sachverhalt bedenken muß, wobei dann gewiß auch differenzierende Gesichtspunkte auftauchen können. Ohne im geringsten Vollständigkeit anzustreben und ohne den Interpretationsproblemen im einzelnen nachzugehen, reihe ich in loser Gruppierung Beispiele des hierher gehörenden neutestamentlichen Wortschatzes aneinander.

An die Spitze gehört die Wortgruppe vom Stamme *telos*. Sie umgreift die Spannweite von Ende und Vollendung. Vom Ende *(telos, synteleia)* wird ebenso absolut wie auch mit dem Zusatz Ende der Weltzeit gesprochen, und zwar im Sinne seiner unmittelbaren Nähe (1. Kor 10,11 1. Petr 4,7). Bis dahin gilt es auszuharren und durchzuhalten (Mt 10,22 24,13), in bewußter Ausrichtung auf das *telos* zu leben und zu bedenken, wohin das Leben letztlich führt, das man führt (Röm 6,21f Phil 3,19). Wenn es auch als bloße Stichwortassoziation erscheint, die Wortbildungen von demselben Stamme mit der Bedeutung „vollenden“, „vollkommen“, „Vollkommenheit“ *(telein, teleioun, teleiotes, teleios)* hier gleich anzufügen, so spricht sich doch auch in ihnen, nun aber vornehmlich im qualitativen Sinne, die Zielgerichtetheit aus, das Erreichen einer unüberbietbaren Stufe. Von den Christen wird mehrfach als von Vollkommenen *(teleioi)* gesprochen (1. Kor 2,6 14,20 Phil 3,15 Kol 4,12 Hebr 5,14 u. ö.). Dabei bricht sogleich die Problematik auf, daß offenbar nicht alle dazu gehören, daß vielmehr mit einem Wachstum gerechnet werden muß, aber auch gerechnet werden darf. Paulus hält sich selbst noch nicht für vollkommen, befindet sich aber auf das Ziel hin unterwegs (Phil 3,12). Das Prädikat der Vollkommenheit gebührt zwar eigentlich allein Gott und seinem Willen (Mt 5,48 Röm 12,2). Dennoch wird es denen zugesagt, die Christus angehören (Mt 5,48 Kol 1,28 4,12). Die verbindende Klammer ist dabei dies, daß im Glaubenden die Liebe Gottes zur Vollendung kommt (1. Joh 2,5 4,12.17f).

Eine andere Aussagegruppe ist durch das Stichwort *eschatos* bestimmt. Der letzte Tag, die letzte Stunde, die letzte Zeit, die letzten Plagen, die letzte Posaune, der letzte Feind – das sind die Ausdrucksweisen, denen gemäß die orthodoxe Dogmatik das eschatologische Lehrstück De novissimis überschrieben hat, während erst Anfang des 19. Jahrhunderts das Kunstwort Eschatologie gebildet wurde. Die universale Blickrichtung wird durch die Korrespondenz von Erstem und Letztem unterstrichen, vor allem in der paulinischen Unterscheidung von erstem und letztem Adam (1. Kor 15,45). Darin liegt zugleich eine wertende Stufung, freilich entgegengesetzt der Art, wie unter den Menschen sonst die Rangordnung von Ersten und Letzten aufgefaßt wird. Die eschatologische Sicht lehrt aber auch in dieser allgemeinmenschlichen Hinsicht, sich auf eine Umkehrung des natürlichen Urteils einzustellen: Erste werden Letzte sein und umgekehrt (Mt 19,30). Und wer Erster sein will, soll bereit sein, Allerletzter zu werden (Mk 9,35). Das Verhältnis von Erstem und Letztem ist für den Menschen auf jeden Fall disjunktiv. Für Gott als den Ewigen hingegen gilt beides zugleich: Er ist der Erste und der Letzte (Offb 1,17 2,8 22,13). Das Gottesprädikat der Ewigkeit kann im übrigen ebenso wie das Adjektiv *eschatos* dazu dienen, das eschatologisch Definitive zum Ausdruck zu bringen.

Eine Gruppe verschiedener Wörter betont den inneren unausweichlichen Bezug zwischen dem Leben in seiner Vorläufigkeit und der Endgültigkeit als dem Zielpunkt. So vor allem die Vokabeln für den Vorgang des Gerichts (*krima, krinein, krisis, krites*) mit Lohn und Strafe, Annahme und Verdammung, samt der bildhaften Erfassung des Gerichtsgedankens in der Vorstellung von Frucht und Ernte. Nicht erst die ausdrückliche Hineinnahme des Gerichts in die Gegenwart (z.B. Joh 3,18, in gewisser Weise auch 1. Kor 11,29.34) entsprechend der Präsenz des Heilstages (2. Kor 6,2), sondern auch schon die Tatsache, daß das Jetzt und Hier in der Perspektive des Einst und Dort gesehen und ernstgenommen wird, läßt aus der Differenz von Gegenwart und Zukunft ein einziges werden. In den Umkreis der Gerichtsterminologie gehört gegebenenfalls auch das Wort „offenbaren“. Das eschatologische Gefälle von Verborgenheit und Offenbarung unterstreicht wiederum die sachliche Zusammengehörigkeit von Jetzt und Dann.

Der Gerichtsvorstellung benachbart ist das Reden vom Sieg. Wie Christus als der Richter der Welt geglaubt wird, so auch als der, der die Welt besiegt hat (Joh 16,33). Und wie die Seinen am Richten der Welt Anteil haben (1. Kor 6,2f), so haben sie durch ihn auch teil an seinem Sieg (1. Kor 15,54). Im Glauben vollzieht sich weiterhin der Sieg über das Böse und über die Welt (Röm 12,21 1. Joh 2,13 4,4f 5,4f). „Sieger“ wird in der Offenbarung Johannis zum Titel dessen, dem im eschatologischen Leiden die eschatologische Verheißung gilt (2,7 u.ö.). Die Überwindung des Todes ist der letzte Akt des Sieges Jesu Christi (1. Kor 15,26.54f).

Das eschatologische Vokabular kann zur Kennzeichnung dessen verwendet werden, was dem Glaubenden schon jetzt zuteil wird, ohne daß dadurch das Moment des Definitiven abgeschwächt oder aber die Zukunftsdimension des noch Ausstehenden aufgehoben würde. Das kommt vor allem an den drei Haupttermini zum Ausdruck, die den Effekt der Heilszueignung beschreiben: Wiedergeburt, Rechtfertigung und Auferstehung.

Das Wiedergeborenwerden (*palingenesia*), mit dem das Johannesevangelium den Beiklang „von oben her“ verbindet (*anothen*, Joh 3,3.7) und das sich mit Worten wie Erneuerung (*anakainosis, anakainousthai*) und Verwandlung (*metamorphousthai*) berührt, hat auch apokalyptischen Sinn, wie Mt 19,28 noch erkennen läßt, ist aber vornehmlich zur

Bezeichnung der durch Jesus Christus bewirkten radikalen Veränderung geworden; dem Sinne nach benachbart dem Werden wie die Kinder (Mt 18,3) sowie bezogen auf die Umorientierung der Lebensausrichtung in der *metanoia*. Dadurch verliert der Gedanke der Wiedergeburt nicht den Charakter des Einmaligen und Definitiven, wie die Beziehung zur Taufe unterstreicht (Tit 3,5). Es handelt sich nicht um eine von Zeit zu Zeit fällige Renovation, um ein wiederholbares Baden, nach dem man sich jeweils wie neugeboren fühlt. Der Sinn von Wiedergeburt ist ebenso absolut auf Einmaligkeit eingestellt wie das Ereignis der Geburt. Völlig fern liegt der Gedanke an eine mehr oder weniger lange Serie von Reinkarnationen. Mit der Einmaligkeit ist darum eo ipso die Vollendung gesetzt.

Die Terminologie der Rechtfertigung ist aus der Sprache des Gerichts hervorgegangen. Dabei verbindet sich Gottes Recht schaffendes Handeln in der Geschichte mit dem Gedanken des Endgerichts. Hier gliedern sich deshalb verwandte Stichworte an: die Befreiung von Schuldenlast und Anklage, die Erlösung von Feinden und Bedrängnissen, die erwählende Inanspruchnahme durch Gott sowie der Vorgang der Heiligung als Anteilgewinnen an Gottes Heiligkeit. All das stellt ebenfalls ein Vokabular dessen dar, was ein für allemal geschehen ist und gilt, so daß das letzte Wort schon jetzt gesprochen ist (vgl. Röm 8,31–39).

An der Wortgruppe für Auferstehung *(anistanai, egeirein, egeiresthai)* haftet zwar insbesondere die futurische Note. Aber wie das Christusgeschehen selbst in der Auferstehung zur Erfüllung gekommen ist, so ist es auch jetzt bereits als neues Leben in denen wirksam, die mit Christus schon gestorben sind, und zwar durch den Geist dessen, der Jesus von den Toten erweckt hat (Röm 8,11 6,13). Erst recht hier ist mit der Entsprechung zum Tod der Charakter des Definitiven gegeben, und nicht etwa eine Wiederbelebung als Rückkehr in die Situation vor dem Tode gemeint. Darum ist es zugleich ein definitives Darüberhinaus, wie dies in den Verben erhöhen und verherrlichen angedeutet und von Paulus in den Kontrast von natürlich und geistlich gefaßt wird (1. Kor 15,42–49).

Was schon von der Gerichts- und Siegesgewißheit gilt: daß an ihr die Gewißheit des Endgültigen und der Teihabe an ihm haftet und ebenfalls das Ineinander von Zukunft und Gegenwart, das trifft auch auf die letzterwähnten Aussagenkomplexe zu: Durch die Wiedergeburts-, Rechtfertigungs- und Auferstehungsgewißheit werden gleichfalls das Jetzt und das Einst auf denselben Nenner des Definitiven, der Vollendungsgewißheit gebracht. Entsprechend erweisen sich nun auch die vielen soteriologischen Termini, die hier einströmen, als ebenso von eschatologischer Endgültigkeit wie von deren Präsenz geprägt. Die großen und starken Worte: Leben, Heil, Friede, Kraft, Herrlichkeit,

Freiheit, Licht, Wahrheit, Gnade, Liebe, Freude, Jubel – sie alle gelten gleichermaßen jetzt und dann. Sie beschreiben das Element, in welchem lebt, wer seinen Ort in Jesus Christus hat, und das kein anderes Lebenselement ist als das der ewigen Vollendung. Diesen übergreifenden Sinn haben auch die umfassenden Zielangaben. Das Reich Gottes ist Zukunft und Gegenwart zugleich. Der Glaubende auf Erden befindet sich gewiß noch nicht im Himmel und hat doch dort schon jetzt seine Heimat, sein Gemeinwesen.

Mit einer letzten Wortgruppe sei noch angedeutet, wie die neutestamentlichen Aussagen von der Tendenz zu einer nicht mehr überbietbaren Steigerung durchzogen sind. Schon das Symbol der Höhe bringt dies zum Ausdruck – im Griechischen als Superlativ *hypsista* (z.B. Lk 2,14) –; desgleichen die Bezugnahme des Neuen Testaments auf den alten Bund durch den Gedanken der Erfüllung: Erfüllung der Schrift, Erfüllung der Verheißung, Erfüllung des Gesetzes, was ja stets definitive Erfüllung meint. Darüber hinaus spielen die Wörter Reichtum *(ploutos)* und Fülle *(pleroma)* eine beachtliche Rolle zur Kennzeichnung dessen, was durch Jesus Christus eröffnet und geschenkt ist, verstärkt noch durch Verben der Abundanz wie *perisseuein, hyperperisseuein, pleonazein, hyperballein,* – eine Wirklichkeit voller Überschuß und Überfluß. Die zum Superlativ tendierende komparative Wendung „um so mehr", „um wieviel mehr" ist für den Grundzug des Ganzen charakteristisch: eine gewaltige unumkehrbare Bewegung zur Erfüllung, zur Vollendung.

3. Die eschatologische Folge der Erscheinung Jesu Christi

Eine so flüchtige und anspruchslose Skizze neutestamentlicher Sprache setzt sich wohl kaum dem Verdacht aus, hermeneutische Grundregeln der Verachtung preiszugeben: als sollten die Sprachunterschiede zwischen den Autoren nivelliert, der je verschiedene Hintergrund und Kontext übersehen, die Sachdifferenzen verschleiert und ohne Rücksicht auf die eigene Sprachverantwortung pauschale theologische Sprachregelungen getroffen werden. Die berechtigte Funktion, die einer solchen großlinigen Zusammenschau dennoch zugebilligt werden mag, besteht darin, den inneren Gesamtduktus dessen zu erfassen, was sich an Folgegeschehen aus dem Ereignis der Erscheinung Jesu Christi ergibt.

Man verwechsle dies nicht mit einer doxographischen Statistik. Die Vorstellungen etwa von einem Weltende, von der Totenauferstehung und vom Jüngsten Gericht samt dem, was sie umrankt, sind nicht neu. Weder diese Vorstellungen als solche noch das darin Vorgestellte und dessen tatsächliches Eintreten machen die Folge der Erscheinung Jesu Christi aus. Auch nicht dies, daß überhaupt das gegenwärtige Dasein auf das Ende und auf eine Vollendung bezogen wird. Vielmehr ist dies das

Neue, was die sprachlichen Beobachtungen als Grundduktus erkennen ließen: der Anbruch eines Geschehens, in dem die Gegenwart bereits eschatologisch gefüllt und von Vollendungsgewißheit bestimmt ist. Wie das Bekenntnis zu Jesus, von dem dieses Geschehen ausgeht, den Charakter von Christologie hat, und das heißt: von perfektischer Eschatologie, so wird das Folgegeschehen im Zeichen des Christusbekenntnisses zu einem Ineinander präsentischer und futurischer Eschatologie. Die Aussagen darüber nehmen folgerichtig den Charakter von Pneumatologie an. Denn der heilige Geist macht das perfektische Eschaton, von dem er herkommt, gegenwärtig und richtet zugleich auf das eschatologische Futur aus, weil er selbst bereits dessen Präsenz ist. Von daher erklärt sich die völlig beispiellose Zusammenballung einer Sprache endgültiger Erfüllung. Und ebenso wird deutlich, daß nicht soteriologisch-eschatologische Gedanken das eigentlich Neue sind, sondern das Ereignis einer neuen Wirklichkeit. Sie gibt freilich unerschöpflich zu denken und wandelt deshalb auch das Verständnis überkommener soteriologischer und eschatologischer Vorstellungen. Dafür ist das Beieinander und Ineinander des eschatologisch gefüllten Jetzt und des eschatologisch noch ausstehenden Dann maßgebend. Es klingt zuweilen geradezu identifizierend: „Siehe, jetzt ist die willkommene Zeit, jetzt ist der Tag des Heils." (2. Kor 6,2) Oder auch im Sinne biographisch markierbarer Annäherung: „Jetzt ist uns das Heil bereits näher als zu der Zeit, als wir zum Glauben kamen. Die Nacht ist vorgeschritten, der Tag ist nahe herbeigekommen." (Röm 13,11) Oder aber mit stärkerer Betonung der Distanz: „Denn auf Hoffnung sind wir errettet. Wo das Erhoffte zu sehen ist, da bedarf es keiner Hoffnung; denn warum sollte jemand auf etwas hoffen, was er sieht? Doch wenn wir erhoffen, was wir nicht sehen, müssen wir in Geduld darauf warten." (Röm 8,24f) Oder schließlich in weitester Perspektive: „Wenn ihm [Christus] alles untertan geworden ist, dann wird sich auch der Sohn dem Vater unterstellen, der ihm alles unterworfen hat – damit dann Gott alles in allem ist." (1. Kor 15,28)

Die Änderung des soteriologisch-eschatologischen Verständnisses, die diesem Beieinander und Ineinander des eschatologisch gefüllten Jetzt und des eschatologisch noch ausstehenden Dann entspricht, greift viel tiefer, als daß es sich bloß um eine temporale Verschiebung handelte, die nur in die Gegenwart verlegt, was man sich immer schon von der Zukunft erhofft und vorgestellt hatte. Als die entscheidende Verstehenswandlung wird man eher ein umgekehrt verlaufendes Umdenken anzunehmen haben. Von dem gegenwärtig Erfahrenen her wandelt sich das Verständnis eschatologischer Zukunft in einer Weise, daß sie als schon gegenwärtig geglaubt werden kann. Nur so wird verständlich, daß mit der eschatologischen Zeitänderung eine tiefgreifende Sachänderung zusammentrifft. In äußerster Verdichtung wird sie zu einer Freudenbotschaft, die als Glaube und Liebe lebbar ist. Diese inhaltliche Änderung ist keineswegs aus dem Formalaspekt eschatologischer Zeitänderung deduzierbar. Sie ist nur aus der Erscheinung Jesu Christi ablesbar, und zwar so, daß deren wahres Verständnis sich allein durch seinen Geist erschließt. Wie sich solche Erkenntnis Christi mit eschatologischer Erfüllung und mit Vollendung reimt, beantwortet der Verfasser des Johannesevangeliums damit, daß er Jesu Sterben als Erhöht- und Verherrlichtwerden versteht und ihm als letztes Wort zuschreibt: „Es ist vollbracht" (*tetelestai,* Joh 19,30). Das korrespondiert dem, was sich Paulus in seiner Anfechtung von dem Gekreuzigten als dem erhöhten Herrn sagen lassen darf: „Es genügt dir meine Gnade. Denn die Kraft kommt in Schwachheit zur Vollendung." (*teleitai,* 2. Kor 12,9)

4. Vollendung als Signatur des Handelns Gottes

Soll das christologische Verständnis eschatologischer Vollendung nicht auf eine willkürliche Umdeutung hinauslaufen und vielleicht gar auf einen Widerspruch in sich, so muß es damit zur Deckung kommen, wie das Reden von Vollendung mit dem Reden von Gott zusammenhängt. Nun ist es ein Grundzug des biblischen Gottesgedankens, daß die Vollkommenheit Gottes mehr besagt als die abstrakte tautologische Idee eines in sich ruhenden, sich selbst genügenden, keines Dinges bedürftigen ens perfectissimum. Sofern auch biblisches Denken in die Nähe solcher Aussagen kommt, sieht es sie in der Perspektive des Menschen, der von seiner eigenen Mangelhaftigkeit und seinen Verfehlungen angefochten ist und in dieser Anfechtung dazu neigt, an der Güte und Treue Gottes zu zweifeln, daran also, daß sich Gott ihm vorbehaltlos, uneingeschränkt, vollkommen als seinen Gott zusagt. So wird Gottes Vollkommenheit an seinem Handeln akut. Alle dahingehenden Aussagen sind Bekenntnisaussagen gegen den Anschein, auf Gott sei kein Verlaß, sein Werk sei unvollkommen, seine Zusage werde nicht eingehalten, sein Vorhaben nicht zur Vollendung gebracht, der Mensch sei das von Gott im Stich gelassene, verworfene und verlassene Geschöpf.

Im Blick auf diese Anfechtungssituation – ob nun solche Gedanken dem Beter selbst kommen oder ihm durch andere entgegengehalten werden – läuft durch das Alte Testament eine einzige Kette von Gegenaussagen: Gottes Werk und Gottes Wort sind vollkommen. Sie tragen die Signatur der Vollendung, auch wenn die offenbare Erfüllung und Vollendung noch ausstehen. Selbst die in der Schöpfungsgeschichte mehrfach wiederholte Versicherung, daß Gottes Werk in seinen eigenen Augen als sehr gut befunden ist (1. Mos 1,10.12.18.21.25.31), wird man statt nur als eine Bestätigung menschlichen Eindrucks auch als eine Beschämung menschlicher Unzufriedenheit deuten dürfen. Auch wenn ein Mensch in Lob und Dank Einigkeit mit Gott aussagt und in den Lobpreis der ganzen Schöpfung an den Schöpfer einstimmt, geschieht dies doch stets in der Nachbarschaft der anderen Möglichkeit, daß man Gott in Undankbarkeit das Lob schuldig bleibt, ihn nicht als den bekennt, dessen Wege vollkommen sind (Ps 18,31) und der, was er zusagt, auch gewiß hält (Ps 33,4). Gott läßt nichts unvollendet. Das Wort, das aus seinem Munde geht, kommt nicht leer zu Gott zurück, sondern es gelingt ihm, wozu es gesandt ist, es erreicht in jedem Fall sein Ziel (Jes 55,10f). So wird sich schließlich auch alle Verheißung erfüllen (Hab 2,3). Allerdings ist das Kriterium der Vollendung nicht die menschliche Wunschvorstellung, sondern der sich selbst treu bleibende Wille Gottes, dessen Gedanken himmelhoch über den menschlichen Gedanken sind (Jes 55,8f), der, obwohl er in der Höhe und im Heiligtum wohnt, doch zugleich auch gerade bei denen wohnt, die zerschlagenen und demütigen Geistes sind, um deren Geist und Herz zu erquicken (Jes 57,15f) als ein Herr, der barmherzig und gnädig, geduldig und von großer Güte ist (Ps 103,8). Man müßte weite Teile des Alten Testaments ausschreiben, ja im Grunde es selbst als ganzes in die Waagschale werfen, wenn es um eine vollständige Zusammenstellung der Argumente dafür ginge, daß Vollendung die Signatur des Handelns Gottes ist.

Was aber ist das letzte Ziel? Das Alte Testament spricht von der Bundeszusage an das erwählte Volk (z.B. 1. Mos 12,3 13,14–16 2. Mos 19,5f), von der Verheißung eines neuen Bundes (Jer 31,31–34), von einem messianischen Friedensreich (Jes 4,2–6 11,1–9 35,1–10) – alles Varianten der Königsherrschaft Gottes über sein Volk, nicht ohne eine gewisse Öffnung zur ganzen Welt, deren Herr er als ihr Schöpfer ist. Die Schilderung im einzelnen trägt zuweilen paradiesische Züge, wenn auch Gotteserkenntnis, Recht und Gerechtigkeit sowie das Ende allen Leides die Hauptkennzeichen sind. Das Neue Testament verstärkt in dem Gedanken der Königsherrschaft Gottes die universalen, geistlichen und jenseitigen Züge. Dazu kommen die apokalyptischen Vorstellungen von der Erschaffung eines neuen Himmels und einer neuen Erde und von einer himmlischen Gottesstadt. Indem die Transzendierung der Todesgrenze das entscheidende Moment eschatologischer Hoffnung wird und deshalb auf die Zukunft des Einzelnen ein Hauptgewicht fällt, nimmt die Frage nach dem letzten Ziel nun erst die Form einer Alternative an. Handelt es sich um eine schon in der Schöpfung angelegte, in ihr aber noch ausstehende Emporhebung über das Natürliche, so daß die Gnade die Natur zur Vollendung bringt? Oder ist es ein durch den Fall des Menschengeschlechts ausgelöstes Erlösungshandeln, das grundsätzlich auf eine restitutio in integrum abzielt, auf Wiederherstellung der ursprünglichen Schöpfung? Die Gegenüberstellung beider Auffassungen ist insofern eine künstliche, als die reine Vollendungskonzeption nicht von dem dazwischen gekommenen Fall absehen kann und die Wiederherstellungskonzeption nicht von einer Überbietung des status integritatis durch den status gloriae. Dazu kommt, daß die Fragestellung beider Anschauungen von der irreführenden Voraussetzung einer chronologischen Folge von Schöpfung, Fall und Weltende bestimmt ist. Freilich kommt unter den Bedingungen dieser Problemkonstellation jener Alternativfrage eine sehr ernst zu nehmende Bedeutung zu. An ihr muß sich entscheiden, ob das theologische Interesse primär der Ausstattung des Menschen gilt und dementsprechend seiner Möglichkeit, in einen Zustand der Vollendung zu gelangen, wie auch immer man ihn sich zu denken habe, oder aber, was doch das einzig Angemessene ist: ob das theologische Interesse konkret der Situation des Menschen in der Welt vor Gott und damit seiner Situation als Sünder zugewandt ist, so daß darauf alles zu beziehen ist, was theologisch in Betracht kommt.

Das würde für die eschatologische Frage zur Folge haben, daß sie ausschließlich über die christologisch-soteriologische Thematik anzugehen ist. Damit wird das Thema der Vollendung der Gefahr entzogen, daß es sich zu dem Gegenstand eines rein anthropologischen oder kosmologischen Interesses verselbständigt. Es erhält nun eine streng theologische Orientierung. Wie steht es angesichts der Situation des homo peccator in dieser Welt vor Gott mit der Vollendung desjenigen Handelns Gottes, von dem diese Situation konstituiert ist: seines Handelns als Schöpfer der Welt sowie seines Handelns als Versöhner der Welt in Jesus Christus? Nicht wie es mit der möglichen Vollendung von Welt und Mensch an sich steht, ist das Thema des dritten Teils der Dogmatik, sondern wie es mit der Vollendung dessen steht, daß Gott Schöpfer und Versöhner der Welt ist. Allerdings betrifft es den Menschen und die Welt, daß und wie Gott sein Werk als Schöpfer und Versöhner zum Ziel bringt, jedoch so, daß Mensch und Welt dabei selbst als dasjenige Werk Gottes in Betracht kommen, an dem zu arbeiten und zu handeln Gott noch nicht aufgehört hat, mit dem folglich Gott noch nicht am Ziel ist.

C. Zur Gestaltung des letzten Teils der Dogmatik

Die einführenden Überlegungen haben mit einer Fülle von Problemen in Berührung gebracht. Nach welchen Gesichtspunkten hat sich nun die schrittweise Erörterung zu richten?

I. *Einheit und Vielfalt*

Der formale Aspekt aller systematischen Gestaltung, das Verhältnis von Einheit und Vielfalt, gewinnt hier in verschiedener Hinsicht ein enormes sachliches Gewicht. Das betrifft Fragen, die teils in dem einleitenden Paragraphen schon diskutiert worden sind, teils noch ihrer Behandlung harren. Jetzt sind sie auf jeden Fall nur aufs knappste zu markieren.

1. Der Gegenstand des letzten Teils der Dogmatik

Die Einführung war deshalb ganz um die Gegenstandsbestimmung bemüht, weil der letzte Teil der Dogmatik mit einer verwirrenden Vielfalt von Themen zu tun hat. Hier soll über das Verständnis des heiligen Geistes Auskunft gegeben werden, über Buße und Rechtfertigung, Wiedergeburt und Heiligung, über Wort und Sakrament, Gesetz und Evangelium, über die sich weit auffächernde Problematik der Kirche, über ihr geistliches Wesen und ihre geschichtliche Erscheinung, über Gemeinde und Amt, über Gottesdienst und Mission, über Kirche und Welt, sodann über die eschatologischen Fragen: Tod und Auferstehung, Zeit und Ewigkeit, Geschichte und Reich Gottes, Gericht und Erlösung, Weltende und Weltvollendung. Nun ließ sich diese Themenvielfalt von vornherein in eine Zweiheit fassen: die von Pneumatologie und Eschatologie. Und von daher wiederum ergab sich als ein alles zur Einheit verbindender Gesichtspunkt der Gedanke der Vollendung. Damit ist allerdings jene Zweiheit von Pneumatologie und Eschatologie keineswegs aufgehoben. Ihr spannungsvolles Ineinander wirkt sich vielmehr dahin aus, daß die Herausarbeitung des rechten Verständnisses von Vollendung eine außerordentlich problemgeladene Aufgabe bleibt.

a) Das Achten auf die innere Einheit

Für das weitere Vorgehen ergibt sich daraus die Verpflichtung, dem Gesichtspunkt der Einheit größte Aufmerksamkeit zu widmen, jedoch so, daß kurzschlüssiger Einseitigkeit und gewaltsamer Vereinerleiung Widerstand entgegenzusetzen ist. Was dagegen an traditionellen dogmatischen Loci berührt wird, muß von dem Anschein befreit werden, als handele es sich nur um ein loses Konglomerat. Selbst die beiden Hauptzentren Pneumatologie und Eschatologie dürfen nicht als gegeneinander selbständige Lehrstücke behandelt werden, sondern sind durchweg auf ihre gegenseitige innere Durchdringung hin zu bedenken. Der durchgehenden Einheit des Ganzen kommt eine solche Bedeutung zu, daß allfällige Symptome fehlender Einheit zum Anlaß sachkritischer Erwägungen werden müssen. Dieses Insistieren auf einer Erfassung des Zusammenhangs darf nicht als Systemsucht verdächtigt werden. Gewiß gibt es auch Gefahren dieser Art. Was aber der Frage nach der durchgehenden Einheit des dritten Teils der Dogmatik ein so starkes theologisches Gewicht gibt, ist die Tatsache, daß sich hier geradezu ein Tummelplatz für willkürliche Auswahl auftut, für positivistischen Dogmatismus, theologische Resignation und pseudotheologische Umdeutungen.

b) Die Tragweite des Gesichtspunktes der Vollendung

Indem der Gesichtspunkt der Vollendung als Skopus angegeben wird, der die Einheit des Ganzen ausmachen soll, wird offenbar ein überaus riskanter Schritt vollzogen. Damit ist im folgenden eine Ausrichtung gegeben, die schwere Probleme nach sich zieht. Dennoch scheint es mir unbedingt notwendig zu sein, es darauf ankommen zu lassen, ob es gelingt, die heutige Rechenschaft des christlichen Glaubens im Einklang zu halten mit dem soteriologisch-eschatologischen Grundzug des Neuen Testaments. Dadurch, daß der Gegenstand des letzten Teils der Dogmatik so bestimmt worden ist, muß an den Tag kommen, ob wir in bezug auf den christlichen Glauben letztlich zur Resignation gezwungen sind und ihn gegebenenfalls nur noch in eine Form der Resignation umdeuten können oder ob ihm Gewißheit im Sinne von Vollendungsgewißheit zukommt, ohne daß etwa zu Illusionen Zuflucht genommen werden muß, sondern in nüchterner Wahrnehmung der Lebenswirklichkeit.

2. Das Verhältnis zum Ganzen des christlichen Glaubens

Wie die Frage der inneren Einheit dessen, was Gegenstand des letzten Teils der Dogmatik ist, die Erörterung leiten muß, so ist auch dem Zusammenhang mit dem zuvor Behandelten höchste Aufmerksamkeit zu widmen. Dies gilt ebenfalls nicht um eines formalen Systeminteresses willen, sondern um nicht in die Irre zu geraten und mit der Gesamtorientierung die Sache des christlichen Glaubens selbst zu verfehlen. Beides bedingt einander: die innere Einheit dessen, was nun folgt, und seine Einheit mit dem, was voranging. Von Teilen zu reden wäre unangemessen, wenn dabei statt an Teile der Glaubensrechenschaft etwa an Teile des christlichen Glaubens selbst gedacht wäre. Der Glaube ist ein unteilbares Ganzes. Dies erkennbar werden zu lassen, gehört zu den Hauptaufgaben der Rechenschaft über ihn. Deshalb wird nun nicht etwa ein neues Stück hinzuaddiert, sowenig der Glaube an Gott den Versöhner der Welt ein selbständiges Stück darstellt, welches vom Glauben an Gott den Schöpfer der Welt ablösbar wäre oder ohne welches dieser Schöpfungsglaube auf sich allein zu stehen vermöchte. Wie es in den verschiedenen Hinsichten ein und derselbe Gott und ein und dieselbe Welt ist, so ist es auch ein und derselbe Glaube, der die Situation ein und desselben Menschen bestimmt.

a) Der Zusammenhang mit dem Glauben an Gott den Schöpfer und Versöhner

Am nächsten liegt es natürlich, das Thema des dritten Teils der Dogmatik auf den Zusammenhang mit der unmittelbar vorausgegangenen Christologie hin zu bedenken. Aus der christologischen Orientierung erwächst für Pneumatologie und Eschatologie und damit auch für den Sinn von Vollendung in der Tat das entscheidende Kriterium. Aber auch die, wie es scheint, ferner liegenden Aussagen über Gott den Schöpfer müssen hier präsent sein. Der Pneumatologie wird es ebenso wie der Eschatologie zum Verhängnis, wenn sie mit dem Glauben an Gott den Schöpfer in Widerspruch geraten oder überhaupt nicht an dem inneren Zusammenhang damit interessiert sind. Das wird an einem solchen Verständnis von Vollendung deutlich, das etwa zu einer Korrektur oder gar Verleugnung des Schöpfungsglaubens führte.

b) Die Vollendung von Gottes Werk

Wenn Schöpfung und Versöhnung miteinander in Hinsicht auf die Situation des Menschen in der Welt vor Gott eine unteilbare Einheit darstellen und wenn es sich nun ebenfalls nicht um etwas Zusätzliches zu Schöpfung und Versöhnung handeln soll, dann kann es nur darum gehen, wie sich dieses Handeln Gottes an der Welt als Einheit erweist und sein Ziel erreicht. Davon ist also jetzt zu reden, daß und wie sich Gott als Schöpfer und Versöhner endgültig durchsetzt. Darum erfüllt sich nun erst vollends das, was Glaube heißt, indem ausdrücklich die Weise, wie er sich ereignet und was sich durch ihn ereignet, angeleuchtet wird. So könnte man sagen: Der Glaube an Gott den Vollender der Welt ist im Grunde nichts anderes als der wirklich und wirksam werdende und im Schwange gehende Glaube an Gott den Schöpfer und Versöhner der Welt. Wie sich aber nun erst das Verständnis von Glaube erfüllt, so kommt auch nun erst das Gottesverständnis selbst zum inneren Abschluß. Denn jetzt wird zum Thema: nicht nur daß und wie Gott Schöpfer und Versöhner der Welt ist, sondern daß und wie er sich als solcher durchsetzt und sein Werk vollendet. Es handelt sich, streng genommen, nicht um ein neues Werk Gottes, sondern um das eine, Schöpfung und Versöhnung umgreifende Werk in Hinsicht auf Gottes Macht, es auch zum Ziel zu bringen. Gott ist nicht jenem Menschen gleich, der anhob, einen Turm zu bauen und es nicht hatte hinauszuführen (vgl. Lk 14,28–30). Sein Werk endet nicht als Bauruine.

3. Das Problem der Fundamentalunterscheidung

Der Nachdruck, der auf den Gesichtspunkt der Einheit gelegt wird, bedarf nun allerdings dringend einer Klarstellung. Es geht nicht um eine unterschiedslose, spannungslose Einheit, nicht um das Konzept einer alle Dissonanzen auflösenden Harmonie. Wenn im Hinblick auf den dritten Teil der Dogmatik von der Einheit seines Themas die Rede war und im Hinblick auf die Dogmatik im ganzen von der Einheit des Glaubens sowie der Einheit des Werkes Gottes, so ist damit nicht die Schlüssigkeit und Widerspruchslosigkeit eines gedanklichen Systems gemeint, vielmehr die Einheit eines Geschehens, welches durch den Geschichtscharakter des Lebens gekennzeichnet ist. Deshalb bildet der Begriff des Lebens den Schnittpunkt dessen, was der Glaube über Gott auszusagen hat und woraufhin der Glaube den Menschen angeht. Leben ist jedoch die Einheit einer Bewegung und damit eine Einheit, welche Unterscheidungen in sich birgt und verarbeitet. Die Einheit, auf deren Wahrnehmung die Rechenschaft über den christlichen Glauben so entschieden achten muß, ist darum eine in sich unterschiedene Einheit. Deshalb muß das Achten auf die Einheit zu einem Achten auf diejenige Unterscheidung werden, die für die Sache des christlichen Glaubens fundamental ist.

a) Die Rolle der Fundamentalunterscheidung in der Dogmatik

Damit rühren wir nun allerdings gewissermaßen an das Nervenzentrum des Ganzen. Man könnte geneigt sein, den Gedanken der in sich differenten Einheit sogleich spekulativ zu erschwingen und die Frage nach der Fundamentalunterscheidung von Gott selbst her zu beantworten suchen. Aber den trinitarischen Charakter der Einheit des christlichen Glaubens kann man nicht – wie sich an Hegel zeigen ließe – ohne Verlust des Glaubens selbst in ein spekulatives Prinzip verwandeln. Deshalb erscheint es mir angemessener, die Trinitätslehre statt am Anfang am Ende der Glaubensrechenschaft zu behandeln, womit nicht bestritten ist, daß alles, was die Dogmatik des christlichen Glaubens zu sagen hat, auf jene fundamentale innergöttliche Unterscheidung bezogen ist und von da herkommt. Dafür, daß man so verfährt, spricht die Tatsache, daß auf die Situation des Menschen gesehen, auch auf die des christlichen Dogmatikers, sich zwei andere Aspekte von Fundamentalunterscheidung aufdrängen. Erst von ihnen her kann überhaupt der wahre Sinn der trinitarischen Unterscheidung erfaßt werden. Es handelt sich einerseits um die Unterscheidung von Schöpfer und Geschöpf, anderseits um die von Sünde und Gnade. Und mit dem Ineinandergreifen dieser beiden Fundamentalunterscheidungen ist eine Fülle weiterer Modifikationen der Fundamentalunterscheidung gegeben. An der Art, wie dieser weite Problemkomplex der Fundamentalunterscheidung bestimmt wird, gehen die theologischen Wege auseinander, brechen Unterschiede der Auffassung des christlichen Glaubens auf, die zu Entscheidungen und zu Scheidungen führen.

Was an diesem Sachverhalt theologischer Fundamentalunterscheidung so erregend ist und was seine Erfassung und den rechten Umgang damit so ungemein schwierig, aber auch zum Kennzeichen des wahren Theologen macht, ist die verwirrende Verschränkung jener beiden Aspekte der Fundamentalunterscheidung ineinander, der von Schöpfer und Geschöpf sowie der von Sünde und Gnade. In zugespitzter Formulierung könnte man den Sachverhalt folgendermaßen bestimmen: Es handelt sich um die Fundamentalunterscheidung zwischen zwei Fundamentalunterscheidungen. Die eine – die von Schöpfer und Geschöpf – hat den Charakter einer von Gott gesetzten und gewollten Unterscheidung, die von Gott her gesehen keinen Widerspruch in sich schließt, obwohl der menschliche Verstand darin nach Widersprüchen sucht, weil der menschliche Wille dagegen Widerspruch erhebt. So ist die Sünde als der eine Ansatzpunkt jener anderen Fundamentalunterscheidung ihrem Wesen nach Bestreitung der ersten Fundamentalunterscheidung, der von Schöpfer und Geschöpf. Man möchte meinen: deren Aufhebung. Aber das träfe nicht damit überein, wie sich Gott dazu verhält. Er setzt der Sünde die Gnade entgegen, weil er sein Geschöpf nicht preisgibt und die wahre Unterscheidung zwischen Schöpfer und Geschöpf als Inbegriff des Heils zum Inhalt des Versöhnungswerkes macht.

b) Die Verdichtung des Problems der Fundamentalunterscheidung im letzten Teil der Dogmatik

So durchzieht das Thema der Fundamentalunterscheidung die gesamte Dogmatik, verdichtet sich aber begreiflicherweise da, wo es um die endgültige Durchsetzung des Werkes Gottes geht. Deshalb rückt im letzten Teil der Dogmatik, in dem so stark auf den Gesichtspunkt der Einheit zu achten ist, das Thema der Fundamentalunterscheidung geradezu in den Mittelpunkt. Es meldet sich mit reicher Variation auf jeder Reflexionsstufe wieder an: als die Unterscheidung von Gottes Geist und Menschengeist, von altem und neuem Menschen, von Sünder und Gerechtem, von Gesetz und Evangelium, von Gottes Reich zur Rechten und dem Reich der Welt, seinem Reich zur Linken, von Zeit und Ewigkeit, von Tod und Leben, damit aber auch von diesem und dem ewigen Leben, von Verdammnis und Seligkeit sowie schließlich in dem allem auch als die Unterscheidung zwischen einem spannungsvollen Beieinander, einem Zugleich der Gegensätze und einem nicht minder spannungsvollen Nacheinander, das aber zu einer letzten Aufhebung der Gegensätze hinführt. Aufs äußerste komprimierend könnte man auch sagen: Es geht nun darum, wie der Mensch seinen Ort zugleich in Christus und in der Welt haben könne und was daraus für Zeit und Ewigkeit folge.

II. Konzentration und Konkretion

Zu den drei Weisungen, die sich bisher für das Verfahren im letzten Teil der Dogmatik ergaben: insbesondere auf die innere Einheit sowie auf den Zusammenhang mit dem Vorausgegangenen und eben deshalb auf das Problem der Fundamentalunterscheidung zu achten, treten nun noch zwei weitere Gesichtspunkte. Sie betreffen, um mich einmal scholastischer Terminologie zu bedienen, das Materialobjekt und das Formalobjekt.

1. Die Konzentration des dogmatischen Stoffs

Die Folge dessen, daß dem Gesichtspunkt der Einheit und eben deshalb dem Gesichtspunkt der Fundamentalunterscheidung eine solche Bedeutung zukommen soll, darf nicht die sein, daß daraufhin wichtige Themen übergangen werden. Der Themenkatalog der traditionellen Dogmatik ist ein nicht zu verachtender Prüfstein gegenwärtiger Rechenschaft über den christlichen Glauben. Das schließt nicht aus, daß man das einzelne anders gewichtet, daß gewisse Themen vielleicht überhaupt den Rang dogmatischer Loci einbüßen und daß vor allem in der Ordnung des Ganzen Veränderungen notwendig werden. Aber bei aller berechtigten Kritik gegenüber der traditionellen Dogmatik darf nicht unterschätzt werden, was für ein Kapital an theologischer Erfahrung im Umgang mit der biblischen Überlieferung sich dort angesammelt hat. Auffallende Lücken gegenüber dem dogmatischen Herkommen gäben auf jeden Fall zu kritischer Selbstprüfung Anlaß. Wie jedoch zugunsten konzentrierter Besinnung auf ein Ausbreiten der gewaltigen exegetischen und theologiegeschichtlichen Stoffmassen sowie auf die explizite Auseinandersetzung mit anderen ohnehin weitgehend verzichtet wurde, so muß auch darüber hinaus der Möglichkeit zweier verschiedenartiger dogmatischer Verfahren Raum zugestanden werden. Neben dem Versuch, das Ganze des christlichen Glaubens einigermaßen übersehbar darzulegen, behält die Aufgabe ihr Recht, einzelne dogmatische Themen monographisch in einer Ausführlichkeit zu behandeln, die ihnen wohl gebührt, die aber der Erfassung des Gesamtzusammenhanges abträglich wäre, es sei denn, man ergriffe die durchaus berechtigte Möglichkeit, das Ganze einmal im Brennspiegel eines speziellen Themas zu erfassen. Die Zeiten scheinen jedenfalls vergangen zu sein, in denen eine Dogmatik noch beanspruchen konnte, alles mit derselben Ausführlichkeit zu behandeln und Vollständigkeit zu erreichen. Daraus folgt für den besonders materialreichen dritten Teil der Dogmatik, daß die so sehr auf den inneren Zusammenhang bedachte Erörterung eine Straffung erforderlich macht, für die gegebenenfalls ein empfindliches Opfer zu bringen ist in bezug auf das Bedürfnis, ins einzelne zu gehen.

Die Grundbedingung, die allerdings erfüllt sein muß, ist der Aufweis, welchen systematischen Ort das betreffende Thema im Gesamtzusammenhang hat und unter welchen Hauptgesichtspunkten seine genauere Behandlung zu erfolgen hätte. Wird man doch auf jeden Fall von einer Rechenschaft über den christlichen Glauben nicht so sehr die Vermittlung fertiger Einzelantworten erwarten dürfen als vielmehr die Vermittlung der Fertigkeit zu eigener theologischer Verantwortung.

2. Die Konzentration auf die Konkretion

Das Eingeständnis, man müsse weitgehend darauf verzichten, ins einzelne zu gehen, und sich statt dessen mit dem Aufweis des Grundsätzlichen begnügen, läuft nach dem üblichen Verständnis darauf hinaus, den Schritt in die Konkretion zu unterlassen. Nun gehört es aber gerade zu der spezifischen Thematik von Pneumatologie und Eschatologie, daß und wie sich das Handeln Gottes als geglaubtes in das In-der-Welt-Sein des Menschen hinein auswirkt. Die Frage des Lebensbezuges meldet sich zwar auf allen Stufen der dogmatischen Erörterung an. Es gehört aber zur Eigentümlichkeit dessen, was im dritten Teil der Dogmatik ansteht, daß hier die christliche Lehre nur noch als Bestimmung des Lebens ausgesagt werden kann. Der heilige Geist kommt hier als seine Gegenwart im Menschen in Betracht. Und soweit die Eschatologie nicht bereits in das Präsens versetzt ist, handelt sie davon, was von der Zukunft her auf das Leben des Menschen zukommt. Der Geist und das Eschaton sind darum die offenkundigen Einbruchsstellen des Handelns Gottes in das menschliche Leben und darum auch diejenigen Stellen innerhalb der Dogmatik, wo die Frage nach der Wirklichkeit des Geglaubten in Hinsicht auf seine Folgen in der Welt unausweichlich Antwort erheischt. Deshalb drängt hier alles auf Konkretion, sei es in bezug auf die Wandlung des Einzelnen, sei es in bezug auf die Existenz von Kirche, sei es in bezug auf die Veränderung der Welt.

a) Das Thema der Ethik

Es wäre sehr problematisch, wollte man diese Ausrichtung auf das Leben in der Welt ausschließlich dahin deuten, daß sich nun der Umschlag vom Handeln Gottes in das Handeln des Menschen vollziehen muß. Es verriete eine verengte Auffassung dessen, wie der Glaube im Leben konkret wird, wenn man dies auf das Handeln beschränkte, wenn man also das Ethische zum einzigen Kriterium der Wirklichkeit des Gottesbezuges machte. Selbst wenn man den Begriff des Ethischen weit faßte und über das Handeln hinaus, das in bestimmten Taten materialethisch greifbar wird, das menschliche Verhalten einbezöge, wie es als Motivation und als Selbsteinschätzung dem Handeln vorausgeht und folgt, wäre es doch problematisch, die religiöse Verwirklichung in die ethische Verwirklichung aufgehen zu lassen. Aber wie immer man darüber urteilen mag, auf jeden Fall wird eben diese Frage akut, wie sich unter dem Wirken des heiligen Geistes das Ethische und das Religiöse zueinander verhalten, welche Rolle für den christlichen Glauben spezifisch religiöse Lebensformen und Lebensbetätigungen überhaupt haben. Am Gebet und am Gottesdienst wird dies akut. Man wird sie auch bei einer weiten Fassung des Ethischen nicht ohne weiteres darunter subsumieren wollen.

Trotz solcher Vorbehalte wird mit der Hinwendung zu dem Wirklichwerden des christlichen Glaubens und zu seiner Auswirkung in die Welt und ihre Geschichte hinein die Frage der Ethik nun freilich in eminentem Maße akut. Ist vom heiligen Geist die Rede, dann auch von seinen Früchten. Ist vom rechtfertigenden Glauben die Rede, dann auch von den guten Werken, die aus ihm hervorgehen. Ist vom Leben des Christen in der Welt die Rede, dann auch von seinem Verhalten zu den Aufgaben im Reich der Welt und damit von den Problemen der sogenannten Zweireichelehre. Ist von dem Kommen des Reiches Gottes die Rede, dann stellt sich die Frage, ob denn auch seitens des Menschen etwas dafür geschehen könne und in welchem Maße der christliche Glaube durch die Freiheit zur Liebe und den Mut zur Hoffnung die Welt zu verändern vermag.

In meinen Plan der Dogmatik habe ich die Ethik zwar nicht einbezogen. Täte man es aber doch, wofür einiges spräche, so könnte man dafür zwei Möglichkeiten erwägen: entweder die spezifisch ethischen Themen jeweils den einzelnen dogmatischen Hauptkomplexen zuzuordnen, dem Glauben an Gott den Schöpfer, den Versöhner und den Vollender der Welt, oder – das erschiene mir als das Konsequentere – trotz einer vorher immer schon erfolgenden Anbahnung das Problem der Ethik auf den dritten Glaubensartikel zu konzentrieren. Jedoch auch dann, wenn man im Interesse einer Ausführlichkeit, die dem angemessen wäre, und mit Rücksicht auf die damit sich einstellenden Spezialprobleme auf eine solche Einbeziehung der Ethik in die Dogmatik verzichtet, ist es unumgänglich, jeweils auf den einzelnen Stufen der pneumatologischen und eschatologischen Darlegung die Hauptansatzpunkte der ethischen Problematik zur Sprache zu bringen.

b) Die Frage nach dem Konkreten

Dies gibt nun aber wieder nur dem Verdacht Nahrung, die Betrachtung verharre im Allgemeinen und erreiche nicht das Konkrete. Dazu ist folgendes zu sagen: Es wäre eine Täuschung zu meinen, man erreiche das Konkrete ohne weiteres damit, daß man beim einzelnen verweilt. Zweifellos kann eine ungemein stimulierende Wirkung davon ausgehen, daß einem bestimmte Lebenssituationen mit ihren Aufgaben, Unausweichlichkeiten, Konflikten und Lösungen vor Augen stehen und die theologischen Aussagen daran das Material ihrer Erprobbarkeit finden. Sobald auf Erfahrung Bezug genommen wird, vollzieht sich die Zumutung, sich auf das Konkrete einzulassen. Aber wie in bezug auf die Erfahrung so zeigt es sich auch in bezug auf das Konkrete, daß der Anschein von Klarheit, der damit beschworen wird, allzuleicht täuschender Schein ist. Was man als Erfahrung ausgibt, ist oft nur die sinnenfällige Fassade, hinter der man sich derjenigen Intention von Erfahrung entzieht, die den Menschen in seinem Selbstsein trifft und den Bereich des Praktikablen weit übersteigt. Ebenso kann das als konkret Empfundene nur allzuleicht dagegen abschirmen, was in dem recht verstandenen concretum, dem höchst komplexen Zusammengewachsensein dessen, was eine Situation bestimmt, das letztlich Bestimmende ist. Wenn dem theologischen Grundthema, der Situation des Menschen in der Welt vor Gott, Anspruch auf Wirklichkeitsrelevanz zukommt, dann gilt nicht nur dies, daß die Grundsituation in bestimmten einzelnen Situationen konkret wird – das gilt gewiß auch –, sondern vor allem dies, daß die einzelne Situation allererst konkret wird, wenn sie auf die in ihr präsente Grundsituation bezogen und von daher verstanden wird. Deshalb darf man sich von der Meinung nicht irritieren lassen, durch das Vordringen zu der Wurzel einer Sache, was ja jeweils den Charakter des Grundsätzlichen hat, entferne man sich notwendig vom Konkreten. Es kommt ganz darauf an, in welche Dimension des Radikalen man dabei vordringt. Die Annahme liegt nahe, daß der Glaube, der mit dem Unglauben um die Wirklichkeit streitet, mit ihm eben deshalb darum streitet, was das concretissimum des Lebens sei. Es ist anzunehmen, daß auf diese Frage sowohl die Pneumatologie als auch die Eschatologie konzentriert sind.

III. Zur Disposition

Über den Aufbau ist insofern vorentschieden, als sich jeder der drei Hauptteile der Dogmatik nach denselben Leitgesichtspunkten gliedert. Diese vier konstanten Koordinaten: Glaube, Gott, Welt und Mensch, sind der Struktur der drei dogmatischen Hauptthemen entnommen, die als der Glaube an Gott den Schöpfer, den Versöhner und den Vollender der Welt auf den Menschen zielen. Diese vier Koordinaten entsprechen zugleich der Grundsituation des Menschen in der Welt vor Gott, die im Glauben wahrgenommen wird. Die zu ihnen hinzutretenden modifizierenden Bestimmungen sowie ihre Reihenfolge haben sich nun aber wieder der Besonderheit dieses letzten Teiles der Dogmatik anzupassen. Dabei muß es sich zeigen, ob sich dieses Gliederungsverfahren bewährt.

In dem nun anstehenden Fall wird mit dem Blick auf den Menschen eingesetzt, und zwar in unmittelbarem Anschluß an die Christologie unter der Überschrift „Der Mensch in Christus". Wenn der zweite Teil der Dogmatik mit dem Kapitel „Gott in Christus" begann, so meint die formal korrespondierende Formulierung „Der Mensch in Christus" selbstverständlich nicht das Menschsein Christi, sondern das Sein des Menschen in Christus, des Menschen also, der nicht Christus ist, wohl aber in Christus ist, nicht irgendeines Menschen, sondern der Möglichkeit nach jedes Menschen, der Menschheit überhaupt. Die Wirklichkeit dieses Seins in Christus ist als das Wirken des heiligen Geistes zu verstehen. Darum erfolgt in diesem Kapitel die Grundlegung der Pneumatologie in Hinsicht auf deren Eingreifen in die Anthropologie.

Als zweite Koordinate folgt der Glaube. Er wird in der Kapitelüberschrift nach seiner entscheidenden soteriologischen Bedeutung als „Der rechtfertigende Glaube" charakterisiert. Darin eingeschlossen ist nicht nur der weite Komplex dessen, was der Glaube empfängt und bewirkt – dies steht unter dem Gesichtspunkt der Gerechtigkeit des Glaubens –, sondern auch das, wodurch der Glaube gewirkt wird: das Wort des Glaubens, wozu dann die Unterscheidung von Gesetz und Evangelium sowie die von Wort und Sakrament gehören, und endlich auch der geschichtliche Lebensraum, die Gemeinschaft des Glaubens, so daß hier die Ekklesiologie zur Behandlung kommt. Wie sofort auffällt, gehört zu diesem Kapitel eine große Menge dogmatischen Stoffs. Das gibt den Hauptanlaß, sich dessen zu erinnern, was über die Konzentration des dogmatischen Stoffs ausgeführt wurde. Indem diese weiten Themenbereiche des christlichen Lebens, des christlichen Wortes und der christlichen Kirche unter die Generalüberschrift „Der rechtfertigende Glaube" gestellt werden, ist für ein strenges theologisches Kriterium gesorgt. Während zuvor vom Sein in Christus als dem Sein im Geist die Rede war, wird nun vom Sein im Geist als dem Sein im Glauben gehandelt.

Mit dem nächsten Hauptstichwort weitet sich der Horizont zur Welt. Hier ist zunächst noch einmal auf das Leben des Christen und die Existenz von Kirche speziell unter dem Gesichtspunkt des Weltbezuges einzugehen, also auf ihr Verhältnis zur Geschichte. Deshalb gehört in dieses Kapitel, das überschrieben ist: „Die Überwindung und Vollendung der Welt", aber auch der ganze Komplex der Eschatologie, einerseits in seiner traditionellen dogmatischen Umgrenzung, anderseits in Hinsicht auf die fundamentaltheologische Relevanz des Begriffs des Eschatologischen.

Deshalb mündet dieser Teil der Dogmatik und damit diese selbst in ein Kapitel über Gott unter der paulinischen eschatologischen Formel „Gott alles in allem". Hier wird unter dem Stichwort „Das Reich Gottes" der Blick auf das Vollendungsziel gerichtet, aber auch unter dem Stichwort „Die Gerechtigkeit Gottes“ noch einmal an all das unbegreifliche Dunkel des Weltgeschehens erinnert, indem die Probleme der Theodizee und der Prädestination aufgegriffen werden. Den Abschluß bildet als theologische Summa die Lehre von der Dreieinigkeit Gottes, dem principium und finis des Ganzen.

Der Gewinn dieser Anordnung besteht, wie ich hoffe, darin, daß die innere Einheit des Ganzen so stark wie möglich zur Geltung kommt. Dennoch wird der erforderlichen Themenvielfalt keine Gewalt angetan. Obwohl an die Stelle des chronologisch-heilsgeschichtlichen Konzepts eine Gliederung getreten ist, die ein und denselben Sachverhalt nach seinen verschiedenen gleichzeitigen Hauptaspekten durchgeht, ist doch eine Berührung mit der Themenfolge in der klassischen Dogmatik unverkennbar. Das mag als Bestätigung dessen dienen, daß deren Verfahren unter den Bedingungen ihrer Zeit durchaus sachgerecht war, daß dagegen das hier eingeschlagene abweichende Vorgehen demgegenüber zwar notwendige Korrekturen anbringt, die einer veränderten geistigen Situation verpflichtet sind, aber dennoch nicht so revolutionär ist, wie es scheinen könnte. Trotz allem wahrt dieses Vorgehen einen Konsens mit der dogmatischen Tradition und ist bestrebt, in bezug auf die Sachgerechtigkeit nicht hinter ihr zurückzubleiben, sie vielmehr in gewisser Weise sogar zu übertreffen. Das kommt in der auffallendsten Abweichung von ihr am deutlichsten zum Ausdruck: in der Stellung eines Teils der Gotteslehre am Schluß der Dogmatik. Sie ist deren Hauptthema. Eben darum aber gebührt ihr auch das letzte Wort.

Kapitel 9

Der Mensch in Christus

§ 31 Heiliger Geist und Menschengeist

Die Lehre vom heiligen Geist bewegt sich zwischen zwei Polen: dem christologischen und dem allgemein anthropologisch-theologischen Pol. Einerseits ist das überlieferte Reden vom heiligen Geist so eng mit dem christlichen Glauben verbunden und für ihn so spezifisch, daß die Pneumatologie in die Irre gerät, wenn sie nicht fest in der Beziehung zu Jesus Christus verankert ist. Anderseits ist das Wort Geist von einer derartigen Spannweite, daß das Menschsein überhaupt samt der Beziehung zum Göttlichen darunter begriffen ist – oder sollte man hinzufügen: sogar auch ohne den Gottesbezug? Die Pneumatologie wäre unzureichend, wenn sie es unterließe, die Aussage „Ich glaube an den heiligen Geist" in diesen weiten Horizont hineinzustellen und dadurch die christologische Zentrierung einer kritischen Bewährungsprobe auszusetzen.

Diese Polarität von präziser christologischer Bindung und unbestimmter anthropologisch-theologischer Weite kommt in der Wahl der Überschriften zum Ausdruck. Zugunsten des Rückbezugs auf die Christologie gibt der Titel des Kapitels nicht einmal ausdrücklich zu erkennen, daß in ihm die Grundlegung der Pneumatologie erfolgen soll. Daß der Mensch, der in Christus ist, zur Wohnstätte des heiligen Geistes wird, – diese Aussage mit doppelter Ortsangabe wird gewissermaßen auf ihr Subjekt reduziert, weil in ihm das Prädikat schon enthalten ist. Der Geistempfang ist in der Zugehörigkeit zu Christus begründet. Nicht etwa umgekehrt: Die Zugehörigkeit zu Christus ergibt sich nicht aus dem Geistbesitz, wie sonst eine bestimmte Qualifikation die Bedingung dafür sein mag, in einen exklusiven Kreis aufgenommen zu werden. Der Geistempfang folgt auch nicht dem Sein in Christus als etwas Zufälliges, so daß dieses Zusätzliche gesondert hervorgehoben werden müßte. Vielmehr sind das Sein in Christus und das Sein im Geist oder das Erfülltsein von ihm geradezu konvertibel, jedoch so, daß dem Sein in Christus in sachlicher Hinsicht die Priorität zukommt (vgl. die zweifache Aussage über Gottes Senden Gal 4,4.6). Deshalb besteht ein Recht dazu, die Grundlegung der Pneumatologie ganz unter den Gesichtspunkt zu stellen, was der Grund für den Empfang des heiligen

Geistes ist: das Sein in Christus. Setzt dann jedoch der erste Paragraph dieses Kapitels mit einer Erörterung über den heiligen Geist ein, so ist es angebracht, nun bereits in der Überschrift die Beziehung zum Menschengeist herzustellen und damit das Problem des Geistverständnisses in seiner ganzen Weite zum Thema zu machen.

Gemäß dieser Problemexposition soll folgendermaßen vorgegangen werden. Zuerst ist in einem einleitenden Teil zu klären, inwiefern sich das Sein in Christus als Sein im Geist darstellt, mit welcher inneren Notwendigkeit also an die Christologie die Pneumatologie anschließt. Sodann muß der Blick in die Weite gerichtet und nach der Dimension des Geistes überhaupt gefragt werden. Schließlich müssen sich in Übereinstimmung damit und in Abhebung dagegen die Grundzüge dessen bestimmen lassen, was das Wesen und Walten des heiligen Geistes ausmacht.

A. Das Sein in Christus als Sein im Geist

An diesen Wendungen „Sein in Christus" und „Sein im Geist" und vor allem an ihrer explikativen Verbindung haften mancherlei Probleme. Die Ausdrucksweise „Sein in" ist uns vom Neuen Testament her bekannt, aber nicht eigentlich vertraut. Ungleich geläufiger ist uns für das Verhältnis zu Jesus Christus die Bezeichnung „glauben an" und für die Beziehung zum heiligen Geist das Verbum „haben". Diese gängigen Formulierungen empfinden wir freilich ebenfalls als fremd und schwer zugänglich, sobald wir sie in die alltägliche Umgangssprache hineinzunehmen versuchen, und zwar nicht als frommes Zitat, sondern als angemessenen Ausdruck für das, was der Fall ist. Es müßte schon eine sehr ungewöhnliche Situation sein, in der man den Satz des Credo „Ich glaube an Jesus Christus" in eigener Sache als nüchterne Mitteilung von Mensch zu Mensch auszusprechen in der Lage wäre, sofern man sich allerdings dann, wenn es die Situation tatsächlich erforderte, überhaupt dazu in der Lage sähe. Erst recht scheuen wir davor zurück, den anderen Satz des Credo „Ich glaube an den heiligen Geist" nicht bloß in entsprechender Weise zu übernehmen, sondern ihn sogar auf andere oder auf uns selbst als den Anspruch anzuwenden, den heiligen Geist zu haben. Dies erschiene uns anmaßend, zu hoch gegriffen, als nähmen wir den Mund zu voll, während anscheinend das Herz, was doch die Voraussetzung echter Äußerung wäre, keineswegs davon voll ist. Um wieviel mehr empfinden wir es als Überforderung, wenn nicht als überspannt, die Beziehung zu Christus und dem Geist in die Form von Seinsaussagen zu fassen, die das eigene Selbst betreffen.

Dazu kommt das Wissen um die Variabilität dieser Wendungen. Die

Relation des „Sein in" kann sich umkehren. Beides kann Paulus sagen: „Wenn jemand in Christus ist, so ist er eine Neuschöpfung" (2. Kor 5,17), und: „So lebe nicht mehr ich, sondern in mir lebt Christus" (Gal 2,20). Und ebenfalls in bezug auf den Geist: „Wißt ihr nicht, daß ihr Gottes Tempel seid und Gottes Geist in euch wohnt?" (1. Kor 3,16), sowie: „Ihr aber seid nicht mehr im Fleisch, sondern im Geist" (Röm 8,9). Es ist zwar bemerkenswert, daß im ersten Fall die Ortsangabe „in Christus" deutlich überwiegt, in bezug auf den heiligen Geist jedoch die Ortsangabe „in uns". Dennoch begegnet nicht nur in beiden Fällen die Umkehrung der In-Relation, sondern es scheinen auch die Bezugszentren gegenseitig austauschbar zu sein. In unmittelbarer Nachbarschaft stehen die Bedingungssätze: „wenn wirklich Gottes Geist in euch wohnt", sowie: „wenn aber Christus in euch ist" (Röm 8,9f). Die Frage drängt sich darum auf, was denn überhaupt den Christus praesens und die Präsenz des heiligen Geistes unterscheidet. Für Paulus rückt beides einander so nahe, daß es nach Identifikation klingt: „Der Herr aber ist der Geist." (2. Kor 3,17) Selbst wenn es sich dabei nur um eine exegetische Glosse zum vorausgehenden Zitat handeln sollte, hat es doch seine sachliche Entsprechung in der Aussage, daß der letzte Adam im Unterschied zum ersten lebenschaffender Geist ist (1. Kor 15,45). Dieses Schillern der Aussagemöglichkeiten könnte vermuten lassen, es sei hier alles gar nicht so genau zu nehmen und darum auch die Wendung „Sein in" nicht auf die Goldwaage zu legen. Deshalb dürfe man sich ebenfalls bei der Diskrepanz von Anspruch und Wirklichkeit nicht allzu sehr aufhalten. Jedoch ließe man sich entscheidende Einsichten entgehen, sähe man in falscher Großzügigkeit über die sprachlichen Problemsignale hinweg.

Warum und inwiefern das Sein in Christus Sein im Geist ist, soll in Hinsicht auf zwei Relationen erörtert werden, die ontologischen Charakter haben und für die Nahtstelle von Christologie und Pneumatologie von hoher theologischer Relevanz sind: die Relation von Sein und Verhalten sowie die von Universalität und Partikularität.

I. Sein und Verhalten

Wenn der Zusammenhang zwischen Christusglauben und Geistempfang von der eigentümlichen Wendung „Sein in" her angegangen werden soll, so ist zunächst dabei zu verweilen, daß zwischen Sein und Verhalten zu unterscheiden ist. Diese Unterscheidung beruht zum einen darauf, daß sich die Seinsäußerungen, auch wenn sie dem Sein gemäß sind, doch nicht mit dem Sein selbst decken, und ferner darauf, daß zwischen Verhalten und Sein eine Diskrepanz, ein Widerspruch entstehen kann. Ein Beispiel: Die Sprache ist eine Äußerung menschlichen

Seins, deckt sich aber nicht mit ihm. Und sie kann in einer Weise mißbraucht werden, daß sie ihm widerspricht und unmenschlich wird. Die ontologischen und logischen Problemaspekte nicht nur dieses Beispiels, sondern der intendierten Unterscheidung überhaupt lassen wir jetzt auf sich beruhen. Wir halten uns gleich an die theologische Sachfrage.

1. Die Seinsverbundenheit mit Christus

Die Beziehung zu Jesus Christus wird in der überlieferten Sprache des Glaubens vornehmlich nicht so ausgedrückt, wie man es in analogen Fällen zu tun pflegt: etwa als sich erinnern an ihn, an ihn denken, ihn zum Vorbild nehmen, ihm nacheifern, seiner Sache treu bleiben, sein Werk fortsetzen, von ihm fasziniert sein, sein Verehrer und Parteigänger sein, oder wie immer sonst man eine entschiedene und für das Leben entscheidende Verbundenheit mit einem Menschen der Vergangenheit benennen mag. Die Ausdrucksweise kann je nach dem Fall variieren, hält sich aber in den angedeuteten Grenzen. Im Falle Jesu Christi spielt zwar dergleichen in irgendeiner Weise auch eine Rolle, ist aber der Bezeichnung „glauben an ihn“ unterstellt. Dadurch wird es mit einem alles verändernden Vorzeichen versehen. Das ist darauf zurückzuführen, daß die Beziehung zu Jesus ganz und gar zur Sache der Gottesbeziehung geworden und so die Gottesbeziehung in das Verhältnis zu Jesus einbezogen worden ist. Denn Glaube im strengen Sinne gebührt allein Gott. Die Eigentümlichkeit der Beziehung zu Jesus Christus, die in diesem Sprachgebrauch zum Ausdruck kommt, darf man sich nicht durch dessen spätere nivellierende Übertragung auf andere verwischen lassen.

a) Das Sein in Christus als Teilhabe am Leben Christi

Indem es im Verhältnis zu Jesus Christus um das Gottesverhältnis geht, meint das Wort Glaube ein Sichverlassen-auf, das nicht bloß dies oder das im Leben betrifft, sondern das Leben selbst. Das bedrohte, in Frage gestellte, im Grunde bereits verlorene eigene Sein wird dadurch neu empfangen, daß man sich in bezug auf sein Sein einem anderen Sein anvertraut, das einen trägt und mit ihm zusammen sein läßt. Das ist der Sinn der Wendung „glauben an“. Man mag das durch eine Metapher verdeutlichen wie die, daß sich ein Ertrinkender an die rettende Planke hält, oder in modernem Kolorit und mit etwas anderer Nuance: daß sich einer dem Fallschirm anvertraut und aus dreitausend Meter Höhe in die Tiefe fallen läßt. Ein solcher Vergleich hat aber nur sehr begrenzte Gültigkeit. Er darf allenfalls auf ein Getragensein bezogen werden, das einem das Sein gewährt trotz des Verlassenseins von allem andern dank der Verläßlichkeit dessen, dem man sich anvertraut. Im übrigen stimmen aber solche Bilder ganz und gar nicht. Sie sind keine echten Parallelen zu dem, was Glaube an Jesus Christus heißt. Darum darf man sich durch solche Beispiele auch nicht dazu verführen lassen, dem Glauben etwa bloße Vernünftigkeit oder aber reinen Wagnischarakter zuzuschreiben. Wollte man schon eine Veranschaulichung, so müßte man eher in surrealistischem Stil sprechen von dem Schritt aus dem sturmgepeitschten Boot heraus auf das Wasser zu Jesus hin (vgl. Mt 14,29).

Deshalb ist es der sachgemäßeste Ausdruck für die Beziehung zur Person Jesu Christi, daß der Glaube an ihn in ihn hinein versetzt. Der Glaube erhält von Jesus Christus nicht irgend etwas einzelnes und Beliebiges. Er empfängt von ihm vielmehr neues Sein, neues Leben. Der Glaubende lebt in ihm, er ist in ihm, weil Jesus Christus seinerseits in ihm ist und lebt. Wir stoßen hier wieder auf die früher bereits in der Gotteslehre erarbeitete Interpretation von Sein als Zusammensein (§ 9 B II, s. Bd. I, 222ff). Daraus erklärt sich die Umkehrbarkeit der Relation, obwohl ihre Entstehung und ihre Begründung schlechterdings unumkehrbar sind. Das Sein in Christus ist nur deshalb dort gegründet, weil das Sein Christi seinsgewährend, seinsgründend ist, so daß, wer in Christus ist, eine neue Kreatur, eine Neuschöpfung ist. Daraus erklärt sich ferner, warum nicht allein die Präposition „in" das Zusammensein kennzeichnet, das sich hier vollzieht. Vielmehr gehört zu ihm das sich hingebende „Sein Christi für" (z.B. 1. Kor 15,3) ebenso wie das „Sein Christi mit" (Mt 28,20) und darum auch das, was durch ihn und um seinetwillen geschieht. Dementsprechend ist das Sein in ihm das Hineingenommensein in seine Lebensbewegung als das Sterben mit ihm und das Erwecktwerden und Leben mit ihm, als das Anteilgewinnen an seinem Sein.

b) Die Vollstreckung des Seins in Christus durch den heiligen Geist

Daraus ergibt sich ein erster Verstehenshinweis, warum der heilige Geist gewissermaßen als Zwischenbestimmung hinzukommt. Das Sein in Christus ist wohl Anteilhabe am Sein Christi, an seinem Sterben und Leben. Aber es ist nicht mit dem Sein Christi identisch. Es tritt keine Verschmelzung ein, obschon die Verbindung untrennbar ist. Hat doch nach Paulus nichts die Macht, „uns von der Liebe Gottes zu trennen, die in Jesus Christus ist" (Röm 8,39). Und nach dem Wort des johanneischen Jesus kann niemand seine Schafe aus seiner Hand reißen (Joh 10,28). Aber obschon Christus in dem lebt, der in Christus ist, macht doch Christi Leben nicht völlig das Leben des Glaubenden aus. Sein Leben ist noch unterwegs. Es vollzieht sich noch als irdisches Leben. Was in Jesus Christus vollbracht ist, das muß sich an dem irdischen Leben des Glaubenden erst noch vollends als Leben Christi vollziehen. Obwohl er schon mit Christus gestorben ist, indem er in das

Sein Christi versetzt wurde, muß er doch noch seinen eigenen leiblichen Tod sterben. Und obwohl er sein irdisches Leben im Glauben an den Auferstandenen lebt, muß er eben deshalb noch der eigenen Auferstehung harren. Die Ortsveränderung durch den Glauben an Christus hebt nicht das irdische Leben auf, verwandelt es nicht auf einen Schlag in ewiges, vollkommenes Leben. Vielmehr bedeutet diese Ortsveränderung, daß nun das irdische Leben vollends als das zu Ende gelebt wird, was es in Jesus Christus ist. Darum ereignet sich keine gewaltsame Veränderung, sondern im Gegenteil die Willigkeit zur Übernahme dieses Lebens im Glauben an Jesus Christus. Das, was durch das Sein in Christus von Grund auf anders geworden ist, will unter den irdischen Bedingungen gelebt sein, so nämlich, daß es die Art bestimmt, wie das irdische Leben ausgehalten, durchgehalten, angenommen und verändert wird, in einem ständigen Lebenskampf, der bis zum Tode währt. Eben deshalb, weil das Sein in Christus noch mit diesem zeitlichen Leben zu tun hat und das Leben Christi sich erst noch auswirken und vollziehen muß, darum scheint es angemessen, im Hinblick auf dieses Geschehen vom heiligen Geist zu reden. Denn dadurch ist ein Geschehen angesprochen, das sich am irdischen Leben unter dessen Bedingungen vollzieht und doch nicht kraft dieses irdischen Lebens. Das Reden vom heiligen Geist unterstreicht beides: Das Sein in Christus muß als die Teilhabe am Leben Christi erst noch im Leben des Glaubenden gewissermaßen vollstreckt werden. Der Mensch bewerkstelligt dies aber nicht aus eigenen Kräften, sondern ist darin auf das Wirken von Gottes Geist angewiesen und ihm ausgesetzt.

c) Spielraum und Genauigkeit der biblischen Sprachüberlieferung

Es mag vermessen erscheinen, überhaupt die Frage zu stellen, inwiefern das Reden vom heiligen Geist notwendig sei, um das Sein in Christus in Hinsicht auf dessen Durchsetzung zu verdeutlichen. Man könnte es für angemessener halten, den biblischen Sprachgebrauch, der diese Unterscheidung macht, einfach als gegeben hinzunehmen und davon auszugehen. Das ist insofern durchaus richtig, als auch eine solche nachträgliche Reflexion auf dem vorgegebenen Faktum der Unterscheidung zwischen Christus und dem Geist beruht. Indem nach ihrem Grund gefragt wird, soll nur in ihr Verständnis so tief wie möglich eingedrungen werden. Gewiß muß man sich davor hüten, einen geschichtlich gewachsenen Sprachgebrauch mit seiner lebendigen Vielfalt und Kontingenz in die systematische Kohärenz logischer Notwendigkeit zu zwängen. Man muß respektieren, daß in bezug auf die Zuordnung von Christus und Geist ein erheblicher Spielraum besteht. Das wird z.B. an der Verschiedenheit der Ursprungsbezeichnung deutlich als Geist Gottes des Vaters in ausdrücklichem Gegenüber zu Jesus

Christus und als Geist Jesu Christi oder des Sohnes. Ferner ebenfalls an Überschneidungen der Tätigkeitsaussagen: Z.B. wird innerhalb des johanneischen Schrifttums der Titel Paraklet sowohl dem Geist als auch Jesus Christus beigelegt (Joh 14,16.26 15,26 16,7 vgl. mit 1. Joh 2,1). Jedoch wie jene doppelte Ursprungsangabe keine Konkurrenz darstellt, sondern sich gegenseitig interpretiert, so wird gerade auch in dem letzten Beispiel durch die gleichlautende Vokabel eine verschiedene Ausrichtung verdeutlicht: Wie der Geist uns gegenüber in Hinsicht auf Gott die Rolle des Parakleten ausübt, so der erhöhte Christus Gott gegenüber in Hinsicht auf uns. Paulus bringt ganz entsprechend mit der gemeinsamen Wendung „eintreten für" *(hyperentynchanein* oder *entynchanein)* diese Verschiedenheit der Rolle des Geistes bei uns und der Rolle Christi beim Vater zum Ausdruck (Röm 8,26.34).

Damit sind innerhalb des umfassenden Lebensvorgangs, den das Sein in Christus darstellt, notwendige Unterscheidungen angedeutet. Einerseits ist das, was in Jesus Christus geschehen ist, ein für allemal vollbracht. Anderseits ist dadurch ein Geschehen ausgelöst, das sich unaufhörlich weiter vollzieht. Einerseits steht das Christusgeschehen im Zeichen des extra nos. Anderseits drängt es hin auf ein Geschehen in nobis. Einerseits geht es um ein pro nobis, ein stellvertretendes Eintreten für uns vor Gott. Anderseits kommt auch das, was infolgedessen in nobis geschieht, nicht ex nobis zustande, sondern hat ebenfalls den Charakter des pro nobis, wie denn der Geist sich unserer Schwachheit annimmt und mit unaussprechlichem Seufzen für uns eintritt (Röm 8,26). Diese verschiedenen Aspekte des Einerseits-anderseits decken sich nicht einfach mit der Unterscheidung zwischen Christus und dem Geist. In Verbindung mit beiden treten beide Aspekte auf. Dennoch sind die Schwerpunkte unverkennbar verschieden gesetzt. An Christus haftet vornehmlich der Hinweis darauf, was ohne uns vor Gott ein für allemal für uns vollbracht ist, am Geist hingegen vornehmlich der Hinweis darauf, was sich in uns beständig an uns ereignet, aber nicht aus uns selbst entspringt. Dennoch ist es ein einziger Geschehenszusammenhang. Ist doch Christus als der zweite Adam nicht psychische Lebenskraft, sondern lebendigmachender Geist (1. Kor 15,45) und der heilige Geist nicht ein vager Geist, sondern der Geist Jesu Christi.

2. Die Diskrepanz von Sein und Verhalten

Bisher wurde das Verhältnis zwischen dem Sein in Christus und dem Wirken des Geistes von daher erläutert, daß das Anteilgewinnen am Leben Christi der Vollstreckung im Leben des Glaubenden bedarf. Indem der Glaubende seinen Ort in Christus hat, ist er mit seinem Sein gewissermaßen sich selbst voraus. Es bedarf des gesamten noch ausstehenden Lebensvollzugs, um diesen Vorsprung des eigenen Seins in

Christus einzuholen. Der Sachverhalt würde deshalb gründlich mißverstanden, wenn das Sein in Christus auf den jeweiligen Lebensstand verrechnet würde. Das hieße dann, daß der Mensch nur soweit in Christus sei, wie das Sein in Christus an ihm bereits vollstreckt worden ist, das neue Sein sich in ihm erfüllt hat. So verstanden wäre das Sein in Christus an Eintrittsbedingungen geknüpft, die im voraus erfüllt werden müssen. Das Sein in Christus wäre das Resultat einer Entwicklung. Solange es nicht erreicht ist, könnte man nur mit Vorbehalt vom Sein in Christus reden. Der Anteil daran müßte sich in Bruchteilen, in Prozenten bestimmen lassen. Oder pauschal geredet: Mit dem Sein in Christus wäre es nur eine halbe Sache. Mit ihm konkurrierte ein anderswo loziertes Sein, wenn es nicht gar im Pluralismus der Orientierungsmöglichkeiten unterginge.

Eine solche Auffassung verriete, daß sie weder das Sein in Christus als Konstituierung von Sein und somit als neues Sein versteht noch auch dem entspricht, was durch Jesus Christus anders geworden ist. Die Wendung „Sein in Christus" will nicht als akzidentelle Bestimmung verstanden sein. Das wäre dann der Fall, wenn das Menschsein, wie es abgesehen von Christus besteht, die Grundlage dafür böte, wie das Verhältnis zu Christus in das Bestehende einzuordnen ist. Dann wäre das Sein in Christus eine Spielart im Rahmen des substantiell feststehenden Menschseins, eine Veränderung auf dem Grunde des unveränderten Seins des Menschen, eine Ortsveränderung also, die nicht das Sein selbst beträfe. Es ist nur allzu offensichtlich, wie vernünftig es erscheint, so zu urteilen, wie befremdend und anstößig dagegen ein Verständnis vom Sein in Christus ist, das es als eine radikale Seinsveränderung auffaßt. Von der üblichen Denkweise her geurteilt, müßte sich dies an einer aufweisbaren entsprechend radikalen Veränderung des Verhaltens ausweisen. Aber gerade so ist das Sein in Christus nicht gemeint. Nicht daß eine Veränderung des Verhaltens überhaupt ausbliebe. Aber sie ist nicht das Bestimmende. Im Gegenteil, die Diskrepanz zwischen dem Sein in Christus und dem tatsächlichen Verhalten gehört, so verwunderlich dies klingt, mit in das Sein in Christus hinein. Der Mensch in Christus ist keineswegs der ausweisbar radikal neue, der sündlose Mensch. Der Sünder ist vom Sein in Christus nicht ausgeschlossen, er ist vielmehr gerade der dazu Eingeladene und nur er. Mit der dadurch aufbrechenden Problematik der Rechtfertigungslehre hat nun offenbar wiederum die Unterscheidung zwischen Christus und dem Geist zu tun. Es ist von entscheidender Bedeutung, daß das Sein in Christus trotz der Zusammengehörigkeit mit dem Sein im Geist dennoch von diesem unterscheidbar ist: als das konstitutive Sein unterscheidbar von dessen Äußerungen im menschlichen Verhalten unter dem Wirken des heiligen Geistes. Das erfordert freilich ein tiefgreifendes Umdenken in bezug auf das Seinsverständnis, um das Zugleich des Seins in Christus, des Sünderseins und des Seins im Geist sinnvoll aussagen zu können.

II. Universalität und Partikularität

Wie das Christusgeschehen und das Geistgeschehen aufeinander bezogen sind, wurde bisher im Blick auf den einzelnen Menschen erörtert: inwiefern von ihm uneingeschränkt gesagt werden kann, er sei in Christus, und inwiefern es eben deshalb erforderlich ist, davon das Wirken des Geistes zu unterscheiden. Damit ist erst andeutungsweise die Problemstruktur dessen vorskizziert, was in den späteren Ausführungen insbesondere über den alten und den neuen Menschen (§ 32), über den Menschen als Gottes Werk (§ 33) und über die Gerechtigkeit des Glaubens (§ 34) eingehender behandelt wird. Diese Voranzeige, wie Christologie und Pneumatologie zusammengehören, betrifft einen Sachverhalt, der keineswegs nur am Übergang vom einen zum andern akut ist, sondern die ganze folgende Thematik bestimmt. Wenn es richtig ist, daß das Geistgeschehen die Vollstreckung des Christusgeschehens ist, dann löst die Pneumatologie nicht die Christologie ab, so daß ihr Verhältnis nur an der Nahtstelle von beidem zu erörtern wäre. Vielmehr muß die Pneumatologie bis ins einzelne hinein christologisch reflektiert werden. Deshalb bleibt die Frage nach dem Verhältnis von Christus und heiligem Geist für den weiteren Verlauf der Dogmatik auf der Tagesordnung.

Nun bedarf aber die Vorausskizze, die bisher am einzelnen Menschen orientiert war, noch der Verdeutlichung unter einer weitergreifenden Perspektive. Der Blick ist darauf zu richten, daß das Sein in Christus von der Menschheit im ganzen gilt und daß darum auch das Geistgeschehen zur Menschheitsgeschichte überhaupt in Beziehung zu setzen ist. Dadurch tritt zusammen mit der Pneumatologie die ohnehin in sie verwobene Eschatologie ebenfalls in das Blickfeld, wenn nach dem Verhältnis von Christus und dem Geist gefragt wird. Dieser weitere Gedankenschritt darf freilich nicht als eine Ergänzung dessen verstanden werden, was bisher über das Sein in Christus ausgeführt worden ist, als handele es sich nur darum, das über den Menschen in Christus singularisch Gesagte nun auch in einen allumfassenden Plural zu übersetzen und auf die Menschen insgesamt auszudehnen. Der Gedankenschritt geht jetzt vielmehr zu der Voraussetzung dessen zurück, daß überhaupt in der bisherigen Weise das Sein in Christus vom Sein im Geist abgehoben werden konnte. Oder anders gewendet: Die Überlegung muß noch einen Schritt tiefer in den Sachverhalt hinein vordringen. Denn daß von dem Menschen, wie er ist, ohne die Vorbedingung seiner Veränderung durch das Geistgeschehen, das Sein in Christus ausgesagt werden kann, ist nur von daher begreifbar, daß von der Menschheit überhaupt gesagt werden kann, sie habe ihren konstitutiven Ort und damit ihr Sein in Christus.

1. Die faktische Ausrichtung des Christusgeschehens auf die Menschheit

In der Christologie ist die Richtung auf die universale Einbeziehung der Menschheit auf zweierlei Weise vorgezeichnet, wie man sich an der traditionellen Gestalt der Lehre von Person und Werk Christi verdeutlichen kann.

a) Die Menschwerdung als Annahme anhypostatischer menschlicher Natur

Die Menschwerdung des Sohnes Gottes ist in korrektem Verständnis nicht als die göttliche Annahme eines einzelnen Menschen zu verstehen, der dadurch von der Menschheit abgetrennt wäre und ein Einzelfall ohne konstitutive Bedeutung für die übrige Menschheit bliebe. Dahin würde sich die Christologie verirren, wenn sie in dem Schema verharrte, daß der Mensch Jesus von Gott durch Inspiration oder Adoption ausgezeichnet worden wäre. Obwohl dann der Unterschied zu den anderen ein nur relativer wäre, stünde doch der so Ausgezeichnete isoliert da. Der Anschluß an ihn wäre nur möglich durch ein entsprechendes Emporheben des je Einzelnen oder, falls man die Beteiligung des menschlichen Willens daran stärker hervorheben möchte: durch die imitatio, die sich zu Jesus als dem Vorbild emporschwingt. Die orthodoxe Gestalt der Christologie hat demgegenüber mit Nachdruck betont, die zweite Person der Trinität habe nicht einen bereits existierenden einzelnen Menschen, sondern menschliche Natur angenommen.

Dies meint das seltsam anmutende Theologumenon von der anhypostatischen menschlichen Natur des Gottmenschen (§ 18 B I 2 b, s. Bd. II, 79 ff). Sie ist in buchstäblichem Sinne unselbständig, hat ihren Stand nicht in sich selbst, sondern in der Person des Sohnes Gottes kraft der Annahme und des Gehaltenseins durch ihn. Sie ist insofern enhypostatisch. Demzufolge besagt die Annahme menschlicher Natur hier durchaus nicht, daß der Menschgewordene etwa nicht ein einzelner konkreter Mensch mit eigenen Wesenszügen wäre, sondern sozusagen nur ein abstrakter Allgemeinbegriff des Menschlichen, also nach der gängigen Definition des Menschen ein pures animal rationale, bloße species Mensch, kein Individuum, oder etwas anders gewandt: nur Menschheitsidee, nicht menschliche Person. Vielmehr hat die hier angenommene menschliche Natur durch die Vereinung mit der Person des Sohnes Gottes ganz bestimmte, individuelle Züge erhalten. Die klassische Dogmatik hat es sich ungeheure Anstrengung kosten lassen, gerade die Anhypostasie der menschlichen Natur in Christus als Kristallisationspunkt der konkreten personalen Wesenszüge seines Menschseins zu denken, obwohl dieser schmale Weg am Abgrund des Doketismus nicht ohne mancherlei dogmatische Schwindelanfälle absolviert wurde. Wenn man auch bei der Durchführung im einzelnen immer wieder Gefahr lief, die Behauptung der Menschwerdung Gottes durch faktische Leugnung des wirklichen Menschseins Jesu zu erkaufen, so wurde doch die Grundintention entschieden festgehalten: Der Menschgewordene ist gerade darin wahrer Mensch, daß er in sein Menschsein alle Menschen einbezieht. Obwohl die Lehre von der Menschwerdung Gottes und ihre Erläuterung durch das Theologumenon von der Anhypostasie der angenommenen menschlichen Natur einen schlechthin absoluten Sonderfall statuiert, bewirkt sie, recht verstanden, doch gerade nicht, daß Jesus Christus von den übrigen Menschen distanziert und beziehungslos und isoliert von der Menschheit abgehoben wäre. Die Exklusivität, die hier in Anspruch genommen ist, beruht gerade auf einer die ganze Menschheit umfassenden Inklusivität. Das hat Paulus dadurch zum Ausdruck gebracht, daß er Christus als den zweiten und letzten Menschen dem ersten Adam konfrontierte (1. Kor 15,45.47). Damit sollte das Menschsein Jesu nicht bestritten, wohl aber vom Menschsein aller anderen dadurch unterschieden werden, daß wie Adam für die Menschheit im ganzen steht, so auch Christus die Menschheit repräsentiert, und zwar im Hinblick auf deren Kehre von ihrer hoffnungslosen Vergangenheit in ihre hoffnungsvolle Zukunft. Das Sein in Christus ist darum eine Entsprechung zu dem Sein in Adam. Allerdings wirft diese Entsprechung für unsere Denkweise die nicht leichtzunehmende Frage auf, ob dadurch nicht, wie Adam uns zu einer mythischen Gestalt geworden ist, ebenso auch Christus seine Historizität einbüßt und nur noch mythisches Symbol der neuen Menschheit ist.

Das Problem läßt sich an dieser Stelle nicht umfassend erörtern. Nur auf einen Gegengesichtspunkt sei hingewiesen, der eine aufschlußreiche Beziehung zur Pneumatologie herstellt. Vorhin wurde aus einer Christologie, die nicht das Einbezogensein der menschlichen Natur als solcher und damit der Menschheit zum Ausdruck bringt, sondern durch das Inspirations- und Adoptionsgeschehen die Person Jesu vereinzelt, eine soteriologische Konsequenz gezogen: Zum Anschluß an ihn bedürfe es dann eines imitatorischen Geschehens. Aus der Inkarnationschristologie hingegen ergibt sich eine andere soteriologische Folge. Von dem, was hier geschah, ist die ganze Menschheit betroffen. Jedoch nicht in der Weise, daß hier nur dargestellt ist, was in gleicher Weise das Geschick aller ist. Auch nicht so, daß in magischer Weise ein Übertragungseffekt zustande kommt. Vielmehr so, daß das, was an dem Einen geschah, als für alle geschehen zur Verkündigung an alle wird und so zur Quelle des

Geistes, der am Einzelnen vollstreckt, was ein für allemal geschehen ist. Damit sind wir von dem inkarnationschristologischen Aspekt schon weiter verwiesen an die universale Ausrichtung der Lehre vom Werk Christi.

b) Tod und Auferstehung Jesu Christi als für alle gültig

Was die Annahme der menschlichen Natur insgemein in der Inkarnationschristologie besagt, wird durch die universale Ausrichtung des Werkes Christi theologisch erläutert. Das Gesandtsein Christi in die Welt hat den Charakter eines weltweiten Anspruchs. Dieser universalen Sendung entspricht der Ausblick auf die eschatologische Bestätigung: Ihm werden sich einst alle Knie beugen (Phil 2,10f 1. Kor 15,27f), und alle müssen vor seinem Richterstuhl erscheinen (Röm 14,10 2. Kor 5,10). Es handelt sich aber nicht nur um einen universalen Anspruch. Die Sendung in die Welt ist bereits Hingabe an die Welt (Joh 3,16) und deshalb ein Faktum, das als solches die Situation der Welt verändert hat. Paulus verbindet den universalen Charakter des Christusgeschehens, der ohnehin in den vielen *panta*-Formeln zum Ausdruck kommt, mit dem Gesichtspunkt des Perfektischen zu der Aussage, daß der Tod Christi für alle geschehen ist. Wenn es heißt: „Gott hat seinen eigenen Sohn nicht geschont, sondern ihn für uns alle dahingegeben" (Röm 8,32), so könnte es in diesem Hymnus auf die Gewißheit der Auserwählten Gottes zwar scheinen, als töne in der Wendung „für uns alle" das Ausgeschlossensein der anderen an. Doch wird hier nur in Anspruch genommen, was allen gilt. Paulus formuliert es als das fundamentale Urteil, das seine ganze apostolische Tätigkeit leitet: „Einer ist für alle gestorben – also sind alle gestorben." (2. Kor 5,14) Demnach ist bereits allgemein in Kraft getreten, was der Tod Christi für die Menschheit bedeutet, auch wenn sie davon noch nichts weiß. Freilich ist es dann noch einmal etwas anderes, wenn der Tod Christi in der Taufe tatsächlich existenzbestimmend wird (Röm 6,3) und der Glaubende damit Ernst macht, daß ihm durch Christus die Welt gekreuzigt ist und er der Welt (Gal 6,14). Dennoch gehört es zu eben dieser Übernahme des Todes Christi, auch den Mitmenschen als einen anzusehen, um dessentwillen Christus gestorben ist (1. Kor 8,11 Röm 14,15). So ist der Welt durch das Christusgeschehen keineswegs bloß eine Möglichkeit eröffnet, vielmehr etwas Faktisches widerfahren, was ihr ein anderes Gesicht gibt, weil es ihre Wirklichkeit radikal anders bestimmt.

Allerdings entbrennt nun zwischen Glaube und Unglaube der Streit um die Wirklichkeit, nicht etwa um ihren Besitz, sondern um ihre Wahrheit und eben deshalb darum, was in Wahrheit als wirklich zu gelten hat. Es liegt nahe, die im Glauben mit Christus in Beziehung gesetzte Welt als die wahre Welt der Welt, wie sie außerhalb des

Glaubens erfahren und angeschaut wird, als der wirklichen Welt entgegenzusetzen; und entsprechend den Menschen in Christus als den wahren Menschen dem Menschen abgesehen von Christus als dem wirklichen Menschen. Aber diese Aufspaltung zwischen Wahrheit und Wirklichkeit ist dem, worum es im Christusgeschehen geht, höchst unangemessen. Die Welt und der Mensch, wie sie in Christus geglaubt und deshalb auch entsprechend angeschaut und erfahren werden, sind nicht eine ideale Wahrheit, die mit der rauhen Wirklichkeit im Streit liegt; freilich auch nicht einfach die einzig wahre Wirklichkeit, im Verhältnis zu der alles andere zu bloßem Schein absinkt. Es trifft anscheinend Widersprüchliches zu: Die Menschheit, die Welt sind in der Tat nicht das, als was sie sich geben. Über ihre Wirklichkeit ist andernorts die Entscheidung bereits längst gefallen. „Die Welt ist mir ein Lachen mit ihrem großen Zorn", heißt es in einem Osterlied [1]. Das gilt mutatis mutandis auch für viele andere große und kleine Dinge dieser Menschheitswelt, über die man als Christ eher lachen oder mitleidig lächeln als weinen oder sich ärgern sollte. Allerdings kann man mit dem zuweilen etwas überstrapazierten christlichen Humor auch kokettieren und den unerbittlichen Ernst überspielen, mit dem die Welt so wahrgenommen werden soll, wie sie sich gibt. Im Spannungsfeld dieser strittigen Wirklichkeit hat die eigentümliche Dialektik christlicher Glaubensaussagen ihr Recht, nach der das, was in Jesus Christus ein für allemal geschehen ist und für alle gilt, anders akzentuiert ist als das, was im heiligen Geist je und je an bestimmten Einzelnen geschieht.

2. Die aktuale Ausrichtung des Geistgeschehens auf den Einzelnen

Damit wendet sich die Gedankenbewegung wieder dahin zurück, wo sie ihren Ausgang nahm: zu der Blickrichtung auf den Einzelnen. Dies geschieht nicht im Sinne einer Korrektur, als müßten nun doch die hochgespannten christologischen Aussagen pneumatologisch zurechtgerückt werden. Vielmehr soll jetzt noch einmal die christologische Orientierung des Geistgeschehens unterstrichen werden.

a) Die Kategorie des Einzelnen und die Universalität

Es widerspricht nur scheinbar der universalen Bedeutung des Christusgeschehens, daß sie sich durch das Geistgeschehen in Richtung auf den Einzelnen hin aktualisiert. Daß der christliche Glaube, rein religionsgeschichtlich, ja überhaupt menschheitsgeschichtlich betrachtet, mit einzigartiger Schärfe auf den Einzelnen ausgerichtet ist: auf sein Glauben, sein Gewissen, sein Sterben, seine Weltverantwortung, sein

[1] Paul Gerhardt in: „Auf, auf, mein Herz, mit Freuden ...", Vers 6.

ewiges Leben, und in dem allem auf seine Sünde und seine Rechtfertigung, daran braucht jetzt nur als eine unbestreitbare Tatsache erinnnert zu werden. Später wird dies je und je noch mit konkreter Anschauung zu füllen sein. Ebenso wird spätestens im Zusammenhang der Ekklesiologie (§ 36) deutlich werden, was jetzt ebenfalls schon als Behauptung vorweggenommen sei und sich eigentlich von selbst versteht: Das Insistieren auf dem Geistgeschehen am Einzelnen widerspricht so wenig der sozialen Dimension des Menschseins und speziell des Christseins, daß im Gegenteil das Soziale erkrankt und verdirbt, wenn die Verantwortung des Einzelnen Schaden leidet. Der Einzelne – das ist gerade der Mensch in seinen wesenhaft sozialen Bezügen. Was aber über solche im Grunde selbstverständlichen Hinweise hinaus an dieser Stelle besondere Hervorhebung verdient, ist der sachliche Zusammenhang zwischen der universalen Relevanz des Christusgeschehens und der Ausrichtung des Geistgeschehens auf den Einzelnen. Die Emphase ist berechtigt, mit der die universale Ausrichtung des Christusgeschehens hervorgehoben wird. Man bedient sich dazu freilich oft schiefer Antithesen: es gehe nicht nur um den Einzelnen, sondern auch um die Menschheit im ganzen, nicht nur um Innerlichkeit, sondern auch um Leiblichkeit, nicht nur um die Privatsphäre, sondern auch um die Welt; wenn daraus nicht törichterweise gar disjunktive Alternativen werden. Es kann aber nicht stark genug auf das allzu wenig Bedachte hingewiesen werden: Die Universalität des Christusgeschehens haftet unabdingbar daran, daß hier ein Mensch zum Einzelnen *katexochen* geworden ist, von den Menschen und von Gott verlassen. An ihn glauben kann nie und nimmer heißen, die Kategorie des Einzelnen mißachten. Nur wo der Bogen so scharf gespannt wird, wie es durch die Ausrichtung auf den Einzelnen der Fall ist, wird überhaupt die Dimension des Universalen erreicht, ohne daß daraus unbemerkt ein totalitäres Zerrbild wird. Das weltweite Evangelium gründet in der Einsamkeit des Gekreuzigten. Wie darum die Kategorie des Einzelnen für die Christologie von fundamentaler Bedeutung ist, so stellt sie auch die maßgebende Kategorie des Geistes dar.

b) Das Wirken des Geistes und das Problem der Partikularität

Daß der Geist nur auf dem Wege über den Einzelnen zur Wirkung kommt, widerspricht darum nicht der Universalität des Christusgeschehens. Das Wirken des heiligen Geistes läßt sich aufs schlichteste als ein Zu-Christus-Bringen kennzeichnen: den Einzelnen dahin bringen, wo sich für alle alles entschieden hat. Die Klage, diese Bestimmung des Geistgeschehens sei zu wenig, ist deshalb unberechtigt, sofern die Universalität des Christusgeschehens in Rechnung gestellt wird. Eher scheint Grund zu der Klage darüber zu bestehen, daß das Wirken des Geistes hinter der Erreichung dieses Ziels zurückbleibt. Anstatt das

Universale des Christusgeschehens sichtbar zu machen, steht das Geistgeschehen, wo immer man seiner gewahr wird, im Zeichen der Partikularität. Welcher Glaubende erweist sich in geistlicher Hinsicht nicht bestenfalls als ein Fragment, nicht nur in Hinsicht auf das Lebensganze, sondern auch und erst recht in Situationen, in denen der Geist spürbar am Werke ist? Wo immer im übrigen der Glaube inmitten der Welt verkündigt und in der Gemeinschaft des Glaubens gelebt wird, stellt er sich als eine Art von Partikularität dar: als eine Religion, als eine Lebensweise, als eine Gruppe, als eine Partei unter vielen anderen, ganz zu schweigen von der eigenen Zersplitterung in Konfessionen und Sekten, theologische Standpunkte und Frömmigkeitstypen. Man mag noch so sehr den weltweiten Charakter des Glaubens betonen, man verschärft dadurch nur die weltweite Konkurrenz von Interessen- und Machtgruppen. Man mag mit theologischem Pathos das Christsein als wahres Menschsein bezeichnen und befindet sich doch schon allein durch diesen Anspruch in der Partikularität. Das Dilemma scheint unvermeidlich, daß sich Jesu Hingabe für alle nur in der Selbstbehauptung einer Gruppe derer, die von seinem Geist erfüllt sind, vertreten läßt. Und auf das Ende gesehen, hat immer schon mit wenigen Ausnahmen der christliche Glaube selbst von einem partikulären Ausgang der universal ausgerichteten Heilsgeschichte gesprochen. „Viele sind berufen, aber wenige sind auserwählt." (Mt 22,14) Die Menschen werden dann voneinander geschieden, wie der Hirte die Schafe von den Böcken scheidet (Mt 25,32). Die einen erwartet ewige Strafe, die anderen ewiges Leben (Mt 25,46). Dieses Problem, ob nicht schließlich doch die Partikularität über die Universalität triumphiert, wird die ganze Pneumatologie durchziehen und ständig als der Stachel empfunden werden, ob dieses Kennzeichen des Geistgeschehens nicht schließlich doch dem widerspricht, was in Christus erschienen ist. Das, was „für alle" geschehen sein soll, ist offenbar letztlich doch nicht für alle da.

B. Die Dimension des Geistes

Die bisherigen Ausführungen dieses Paragraphen kreisten um die Beziehung von Christologie und Pneumatologie. Sie sorgten für die innere Kontinuität am Übergang vom zweiten zum dritten Teil der Dogmatik. Sie vermittelten zugleich Einblicke in Probleme der Lehre vom heiligen Geist. Sie verweilten damit ganz in theologischer Thematik. Man befand sich dabei anscheinend mit dem heiligen Geist in einem separaten Raum, dem der christlichen Tradition. Nun wird der Schritt hinaus zugemutet, sogar unvermittelt der Sprung in das Verständnis von

Geist überhaupt. Sollte man sagen: der Schritt ins Freie? Oder: Der Sprung über einen tiefen Graben? Wenn der Satz zutrifft, der diesen Paragraphen einleitete, daß sich die Lehre vom heiligen Geist zwischen dem christologischen und dem allgemein anthropologisch-theologischen Pol bewegt, dann wird jetzt nur die Hinwendung zum anderen Pol der Lehre vom heiligen Geist vollzogen, diese selbst aber keineswegs verlassen. Dennoch mag es ein weiter Sprung sein und auch als Schritt ins Freie empfunden werden. Nur durchzieht dann der Graben, über den zu springen ist, die christliche Lehre selbst, und auch die Freiheit, die in Aussicht steht, wäre Bestandteil der Pneumatologie. Ist doch Freiheit ohnehin eine Hauptbestimmung des Glaubens an den heiligen Geist (§33 B, s.u.S. 170ff). Jedenfalls ist es ein Irrtum zu meinen, daß mit der Frage nach der Dimension des Geistes überhaupt, nach seinen allgemein religiösen und anthropologischen Aspekten, der Bereich christlicher Tradition verlassen würde. In ihr selbst finden wir diese Aspekte vor, schon im biblischen Sprachgebrauch, sodann in der verknüpfenden systematischen Reflexion der theologischen Arbeit und schließlich auch in der außertheologischen Wirkungsgeschichte des biblischen Geistverständnisses und seiner schon ganz früh erfolgten Amalgamierung mit außerbiblischer Überlieferung. Wir folgen also einem längst beschrittenen Weg, wenn wir nicht bei einer Isolierung des heiligen Geistes verharren. Ist es doch der Weg des heiligen Geistes selbst, sich dem menschlichen Geist mitzuteilen und den pseudotheologischen Isolationismus aufzusprengen. Ein solcher Isolationismus ist in der Theologie stets auf den menschlichen Geist zurückzuführen. Und es darf als eine vornehmliche Wirkung des heiligen Geistes gelten, den menschlichen Geist aus seiner Selbstisolierung zu befreien.

Im folgenden wird zunächst das Verhältnis zwischen dem religiösen und dem anthropologischen Gebrauch des Wortes Geist untersucht, sodann werden einige Strukturmomente des Geistbegriffs herausgearbeitet.

I. Geist in allgemein anthropologischer und religiöser Hinsicht

Geht man von der banalen Bemerkung aus, daß das Nachdenken über den Geist eine geistige Tätigkeit ist, so könnte es scheinen, man brauche nicht weit zu gehen, um den Geist bei der Arbeit zu beobachten und sich von ihm einen Begriff zu machen. Der Geist scheint der nächstliegende und vertrauteste Gegenstand des Geistes zu sein. Aber wer sozusagen nicht von allen guten Geistern verlassen ist, durchschaut diese Reduktion der Frage nach dem Geist auf einen Akt bloßer Selbstreflexion als eine recht geistlose Auskunft. Das Denken des Denkens *(noesis noeseos)* hat Aristoteles als metaphysische Idee verstanden und Gott zugeschrieben[2]. Obwohl der Mensch von ferne auf Grund seiner Selbsterfahrung eine Vorstellung damit verbinden mag, wäre es doch unsinnig, wenn er das Wesen des Geistes aus dem Anschauen seines eigenen Geistes erheben wollte. Denn was sollte dabei überhaupt zur Anschauung kommen, wenn nicht allein das, woran der eigene Geist partizipiert, was er also nicht selber ist, sondern was er empfängt? Darum besteht der angemessenste Zugang zu dem, was Geist ist, darin, sich aus der Introvertiertheit der Selbstbetrachtung zu lösen und sich den Quellen und Spuren des Geistes zuzuwenden, die eine solche Partizipation erlauben. Wer nach dem Geist fragt, muß sich der Geschichte zuwenden, und hat dafür in der Sprachgeschichte den nächstliegenden Leitfaden. Es wäre freilich ein maßloses Unterfangen, den Weg über eine Wort- und Begriffsgeschichte von Geist einzuschlagen. Statt dessen sehen wir uns zunächst einfach in dem geläufigen Sprachgebrauch um. Hier stoßen wir auf die für unser Vorhaben entscheidende Fragestellung und werden dadurch zugleich auf ihre geschichtliche Prägung verwiesen.

1. Die Bedeutungsvielfalt des Wortes Geist

Die folgenden Beobachtungen zum Sprachgebrauch erheben selbstverständlich nicht Anspruch auf Vollständigkeit und erst recht nicht auf hinreichende Interpretation des zusammengestellten Befundes. Sie rufen nur allgemein Bekanntes in Erinnerung und machen dadurch die Weite des in Betracht kommenden Sprachfeldes und seiner Probleme bewußt.

a) Assoziationen

Mit dem Worte Geist verbinden sich die widersprüchlichsten Assoziationen: Geist als Gottes Wesen, aber auch als Gespenst; als personales Bewußtseinszentrum, aber auch als überindividuelle Macht; als Wesensbestandteil des Menschen, aber auch als etwas, was nur wenige haben oder was im vollen Sinne eigentlich nur das Genie besitzt; als natürlicher Witz, als Esprit, aber auch als übernatürliche Gnadengabe; als Organ des abstrakten, theoretischen Denkens, aber auch als Quelle von Mut, als Ursache begeisterten Willens zur Tat.

b) Wortverbindungen

Diese Vielfalt bestätigen die mannigfachen Wortverbindungen, in denen die Vokabel Geist begegnet. Es sind vornehmlich Wendungen, in denen die Beziehung zu Leben und Tätigkeit zum Ausdruck kommt. Man redet ebenso vom Geistesleben wie von Lebensgeistern – das eine

---

[2] Metaph. XI 1074b34f.

ist neben Geistesgeschichte eine Wortbildung neuzeitlicher historischer Denkweise, das andere ein Erbstück aus der antiken Medizin. Man redet von Geistesarbeit, zu der aber nicht nur die Geisteswissenschaften gehören, sondern alle geistigen Betätigungen und Anstrengungen, welche Geisteserzeugnisse hervorbringen. Entsprechend dieser Ausrichtung auf Leben und Tätigkeit lauten die defizienten Modi Geistesschwachheit und Geisteskrankheit, Geistesgestörtheit und geistige Umnachtung oder Geistesträgheit. Dagegen wird die Geistesgegenwart durch Ausdrücke der lebendigen Wirksamkeit gekennzeichnet wie Geisteskraft und Geistesmacht. Das Adjektiv geistreich, das ursprünglich in der Luthersprache „voll des heiligen Geistes" bedeutet[3], lebt nur noch in weltlichem Verständnis fort und gerät hier leicht in die Ambivalenz von Echtheit und Künstlichkeit, während der Gegenbegriff geistlos den Vorwurf schuldhaften Versagens von Geist enthält.

Die Art, wie es mit dem Leben des Geistes bestellt ist, zeigt sich zum einen in seiner Unverfügbarkeit: Man ist auf Geistesgaben und Geistesblitze angewiesen. Zum andern in seiner emporreißenden Kommunikationskraft: Er verursacht Begeisterung, schafft den Habitus der Begeisterungsfähigkeit und setzt zu geistigem Höhenflug instand. Obwohl in all dem der singularische Gebrauch von Geist überwiegt, spielt doch auch die Pluralform keine geringe Rolle, nicht etwa nur in dem an Aberglauben grenzenden Geisterglauben, demzufolge dem Geisterseher die Geister der Abgeschiedenen erscheinen. Von guten und bösen Geistern spricht man auch in aufgeklärt symbolischer Redeweise fern von Angelo- und Satanologie. Darüber hinaus tritt aber die Pluralisierung gerade auch im Gefolge der Historisierung auf: als Volksgeister, als verschiedene Weisen von Zeitgeist – nach Perioden oder Epochen, Jahrhunderten oder punktuellen Ereignissen etikettiert, was dann unversehens in Ungeist umschlagen kann. Diese Pluralisierung ist freilich nur die Kehrseite des gleichzeitigen Trends zu Singularisierungen: Wie aus den Revolutionen die Revolution, aus den Geschichten die Geschichte, aus den Freiheiten die Freiheit wurde, so aus den Geistern der Geist[4]. Allerdings verdankt sich die Tendenz auf absolute Singularität der uralten Verbindung des Geistgedankens mit dem monotheistischen Gottesgedanken, ob nun in dessen religiöser oder in dessen philosophischer Gestalt. Daran knüpft die Vergeschichtlichung des singularischen Geistbegriffs im deutschen Idealismus an, wonach sich die metaphysische Idee des Weltgeistes in der Geschichte realisiert. Hegel meinte

---

[3] Vgl. Deutsches Wörterbuch von I. und W. Grimm, IV (1897), 2789f.

[4] Vgl. R. Kosellek, Historia Magistra Vitae. Über die Auflösung des Topos im Horizont neuzeitlicher bewegter Geschichte, in: Natur und Geschichte. Karl Löwith zum 70. Geburtstag, 1967, (196–219) 205. Dsgl. HWPh 3,182.

sogar, in dem durch Jena reitenden Napoleon die „Weltseele“ zu erkennen[5] – ein Synonym von Weltgeist, sofern man sich an den weit zurückreichenden gemeinsamen Traditionshintergrund hält.

c) Komplementäre Gegenbegriffe

Noch einmal andere Perspektiven eröffnet die Beobachtung des Sprachgebrauchs auf komplementäre Gegenbegriffe zu Geist hin. Jede hier in Betracht kommende Relation ist randvoll von Geschichte und von Problemen, und keine gilt absolut.

Die Unterscheidung von Geist und Materie findet ihre Grenzen daran, daß etwa auch der Geist selbst als Materie vorgestellt wird wie in der Stoa oder als Produkt der Materie wie in einem biologistischen Materialismus oder als Überbau über den gesellschaftlichen Produktionsverhältnissen wie im historischen Materialismus.

Die Unterscheidung von Geist und Natur, die im Gefolge des deutschen Idealismus die Wissenschaftseinteilung bestimmt hat, gibt zu vielen kritischen Fragen Anlaß, die nicht nur den darin befürchteten Wirklichkeitsdualismus betreffen, sondern auch mit dem Sprachgebrauch von Natur zusammenhängen. Könnte man doch in bestimmter Hinsicht durchaus von der Natur des Geistes reden, aber auch vom Geist der Natur.

Die Unterscheidung von Geist und Körper hat in der Geschichte der Anthropologie sehr unterschiedliche Bestimmungen erfahren: vom manichäischen Dualismus bis hin zu der überraschenden Integration beider in dem paulinischen Gedanken des *soma pneumatikon* (1. Kor 15,44).

Die Unterscheidung von Geist und Fleisch legt zwar das Verständnis eines substantiellen Dualismus nahe, kann aber auch Ausdruck einer gegensätzlichen inneren Orientierung sein, so daß der Gegensatz zu Geist im emphatischen Sinne eigentlich der Geist des Fleisches wäre.

Steht in den bisherigen Distinktionen der Geist zumeist einfach auf seiten des Seelischen überhaupt, so spielt auch die Unterscheidung von Geist und Seele eine erhebliche Rolle, sei es – um es wieder nur an Extremen zu veranschaulichen – in der gnostischen Unterscheidung zwischen Pneumatikern und Psychikern, sei es in dem Kampf gegen einen intellektualistisch verengten Geist als den Widersacher der Seele[6].

Die Unterscheidung von Geist und Buchstabe endlich, die Paulus mit

[5] Briefe von und an Hegel, hg. von J. Hoffmeister, I, (1952) 1961^{2}, 120 (13.10.1806): „… den Kaiser – diese Weltseele – sah ich durch die Stadt zum Rekognoszieren hinausreiten; – es ist in der Tat eine wunderbare Empfindung, ein solches Individuum zu sehen, das hier auf einen Punkt konzentriert, auf einem Pferde sitzend, über die Welt übergreift und sie beherrscht.“

[6] L. Klages, Der Geist als Widersacher der Seele, 4 Bde., 1929–1933.

der von Geist und Gesetz identifiziert, läßt sich als ausschließender Gegensatz nur unter gleichzeitiger Zulassung ihrer Relativierung vertreten. Ist doch der Geist im Buchstaben verwahrt. Er droht zu verwildern ohne die Möglichkeit schriftlicher Fixierung. Ist doch eben deshalb im Buchstaben der Geist aufzusuchen. Das meint auch die hermeneutische Forderung, auf den „Geist des Gesetzes" zu achten, während Paulus selbst auch die umgekehrte Verbindung prägen kann: „Gesetz des Geistes", nämlich des Geistes des Lebens in Jesus Christus (Röm 8,2).

d) Verwandtes und Äquivalentes

Wenn man sich endlich noch nach Nachbarbegriffen und sprachlichen Äquivalenten umsieht, so gerät man einerseits in die Abgrenzungsprobleme menschlicher Seelenvermögen, anderseits auf das schwierige Feld der Übersetzungsprobleme. Daß das Verhältnis von Geist und Seele oft sehr verschwommen bleibt, wurde schon berührt. Jedenfalls wird vielfach der Geist mit den höheren Seelenvermögen Verstand oder Vernunft gleichgesetzt, deren Zuordnung zueinander wiederum einen Wandlungsprozeß durchgemacht hat. Geist kann aber auch sehr unbestimmt als Bewußtsein verstanden werden oder – unter Einfluß alttestamentlichen Sprachgebrauchs – dem Sachverhalt nahe rücken, der mit Herz, Gesinnung oder Gemüt bezeichnet wird. Schwierig wird es, wenn man die Äquivalenz zum Vokabular anderer Sprachen zu bestimmen sucht. Im Lateinischen bieten sich mens, spiritus, animus, intellectus und ratio an, im Griechischen insbesondere die Zweiheit von *nous* und *pneuma*. Im Vergleich damit fällt auf, daß das Deutsche nur ein Wort hat, wofür im Griechischen zwei Wörter zur Verfügung stehen. Es gibt auch umgekehrt Beispiele dafür, daß die griechische Sprache für gewisse Sachen, welche die deutsche Sprache scharf auseinanderhält, nur ein einziges Wort hat. Wir unterscheiden zwischen Ursache und Schuld. Der Grieche hat dafür nur das eine Wort *aitia*. Wir sprechen entweder von Irrtum oder von Lüge. Der Grieche umgreift beides in der einen Vokabel *pseudos*. *Zemia* bedeutet sowohl Schaden als auch Strafe. Und *eu prattein* läßt so tief verschiedene Sachverhalte wie gut handeln und wohlergehen ineinander verschwimmen. Das ethisch Gute geht für den Griechen ohne Trennschärfe in das Schöne über, das Böse in das Häßliche[7]. Diese Beispiele für die Überlagerung und Durchdringung gewisser Sachverhalte sind für den griechischen Geist ebenso charakteristisch wie die klare Trennung in bezug auf den Geistbegriff selbst zwischen *nous* und *pneuma*.

---

[7] J. Stenzel, Zur Entwicklung des Geistbegriffs in der griechischen Philosophie, in: Die Antike 1, 1925, (244–272) 247.

Man könnte vermuten, die deutsche Sprache habe sich im Rahmen des Wortes Geist, das beides umfaßt, für den Mangel an einer solchen terminologischen Distinktion wenigstens auf der Ebene des Adjektivs einen Ausgleich geschaffen. Die Spaltung in geistig und geistlich ist an der Unterscheidung von profanem und religiösem Sinngehalt von Geist orientiert und hat die Tendenz, beide Bereiche voneinander zu trennen. Die Folge ist freilich die, daß beide zum wirklichen Leben auf verschiedene Weise in Spannung geraten, sei es als das bloß Geistige, sei es als das zusätzlich Religiöse. Zugleich tritt eine gegenseitige Entfremdung ein, wenn nicht gar ein Kriegszustand zwischen dem Geistigen und dem Geistlichen. Es fragt sich aber, ob damit eine Unterscheidung hergestellt ist, die der griechischen zwischen *nous* und *pneuma* entspricht. Im Englischen hat sich dagegen eine andere sprachliche Entwicklung vollzogen. Unter dem Einfluß des Empirismus wurde das Wort spirit durch das Wort mind verdrängt, so daß das erstere überhaupt nicht mehr anthropologisch verwendbar ist, sondern nur noch im religiösen Sinne gebraucht wird: auf Gottes Geist bezogen und entsprechend durch Großschreibung ausgezeichnet[8]. Im Vergleich dazu ist es für die Geschichte des Denkens im deutschen Sprachbereich von schwerwiegender Bedeutung, daß in dem einen Worte Geist die auseinanderstrebenden Dimensionen des Anthropologischen und des Religiösen und Metaphysischen zusammengehalten wurden. Die Erscheinung des deutschen Idealismus mit seinem unerhörten Reichtum und seinen unbestreitbaren Gefahren steht und fällt geradezu mit der Weite und Vieldeutigkeit der Vokabel Geist.

2. Die Ambiguität des Geistes

Die Beobachtungen zum Sprachgebrauch setzten bei der Bedeutungsvielfalt ein, haben sich nun aber auf das Problem einer Doppelsinnigkeit zugespitzt. Läßt sich der intendierte Sachverhalt zerlegen in einen anthropologischen und einen weit gefaßten, auch den Aberglauben umgreifenden theologischen Sachverhalt? Und ist diese Aufteilung gleichzusetzen mit der Unterscheidung zwischen dem rein profanen Bereich (im modernen Wortsinn des areligiös und unmetaphysisch Erfaßten) und dem Bereich des Religiösen (wozu man dann als davon abkünftig auch das Metaphysische rechnet)? Wäre es so, dann erschiene es am saubersten, für die offenbar ganz verschiedenen Sachen auch diverse Vokabeln zu verwenden. Das könnte der nicht unproblematischen theologischen Neigung zur Diastase entgegenkommen, dem Bestreben, die Besonderheit und das Recht der eigenen Sache gewisser-

---

[8] Vgl. P. Tillich, Syst. Theol. III, 1966,33.

maßen durch Abbruch der Brücken zu dem rein Natürlichen und Vernünftigen hin zu bekräftigen. Es könnte freilich auch zur Gettoisierung der Theologie führen mit der Konsequenz, daß man das nebulos anmutende Wort Geist als Unbegriff der Theologie überläßt und in einem rational disziplinierten Sprachgebrauch überhaupt darauf verzichtet. Auf dieses Problem soll jetzt durch Rückgriff auf die Grundbedeutung von Geist und auf die sich darin manifestierende Grunderfahrung von Geist näher eingegangen werden, um sodann die Beziehung des Geistbegriffs zur Fundamentalunterscheidung zu klären.

a) Die Grundbedeutung von Geist

Die Etymologie des deutschen Wortes Geist ist umstritten. Sie mag auf die Grundbedeutung „Aufgeregtheit", „Wüten" führen, veranschaulicht an dem Toben des Feuers und an der Gewalt einer Leidenschaft wie der des Zornes. Die Verbindung von Geist und Feuer begegnet auch in der Bibel (Mt 3,11 Apg 2,3 vgl. auch Lk 12,49). Ebenfalls tritt in ekstatischen Geistwirkungen die Beziehung zur Leidenschaft in Erscheinung. Von Simson z.B. heißt es: Als ein junger Löwe ihm brüllend entgegenkam, geriet der Geist des Herrn über ihn, und er zerriß den Löwen, wie man ein Böcklein zerreißt, und hatte doch gar nichts in seiner Hand (Ri 14,6). Beispiele dieser Art zeigen freilich nur, daß solche Vorstellungen von der Etymologie unabhängig sind. Wie denn auch für den Sinngehalt des deutschen Wortes Geist eher der etymologische Hintergrund seiner Äquivalente in denjenigen Sprachen bestimmend ist, die wesentlich das Verständnis auch des deutschen Wortes Geist geprägt haben, nämlich des hebräischen Wortes *ruach* und des griechischen *pneuma*.

Beide sind an dem Phänomen des Windes und Lufthauchs orientiert, einer Urerfahrung, die weit darüber hinaus die Seelenvorstellung wohl der meisten Völker bestimmt. Auch das griechische Wort *psyche* und das lateinische Wort anima leiten sich von daher. Darin verbinden sich doch wohl folgende Momente: Was uns unsichtbar und zumeist unbemerkt umgibt, kann mit ungeheurer Gewalt sichtbare Wirkungen hervorrufen. Während es normalerweise schweigt, kann es tönen und brausen und ist in seinem Wehen sprunghaft und unberechenbar, wie in Joh 3,8 die Windsymbolik auf den Geist hin gedeutet wird (vgl. Apg 2,2). Eben dieses Element der Luft erweist sich nun gleichzeitig als Lebensprinzip, als der Lebensodem. Das wird am Atem erkennbar. Dessen Aufhören zeigt den Eintritt des Todes an und läßt darauf schließen, daß der Sterbende seine Seele ausgehaucht hat.

Wenn das Griechische jedoch neben *pneuma* die andere Vokabel *nous* hat, so zeichnet sich darin allerdings eine andere Grunderfahrung ab. Hier ist der Geist vom Wahrnehmungsvorgang her charakterisiert. Die beiden Vokabeln „unterscheiden sich, wie das unbewegte, ruhig-klare Medium des Lichts, das für das reine und distanzierte Schauen des Auges die Dinge in ihrem Stillstehen ganz das sein läßt, was sie in Wahrheit sind, sich von der so viel stofflicheren Kraft des Luftzuges unterscheidet, der seiner Natur nach sei es den Betrachter, sei es den Gegenstand mit elementarer Macht erfüllt, durchdringt, ergreift, umfängt, in eine Spannung oder Bewegung mit hineinreißt ...“[9]

In diesen Beobachtungen melden sich polare Spannungen an, bei deren näherer Bestimmung man allerdings sehr vorsichtig verfahren muß. Die Meinung erweist sich als Irrtum, man könne sogleich direkt eine tiefe Verschiedenheit zwischen dem griechischen und dem alttestamentlichen Geistverständnis ansteuern. Gewiß ist es kein Zufall, daß das Hebräische kein Äquivalent zu dem griechischen Worte *nous* ausgebildet hat, so daß hier in der Tat ein Ansatz zu wesentlicher Differenz liegt. Jedoch trägt das Griechische selbst die Zweiheit von *pneuma* und *nous* in sich, wobei jedenfalls das Wort *pneuma* semantisch dem hebräischen Wort *ruach* so nahe steht, daß für die Septuaginta überhaupt kein Zweifel darüber entstehen konnte, was das griechische Äquivalent zu *ruach* sei. Jene Zweiheit innerhalb des Griechischen mag man in dem Beieinander des Dionysischen und des Apollinischen dargestellt sehen oder in dem Nebeneinander des Religiös-Mantischen, in dem vornehmlich *pneuma* seinen Ort hat, und des Philosophischen, als dessen Leitbegriff *nous* gelten kann. Jedoch muß man sofort Differenzierungen anbringen. Sowenig sich das Griechische in dem erschöpft, was uns als Geist im philosophischen Sinne vor Augen steht, so wenig läßt sich etwa das *pneuma* auf das Dionysische beschränken. War es doch ein Apollo-Heiligtum, wo die delphische Pythia – nach einer antiken Theorie – unter dem Einfluß der aus einer Erdspalte aufsteigenden Dämpfe ihre Orakel aussprach. Die Polarität verteilt sich auch nicht etwa uneingeschränkt auf die Bedeutungsbereiche der beiden Vokabeln für Geist. Im Symbolgehalt des Wortes *pneuma* liegt beides ineinander: das Außergewöhnliche, Ereignishafte, Übermächtige und Übernatürliche bestimmter Geistwirkungen sowie das Normale, Natürliche, Seinshafte und dennoch Flüchtige dessen, was dem Körper Leben verleiht. Obwohl der *nous* in gewisser Weise auf der Seite dessen steht, was essentiell zur Ausstattung des Menschen gehört, stellt er nun doch gerade nicht das Flüchtige dar, sondern die Partizipation am ewig Bleibenden, als etwas, das von außen hereingekommen ist und auch in seinen Ursprung zurückkehrt. Der *nous* ist darum keineswegs als das Philosophisch-Welthafte dem *pneuma* als dem Religiösen entgegenzustellen, hat viel-

[9] H. Kleinknecht, ThWNT VI; 335,33–336,4.

mehr selbst den Charakter des Göttlichen. Und schließlich ist auch dies zu beachten: Das Geistverständnis, wie es im Alten Testament anzutreffen ist, bringt durchaus nicht die innere Polarität zur Auflösung, die sich bisher in verschiedener Weise immer wieder beobachten ließ.

b) Die Rolle der Fundamentalunterscheidung im Geistbegriff

Dem, was sich am alttestamentlichen und am griechischen Verständnis von Geist beobachten läßt, ist gemeinsam, daß dabei der Bezug auf den Menschen und der Bezug auf Gott eng ineinandergreifen. Von einer einfachen Teilung in zwei getrennte Bereiche, die eine Verwendung desselben Terminus eigentlich ausschließt, kann ebensowenig die Rede sein wie von einer Reduktion auf einen einzigen Bereich, so daß die Polarität überhaupt verschwände und der Geist entweder allein auf seiten Gottes seinen Ort hätte oder eine rein anthropologische Bestimmung wäre, die mit dem Göttlichen nichts zu tun hätte. Auf jeden Fall impliziert das Geistverständnis eine fundamentale Unterscheidung, die mit dem Gottesverhältnis des Menschen zu tun hat. Sie kann aber sehr verschieden gefaßt werden. Das sei jetzt in äußersten Abbreviaturen angedeutet. Obwohl dabei zunächst nur auf die Verschiedenheit des alttestamentlichen und des griechischen Geistverständnisses hingewiesen wird, um anschließend noch einen Blick in ihre gemeinsame Wirkungsgeschichte zu werfen, handelt es sich doch um einen Problemkomplex, der von universaler Bedeutung ist und sich unter den verschiedensten Bedingungen und in allen Modifikationen gleichermaßen strukturell abzeichnet. Man könnte es ein religionsphänomenologisches Gesetz nennen, daß das Verständnis des menschlichen Geistes in Korrelation steht zu Vorstellungen in bezug auf den wie auch immer gearteten Zustand des Menschen nach dem Tode sowie zur Vorstellung vom Göttlichen. Die Dimension des Geistes wird, schematisierend gesprochen, zum Schnittpunkt von Anthropologie (samt all dem, was der Mensch kulturell hervorbringt), von Eschatologie und von Theologie.

aa) Im Alten Testament

Der Geist gilt im Alten Testament als der von Gott dem Menschen eingeblasene Lebensodem (1. Mos 2,7 7,15 u. ö.). Es ist nicht ausschlaggebend, ob dabei das Wort *näphäsch* gebraucht wird, das dem griechischen *psyche* entspricht, oder das Wort *ruach,* das Äquivalent von *pneuma.* Ebensowenig wird terminologisch zwischen dem Lebensodem im Menschen und dem Odem Gottes unterschieden. Der Odem im Menschen ist Gottes Odem und Gott ist „der Gott des Lebensodems in allem Fleisch", wie es in einer bezeichnenden Wendung heißt (4. Mos 16,22 27,16). „Nimmst du ihren Odem hin, so verscheiden sie und werden wieder zu Staub. Sendest du deinen Odem aus, so werden sie geschaffen." (Ps 104,29f) Obwohl der Geist Gottes das Lebensprinzip des Menschen ist, wird daraus doch weder eine wertende anthropologische Teilung abgeleitet – der Mensch als solcher ist Staub und Fleisch wie alle Lebewesen – noch wird aus der tatsächlich vollzogenen Unterscheidung, daß der Staub wieder zu Erde wird, wie er gewesen, der Odem aber wieder zu Gott kehrt, der ihn gegeben (Pred 12,7), die Auffassung von der Unsterblichkeit der Seele abgeleitet. Daß der Geist Gottes als Lebensodem zu einer anthropologischen Bestimmung wird, hebt also keineswegs die Fundamentalunterscheidung zwischen Gott und Mensch auf. In unmittelbarer Konfrontierung stehen sich Gott und Mensch als Geist und Fleisch gegenüber, wie sich aus dem Parallelismus ergibt: „Die Ägypter sind Menschen und nicht Gott, und ihre Rosse sind Fleisch und nicht Geist." (Jes 31,3) Darum macht der göttliche Lebensodem im Menschen ihn keineswegs Gott gegenüber unabhängig, sondern er unterstreicht nur die Abhängigkeit von dem Geist Gottes und das Angewiesensein auf ihn.

Deshalb liegt der Schwerpunkt der alttestamentlichen Aussagen über den Geist auf dem Gegenüber des menschlichen Geistes und des göttlichen Geistes, sei es im Erschrecken vor dessen Übermacht und Allgegenwart: „Wohin soll ich gehen vor deinem Geiste? Wohin soll ich fliehen vor deinem Angesichte?" (Ps 139,7); sei es in dem Widerfahrnis des Überfallenseins durch den Geist Gottes und des Erfülltseins von ihm, wie es z. B. von David bei seiner Salbung durch Samuel heißt: „Der Geist des Herrn kam über David und blieb auf ihm von jenem Tage an" (1. Sam 16,13), oder in der Selbstaussage Michas: „Ich bin erfüllt mit Kraft, mit dem Geiste des Herrn, mit Recht und Stärke" (Mi 3,8); sei es in der Bitte um einen neuen gewissen Geist (Ps 51,12); sei es, daß der Beter seinen Geist in Gottes Hand befiehlt (Ps 31,6); sei es, daß es vom kommenden Friedenskönig heißt, auf ihm werde ruhen „der Geist des Herrn, der Geist der Weisheit und der Einsicht, der Geist des Rates und der Stärke, der Geist der Erkenntnis und der Furcht des Herrn" (Jes 11,2). Geist – das ist im alttestamentlichen Verständnis nichts anderes als die Gegenwart Gottes beim Menschen und kann darum mit dem Angesicht Gottes fast synonym sein, wie denn auch im Antlitz des Menschen dessen Geist sichtbar wird.

bb) Im Griechentum

Trotz der für den Geist des Griechentums charakteristischen Unterscheidung zwischen *pneuma* und *nous* entscheidet sich doch nicht an ihr die Frage, ob das Moment fundamentaler Unterscheidung auch hier eine Rolle im Geistbegriff spielt. So wichtig der *pneuma*-Begriff im religiösen Gebrauch ist, bleibt er dort doch für den Griechen auf das außerordentliche Geistgeschehen beschränkt, während in der psychologischen und medizinischen Verwendung des Wortes *pneuma* ein religiöser Bezug kaum wirksam ist. Nun repräsentiert aber keineswegs allein das Wort *pneuma* die religiöse Relevanz des Geistbegriffs. Diese haftet vielmehr im Blick auf die Wirkungsgeschichte des griechischen Denkens ungleich folgenreicher am Begriff *nous*. Als Inbegriff des intellektuellen Wirkungsbereichs des Menschen wird er durch die Philosophie religiös interpretiert. Seit Anaxagoras wird der nous als die Sphäre des Göttlichen verstanden, und zwar als Weltvernunft, als ordnendes Prinzip des Kosmos. Dementsprechend wird dann dem menschlichen *nous* die Stellung des höchsten Seelenvermögens und des *hegemonikon* im Mikrokosmos zugesprochen. Er hat nach Plato durch das Anschauen der Ideen am göttlichen *nous* teil und ist nach Aristoteles das Göttliche im Menschen. Wie seiner Herkunft nach so transzendiert er auch seiner Hinkunft nach die animalische Natur des Menschen und hat an der Unsterblichkeit des Göttlichen teil. Während bei Plato diese Geistauffassung stärker auf einen anthropologischen Dualismus hin tendiert, hat Aristoteles durch den Gedanken der Geistseele als der Form des menschlichen Leibes die Einheit des Menschen stark betont. Erst in der späthellenistischen Gnosis sprengt dieses Göttliche im Menschen in schroff dualistischer Wendung die Einheit des Menschen. Es ist das aus der Fremde wieder zu erlösende *pneuma*, wie es nun in charakteristischer terminologischer Verschiebung heißt.

Obwohl also innerhalb des Menschen zwischen dem Animalischen und dem Göttlichen – mögen sie ontologisch fest verklammert sein oder auseinanderklaffen – eine fundamentale Differenz besteht, erfährt sie doch in jedem Fall dadurch eine Abschwächung, daß es nicht zu einem wirklichen Gegenüber von menschlichem und göttlichem Geist kommt. Wohl ist der Geist des einzelnen Menschen in der Weise der Partizipation ein Teil des Göttlichen und insofern von dem Göttlichen im ganzen unterschieden. Er hat an ihm Anteil, soweit er auf den göttlichen *nous* bezogen ist. Aber der substanzontologischen Verbindung zufolge, die hier zugrunde liegt, entfällt die Relation des Gegenüberseins und verliert deshalb die Unterscheidung zwischen dem Geist des Menschen und dem Geist Gottes an Gewicht.

cc) In der Scholastik

Schon seit der frühen Patristik wurden bewußt Traditionselemente des philosophischen Geistverständnisses von der christlichen Theologie übernommen, um die biblische Rede vom Geist in einen anthropologischen und ontologischen Interpretationsrahmen hineinzustellen. Am konsequentesten wurde diese interpretatorische Inanspruchnahme des griechischen Erbes im Gefolge der vollen Aristoteles-Rezeption in der Hochscholastik durchgeführt. Es können jetzt nur einige Punkte markiert werden, die erkennen lassen, inwiefern diesem Vorgang in allgemein anthropologischer und religiöser Hinsicht Bedeutung zukommt. Durch eine fundamentale Unterscheidung wurde von vornherein zugunsten des biblischen Denkens eine scharfe Abgrenzung vollzogen gegen den genuinen Charakter des griechischen Denkens, dessen Hilfe man in Anspruch nahm. Die dem griechischen Geist fremde Unterscheidung zwischen ungeschaffenem und geschaffenem Sein ließ als vorangestelltes Vorzeichen keinen Zweifel daran aufkommen, daß der menschliche Geist, so hoch er auch eingeschätzt werden mag, geschaffener Geist ist und darum fundamental unterschieden von Gottes Geist als dem ungeschaffenen, der sogar selbst spiritus creator ist. Dabei bleibt freilich dennoch eine analoge essentielle Bestimmung erhalten, die eben in der Geisthaftigkeit zum Ausdruck kommt, nur daß die Analogie den unendlichen Unterschied von Ungeschaffenem und Geschaffenem, weil eben den des unendlichen Geistes und des endlichen Geistes in sich schließt.

Ob neben dieser einen Fundamentalunterscheidung auch die andere von Sünde und Gnade in gleichem Maße für das Geistverständnis wichtig wurde, gibt allerdings Anlaß zum Zweifel. Damit hängt die theologische Problematik der an sich bewundernswert genialen Behandlung der Anthropologie in der Scholastik zusammen. Zwar wird von dem geschaffenen Geist, der dem Menschen als natürliche Ausstattung zuteil geworden ist, ebenso betont wie der ungeschaffene Geist Gottes selbst der dem Menschen als donum superadditum zuteilwerdende heilige Geist unterschieden. Er ist mitgeteilte Gnade. Diese Gnade wird dem natürlichen Geist des Menschen übereignet, und zwar ebenfalls in der Weise geschaffener, wenn auch übernatürlicher Ausstattung. Dadurch erhalten die einzelnen Seelenvermögen ihre Ausrichtung auf das übernatürliche Ziel des Menschen hin. Darin kündigt sich nun freilich an, daß nicht das Problem der Sünde, sondern das der Endlichkeit und Zeitlichkeit des Menschen, sein Begrenztsein auf die natürlichen Kräfte, das Hauptmotiv der Gnade ist. Daß jedenfalls trotz differenzierender Abschirmungen ein starkes Gefälle nach dieser Richtung hin besteht, wird an einigen speziellen Problemen scholastischer Seelenlehre deutlich.

Zum einen: Obwohl die menschliche Seele eine ist als die Geistseele, welche die una forma substantialis des Menschen darstellt, kommt doch die Qualifizierung als Geist im strengen Sinne nur dem höchsten Seelenvermögen im Menschen zu. Das ist keineswegs pauschal die ratio, sondern nur die superior portio rationis, die auf die ewigen Dinge ausgerichtet ist und die zeitlichen Dinge in Hinsicht auf das Ewige betrachtet. Darin zeigt sich nicht nur ein äußerst enger Anschluß an das griechische Verständnis des *nous,* sondern im Gefolge dessen auch eine zumindest weitgehende Abblendung des Gesichtspunktes der menschlichen Sündhaftigkeit. In jenem höchsten Seelenvermögen besteht zumindest ein Rest intakter Orientierung auf das Göttliche hin.

Zum andern: Die Frage der Entstehung der menschlichen Seele hat schon in der frühen Patristik verschiedene Antworten gefunden. Neben der sich nicht als orthodox durchsetzenden Auffassung des Präexistentianismus, wonach die Geistseelen schon vor der Geburt des Menschen erschaffen worden sind, lagen zwei Theorien im Streit, der Traduzianismus und der Kreatianismus. Von ihnen konnte sich aber auch der erstere nicht behaupten. Er lehrte, vornehmlich mit Rücksicht auf die Erbsünde, eine Weitergabe auch der Geistseele durch den Zeugungsakt, woraus sich die gleichzeitige Weitergabe der Erbsünde erkläre, die ja nicht im Fleisch, sondern in der Seele des Menschen ihren Sitz hat. Der zur herrschenden Meinung gewordene Kreatianismus behauptete dagegen, daß jeweils gleichzeitig mit der Erzeugung eines Menschen seine Geistseele unmittelbar von Gott geschaffen und dem Menschen eingegossen werde, sozusagen als eine andauernde partielle Fortsetzung der in 1. Mos 2,7 berichteten Erschaffung des Menschen. Natürlich soll damit die Erbsünde nicht geleugnet, wohl aber so erklärt werden, daß Gott nicht unmittelbar damit belastet wird und im übrigen der Geistseele nun doch der Vorzug unmittelbarer Abstammung von Gott eignet, wenn auch in der Weise des Geschaffenseins.

Schließlich: Die Lehre von der Unsterblichkeit der Geistseele wird aus dem philosophischen Erbe der Griechen übernommen. Freilich werden auch hier vom Biblischen her deutliche Abgrenzungen vollzogen. Die Unsterblichkeitslehre wird aus der Vorstellung eines unpersönlichen Aufgehens im göttlichen *nous* als dem Weltgeist in die Überzeugung persönlicher Unsterblichkeit des Einzelnen transponiert. Dabei bleibt auch nach dem Tode die Unterscheidung zwischen Schöpfer und Geschöpf bestehen. Damit hängt die völlig ungriechische unbedingte Bejahung der Auferstehung des Leibes zusammen, so daß durch die Unsterblichkeit der Seele nur die Überbrückung bis dahin gewährleistet wird. Im übrigen erhält der Gedanke der Unsterblichkeit nun ambivalenten Charakter. Er läßt beide Möglichkeiten offen: ewiges Leben, aber auch ewigen Tod, der für die unsterbliche Seele ewige Qual bedeutet. Damit wird die Tatsache der Sünde berücksichtigt. Dies wird nun aber doch wieder dadurch abgeschwächt, daß die substantiell begründete Unsterblichkeit der Geistseele kraft ihres geschaffenen Wesens doch den Eindruck nahelegt, hier sei gerade im Kern des Menschseins ein Moment reiner, unversehrter Geschöpflichkeit bewahrt. Obschon der Gedanke der Unsterblichkeit der Seele auch indirekt durch biblische Argumente gestützt werden konnte, so war hier doch ein Ansatzpunkt vorhanden, über den sich die griechische anthropologische Denkweise wieder stärker Geltung verschaffen konnte, sobald die in der Scholastik eingebauten biblischen Vorbehalte und Hemmungen entfielen.

dd) In der Moderne

Der Geistbegriff erlebte im deutschen Idealismus im Gegenzug zur Aufklärung noch einmal eine gewaltige Konjunktur und wurde zum philosophischen Fundamentalbegriff. Das lag daran, daß der Versuch gemacht wurde, die Problemsituation der Neuzeit mit dem Mittel einer in Metaphysik transponierten christlichen Theologie zu bewältigen. Die großartige Konzeption der Hegelschen Philosophie des Geistes und ihre Fruchtbarkeit für eine interpretierende Zusammenschau der Geschichte und der menschlichen Kultur sind freilich von der Tatsache bedroht, daß diese Philosophie im Gewande spekulativer Theologie selber den Geistbegriff unterhöhlt, indem sie ihm das Moment der Fundamentalunterscheidung durch deren dialektische Aufhebung entzieht. Wie die Religion aus der Vorstellung in den Begriff überführt und dadurch die hier verankerte Geisterfahrung aufgehoben wird, so verliert auch der menschliche Geist im spekulativen Nachvollzug der Selbstverwirklichung des absoluten Geistes sein Gegenüber. Feuerbach hat sehr scharf die Problemlage so diagnostiziert: „Der absolute Geist Hegels ist nichts anderes, als der abstrakte Geist ..." „Der ‚absolute Geist' ist der ‚abgeschiedene Geist' der Theologie, welcher in der Hegelschen Philosophie noch als Gespenst umgeht."[10] Jedenfalls stellt sich die Frage, wie es mit der Brauchbarkeit des Geistbegriffs in der Zeit nach Hegel für eine Philosophie grundsätzlich steht, die von Religion und Theologie losgelöst ist.

Es wäre zu einfach, wollte man die auf Hegel folgende Übernahme des Geistbegriffs in den Begriffen Geisteswissenschaften und Geistesgeschichte nur als Nachklang und Abgesang des Idealismus deuten. Unabweisbar drängen sich Phänomene auf, die der Zusammenfassung und Erschließung durch den Geistbegriff zu bedürfen scheinen. Jedoch ist das Problem ebenso unabweisbar, ob denn der Begriff des Geistes sinnvoll verwendbar sei, wenn zusammen mit Religion und Metaphysik alle Ansätze zu einer Fundamentalunterscheidung entfallen, welche die Differenz von Gottesgeist und Menschengeist in irgendeiner Weise zur Geltung bringt. In der Naturwissenschaft gilt die Eliminierung des Geistbegriffs ohnehin als selbstverständlich. Der Neopositivismus und die analytische Philosophie verwerfen den Geistbegriff, da nicht eindeutig definierbar, als wissenschaftlich überhaupt unbrauchbar. Auch in der philosophischen Anthropologie gerät man diesem Begriff gegenüber

[10] L. Feuerbach, Vorläufige Thesen zur Reform der Philosophie, in: Sämtl. Werke, hg. von W. Bolin und Fr. Jodl, II, (1904) 1959, 226 und 227.

ebenso in Verlegenheit, wie in der Psychologie der Begriff der Seele im Grunde als obsolet gilt. Man wird dies kaum ohne weiteres als das definitive Ergebnis der Begriffsgeschichte von Geist hinnehmen können. Es fragt sich aber, ob nicht das Wort Geist in der Tat seine Tauglichkeit verliert, wenn nicht mehr, in welcher Weise auch immer, zwischen menschlichem Geist und Gottes Geist unterschieden wird.

II. Strukturmomente des Geistes

Der theologische Gebrauch des Wortes Geist läßt sich nicht verantworten, wenn nicht die Frage nach seiner allgemeinen Brauchbarkeit mitbedacht wird. Das hätte in einer ontologischen Besinnung zu geschehen, deren angemessene Durchführung die Möglichkeiten dessen weit übersteigt, was an dieser Stelle zu leisten ist. Es können nur Ansätze dazu aufgewiesen werden. Sie auszubauen bedürfte einer gesonderten Untersuchung. Auf jeden Fall ist als Grundsatz festzuhalten: Nur dann kann vom heiligen Geist sinnvoll gesprochen werden, wenn dies nicht die einzige Weise ist, wie das Wort Geist vorkommt, und wenn das Verhältnis zu anderen Weisen, vom Geist zu reden, im Blick ist sowohl in Hinsicht auf deren Notwendigkeit und Sachgemäßheit als auch in Hinsicht auf die Berücksichtigung, die ihnen innerhalb einer Lehre vom heiligen Geist gebührt. Deshalb kann sich die Theologie gegenüber Denkweisen nicht gleichgültig verhalten, die dem Worte Geist einen vertretbaren Sinn überhaupt absprechen, sowenig sich freilich die Theologie unkritisch mit Denkweisen verbinden darf, die Geist zu ihrem Fundamentalbegriff machen. Daß es bei all dem nicht um bloße Fragen der Terminologie geht, sondern um ein Erfassen weitester Sachverhalte und Inhalte des Denkens, versteht sich von selbst.

Die Ansatzpunkte, von denen aus eine umfassende Lehre vom Geist zu entwickeln wäre, charakterisiere ich im folgenden kurz als das personale, das partizipiale, das intentionale und das aktuale Moment.

1. Das personale Moment

Geist ist personal bestimmt. Das schließt nicht die Beziehung zu unpersönlichen oder überindividuellen Mächten aus. *Pneuma* z.B. ist nicht nur grammatisch ein Neutrum, sondern weist auch in seinem Verständnis oft dinghafte Züge auf. Dennoch ist jedes Geistphänomen darauf ausgerichtet, in einer Person wirksam zu werden, weil hier der Geist seine Zentrierung erfährt. Das geschieht über die Funktionen des Wahrnehmens und Wahrmachens. Indem der Gesichtspunkt der Wahrheit als Klammer eingeführt wird, meldet sich das Problem der Fundamentalunterscheidung bereits in der allgemeinen ontologischen Gestalt der Unterscheidung von Sein und Schein, von Möglichkeit und Wirklichkeit sowie von Subjekt und Objekt an. Indem durch den Gesichtspunkt der Wahrheit die Funktionen des Erkennens und des sich in das Handeln hinein durchsetzenden Wollens verklammert werden, kommt die Zentrierung zur Geltung, die für den Geist konstitutiv ist. Geisteskrankheit besteht in dem Verlust der Zentriertheit. Der Gesichtspunkt der Zentrierung betrifft sowohl das, womit der Geist als Gegenstand umgeht, indem er es in seinem Zusammenhang erfaßt und auf Zusammenhang hin ordnet und gestaltet, als auch den Träger des Geistes, der als personales Subjekt sich seines verantwortlichen Selbstseins bewußt wird. Am besten kann man sich all das, was das personale Moment des Geistes in sich schließt, am Phänomen der Sprache als der vornehmlichen Repräsentation des Geistes verdeutlichen. Es ist darum aufschlußreich, daß die Krise des Geistbegriffs in der Gegenwart dazu genötigt hat, das bedrohte Thema vom Sprachproblem aus neu anzugehen.

2. Das partizipiale Moment

Geist ist partizipial bestimmt. Er ist weder als formales Organ aufzufassen – darum bereitet die Einfügung des Geistes in ein System der Seelenvermögen Verlegenheiten – noch als ein Konglomerat von Ideen, die er produziert. Die Problematik der substanzontologischen Bestimmung des Geistes verrät sich daran, daß hier die Partizipation nur als sekundäres Moment hinzutritt. Sie ist jedoch für den Geist konstitutiv. Das Verständnis von Sein als Zusammensein gemäß einer Ontologie der Relation könnte deshalb der rechten Interpretation des Wortes Geist förderlich sein. Partizipieren besagt: Der Geist kann überhaupt nur in der Weise bei sich selbst sein und zu sich selbst kommen, daß er bei anderem ist, ohne freilich sich in das andere zu verlieren, sondern so, daß er jeweils aus dem Anderssein in das Selbstsein zurückkehrt. Die Bewegung der Partizipation ist eine doppelte: Anteilnehmen und Anteilgeben, Empfangen und Mitteilen. Wiederum ist die Sprache nicht ohne Grund das umfassendste Modell für das partizipiale Moment des Geistes. Geist ist nur in der Weise, daß er ein Gegenüber hat: sowohl ein gegenständliches Gegenüber in dem, was er wahrnimmt und wahrmachend gestaltet, als auch ein personales Gegenüber in dem, auf das er hört und dem er antwortet. Das ist ebenso für die Geschichtlichkeit des Geistes konstitutiv wie für seine Ausrichtung auf ein Unbedingtes, von dem unterschieden zu sein, auf das aber eben deshalb bezogen zu sein die äußerste und fruchtbarste Spannung im Leben des Geistes erzeugt.

3. Das intentionale Moment

Geist ist intentional bestimmt. Das ist schon mit dem partizipialen Moment gegeben, muß aber noch gesondert hervorgehoben werden. Es zeigt sich nicht nur in dem Daß des Ausgerichtetseins auf ein gegenständliches und personales Gegenüber, sondern auch in seinem Wie. Geist ist zielgerichtet. Dieser teleologische Zug ist in den verschiedensten Weisen des Transzendierens wirksam. Im Wahrnehmen übersteigt der Geist das sinnlich Aufgenommene, um es seinem Sinn nach zu erfassen, auf seinen Zusammenhang hin nach Herkunft und Ziel, nach Bedeutung und Wert. Im Wahrmachen übersteigt der Geist das Gegebene auf das daraus zu Gestaltende hin: die unendlich mannigfachen Aufgaben und Gebilde der Kultur in Wissenschaft und Technik, in Kunst und Religion, in personaler Bildung und sozialer Gestaltung. Wie sehr die Lehre vom heiligen Geist damit in Berührung gerät, ergibt sich daraus, daß sie es unmittelbar mit dem Menschen und seinem Verhalten, mit der Kirche und ihrer Gestalt, mit dem Leben in der Welt und mit dem Problem der Geschichte zu tun bekommt. Das Transzendieren hat aber nicht nur in dem Schritt von den Sinnen zum Sinn, vom Gegebenen zum Aufgegebenen seinen Ort. Der Geist ist notwendig in beständiger Bewegung über sich selbst hinaus: Er kann sich nicht mit dem Erkannten und Erreichten zufriedengeben, sondern läßt das, was durch ihn Form angenommen hat, immer wieder zum Material neuer Formierung werden. Er steht nicht still, sondern ist unaufhörlich unterwegs. Er wäre nicht Geist, wenn er sich nicht in Bewegung auf ein Ziel hin befände, in gesammelter Ausrichtung, nicht in ruhelosem Umherirren. Dabei kann er der Frage nicht ausweichen, worin das Ziel aller Ziele, der Sinn aller Bemühungen um Sinn besteht, das letzte Gegenüber, das nicht nur Material und Adressat des Geistes ist, sondern durch das der menschliche Geist selbst zum Material und Adressaten eines ihn wahrmachenden Geistgeschehens wird.

4. Das aktuale Moment

Geist ist aktual bestimmt. Darin liegt seine enge Nachbarschaft zum Begriff des Lebens begründet. Geist ist nur als lebendiger und belebender Geist. Er ist seinem Wesen nach konzentriert gegenwärtig. Sobald er nicht gesammelt, sondern zerstreut ist, gerät er mit sich selbst in Widerspruch, löst sich auf und zerfällt. Die wesenhafte Lebendigkeit des Geistes schließt nicht seine Konservierbarkeit in Schrift und in Gestaltungen aus, die den Wechsel der Zeiten überdauern. Aber als Geist wird dies nur dann erfaßt, wenn das darin Bewahrte unter gegenwärtigen Lebensbedingungen neu zum Keimen kommt, mag es auch der Gegenwart so fern erscheinen wie Getreidekörner in Pharaonengräbern. Die belebende Wirkung des Geistes beschränkt sich aber durchaus nicht auf die Wiederbelebung überlieferter Geisteserzeugnisse. Das mit dem Lebensbegriff erläuterte aktuale Moment des Geistes ist ebenso auf das von ihm im Vorgang des Wahrnehmens und Wahrmachens Erfaßte zu beziehen wie auf das Subjekt des Geistes selbst. Wie der Geist alles, was er anrührt und in Angriff nimmt, mit Leben erfüllt, so erfüllt er vor allem seinen Träger selbst mit Leben. Und beides steht untereinander in Korrespondenz. Darum erfordert der Geistbegriff eine Besinnung auf das Leben und der Lebensbegriff eine Besinnung auf den Geist. Wo aber die Frage nach dem Leben radikal gestellt wird, erwacht das Problem der Quelle des Lebens, nicht im Sinne des genetischen Problems der prähistorischen Entstehung von Leben, sondern im Sinne des ständig akuten Problems der geschichtlichen Erneuerung des Lebens, der Quelle wahren Lebens. Und eben dies ist die radikale Frage nach dem Geist: das Problem des neumachenden, lebenschaffenden Geistes, des spiritus creator. Man müßte sogar sagen: Diese radikale Frage nach dem Geist als dem Geist Gottes ist die Frage des Menschengeistes schlechthin.

C. Wesen und Walten des heiligen Geistes

Durch keine noch so umfassende und tiefsinnige Reflexion auf das Wesen des Geistes lassen sich Wesen und Walten des heiligen Geistes ermitteln. Schon die Erwägungen zur Dimension des Geistes überhaupt waren auf die Wirkungen des Geistes in seiner geschichtlichen Bewegtheit angewiesen, auf die Sprach- und Denküberlieferung, ohne die an den Sachverhalt nicht heranzukommen ist. Dabei mußte bereits auch auf die Tradition des Redens von Gottes Geist zurückgegriffen werden, obwohl das Thema des heiligen Geistes vorerst nach Möglichkeit ausgeklammert bleiben sollte. Eine Besinnung auf das Wesen des menschlichen Geistes kann gar nicht umhin, diesen Traditionsstrang zu berücksichtigen, der für die Geistesgeschichte von unermeßlicher Bedeutung ist. Für eben dieses Thema des Geistes Gottes, des heiligen Geistes, das jetzt in den Brennpunkt rückt, gilt nun in besonderem Maße, daß wir auf die Überlieferung angewiesen sind, die den Zugang dazu erschließt. Obschon sie mit zahllosen Fäden in die allgemeine Geistesgeschichte verflochten ist und darum auch den Exkurs in die Dimension des Geistes überhaupt hinein notwendig machte, stellt sie doch einen geschichtlich relativ deutlich umgrenzten Traditionsstrom dar. Aus dieser geschichtlichen Umgrenztheit erwachsen aber besondere Probleme. Es handelt sich offenbar um zweierlei: zum einen um das Reden vom heiligen Geist, das sich geradezu statistisch erheben läßt, wieviele Interpretationsprobleme es auch aufgeben mag, und zum andern um die Gegenwart des heiligen Geistes, die Erfahrung seiner Wirkungen oder die Frage nach seiner Wirklichkeit überhaupt. Aus dem ersten läßt sich bis zu einem gewissen Grade in einer Begriffsbestimmung sein Wesen erheben. Aber erst am zweiten entscheidet sich, was davon zu halten sei. Weil dies jedoch wiederum auf die Interpretation des Redens vom heiligen Geist zurückschlägt, wird die Spannweite dessen, was im folgenden zu bedenken ist, mit der Doppelwendung angedeutet: „Wesen und Walten des heiligen Geistes". Wenn demzufolge zunächst im historischen Rückgang die Quelle der Rede vom heiligen Geist aufgesucht wird, so ist hier schon beides zu beachten: das Vorkommen der Wortverbindung heiliger Geist und das Auftreten von Symptomen des Geistwiderfahrnisses. Wenn sodann demgegenüber in systematischem Interesse nach der Gegenwart des heiligen Geistes im Menschen gefragt werden wird, so greift ebenfalls beides ineinander: die Orientierung an überlieferter Rede vom heiligen Geist sowie die Bezugnahme auf nachweisbare Erfahrung.

Die Differenz zwischen der Rede vom heiligen Geist und seinem Geschehen kann nun aber von der Unterscheidung zwischen Sprache und Sache her in zweierlei Hinsicht akut werden. Wird vom heiligen Geist geredet, sogar korrekt geredet, so kann dies dennoch bloßes Gerede sein, ohne die Gegenwart des heiligen Geistes. Aber auch umgekehrt müssen wir dort mit der Möglichkeit der Gegenwart des heiligen Geistes rechnen, wo von ihm gar nicht die Rede ist. Das erscheint unverfänglich innerhalb eines entsprechenden Überlieferungskontextes. Selbstverständlich hängt die Präsenz des heiligen Geistes nicht von dem gleichzeitigen Gebrauch dieser Vokabel ab. Schwer wiegt jedoch das Problem, ob von einer Gegenwart des heiligen Geistes auch dort die Rede sein könne, wo man sich völlig außerhalb derjenigen Überlieferung befindet, in der das Reden vom heiligen Geist seinen genuinen Ort hat. Verhält es sich – schematisierend gesagt – mit der möglichen Diskrepanz von Wort und Sache im Falle des heiligen Geistes nur so, daß die Sache viel seltener vorkommt als die Rede davon, oder muß man umgekehrt annehmen, daß sich die Sache weit über den Umkreis eines wie auch immer gearteten Wissens um den heiligen Geist hinaus erstreckt? Beides läßt sich schwerlich abweisen. Das erste leuchtet sogar unmittelbar ein. Längst nicht überall da, wo dieses Wort in den Mund genommen wird, ist der heilige Geist auch im Herzen gegenwärtig. Das ist beunruhigend. Das zweite freilich beunruhigt erst recht als die schwierige und doch so naheliegende Frage, ob nicht die Reichweite des heiligen Geistes die Reichweite der christlichen Verkündigung gegebenenfalls auch übertreffen könnte.

Im folgenden soll zunächst nur der Grund gelegt werden, auf dem in den nächsten Paragraphen das Wirken des heiligen Geistes weiter erörtert wird.

I. Die Quelle der Rede vom heiligen Geist

Für die historische Frage nach der Entstehung der Rede vom heiligen Geist, aber auch für die Frage, woraus das heute zu verantwortende

Reden vom heiligen Geist maßgebende Weisung schöpft, sind drei Stufen des Ursprungsgeschehens zu beachten: Das Aufkommen dieser Wortverbindung in vorchristlicher und ihre Aufnahme in urchristlicher Zeit, ferner das mit der Person Jesu verbundene, an ihr orientierte urchristliche Geistwiderfahrnis sowie die Formierung einer christlichen Lehre vom heiligen Geist durch Paulus.

1. Die Herkunft des Ausdrucks heiliger Geist

a) Das Aufkommen in vorchristlicher Zeit

Die Wortverbindung *pneuma hagion* begegnet nicht in der Profangräzität. Sie ist eine Bildung der Septuaginta als die wörtliche Übersetzung des hebräischen Ausdrucks *ruach hakkodäsch*. Auch die lateinische Wortverbindung spiritus sanctus entstand erst durch die Bibelsprache, während die vorher schon vorhandene Wortverbindung spiritus sacer als vorbelastet empfunden und gemieden wurde[11]. Nun findet sich allerdings die Wendung *pneuma hagion* entsprechend dem Vorkommen des hebräischen Äquivalents auch in der Septuaginta nur ganz selten (Ps 50[51],13 Jes 63,10f, darüber hinaus m.W. nur noch in einer Textvariante und einer Stelle in Weish). Wesentlich häufiger begegnen die Wendungen *pneuma theou, pneuma kyriou* oder *pneuma theion*. Aber auch dann, wenn man das gesamte übrige Vorkommen im palästinischen wie im hellenistischen Judentum in Betracht zieht, ist der statistische Befund recht spärlich. Vom Geist in theologischer Hinsicht ist zwar häufiger die Rede, aber zumeist als dem prophetischen Geist, der als erloschen gilt und als Gabe der Endzeit erwartet wird. Der Apokalyptiker nimmt zwar Inspiration in Anspruch, jedoch pseudonym, im Namen längst verstorbener Gestalten der heiligen Geschichte. Daß *ruach hakkodäsch* im rabbinischen Sprachgebrauch stehender Terminus geworden ist[12], kann man in diesem Zusammenhang mit Rücksicht auf die Datierungsprobleme der Quellen nur mit Vorsicht verwenden. Selbstverständlich ist der Ausdruck bekannt. Und er mag sich auch in der jüdischen Frömmigkeit gelegentlich mit Formen gegenwärtiger Geisterfahrung enthusiastischer Art verbunden haben. Trotzdem ist der Befund aufs Ganze gesehen bescheiden.

b) Die Aufnahme im Urchristentum

Was von der alttestamentlich-jüdischen Sprachtradition her bereitlag, ist im Urchristentum plötzlich zu einem Hauptthema geworden. Die enorme quantitative Steigerung im Gebrauch des Wortes Geist im Sinne

---

[11] H. Kleinknecht, ThWNT VI; 336,41–337,5.

[12] E. Sjöberg, ThWNT VI; 379,16f.

von Gottes Geist, der mit Macht über den Menschen kommt und ihn gesamthaft wandelt und der im Unterschied zu dem alten sündhaften Wesen des Menschen betont heiliger Geist heißt, ist unverkennbar. Allerdings bedarf der Befund der Nuancierung. Die uns von der kirchlichen Sprachtradition her geläufige völlige Dominanz des Ausdrucks heiliger Geist entspricht nicht ganz dem neutestamentlichen Sprachgebrauch. Besonders auffallend ist der Befund in den echten Paulinen, dem ältesten literarischen Komplex des Christentums. Hier wird vom Geist intensiver gehandelt als irgendwo sonst im neutestamentlichen Schrifttum. Aber auffallend selten bedient sich Paulus des Ausdrucks *pneuma hagion*. Überwiegend gebraucht er *pneuma* absolut, sonst aber mit inhaltlich explikativen Bestimmungen oder mit einer Subjektangabe. Dabei verbindet sich die Auffassung als Gottes Geist aufs engste mit der Herleitung von Jesus Christus. In all diesen Fällen ist von dem die Rede, was der Sache nach der Terminus heiliger Geist meint. Aber in bezug auf dessen ausdrückliche Verwendung muß man folgendermaßen differenzieren: Neben den anderen Verbindungen mit Geist, die sich im alttestamentlich-jüdischen Sprachgebrauch finden, wurde der Terminus heiliger Geist anscheinend von Anfang an christlich rezipiert. Dabei herrschte jedoch zunächst offensichtlich eine Beweglichkeit in der Ausdrucksweise vor. Neben der quantitativen Steigerung der Rede vom Geist wurde insbesondere seine Verbindung mit der Erscheinung Jesu Christi charakteristisch. Darauf war der Sachverhalt so deutlich konzentriert, daß dafür *pneuma* auch ohne jeden Zusatz gebraucht werden konnte. Die terminologische Einengung und Festlegung auf den Ausdruck *pneuma hagion* scheint erst das Produkt einer sprachlichen Konsolidierung innerhalb des Urchristentums zu sein, wie insbesondere am Sprachgebrauch der Synoptiker und der Apostelgeschichte oder des Hebräerbriefs deutlich wird. Daran scheint ein betonter Rückgriff auf die Denkweise des Alten Testaments beteiligt gewesen zu sein. Das hat sich im kirchlichen Sprachgebrauch durchgesetzt. Trotz der vorchristlichen Abkunft ist durch diese nun erst zustandegekommene terminologische Hervorhebung und die damit verbundene Häufigkeit des Vorkommens der Ausdruck heiliger Geist doch zu einem auffallenden Spezifikum des christlichen Sprachgebrauchs geworden. Selbstverständlich melden sich in diesen formalen Beobachtungen sachliche Veränderungen an.

2. Das urchristliche Geistwiderfahrnis

Das Urchristentum repräsentiert primär nicht eine neue Anschauung vom Geist, sondern eine neue Erfahrung des Geistes. Wie immer man die mit so vielen Problemen beladene Frage der Entstehung der Urgemeinde sowie der ersten Ausbreitung des Christusglaubens beantworten mag – oder müßte man von vornherein verschiedene Zentren annehmen? –, auf jeden Fall gehört als wesentlicher Faktor in das historische Erscheinungsbild die Tatsache einer mächtigen und vielfältigen Geisterfahrung. An der inneren Zusammengehörigkeit mit dem Glauben an Jesus Christus kann kein Zweifel sein. Wie dieser Zusammenhang aufzufassen ist und in welcher Weise sich von daher infolge der neuen Geisterfahrung nun doch auch die Anschauung vom Geist gewandelt hat, ist nicht leicht zu beantworten.

a) Jesus und der Geist

Die Annahme, daß der heilige Geist in der Verkündigung Jesu eine besondere Rolle gespielt habe, bestätigt sich nicht. In der synoptischen Überlieferung des Redestoffs wird er relativ selten erwähnt. Wie optimistisch man die Echtheitsfrage im einzelnen auch einschätzen mag, es ergibt sich auf keinen Fall ein gewichtiger Befund. Man könnte sich eher wundern, daß die Erwähnung des heiligen Geistes nicht weit stärker nachträglich in den Redestoff eingedrungen ist. Das Urchristentum hat die Verbindung zwischen Jesus und dem Geist nicht an dieser Stelle verankert gesehen. Das gilt auch für das Johannesevangelium, obwohl hier der heilige Geist in der Verkündigung Jesu eine stärkere Rolle spielt. Der Akzent liegt aber auf der Vorankündigung dessen, was erst nach dem Tode Jesu eintritt. Das wird durch die glossenartige Bemerkung ausdrücklich unterstrichen, daß der Geist noch nicht da war, weil Jesus noch nicht verherrlicht war (Joh 7,39). Folgerichtig wird dem Auferstandenen die Verleihung des Geistes an die Jünger zugeschrieben (Joh 20,22).

Das schwache Vorkommen des Wortes Geist in der Verkündigung Jesu schließt jedoch keineswegs aus, daß Jesus in seiner Erscheinung als ganzer von seinem Wort wie von seinem Verhalten her den Eindruck des Geisterfüllten machte. Dies entspricht der Tatsache, daß das Auftreten und die Person Jesu in der Aussage der Nähe Gottes und im Phänomen der Vollmacht ihr Zentrum haben. Die Deutung seiner Machttaten als Zeichen des Geistbesitzes drängte sich ohnehin auf. Die Mitteilung einer ekstatischen Vision wie der des Satanssturzes (Lk 10,18), deren Echtheit wahrscheinlich ist, verstärkte die Vorstellung, er sei ein Pneumatiker. Dazu gehört schließlich auch die Überlieferung von Jesu Taufe. An deren Historizität ist kaum zu zweifeln, und ihre Bedeutung für Jesu Weg legt sich nahe, auch wenn man die visionäre Ausgestaltung auf das Konto der Überlieferung setzt. Der Einwand, daß man sich mit einer biographisch-psychologischen Einordnung der Taufe Jesu auf ein gefährliches Gelände begibt, kann einen historisch Denkenden von dieser Fragestellung nicht abhalten. Bemerkenswert bleibt auf jeden Fall, daß man nachträglich die Taufe Jesu ebenso wie die Taufe auf seinen Namen von der Johannestaufe durch die Geistverleihung unterschieden sah. Zunächst könnte man freilich in all dem, wie die synoptische Tradition die Beziehung zwischen Jesus und dem Geist beleuchtet, ein Geistverständnis belegt finden, das an dem Exzeptionellen und Wunderhaften orientiert bleibt. Das wird auch dadurch unterstrichen, wie Matthäus (1,18.20) und Lukas (1,35) den heiligen Geist in den Vorgeschichten einführen, um die Besonderheit der Geburt Jesu hervorzuheben. Von daher hat der heilige Geist bereits im zweiten Artikel des Apostolikums Erwähnung gefunden: qui conceptus est de spiritu sancto, natus ex Maria virgine[13], oder nach dem Wortlaut des Nicaeno-Constantinopolitanum: incarnatus est de spiritu sancto ex Maria virgine et homo factus est[14]. Diesem pneumatologischen Einschuß in die Christologie entspricht dann der christologische Einschuß in die Pneumatologie durch das filioque[15]. Doch das sind relativ späte dogmatische Reflexionen, die nur von ferne und indirekt das urchristliche Geistwiderfahrnis widerspiegeln.

b) Ostern und Pfingsten

Sosehr die Begegnung mit Jesus als die Begegnung mit einem außerordentlichen Geistträger empfunden werden konnte, wurde sie als solche doch nicht die Quelle des urchristlichen Geistwiderfahrnisses. Ansätze zu einer enthusiasmierenden Wirkung Jesu verflogen schnell. Das Feuer, das zu entzünden er gekommen war, schien sich als Strohfeuer zu erweisen, das alsbald wieder erlosch. Ein Märtyrertod vermag zwar gegebenenfalls ein erst glimmendes Feuer vollends zu entfachen. Aber aus dieser inneren Logik eines Begeisterungsvorgangs, der durch die Aufopferung seines Initianten nicht abbricht, sondern nun erst recht auflodert, läßt sich die Entstehung des Urchristentums schwerlich ableiten. Der Gedanke hätte allerdings vielleicht etwas Verlockendes, die Rechenschaft über den Kern des Christlichen aus der Christologie mit ihren schwierigen Problemen in die Pneumatologie zu verlagern. Dann bestände der Zusammenhang zwischen Jesus und dem Urchristentum in dem weitergehenden Geistgeschehen, in einer enthusiastischen Bewegung, die mit Jesus ihren Anfang und mit seinem Tode keineswegs ihr Ende, sondern nun erst wie ein Steppenbrand ihren Lauf nahm.

Der Grund, weshalb sich der historische Vorgang auf diese Weise nicht angemessen erfassen läßt, kann nicht einfach die Tatsache sein, daß es sich im urchristlichen Selbstverständnis anders darstellt. Mit der

---

[13] BSLK 21,10–12.
[14] BSLK 26,14f.
[15] BSLK 27,2.

Möglichkeit einer ideologischen Legendenbildung muß der kritische Historiker rechnen. Könnten nicht tatsächlich die Glaubensaussagen über Tod und Auferstehung Jesu nur eine gedankliche Konstruktion darstellen, einen ideologischen Überbau, der den Fortgang des Enthusiasmus trotz der scheinbaren Katastrophe legitimieren und die Schwankenden entsprechend indoktrinieren soll? An einer Stelle scheint die kritische Analyse der Überlieferung einen Anhalt dafür zu geben, daß zumindest ein Korn Wahrheit in solchen Überlegungen enthalten sein könnte, die den Primat dem Geistgeschehen zu- und dem Christusgeschehen absprechen. Die Überlieferung, wie sie durch Lukas schematisiert und dann liturgisch wie dogmatisch durch die Kirche approbiert worden ist, sondert das Pfingstgeschehen vom Ostergeschehen ab und markiert die Trennung durch die Erzählung von der Himmelfahrt Christi. So rücken die verschiedenen Stufen des Geschehens nicht nur in ein genau datiertes Nacheinander, sondern auch in eine sachliche Unterscheidung zwischen dem Christus- und dem Geistgeschehen. Das dient offensichtlich dazu, dem Christusgeschehen den unbedingten Vorrang zu sichern und dem Geistgeschehen den Charakter zwar einer relativ selbständigen Erscheinung, aber doch einer bloßen Folgeerscheinung zuzuschreiben (so auch schon Gal 4,4–6). Nun erweist sich dieses vertraute und eindrückliche Schema als unhistorisch. Gewiß mag hier die Erinnerung an ein frühes Widerfahrnis verarbeitet und zum Kristallisationspunkt der lukanischen Pfingstgeschichte geworden sein. Es hat aber dabei offenbar seinen Charakter verändert. Die Erzählung scheint mit in den Bereich der österlichen Erscheinungsgeschichten zu gehören, wie denn das Johannesevangelium innerhalb einer solchen von der Geistverleihung durch den Erhöhten berichtet. Das schlägt anscheinend vollends zugunsten des Primats der Christologie aus, indem nun das pfingstliche Geistgeschehen in den unmittelbaren Zusammenhang des Ostergeschehens hineingenommen ist. Man könnte dem aber auch die entgegengesetzte Deutung geben: Dadurch werden die Erscheinungsgeschichten insgesamt als Pfingstgeschichten interpretierbar, als enthusiastische Widerfahrnisse in Gestalt von Visionen des Auferstandenen. Es wäre eine unzureichende Argumentation, die Anwendbarkeit des Begriffs der Vision hier grundsätzlich zu bestreiten und die Berichte von Erscheinungen des Auferstandenen aus dem Bereich des Geistgeschehens völlig auszuklammern. Davon ist bei der Erörterung des Ostergeschehens ausführlich gehandelt worden (§ 20 B I 1 cbb, s. Bd. II, 299ff). Jetzt muß die Frage beantwortet werden, warum das Geistgeschehen dennoch nicht als das Kontinuum von Jesus zum Urchristentum hin gelten kann und die Christologie nicht in Pneumatologie auflösbar oder durch sie ersetzbar ist.

Wenn man die Möglichkeit historischer Entstellung einkalkuliert und sich nicht mit dem zufriedengibt, was die Quellen bei angemessener Sichtung und Prüfung positiv aussagen, dann macht man sich die Antwort auf das gestellte Problem sehr schwer. Man wird aber dadurch genötigt, über eine positivistisch gewonnene oder, was in diesem Falle auf dasselbe hinausliefe, über eine durch die Glaubensüberlieferung vorgegebene Antwort hinaus einen Schritt tiefer in das Verstehen des Zusammenhangs einzudringen. Die weiterführende Überlegung kann bei einer scheinbaren Äußerlichkeit einsetzen. Die Konsequenz jener zur Diskussion gestellten Hypothese von der Entstehung des Urchristentums wäre die Auflösung der Christologie in Pneumatologie. Man müßte noch weitergehen: Auch eine Pneumatologie gäbe es dann nicht mehr. In einer dieser Bezeichnung gemäßen Weise, nämlich als Rechenschaft über den Geist, kann es Pneumatologie innerhalb des Christentums überhaupt nur im Zusammenhang mit der Christologie geben. Diese Erkenntnis hat nicht nur für das Nachdenken über jenes historische Ursprungsgeschehen Bedeutung, sondern ist von grundsätzlicher Tragweite. Mit der Christologie entfällt auch die Pneumatologie. Der Grund dafür ist der, daß sich die Frage nach dem Inhalt und dem Kriterium des Geistes stellt. Es wäre eine inhaltsleere und orientierungslose Auskunft, wenn man sich mit der Behauptung einer enthusiastischen Kontinuität zwischen Jesus und dem Urchristentum begnügte, ohne darüber Auskunft zu geben, welcher Art denn dieser Geist ist und inwiefern er in Übereinstimmung mit dem steht, was uns sowohl von Jesus wie auch vom Urchristentum erkennbar ist. Hält man sich entsprechend dem Einsatzpunkt der leitenden Fragestellung, wie die überraschende Relevanz des Geistes im Urchristentum zu erklären sei, an die Äußerungen des urchristlichen Enthusiasmus, so stellt sich die Frage, ob man denn damit das Wesentliche des urchristlichen Geistgeschehens erfaßt hat. Würde man diese Frage bejahen, so dürfte es allerdings schwierig, wenn nicht unmöglich sein, darin die kontinuierliche Fortsetzung dessen zu erblicken, was als der Geist Jesu erkennbar ist, sofern man dabei den inneren Zusammenhang zwischen seinem Wort und seinem Verhalten bis hin zur Übernahme des Kreuzestodes beachtet. Würde man dagegen unter Berücksichtigung der Gesamterscheinung des Urchristentums nicht zugeben können, daß sich dort der Geist auf die enthusiastischen Phänomene beschränkte, dann muß eine Antwort darauf gesucht werden, was denn das Spezifische des urchristlichen Geistwiderfahrnisses war. Wenn es einem dabei gerade um den Nachweis der Kontinuität mit Jesus geht, wie dies in der diskutierten Hypothese der Fall ist, kann man der Frage nicht ausweichen, wie es sich bei dem urchristlichen Geistverständnis mit dem Recht der Berufung auf Jesus verhält und vor allem auch mit der Möglichkeit, im Geiste Jesu fortzufahren. Damit befindet man sich aber bereits mitten in der christologischen Fragestellung und muß das Geistgeschehen des Urchristentums auf seinen Zusammenklang mit dem urchristlichen Wortgeschehen abhorchen, das heißt damit, wie sich der Glaube über Jesus Christus ausgesprochen hat.

Nun ist es historisch durchaus einleuchtend, daß sich zusammen mit dem Osterglauben, in dem sich das Ja zum Gekreuzigten aus dem Ja Gottes zu ihm herleitete, in vielfältiger Hinsicht Geistwirkungen einstellten. Waren doch schon jene grundlegenden Durchbruchsereignisse des Osterglaubens in den Erscheinungen ein Ergriffenwerden vom Geist des Glaubens. Daraus erwuchsen der Mut zum Zeugnis, ein Erfülltsein des Herzens, das den Mund zum Reden brachte, sowie der Geist brüderlicher Liebe. Damit konnten sich ekstatische Erscheinungen wie Zungenrede oder Prophetie einstellen, aber auch die Bereitschaft zur Hingabe des Besitzes und zum Dienen. Und dies alles auf dem Grunde einer zutiefst gewandelten Lebenssituation. Was der Osterglaube in bezug auf Jesus aussagte: er sei vom Tode zum Leben gekommen, das machte mutatis mutandis auch den Inhalt der Geisterfahrung aus. In ihr vollzieht sich eine Wende durch den lebendigmachenden Geist zum schlechterdings Neuen hin, ob dieses nun primär als in naher Zukunft bevorstehend geglaubt wurde, wofür der Geist als die Gabe der Endzeit Vorzeichen und Angeld ist, oder ob der Ton ganz auf die pneumatische Wirklichkeit gelegt wurde, an der der Glaubende jetzt schon teilhat. Es ist verständlich, daß in dem Grunderlebnis eines befreienden In-Anspruch-Genommenseins durch Gott in Jesus Christus die verschiedenen Erscheinungsweisen dieses Geistwiderfahrnisses noch chaotisch durcheinander wogten und es nicht ohne weiteres gelang, das, was in Jesus Christus geschehen und durch ihn gegeben ist, klar zu erfassen und zum Kriterium des Geistgeschehens werden zu lassen. Dafür war nun aber doch die Wahrung der Unterscheidung erforderlich: das Christusgeschehen nicht vom Geistgeschehen überschwemmt werden zu lassen, das neue Leben der Glaubenden nicht mit dem Leben des Auferstandenen selbst zu verwechseln. Darin liegt die unaufgebbare Wahrheit der lukanischen Unterscheidung von Ostern und Pfingsten.

3. Die paulinische Lehre vom heiligen Geist

Es muß befremden, wenn in einer Theologie des Neuen Testaments die paulinischen Aussagen über den Geist nicht in die Darstellung der paulinischen Theologie eingearbeitet werden, sondern in die des Kerygmas der hellenistischen Gemeinde vor und neben Paulus[16]. Dabei

---

16 Vgl. z.B. R. Bultmann, Theologie des Neuen Testaments, 1953, 151ff (§ 14). H. Conzelmann, Grundriß der Theologie des Neuen Testaments, (1967) 1968², 54ff (§ 6).

könnte wohl zur Geltung kommen, daß die Christen jüdischer wie griechischer Herkunft zusammen mit dem Glauben an Christus auch das Geistwiderfahrnis gemeinsam haben. Jedoch wird die Funktion verdeckt, die dem Geistverständnis des Paulus innerhalb des urchristlichen Geistgeschehens einerseits und innerhalb seiner eigenen Theologie anderseits zukommt. Bei einer so intensiv durchreflektierten Theologie wie der des Paulus muß man zwar mit Präferenzurteilen vorsichtig sein. Aber daß seine Auffassung vom Geist in erstaunlicher Weise den Schnittpunkt aller theologischen Problemlinien bildet, und zwar nicht in summierendem, sondern in diakritischem Sinne, scheint mir sowohl vom Vokabular wie vom Themenkatalog der paulinischen Briefe her überzeugend zu sein. Und eben daran zeigt sich die einzigartige Bedeutung des paulinischen Denkens innerhalb des Urchristentums. In dem chaotischen Gewoge des Geistgeschehens im Zeichen des Christusglaubens wurden nun klärende Kriterien aufgestellt. Dadurch erhielt das Spezifische des christlichen Geistverständnisses allererst Profil. Diese Urteilsbildung kraft gedanklicher Durchdringung stellt aber nicht nur eine überragende Stufe im urchristlichen Reden vom Geist dar, sondern darf als ein wesentliches Moment des urchristlichen Geistgeschehens selbst gelten. Im Zuge der jetzigen Überlegungen ist nicht eine Gesamtdarstellung der paulinischen Lehre vom Geist zu erwarten, sondern nur eine knappe Markierung der entscheidenden Kriterien des Geistes.

a) Der Christusbezug des Geistes

Paulus stellt betont an den Anfang seiner Belehrung der Korinther über die Geistesgaben als schlechterdings maßgebendes Kriterium das Christusbekenntnis (1. Kor 12,1–3). Im Kontrast zu ihrer heidnisch-religiösen Vergangenheit ist der Christusglaube nicht ein Besessensein und ekstatisches Hingerissensein durch ein sprachloses Gegenüber, sondern ein antwortendes Ergriffensein durch Jesus. Seine Geistwirkung kommt im Bekenntnis zu ihm zum Ausdruck. Die primäre Äußerung des Geistes Gottes ist sprachlicher Art. Sie erlaubt darum ein Urteil darüber, welcher Geist einen treibt. Damit ist eindeutig die negative Abgrenzung vollzogen, mag auch die Formulierung *anathema Iesous* ad hoc ex opposito et absurdo gebildet sein: Im Geiste Gottes kann man nicht Jesus verfluchen. Nach der positiven Seite hin variiert Paulus freilich die Akzentuierung. Es heißt nun nicht in genauer Entsprechung und dann in doppelter Verneinung: Niemand, der im Geiste Gottes redet, kann die Akklamation Jesu als des Herrn unterlassen, oder positiv gewendet: Wer im Geist redet, bekennt Jesus als den Herrn. Vielmehr geht Paulus hier von dem Bekenntnis „Herr ist Jesus" aus und auf das Urteil geistgewirkter Rede zu: „Niemand vermag zu sagen ‚Jesus ist der Herr' außer im heiligen Geist." Wird im einen Fall der Anspruch von Geistwirkung abgewiesen, so im zweiten Fall die Geistwirkung zugesprochen. Man könnte zwar als Unterton eine einschränkende Bedingung heraushören: Mit dem bloßen Herr-Sagen sei es nicht getan, in Wahrheit sei dies nur möglich durch den heiligen Geist. Aber Paulus denkt hier wohl nicht an die Möglichkeit geistlosen Nachplapperns. Er hat vielmehr ein Unterschätzen der schlichten Glaubensaussage „Jesus ist der Herr" im Auge: Wo sie laut wird, zeigt sich der heilige Geist am Werk. Das stellt nicht bloß das ausschlaggebende Kriterium der Geistesgaben dar, sondern es ist selbst schon die entscheidende Geistesgabe: eine unscheinbare Äußerung, die aus nur zwei Worten besteht: *kyrios Iesous,* und die doch unendlich schwerer wiegt als die faszinierendsten Geistwirkungen.

Dieser Christusbezug des Geistes gewinnt dadurch inhaltliche Relevanz für das Geistverständnis, daß es der Gekreuzigte ist, den als Herrn zu bekennen Werk des heiligen Geistes ist. Damit wandelt sich die Auffassung vom Geist als dem Inbegriff und der Quelle von Kraft und Leben. Auch für Paulus bleibt es bei der Kennzeichnung des Geistes als *dynamis* und *zoe.* Aber die vermeintliche Selbstverständlichkeit dessen, was das heißt, erfährt eine umstürzende Korrektur.

In die Charakterisierung der Kraft des Geistes Gottes, wie er durch Jesus Christus offenbar und wirksam geworden ist, geht nun das Moment der Schwachheit mit ein. Christus „wurde gekreuzigt aus Schwachheit, aber er lebt aus der Macht Gottes" (2. Kor 13,4). Damit ist nicht rein antithetisch die Schwachheit des Gekreuzigten für erledigt erklärt, sondern die Eigenart der ihm von Gott verliehenen Macht gekennzeichnet. Was an ihm pneumatisch ist, besteht gerade in der Umkehrung des gängigen Urteils darüber, was als machtvoll beeindruckt. Das Urteil Gottes, das als das Ja zum Gekreuzigten kundgeworden ist, spiegelt sich auch in der Zusammensetzung der christlichen Gemeinde ab als die Umkehrung des üblichen Maßstabes: „Da gibt es nicht viele, die nach menschlichen Maßstäben weise, mächtig, hochwohlgeboren sind. Vielmehr, was in der Welt als töricht gilt, hat Gott sich erwählt, um die Weisen zu beschämen. Was schwach ist in der Welt, hat Gott sich erwählt, um zu beschämen, was stark ist. Und was in der Welt niedriger Herkunft ist und verachtet wird, was überhaupt nichts ist, hat Gott sich erwählt, um das, was etwas ist, zunichte zu machen." (1. Kor 1,26–28) In diesem Sinne wird „Christus Gottes Kraft und Gottes Weisheit" genannt, obwohl dies „ein Skandal für die Juden und Unsinn für die Griechen" ist. Beides wird von Paulus zugleich bejaht und verneint: „Denn Gottes ‚Unsinn' ist weiser als die Menschen und Gottes ‚Schwäche' stärker als die Menschen." (1. Kor 1,23–25) Die theologia crucis ist für Paulus der Schlüssel zur Pneumatologie. Wie Gott und sein Geist selbst im Zwielicht von Schwachheit und Kraft stehen, so ist auch der an Christus Glaubende und von seinem Geist Getriebene der christologischen und pneumatologischen Dialektik von Schwachheit und Kraft ausgesetzt. Bei ihm kommt die Kraft in der Schwachheit zur Vollendung, und er rühmt sich viel lieber seiner Schwachheiten, damit die Kraft Christi bei ihm Wohnung nehme (2. Kor 12,9). Das schreibt Paulus als Kommentar zu dem Bericht über sein eigenes ekstatisches Erleben: Es darf keinesfalls zum Gegenstand des Rühmens werden.

Dasselbe, was an der Verbindung von Geist und Kraft deutlich wurde, gilt auch für die Beziehung von Geist und Leben. Der Geist Gottes ist gewiß der lebendigmachende Geist. Dies wird aber als ein Lebendigmachen aus dem Tode präzisiert. Der Geist Gottes erhält deshalb für Paulus folgende maßgebende Prädizierung: Er ist der Geist dessen, der Jesus von den Toten auferweckt hat. Das meint nicht eine bloße Steigerung des nach 1. Mos 2,7 ohnehin durch den Geist Gottes verliehenen Lebens in den Superlativ, vielmehr nimmt das Verständnis von Leben nun den Tod in sich auf. Deshalb stellt sich die Einwohnung des Geistes dessen, der Jesus von den Toten erweckt hat, im Menschen nicht primär als Steigerung seiner natürlichen Lebenskräfte dar, sondern als die Anweisung, den Weg des Sterbens in der Gewißheit zu gehen, daß der, der Christus Jesus von den Toten erweckt hat, auch den sterblichen Leib auferwecken werde durch die Kraft seines Geistes, der in diesem Menschen wohnt (Röm 8,11). Der Ausrichtung der Pneumatologie von der theologia crucis her entspricht ihre Ausrichtung auf die Eschatologie. Das Leben des Geistes überhöht nicht das irdische Leben und überspielt nicht den Tod, sondern überwindet beide. „Geistlich" meint die Wirklichkeitsgestalt der himmlischen Doxa und steht im Kontrast zu der Wirklichkeitsgestalt des Irdischen: „Gesät wird in Vergänglichkeit, auferweckt in Unvergänglichkeit. Gesät wird in Unehre, auferweckt in Herrlichkeit. Gesät wird in Schwachheit, auferweckt wird in Kraft. Gesät wird ein beseelter Leib, auferweckt ein geistlicher Leib." (1. Kor 15,42–44). Deswegen wäre es ein Widerspruch in sich, den heiligen Geist zu haben und sich nicht nach der Erlösung des Leibes zu sehnen – wohlgemerkt nicht etwa: nach der Erlösung vom Leibe, sondern nach der vollen Teilhabe an der Doxa Gottes (Röm 8,23).

b) Der Glaubensbezug des Geistes

Der Christusbezug des Geistes wird durch den Glaubensbezug des Geistes unterstrichen. Der Gedanke liegt Paulus völlig fern, daß der Geistempfang gegenüber dem bloßen Glauben auf eine höhere Stufe versetze. Wenn Paulus die Frage, wodurch die Galater den Geist empfangen haben, mit dem Hinweis auf die Glaubensbotschaft beantwortet (Gal 3,2.5), so liegt darin nicht, wie man von späterer dogmatischer Fragestellung her erwarten könnte, eine Abgrenzung gegen die Verbindung von Taufe und Geistempfang, die z.B. in der Apostelgeschichte mit auffallenden Schwankungen vertreten wird. Paulus denkt nicht an das Verhältnis von Wort und Sakrament, sondern an die Differenz von Glauben und Gesetzeswerken. Deshalb liegt ebenfalls die spätere dogmatische Überlegung fern, ob der Glaube dem Geistempfang vorangehe oder ob der Glaube selbst schon Gabe des Geistes sei. Es wird hier nicht nach einer äußeren Wirkursache gefragt, sondern nach dem inneren Sachgrund, von dem her das Wesen des Geistes selbst bestimmt ist. Dieser innere Sachgrund besteht darin, daß das Verhältnis zu Gott anstatt auf das Tun des Gesetzes auf den Glauben an Jesus Christus gegründet ist. Wie der Kyrios selbst als das Pneuma bezeichnet werden kann, so ist deshalb auch der in ihm gestiftete neue Bund nicht tötender Buchstabe, sondern lebendigmachender Geist (2. Kor 3,6). Diese Verbindung von Evangelium und Geist wäre preisgegeben, wenn das Verständnis des Geistes nicht durch das Wesen des Glaubens geprägt wäre. Erfüllt sich doch im Glauben die Geistverheißung (Gal 3,14). Darum kann der Geist sogar „Geist des Glaubens" genannt werden (2. Kor 4,13), wie auch vom Kommen Christi als vom Kommen des Glaubens gesprochen werden kann (Gal 3,23.25).

Dementsprechend tritt das, was die auffallendste Eigentümlichkeit des christlichen Geistverständnisses ausmacht, aber immer wieder unklar und verdunkelt zu werden droht, bei Paulus mit aller Schärfe heraus. Jeder Glaubende als solcher ist Wohnsitz des Geistes Gottes, Ort der Gegenwart Gottes. Man höre dies mit den Ohren des antiken Menschen, ob Heiden oder Juden, der noch wußte, was ein Tempel ist: der Gaubende, jeder Glaubende in seiner Leiblichkeit ist ein Tempel Gottes (1. Kor 3,16 6,19). „Wer Christi Geist nicht hat, gehört nicht zu ihm." (Röm 8,9) Darum ist der Geist der Geist der Sohnschaft (Röm 8,15), der zu Gottes Söhnen macht (Röm 8,14). Er ist nicht ein Geist der Knechtschaft, sondern der Freiheit. „Wo der Geist des Herrn ist, da ist Freiheit." (2. Kor 3,17)

Daß all diese Aussagen nicht etwa über den bloßen Glauben hinausführen, diesen selbst vielmehr beschreiben, wird an folgendem deutlich: Der Geist bringt nicht das Gegenüber von Gott und Mensch zum Verschwinden, füllt es im Gegenteil allererst mit Leben. Die Differenz zwischen dem Geist Gottes und dem Geist des Menschen wird auch dort nicht aufgehoben, wo der Geist im Menschen Wohnung nimmt (Röm 8,16 vgl. 1. Kor 2,11). Die Wirksamkeit des Geistes Gottes im Menschen wird als ein Antreiben, ein Zeugnis-Geben, ein Helfen und Stellvertreten charakterisiert (Röm 8,14.16.26). Der Geist ist der Partner unserer Schwachheit. Das wird gerade dann deutlich, wenn er in uns wirksam ist. Er vertreibt nicht einfach unsere Schwachheit, sondern bringt sie so zum Ausdruck, wie wir selbst das nicht vermögen und wie es nur Gott verständlich ist – ein Zungenreden höherer Art (Röm 8,26f). Daß der Geist der Geist der Sohnschaft ist und selbst nicht etwa mit dem Menschen verschmilzt, sondern gewissermaßen als sein Partner tätig wird, kommt darin zum Ausdruck, daß er an dem Tun beteiligt ist, welches das vornehmste Tun des Glaubens ist, am Gebet. Die elementarste Äußerung des Geistes ist der Ruf „Abba" (Röm 8,15 Gal 4,6). Die Tatsache, daß dieses aramäische Wort ins Griechische übernommen wurde, verrät: In ihm verdichtet sich älteste christliche Geistüberlieferung. Hier, wenn irgendwo, ließe sich wohl von einem direkten Traditionszusammenhang des urchristlichen Geistgeschehens mit dem Geiste Jesu selbst reden.

c) Der Humanbezug des Geistes

Wenn als das dritte Kriterium des Geistes im paulinischen Verständnis neben dem Christus- und dem Glaubensbezug der Humanbezug genannt wird, so ist einerseits klar, daß wie in den ersten beiden Fällen so auch hier im Grunde nichts Neues hinzutritt, sondern nur eine weitere Erläuterung erfolgt. Anderseits soll das vielleicht befremdende Stichwort Humanbezug eine Reihe paulinischer Gesichtspunkte zusammenbündeln, die leicht als verschiedenartig auseinanderfallen, aber gerade in ihrer Zusammengehörigkeit erst die unerhört kritische Kraft des paulinischen Geistverständnisses erkennen lassen.

Das Stichwort Humanbezug befremdet deshalb, weil Paulus zwischen Gottesgeist und Menschengeist nicht nur unterscheidet, sondern auch das Menschsein selbst vom Widerspruch zum Geist Gottes her bestimmen kann. Diejenigen, deren Verständnis noch irdisch befangen ist und die sich als Christen gleichsam erst im Säuglingsstadium befinden, deren Verhalten sogar, wie die korinthischen Streitigkeiten zeigen, ausgesprochen antigeistlich ist, werden den Pneumatikern gegenübergestellt als die Repräsentanten des typisch Menschlichen, die sich eben wie Menschen aufführen (1. Kor 3,2f). So müßte man meinen, der Pneumatiker im Verständnis des Paulus lasse das Menschliche hinter sich, er sei eine Art Übermensch. Doch zeigt sich nun im Gegenteil, daß das Verständnis des Pneumatikers als eines Ausnahmemenschen und Übermenschen diejenige Auffassung vom Geist ist, gegen die sich Paulus mit aller Schärfe wendet. Der Anschein des Widerspruchs löst sich dadurch auf, daß Paulus hier das Menschsein danach bestimmt, was es ohne den Geist Gottes ist. Mit den seelischen Kräften allein nimmt allerdings der Mensch nichts von dem an, was zum Geist Gottes gehört (1. Kor 2,14). Er bleibt vom Geist der Welt bestimmt (1. Kor 2,12), er lebt nach dem Fleisch, d.h. er betreibt das, was schließlich nur den Tod einbringt, und befindet sich mit Gott nicht im reinen (Röm 8,6–8 6,21 Gal 6,8).

Obwohl nun der Glaubende sein Leben nicht in dieser Weise auf das Fleisch ausrichtet, sondern auf den Geist Gottes, lebt er trotzdem noch im Fleisch und damit im Kampf zwischen Geist und Fleisch. Er steht nicht bereits am Ende, sondern geht erst noch auf das Ende zu. Der Wandel im Geist ist etwas, was sich ständig neu im Leben als ein Sterben aktualisiert (Gal 5,24f Röm 8,13). Deshalb übernimmt gerade der Glaubende durch den heiligen Geist die Strittigkeit seines Menschseins: Er unterwirft sich dem Urteil, daß der alte Mensch mit Christus gekreuzigt ist (Röm 6,6), und übergibt sich Tag für Tag dem Geistgeschehen, durch das der innere Mensch von Tag zu Tag erneuert wird, selbst wenn der äußere Mensch zugrundegeht (2. Kor 4,16).

Dieser Bezug des Geistes auf das Leben als ganzes und nicht etwa nur auf Sondererlebnisse, die das wirkliche Leben vergessen lassen, indem sie von Fall zu Fall (kaum jedoch von Tag zu Tag!) darüber hinaus in eine andere Welt versetzen, hat etwas ungemein Menschliches. Es begegnet hier eine Humanität, die nicht von der Einebnung des heiligen Geistes in den menschlichen Geist oder von beider Identifikation lebt, sondern gerade von ihrer Unterscheidung. Das schließt freilich ganz und gar nicht ein waches Verständnis für außerordentliche, enthusiastische Widerfahrnisse aus. Paulus könnte sich mehr als viele andere solcher Erlebnisse wie einer Entrückung bis in den dritten Himmel (2. Kor 12,1–6) oder auch des Zungenredens (1. Kor 14,18) rühmen. Aber er durchschaut diese imponierenden Geistesgaben, so hoch er sie schätzt, als Ursache gefährlicher Verwirrung. Allein schon dadurch, daß sie zum Gegenstand des Rühmens werden, wird aus diesen Geistesgaben etwas Ungeistliches. Natürlich kann auch weniger spektakulären Geistwirkungen dasselbe zuteil werden. Man könnte sich seiner Liebestätigkeit rühmen und machte sie dadurch ebenfalls zu etwas Fleischlichem, was der wahren Liebe entbehrt und Gottes Geist widerspricht (1. Kor 13,3). Jedoch haftet an den Charismen, je faszinierender sie sich als Geistwirkungen darbieten, desto mehr die Gefahr des Umschlagens in Ungeistliches.

Demgegenüber führt Paulus als Kriterium einen anderen Maßstab ein. Er lautet je nach Situation verschieden. Was das Zungenreden betrifft, das den Anschein höchster Geisterfülltheit hat, so ist ihm die Prophetie in verständlicher Sprache entschieden vorzuziehen, weil sie allein dem anderen Menschen zugute kommt und der Auferbauung der Gemeinde dient. Das Zungenreden soll in der Gemeinde überhaupt beschränkt und nur mit einer entsprechenden Auslegung zulässig sein. Kriterium dabei ist der gestiftete Nutzen, der die Rücksicht auf den Verstand erfordert. So kann Paulus überraschend den *nous* dem *pneuma* vorziehen (1. Kor 14,14f), wobei freilich derjenige *nous,* der auf das Wort Gottes in verständlicher Sprache hört, demjenigen *pneuma* gegenübergestellt wird, das auf unverständliche Sprache reduziert ist. Oder es wird die Erbauung des Mitmenschen, der imstande sein muß, mit Amen zu antworten, der Selbsterbauung vorgezogen sowie dem, was allein zu Gott hin geredet ist (1. Kor 14,16.28). Oder es wird der Enthusiasmus einer Gemeinde, die in Zungen redet, durch das Gewissen eines einzigen Ungläubigen aufgewogen, das durch ein verständliches Zeugnis getroffen wird (1. Kor 14,23–25). Oder es wird gegen die wildwuchernde Spontaneität der nüchterne Gesichtspunkt der Ordnung und des Friedens ins Feld geführt (1. Kor 14,32f). Oder es werden in eine Reihe mit den imponierenden Charismen ganz unscheinbare Dienste gleichfalls als Charismen eingestuft (vgl. 1. Kor 12,22–25). Oder es wird als der Weg, der alle pneumatischen Höhenflüge übertrifft, die Liebe gepriesen, die sich nicht aufbläht und nicht das Ihre sucht (1. Kor 13,4f). Und in Anwendung dieses unbedingten Vorrangs der Liebe wird dem Pneumatiker, der sich in seiner Freiheit als der Starke weiß, zugemutet, auf den Schwachen in Liebe Rücksicht zu nehmen, obwohl dieser von der christlichen Freiheit nichts begriffen hat und sich in seiner Gesetzlichkeit vielleicht erst recht als glaubensstark einschätzt (Röm 14,1 15,1 1. Kor 8,9). All diese Gesichtspunkte messen das Geistverständnis daran, was in wahrem Sinne menschlich ist. Der Geist Gottes ist als der Geist des Deus humanus gerade darin anders als der menschliche Geist, daß er grundmenschlich ist.

Der Geist Gottes macht nicht zu Übermenschen, sondern zu wahren Menschen. Wie es bei dem Unterschied zwischen Gottes Geist und dem menschlichen Geist bleibt, so bleibt auch der Unterschied zwischen dem heiligen Geist selbst und den Charismen gewahrt. Aber wie jeder Glaubende den heiligen Geist hat und nicht nur der elitäre Pneumatiker, so hat auch jeder sein Charisma, seine Gabe, durch die der Geist wirkt und sich kundtut. Wie der Empfang des heiligen Geistes nicht eine Frage der Intelligenz oder einer bestimmten Observanz ist, so ist auch die Begabung mit einem Charisma nicht Sache nur besonders Bevorzugter. Das läuft dennoch nicht auf eine Egalisierung hinaus. Der heilige Geist äußert sich in vielen Charismen und braucht diese Vielfalt für das Leben des Leibes Christi. Dennoch ist er ein und derselbe Geist (1. Kor 12,4). Er ist nicht nur im Blick auf diese Vielfalt, sondern auch darin human, daß er die enthusiastischen Phänomene, die ähnlich in anderen Religionen auftreten und einer tiefen Sehnsucht des Menschen entsprechen, ebenfalls in seinen Dienst nimmt. Man hätte die paulinische Lehre vom Geist mißverstanden, wollte man sie in doktrinärer Weise grundsätzlich gegen solche Äußerungen der Geistergriffenheit ausspielen, die uns fremd sein mögen. Das Zungenreden nicht zu hindern, steht als Mahnung unmittelbar neben dem Rat, alles in guter Sitte und Ordnung geschehen zu lassen (1. Kor 14,39f).

Wenn man freilich auf die Frucht des Geistes sieht, dann tritt wieder eine Sammlung auf das ganz Schlichte ein, was jeden Menschen angeht: auf „Liebe, Freude, Friede, Langmut, Güte, Rechtschaffenheit, Treue, Freundlichkeit, Selbstzucht" (Gal 5,22f). Das ist eine Beschreibung reiner Menschlichkeit, unabhängig von allen menschlichen Unterschieden. Im Gegensatz zu der Pluralität der Werke des Fleisches wird von der Frucht des Geistes singularisch gesprochen, obwohl sie sich ebenfalls vielfältig beschreiben läßt. Für den heiligen Geist ist der Gesichtspunkt der Einheit wesentlich. Es entspricht dem, daß Gott einer ist und Jesus Christus einer ist (1. Kor 12,4–6 8,6 vgl. Eph 4,3–6). Und es zeigt sich darin, daß, wie der gespaltene Einzelne durch den Glauben zur Einheit kommt (Röm 7,14–25), so auch die zerrissene Menschheit geeint wird. Die Frucht des Geistes entspricht dem Sein in Christus Jesus. „Denn alle, die ihr auf Christus getauft seid, habt Christus (als euer Kleid) angezogen. Da gilt nicht mehr: Jude oder Grieche, nicht mehr versklavt oder frei, nicht mehr Mann oder Frau, denn alle seid ihr Einer in Christus Jesus." (Gal 3,27f)

II. Die Gegenwart des heiligen Geistes im Menschen

Die Darstellung der paulinischen Lehre vom heiligen Geist könnte auch dann, wenn sie exegetisch eingehender durchgeführt worden wäre, die eigene systematische Aussage nicht ersetzen. Das berührt deshalb merkwürdig, weil jeder Versuch einer theologischen Rechenschaft über den heiligen Geist wesentlich von den paulinischen Aussagen abhängig ist und sich von vornherein eingestehen muß, weit hinter ihnen zurückzubleiben. Ein bloßes Referieren verharrte aber bei der Vergangenheit des Redens vom heiligen Geist, auch wenn dabei noch so stark von seiner Gegenwart im Menschen die Rede wäre. Was könnte dem aber entgegengestellt werden? Eigene Geisterfahrungen, welche neue Aussagen ermöglichten, wird kaum einer aufzuweisen haben, und es wäre überdies problematisch, darauf eine Rechenschaft über den Glauben an den heiligen Geist zu gründen. Was dagegen geschehen kann und muß, ist die Konfrontation des Überlieferten mit der Situation, der wir selbst ausgeliefert sind.

Ausgeliefertsein darf nicht fatalistisch mißverstanden werden, als stünde das, was unsere Gegenwart ausmacht, unwandelbar fest und als hätten wir klar erfaßt, womit wir selbst in dieser unserer Gegenwart konfrontiert sind. Handelte es sich um etwas derartig Feststehendes und Feststellbares, so bedürften wir nicht der Überlieferung. Es könnte dann höchstens interessieren, wieweit sie in den vorgegebenen Rahmen paßt, sofern dieser nicht gar als Prokrustesbett dient, nach dessen Maß das Überstehende abgehauen und das nicht Ausfüllende gewaltsam gestreckt wird. Diese oft genug gehandhabte barbarische Hermeneutik verkennt, daß das Überlieferte selbst mit zu der Situation gehört, der wir ausgeliefert sind. Deshalb kann es dazu helfen, den Spielraum der Gegenwart zu erfassen, das angeblich Feststehende in Bewegung zu versetzen und das vermeintlich klar Erfaßte in Frage zu stellen. Damit ist nicht bestritten, daß uns die eigene Situation in vieler Hinsicht den harten Widerstand des Faktischen und Zwingenden entgegensetzt. Darauf spielt der Ausdruck des Ausgeliefertseins an: Wir haben uns unsere Welt nicht beliebig auszusuchen, sie ist nicht willkürlich formbar. Wir selbst sind von ihr geprägt und können dem nicht entrinnen. Dennoch vollzieht sich in Grenzen, die niemand definitiv übersieht, das Wechselspiel von Herausforderung und Antwort, die Auseinandersetzung mit dem, was die Gegenwart erfordert und versagt, erlaubt oder auch vorspiegelt, was sie entbehrt und wessen sie bedarf. Theologische Rechenschaft ist eine von vielen Weisen, wie auf die Herausforderung der Gegenwart geantwortet wird. Nicht dabei allein, wohl aber dabei in besonderem Maße greifen die Konfrontation unser selbst sowie die Konfrontation des Überlieferten mit dem, dem wir gegenwärtig ausgeliefert sind, ineinander, bedingen und fördern einander.

Auf diesen Prozeß, in dem wir uns immer schon mehr oder weniger befinden, müssen wir uns nun noch ausdrücklich einlassen. Soweit er methodisch vollziehbar ist, besteht er in dem Versuch, das überlieferte Reden vom heiligen Geist in die gegenwärtige Denkverantwortung hineinzunehmen. Dabei kann es sich uns dadurch erschließen, daß es unsere gegenwärtige Situation erschließen hilft. Ob und wieweit dies eintritt, darauf müssen wir es ankommen lassen. Jedes Nachdenken, jede Verstehensbemühung birgt unvoraussehbare Überraschungen in sich. In der Meinung, die Verstehenschance nach Möglichkeit zu öffnen und nicht etwa die Methode des Prokrustesbettes anzuwenden, soll so vorgegangen werden, daß die Strukturmomente des Geistes, die sich bei den Überlegungen zur Dimension des Geistes überhaupt abzeichneten (s.o.S. 90ff), als Leitgesichtspunkte dienen, unter denen jener Prozeß der Konfrontation durchlaufen wird. Das bedarf eines Geschehens, das sich auf anderer Ebene vollzieht und unverfügbar ist, wenn aus der bloßen Konfrontation des überlieferten Redens vom heiligen Geist mit unserer Gegenwart mehr hervorgehen soll als eine gedankliche theologische Klärung, nämlich ein Bewegtsein von der Gegenwart des heiligen Geistes selbst.

1. Personalität

Was es um das Wesen und Walten des heiligen Geistes ist, muß zunächst unter dem Gesichtspunkt der Personalität bedacht werden. Dabei steht das Problem der Personalität des heiligen Geistes selbst an zweiter Stelle. In der überkommenen trinitarischen Problemstellung mutet es vorerst fremd an. Dort meint freilich auch der Begriff der Person etwas anderes, als wir in Orientierung am Menschsein darunter verstehen. Was es in Hinsicht auf die Personalität des Menschen bedeutet, wenn vom heiligen Geist gesprochen wird, das ist das nächstliegende Problem.

a) Der heilige Geist und die Personalität des Menschen

Der heilige Geist wird nicht Dingen zuteil, sondern dem Menschen. Selbst wenn vom heiligen Geist auch in Verbindung mit Dingen die Rede sein mag, zielt er doch auch so allein auf den Menschen. Klammert man die trinitarische Frage der innergöttlichen Seinsweise des Geistes aus und hält man sich allein an den heiligen Geist in der Weise des geschichtlichen Gesandtwerdens, des Ausgegossenwerdens, des Gegebenwerdens, so ist der Adressat, der Empfänger der Mensch. Die Frage, warum dies so ist, läßt sich freilich nicht ohne Rücksicht auf die Frage nach dem Worumwillen seiner Sendung beantworten, nach dem Werk, das er ausrichtet, nach dem Ziel, auf das er gerichtet ist. Aber auch dann, wenn man dies ebenfalls vorerst noch zurückstellt, wird man die Aussage nicht scheuen dürfen, daß der heilige Geist auf den Menschen aus ist, weil der Mensch Geist hat. Daraus ergibt sich allerdings schon, daß der Hinweis auf den Geist des Menschen als Antwort keineswegs genügt. Denn warum ist er des Geistes bedürftig, wenn er Geist hat? Einfältig formuliert: Mit seinem Geist muß etwas nicht stimmen, etwas nicht in Ordnung sein, wenn er auf einen anderen Geist angewiesen ist. Trotzdem muß der Rückbezug auf das geschöpfliche Wesen des Menschen mit in Betracht gezogen werden, wenn nach dem Grund dessen gefragt wird, warum aus aller Kreatur als Empfänger des heiligen Geistes allein der Mensch herausgehoben ist. Als eine Auszeichnung kann man dies allenfalls dann bezeichnen, wenn man es darauf zurückführt, daß die geschöpfliche Sonderstellung des Menschen im Kosmos trotz ihrer und in ihrer Verkehrung in Geltung bleibt. Darauf weist der Titel heiliger Geist hin. Es ist die Unheiligkeit des Menschen, die ihn zum Adressaten des heiligen Geistes macht, – die Unheiligkeit, die nur auf dem Grunde seiner geschöpflichen Auszeichnung durch Geist möglich ist.

aa) Das Problem psychologischer Lozierung

Vernimmt man in der Wendung heiliger Geist vornehmlich das antithetische Moment, so wird es fragwürdig, die Zuordnung von Geist zu Geist durch die Einordnung des heiligen Geistes in ein Schema der menschlichen Seelenvermögen näher bestimmen zu wollen. Fragen wie die, ob er seinen Sitz im Intellekt habe oder im Willen, sind offenbar abwegig. Das Problem ist allerdings ernst zu nehmen, wie denn das Sein des heiligen Geistes im Menschen vorzustellen sei. Darauf liegt zweifellos der Akzent: Der heilige Geist bleibt dem Menschen nicht äußerlich, er geht in ihn ein, er wohnt in ihm. Der Frage, wie dies zu verstehen sei, darf man nicht aus einem antipsychologischen Affekt ausweichen. Trotz allem, was dazu kritisch zu sagen ist, stellt es eine ungeheure Leistung scholastischer Theologie dar, daß sie den Realitätscharakter des Redens vom heiligen Geist im Menschen durch eine höchst differenzierte Zuordnung zu den menschlichen Seelenvermögen klarzumachen versuchte. Die Voraussetzungen dafür waren folgende: Dank der Übernahme und des Ausbaus der aristotelischen Psychologie besaß man ein umfassendes System der Seelenvermögen, ihrer Abgrenzungen gegeneinander und Verbindungen untereinander sowie ihres Fungierens in der Beziehung von Potenz, Habitus und Akt. Von den metaphysischen Grundlagen dieser Psychologie bis zu ihren ethischen Konkretionen hin bestand ein festgefügter Zusammenhang. Infolge der relativ einheitlichen kulturellen Gesamtsituation herrschte darüber im wesentlichen Konsens. Die Wirklichkeit des heiligen Geistes in dieses reiche Geflecht des Seelischen einzuzeichnen, war allerdings nur dadurch möglich, daß alles Gewicht anstatt auf den heiligen Geist selbst auf seine Wirkungen im Menschen, auf seine Gaben gelegt wurde. Dementsprechend konnte das, was durch den heiligen Geist im Menschen an neuer Wirklichkeit geschaffen wird, in enger Anlehnung an das System der Seelenvermögen konkretisiert werden. Die Begabung mit Glaube, Liebe und Hoffnung bewirkt eine andere Ausrichtung des Intellekts wie des Strebevermögens. Obwohl sie sogenannte theologische Tugenden sind, weil auf übernatürliche Weise vermittelt und auf das übernatürliche Ziel hin ausgerichtet, stehen sie doch mit den natürlichen Fähigkeiten, seelischen Vorgängen und Verhaltensweisen des Menschen in engster Berührung. Deshalb konnte sowohl die Frage der Entstehung dieser theologischen Tugenden als auch die Frage ihrer Wirkweise bis in die ethischen Probleme hinein in ungewöhnlicher Nähe zur Erfahrung veranschaulicht werden.

Dieses Verfahren ist uns aus zwei Gründen verwehrt. Es fehlt heute an einem entsprechenden anthropologischen Begriffssystem, über das allgemeine Verständigung besteht und das in vergleichbarer Weise als Raster für eine Einzeichnung der theologischen Aussagen über den Menschen dienen könnte. Es bedürfte weit ausholender geistesgeschichtlicher Darlegungen, um zu erklären, warum beides miteinander verloren ging: die einigermaßen einheitliche Sprache in bezug auf die menschlichen Fähigkeiten und die seelischen Vorgänge sowie die Möglichkeit, das theologisch Relevante als das Übernatürliche in Kontinuität mit dem Natürlichen interpretierbar zu machen. Dazu kommt nun aber von der reformatorischen Theologie her der entschiedene Einspruch dagegen, die Lehre vom heiligen Geist in eine Gnadenlehre zu transponieren, bei der das, was von Gott her geschieht, im Medium der menschlichen Fähigkeiten und ihrer Wandlungen dargestellt wird und der Geber hinter den Gaben zu verschwinden droht. Der tiefste Grund für diesen Einspruch liegt darin, daß die an sich so eindrückliche und anziehende Projektion der Rede vom heiligen Geist in den Bereich menschlicher Erfahrung hinein nun doch gerade der Erfahrung widerspricht: Der Glaubende ist gar nicht der in dieser Weise in seinen Fähigkeiten übernatürlich Ausgestattete und Geheiligte, und zwar nicht nur insofern nicht, als ihm an der Vollkommenheit noch sehr viel mangelt – das wußte natürlich auch die scholastische Theologie –, sondern vor allem deshalb nicht, weil diese Blickrichtung dem Glauben zuwiderläuft. Er wird seiner spezifischen Gewißheit beraubt, wenn der Grund für sie in den Menschen selbst verlegt wird, in die effektiven Gnadenwirkungen des heiligen Geistes am Menschen. Man beachte also wohl: Nicht um der Beziehung zur Erfahrung auszuweichen, sondern um den Glauben in die rechte Beziehung zur Erfahrung zu setzen, vollzog sich der reformatorische Bruch mit der katholisch-scholastischen Gnadenlehre.

Der Kern des Gegensatzes liegt also in der Lehre vom heiligen Geist. Aber da am heiligen Geist dies das theologisch Wesentliche ist, daß von seiner Gegenwart im Menschen gesprochen werden kann, schien es problematisch zu werden, wie vom reformatorischen Verständnis her überhaupt noch vom heiligen Geist geredet werden könne, ohne daß sein Sein im Menschen in die völlige Unanschaulichkeit entschwindet und nur noch die Rolle eines Theologumenon spielt, mittels dessen dem Menschen abgesprochen wird, was die Rede vom heiligen Geist ihm doch gerade zuzusprechen scheint: daß neue Kräfte in ihm wirksam sind und er ein anderer geworden ist. Nun entbindet aber auch diese Konzentration der Lehre vom heiligen Geist auf den Glauben keineswegs davon, Auskunft darüber zu geben, wie sich denn der Glaube vollzieht. Ist er doch ein Akt des Menschen. Es glaubt nicht in ihm, wie man es mysteriös umschreiben könnte, sondern er glaubt. Die Theologie kommt nicht umhin, den Glauben in bezug auf das Menschsein zu orten, und zwar nicht nur im Hinblick auf seine Folgewirkungen im Menschen – unter diesem Gesichtspunkt wären die detaillierten scholastischen Analysen des Gnadengeschehens am Menschen mit gewissen Einschränkungen durchaus bedenkenswert –, sondern auch im Hinblick auf den Glauben selbst, nun aber in grundlegend anderer Weise, als es bei seiner Interpretation als virtus theologica geschieht. Mit der bloßen Scheu vor anthropologischen Bezügen ist es nicht getan. Es kommt darauf an, die rechten Sprachmittel dafür zu gewinnen.

bb) Der Eingriff in das Personsein

Der heilige Geist richtet sich auf das Personsein des Menschen. Darum ist sein Bezug zum Menschen weder in animistischen noch in dynamistischen Vorstellungen angemessen zu beschreiben. Beides behält freilich sein bedingtes Recht im Hinblick auf Begleiterscheinungen. Auch im Wirkbereich des heiligen Geistes kann so etwas wie Ekstase und Verzückung oder Inspiration und Gelenktwerden auftreten: eine Aufspaltung des Selbstseins, sei es im Außer-sich-Sein, so daß das Selbst teils hier und teils doch ganz anderswo ist; sei es in einem Besessensein, demzufolge der Mensch wie ein Blinder geführt wird oder wie der Griffel eines Schreibers bloßes Werkzeug eines anderen Willens wird. Uns liegt es freilich näher, mit dem heiligen Geist in erster Linie den Empfang bestimmter Kräfte zu verbinden: Man erwartet von ihm Eingebung von Mut, innerer Sammlung, erleuchtender Erkenntnis, kreativer Fähigkeiten sowie von Geduld oder Bescheidung und dergleichen mehr. Die Bitte um den heiligen Geist hat wohl vorwiegend solche Kraftwirkungen im Auge, die eine Steigerung menschlicher Fähigkeiten und Möglichkeiten darstellen. Das Recht derartiger Begleiterscheinungen ergibt sich jedoch aus dem Bezug des heiligen Geistes zum Personsein selbst – einem Bezug, durch den die Person nicht vergewaltigt, sondern erst eigentlich gebildet wird. Es geht nicht um einen entpersonalisierenden, sondern um einen personalisierenden Eingriff in das Personsein.

Das ergibt sich schon aus der auffallenden Eigentümlichkeit des christlichen Verständnisses vom heiligen Geist, daß er grundsätzlich jedem Menschen verheißen ist und zuteil werden kann und daß er eben deshalb das Menschsein in seiner Wurzel und somit auf seine Ganzheit hin trifft. Wenn jeder Mensch unabhängig von seiner natürlichen Begabung, von dem Stand seiner Bildung und auch unabhängig davon, was er leistet und was er leidet, als Empfänger des heiligen Geistes in Betracht kommt, dann betrifft dies eben nicht weniger als seine Person selbst. Jedoch muß die Wendung „unabhängig von" sogleich gegen das Mißverständnis abgesichert werden, als meine es: beziehungslos zu. Es bleibt nun gerade nicht alles wie bisher, als wäre der heilige Geist, um es brüsk auszudrücken, nur die Parfümierung des Gegebenen. Es tritt eine Wandlung ein, es treten Folgen auf, aber in strenger Relation zum Gegebenen. Ob am Gegebenen äußere erkennbare Veränderungen auftreten oder ob sich nur das innere Verhältnis zum Gegebenen ändert – eine freilich abstrakte Alternative, da faktisch nie das eine ohne das andere sein kann –, auf jeden Fall tritt der heilige Geist zu diesen individuellen Gegebenheiten in Beziehung und betrifft das Personsein in seiner Individualität. Obwohl er sich nicht in bestimmten seelischen

Potenzen lokalisieren läßt, sind doch alle in irgendeiner Weise beteiligt. Obwohl er sich in bestimmten Lebensakten äußert, ist er doch auf die Ganzheit des Lebens bezogen. Obwohl er im Innersten eingreift, sind doch die Externbezüge wesentlich, und zwar sowohl in Hinsicht darauf, wodurch der Geist vermittelt wird, als auch in Hinsicht darauf, wie es zur Vermittlung des heiligen Geistes mit anderem kommt. Obwohl schließlich gerade da, wo sich die Personbezogenheit des heiligen Geistes in der Menschlichkeit seiner Frucht kundtut, qualifizierende Prädikationen auftreten wie Liebe, Freude oder Friede, Bestimmungen, die anscheinend doch akzidentell zum Personsein hinzutreten, ist sein Personbezug doch auf eine konstitutive Funktion hin zu bedenken.

Wenn für die anthropologische Kennzeichnung dessen, was sich hier vollzieht, der Gewissensbegriff erwogen wird, so hängt seine Brauchbarkeit paradoxerweise damit zusammen, daß er im Geruch der Unbrauchbarkeit steht. Das meint: Es bietet sich hier nicht ein Wort an, das vom gängigen Sprachgebrauch her auch allgemein einleuchtet. Dies wäre beim Stand der Dinge gar nicht zu erwarten. Ein solches Wort gibt es nicht, weil der Sachverhalt selbst umstritten ist. Wir können nicht erwarten, daß von irgendwoher eine Analyse des Menschseins geboten würde, auf die dann die christliche Rede vom heiligen Geist fugenlos wie der Deckel auf den Topf paßte. Das schließt nicht aus, daß anderswoher Anregungen aufzunehmen und zu verarbeiten sind. Aber am entscheidenden Punkt ist die Theologie genötigt, mit ihrer Begriffsbildung bis in die anthropologischen Sachverhalte allgemeiner Art hinein selbständig vorzustoßen, nicht in willkürlicher monologischer Festsetzung, sondern im Dialog nach vielen Seiten hin. Was das Wort Gewissen in dieser Hinsicht formal auszeichnet, ist dies, daß man es sich sozusagen gegen den Strom schwimmend erst erobern muß, um es theologisch sinnvoll zu verwenden. Dabei sind der paulinische Sprachgebrauch von *syneidesis* und seine weitere Ausarbeitung in Luthers conscientia-Begriff eine entscheidende Hilfe, um gegen die Macht eines Gewissensbegriffs anzugehen, wie er sowohl die scholastische als auch die idealistische Tradition beherrscht.

Nach ihr gilt das Gewissen als das unangreifbare Reduit innerster Unversehrtheit und Autonomie des Menschen. Darum erscheint es als der Inbegriff einer von allen Externbezügen freien Innerlichkeit. Daran ist wohl dies richtig, daß es hier allerdings um Innerlichkeit im radikalen Verständnis geht, um den empfindlichsten Nerv des Menschseins, gewissermaßen den Seismographen menschlicher Existenz, der auf fundamentale Beben mit heftigen Ausschlägen reagiert und zur Ruhe kommt, wenn Friede herrscht, den freilich auch Einflüsse von außen irritieren und ein verfälschender Umgang mit ihm mannigfach pervertieren können. Und ebenfalls dies ist richtig, daß es hier um Freiheit im radikalen Verständnis geht, freilich nicht um eine selbstverständliche und garantierte Freiheit, sondern um eine immer schon so oder so eingebüßte Freiheit, die nach Befreiung verlangen läßt. Das Wort Gewissen weist auf diese Grundsituation des Menschen hin, die den Charakter einer Forumsituation hat und die deshalb eine Sprachsituation, eine Situation des Urteilsspruches ist (vgl. § 8 C II, s. Bd. I, 189ff; § 18 A II 2, s. Bd. II, 472ff). In diese Grundsituation greift der heilige Geist ein durch Urteilen und Richten, Freisprechen und Trösten und dies alles mit gewißmachender Letztgültigkeit. Dabei ist das Personsein nicht als etwas vorausgesetzt, was seinen Stand und sein Leben in sich selbst hat und zu dem nur noch etwas hinzukommt. Vielmehr müssen ihm allererst Grund und Halt und damit wahres Leben verliehen werden. Das ist ein schöpferischer Eingriff in das Personsein, der zum Personsein befreit.

b) Die Personalität des heiligen Geistes

Wenn der heilige Geist in dieser Weise auf die Personalität des Menschen ausgerichtet ist, dann kann er selbst nicht als eine unpersönliche Kraft, als etwas Dinghaftes aufgefaßt werden. Mit der Bezeichnung als Geist ist dann notwendig mitgesetzt, daß er nicht irrational verfährt. Er fügt sich zwar nicht in das Schema rationalistischen Denkens, weil es ihm um den Menschen als ganzen geht. Aber eben deshalb ist das Wort in verständlicher Sprache das Medium des heiligen Geistes. Er ist der Geist der Erkenntnis, der Weisheit und der Wahrheit, nicht aber der Ungeist eines agnostischen Skeptizismus. Ebenfalls ist dann notwendig mitgesetzt, daß der heilige Geist nicht amoralisch waltet. Er läßt sich zwar nicht in ein Moralsystem zwingen. Er sprengt moralistische Gesetzlichkeit. Aber nicht, weil er die Freiheit der Selbstsucht und die Auflehnung gegen Gesetz und Ordnung an sich propagierte, sondern weil er der Geist der Liebe ist, die das Gesetz dadurch aufhebt, daß sie es erfüllt. Dem heiligen Geist gebühren diese personalen Epitheta, weil er seinem Ursprung nach personhaft ist. Er ist der Geist des Gottes, dessen Gegenübersein als Gewährung des Zusammenseins mit dem Menschen geglaubt wird und dessen Personsein darum sich das Personsein des Menschen verdankt. Er nimmt vollends die Züge menschlicher Personalität an als der Geist Jesu Christi, so daß das Verständnis des heiligen Geistes untrennbar ist von der Beziehung zu dieser Person, in der das Gottesverhältnis seinen Brennpunkt hat. Deshalb wird das Wirken des Geistes auch letztlich sprachlich erfahren, ob nun durch den Zuspruch von außen her oder durch das Sich-in-Erinnerung-Bringen und die überführende Macht in der inneren Zwiesprache des Herzens.

2. Partizipation

Nicht die Tatsache einer Partizipation an anderem ist das Bemerkenswerte daran, daß dem Menschen die Teilhabe am heiligen Geist verheißen ist. Wie das Sein überhaupt Zusammensein mit anderem ist und wie deshalb nichts sein kann, ohne an anderem teilzunehmen und anderem teilzugeben, so ist erst recht der Mensch als geistig bestimmtes Wesen in eminentem Maße und in ungeheurer Vielfalt und Weite der Möglichkeiten auf Partizipation angewiesen und der Partizipation fähig. Eben darum ist er auch ungleich mehr als jedes andere Lebewesen kommunikationsbedürftig und kommunikationsfähig. Indem der heilige Geist auf das Personsein des Menschen gerichtet ist und darin eingreift, greift er in das Partizipations- und Kommunikationsgeschehen ein, welches das Menschsein ohnehin ausmacht. Was es um das Wesen und Walten des heiligen Geistes ist, muß deshalb auf diesen Sachverhalt hin näher bedacht werden.

a) Die Teilhabe am heiligen Geist und durch ihn

Der Gesichtspunkt der Teilhabe ist hier zunächst in doppelter Hinsicht streng zu fassen. Zum einen scheidet die Möglichkeit völlig aus, sich selbst am heiligen Geist Anteil zu verschaffen. Es gehört zu seinem Wesen, daß er nur empfangen werden kann. Als mitgeteilter ist er reines Geschenk, reine Gnade. Darin hat die scholastische Behandlung der Lehre vom heiligen Geist als Gnadenlehre völlig recht. Es wäre nur allenfalls kritisch zu fragen, ob in der Art der Durchführung dieser Gnadenlehre der Gesichtspunkt der Gnade streng genug durchgehalten ist. Das müßte daran herauskommen, worin sich der Gnaden- und Geschenkcharakter des heiligen Geistes von demjenigen anderer Gaben Gottes unterscheidet. Auf dieselbe Frage stößt man, wenn der Gesichtspunkt der Teilhabe auch noch in anderer Hinsicht in bezug auf den heiligen Geist streng gefaßt wird. Wer an ihm teilhat, kann unmöglich übersehen, daß er nicht der einzige ist, der an ihm teilhat, und deshalb auch nicht für sich allein daran teilhaben kann. Dies sollte einem ebenfalls im Verhältnis zu allen Gaben Gottes bewußt sein. Aber hier tritt nun der Unterschied deutlich heraus.

Das Besondere an der Gnade, die dem Menschen durch den heiligen Geist widerfährt, besteht darin, daß ihm dadurch erst der Zugang zu den anderen Gaben Gottes als solchen erschlossen und der entsprechende Umgang mit ihnen eröffnet wird. Es ist ein Zeichen des heiligen Geistes, wenn es dem Menschen auch an den unscheinbarsten Dingen des Lebens und sogar an dem, was er sich durch Mühe und Fleiß erworben hat, aufgeht, daß dies reines Geschenk und lauter Gnade Gottes ist. „Was hast du, das du nicht empfangen hättest? Hast du es aber empfangen, was rühmst du dich, als hättest du es nicht empfangen!" (1. Kor 4,7) Es ist vollends Zeichen des heiligen Geistes: was als Gabe Gott zu verdanken ist, nicht danach auszuwählen, ob es einem wohltut und gefällt; vielmehr nach Maßgabe eines Glaubens, der das ganze Leben Gott anbefiehlt und es sich deshalb uneingeschränkt von ihm schenken läßt, zu bekennen: Alles ist Gnade. Es ist darum auch dies ein Zeichen des heiligen Geistes, daß man sich nicht vor anderen, aber ebensowenig vor sich selbst oder gar vor Gott dessen rühmt, was einem an Gaben zuteil geworden ist. Und es ist folglich ebenfalls dies ein Zeichen des heiligen Geistes, wenn man an dem, was einem gegeben ist, auch andere teilhaben läßt.

Es sei besonders unterstrichen, daß dieser erste Vorstoß zur Beantwortung der Frage, woran denn eigentlich die Teilhabe am heiligen Geist partizipieren läßt, nicht auf separate geistliche Gaben hinführte, sondern auf die natürlichen Dinge des Lebens, so nämlich, daß auch sie sich als Gnade erschließen und zu einem entsprechenden Umgang mit ihnen einladen. Fragt man nun weiter, inwiefern es denn Sache des heiligen Geistes ist, in dieser Weise das Leben, wie es jeder lebt, in ein anderes Licht zu rücken, es in anderer Perspektive sehen zu lassen, die Art der Partizipation an anderem zu verändern, so muß die Antwort lauten: Die primäre Gabe des heiligen Geistes, dasjenige, woran er in erster Linie partizipieren läßt, ist nicht diese oder jene von ihm zu unterscheidende Gabe, sondern der heilige Geist selbst und damit die Gegenwart Gottes beim Menschen. Die primäre Gabe des heiligen Geistes ist also die Gegenwart des Gebers aller Gaben, die Partizipation an Gott selbst. In anderem Zusammenhang hatte ich einmal den Glauben als Partizipation an Gottes Allmacht bestimmt[17]. Und bei der Behandlung der göttlichen Attribute war ein leitender Gesichtspunkt, daß sie kommunikativ zu interpretieren sind (§ 18 B II 1 a cc, s. Bd. II, 105 f). Gott ist wahr, indem er uns wahr macht. Er ist gerecht, indem er uns gerecht macht. Entsprechend ist der heilige Geist, der als in den Menschen hineingegebener ohnehin Partizipation eröffnet, kommunikativ zu verstehen: Er ist heiliger Geist als heilig machender Geist.

Was das heißt, läßt sich vorerst von seinem christologischen Bezug her bestimmen: Der heilige Geist macht heilig, indem er an Jesus Christus, an seinem Sterben und Leben Anteil gibt. In der Sprache der Mystik, aber in gewisser Hinsicht gegenläufig zu deren Intention, hat Luther diese Partizipation als gegenseitige Kommunikation zwischen Christus und dem Glaubenden beschrieben: Der Glaube „vereinigt … die Seele mit Christus als eine Braut mit ihrem Bräutigam. Aus welcher

[17] In meinem Aufsatz: Jesus und Glaube, WG I, (203–254) 248–250.

Ehe folgt, wie S. Paulus sagt [Eph 5,20], daß Christus und die Seele ein Leib werden, so werden auch beider Güter, Fall, Unfall und alle Ding gemein, daß, was Christus hat, das ist eigen der gläubigen Seele, was die Seele hat, wird eigen Christi. So hat Christus alle Güter und Seligkeit, die seien der Seele eigen. So hat die Seele alle Untugend und Sünde auf ihr, die werden Christi eigen."[18] Was Luther hier als „fröhlichen Wechsel und Streit"[19] beschreibt, ohne daß ausdrücklich vom heiligen Geist die Rede wäre, kennzeichnet doch das Partizipationsgeschehen, das der heilige Geist im Menschen entbindet: Das Verschlossensein des Menschen in sich selbst wird aufgebrochen, er wird aus seiner Gefangenschaft in der selbstgewirkten Isolation befreit, ein Fenster nach außen hin wird aufgestoßen, ein Austausch findet statt, eine Gemeinschaft wird hergestellt, ein Bund wird geschlossen, grenzenloses, beseligendes Vertrauen wird gestiftet, es ereignet sich Liebe. Das ist, auf den elementarsten Ausdruck gebracht, Wesen und Walten des heiligen Geistes: „Die Liebe Gottes ist durch den heiligen Geist, der uns gegeben ist, in unsere Herzen ausgegossen." (Röm 5,5)

b) Kommunikation im heiligen Geist

Von daher wird verständlich, daß dort, wo heiliger Geist am Werke ist, ein Kommunikationsgeschehen in allen Dimensionen des Menschseins ausgelöst wird: Gott gegenüber in dem Freimut, ihm alles sagen zu dürfen; dem Mitmenschen gegenüber in der Überwindung von Abschrankungen und Verkrampfungen, von Überheblichkeit und Vereinsamung; den Dingen und Verhältnissen des Lebens gegenüber in wachem Blick für alles Gute und Schöne, das sich einem in Fülle darbietet, worüber man sonst abgestumpft hinwegsieht; in höchster Sensibilität der Wahrnehmung von Leiden und Ungerechtigkeit, wovor man sonst absichtlich die Augen schließt; in hingebungsvollem Einsatz für alles, was getan werden kann, um Not jeder Art zu wenden, indem man die Liebe Gottes von da ausströmen läßt, wohin sie durch den heiligen Geist ausgegossen ist.

Von diesem Vorgang der Öffnung zu Gott, zur Mitmenschheit und zur Welt hin wird insbesondere im nächsten Kapitel im Zusammenhang mit der Gerechtigkeit des Glaubens, dem Wort des Glaubens und der Gemeinschaft des Glaubens zu handeln sein. Dort werden dann auch die ungeheuren Kommunikationsschwierigkeiten bedacht werden müssen, angesichts derer alles, was jetzt grundsätzlich über den heiligen Geist ausgeführt wird, erst in seine Bewährungsprobe eintritt.

---

[18] WA 7; 25,27–34 = BoA 2; 15,30–36.
[19] WA 7; 25,34 = BoA 2; 15,36f.

3. Intentionalität

a) Der heilige Geist und das Ziel des Menschen

Wenn es richtig ist, daß der heilige Geist gewiß macht, indem er das Herz von der Liebe Gottes in Jesus Christus erfüllt sein läßt, dann sollte der Mensch damit auf ein Ziel hin ausgerichtet sein. Wer ungewiß ist, geht zögernd, schwankend und ziellos seinen Weg. Wer gewiß ist, schreitet stracks geradeaus auf sein Ziel zu und läßt sich durch nichts davon abbringen. Nun kann man keineswegs pauschal sagen: Der Mensch ohne den heiligen Geist lebe ohne Ziel; der vom heiligen Geist geleitete Mensch strebe unentwegt sein Ziel an. Man könnte auch sagen: Der Mensch ohne den heiligen Geist setzt sich Ziele und jagt ihnen um jeden Preis nach. Der heilige Geist dagegen verfolgt mit dem Menschen ein Ziel, um dessentwillen dieser bereit sein muß, alle seine Ziele fahren zu lassen. Die Frage stellt sich also eigentlich so: Was ändert sich in bezug auf das Ziel des Menschen durch den heiligen Geist? Was ist das Ziel des Menschen? Und was ist das Ziel des heiligen Geistes mit dem Menschen?

Es liegt in der Natur der Sache, daß das Ziel, das man zu erreichen trachtet, gewöhnlich ein partielles Ziel ist. Das Leben besteht aus vielen einander ablösenden kleinen Zielen, die erreicht werden können und je nachdem auch erreicht werden, und aus wenigen Fernzielen, die meist nur vage in Gestalt von Lebensintentionen formulierbar und im Grunde nie erreichbar sind. Zur ersten Klasse gehören Berufsziele, Bildungsziele, Werkziele. Daß sie oft zu Lebenszielen hochstilisiert werden, darf nicht über ihren tatsächlichen Charakter als bloße Handlungsziele hinwegtäuschen, die nur bedingt und auf Zeit und bloß partiell die Ausrichtung des Lebens bestimmen. Zur zweiten Klasse gehören Aufgaben, welche die Aufopferung des Lebens verlangen, Ideale und Utopien oder auch verschwommene Wünsche wie Glück, Ruhm oder Selbstverwirklichung. Sieht man auf das gewöhnliche Leben, so wird man die Bedeutung der Zielsetzungen und Zielvorstellungen nicht überschätzen dürfen. Der großen Mehrzahl der Menschen ist durch die Umstände gar kein Spielraum für Zielsetzungen gelassen. Man ist in einen Arbeitsprozeß eingespannt, der einem gar keine Wahl läßt, oder man ist arbeitslos und wartet aufs Ungewisse. Man verbringt Tag um Tag mit den notwendigen Verrichtungen, freut sich auf das Essen, den Feierabend, das Wochenende und lebt von einem kleinen Hoffnungsziel zum andern. Und was das Fernziel betrifft, so hält man zumeist ohnehin nicht danach Ausschau, weil das, was unmittelbar beansprucht, keinen Gedanken und keine Zeit dafür läßt, oder auch weil man davor zurückschreckt, auf das Unerreichbare oder gar ins Leere hinein den Blick zu richten. Das Leben nimmt seinen Verlauf unter Einwirkung von Verhältnissen und Faktoren, an denen der Einzelne kaum etwas ändern kann. Und schließlich treibt es auf ein Ende zu, das unentrinnbar ist. Wer könnte sich schon als Steuermann seines eigenen Lebens fühlen? Es bleibt bei regulierenden Reaktionen im einzelnen oder bei gewissen Grundeinstellungen zu dem, wohin die Reise wider Willen und ins Unbekannte geht. Es ließe sich freilich, scheinbar im Widerspruch zu einem solchen Herunterspielen des Zielgedankens, auch das Umgekehrte sagen: Der Mensch setzt sich viel zu viele Ziele und hetzt vom einen zum andern. Darüber entgeht ihm das Nächstliegende. Er hat keinen Blick dafür, keine Zeit dafür. Und erst recht die großen Ziele, ob materieller oder ideeller Art, vergewaltigen nur allzu leicht das Leben, das der Umwelt wie das eigene. Hat man erreicht, was man mit aller Energie anstrebte, so hat man weitgehend ganz anderes erreicht, als man wollte. Das Ziel ist wohl erreicht, aber die Bilanz vielleicht erschrekkend.

Der heilige Geist entreißt den Menschen nicht einfach der geschilderten Situation mit ihren gegensätzlichen Aspekten. Es bleibt dabei, daß der Mensch Ziele braucht, sie aber auch nicht überschätzen und sich von ihnen nicht beherrschen lassen darf. Was sich aber im Hinblick darauf radikal ändert, ist dies, daß er sich nun bereits am Ziel befindet und auf keine weiteren Ziele angewiesen ist und daß von daher alles seine Ausrichtung erhält. Er ist insofern am Ziel, als der heilige Geist an den Ort versetzt, wo es nur noch um das Bleiben geht und nicht um ein weiteres Suchen darüber hinaus. Wenn die Funktion des heiligen Geistes darin besteht, das Sein in Jesus Christus zu vollstrecken, und er deshalb so zu Jesus Christus bringt, daß es dabei bleibt, weil dies der endgültige Ort ist, über den hinaus es keine Bleibe gibt und keine weitere zu suchen ist, dann hat damit das Leben eine einzigartige Zentrierung erfahren, die beides ermöglicht: von Fall zu Fall Ziele zu setzen und anzustreben und dennoch in völliger Freiheit damit umzugehen. Dem, der in Jesus Christus seine Bleibe hat und sich deshalb bereits an einem definitiven Ziel befindet, wird alles darauf relativiert: die Ziele, die er ergreift, und die Ziele, die er fahren lassen muß.

b) Der heilige Geist und die Bewegung des Lebens

Die Gegenwart des heiligen Geistes im Menschen macht den Menschen selbst gegenwärtig. Er macht davon frei, der Vergangenheit nachzutrauern, sich von ihr beherrschen zu lassen, in ihr befangen zu bleiben. Er macht ebenso davon frei, sich um die Zukunft zu sorgen oder sich träumend in sie zu flüchten. Er macht frei für das Heute, für das, was an der Zeit ist. Dazu gehört allerdings, daß er auch dazu frei macht, das Vergangene gegenwärtig zu halten, es nicht zu verdrängen, es in die Gegenwart hineinzunehmen und ebenso dem Zukünftigen zugewandt zu sein, es ohne Illusionen und Gespenster zu vergegenwärtigen und es dennoch nicht vorwegzunehmen, sondern Zukunft sein zu lassen. Das Verhältnis zur Zeit, das der heilige Geist vermittelt, beruht darauf, daß das Jetzt, jedes Jetzt, erfüllte Zeit ist. Für den, der sich vom heiligen Geist leiten läßt, gibt es keine leere Zeit. Er hat keinen Grund, die Zeit wegzuwünschen, sie zu vertun, sie totzuschlagen. Er lebt gegenwärtig, in dem qualifizierten Sinn der Geistesgegenwart. Denn er hat jederzeit am wahren Leben teil. Er befindet sich an demjenigen Ort, um dessentwillen es für jede Situation gilt, was Luther im Kleinen Katechismus im Blick auf die Vergebung der Sünde sagt: „da ist auch Leben und Seligkeit"[20]. Dieses gegenwärtigmachende, weil sich der Erfüllung von Zeit verdankende Verhältnis zur Zeit, ist eine Weise dessen, wie der heilige Geist heilig macht. Das Verhältnis zur Zeit wird geheiligt, indem es zu einer Entsprechung von Gottes Verhältnis zur Zeit wird: ein Anteilgewinnen an der Ewigkeit als der erfüllten Zeit, ein Herrsein über die Zeit, anstatt sich von der Zeit beherrschen zu lassen, eine Verwandlung der Zeit in reine Gegenwart.

Diese hyperbolisch klingenden Aussagen treffen allerdings nur dann die Wirklichkeit des Lebens im heiligen Geist, wenn darin die Bewegung des ganzen Lebens einbezogen wird. Gerade weil der heilige Geist am Ziel sein läßt, macht er das ganze Leben zu einem Unterwegssein, in dem sich dieses Am-Ziel-Sein durchsetzt. Die Bewegung des Lebens als der ständige Übergang der noch offenen Zukunft in die definitive Vergangenheit mit der Gegenwart als dem nie festzuhaltenden, kaum auch nur realisierbaren flüchtigen Durchgangspunkt wird nicht bagatellisiert. Diese Bewegung des Lebens wird zum Material des heiligen Geistes. Weil durch ihn das Leben jederzeit erfülltes Leben ist, ist es jederzeit hinzugebendes Leben, in der Hingabe an die Mitlebenden, in der Übergabe an den Schöpfer und Herrn des Lebens. Leben und Sterben werden in wörtlichem Sinne gleich-gültig, weil für beide dasselbe gilt: „Niemand von uns lebt für sich selbst und niemand stirbt für sich selbst. Denn wenn wir leben, leben wir für den Herrn; und wenn wir sterben, sterben wir für den Herrn. Im Leben also wie im Sterben gehören wir dem Herrn. Denn dazu ist Christus gestorben und wieder zum Leben gekommen: um über Tote wie Lebendige der Herr zu sein." (Röm 14,7–9) Darum ist aber auch das Werk des heiligen Geistes am Menschen erst dann vollbracht, wenn das Leben des Menschen vollbracht ist.

---

[20] BSLK 520,29f.

4. Aktualität

a) Der heilige Geist und das Aktuelle

Der heilige Geist ist als Gottes Geist darin Geist schlechthin, daß er lebendigmachender, gegenwärtigmachender Geist ist. Das zum Wesen des Geistes gehörende Bestimmtsein als Leben und als Gegenwart könnte nicht schärfer zur Geltung kommen als in dem, was der christliche Glaube vom heiligen Geist sagt. Ihm eignet darum das Moment höchster Aktualität. Es sollte freilich nicht notwendig sein, diese Aussage gegen das Mißverständnis abzugrenzen, als bedürfe der heilige Geist der jeweiligen Anpassung an die Zeit und als sei es ein Zeichen des heiligen Geistes, dem jeweils Aktuellen zu verfallen. Man kann im Gegenteil mit einiger Sicherheit urteilen: Die Aktualitätssucht verrät stets Mangel an heiligem Geist. Denn in bezug auf das, was nach dem gängigen Urteil als aktuell gilt, veranlaßt der heilige Geist, eher gegen die Zeit zu gehen als mit der Zeit. Dennoch betrifft dies einen Sachverhalt, in bezug auf den die richtigen Unterscheidungen und Abgrenzungen im konkreten Fall ungemein schwer zu treffen und zu vollziehen sind. Es gibt kaum ein anderes Beispiel, an dem einem so deutlich werden kann, was mit der Rede vom heiligen Geist auf dem Spiel steht und warum es eine Hauptgabe des Geistes ist, die Geister zu unterscheiden und zum richtigen Urteil zu befähigen, als eben dieses Problem der Aktualität des heiligen Geistes. Denn man verfehlte ebenfalls die Bedeutung dessen, daß die Gegenwart des heiligen Geistes im Menschen die Gegenwart der Ewigkeit in der Zeit ist, wenn man daraus die Zeitlosigkeit des heiligen Geistes folgerte und dementsprechend schon dies als Ausweis des heiligen Geistes ansähe, daß Herkömmliches unverändert festgehalten wird. Der heilige Geist ist vielmehr von äußerster Beweglichkeit und tritt in unendlich vielen Metamorphosen auf, wandelt seine Sprache und seine Lebensgestalt. Er befähigt den Menschen dazu, Veraltetes abzustoßen, Neues wachsen zu lassen, sich auf das einzulassen, was jeweils erforderlich ist. Wer um den heiligen Geist weiß, ist sich dessen bewußt, daß dasselbe, was früher Ausdruck der Präsenz des heiligen Geistes und darum voller Leben war, heute zum Buchstaben geworden sein kann, der dann tötet, wenn er dem Leben als Gesetz auferlegt wird.

Als Kriterium dieser ständig akuten Problematik der wahren Aktualität des Geistes darf ein Doppelgesichtspunkt gelten, dessen innere Polarität sachnotwendig ist. Der heilige Geist ist der Geist Jesu Christi und hat darum an ihm seinen Fixpunkt. Er kommt von daher und führt dorthin. Daran ändert sich nichts. „Jesus Christus gestern und heute derselbe, und so auch in Ewigkeit." (Hebr 13,8) Deshalb hat sich alles, was den heiligen Geist betrifft, an der Beziehung zu diesem Fixpunkt auszuweisen. Dementsprechend ist die Überlieferung ernst zu nehmen, durch die wir auf ihn bezogen sind. Es ist kein Ausweis für heiligen Geist, mit den Texten, die dafür relevant sind, leichtfertig umzugehen, auf Einfälle und Innovationen zu bauen, anstatt mit kritischer Sorgfalt und vor allem mit der erforderlichen Selbstkritik auf das zu hören, was schon lange vor uns im Namen Jesu Christi gedacht und getan worden ist. Als der Geist Jesu Christi ist aber der heilige Geist der Geist Gottes, spiritus creator. Dementsprechend ist er immer ein Erneuerer, sowenig er immer auf der Seite des gerade Neuen steht. Die Aktualität des heiligen Geistes wird nur dann erfaßt, wenn man um eine andere Dimension von alt und neu weiß als die, welche sich nach der Chronologie richtet. Davon ist im nächsten Paragraphen Näheres zu sagen. Wenn man sich dessen bewußt ist, daß der heilige Geist auf der Seite desjenigen Neuen ist, dem gegenüber das Aktuelle des Tages doch immer nur das alte Lied wiederholt, dann ist bei allem, was vom heiligen Geist an Erneuerung auszugehen hat, darauf zu achten, daß dieser unüberholbare Vorsprung des schlechterdings Neuen und nie Veraltenden zur Geltung kommt. Dann steht nicht der heilige Geist unter dem Diktat der Zeit, sondern das Leben in der Zeit folgt dem Diktat des heiligen Geistes, wenn dieser Ausdruck der alten Lehre von der Verbalinspiration einmal auf das Leben in der Gegenwart des heiligen Geistes übertragen werden darf.

b) Objektivationen des heiligen Geistes

Der heilige Geist besteht nicht bloß je und je. Er selbst wird übertragen und weitergegeben, indem die Christusüberlieferung weitergereicht wird. Die Gegenwart des heiligen Geistes haftet auch nicht nur am Einzelnen, sosehr sie stets auf den Einzelnen zielt. Mit beiden Hinweisen: auf die Tradition wie auf die Institution, werden schwierige Probleme der Pneumatologie angerührt, die außer der Lehre von der Schrift vor allem die von der Kirche betreffen. Darauf soll jetzt nicht vorgegriffen werden. Es steht aber außer Zweifel: Das Verständnis des heiligen Geistes wird enthusiastisch verfehlt, wenn dieser Gesichtspunkt der Objektivationen des heiligen Geistes in der Menschheitsgeschichte nicht berücksichtigt wird. Ich formuliere absichtlich so anstatt: Kirchengeschichte. Wie es dessen bedarf, die Dimension des Geistes überhaupt in Betracht zu ziehen, wenn vom heiligen Geist die Rede sein soll, so muß der Horizont der Geschichte überhaupt und damit die eschatologische Perspektive berücksichtigt werden, wenn es um das Wirken des heiligen Geistes geht.

§ 32 Der alte und der neue Mensch

Zwischen Gottes Geist und dem menschlichen Geist unterscheiden heißt nicht, ihre Trennung betreiben. Vielmehr wird erst durch die Gegenwart des heiligen Geistes im Menschen diese Unterscheidung konkret erfaßbar und aussagbar. Dadurch entsteht nun jedoch eine Dualität anderer Art. Die Einwohnung des Geistes Gottes bewirkt zwar die stärkste Zentrierung des Menschen. Sie hat aber zugleich die scharfe Scheidung in zwei Menschen zur Folge: in den alten und den neuen Menschen, den heillosen und den erlösten. Bisher war von der Gegenwart des heiligen Geistes im Menschen am Leitfaden der Strukturmomente des Geistes überhaupt nur in einer vorläufig orientierenden Weise die Rede. Nun muß zum Kern der Sache vorgestoßen werden. Der heilige Geist verursacht nicht eine akzidentelle Veränderung oder Ergänzung des Menschen, sondern wandelt ihn so von Grund auf, daß notwendig von zwei Menschen zu reden ist und es sogar problematisch wird, worin die Kontinuität besteht, die hier noch die Identität gewährleistet. Die Unterscheidung zwischen dem heiligen Geist und dem menschlichen Geist hat also eine Fundamentalunterscheidung in bezug auf das Sein des Menschen zur Folge. Und diese Fundamentalunterscheidung meint eine fundamentale Wende seines Seins.

Wenn sich die folgende Darlegung zuerst auf den heillosen und sodann auf den erlösten Menschen konzentriert, so muß der Erwartung von vornherein widersprochen werden, als würden sie nacheinander in strikter Sonderung voneinander vorgeführt, ohne daß Überschneidungen aufträten und ohne daß die Wende selbst zum Problem würde. Im Gegenteil, die Antithetik von alt und neu sowie die Wende vom einen zum andern werden unter beiden Hauptaspekten akut: dem heillosen und dem erlösten Menschen, nur jeweils in verschiedener Perspektive. Weil es Komplementärbegriffe sind, kann vom einen nicht die Rede sein, ohne daß zugleich auch schon vom andern gehandelt wird. Und da die Fundamentalunterscheidung eine Fundamentalwende ist, kann sie nicht in zerlegtem Zustand erörtert werden, sondern nur auf ihre Lebensbewegung hin.

A. Der heillose Mensch

Die Unterscheidung von alt und neu soll durch die von heillos und erlöst nicht verdrängt werden. Sie soll vielmehr das Ganze durchziehen. Wie sich nun diese andere Distinktion davon abhebt, obwohl sie ihr doch offensichtlich eng verwandt ist, muß sich zeigen. Vorerst mag an dem Wortpaar „heillos – erlöst" die absolutistische Note stören: als ließe sich das Leben auf so undifferenzierte Weise disjunktiv in die Alternative zweier sich ausschließender Generalnenner zwängen. Mißtrauisch macht vielleicht auch die religiöse Tonart: Diese Kategorien der Frömmigkeit erreichen anscheinend nicht die weiten Zusammenhänge, in die das menschliche Leben unabhängig vom Religiösen eingefügt ist. Auf beides sei darum im folgenden geachtet: Die allgemeine Erfahrung darf auf keinen Fall beiseitegeschoben und dogmatistisch überrannt werden. Und die nach üblichem Urteil und Sprachgebrauch nichtreligiösen Lebensbereiche dürfen nicht ausgeklammert bleiben. Im übrigen sorgt zumindest das eine der beiden Wörter schon von sich aus für die Weite seines Verständnisses. Während beim Gebrauch des Wortes „erlöst" das säkulare Moment allerdings ausgeschlossen scheint und nur die pauschale Negation alles Säkularen mitschwingen mag, findet „heillos" durchaus auch eine ganz profane Verwendung. Ohne jeden religiösen Unterton und ohne metaphorischen Klang kann man von heillosen Zuständen oder heilloser Verwirrung sprechen. Von Heil im säkularen Sinne ernsthaft und nüchtern zu reden, scheint freilich in der Tat nicht möglich zu sein. Auf eine „heile Welt" pflegt man als auf ein Produkt der Unwahrhaftigkeit ironisch Bezug zu nehmen, und an Heilrufe kann man sich nur mit einigem Grauen erinnern als an ein Symbol politischer Pseudoreligion. Aber ungeachtet dessen bereitet der Gebrauch des Wortes Unheil keine Beschwer. Daß es diesen Sachverhalt in mannigfacher Gestalt gibt, steht außer Zweifel, wenn auch seine Deutung gegebenenfalls heftig umstritten ist.

I. Die Antithetik von alt und neu

Bevor die Antithetik von alt und neu genauer in ihrer Anwendung auf den Menschen untersucht wird, ist der weite Rahmen abzustecken, in dem sich der Umgang mit diesem Gegensatz bewegt. Dafür ist der gewöhnliche Sprachgebrauch nicht minder aufschlußreich als der biblische. Gerade weil es um die Erfassung einer spezifisch christlichen Aussage geht, verdienen alltägliche Aussagen Berücksichtigung, selbst wenn sie zu ihr keine Beziehung zu haben scheinen. Denn wozu stände der christliche Glaube seinerseits etwa nicht in Beziehung?

1. Das gewöhnliche Urteil

Das Neue ist eine Kategorie des Schöpferischen und betrifft im Bereich des Geschöpflichen vornehmlich das Leben. In dessen Evolution ist zahllos Neues aufgetreten: neue Gattungen und neue Arten, die sich in der Reproduktion ihrer Exemplare ständig selbst erneuern. In der Perspektive des Menschen gibt das Leben immer Neues zu erfahren. Der neue Tag, den man beginnen darf, das neue Jahr, das einem gewährt wird, der neue Mensch, der geboren wird, die neue Begegnung, die einem widerfährt, das sind nur signifikante Beispiele dessen, daß das menschliche Erleben gewissermaßen als ein bewußtes Einatmen von Leben auf Neues eingestellt und angewiesen ist. Dazu trägt nun der Mensch selbst in unvergleichlicher Weise bei, indem er Neues erfindet und herstellt und sich so seine Welt schafft in einem geliehenermaßen schöpferischen und darum immer zugleich auch zerstörerischen Prozeß. Dieser Vorgang der Produktion erstreckt sich nicht nur auf Konsumgüter, die durch immer neue ersetzbar und überbietbar sind, sondern auch auf Kulturgüter. Sie sind überwiegend ebenfalls auf den laufend neuen Gebrauch eingestellt. Überragend neue Leistungen denkerischer und künstlerischer Art sind jedoch unüberbietbar und unersetzbar. Sie verlieren nicht die Frische des Originellen und werden immer wieder zur Quelle der Erneuerung. Im Zeichen des Neuen steht auch die Geschichte im großen mit ihren stets wechselnden und unberechenbaren Konstellationen. Man pflegt zwar schematisierend die politische Willensrichtung und die Intention geschichtlicher Verantwortung in die gegenläufigen Tendenzen des Konservativen und des Progressiven aufzuteilen. Die einen haben das Bewahren des Alten, die anderen das Befördern des Neuen auf ihre Fahne geschrieben. Aber das sind nur relative Akzentverschiedenheiten. Denn Leben läßt sich nicht bewahren ohne die Dimension des Neuen, und Neues muß sich am Bewahren des Lebens geschichtlich bewähren.

Der Mensch bezieht darum das Interesse am Neuen auf sein eigenes Leben. Er weiß um das Nachlassen seiner Spannkraft, um sein Ermüden und sein Altern. Darum ist er für alles empfänglich, was in sein Leben den belebenden Hauch des Neuen bringt. Jeder Tag bringt einen neuen Anfang, die neue Arbeitsstelle neue Verdienstmöglichkeiten und Lebenschancen, sogar das neue Kleid oder das neue Auto ein neues Lebensgefühl. Gibt es auch kein neues, zweites Leben, so doch neue Kraft und neuen Mut und sogar gute Vorsätze, ein neues Leben zu beginnen. So stark aber auch der Reiz des Neuen und der Überdruß am Veralteten sein mögen, stellen doch alt und neu sehr ambivalente Begriffe dar. Das Alte kann als ehrwürdig und bewährt, als angesehen und kostbar gelten. Die Bibel redet so etwa von einem ergrauten Haupt (3. Mos 19,32), während heute als Beispiel der Gedanke an eine Antiquität näher läge. Sogar als Ausweis der Wahrheit wurde einst das Alter einer Lehre in die Waagschale geworfen. Das Neue kann wegen seiner Unbekanntheit und Unerprobtheit Befürchtungen wecken, und erst recht macht sich verdächtig, wer novarum rerum cupidus ist. Selbst die Neugier kann als unfein gelten. Wer sich aber abgeklärt über die Neuigkeiten des Tages und die Jagd danach erhebt, sieht alles in einem Kreislauf begriffen, der zu nichts führt: „Was gewesen ist, wird wieder sein, und was geschehen ist, wieder geschehen: es gibt nichts Neues unter der Sonne. Oder ist etwas, von dem man sagen möchte: Siehe, dies hier ist ein Neues –? Längst schon ist es dagewesen, in den Zeiten, die vor uns gewesen sind." (Pred 1,9f) Trotzdem bricht das Verlangen nach etwas entscheidend Neuem immer wieder durch. Mit dem Anbruch einer neuen Ära verbinden sich hochgespannte Hoffnungen, und die Periodenbezeichnung Neuzeit hat soteriologischen Klang. Wie sich die religiöse Sehnsucht mit der Erwartung verbindet, alles in einem neuen Licht zu sehen und, wenn möglich, selbst ein neuer Mensch zu werden, so setzen politische Heilslehren auf das Experiment, durch gewaltsame Umerziehung einen neuen Menschen zu fabrizieren, der sich dann die neue Welt schafft.

2. Das biblische Urteil

Im gewöhnlichen Urteil ist der positive Klang von „neu" durch die Beziehung zum Menschen in der Weise bestimmt, daß entweder er selbst dieses Neue zustande bringt oder neue Dinge, Gegebenheiten und Verhältnisse um ihn her erneuernd auf ihn einwirken. Im biblischen Urteil hingegen ist das Neue im positiven Sinne allein von Gott zu erwarten. Während sonst das Neue der vergehenden Zeit unterworfen ist, so daß es als Veraltendes immer wieder nach Neuem ruft, ist das von Gott her Neue etwas Definitives, nicht Veraltendes.

a) Altes Testament

Aussagen darüber begegnen im Alten Testament sowohl in der Sprache des Gebets als auch in prophetischer Rede. Der Beter hält sich daran, daß Gottes Erbarmen jeden Morgen neu ist (Klgl 3,23), er bittet um einen neuen gewissen Geist (Ps 51,12), er stimmt ein neues Lied an (Ps 33,3 u.ö.), dessen Anlaß und Adressat Gott ist und das ihm Gott selbst in den Mund gegeben hat (Ps 40,4). Das immer neue Erbarmen ist nichts anderes als dessen Beständigkeit und Verläßlichkeit im Wechsel der Zeit. Der neue Geist ist die von Gott geschenkte Gewißheit, trotz der eigenen Verwerflichkeit von Gott nicht verworfen zu sein. Das neue Lied trägt nicht als Erfindung des Menschen dem Bedürfnis nach Abwechslung Rechnung, sondern ist als der Jubel, der die Klage ablöst, das Echo auf die Zusage Gottes. Wenn der Prophet dazu aufruft, nicht im alten Geleise fortzufahren, sondern einen Neubruch zu pflügen, so meint er nicht die Inangriffnahme neuer Projekte, sondern die Umkehr zu Gott (Jer 4,3 Hos 10,12). Das Neue, das Gott durch den Propheten verkündigt, ist das, was Gott selbst tun wird (Jes 42,9 43,19 48,6). Die neue Kraft, die er als der nie Müde dem Müden und Ohnmächtigen verheißt, gilt denen, die sich nicht auf die eigene Kraft verlassen, sondern auf den Herrn harren, und sie erlahmt nicht alsbald wieder (Jes 40,31). Der neue Geist und das neue Herz, die als die Grundbedingung einer durchgreifenden Veränderung in Aussicht gestellt werden, meinen die Umwandlung der inneren Verhärtung und Versteinerung in die lebendige innere Hörbereitschaft Gott gegenüber (Ez 11,19 18,31 36,26f). Dahin weist auch die erstaunliche Vision eines neuen Bundes. Er kann deshalb nicht wie der bisherige gebrochen werden, weil das Gesetz dann nicht vorgeschrieben und vorgehalten, sondern von Gott in das Innere gelegt und in das Herz geschrieben sein wird (Jer 31,31 bis 34). Das weist in eine eschatologische Zukunft, in der sogar Jerusalem einen neuen Namen erhalten (Jes 62,2) und Gott einen neuen Himmel und eine neue Erde schaffen wird (Jes 65,17 66,22). In dieser Sicht, in der Gott und das Neue zusammengehören, werden die Phänomene, die das gewöhnliche Urteil im Blick hat, nicht einfach aufgehoben. Aber sie werden mit einem Vorzeichen versehen, welches das nach menschlicher Weise Neue insgesamt auf die Seite des Alten stellt, so daß ihm die Kategorie des Neuen gar nicht zusteht.

b) Neues Testament

Das Neue Testament übernimmt dieses ganz auf Gott ausgerichtete und darum eschatologische Verständnis des Neuen. Es ist das unüberholbar Neue, nicht Veraltende, das darum alles neu macht. Dieses alttestamentliche Verständnis wird z.T. durch ausdrückliche Zitation aufgenommen, insbesondere in der Offenbarung Johannis. Die alttestamentlichen Aussagen über das neue Lied (5,9 14,3), den neuen Namen (2,17), das neue Jerusalem (3,12 21,2) sowie den neuen Himmel und die neue Erde (21,1 vgl. 2. Petr 3,13) bestimmen hier unter Berufung auf den, der alles neu macht (21,5), die apokalyptische Sicht. Der eigentlich charakteristische Beitrag des Neuen Testaments zur Thematik von alt und neu betrifft aber die Unterscheidung von altem und neuem Menschen einerseits und die von altem und neuem Bund anderseits. Auch in diesen beiden Fällen wird an das Alte Testament angeknüpft, bei der Rede vom neuen Bund in wörtlicher Bezugnahme auf Jer 31,31–34, bei der Rede vom neuen Menschen in bloßer Anspielung auf die Worte vom neuen Geist und neuen Herzen. Beidemal tritt jedoch dadurch eine wesentliche Veränderung ein, daß das Neue christologisch orientiert und damit als gegenwärtig eingetreten verstanden ist. Zusammen mit dieser Identifizierung des Neuen als gegenwärtig und der entsprechenden Qualifizierung der Gegenwart als neu wird die Antithetik zum Alten verschärft. Das Alte wird nun erst ausdrücklich so genannt und zugleich auch genauer bestimmt.

aa) Die schärfere Bestimmung des Alten

Um bei dieser letzten Beobachtung zu beginnen: Es mag als eine nicht übermäßig tragfähige sprachliche Eigentümlichkeit erscheinen, daß Paulus abweichend vom alttestamentlichen Sprachgebrauch statt vom neuen Geist oder vom neuen Herzen vom neuen Menschen spricht und den Gegensatz nun auch erstmals ausdrücklich durch die Prädikation „alt“ kennzeichnet, indem er auch vom alten Menschen spricht (Röm 6,6). Weniger wird man in dem anderen Falle zu einer Unterschätzung der sprachlichen Beobachtung neigen. Bei Paulus findet sich erstmals der zwar naheliegende, aber doch auffallende Komplementärbegriff zum Ausdruck neuer Bund: alter Bund. Vom alten Bund zu reden, setzt eine Präzisierung dessen voraus, was damit gemeint ist. Sie erfolgt bei Paulus durch die Identifikation von altem Bund und mosaischem Gesetz (2. Kor 3,14). Dabei haftet ausdrücklich an dem tötenden Buchstaben die Bezeichnung als alt im Gegensatz zu dem neuen, weil lebendigmachenden Geist (Röm 7,6 2. Kor 3,6). Dazu fügt sich wiederum, daß der alte Bund der Knechtschaft zugeordnet wird, weil er nicht frei zu machen vermochte, was ebensoviel bedeutet wie: daß er nicht lebendig zu machen vermochte, während der neue Bund als Geist befreit und lebendig macht (Gal 4,22–31 vgl. 3,21 und 2. Kor 3,6).

bb) Die christologische Orientierung

Diese schärfere Profilierung beider Anwendungen der Distinktion von alt und neu: als der Unterscheidung zwischen altem und neuem Menschen sowie der zwischen altem und neuem Bund, entspringt der christologischen Orientierung. Für die Unterscheidung zwischen dem alten und dem neuen Menschen wird dies daran deutlich: Ihrer Beziehung auf den einzelnen Menschen ist die Konfrontation zwischen Adam als dem ersten und Christus als dem zweiten oder letzten Menschen vorgeordnet (1. Kor 15,45–49 vgl. Röm 5,12–19 1. Kor 15,21 f). Darin ist zum einen die Tatsache begründet, daß nun auch in bezug auf den einzelnen Menschen im Blick auf seine Zugehörigkeit einerseits zu Adam, anderseits zu Christus von zwei Menschen gesprochen wird, dem alten und dem neuen (Röm 6,6 vgl. Kol 3,9 f Eph 4,22–24). Zum andern wird die Gegenwärtigkeit des neuen Menschen betont und zwar als eine bereits erfolgte Neuschaffung auf Grund des Seins in Jesus Christus.

„Wenn jemand in Christus ist, so ist er eine Neuschöpfung; das Alte ist vergangen – siehe, Neues ist geworden.“ (2. Kor 5,17) Diese neue Schöpfung allein ist es, was vor Gott gilt, nicht die religiösen Statussymbole Beschnitten- oder Unbeschnittensein (Gal 6,15). Und endlich ergibt sich eben daraus die dezidierte Fassung des Sinnes von alt: Durch die Teilhabe am Christusgeschehen ist der alte Mensch gekreuzigt und der neue Mensch dem Auferstehungsleben zugeordnet. So erfährt die Unterscheidung von alt und neu die Radikalisierung zu der Wende vom Tod zum Leben (Röm 6,4.6 Gal 6,14f). Daß sich die schärfere Profilierung der Unterscheidung von alt und neu in bezug auf die Rede vom Bund ebenfalls der christologischen Orientierung verdankt, ist offensichtlich. Wie das Kelchwort im Abendmahl bezeugt, hat Paulus die Verbindung des Christusereignisses mit dem Gedanken des neuen Bundes bereits vorgefunden (1. Kor 11,25), also die Auffassung, daß sich in Jesus Christus Jer 31,31–34 erfüllt hat. Aber erst Paulus hat dem die theologisch durchgreifende Deutung gegeben, indem er das, was in Christus neu geworden ist, dem Gesetz konfrontierte: Christus als das Ende des Gesetzes verstand (Röm 10,4) und den Geist dem Gesetzesbuchstaben entgegenstellte (2. Kor 3,6–11), das Gesetz des Geistes dem Gesetz der Sünde und des Todes (Röm 8,2–11), die Glaubensgerechtigkeit der Gesetzesgerechtigkeit (Röm 10,5–11), den Glauben den Gesetzeswerken (Gal 3,5–13).

cc) Die Beziehung zwischen den Antithesen „alter und neuer Mensch“ sowie „alter und neuer Bund“

Wie die paulinische Antithetik von altem und neuem Bund im Hebräerbrief aufgenommen wurde (Hebr 8,8–13 9,15) und welchen Nachhall sie im johanneischen Schrifttum bei dem Umgang mit dem Begriff des neuen Gebots gefunden hat (Joh 13,34 1. Joh 2,7f 2. Joh 5 vgl. Joh 1,17), das sei jetzt dahingestellt. Jedoch muß das Augenmerk noch darauf gerichtet werden, in einen wie engen Zusammenhang bei Paulus selbst die beiden Antithesen von altem und neuem Menschen sowie von altem und neuem Bund geraten. Dazu gibt insofern schon Jer 31,31–34 Anlaß, als dort die Notwendigkeit eines neuen Bundes mit dem Ungehorsam gegenüber dem alten Bund begründet wird. Die dem Gesetz Gottes verschlossene Hartherzigkeit muß von Gott selbst her überwunden werden durch ein vom Gesetz erfülltes Herz. Offen bleibt dabei die Frage, warum dieser Ungehorsam im Rahmen des alten Bundes sozusagen strukturell ist. Paulus hat darauf durch seine Lehre vom Gesetz geantwortet, indem er vor allem das Verhältnis von Gesetz und Sünde ins Zentrum rückte. Der Mangel des Gesetzes liegt nicht am Gesetz als solchem – das ist heilig und geistlich (Röm 7,12.14) –, sondern an seiner Unfähigkeit, die Sünde zu überwinden, die es vielmehr erst recht virulent macht (Röm 8,2 Gal 3,21 Röm 7,7–11). Dadurch verbindet sich aber in der Tat das Wesen des Gesetzes als des alten Bundes mit dem Wesen des Sünders als des alten Menschen. Gegen diese hoffnungslose Situation ist nicht durch ein neues Gesetz in Gestalt neuer Gesetzesvorschriften anzukommen, aber auch nicht durch das ins Herz gegebene Gesetz als die Kraft eines neuen Geistes, also durch unmittelbare Geistwirkung, durch die ein neuer Mensch entsteht. Paulus hat sowohl den Zusammenhang des neuen Bundes mit dem alten als auch die Tiefe des Gegensatzes zwischen dem neuen Menschen und dem alten zu ernst genommen, als daß das Neue am Töten und am Fluch des Gesetzes und damit am Sterben des alten Menschen vorbei Wirklichkeit werden könnte. Darum wurde ihm der Gekreuzigte zur Antwort auf die Frage nach der Gerechtigkeit vor Gott. Nicht durch das Tun des Gesetzes wird sie zuteil, sondern durch den Glauben an Christus. Nur in dieser christologischen Ausrichtung und in der Weise des Glaubens ist es der Geist, der die Wirklichkeit des neuen Bundes kennzeichnet. Nicht durch eine unvermittelte Sendung des Geistes in die Herzen, sondern durch die stellvertretende Sendung des Sohnes in das Fleisch und unter das Gesetz hat Gott zustande gebracht, was dem Gesetz unmöglich war, und dadurch den neuen Bund Wirklichkeit werden lassen (Röm 8,3f Gal 4,4–6).

dd) Alter und neuer Bund – Altes und Neues Testament

Der paulinische Sprachgebrauch von altem und neuem Bund deckt sich nicht mit der uns geläufigen Unterscheidung zwischen Altem und Neuem Testament. Das gilt nicht nur insofern, als für Paulus die Vorstellung einer neutestamentlichen Schriftensammlung neben der vorhandenen, obschon noch nicht definitiv kanonisch abgeschlossenen heiligen Schrift des Volkes Israel selbstverständlich völlig fernlag. Der neue Bund ist für ihn Geist, nicht Buchstabe, lebendiges Wortgeschehen, nicht Schrift. Aber das ist jetzt weniger von Belang als etwas anderes. Das Wort alter Bund in dieser Formulierung, die ihn betont gegen den neuen abhebt und damit in gewisser Weise disqualifiziert, hat Paulus auf denjenigen Teil jener heiligen Schrift beschränkt, der zwar anerkanntermaßen ihr Kernstück ausmachte, nun aber von ihm gesondert genommen wurde: die mosaische Tora. Und auch sie wurde nur unter einem bestimmten theologischen Sachgesichtspunkt gesehen, nämlich eben dem des Gesetzes, das nicht gegen die Macht der Sünde und des Todes aufzukommen und nicht Leben zu schaffen vermag. Die Gestalt Abrahams – an sich ein Bestandteil der Tora – wird als Empfänger der Verheißung und als Vater der Glaubenden zum Gegenpol des später hinzugekommenen mosaischen Gesetzes. Also nicht der Abrahambund der Verheißung, sondern der Mosebund des Gesetzes erhält die Bezeichnung als alter Bund. Darum kann Paulus aber auch in den zwei Söhnen Abrahams die innere Widersprüchlichkeit zweier Testamente, zweier Verfügungen Gottes dargestellt sehen, in denen die Gegensätzlichkeit von altem und neuem Bund vorgebildet ist, wie er sie versteht (Gal 4,21–31, bes. 24). Jedoch wird dabei für die Christen gleichermaßen aus Juden und Heiden der Anspruch erhoben, sie seien das wahre Israel, das Kind der Verheißung, der Sohn der Freien. Diese Vereinung aus den zweien zu einem Leibe nennt darum der Epheserbrief den neuen Menschen (2,15). Er unterstreicht dadurch einen zentralen paulinischen Gedanken. Das Neue am neuen Bund findet darin seinen Ausdruck, daß der Nichtjude nicht erst Jude werden muß, um Christus zu gehören und die Erfüllung der Verheißung zu erlangen. Damit ist nun allerdings der neue Bund nicht nur gegen das theologisch pointiert verstandene mosaische Gesetz abgehoben, sondern auch gegen die Ganzheit dessen, was die Offenbarung Gottes an Israel vor Jesus Christus ausmacht. In dieser Hinsicht hat sich trotz des starken inneren Zusammenhangs eine Kehre vollzogen. Paulus hat sie zwar nicht auf eine feste terminologische Formel gebracht. Sie klingt aber mit Recht an, wenn wir in dem uns geläufigen, von Paulus abweichenden Sprachgebrauch zwischen Altem und Neuem Testament unterscheiden.

II. Die Antithetik des Menschseins

1. Die differenten Redeweisen

Die Antithetik von alt und neu wurde bisher auf zwei ganz verschiedene Weisen betrachtet: wie man gemeinhin davon redet und wie die Bibel davon spricht. Der nächstliegende Eindruck ist der, es seien zwei Welten. Die eine ist die uns vertraute natürliche Welt: So erfahren auch wir den Gegensatz von alt und neu in seinen vielen und schillernden Modifikationen. Und entsprechend ist auch unser gewöhnliches Urteil bestimmt. Die biblische Welt mag uns zwar ebenfalls vertraut sein, aber dann gewissermaßen nur als eine Sonderwelt innerhalb unserer Welt, als eine bestimmte Sprachüberlieferung, ein geschichtliches Gebilde, ein religiöses Gehäuse, eine übernatürliche Wirklichkeit. Sie steht weitgehend abgesondert und beziehungslos neben der alltäglichen Wirklichkeit. Nicht bloß von solchen, denen die Welt der Bibel fern und weitgehend unbekannt ist, sondern auch von denen, die darin einigermaßen zu Hause sind, wird sie als etwas Fremdsprachliches empfunden, das mit der Umgangssprache kaum zu vermitteln ist.

a) Sprachdifferenz und Sachdifferenz

Nun wäre es allerdings eine falsche Erwartung, die biblische Sprache sollte in die alltägliche konvertibel sein, wie man Geld aus einer

Währung in die andere umrechnet. Es handelt sich ja nicht um die Differenz zweier formaler Systeme zur Bestimmung eines Wertes derselben Art wie eben des Geldwertes. Es handelt sich vielmehr um die Differenz zweier verschiedener Wertauffassungen oder, um es angemessener auszudrücken: zweier divergierender Urteile. An der Sprachdifferenz haftet darum eine Sachdifferenz, die man zum Verschwinden brächte, wollte man die Sprachdifferenz eliminieren. Solche sachlich bedingten Sprachdifferenzen gibt es im Leben in vieler Hinsicht mit wiederum sehr unterschiedlichem Differenzcharakter. Es muß sie geben in Anbetracht der Vielgestalt, aber auch der Strittigkeit des Lebens. Deshalb liefe es auf eine Preisgabe des christlichen Glaubens hinaus, versuchte man die biblische Weise, von alt und neu zu reden, auf die sozusagen normale Redeweise zu reduzieren. Ohne ein erhebliches Maß an Fremdsprachlichkeit in diesem Sinne kann der Glaube überhaupt nicht zur Sprache kommen. Das mindert allerdings keineswegs die Notwendigkeit, sich der daraus erwachsenden hermeneutischen Aufgabe zu stellen. Die Sprachdifferenz muß als Sachdifferenz verständlich werden. Dazu muß die Sachdifferenz auf den kritischen Berührungspunkt in bezug auf dieselbe Sache zurückgeführt werden. Dabei wird es sich zeigen, ob die Identität der Vokabeln alt und neu eben diese Berührung in der Sache verrät oder ob es sich um bloße Äquivokationen handelt.

b) Die strittigen Berührungspunkte

Nun wurden in der Tat Berührungspunkte erkennbar. In beiden Fällen öffnet sich zwar ein außerordentlich weiter Horizont, wenn man auf den Umgang mit der Unterscheidung von alt und neu achtet. Aber ebenfalls findet in beiden Fällen eine Konzentration auf den Menschen hin statt, für den diese Unterscheidung lebensrelevant wird. Deshalb ist auch in beiden Fällen eine soteriologische Ausrichtung zu beobachten. In der Bibel bildet sie selbstverständlich die schlechterdings beherrschende Thematik. Aber im gängigen Sprachgebrauch begegnet sie ebenfalls zumindest versteckt, wenn auch oft recht durchsichtig und zuweilen sogar unverhüllt. Diese Kontaktstellen im Anthropologischen und Soteriologischen sind freilich ein Ort äußerster Sachdifferenz. Man könnte sie folgendermaßen zu bestimmen versuchen: Im einen Fall hält sich das Soteriologische in den Grenzen des rein Anthropologischen, im anderen Fall haftet das Soteriologische am Theologischen. Aber diese Schematisierung ist ungenau. Nicht nur deshalb, weil das Theologische selbst ja auf den Menschen ausgerichtet ist und insofern das Anthropologische einschließt, sondern auch deshalb, weil das rein Anthropologische eine Abstraktion ist. Das Menschsein schließt, in welcher Explikation auch immer, den Gottesbezug in sich. Es wäre kurzschlüssig, allein das Biblische als auf Gott bezogen dem übrigen als dem Säkularen gegenüberzustellen. Gehört doch auch das Religiöse mit in den Bereich dessen, was für das gewöhnliche Urteil eine Rolle spielt. Was die Eigenart des Biblischen ausmacht, ist nicht dies, daß überhaupt die Unterscheidung von alt und neu in die religiöse Dimension gerät, sondern wie die Kategorie des Neuen durch das Gottesverständnis in Anspruch genommen wird und daß die Auffassung vom Neuen dann insbesondere christologisch geprägt ist.

c) Der Wirklichkeitscharakter des Gottesbezugs

Ein solches Einzelbeispiel der Sprach- und Urteilsdifferenz zwischen der Bibel und dem Außerbiblischen reißt eine Grundproblematik auf. Dafür ist es relativ belanglos, ob man das Außerbiblische, wie wir es unserer kulturellen Situation gemäß taten, vorwiegend vom Säkular-Alltäglichen her kennzeichnet oder dabei stärker bestimmte weltanschauliche und andere religiöse Ausprägungen berücksichtigt. Die theologische Grundproblematik, die hier akut wird, ist folgende: Welcher Wirklichkeitscharakter kommt überhaupt dem Reden von Gott zu? Verleiht es dem ohnehin gegebenen nur eine andere Auslegung oder deutet es darauf hin, daß andere Gegebenheiten verliehen werden? Ist an dem Neuen, das Gott zugeschrieben wird, gegenüber dem, wie auch ohne Gott Neues eintritt, nur die Zurückführung auf ihn neu? Oder tritt von Gott her etwas spezifisch Neues ein, was sonst nicht begegnet? Es wäre zu billig und zu bequem, darauf pauschal religionskritisch oder christlich-dogmatistisch zu antworten. Die generelle Religionskritik deutet das Reden von Gott als bloßen ideologischen Überbau, als Herleitung des Neuen von Gott und als Legitimierung durch ihn oder als Stabilisierung des Alten, um das Neue zu verhindern. Ein genereller christlicher Dogmatismus läßt solche religionskritische Deutung zwar gerne dem außerbiblischen Reden von Gott als einer theologia falsa zuteil werden, nimmt aber das biblische Reden von Gott als theologia vera grundsätzlich davon aus. Die Relevanz des Redens von Gott für die Antithetik von alt und neu scheint sich daran zu erweisen, ob es sich nur um eine etikettierende Gleichschaltung mit dem Urteil handelt, das dem Gefallen und dem Wunsch des Menschen entspricht, oder ob hier eine Differenz erkennbar wird, die es notwendig macht, zwischen Gott und dem Menschen zu unterscheiden.

Mit diesem Gegensatzkriterium muß man freilich vorsichtig umgehen. Was anscheinend auf eine Gegensätzlichkeit zu menschlicher Wunschvorstellung schließen läßt wie etwa die Haltung strenger Askese und Selbstmarterung, kann sich durchaus als menschlicher Neigung und Wahl entsprungen erweisen. Was sich aber offensichtlich mit den Dingen deckt, die dem Menschen von Natur gefallen: der Genuß irdischer Güter oder die Errettung aus Gefahren, wird durchaus mit Recht Gott verdankt. Dabei steht dennoch insofern jenes Gegensatzkriterium in Geltung, als sich eben das Verdanken keineswegs von selbst einstellt. Eines ist, Gegebenes an sich reißen und davon Gebrauch machen. Ein anderes ist, das Gegebene als Gegebenes erkennen und als Gewährtes in Brauch nehmen. Daraus ergibt sich eine Präzisierung jenes Gegensatzkriteriums. Eine Notwendigkeit, in bezug auf das Urteil über alt und neu das Reden von Gott in Anspruch zu nehmen, ergibt sich nur dann, wenn dabei die Beziehung zum Personsein des Menschen hergestellt ist, und zwar im Hinblick darauf, daß er letztlich nicht Täter, sondern Empfänger ist, nicht Schöpfer, sondern Geschöpf, nicht Herr seiner selbst und nicht Ziel seiner selbst, sondern in Dienst genommen und zum Dienen bestimmt. Dadurch wird allerdings an den Punkt gerührt, wo sich im Menschen Widerspruch regt. Deshalb wird in Hinsicht auf Gott die Kategorie des Neuen nur da eindeutig, wo es um das Zurechtbringen des Personseins des Menschen selbst geht. Dies kann auf keine andere Weise geschehen als so, daß durch das Gegenwärtigwerden Gottes zwischen Mensch und Gott unterschieden wird.

d) Die Verschiedenheit von Ort und Art der Antithetik des Menschseins

Die Antithetik von alt und neu konzentriert sich auf das Menschsein. Darin hat sie stets zumindest indirekt ihren Skopus, während das biblische Reden von alt und neu darauf ausdrücklich abzielt. Indem die Erörterung nun auf die Antithetik des Menschseins zusteuert, gerät sie in eine eigentümlich verwirrende Situation. Es scheint nützlich zu sein, darauf von vornherein hinzuweisen, um die Zusammenhänge klarer zu erfassen und mit der Antithetik in bezug auf das Menschsein richtig umzugehen.

Auf der einen Seite ist der Mensch in seiner konkreten geschichtlichen Verfaßtheit – nach dogmatischem Sprachgebrauch: in statu corruptionis – der Mensch im Widerspruch. Als bei der Behandlung der Lehre von der Menschwerdung Gottes eine einleitende Skizze vom Menschsein des Menschen entworfen wurde, trat mit Notwendigkeit dieses antithetische Moment als Leitgesichtspunkt auf (§ 18 A, s. Bd. II, 51 ff). Von den offen zutage liegenden Phänomenen ausgehend und auf die Frage nach der Ursache zustrebend, setzte die Skizze bei der Beschreibung ein, wie sich der Mensch mit dem Mitmenschen im Streit befindet. Nach Beispielen dafür braucht man weder in globalem Ausmaß noch innerhalb einer begrenzten Gesellschaft noch auch im privaten Bereich lange zu suchen. Sie drängen sich nur allzu penetrant auf. Von da aus führte der Weg zum Aufweis des Widerspruchs des Menschen mit sich selbst hinsichtlich seines Wollens und Urteilens und sogar seines Seins. Schließlich mündete das Nachdenken darüber in Beobachtungen ein, welche die Zwietracht des Menschen mit Gott betreffen. In all dem tut sich auch der allgemeinen Erfahrung etwas von den Symptomen der Heillosigkeit des Menschen kund. Der Mensch im Widerspruch ist der heillose Mensch.

Nun ist aber auf der anderen Seite mit Nachdruck die Einheit dieses Menschen trotz seiner Widersprüchlichkeit zu betonen. Daran besteht im Hinblick auf sein Wesen ein entschiedenes Interesse: Der Mensch darf nicht etwa zerteilt werden. Er muß als ganzer, als nach Leib und Seele einer erfaßt werden. Daran besteht aber auch im Hinblick auf sein Unwesen stärkstes Interesse. Jedenfalls der christlichen Theologie ist die Aufgabe gestellt, die Heillosigkeit des Menschen im Widerspruch so streng zu fassen, daß sie sich nicht auf einen partiellen Bereich einschränken und daraufhin als gar nicht so ernst gemeint etwa widerrufen läßt. Obwohl als Sünder Mensch im Widerspruch, ist er dies doch als ganzer Mensch.

Statt dessen gewinnt nun gerade unter dem Gesichtspunkt des Heils die Antithetik in neuer Weise Virulenz. Der erlöste Mensch steht gegen den heillos unerlösten, oder wie immer sonst dieser Gegensatz zu bezeichnen ist, der nicht bloß etwas am Menschen, sondern das Menschsein selbst betrifft und in dem es um Sein und Nichtsein geht. In dieser Hinsicht verlagert sich die Antithetik anscheinend in das Nacheinander einer Wende, die einst und jetzt voneinander scheidet. Dennoch ist es ein und derselbe Mensch, insofern also nun ebenfalls der Mensch im Widerspruch, nämlich im Widerspruch mit seiner Vergangenheit. Auf diesem Hintergrund gilt er aber jetzt als der Mensch, der mit Gott im Frieden und deshalb auch mit sich selbst letztlich einig ist.

Gegen diese Antithetik von heillosem und erlöstem Menschen erheben sich nun aber wiederum in zweierlei Hinsicht Bedenken. Ist zum einen die Situation des Menschen im Widerspruch wirklich als so heillos aufzufassen? Daß es sich um eine Kampfsituation handelt, wird kaum jemand bestreiten, der das Leben ernst nimmt. Zwischen gut und böse ist jeder irgendwie hin- und hergerissen. Versagen und Erfolg, Niederlagen und Siege wechseln einander ab. So erscheint es als das Vernünftigste, den Menschen als ein Gemisch von positiven und negativen Kräften, vielleicht sogar von Göttlichem und Allzumenschlichem aufzufassen, jedenfalls das Faktum einer inneren Antithetik ernst zu nehmen, deshalb aber darin gerade etwas Hoffnungsvolles zu sehen. Der Mensch ist sicher nicht uneingeschränkt gut, aber offenbar auch nicht uneingeschränkt böse, sondern beides in wechselnden Graden.

Nun läßt sich aber zum andern in bezug auf den erlösten Menschen, als dessen Kontrast die Heillosigkeit so schwarz gemalt wird, und der wiederum im Kontrast dazu von allem Widerspruch frei sein soll, in bestimmter Hinsicht doch erst recht sagen, er befinde sich, solange noch in diesem Leben, im Kampf und in der Anfechtung. In gewisser Weise ist allererst er in die radikale Antithetik von Heillosigkeit und Erlösung eingetreten und hat die sich daraus ergebende Spannung durchzustehen. Der Glaubende sieht schärfer, wie es um das Menschsein steht. Er erfährt es auch ungleich stärker als der Nichtglaubende. Sogar in doppelter Hinsicht hat die reformatorische Theologie das Moment des Antithetischen als gerade für den Christen spezifisch hervorgehoben: Einerseits ist er Sünder und gerecht zugleich. Anderseits befindet er sich zugleich im Reich der Welt und im Reiche Christi, das nicht von dieser, wohl aber in dieser Welt ist.

Bei diesem flüchtigen Überblick über das Menschsein unter dem Gesichtspunkt der Antithetik wechseln die Aspekte kaleidoskopartig. Das Verwirrende daran wird durch die Einsicht noch verstärkt, daß man keineswegs einen Aspekt gegen den andern ausspielen und so den einen oder andern eliminieren kann. Vielmehr kommt allen ein gewisses Recht zu. Damit stellt sich allerdings auch ein Moment der Entwirrung ein. Man muß offenbar verschiedene Situationen, Perspektiven und Problemebenen unterscheiden. Man kann nicht alles auf einer Fläche gegeneinander verrechnen. Handelt es sich doch nicht um ein statisches System, das auf Gleichgewicht eingestellt ist. Vielmehr wird mit all dem in verschiedener Hinsicht der Vorgang des Lebens beschrieben, nicht um ihn auf einem bestimmten Punkt zu fixieren oder ihn gar durch eine bloße Vorstellung zu ersetzen, sondern um diesem Lebensvorgang selbst gegenüber so offen zu machen wie nur möglich.

2. Verschiedene Formeln für die Antithetik des Menschseins

Neben der in den Vordergrund gestellten Unterscheidung zwischen dem alten und dem neuen Menschen sind vom Neuen Testament her vornehmlich zwei weitere anthropologische Distinktionen zu berücksichtigen: die vom äußeren und inneren Menschen sowie die zwischen Fleisch und Geist. Sie alle haben sich in der theologischen Tradition kompliziert ineinander verflochten und dadurch noch zusätzliche Probleme entstehen lassen. Es soll jetzt aber weder die Reduktion auf ein einziges Begriffspaar vorgenommen noch auch die Problemlösung primär auf exegetischem Wege gesucht werden. Das erste deshalb nicht, weil sich die Formeln gerade in ihrer Verschiedenheit gegenseitig interpretieren und erhellen können. Das zweite deshalb nicht, weil es vor allem darauf ankommt, den Erfahrungsgrund zu erfassen, auf den diese Formeln hinweisen, um mit Hilfe dessen das gegenwärtige Sachverständnis zu fördern. Gewiß ist dafür auch der exegetische Befund wichtig. Er soll jetzt aber nicht eigens dargelegt werden, sondern vorausgesetzt sein. Anderseits soll auch in systematischer Hinsicht eine vorläufige Beschränkung eingehalten werden. Der gedankliche Gehalt dieser Formeln soll expliziert, aber erst später das Problem behandelt werden, wie die Gegensatzrelation in Hinsicht auf die fundamentale Wende des Menschseins zu bestimmen ist.

a) Alter und neuer Mensch

Im Anschluß an das, was über die Unterscheidung von alt und neu bereits ausgeführt wurde, kann mit Abgrenzungen eingesetzt werden, vor deren Banalität man sich nicht scheuen sollte. Es geht selbstverständlich nicht um den Gegensatz von alt und jung, der allerdings im Denken vieler – oder richtiger: aus Gedankenlosigkeit – eine wichtige soteriologische Rolle spielt. Das Altern hinauszuzögern, sich jung zu erhalten oder wenigstens sich jung aufzumachen und zu geben und dennoch möglichst alt werden zu wollen, das ist eine der flachsten, aber verbreitetsten Soteriologien. Der zum Idol erhobene junge Mensch mit seinen evidenten Vorzügen, neben denen seine Nöte und Ängste freilich meist verkannt werden, ist ein typischer Fall des alten Menschen im biblischen Sinne. Selbstverständlich ist ebenfalls nicht an den Gegensatz von altmodisch und modern zu denken. Der alte Mensch heißt nicht so, weil er sich der gegenwärtigen Mode nicht anpaßt und einen außer Kurs geratenen Stil pflegt. Der neue Mensch heißt nicht so, weil er jeweils mit dem Wechsel der Zeit Gleichschritt hält oder ihm sogar avantgardistisch die Bahn bricht. Beide Weisen der Zeitunterworfenheit sind Spielarten des alten Menschen. Alt wird er deshalb genannt, weil er – wie die Raupengestalt für den Schmetterling – als etwas Vergangenes hinter sich liegt, wenn er in Jesus Christus ist. Die Art, wie sich der Mensch vorher verstand und gebärdete, die Abhängigkeiten, in denen er lebte, die Illusionen, die er sich machte – mit all dem ist es vorbei. Es ist abgetan, erledigt, er hat es hinter sich gelassen. Was einst faszinierte, gilt jetzt als hoffnungsloser Fall, als eine aussichtslose Sache, als etwas, was schließlich nichts anderes einbringt als den Tod. Der neue Mensch dagegen heißt von dem her so, worauf er baut. Er setzt nicht auf das, was vergeht, und darum auch nicht auf sich selbst. Er ist nicht der Mensch der Zukunft, dem man als einem Ideal nachjagt und der erst noch entstehen soll. Er hat vielmehr deshalb Zukunft, weil er sich dem unüberholbar Neuen verdankt, das selbst durch den Tod nicht vernichtet wird, sondern erst vollends zur Geltung kommt. Darum ist die Analogie der Metamorphose nun doch irreführend. In ihr entwickelt sich eines aus dem andern, so daß der Zustand der Raupe, genau genommen, etwas Aussichtsreiches und Hoffnungsvolles ist. Nicht so bei der Wende vom alten zum neuen Menschen. Die Vorstellung einer Verwandlung wäre ganz unangemessen, sie entspricht nur allenfalls gewissen Begleiterscheinungen. Die Wende beruht nicht auf Veränderungen des Menschen, sondern hat solche zur Folge. Sie beruht auf einem Urteil – nicht des Menschen selbst, sondern Gottes und nur insoweit des Menschen, wie er dem Urteil Gottes zustimmt. Eben darin besteht das Neue am neuen Menschen.

b) Äußerer und innerer Mensch

Während die Unterscheidung zwischen altem und neuem Menschen an der Zeitvorstellung orientiert ist und sich deshalb als ein Nacheinander darstellt, ist die Unterscheidung zwischen dem äußeren und dem inneren Menschen an der Raumvorstellung orientiert und meint ein Beieinander. Die Distinktion erweckt von vornherein Bedenken. Der Mensch wird hier anscheinend in Bestandteile zerlegt, in Leib und Seele aufgespalten. Das widerspricht seiner ganzheitlichen Wirklichkeit. Wenn man mit Recht darauf verweist, wie stark sich das leibliche Befinden seelisch auswirkt, aber auch umgekehrt das seelische Befinden leiblich, so daß viele Krankheiten verborgene seelische Ursachen haben oder zumindest durch eine entsprechende seelische Disposition mitbedingt sind, wird zugunsten der Einheit allerdings gerade von einer Zweiheit her argumentiert. Gewiß ist die Vorstellung zweier zueinander addierter Substanzen irrig. Demgegenüber hat Aristoteles mit der Idee der Seele als der Form des Leibes[1] die Leib-Seele-Einheit nachdrücklich zur Geltung gebracht. Aber wie auch immer die Einheit bestimmt wird, sie kann das Moment der Zweiheit anthropologisch nicht zum Verschwinden bringen. Die Einheit des Menschen ist in sich polar bestimmt und spannungsvoll. Der Aktionsradius seines Inneren reicht ungleich weiter als der seiner Leiblichkeit, sosehr die Funktion des Geistes von der Funktionsfähigkeit des Leibes abhängt. Zwischen Seele und Leib besteht unter diesem Vorbehalt auch eine erstaunliche relative Unabhängigkeit. In einem gebrechlichen Leib kann sich ein ungebrochenes Gemüt behaupten. Und eine krankhaft verbrecherische Haltung kann sich eines von Gesundheit strotzenden Leibes bedienen. Sobald man jedoch solchen beliebig zu mehrenden Beispielen weiter nachdenkt, wird deutlich: Es geht dabei ja nicht bloß um die Diskrepanz zweier Teile im Menschen, sondern um eine strittige Dominanz, so nämlich, daß sich die Person selbst verschieden orientiert. Sie kann sich vom Äußeren blenden und gefangen nehmen lassen. In grober Kennzeichnung: Der Bauch kann zum Gott werden (Phil 3,19), der Mammon zum Herrn (Mt 6,24). Der Mensch kann sich aber auch vom Oberflächlichen abkehren und die Innerlichkeit pflegen, auf die seelischen und geistigen Güter Wert legen und statt der Zerstreuung in das Äußere die meditative Sammlung suchen.

---

[1] De anima II,1 412a19–28. Vgl. mein Buch: Disputatio de homine, 1. Teil: Text und Traditionshintergrund, Lutherstudien Bd. II, 1977, 154–173 (§ 17).

Von hier aus läuft unbestreitbar eine starke Verbindungslinie zu dem, worum es im Gottesverhältnis geht. „Der Mensch sieht auf den äußeren Schein, der Herr aber sieht auf das Herz." (1. Sam 16,7) Gott sieht nicht die Person an (z.B. Mt 22,16 Gal 2,6) – in der Bedeutung von Person als der Rolle, in welcher der Mensch wie ein Schauspieler vor der Welt und vor Gott und sogar vor sich selbst etwas anderes darstellen möchte, als er in Wahrheit ist. Gott sieht in das Verborgene (Mt 6,4.6.18). Er durchschaut das Innere des Menschen und läßt sich nicht betrügen. Das sind in der biblischen Sprache konstitutive Gottesprädikationen. Demzufolge kann sich die Wertung von „außen" und „innen" umkehren. Durch die Schafskleider darf man sich nicht darüber täuschen lassen, daß die falschen Propheten inwendig reißende Wölfe sind (Mt 7,15). Man muß sich dessen bewußt sein, daß die Unreinheit ihren Ursprung im Innern des Menschen hat. Darum ist ihr nicht mit äußerlichen Reinheitsprozeduren beizukommen (Mt 15,18f 23,25–28). In Wahrheit Jude ist der, der es im Verborgenen ist (Röm 2,29), wie denn in Gottes Augen nur ein Mensch wertvoll ist, der sein Herz im Verborgenen mit einem gütigen und einfältigen Wesen schmückt und nicht sein Äußeres prächtig ausstaffiert (1. Petr 3,3f). Somit ist also keineswegs eo ipso der innere Mensch der Gott gefällige, vielmehr liegt gerade hier die Ursache des Mißfallens. Insofern kann die Unterscheidung von äußerem und innerem Menschen keineswegs dazu dienen, auf das Gute im Menschen zu rekurrieren. Wohl aber bezeichnet sie den Ort, an dem Gott gewissermaßen den Hebel ansetzen, an dem die Veränderung einsetzen muß. Selbst wenn einer behaupten mag, daß er nach seinem inwendigen Menschen an Gottes Gesetz Lust hat (Röm 7,22), ist es damit doch keineswegs getan, wie seine Ohnmacht in bezug auf sich selbst verrät. Erst der von Gott erneuerte innere Mensch stellt die Wende dar, die dann auch den äußeren Menschen in Gottes Dienst nimmt (2. Kor 4,16 Eph 3,16 Röm 12,1).

c) Fleisch und Geist

Das Begriffspaar Fleisch und Geist weckt noch einmal verstärkt die Bedenken, die schon durch die Unterscheidung zwischen dem äußeren und dem inneren Menschen ausgelöst wurden. Hier scheint sich nun vollends eine dualistische Anthropologie an dem Gegensatz gegen die Sinnlichkeit zu entzünden. Durch die Verbindung von Fleisch und Begierde (concupiscentia), die bei Paulus betont begegnet (Röm 7,7 13,14 Gal 5,16.24) und vor allem durch Augustin die Erbsündenlehre geprägt hat, scheint Fleisch mit Sexualität synonym zu werden. Das hat dann in der Tat weithin die Vorstellung dessen geprägt, was Inbegriff von Sünde sei. Allerdings wurden Tendenzen zur Verwerfung auch des ehelichen Geschlechtsverkehrs wie schon im Urchristentum (1. Kor 7,9.38f

1. Tim 4,3 5,14) so auch in der späteren großkirchlichen Tradition abgelehnt. Das schloß aber nicht aus, daß das Ideal der Virginität außer in der monastischen Lebensweise auch sonst in der sittlichen Werteskala eine beherrschende Stellung einnahm und das Verhältnis zur Geschlechtlichkeit weitgehend bestimmte. Es schien grundsätzlich mit einem gewissen Makel behaftet zu sein und wurde zu dem Hauptschwerpunkt im Sündenbewußtsein. Die Theologie hat aber stets, auch wenn sie von dieser Grundhaltung mit beeinflußt war, einen metaphysischen Dualismus entschieden abgelehnt, der die Sünde selbst in der Materie und damit in der Sinnlichkeit des Menschen lozierte. Sie hat den Sitz der Sünde vielmehr im Herzen oder, nach der scholastischen Anthropologie der Seelenvermögen, in der Geistseele gelehrt, wenn dies dann auch gedeutet wurde als die Verkehrung der ihr eigentlich gemäßen Ausrichtung auf das Höhere zum Niederen hin.

Geht man auf Paulus zurück, die Hauptquelle der Unterscheidung von Fleisch und Geist im Christentum, so müssen an dem vulgären Verständnis wesentliche Korrekturen vorgenommen werden. Das Wort Fleisch meint hier nicht einen Teil des Menschen, sondern gemäß dem alttestamentlichen Sprachgebrauch den Menschen als ganzen im Unterschied zu Gott. „Alles Fleisch ist Gras und all seine Pracht wie die Blume des Feldes. Das Gras verdorrt, die Blume welkt, wenn der Hauch des Herrn darüber weht." (Jes 40,6f) Alles Fleisch heißt: jeder Mensch. „Aufgrund von Gesetzeswerken wird kein Fleisch (d.h. niemand) vor Gott als gerecht erkannt." (Röm 3,20) Fleisch ist also nicht etwas, was der Mensch hat, sondern das, was der Mensch ist. Fleisch ist darum alles Sein des Menschen außerhalb der Gnade Gottes in Christus. Sein Trachten bringt den Tod ein und ist Haß gegen Gott. Wer unter der Macht des Fleisches steht, kann Gott nicht gefallen (Röm 8,6–8). Für unser Sprachgefühl ist darum die wörtliche Übersetzung des paulinischen Begriffs *sarx* durch Fleisch kaum imstande, das richtige, umfassende Verständnis zu ermöglichen. Aber eine interpretierende Wiedergabe etwa durch Selbstsucht, wie es versucht wurde[2], verengt zu einer psychologischen Auffassung, was nach paulinischem Verständnis ontologische Relevanz hat. Allerdings nicht im Sinne der Substanzontologie, wohl aber im Sinne einer Ontologie der Relation, wonach das Sein im Fleisch das Bezogensein auf einen Machtbereich meint. Ihm ist der Mensch ausgeliefert, so daß er sein Leben nach dem Willen dieser Macht führt, sofern er nicht in den Machtbereich Christi versetzt ist und daraufhin zwar weiterhin noch im Fleisch leben kann, aber ohne doch nach dem Fleisch zu leben (2. Kor 10,3). Außer Christus hat der Mensch

---

[2] So in: Das Neue Testament, übersetzt und kommentiert von U. Wilckens, 1970, mit durchaus bedenkenswerten Argumenten, vgl. ebda. 7 und 526f.

nichts, was gegen diesen Machtbereich des Fleisches aufkommen könnte. Auch seine höchsten geistigen Kräfte sind dieser Macht unterworfen und darum selbst als Fleisch qualifiziert. Denn Geist als Gegenbegriff zu Fleisch ist nicht der menschliche Geist, sondern der heilige Geist, das vom Glauben an Christus bestimmte Gottesverhältnis. In diesem Sinne sind Fleisch und Geist zwei unversöhnliche Weisen der Einstellung zu Gott. Zwischen ihnen herrscht Kriegszustand: „Die *sarx* begehrt auf gegen das *pneuma* und das *pneuma* gegen die *sarx*." (Gal 5,17) Hier gilt ein striktes Entweder-oder, das Neutralität unmöglich macht. Entweder richtet man seinen Wandel nach der *sarx* oder nach dem *pneuma* (Röm 8,4). Entweder setzt man auf das eine oder auf das andere – wie sich ein Landwirt entscheiden muß, wohin er aussät, im Wissen darum, daß die Ernte es an den Tag bringt, worauf er sein Vertrauen gesetzt hat (Gal 6,8).

Fleisch und Geist meinen also im genuin paulinischen Verständnis nicht zwei Teile des Menschen, sondern zwei gegensätzliche Weisen, wie der Mensch als ganzer bestimmt ist. Dies läßt sich nicht im Rahmen einer Anthropologie menschlicher Vermögen nachvollziehen, sondern nur im Sinne einer Anthropologie der Daseinsmächte, die ihn beherrschen. Was daran mythisch oder dämonologisch klingt, wird innerhalb des heutigen Wirklichkeitsverständnisses zugänglich, sobald man es als eine für den Menschen wesentliche Frage ansieht, wovon er lebt, wovon er sich beherrschen läßt, was er in sich beherbergt, wessen Behausung er ist. Die anthropologische Relevanz solcher Fragen läßt sich nicht abweisen. Sie wecken Verständnis dafür, daß das Menschsein einer letzten Alternative ausgesetzt ist. Sieht man es so an, dann verliert diese Interpretation der paulinischen Antithese von Fleisch und Geist auch den Anschein einer spiritualisierenden Abschwächung.

Der Verdacht könnte ja aufkommen, eine so weite Deutung, die auch die menschliche ratio in die *sarx* mit einbezieht, schwäche die Härte der Aussage ab, die den Menschen um seines Verfallenseins an das Fleisch willen als heillos und gottlos einschätzt. Jedoch löst sich eine solche semantische Ausweitung des Wortes Fleisch keineswegs von seiner Grundbedeutung ab, die daran erinnert, mit welcher Gewalt der Mensch in seiner animalischen Leiblichkeit dem Sichtbaren, Greifbaren, Sinnenfälligen, Unmittelbaren und Augenblicklichen verhaftet ist. Nicht daß diese Dinge als solche böse wären. Sie sind ja Gottes Schöpfung. „Alles, was Gott geschaffen hat, ist gut; nichts also ist verwerflich, was man mit Dank gegen Gott zu sich nimmt." (1. Tim 4,4) „Den Reinen ist alles rein. Für die Unreinen und Ungläubigen dagegen gibt es nichts Reines; bei ihnen sind Verstand und Gewissen selbst unrein." (Tit 1,15) Das Wort Fleisch erinnert deshalb mit Recht daran, daß der Mensch seinerseits der geschöpflichen Wirklichkeit eine ihr gar nicht zukommende

Macht verleiht, indem er sie von Gott ablöst und ihrer Geschöpflichkeit entkleidet, um sie in unmittelbarem Zugriff auf das eigene Selbst hin zu zentrieren. Das Fleisch spielt dabei gewissermaßen die Rolle des Mediums, durch das sich die Vermittlung zwischen dem von Gott abgelösten Menschen und der übrigen von Gott abgelösten Kreatur vollzieht. Die sexuelle Verbindung zweier zu einem Fleisch (1. Mos 2,24 1. Kor 6,16) wird zum Modell dafür, daß sich der Mensch die Welt einzuverleiben strebt und dabei von der Welt in Besitz genommen wird. Diese Beziehung drängt sich deshalb auf, weil der Mensch in seiner Sexualität am hinreißendsten die Möglichkeit erfährt, in der Hingabe an das Sichtbare, Greifbare, Sinnenfällige, Unmittelbare und Augenblickliche sich seines Lebens zu vergewissern und Erfüllung zu suchen. Die Scheidewand zwischen der Dankbarkeit für Gottes Schöpfung und ihrer Dämonisierung zu einem Besitzen und Besessensein ist in diesem Falle hauchdünn.

Hier hat der Mensch ein primäres und elementares Beispiel dessen, wie es mit seinem Verhältnis zur Welt überhaupt steht. Der besondere Rang des Geschlechtstriebes innerhalb dessen, was Paulus mit Fleisch meint, hat nicht ursächlichen Charakter. Man könnte eher im Gegenteil sagen, hier stelle sich der Sachverhalt trotz außerordentlicher Tiefenwirkung in einer relativ unverstellten Oberflächengestalt dar, die jedem Menschen von der eigenen Leiblichkeit her zur Erfahrung kommen kann. Der Sachverhalt meldet sich jedoch auch in vielen anderen Gestalten an, in einer weiten Skala von primitivsten bis zu subtilsten Versuchen, sich selbst zu gewinnen durch die Faszination, die von der Sichtbarkeit und Unmittelbarkeit ausgeht. Erst wenn man die Streubreite der dazu gehörigen Phänomene berücksichtigt, für die alle menschlichen Lebensäußerungen Illustrationen bieten, wird man auf die Dimension des Ursächlichen darin aufmerksam. Sie betrifft das Gottesverhältnis. Darum wäre es eine Verharmlosung, Fleisch auf Sexualität einzugrenzen, anstatt sich durch die theologische Intention dieses Begriffs auf den Ursachverhalt des Unglaubens weisen zu lassen. Nicht das Sichtbare als solches ist verderblich, sondern nur sofern es zur Verdrängung Gottes dient, sofern also im Sichtbaren nicht das Unsichtbare zur Geltung kommt, wie Paulus diese Antithetik ganz analog zu der von Fleisch und Geist ins Feld führt (2. Kor 4,18).

Man muß also die paulinische Antithetik von Fleisch und Geist gegen den Sog der unmittelbaren Assoziationen interpretieren, darf dabei aber doch den Zusammenhang mit ihnen nicht aus dem Auge verlieren. Wenn heute im Zeichen der sexuellen Emanzipation diese Redeweise vom Fleisch als extremer Ausdruck der Repression erscheint, so muß zwar gegen solches Mißverständnis nachdrücklich Stellung genommen werden. Es kann aber einem dennoch nicht entgehen, daß der entfesselte

Triumph des Fleisches, der an jedem Kiosk zur Schau gestellt wird und mit dem sich viel Geschäft machen läßt, nur bestätigt, daß es sich hier um die trivialste Gestalt dessen handelt, was Fleisch im theologischen Sinne meint. Jedenfalls sind solche Äußerungen der Emanzipation kaum Äußerungen von Freiheit, vielmehr nur Verschiebungen innerhalb des Machtbereichs, dem der Mensch wie eh und je ausgesetzt ist und dessen verhängnisvollste Symptome auch heute an ganz anderer Stelle zu suchen sind, wofür gerade der Geist der Zeit Beispiele genug bietet.

3. Die Antithetik des Menschseins in verschiedener Perspektive

Die besprochenen Formeln für die Antithetik des Menschseins haben dies miteinander gemein, daß ihre Pole korrelativ bestimmt sind. Was in diesem Falle alt heißt, läßt sich nur in Hinsicht darauf sagen, was unter neu verstanden ist und umgekehrt. Der alte Mensch ist dies nur in Relation zum neuen, und der neue ist neu nur in Relation zum alten. Der äußere Mensch ist ebenso nur die Kehrseite des inneren wie dieser die des äußeren. Was mit dem einen gemeint ist, läßt sich nur zusammen mit dem andern aussagen. So auch das Verhältnis von Fleisch und Geist. Keines von beiden läßt sich unter Absehen von der Relation zum andern bestimmen. Beide sind nur in ihrem gegenseitigen Widereinander zu erfassen (Gal 5,17). Dennoch ist für diese Korrelation eine unumkehrbare Relation konstitutiv. Sie läßt sich auf zweifache Art angeben, und zwar gegenläufig, aber doch nur scheinbar widersprechend. Denn die Umkehrung der Richtungsangabe, die sich einstellt, sobald man nach dem Konstitutiven fragt, ergibt sich nur aus einer verschiedenen Hinsicht auf dasjenige, was hier, weil konstitutiv, überhaupt erst ein Richtungsgefälle verursacht.

a) Das Richtungsgefälle der Antithetik

Die Antithetik ist in diesen Formeln durchweg dadurch gegeben, daß etwas Einmaliges eingetreten ist, das ein unumkehrbares Gefälle vom einen zum andern hin bewirkt. Es handelt sich nicht gleichsam um zwei feststehende Tore, zwischen denen der Ball hin- und hergestoßen wird, um bald im einen, bald im andern zu landen. Will man im sportlichen Bereich bleiben, so ähnelt der Sachverhalt eher der Rennbahn, auf der nur in einer Richtung auf das Ziel hin gelaufen wird. Es gilt nur der Richtungssinn vom alten zum neuen Menschen hin. Obwohl sich der Vorstellungsgehalt der anderen Antithesen dagegen zu sträuben scheint, gilt auch hier nur das unumkehrbare Gefälle vom äußeren zum inneren Menschen, vom Fleisch zum Geist. Nicht weil etwa eine eigenständige Bewegung vom jeweils ersten zum jeweils zweiten hin stattfände, sondern weil eine Wende vom einen zum andern hin aus der Kraft heraus stattfindet, die für das zweite konstitutiv ist und darum nicht beliebig umkehrbar ist. Es hieße, die Dinge auf den Kopf stellen, hielte man die umgekehrte Bewegung für gleichberechtigt: daß aus dem neuen Menschen der alte wird, daß der innere Mensch zugunsten des äußeren abstirbt, daß man im Geist begonnen hat und im Fleisch endet (Gal 3,3). Diese Perversion kann nicht a limine als ausgeschlossen gelten. Aber der Sinn jener antithetischen Formeln ist nicht ein Hin- und Herpendeln vom einen zum andern, sondern die entschlossene Bewegung, ohne zurückzublicken, auf das Ziel zu (Phil 3,13f). Nur deshalb gibt es überhaupt diese Antithetik.

Daraus folgt nun aber eine Umkehrung der Relation, wenn man statt auf das Sachgefälle auf die Urteilsrichtung achtet. Daß es diese Antithetik überhaupt gibt, läßt sich nur a posteriori sagen, und zwar nicht nur in dem Sinne, daß man sie nicht erfinden, sondern nur übernehmen kann, vielmehr auch in dem strengen Sinne, daß die Aussage nur vom Ort des Späteren her möglich und sinnvoll ist. Nur vom Neuen her ergibt sich die Unterscheidung zwischen altem und neuem Menschen. Nur wo die Wirklichkeit des inneren Menschen geschaffen und bejaht ist, wird die Distinktion gegen den äußeren Menschen akut. Nur der Geist setzt die Unterscheidung zwischen Fleisch und Geist. Dementsprechend kann auch erst vom Neuen her gesagt werden, was es mit dem alten Menschen auf sich hat, und desgleichen nur vom inneren her in bezug auf den äußeren Menschen und vom Geist her in bezug auf das Fleisch. Bezeichnet man darum die Wirklichkeit, auf die jene Antithesen abzielen, weil sie vom Geist bestimmt ist, als geistlich, so ergibt sich daraus die paradox klingende Feststellung, daß auch der alte Mensch, der äußere Mensch, das Fleisch insofern geistliche Sachverhalte sind, als ihre so geartete Kennzeichnung ein geistliches Urteil verrät. In einem nicht vom Geist Gottes bestimmten Sprachzusammenhang – oder rein beschreibend gesprochen: außerhalb des christlichen Sprachzusammenhangs – begegnen zwar auch die Wendungen alter Mensch, äußerer Mensch und Fleisch, aber sie bedeuten dort etwas völlig anderes. Es mögen dort sogar gleichklingende Antithesen begegnen, aber sie haben dann nicht denselben Sinn. Eine Antithetik wie die erörterte aufzustellen, ist unmöglich, wo die Voraussetzung dafür nicht gegeben ist.

Das hat nun aber auch Auswirkungen auf die Beschreibung beider Seiten. Daß man den neuen Menschen erst in Wahrheit kennzeichnen kann, wenn er wirklich da ist, mag einleuchten. Man kann natürlich die Phantasie spielen lassen und sich den neuen Menschen ausmalen. Aber wie das eingetretene Ereignis stets noch einmal etwas völlig anderes ist als das bloß vorgestellte, wie jedenfalls bei bewegenden Geschehnissen die Wirklichkeit selbst das im voraus entworfene Bild weit übertrifft, so mag es erst recht hier sein. Wie sollte schon ein vom alten Menschen entworfenes Bild des neuen Menschen auch nur von ferne dem gleichen, was der neue Mensch ist, der den alten alt macht! Anders steht es nun aber offensichtlich mit der Beschreibung des alten Menschen. Man sollte meinen, niemand kenne ihn besser als er sich selbst. Dennoch gilt entsprechend der herausgearbeiteten Urteilsstruktur, daß ebenfalls nur vom neuen Menschen her, nur vom Geist her der alte Mensch als der beschrieben werden kann, der er in Wahrheit ist. Der alte Mensch kennt sich selbst nicht, täuscht sich über sich selbst, macht sich Illusionen über sich.

b) Der heillose Mensch in der Selbsterfahrung

Eine solche Behauptung, daß der alte Mensch nur vom neuen wirklich gekannt und durchschaut werde, ist freilich riskant. Sie könnte sich als borniert erweisen, als Zeichen dafür, daß das ganze Reden vom neuen Menschen eben das ist, was es dem alten Menschen unterstellt, nämlich Illusion. Der Verdacht liegt nahe, ein so pauschal gefälltes Urteil über den alten Menschen sei Folge einer Illusion und damit selbst Illusion. Der sogenannte alte Mensch ist nach der Behauptung des neuen, obwohl grundsätzlich vergangen, doch immer noch da und sogar in voller Blüte. Er erfährt sich selbst und äußert sich selbst darüber. Das kann nicht als belanglos abgetan werden. Es ist sogar die einzige Quelle, aus der die Kenntnis von ihm geschöpft werden kann. Wer über ihn urteilt und ihn noch dazu als alt verurteilt, muß sich seiner Selbstäußerung stellen und darf sie nicht einfach übergehen. Auch wenn er dann tatsächlich das Urteil vertritt, der alte Mensch kenne sich selbst nicht, täusche sich über sich selbst, mache sich Illusionen über sich, so muß dieses Urteil doch Anhalt daran haben, wie sich der alte Mensch selbst erfährt und wie er sich darüber äußert. Die christliche Rede vom alten Menschen läßt sich nur in Konfrontation mit ihm vertreten und muß sich darum ständig neu auf den Prüfstand begeben, ob sie sich wirklich vertreten läßt. Man kann dem alten Menschen nichts unterstellen, was sich nicht über die Beziehung zu dem ausweisen läßt, wie er sich selbst versteht.

Wenn er nun nach dem Urteil des christlichen Glaubens deshalb alt heißt, weil er sich im Widerspruch zum neuen Menschen befindet, indem er selbst der friedlose, der heillose Mensch, der Mensch im Widerspruch ist, so muß dieser Sachverhalt auf seiten des alten Menschen auch wirklich begegnen. Das Wissen um eine Antithetik des Menschseins muß also bereits hier anzutreffen sein. Dies ist nun in der Tat in überwältigender Fülle der Phänomene der Fall. Es wäre eine wichtige Aufgabe, genau genommen, nicht der theologischen Lehre vom alten Menschen, sondern als Vorarbeit dafür, die Stimme des alten Menschen daraufhin abzuhorchen, wie sich in ihr ein Wissen um die

Antithetik des Menschseins anmeldet. Ein solches Projekt klingt maßlos. Es liefe darauf hinaus, alles zu berücksichtigen, was in Religion und Philosophie, in Literatur und alltäglichem Gerede im Hinblick auf das Sein im Widerspruch, das Heillossein laut geworden ist und was schließlich sogar auch in der christlichen Überlieferung an unfreiwilliger Selbstäußerung des alten Menschen begegnet. Normalerweise können dazu nur am Einzelfall Beobachtungen gesammelt werden. Es könnte aber auch der Versuch gemacht werden, die Unmenge des Materials durch Typisierung übersehbar zu machen, die charakteristischen Möglichkeiten herauszuarbeiten, wie sich die Selbsterfahrung des heillosen Menschen darstellt. Auch wenn dabei die christliche Deutung zunächst ferngehalten werden sollte, wäre doch insofern das Christliche dabei leitend, als es zusammen mit der Aufgabenstellung auch die erforderliche scharfe Einstellung der Optik vermitteln könnte.

Die Spannweite der Möglichkeiten kann nur grob angedeutet werden. Da begegnet die ausgeprägt dualistische Einstellung, die in der Leiblichkeit als solcher das Verderben sieht, dem der Mensch durch Abtöten des Fleisches, durch rücksichtslose Askese oder auch durch libertinistisches Sichhinwegsetzen zu entrinnen sucht. Oder es begegnet die stoische Haltung der Ataraxie, die sich von allen Leidenschaften frei zu halten bemüht. Oder es begegnet die idealistische Anschauung, daß trotz allem Bösen, gegen das der Mensch zu kämpfen hat, in ihm selbst doch ein guter Kern steckt, ein göttlicher Funke, der nicht auszulöschen ist. Das kann sich dann zu der Erfahrung modifizieren, daß zwei Seelen in derselben Brust wohnen. Oder es kann auch die Interpretation erfahren, daß sich der Mensch selbst ein Überich aufbaut und seinen Gegensatz dazu internalisiert. Man kann auch die andere Richtung einschlagen, der gemäß alle inneren Spannungen nach außen projiziert und zu feindlichen Mächten hypostasiert werden oder die Schuld an allem Übel anderen Menschen oder den Verhältnissen zur Last gelegt wird. Es kann schließlich ein neuer Mensch oder die klassenlose herrschaftsfreie Gesellschaft als Utopie in Gegensatz zum bisherigen Menschsein treten, worauf man entweder enthusiasmiert oder resigniert reagieren mag. Es könnte sich dann tatsächlich zeigen, daß sich all diese verschiedenartigen Erfahrungen und Deutungen einer Antithetik des Menschseins keineswegs damit decken, wie die Fundamentalunterscheidung im christlichen Glauben als Fundamentalwende verstanden ist. Aber auf keinen Fall darf dies dahin führen, vom christlichen Standort aus das Andersartige abschätzig zu beurteilen oder zu karikieren. Jede Äußerung, in der sich eine echte Erfahrung der Strittigkeit des Menschseins ausspricht, ist ernst zu nehmen und mit großem Respekt vor dem Leiden und Hoffen aufzunehmen, das sich darin kundtut, auch wenn es sich um selbstverschuldetes Leiden und um illusionäre Selbsttäuschung handeln sollte. In jeder menschlichen Selbstäußerung liegt eine Wahrheit, selbst wenn sie paradoxerweise nur die abgründige Erkenntnis bestätigen sollte, daß jeder Mensch ein Lügner ist (Ps 116,11 Röm 3,4).

c) Der heillose Mensch in der Sicht des Glaubens

Das klassische Beispiel dafür, daß der Mensch, wie er vor und ohne Christus dran ist, erst im Rückblick vom christlichen Glauben her in seiner Selbsterfahrung mit letzter Schärfe zur Sprache zu bringen ist, hat Paulus in Röm 7 gegeben. Der Stempel der Echtheit ist wohl gerade darin zu sehen, daß man dieses Kapitel weithin als Selbstäußerung des Christen Paulus verstanden hat. Diese interpretatio christiana von Röm 7 wird in der heutigen Exegese fast ausnahmslos, aber doch wohl übereilt und undifferenziert abgelehnt. Auf jeden Fall sind die Gründe zu bedenken, warum das Kapitel so sehr im Zwielicht stehen konnte. Abgesehen von dem, was in dieser Hinsicht später noch über das Christsein zu bemerken sein wird, ist auf ein Kriterium aller christlichen Aussagen über den sogenannten alten Menschen mit Nachdruck hinzuweisen. Sie können ihn nur dann treffen und den Anspruch erheben, daß sich letztlich jeder darin wiedererkennen sollte, wenn es deutlich wird, daß darin eine eigene Erfahrung und ein Getroffensein des Glaubenden selbst zur Sprache kommt. Die Wendung, mit der Paulus das Kapitel schließt: „O ich unglückseliger Mensch! Wer wird mich aus diesem Todesleibe erretten? Gott sei Dank durch Jesus Christus, unseren Herrn" (Röm 7,24f), ist die immer noch gültige Signatur seines eigenen Lebens. Auch wenn der Hilfeschrei die vorchristliche Situation charakterisiert, geschieht dies doch so, daß sich Paulus nach wie vor damit identifiziert und eben dadurch dieser Stimme des alten Menschen in einer Tiefe und Weite Ausdruck verleiht, die vielen das Einstimmen erlaubt, auch wenn ihnen der Umschlag in die Danksagung unvollziehbar ist.

Eine weitere Bedingung für die rückblickende Interpretation des heillosen Menschen vom Glauben her besteht darin, daß die Differenz zwischen dem moralischen Urteil und dem Glaubensurteil deutlich werden muß. Es kann zwar kaum ausbleiben, daß sich in dem Verständnis der Fundamentalwende, die durch Christus eröffnet ist, sittliche Maßstäbe geltend machen: daß das Sein des alten Menschen wie ein schlechter Baum auch schlechte Früchte hervorgebracht habe, die sich in moralischer Hinsicht als solche erkennen lassen, und daß im Gegensatz dazu mit der Seinsänderung auch Folgen für das Tun und Verhalten eintreten. Mit dieser Argumentation gilt es aber vorsichtig zu sein. Sie kann sich für das Christentum selbst als zweischneidig erweisen. Seine moralische Überlegenheit ist von Fall zu Fall leicht in Frage zu stellen. Solche Argumentation verfehlt aber vor allem das Wesentliche der Fundamentalwende als der Kehre vom heillosen zum erlösten Menschen. Um dahin vorzustoßen, muß das Wesen des alten Menschen in eine tiefere Dimension hinein aufgehellt werden. Hinter das, was der Mensch zu tun vermag, was er leistet oder schuldig bleibt, muß auf sein Personsein selbst zurückgegangen werden. Dasjenige Menschenbild, mit dem sich das christliche Verständnis der Fundamentalwende zumindest im Bereich der abendländischen Tradition primär auseinanderzusetzen hat und das sowohl den liberalen als auch den sozialistischen Humanismus gleichermaßen bestimmt, nämlich die Auffassung vom Menschen als animal rationale, erweist sich als eine Barriere gegen die christlich bestimmte Antithetik des Menschseins. Denn die Auffassung, die den Menschen von seiner Rationalität her definiert, verleitet dazu, gegenüber den Potenzen und Leistungen des Menschen die Frage nach deren Subjekt selbst, nach dem Sein des Menschen, in den Schatten geraten zu lassen. Dadurch wird dann allerdings diejenige Erkenntnis verbaut, die für das Wesen des alten Menschen ausschlaggebend ist: Er ist selbst die eigentliche Ursache seiner Heillosigkeit. Und er verstrickt sich um so mehr darin, je mehr er durch sein Tun sein Heil zu bewerkstelligen sucht.

B. Der erlöste Mensch

Auf das Thema des erlösten Menschen ist jetzt nur in einer bestimmten Hinsicht einzugehen, die für die späteren Ausführungen dazu – insbesondere über den Menschen als Gottes Werk und über die Gerechtigkeit des Glaubens – einige Leitgesichtspunkte bereitstellt. Sie ergeben sich aus der Fragestellung dieses Paragraphen, der Unterscheidung zwischen dem alten und dem neuen Menschen, und betreffen darum die Weise, wie sich diese Antithetik am Verständnis des erlösten Menschen abzeichnet. Das wird an zwei Problemen akut: zum einen, wie die Wende selbst zu verstehen ist, wie sie sich vollzieht; und zum andern, ob und, wenn ja, inwiefern im Leben des erlösten Menschen dennoch die Antithetik des Menschseins präsent bleibt, welche Gestalt sie annimmt und wie sie sich auswirkt.

I. Das Verständnis der Fundamentalwende

Die Wende vom heillosen zum erlösten Menschen macht einen widersprüchlichen Eindruck.

Auf der einen Seite gilt für sie ein Entweder-oder von kompromißloser Schärfe. Man kann nicht halb das eine und halb das andere sein. Es gibt keine Zwischenzustände und stufenweisen Übergänge, kein Mehr oder Weniger. Die Wende betrifft den ganzen Menschen. Der Mensch als ganzer ist alt und heillos, er ist als ganzer erlöst und neu. Darum geht es auf beiden Seiten um Unüberbietbares. Heillos und erlöst sind nicht steigerungsfähig. Beide Aussagen sind dem Sinne nach superlativisch. Sie gelten absolut. Beide haben den Charakter des Definitiven. Daß trotzdem von einer Wende vom einen zum andern die Rede sein kann, daß sich also die Heillosigkeit in ihr Gegenteil kehrt, für nicht definitiv erklärt wird, rührt an das Hauptproblem dieser Wende – nach dem Urteil des Glaubens: an ihren Geheimnis- und Wundercharakter.

Auf der andern Seite steht nun aber diesem entschiedenen Entweder-oder eine eigentümlich schwebende und unbestimmte Auffassung vom Wie dieser Wende gegenüber. Über ihre Deutung gehen die Meinungen auseinander. Die Frage nach dem Vollzug der Wende gibt den Hauptanlaß zu Auseinandersetzungen über ihr Verständnis. Genauer gesagt, ist es freilich so, daß verschiedene Gesichtspunkte miteinander in Konkurrenz stehen. In bezug auf sie alle ist mehr oder weniger allgemein zugestanden, daß sie für das Verständnis dieser Wende unentbehrlich sind. Aber wie sie sich ineinander fügen sollen, ist schwer zu beantworten. Einerseits kommt der Wende strikte Einmaligkeit zu, anderseits ist der Gesichtspunkt einer Entwicklung mit ihrem Auf und Ab nicht auszuschließen. Einerseits liegt es im Wesen der Wende, daß sie durch ein zeitliches Nacheinander bestimmt ist, anderseits geraten die gegensätzlichen Momente aus der chronologischen Folge in die Gleichzeitigkeit des Bei- und Widereinanders. Obwohl sich die miteinander in Spannung stehenden Gesichtspunkte soeben paarweise gruppierten, verhalten sie sich doch komplizierter zueinander. Es empfiehlt sich darum, sie einzeln durchzugehen und auch in etwas anderer Reihenfolge.

1. Die Einmaligkeit

In der Einmaligkeit kommt das Wesen dieser Wende zum Ausdruck. Deswegen liegt darauf der stärkste Ton. Aber daran entzünden sich auch alle weiteren Probleme.

a) Der Grund der Einmaligkeit

Daß der Wende vom heillosen zum erlösten Menschen ihrem Wesen nach Einmaligkeit zukommt, läßt sich verschieden ableiten. Am nächsten liegt es, auf die Einmaligkeit des Christusereignisses hinzuweisen, dem sich diese Wende verdankt. Alle christologischen Prädikationen unterstreichen die Einzigkeit der Person Jesu Christi, ob nun in bezug auf sein Verhältnis zum Vater als der einzige Sohn (Joh 1,14 3,16) oder in bezug auf die ihm allein beigelegten christologischen Titel oder in bezug auf sein Kommen zu der festgesetzten Zeit (Gal 4,4 Eph 1,10) und am Ende der Zeiten (Hebr 1,2) oder in bezug auf sein Sterben, im

Hinblick auf dessen Heilsbedeutung der Gesichtspunkt der Einmaligkeit ausdrücklich hervorgehoben wird im Sinne des ein für allemal Gültigen (Röm 6,9f 1. Petr 3,18 Hebr 9,7.26–28). Die Einmaligkeit ergibt sich aber auch daraus, daß der Wende ein soteriologischer Charakter von eschatologischer Relevanz zugeschrieben ist. Hier geht es nicht um zeitliches, sondern um ewiges Heil, nicht um etwas nur Vorläufiges, sondern um das Endgültige. Deshalb ist die Wende nicht etwas, was immer wiederkehrt, sondern unwiederholbar. Der Gesichtspunkt der Einmaligkeit korrespondiert aber auch dem menschlichen Leben, dem diese soteriologisch-eschatologische Wende gilt. Nur einmal wird der Mensch geboren, und ebenso ist sein Tod etwas schlechterdings Einmaliges, das letztlich auch allem, was sich im Leben vollzieht, den Charakter des Einmaligen, Unwiederholbaren, Unwiederbringlichen, Unkorrigierbaren, Nichtauszulöschenden gibt, obwohl sich hier so vieles wiederholt im Rhythmus der Tage und Jahre, in den festgelegten Geleisen der Gewohnheiten und Zwänge. Diese verschiedenen Herleitungen, warum der Fundamentalwende im christlichen Verständnis der Charakter schlechthinniger Einmaligkeit zukommt: die christologische, soteriologisch-eschatologische und anthropologische, gehören als Aspekte derselben Sache zusammen. Sie kommen darin zur Deckung, daß der Glaube an Jesus Christus für das Leben letzte Entscheidung und Erfüllung bedeutet.

b) Die Fixierung der Einmaligkeit

Die Intention des Einmaligen ist nun aber innerhalb der Zeit nicht nur in der Einmaligkeit der Person Jesu und insbesondere in dem soteriologischen *ephapax* (Röm 6,9f), dem Ein-für-allemal seines Sterbens verankert. Sie findet ihre zeitliche Fixierung auch in dem Leben des Menschen, dem durch die Hineinnahme in das Christusgeschehen die Wende zuteil wird (vgl. Hebr 4,4–6). Der Taufe fällt die Funktion zu, das Leben des Menschen unauslöschlich als zu Jesus Christus gehörend zu kennzeichnen. Im Unterschied zu den vielen sonstigen religiösen Taufriten ist sie nach einhelligem christlichem Verständnis für den, an dem sie vollzogen wird, schlechterdings einmalig. Sie kann nicht wiederholt werden. Auch die sogenannten Wiedertäufer haben nie eine Wiederholbarkeit der Taufe gelehrt. Ihr Name wurde ihnen, wie das so oft geschieht, vom Gegner angehängt. Man wirft ihnen eine Taufwiederholung vor. Ihnen selbst stellt es sich aber anders dar. Die Säuglingstaufe kann ihnen nicht als Taufe gelten. Deswegen ist die Bekehrungstaufe des Erwachsenen erstmalig und ebenfalls unbedingt einmalig. Im Sakrament der Taufe hat die Christenheit ein in seiner Schlichtheit ungemein eindrückliches Zeichen für die Einmaligkeit der Wende, die mit der Zugehörigkeit zu Christus, mit der Einverleibung in ihn eintritt.

Ob diesem objektiven Taufgeschehen auch subjektiv eine einmalige biographische Wende entspricht, die Einmaligkeit einer Bekehrung, ist umstritten. Aber auch da, wo auf die bewußt erlebte und sogar auf Tag und Stunde datierbare Bekehrung Gewicht gelegt wird, fehlt es doch nie an relativierenden Faktoren. Umgekehrt bleibt auch dort, wo die Konzentration auf ein bestimmtes Bekehrungserlebnis mit Mißtrauen betrachtet wird, durch den Gedanken der Wiedergeburt die Aufgabe, in bezug auf den Menschen selbst eine Wende wesenhaft einmaliger Art zu denken, wie auch immer dies dann theologisch expliziert werden mag. Am Begriff der Wiedergeburt im christlichen Verständnis haftet die Einmaligkeit.

2. Das Nacheinander

Der Gesichtspunkt der Einmaligkeit scheidet anscheinend mit Selbstverständlichkeit das Einst und das Jetzt, die sich im Nacheinander ablösen. Aber diese zeitliche Folge der Antithetik erfährt aus dem Wesen der Sache heraus eine Einschränkung.

a) Jetzt und das vergangene Einst

Im Neuen Testament begegnen wiederholt die Kontrastschilderungen dessen, was war und was nun abgetan und völlig anders geworden ist. Z.B. zählt Paulus alle möglichen Laster auf, die dem Zugang zum Reiche Gottes im Wege stehen: „Und solcherlei Leute wart ihr, jedenfalls manche von euch. Aber das ist nun von euch abgewaschen. Ihr seid heilig, ihr seid gerecht geworden durch den Namen unseres Herrn Jesus Christus und den Geist unseres Gottes." (1. Kor 6,11) Diese Kontrastschilderung kann grundsätzlichen Charakter annehmen, indem dem einstigen Sein unter dem Gesetz mit scharfer Wendung das „jetzt aber" entgegengestellt wird: „Jetzt aber ist abseits vom Gesetz, doch bezeugt von Gesetz und Propheten, die Gerechtigkeit Gottes offenkundig geworden; die Gerechtigkeit Gottes, die durch den Glauben an Jesus Christus erlangt wird und die für alle gilt, die glauben." (Röm 3,21f) Das Nacheinander von Einst und Jetzt kann aber auch biographisch ausgemalt werden: „Auch ihr wart tot durch eure Fehltritte und Sünden, die euch damals in eurem Lebenswandel bestimmt haben, wie es dieser Weltzeit entspricht, und wie es jener Gewalthaber will, der in seiner Macht die Räume zwischen Erde und Himmel beherrscht, der Geist, der noch jetzt in den Söhnen des Verderbens sein Werk treibt. Zu denen haben auch wir einmal gezählt, damals, als wir unser Leben von den Begierden unserer Selbstsucht bestimmen ließen ... Aber Gott, der reich ist an Erbarmen, hat uns seine große Liebe zugewandt: Uns, die wir tot waren in unseren Sünden, hat er mit Christus zusammen lebendig gemacht ... Darum erinnert euch: Damals seid ihr der Herkunft nach

Heiden gewesen ... Zu der Zeit wart ihr ohne Christus, ganz außerhalb der Gemeinde Israel wohntet ihr, als Fremdlinge fern von den Bundesschlüssen seiner Verheißungsgeschichte, ohne Hoffnung und ohne Gott in der Welt. Jetzt aber, in Christus Jesus, seid ihr, einst die Fernen, durch Christi blutigen Tod die Nahen geworden ..." (Eph 2,1–5.11–13)

b) Jetzt und das künftige Einst

Nicht minder aber bleibt der Kontrast zwischen dem Jetzt, das von Bedrängnis und Anfechtung gekennzeichnet ist, und dem künftigen, eschatologischen Einst bewußt, das ewigen Frieden bringt. „... wir wissen, daß wir, solange wir im Leibe unser Zuhause haben, draußen weilen, vom Herrn entfernt. Denn wir wandeln im Glauben, noch nicht im Schauen. Wir sind aber guter Zuversicht und wünschen nichts so sehr, als das Zuhause im Leibe verlassen zu dürfen, um dafür bei dem Herrn unsere Heimat zu finden." (2. Kor 5,6–8) Die Wende hat sich ereignet, aber sie ist gewissermaßen noch nicht ausgestanden. Darum wandelt sich der Indikativ immer wieder in den Imperativ. „Christus hat uns befreit, damit wir in Freiheit leben. Besteht also darauf und laßt euch nicht wieder in das Joch der Sklaverei einspannen!" (Gal 5,1) „Wenn wir also im Geist leben, so wollen wir uns auch nach dem Geist richten." (Gal 5,25)

3. Die Entwicklung

Der Begriff der Entwicklung ist zwar höchst unangemessen für das, was nicht in dem Vorhandenen bereits keimhaft enthalten ist und sich daraus entfaltet, was vielmehr in schroffem Gegensatz zu dem Vorgegebenen von außen her die Gesamtsituation des Menschen verändert. Dennoch enthält das Geschehen der Wende Faktoren, die eine Beschränkung auf ein plötzliches, momentanes Geschehen unmöglich machen, sondern die Beschreibung als Werden, als Prozeß verlangen.

a) Das ganze Leben als Umkehr

Dieser Prozeßcharakter der Wende scheint dem Gesichtspunkt der Einmaligkeit zu widersprechen. Das wäre in der Tat dann der Fall, wenn die Wende erst das Ergebnis einer das ganze Leben durchziehenden Bemühung wäre oder aber sich von Zeit zu Zeit wiederholte. Das Problem einer zweiten Buße nach der Taufe hat die alte Kirche stark bewegt. Die Beantwortung durch die Institution eines von Fall zu Fall wiederholbaren Bußsakraments hat aber den Sachverhalt eher verwischt. Wenn Luther in der ersten der 95 Thesen die poenitentia auf das Leben als solches und als ganzes deutete[3], wurde ungleich schärfer als

[3] WA 1; 233,10f = BoA 1; 3,18–20.

durch das in bestimmten Zeitabständen wiederholbare Bußsakrament der Zusammenhang mit der Einmaligkeit des Christusgeschehens und der Einmaligkeit der Taufe gewahrt. Was das ganze Leben und eben deshalb auch das tägliche Leben bestimmt, ist das Hineingenommensein in das Christusgeschehen und das Taufgeschehen. Der Einmaligkeit beider wird die Einmaligkeit des Lebens als solchen zugeordnet.

b) Das Wachsen

Trotz dieser Auffassung des ganzen Lebens als eines Lebens in der Taufe und als eines beständigen Vollzugs der Kehre vom Alten zum Neuen kann doch nicht von einer rein aktualistischen Auflösung in ein Je und Je die Rede sein oder von einem unveränderten Treten an Ort. Mit den Aussagen über den radikalen Bruch zwischen Einst und Jetzt muß der Gedanke eines Fortgangs Schritt für Schritt verbunden und in Einklang gebracht werden: „Wenn auch unser äußerer Mensch zunichte wird, so wird doch unser innerer Mensch von Tag zu Tag erneuert.“ (2. Kor 4,16) Es gibt ein Wachsen des Glaubens (2. Kor 10,15), ein Wachsen in der Erkenntnis (Kol 1,10), ein Zunehmen, ein Immer-reicher-Werden im Werk des Herrn (1. Kor 15,58).

4. Das Zugleich

Während der Gedanke des Wachstums und auch der eines Werdens, das sich über das ganze Leben erstreckt, immer noch den Gesichtspunkt des zeitlichen Nacheinanders in sich schließen, scheint jedoch der Gedanke der Wende seinen zeitlichen Charakter und damit auch seine sachliche Bestimmung als Wende völlig zu verlieren, wenn die Gegensätze, die im Gedanken der Wende auseinandergehalten sind, in ein simul zusammenfallen. Die reformatorische Formel simul iustus simul peccator scheint in Frage zu stellen, ob sich hier überhaupt noch etwas ereignet und verändert, ob nicht trotz allem Reden vom Neuen alles beim Alten bleibt. Diese äußerste Zuspitzung im Verständnis der Wende verweist darauf, daß die Antithetik auch im Leben des erlösten Menschen noch vorhanden und wirksam ist.

II. Die Antithetik im Leben des erlösten Menschen

Wie die Bemerkungen über die verschiedenen Aspekte der Wende nur dasjenige vorskizzierten, was vornehmlich in den beiden folgenden Paragraphen genauer zur Sprache kommt, so gilt dies nun besonders auch von dem Hinweis auf die Antithetik im Leben des erlösten Menschen. Sie bleibt ein Hauptthema des Folgenden. Es seien aber wenigstens schon die beiden Richtungen angegeben, nach denen hin das Problem der bleibenden Antithetik zu bedenken ist.

1. Das Leben des Christen im Widerspruch von alt und neu

So entschieden für den Glaubenden das gilt, was die Wende besagt: daß er nicht mehr heillos dran ist, sondern erlöst ist, so entschieden ist zu bestreiten, daß er ausschließlich der neue Mensch sei und daß der alte Mensch nicht mehr existiere. „Wenn wir sagen: ‚Wir haben keine Sünde', so führen wir uns in die Irre, und die Wahrheit ist nicht in uns." (1. Joh 1,8) Was Paulus über den Kampf zwischen Fleisch und Geist im Christen sagt: „Beide liegen im Streit miteinander, damit ihr nicht tut, was ihr wollt" (Gal 5,17), rückt in eine fast verwechselbare Nähe zu dem, was er über den vorchristlichen Menschen sagt: „Wozu ich es in meinem Handeln bringe, weiß ich selbst nicht. Denn ich tue nicht, was ich eigentlich tun will; sondern was ich hasse, das tue ich." (Röm 7,15 vgl. 7,23) Dieser Kampf bleibt dem Christen auferlegt, solange er lebt, und ihm mehr als irgend jemandem sonst.

2. Das Leben des Christen in der Entsprechung von Erhaltung und Vollendung

Die andere Dimension, in der im Leben des Christen die Antithetik des Menschseins auszutragen ist, berührt sich zwar eng mit der erstgenannten, ist aber von ihr doch deutlich zu unterscheiden. Denn nun geht es nicht um den Widerspruch von Fleisch und Geist, von Sünde und Gnade, von Knechtschaft und Freiheit, vielmehr um die doppelte Ausrichtung christlicher Existenz (vgl. § 13 B, s. Bd I, 315 ff). Auf der einen Seite ist es ein Leben unter der Herrschaft Christi im Zeichen des Neuen und auf dessen Vollendung hin. Auf der andern Seite hat der Christ an dieser Welt teil und ist für sie mitverantwortlich, hat an der Aufgabe mitzutragen, die Welt und das allgemeine Leben darin trotz der Auswirkungen der Sünde so erträglich wie möglich zu gestalten, darum auch am politischen Handeln mitzuwirken, in dem es nicht um Erlösung und Vollendung der Welt geht, sondern um ihre Erhaltung in aller Vorläufigkeit und Unvollkommenheit. Ebenso wie durch den Kampf zwischen Geist und Fleisch ist das Leben des Christen durch diese Spannung eines verantwortlichen Lebens in beiden Reichen gekennzeichnet. Für das Verständnis des christlichen Glaubens kommt es entscheidend darauf an, daß, im Unterschied zu dem schroffen Widereinander im ersten Fall, das Leben im Reich der Welt und im Reiche Christi nicht beziehungslos auseinanderbricht, sondern eine innere Einheit bildet.

§ 33 Der Mensch als Gottes Werk

Ein Gott, der des Menschen Werk ist, wäre nicht Gott. Darin stimmen Religionskritik und Frömmigkeit überein. Über Götter, die Menschenhände-Werk sind, spottet auch die Bibel (5. Mos 4,28 Jes 44,9 bis 20 45,16 Jer 10,3–16 Ps 115,4–8). Den wahren Gott nennt sie den Lebendigen und bekennt ihn als den Schöpfer des Himmels und der Erde. So erklärt sie alles, auch den Menschen, für Gottes Werk. Daran entzündet sich nun allerdings ein äußerst schroffer Gegensatz. Ist der Mensch nichts als Gottes Werk, so sei er entmenschlicht, folgern die einen; so sei er erst wahrhaft menschlich, behaupten die andern. Gilt dagegen der Mensch als sein eigenes Werk, so kündigt sich darin für die einen der Übermensch an, für die andern der Unmensch.

Die Rede vom heiligen Geist und vom neuen Menschen hebt diese gegensätzliche Einschätzung nicht auf, verschärft sie vielmehr. Daß der Mensch Gottes Werk und nicht des Menschen eigenes Werk ist, wird nun noch unterstrichen. Der heilige Geist ist der spiritus creator, der neue Mensch die nova creatura. Was es aber heißt, daß der Mensch Gottes Werk ist, das wird nun gegen seine Entstellung allererst klar. „Zur Freiheit hat uns Christus befreit." (Gal 5,1) „Wo der Geist des Herrn ist, da ist Freiheit." (2. Kor 3,17) „Die Wahrheit wird euch freimachen." (Joh 8,32) Der neue Mensch ist also der freie Mensch, nicht obwohl er Gottes Werk ist, sondern gerade weil er es nun erst recht ist. Diese beiden Aussagen müssen jetzt auf ihre Zusammengehörigkeit hin durchdacht werden: daß der heilige Geist, weil Gottes Geist, Schöpfergeist ist und daß durch ihn der Mensch, weil wahrhaft Gottes Werk, erst wahrhaft menschlich wird.

A. Spiritus creator

Faßt man das Wirken des heiligen Geistes im strikten theologischen Sinne als göttliches Schaffen auf und schreibt man ihm dementsprechend Alleinwirksamkeit zu, dann trägt es eine zweifache Signatur: Es ist creatio ex nihilo und es geschieht sola gratia.

I. Creatio ex nihilo als Signatur des heiligen Geistes

Eine so starke Wendung wie creatio ex nihilo verführt dazu, ein bloßes Gefühl zum Ausdruck zu bringen und nicht einen klaren Gedanken. Die Intention einer möglichst entschiedenen und konsequenten theologischen Denkweise meint man durch eine Formel bekräftigen zu müssen, die rein als solche ein Ausweis theologischer Radikalität zu sein scheint. Derartige Suggestivformeln sollte man nicht verwenden, ohne über die Berechtigung ihrer Anwendung Auskunft zu geben. Im vorliegenden Fall geht es darum, den sinnvollen Anwendungsbereich der Aussage creatio ex nihilo klarzustellen und sodann das Wirken des Geistes, sofern es als creatio ex nihilo zu bezeichnen ist, auf sein Verhältnis zu dem zu bestimmen, was üblicherweise Schöpfung heißt.

1. Die Modifikationen der creatio ex nihilo

Der Begriff creatio ex nihilo hat seinen genuinen Ort in der Lehre von der Schöpfung (§ 13 A III 2b, s. Bd. I, 309f). Dort wurde auch bereits darauf hingewiesen, daß er in der Tat zum Ausdruck bringt, was von allem Handeln Gottes gilt: Gott ist in seinem Wirken nicht von anderem abhängig. Er ist nicht auf Vorgaben von anderer Seite her angewiesen. Was von Gott gewirkt ist, hat darum auch sein Sein in ausschließlicher Abhängigkeit von ihm. Nur so ist es überhaupt sinnvoll, von einem Handeln Gottes zu reden. Es ist nicht der Umgang mit etwas, was Gott gegeben wäre, nicht ein akzidentelles Verändern dessen, was ohne ihn besteht. Gottes Handeln ist vielmehr auf jeden Fall ein In-das-Sein-Rufen. Was diesen Charakter nicht hat, kann nicht als Gottes Handeln angesprochen werden. Und für alles, was als Gottes Handeln anzusprechen ist, hängt das Recht, dies zu tun, am Transzendieren aller vorhandenen Bedingungen. Mit der Bestimmung creatio ex nihilo ist darum ein bestimmter Modus des Handelns verbunden: das Handeln durch die Willensäußerung des Wortes. Die creatio ex nihilo läßt sich deshalb nicht ohne den personalen Gottesgedanken aussagen. Sosehr sie nun aber das Handeln Gottes schlechthin charakterisiert, erfährt sie doch Modifikationen. Denn Gottes Handeln ist nicht einerlei Handeln.

a) Schöpfung und Totenerweckung

Am nächsten liegt es, die creatio ex nihilo, als die das Schöpfungshandeln Gottes geglaubt wird, auch auf das eschatologische Geschehen der Totenerweckung zu beziehen. Wie das, was noch nicht ist, nichts mitbringt, was sein Sein begründet, so auch das nicht, was nicht mehr ist, was gewesen ist.

aa) Totenerweckung und creatio ex nihilo in der alten Dogmatik

Daß in der Totenauferstehung ebenfalls aus dem Nichts heraus neue Wirklichkeit gesetzt wird, scheint allerdings durch deren traditionelle Vorstellung abgeschwächt, wenn nicht bestritten zu werden, und zwar in Hinsicht sowohl auf den Leib als auch auf die Seele. In der alten Dogmatik wird mit einer geradezu abstrusen Konsequenz bis in die physikalischen Zusammenhänge hinein dargelegt, daß dieselben körperlichen Bestandteile, die den Leib des Verstorbenen ausmachten, bei der Totenerweckung aus Grab und Verwesung hervorgeholt und wieder belebt werden. Die Identität des Menschen über den Tod hinweg meinte man durch die Identität der Leibesmaterie sichern zu müssen. Darüber hinaus scheint durch die Lehre von der Unsterblichkeit der Seele die Kontinuität erst recht gesichert zu sein, so daß sich eine creatio ex nihilo vollends erübrigt. Aber selbst bei einer so – wie sollte man sagen: kindlichen oder rationalistischen? – Vorstellungsweise konnte Gottes Handeln schwerlich auf eine bloße Reparatur reduziert werden, auf ein Wiederzusammenfügen von Leib und Seele, die sich im Tod voneinander trennten. Die unsterbliche Seele hat offenbar nicht von sich aus die Kraft, den irdischen Leib zu beleben und ihn in den Auferstehungsleib zu verwandeln. Nicht bloß dem zerfallenen Überrest des Leibes muß etwas schlechterdings Neues widerfahren, was in ihm nicht vorgegeben ist. Auch die Seele, die nach dem Tode als schlafend vorgestellt wird, trägt trotz der ihr zugesprochenen Unsterblichkeit nicht das Auferstehungsleben in sich. Wie immer man sich nun zu solcher Ausmalung der eschatologischen Zukunft des Menschen stellen mag, hat doch der Gedanke der Totenauferstehung zweifellos beides zu verbinden: Sie wahrt die Identität des Menschen, und sie stellt doch eine schlechterdings neue Wirklichkeit dar.

bb) Sünde und Totenerweckung

Dieser Widerspruch löst sich nur so, daß die Kontinuität allein in Gott gründet. Gott steht zu dem, was er geschaffen hat, auch in veränderter Situation. Das Festhalten an seiner Kreatur wird zu einer Wiederholung der creatio ex nihilo. Inwiefern von einer veränderten Situation geredet werden kann und muß, in der es zu einer Wiederholung der creatio ex nihilo an der Kreatur kommt, ist durch den Hinweis auf die Sünde des Menschen, das heißt auf den Widerspruch dieses Geschöpfs gegen sein Geschöpfsein, gewiß nicht zu erklären, sondern nur feststellend zu umschreiben. Aber auf jeden Fall bedarf es dieses Hinweises. Nach biblischer Sicht betrifft unter aller Kreatur die Auferstehung allein den Menschen. Und zwar bezieht sie sich nicht auf den bloßen biologischen Tod, sondern darauf, wozu der biologische Tod für den Menschen, der seinem Geschöpfsein widerspricht, geworden ist. Nicht die Trennung der Seele vom Leib, die den Tod metaphysisch erklären sollte, sondern die Trennung des Menschen von Gott ist ausschlaggebend für das Verständnis des Todes, mit dem es die Auferstehungsaussage zu tun hat. Nicht die Würde des Menschen als animal rationale, sondern seine Unwürdigkeit als homo peccator, nicht der Besitz der imago Dei, sondern deren Verlust ist das, was Auferweckung von den Toten als neues Handeln Gottes erforderlich macht. Der in dieser Weise Tote bedarf nicht einer bloßen Wiederbelebung – schon dafür trüge er nichts an Mitwirkung bei –, sondern eines neuen Schöpfungsaktes, der aus dem an sein Ende gelangten widerwilligen Geschöpf den Neubeginn eines Seins in vollkommener Einigkeit mit Gott macht. Das sind Aussagen, die erst später die erforderliche Differenzierung und Erläuterung erhalten können (§ 39). Aber auch in dieser vorläufigen Andeutung geben sie mehr zu erkennen als nur dies, daß der Gedanke der creatio ex nihilo mit Recht auf das Auferstehungsgeschehen zu übertragen sei. Nun wird sogar rückwirkend das Verständnis von creatio ex nihilo präzisiert.

cc) Radikalisierung des Gedankens der creatio ex nihilo

Gemeint ist nicht ein Handeln bloß ohne die Mithilfe von anderem, sondern ein Handeln sogar gegen den Widerstand von anderem. Die creatio ex nihilo hat in ihrer Grundgestalt als Schöpfungshandeln zwar primär den privativen Klang, daß entgegen dem sonst geltenden Grundsatz: ex nihilo nihil fit, nichts Fremdes in Betracht kommt, was Gottes Schaffen ermöglicht. Nun ist aber das Nichts, gegen das die Schöpfung abgehoben wird, nicht einfach in logischem Sinne nichts. Es ist vielmehr der Widerspruch zu Gott, der freilich erst kraft des göttlichen Spruchs „Es werde" als Widerspruch existent wird, also kraft derjenigen Setzung, durch die das Entgegengesetzte allererst denkbar und somit möglich wird, wenn auch als etwas, was durch diese Setzung ausgeschlossen und negiert ist. Insofern meint die creatio ex nihilo nicht nur ein „ohne", sondern zugleich auch ein „gegen", nicht nur ein Setzen, sondern auch ein Scheiden und Trennen. Deshalb ist das Ja des Schöpfers selbst zugleich ein Nein gegen das dem Sein widersprechende Nichts, gegen das Chaos, das dem Kosmos entgegensteht und die Schöpfung bedroht.

Das ist ein Gedanke, der freilich erst da entsteht und wirksam wird, wo der Zweifel am Ja des Schöpfers aufkommt. Der Bericht von der Schöpfung in 1. Mos 1 geht der Erzählung vom Fall des Menschen voran. Die Art der Darstellung verrät aber die Entstehung in der Situation nach dem Fall: das Wissen um gut und böse, ein Staunen über Gottes Schöpfungshandeln, das vom Schauder vor dem Chaos begleitet ist, eine Auffassung der creatio ex nihilo als des Sieges über das Nichts. Der Hintergrund des Schöpfungsglaubens ist die Anfechtung durch die Möglichkeit des Chaos und somit die Tatsache, daß die Schöpfung für den Menschen ihre Selbstverständlichkeit eingebüßt hat. So verrät schon der Schöpfungsbericht die Spuren des Falls. Die Schöpfung ist nicht etwa als solche schon in nuce der Sündenfall, wie die Gnosis meinte. Wohl aber kann der gefallene Mensch die Schöpfung nicht anders ansehen und nicht einmal als reine Schöpfung anders denken als im Wissen um die ausgeschlossene Möglichkeit, der er selbst Wirklichkeit verleiht.

Die alte umstrittene Frage, ob dem Bösen Sein zukomme oder ob es nur als ein Mangel an Sein aufzufassen sei, mag wegen ihres metaphysischen Problemhintergrundes als schief empfunden werden. Wenn man sich aber auf sie einläßt und die berechtigte Frageabsicht klarzustellen sucht, muß man so unterscheiden: Von Gott her gesehen und geurteilt, ist das Böse als das ihm Widersprechende in der Tat ein Nichts, eine um Gottes selbst willen unmögliche Möglichkeit. Für den homo peccator hingegen ist es zu einer Gott widersprechenden Wirklichkeit geworden. Sie kann keineswegs als bloßer Irrtum abgeschüttelt werden. Mit ihr muß sogar der Erlöste leben, solange er noch in diesem Leben ist. Darin liegt der Grund, weshalb die creatio ex nihilo von der Eschatologie her präzisiert wird. Dort geht es zwar um den bereits geschaffenen Menschen. Deshalb könnte man annehmen, die Auferweckung vom Tode sei nur in eingeschränktem Sinne creatio ex nihilo. Da es dabei aber um den homo peccator geht, hat der Gedanke der creatio ex nihilo eine Verschärfung gegenüber dem Schöpfungsglauben erfahren, die sich freilich diesem selbst dann ebenfalls mitteilt. Im Blick auf den homo peccator, der dem Tod anheimgefallen ist, wird die Rede von der creatio ex nihilo – sofern man einen so fragwürdigen Komparativ einmal bilden darf – in einer noch radikaleren Hinsicht akut als in bezug auf das Geschöpf, das erst aus dem Nichts ins Sein zu rufen ist. Oder ohne metaphysische Verfänglichkeit formuliert: Die Auferweckung erscheint begreiflicherweise als das größere Wunder, verglichen mit dem Geschaffensein. Besinnt man sich aber darauf, warum dies so ist, dann leuchtet auch schon aus dem Wunder der Schöpfung das Licht der Ewigkeit auf. Denn auch die Schöpfung wird nur dann recht verstanden, wenn sie mit dem homo peccator und seiner endgültigen Annahme durch Gott zusammengedacht wird.

b) Der neue Mensch als creatio ex nihilo

Bezeichnenderweise findet darum der Gedanke der creatio ex nihilo in der biblischen Sprache seine Hauptanwendung dort, wo es um die Kehre vom alten zum neuen Menschen geht. Gewiß kann gelegentlich auch allein im Hinblick auf das Schöpfungsgeschehen der Sache nach die creatio ex nihilo ausgesagt werden (z.B. Hebr 11,3). Und selbstverständlich ist dieser Gedanke in der Auferstehungsvorstellung impliziert. Aber wie schon im Alten Testament die drastisch vorgestellte Auferweckung der Totengebeine zuerst als Symbol der geistlichen Wiederbelebung Israels begegnet (Ez 37,1–14), so schreibt die synoptische Überlieferung dem Täufer als vernichtendes Argument gegen die Berufung auf die Abrahamsabstammung die Äußerung zu: Gott habe die Macht, Abraham aus Steinen Kinder zu erwecken (Mt 3,9 Lk 3,8). Ebensowenig wie der Hinweis auf ausgedörrte Knochen bringt der Hinweis auf Steine zum Ausdruck, Gott sei auf etwas angewiesen, was seinem Handeln entgegenkommt. Im Gegenteil, gerade solche Veranschaulichung sagt stärker als das abstrakte nihil die völlige Unabhängigkeit Gottes aus, seine souveräne Überlegenheit über allen Widerstand. Die Materie hat hier nicht den Charakter der conditio sine qua non, sondern kommt allein als die pure, ohnmächtige, rein passive materia in Betracht, der so wenig wie dem Klumpen Ton eine Mitbestimmung und ein Mitspracherecht zukommen (Jes 29,16 45,9 Jer 18,6 Röm 9,20f). Dementsprechend begegnet der Hinweis auf den totenerweckenden Gott in völliger Deckung mit dem aus dem Nichts ins Sein rufenden Schöpfer gerade da, wo Paulus die Wende vom Alten zum Neuen gewissermaßen definitorisch aussagt: Der Glaube Abrahams richtet sich „auf den, der die Toten lebendig macht und das Nichtseiende ins Sein ruft" (Röm 4,17). „Was überhaupt nichts ist, hat Gott erwählt, um das, was etwas ist, zunichte zu machen." (1. Kor 1,28) Was am Anfang der Schöpfung geschah, hat seine Entsprechung in dem Geistgeschehen, das durch Christus eröffnet ist: „Denn Gott, der da gesagt hat: ‚Aus der Finsternis leuchte das Licht hervor!' – der hat es in unseren Herzen Licht werden lassen, um die Erkenntnis der Herrlichkeit Gottes im Angesicht Christi zum Strahlen zu bringen." (2. Kor 4,6 vgl. 3,18).

Bei der üblichen heilsgeschichtlichen Entfaltung greifen der Anfang und das Ziel des Handelns Gottes weit hinaus über das Glaubensgeschehen. Demgegenüber gerät deshalb dasjenige, was von Christus her durch den Geist jetzt am Menschen geschieht, eher in die Rolle eines Zwischenaktes und Übergangs. Bei Paulus zieht jedoch dieses Christus-Geist-Geschehen seinerseits die protologische und eschatologische Aussage vom Handeln Gottes als der creatio ex nihilo auf sich, ja es saugt sie geradezu in sich hinein. Das geschieht nicht, um Schöpfung und Eschaton zu vergleichgültigen. Indem jedoch die an ihnen gewonnene Gottesprädikation auf das konzentriert wird, was durch den Geist Christi geschieht, wächst eben dieses Geschehen in weiteste Dimensionen hinein, ohne dadurch etwa an Konzentrik zu verlieren. Dadurch ist genau erfaßt, was dem Gedanken der creatio ex nihilo auch in bezug auf

Schöpfung und Totenerweckung erst seine Schärfe gibt. Das ist nicht die Kreatürlichkeit überhaupt, sondern der Widerspruch des homo peccator gegen seine Kreatürlichkeit. Daß Gott dennoch zu diesem seinem Geschöpf steht, wie der Vater zu seinem verlorenen Sohn, das ist das Wunder, durch das auch die Schöpfung und die Totenerweckung erst voll als creatio ex nihilo erfaßt werden. Dieses Wunder aller Wunder verdient darum im strengsten Sinne creatio ex nihilo zu heißen. Denn daß der Gottlose von Gott angenommen wird, ist die unüberbietbare Erfüllung dessen, daß das Nichtseiende durch den erwählt ist, der ihm ruft, daß es sei.

2. Das Wirken des Geistes und die Schöpfung

Daß sich das Wirken des Geistes als creatio ex nihilo ereignet, bleibt so lange ein formales Theologumenon, wie es keine erkennbare Bedeutung für die Vorgänge gewinnt, die sich als Wirken des heiligen Geistes auf den Menschen hin, am Menschen und in ihm vollziehen. Auf diese Fragestellung zielt das Thema des Paragraphen ab. Es hält dazu an, das Verhältnis zwischen der Auffassung des Menschen als des Werkes Gottes und der Menschlichkeit des Menschen zu bestimmen. Dies dann weiter zu entfalten, wird die Aufgabe des ganzen folgenden Kapitels sein, das vom rechtfertigenden Glauben unter den Gesichtspunkten der Gerechtigkeit des Glaubens, des Wortes des Glaubens und der Gemeinschaft des Glaubens handeln soll. So ist es ein weiter Weg, auf dem die Aussage vom Wirken des Geistes als creatio ex nihilo einzulösen ist. Was zunächst dazu zu sagen ist, betrifft das Verhältnis, in dem das Wirken des heiligen Geistes zur Schöpfung steht. Die Bezeichnung als creatio ex nihilo statuiert kein Konkurrenzverhältnis zur Schöpfung, sondern schließt die Bejahung der Schöpfung ein als Umkehr zum Schöpfer und als Einkehr in die Schöpfung. Dieser Brückenschlag von der Pneumatologie zurück zur Lehre von der Schöpfung könnte viel von dem aufnehmen, was im folgenden verstreut begegnet. Es könnte sogar reizvoll sein, die gesamte Lehre vom heiligen Geist unter diesen Gesichtspunkt zu stellen. Obwohl dies nicht geschehen soll, müssen doch wenigstens einige Hinweise gegeben werden, inwiefern dem Bezug auf die Schöpfung für die Lehre vom heiligen Geist Bedeutung zukommt.

a) Die Umkehr zum Schöpfer

Daß der heilige Geist die Umkehr zum Schöpfer bewirkt, mag als eine Art theologischen Understatements erscheinen, als eine Aussage, die weit hinter dem Eigentlichen zurückbleibt und nur einen Nebengesichtspunkt hervorhebt. Wenn man aber bedenkt, daß die Abkehr vom Schöpfer, die das Geschöpf an Gottes Stelle treten läßt (vgl. Röm 1,25), die Grundverkehrung des Menschen ausmacht, dann schließt die Umkehrung dieser Bewegung als Umkehr zum Schöpfer im Grunde alles in sich, was durch den heiligen Geist geschieht. Wohin sonst könnte die Umkehr erfolgen, die der Ruf zur *metanoia,* zur Sinnesänderung meint, als zum Schöpfer?

Nun könnte man aber anscheinend in Konkurrenz dazu sagen, das Werk des heiligen Geistes bestehe in nichts anderem als darin, zu Jesus Christus zu bringen. Vom Parakleten sagt der johanneische Christus: „Der Geist der Wahrheit, der vom Vater ausgeht, wird über mich Zeugnis ablegen." (Joh 15,26) „Der heilige Geist, den mein Vater in meinem Namen euch senden wird, wird euch alles lehren und euch an alles erinnern, was ich euch gesagt habe." (Joh 14,26) Aber wie schon darin zum Ausdruck kommt, daß dies der Wille des Vaters ist, so betont der johanneische Christus um der Einheit mit dem Vater willen gerade die Ausrichtung derer, die zu ihm kommen, auf den Vater hin: „Niemand kommt zum Vater außer durch mich." (Joh 14,6) „Wer mich gesehen hat, hat den Vater gesehen." (Joh 14,9) Und in paradoxer Zuspitzung kann es sogar heißen: „Wer an mich glaubt, glaubt nicht an mich, sondern an den, der mich gesandt hat." (Joh 12,44) Denn trotz des in immer neuen Wendungen hervorgehobenen Ineinanders von Vater und Sohn kann doch darüber gar kein Zweifel bestehen, daß die Bewegung auf den Vater hinausläuft. „Der Vater ist größer als ich." (Joh 14,28) In dieser Verbundenheit von Jesus und dem Vater, derzufolge Jesus vom Vater gesandt ist und zum Vater führt, besteht der Sache nach eine starke Gemeinsamkeit zwischen dem Johannesevangelium und Paulus und wiederum Übereinstimmung beider mit dem historischen Jesus selbst. Der Vater ist aber auch dann, wenn mit dieser Gottesprädikation die Relation zum Sohn ausgesagt wird, die nicht die des Erschaffens ist, dennoch stets der Schöpfer der Welt und unser aller Vater.

b) Die Einkehr in die Schöpfung

Die Wendung „Einkehr in die Schöpfung" als Korrelat der Umkehr zum Schöpfer mag überraschen. Mit der Umkehr zu Gott verbindet man vielfach die Abkehr von der Welt. Gott und Welt werden zu Beanspruchungen des Menschen, die einander ausschließen: „Wenn jemand die Welt lieb hat, so ist die Liebe des Vaters nicht in ihm." (1. Joh 2,15) „Wißt ihr nicht, daß die Liebe zur Welt Feindschaft gegen Gott ist? Wer die Welt zum Freunde haben will, macht sich Gott zum Feinde." (Jak 4,4) Der Auslegungskanon dieses Entweder-oders ist aber zum einen die Weise, wie Gott durch Hingabe seines Sohnes die Welt geliebt hat (Joh 3,16), zum andern die Tatsache, daß im Versöhntsein mit Gott die Welt wieder als Schöpfung geglaubt und wahrgenommen wird.

Diese ehrfürchtige und dankbare Hinwendung zu der Welt als dem Werke Gottes mag in demselben Sinne als ein Einkehren in die Schöpfung verstanden werden, wie der heimkehrende Sohn, weil er zum Vater umkehrt, auch wieder in sein Vaterhaus einkehrt. Das Einkehren in die Schöpfung schließt ebenso die Bejahung des eigenen Geschöpfseins in sich wie die Anerkennung des Geschöpfseins der Mitgeschöpfe. Wo der heilige Geist am Werke ist, wird dem Mißbrauch der Schöpfung, der Vergewaltigung der Mitgeschöpfe gewehrt. Es wird sogar eine Solidarität mit der Schöpfung bewußt, der gemäß die vom Geist Getriebenen gewissermaßen der Vortrupp der Schöpfung sind: unterwegs zu der Freiheit, die der vom Schöpfer emanzipierte Mensch preisgegeben hat, indem er zusammen mit sich selbst auch die Schöpfung der Nichtigkeit preisgab (Röm 8,14–23). In diesem noch nicht ausgestandenen Unterwegssein entspricht das hoffende Seufzen derer, die den Geist haben, dem verschwiegen sehnsüchtigen Seufzen der ganzen Schöpfung nach Befreiung von der Nichtigkeit. Mit Recht hat Luther diese Sicht der Schöpfung als Gegensatz zu der rationalen Weltbetrachtung verstanden, die ausschließlich darauf eingestellt ist, was die Dinge augenblicklich für sich genommen und in sich selber sind, d.h. jedoch letztlich, was sie für den Menschen darstellen und hergeben. „Der Apostel aber ruft unsere Augen weg vom Anblick der gegenwärtigen Dinge, von ihrem (metaphysisch erfaßten) Wesen und ihren Akzidentien, und lenkt die Aufmerksamkeit auf die Dinge in Hinsicht auf ihre Künftigkeit.“[1] Die Freiheit, die den Zukunftsbezug des Geistgeschehens wie des recht verstandenen Schöpfungsgeschehens bestimmt, meint die Freiheit nicht von der Schöpfung, sondern zur Schöpfung. Denn auch die eschatologische Zukunft hebt die Geschöpflichkeit nicht auf, macht sie vielmehr erst uneingeschränkt wahr. Denn was weiß schon der Mensch vom Wesen der Schöpfung, solange er sie losgelöst von Gott als Welt in Besitz nimmt und sich von ihr in Beschlag nehmen läßt?

Diese Korrespondenz von heiligem Geist und Schöpfung ist nun aber auch für die Weise des Geistgeschehens selbst maßgebend. Es darf hier nicht eine Konkurrenz angenommen werden, wonach der Ausweis des Geistes darin besteht, die Schöpfung nach Möglichkeit hinter sich zu lassen, sich in eine andere Wirklichkeit emporzuschwingen, durch asketische Praktiken das Geschöpfliche abzuwerten und zu vergewaltigen, durch Wundertaten das Natürliche zu überbieten, dem Geistlichen den Anstrich des Mysteriösen oder des Ätherischen zu geben. Soweit derartiges im Umkreis des Geistwirkens dennoch ein Recht haben mag,

---

[1] WA 56; 371,4–6: Apostolus autem oculos nostros reuocat ab intuitu rerum praesentium, ab essentia et accidentibus earum, et dirigit in eas, secundum quod futurae sunt.

handelt es sich in Wahrheit um nichts anderes als um Möglichkeiten im Spielraum des Geschöpflichen. Der Geist hält sich in seinem Wirken in den Bahnen und Grenzen der Schöpfung. Darum sind es Kriterien des Geistwirkens, daß in seiner Äußerung das verständliche Wort dominiert, daß seine Wirkungen nicht chaotisch sind, sondern sich der Ordnung und dem Frieden fügen und daß zuhöchst die Liebe zu ihrem Recht kommt (vgl. § 31 C I 3c, s. o. S. 106ff). Wo der Geist wirkt, geht es also ganz schöpfungsgemäß, ganz natürlich zu, soweit man es freilich als natürlich bezeichnen kann, daß es zur Einkehr in die Schöpfung kommt. Was dies ermöglicht, ist freilich allein die Einwohnung des heiligen Geistes im Menschen, also einer Wirklichkeit, die nicht von dieser Welt ist und nicht zur geschaffenen Wirklichkeit gehört.

II. Sola gratia als Signatur des heiligen Geistes

Viel stärker als der Begriff der creatio ex nihilo bestimmt der Begriff der Gnade die Lehrtradition der Pneumatologie. Im katholisch-scholastischen Verständnis beherrscht er geradezu die Lehre vom heiligen Geist. Sosehr dort dafür Sorge getragen wird, das Verhältnis von Natur und Gnade ausgewogen zu bestimmen, hat doch diese Art der Dominanz des Gnadenbegriffs beides zur Folge: einerseits die Tendenz, das Verständnis des Geistwirkens als creatio ex nihilo abzuschwächen, anderseits die Tendenz, die Gnade als das Übernatürliche zu verstehen, als eine das Natürlich-Geschöpfliche überhöhende Ausstattung des Menschen. Die reformatorische Antithese dazu läßt sich nicht ohne weiteres auf eine Formel bringen. Das sola gratia kann auch katholisch interpretiert werden, der Satz des Thomas von Aquin: gratia non tollit naturam, sed perficit[2], auch reformatorisch – ganz abgesehen von der Unsicherheit in bezug auf die heute in Bewegung geratene und schwer bestimmbare Selbstinterpretation des Römisch-Katholischen. Schien früher die Dogmatik im Bereich konfessioneller Unterscheidungslehren auf festem Boden zu stehen und sich auf ein wiederholendes Referat beschränken zu können, so lassen sich Urteile kontroverstheologischer und konfessionskundlicher Art heute nur noch mit dem Aufgebot historischer Untersuchung und interpretatorischer Auseinandersetzung vertreten. Muß, wie im Rahmen dieser dogmatischen Besinnung, darauf verzichtet werden, so verbietet dies nicht notwendig eine Bezugnahme auf charakteristische Formeln und Phänomene der Konfessionsgeschichte, wohl aber den Anspruch, die dogmatische Aussage als Beschreibung der faktischen Konfessionsdifferenz vorzubringen. Statt

---

[2] Die Gnade beseitigt nicht die Natur, sondern vollendet sie. S.th.I q.1 a.8 ad 2.

dessen – und dies ist für eine Dogmatik des christlichen Glaubens ja durchaus sachgemäß – muß man um eine solche Beschreibung und Interpretation des Sachverhalts selbst bemüht sein, die man im Streit der Konfessionen und der theologischen Positionen schlicht als dem christlichen Glauben gemäß zu vertreten sich getraut.

1. Das Verhältnis von creatio ex nihilo und sola gratia

Auf den Begriff der Schöpfermacht und den Begriff der Gnade bin ich innerhalb der Lehre von den göttlichen Attributen eingegangen, und zwar gemäß dem Vorgehen der Dogmatik nicht bei der ersten und vorläufigen Grundlegung der Gotteslehre, wo von den göttlichen Attributen nur grundsätzlich gehandelt wurde, sondern im Zusammenhang der Christologie, wo die göttlichen Attribute im einzelnen zur Entfaltung kamen. Dabei war von der Gnade im Zusammenhang mit der Menschwerdung Gottes die Rede (§ 18 B II 2, s. Bd. II, 111 ff) und von der Schöpfermacht als Kennzeichnung des Lebens Gottes bei der Behandlung der Auferstehung Jesu (§ 20 B II, 3, s. Bd. II, 357 ff). Indem dies vorausgesetzt wird, sei nur kurz das Verhältnis beider Attribute zueinander im Hinblick auf das Geistgeschehen erwogen.

Es entspricht reformatorischer Tradition, in dem Sinne eine Ineinssetzung zu vollziehen, daß durch die betonte Hinzufügung der particula exclusiva das sola gratia mit dem Gedanken der creatio ex nihilo zur Deckung kommt. Man darf dabei aber nicht die Spannung abschwächen, die zwischen beidem besteht. Es ist alles andere als selbstverständlich, daß die extreme Formel der Schöpfermacht zum entscheidenden Interpretament der Gnade wird. Was dies besagt, kommt erst dann voll zur Geltung, wenn auch umgekehrt die creatio ex nihilo als solche den Charakter von Gnade annimmt, wenn ihr also aller Anschein von Willkür und Beliebigkeit genommen wird und die Macht der Liebe Gottes das Verständnis seiner Allmacht bestimmt. Dies aber ist Sache nicht einer Begriffsfestsetzung, sondern eines immer neu zu vollziehenden Umdenkens. Dem menschlichen Verstand und der menschlichen Erfahrung fügen sich die Allmacht der creatio ex nihilo und die Liebe, die so oft im Zeichen der Ohnmacht steht, durchaus nicht ohne weiteres zueinander. Unter Anspielung auf die Lozierung dieser göttlichen Attribute innerhalb der Christologie könnte man sagen: Nur wenn das Verhältnis von sola gratia und creatio ex nihilo durch das Kreuz Jesu Christi vermittelt ist, kommen sie miteinander zur Deckung.

Dies ließe sich noch unter einem anderen Aspekt betrachten. Die primär auf die Schöpfung bezogene creatio ex nihilo verweist sozusagen von Hause aus auf die Natur, auf das Allmachtsgeschehen, dem der Mensch in seiner Geschöpflichkeit ohne Rücksicht auf seine Einstellung dazu unterworfen ist. Die Gnade dagegen, jedenfalls sofern von ihr im

Hinblick auf das Wirken des Geistes die Rede ist, betrifft den Menschen nicht unabhängig von seiner Einstellung dazu. Sie hat vielmehr ihren Skopus darin, daß sie das Ja des Menschen zu ihr bewirkt, daß sie also den Menschen verändert. So stellt sich überraschenderweise auf dem Wege über die beiden Stichworte creatio ex nihilo und sola gratia das konfessionsgeschichtlich so belastete Problem von Natur und Gnade ein, nun jedoch nicht unter dem Gesichtspunkt der verschiedenartigen Ausstattung des Menschen, sondern vom Handeln Gottes her im Hinblick auf das Verständnis des Menschen als des Werkes Gottes. Dadurch verschiebt sich die Fragestellung. Statt daß wie üblich das Zusammenwirken Gottes und des Menschen zum Problem wird, rückt nun die Unterscheidung zweier Weisen, wie der Mensch Gottes Werk ist, in den Brennpunkt. Einerseits ist er in seiner schlechthinnigen Abhängigkeit von Gott schlechterdings unfrei, anderseits ist er durch seine schlechthinnige Abhängigkeit von Gott in Freiheit versetzt. Es wäre falsch, diese beiden Seiten der Freiheitsdialektik, von der später zu handeln ist (B, s. u. S. 170ff), auf die beiden Aspekte des Handelns Gottes zu verteilen, die durch die Stichworte creatio ex nihilo und sola gratia gekennzeichnet werden. Das widerspräche den vorausgegangenen Überlegungen. Wohl aber liegt in dem Verhältnis von Allmacht und Gnade eine Spannung, die derjenigen im Freiheitsverständnis analog ist. Und nur von daher, nicht aber aus der Konkurrenz göttlicher und menschlicher Freiheit, ist der rechte Zugang zum Verständnis des Menschen als des Werkes Gottes zu gewinnen.

2. Das Problem der Differenzierung der Gnade

Die in der augustinisch-scholastischen Tradition herausgebildeten Distinktionen, wie von der Gnade in verschiedener Hinsicht zu reden sei, dürfen nicht als Aufsplitterung in verschiedene Gnaden mißverstanden werden. Das eine göttliche Gnadengeschehen zeigt jedoch in Relation zum Menschen, dem es widerfährt, unterschiedliche Aspekte. So befremdend vom biblischen Sprachgebrauch und ebenso von der reformatorisch geprägten theologischen Tradition her jene Gnadennomenklatur anmutet, so einleuchtend erscheint sie doch, wenn man sich ein wenig in sie hineindenkt. In ihr spiegeln sich die verschiedenen Weisen und Stufen des Gnadenwirkens am Menschen. Zwischen der Gnade Gottes selbst und ihrer Gestalt als dem Menschen zuteil gewordener Gnade wird als der gratia increata und der gratia creata unterschieden. Im Hinblick auf den Ablauf ihres Einwirkens kommt sie als operans oder als cooperans in Betracht, als praeveniens oder als subsequens. Geht es um den gewirkten Effekt, so handelt es sich entweder um ein spezielles Charisma, sozusagen um eine Zugabe, auf die sich der Ausdruck gratia gratis data spezialisiert hat, obwohl er ja eigentlich das

Wesen von Gnade überhaupt expliziert. Oder es handelt sich um die Kennzeichnung dessen, was das eigentliche Ziel der Gnade ist: den Menschen selbst vor Gott annehmbar zu machen. Darauf gesehen ist sie gratia gratum faciens. Ordnet man dagegen die Gnade der inneren seelischen Struktur des Menschen zu – ihr gemäß sind den einzelnen Akten entsprechende Fertigkeiten vorgeordnet, zu denen seine Fähigkeiten ausgebildet und vervollkommnet werden –, so kann die gratia entweder als nur actualis in Betracht kommen, als augenblicklicher Gnadenzuschuß, etwa als momentane Kraftzufuhr, oder aber als gratia habitualis, als eine andauernde Formierung der Seelenkräfte, die freilich auch zu- und abnehmen oder gar wieder verloren gehen kann. Normalerweise aber bewirkt sie ein Sein in der Gnade, aus dem je und je entsprechende Akte hervorgehen. In all diesen Hinsichten ist die Gnade – das liegt in ihrem Wesen – übernatürlich, das heißt, sie entspringt nicht aus den eigenen Kräften des Menschen, sondern ist als göttliches Geschenk übernatürlicher Herkunft, und sie richtet den Menschen nicht auf natürliche Ziele aus, sondern auf sein übernatürliches Ziel hin. Ihrer vollen Auswirkung nach ist dementsprechend die Gnade gratia gratum faciens oder in Aufnahme der Rechtfertigungsterminologie: gratia iustificans, heiligmachende Gnade, als die übernatürlich eingegossene gratia habitualis in Gestalt der drei sogenannten virtutes theologicae fides, spes und charitas.

Dieser dürre Strukturaufriß scholastischer Gnadenlehre läßt noch nichts von den darin angelegten reichen Interpretationsmöglichkeiten und diffizilen Problemstellungen erkennen. Aber immerhin kann von ihm her zweierlei deutlich werden. Zum einen ermöglicht diese Redeweise von der Gnade ein ungewöhnliches Maß an Einbeziehung von Erfahrungsphänomenen. Zum andern aber ist dieser Gewinn damit erkauft, daß das Gnadenwirken von vornherein im Medium menschlichen Handelns reflektiert und dadurch zwangsläufig auf die Konkurrenz göttlichen und menschlichen Anteils hin diskutiert wird. Das erscheint als die unumgängliche Bedingung dafür, daß im Reden vom Menschen als Gottes Werk die Menschlichkeit des Menschen gewahrt bleibt. Nur unter einschränkenden Vorbehalten scheint der Mensch als Gottes Werk verstanden werden zu können. Die schwierige Aufgabe, die sich für eine Lehre vom heiligen Geist ergibt, die diesen Weg nicht beschreiten will, stellt sich als folgendes Problem dar: Wie ist es möglich, das Gnadengeschehen statt im Medium des Handelns des Menschen im Medium des Handelns Gottes zu reflektieren, und zwar so, daß darüber nicht die Menschlichkeit des Menschen und die Einbeziehung der Erfahrungsphänomene Schaden leiden, beides vielmehr um so überzeugender als Folge eines streng gefaßten sola gratia zur Geltung kommt?

3. Tendenzen zur Nivellierung der Gnade

Es wäre kurzschlüssig und ungerecht, wollte man die scholastische Auffassung pauschal einer Nivellierung der Gnade oder gar pelagianisierender Tendenzen bezichtigen. Der Protestantismus würde dazu kaum weniger Anlaß bieten. Hält man sich jedoch an das Grundsätzliche, so droht eine Nivellierung der Gnade auf zweierlei Weise: Entweder hilft man sich an den kritischen Punkten, an denen mit Rücksicht auf den Menschen das sola gratia im Grunde als unhaltbar erscheint, mit einer gleichschaltenden Titulierung, etwa so, daß der freie Wille oder die Verdienste des Menschen als Gnade bezeichnet und dank dieser Etikette auf billige Weise der Gnade integriert werden. Oder man zieht sich auf eine bloße Antithetik zurück, die keinen inneren Zusammenhang mehr erkennen läßt, so daß der hohe Anspruch des Redens von Gnade im Effekt eine billige Gnade legitimiert. Sie wird deshalb billig genannt, weil sie bloßer Ersatz für menschliches Wirken oder ein Alibi für menschliches Versagen ist. Beide Extreme berühren sich in der Neigung, das Verhältnis von Gott und Mensch im Schema eines gleichartigen, wenn auch quantitativ noch so ungleichen Kräftepotentials zu denken. Daß der heilige Geist die Signatur der Gnade trägt, sollte freilich gerade für eine ganz andere Denkweise öffnen, die das Verhältnis von Gott und Mensch nicht als verrechenbar versteht. Hier kündigt sich eine Frage an, die für die Theologie überhaupt entscheidend ist: ob sie, mag sie sich dabei noch so orthodox gebärden, im Schema der ratio, das heißt: rechnend und verrechnend, denkt und urteilt, oder ob sie sich, wie es der Sache des heiligen Geistes gemäß ist, an derjenigen Dimension der Wirklichkeit orientiert, die durch die Relation von Wort und Glaube bestimmt ist.

B. Der Mensch als Gottes Werk und die Menschlichkeit des Menschen

Die Auffassung des Menschen als des Werkes Gottes erscheint entwürdigend, zumal wenn sie im Sinne des Töpfergleichnisses interpretiert wird, mit dem Paulus ein haderndes Denken, das Gott Ungerechtigkeit vorhält, schroff abweist (Röm 9,20–24). Einem solchen rechnenden Denken kann in demselben Stil nur auf eine Weise erwidert werden, die es ad absurdum führt. Es ist aber nicht die gewöhnliche Art der Bibel, vom Verhältnis Gottes zum Menschen so zu reden, als hantiere er wie ein Töpfer mit Ton. Daß der Mensch Gottes Werk ist, darf nicht von diesem Modell her gedeutet werden. Der biblischen Auffassung entspricht eine extrem andere Relation. Luther hat sie einmal auf die Formel gebracht: „Gott handelte und handelt nie anders mit den Menschen als durch das Verheißungswort. Wiederum können auch wir mit Gott nie anders handeln als durch den Glauben an sein Verheißungswort."[3] Es wäre wohl angemessener, das Zeitwort agere hier mit „Umgang haben", „verkehren" zu übersetzen. Gottes Art, mit dem Menschen umzugehen, ist, mit ihm zu reden. Des Menschen einzig mögliche Art, mit Gott umzugehen, ist, vertrauensvoll auf ihn zu hören. Nur das Menschlichste am Menschen ist sozusagen gut genug für die Kennzeichnung des Verkehrs zwischen Gott und Mensch. Die Tätigkeit des Töpfers ist zwar ebenfalls menschlich. Aber sie ist nicht göttlich. Sie kann höchstens im Grenzfall als Metapher dienen. Das glaubhafte, weil Glauben schaffende Wort hingegen ist keine Metapher. Es hat an Gott sogar seinen eigentlichen Geltungsbereich. Wenn auch jener von Luther formulierte Grundsatz nach verschiedenen Seiten hin der Erläuterung bedarf, vor allem um zu erfassen, mit welchem Recht dies so uneingeschränkt behauptet werden darf, wird man doch sagen müssen: Dasjenige Verständnis des Menschen als des Werkes Gottes, das sich in die Relation von Wort und Glaube nicht fügt, läßt sich sicher nicht als biblisch vertreten.

Darauf führt noch eine andere Beobachtung. Die Auffassung des Menschen als des Werkes Gottes will nicht dahin abgewandelt sein, daß der Mensch ein bloßes Werkzeug Gottes sei. Diese Aussage kann zwar gelegentlich begegnen: Die feindlichen Heere z.B. gelten als Werkzeuge von Gottes Zorn (Jes 13,5). Aber das gilt nur in bestimmter Hinsicht. Kein Mensch ist für Gott nur Werkzeug, nur Mittel zum Zweck. Wird der Mensch als Gottes Werk verstanden, so gilt er damit selbst als das Ziel von Gottes Handeln. Gott will ihn selbst. Die Rede vom unendlichen Wert der Menschenseele[4] ist der Formulierung nach nicht biblisch, der Sache nach aber hat sie letztlich in der biblischen Denkweise sogar ihren Grund.

Wenn nun für das Menschsein des Menschen die Freiheit wesentlich ist, dann spitzt sich die Frage, wie sich das Verständnis des Menschen als des Werkes Gottes zur Menschlichkeit des Menschen verhält, auf das Thema der Freiheit zu.

I. Phänomen und Begriff der Freiheit

Es gibt Sachverhalte, die sich nur von ihrer geschichtlichen Wurzel her bestimmen lassen. Zu ihnen gehört die Freiheit. Obwohl jeder

---

[3] WA 6; 516,30–32 = BoA 1; 448,8–11: Neque enim deus ... aliter cum hominibus unquam egit aut agit quam verbo promissionis. Rursus, nec nos cum deo unquam agere aliter possumus quam fide in verbum promissionis eius.

[4] Vgl. z.B. A. von Harnack, Das Wesen des Christentums, 1900, 40: „Gott der Vater und der unendliche Wert der Menschenseele" (4. Vorl.). Neuausgabe mit einem Geleitwort von R. Bultmann, 1950, 38.

Mensch ein Gespür dafür hat, daß er in seinem Sein beeinträchtigt wird, wenn andere gewaltsam über ihn verfügen, und obwohl der Freiheitsdrang ein geschichtlich verbreitetes Phänomen ist, hat doch das Griechentum erstmals und wegweisend für die ganze Menschheit Freiheit auf den Begriff gebracht[5].

1. Der Begriff der Freiheit im Griechentum

a) Das Freiheitsverständnis in der griechischen Polis

Im Griechentum ist Freiheit ein politischer Begriff. Dabei ist die selbstverständliche Voraussetzung, daß nicht jeder Mensch von Natur frei ist. Man wird sich der Freiheit als des Über-sich-selbst-verfügen-Könnens am Faktum des Sklaven bewußt, dessen Unfreiheit durchaus nicht als problematisch empfunden wird. Daß es Freie und Unfreie gibt, wird als naturgegebene Grundstruktur politischer Wirklichkeit hingenommen wie die unverrückbaren Unterschiede zwischen Mann und Frau, jung und alt. Wollte man daran rütteln, so würde man einer zügellosen Freiheit und dadurch der Unfreiheit in Gestalt der Tyrannis Raum geben. Dieser politische Freiheitsbegriff ist also an der Ungleichheit der Menschen orientiert. Der Freie lebt davon, daß er den Sklaven neben sich hat. Das muß nicht einen ausbeuterischen Sinn haben, sondern kann auch bedeuten: Freiheit ist etwas so Außerordentliches und Bedrohtes, daß sie gar nicht allgemein und unterschiedslos bestehen kann. So ist Freiheit, genau genommen, nicht die politische Grundkategorie, sondern eine politische Abgrenzungskategorie, welche die Unterscheidung zwischen Freien und Unfreien setzt.

Damit hängt zusammen, daß Freiheit allein in der Polis möglich ist. Der Einzelne ist nur in dem Maße frei, wie er an der Freiheit der Polis partizipiert, sich für sie einsetzt und sie repräsentiert. Freiheit ist darum Leben unter dem Nomos der Polis. Die Beziehung nicht zum einzelnen Mitmenschen, sondern zur Polis macht die Freiheit des Einzelnen konkret. Dem Gesetz verdankt man die Freiheit. Sie ist undenkbar als Freiheit vom Gesetz. Gehorsam gegen das Gesetz ist Quelle und Sinn der Freiheit. Als Unterordnung unter den Nomos und als dessen Geschenk bestimmt sie nun aber auch die mitmenschliche Beziehung. Die Polis ist *koinonia ton eleutheron*. Diese Gemeinschaft der Freien sichert ihre Freiheit durch demokratische Regierungsform, die für ein Alternieren von Herrschen und Beherrschtwerden sorgt. Dazu dient vor allem das höchste politische Recht des freien Bürgers, alles sagen zu dürfen. Natürlich ist diese *parrhesia* nicht gegen Entartung gefeit. Sie ist dem Risiko ausgesetzt, ob wirklich das Rechte zur rechten Zeit gesagt wird.

---

[5] Zum folgenden vgl. H. Schlier in ThWNT II, 484ff und E. Fuchs in RGG[3] II, 1101ff.

Die Redefreiheit kann in Unverschämtheit ausarten. Dennoch ist sie das entscheidende Kennzeichen, sogar der entscheidende Inhalt politischer Freiheit. Das ist freilich nur in übersehbaren politischen Verhältnissen und unter einschränkenden Bedingungen möglich. Die Redefreiheit ist auf den Vollbürger beschränkt. Das unterscheidet ihn vom Fremden und vom Sklaven. Er hat ein Mitspracherecht, diese dagegen haben nichts zu sagen. Die Begriffe *parrhesia* und *eleutheria* sind also an begrenzenden Unterscheidungen orientiert. Hätten alle Menschen *parrhesia,* so würde sich dieser Begriff selbst aufheben. Daß sich aber die Freiheit der Freien so sehr auf die Freiheit der Rede konzentriert, hat folgenden Grund: Die freie Rede ist keineswegs bloß Ausdruck oder Folge von Freiheit, sondern auch – und das ist entscheidend – Wächterin und Grund der Freiheit. Allein die Rede vermag die Dinge offenzuhalten und für Wahrheit Sorge zu tragen. Ohne Wahrheit aber hat die Freiheit keinen Bestand, sondern geht sie zugrunde. Wie die Erfahrung freilich zeigt, dient das Wort nicht nur der Wahrheit, sondern auch der Lüge. Aber in foro politico ist die von der Demokratie dem Freien gewährte Freiheit der Rede immerhin das sicherste Mittel, der Wahrheit Raum zu schaffen und gegen alle Verschleierungen und Entstellungen in freimütiger Sachlichkeit die Wirklichkeit der Dinge offenzuhalten. Die Polis bedarf schließlich aber auch der Freiheit nach außen hin, um die Unabhängigkeit ihrer Bürger zu gewährleisten. Von daher gewinnt *eleutheria* den Sinn von *soteria,* so jedoch, daß davon die Freiheit jedes Einzelnen mit umgriffen ist.

b) Das hellenistische Freiheitsverständnis

Der soteriologische Sinn von *eleutheria* hat sich in hellenistischer Zeit in neuem Verständnis und in radikaler Weise herausgebildet. Mit dem Untergang der griechischen Polis wird der Freiheitsbegriff ins Weltanschauliche transformiert und zugleich auf den isolierten Einzelnen konzentriert. Zusammen mit der konkreten politischen Orientierung verändert sich der Bezug zum Mitmenschen und damit auch die Beziehung von Freiheit und Wort. Der Schwerpunkt verlagert sich von der Freiheit zu konkreter Rede in die Freiheit des Denkens. Das Recht auf freie Rede mag darin inbegriffen sein, wenn auch nun in kosmopolitischem Horizont. Dieses Recht ist dann aber nicht mehr an den sozialen Stand gebunden, sondern an die moralische Qualität.

Mit dieser individuellen und universalen Ausrichtung des Freiheitsverständnisses verbindet sich eine doppelte Tendenz. Auf der einen Seite wird Freiheit jetzt radikaler verstanden und dementsprechend noch höher gepriesen als zuvor. Auf der anderen Seite verliert die Freiheit nun, indem der Nomos der Polis entfällt, die Konkretion, ihre selbstverständliche sachliche Bestimmung. Es wird problematisch, was Freiheit im Unterschied zum Sklavesein eigentlich heißt. Die Identität mit bestimmten Ständen zerbricht. In Wahrheit kann es sich umgekehrt verhalten als in den äußeren Gegebenheiten: Der sogenannte Freie kann unfrei, der Sklave kann frei sein. Wie einst der Nomos als Quelle und Garant der Freiheit ihren Inhalt bestimmte, so muß dieser nun darin gesucht werden, was dazu imstande ist, frei zu machen. Das hängt von der Erkenntnis ab, was den Menschen unfrei macht. Dazu gehört alles, was ihn nicht ihn selbst sein läßt, weil es ihn der eigenen Verfügung über sich beraubt. Er geht der Verfügung über sich selbst vor allem dann verlustig, wenn ihm die rechte Selbsterkenntnis fehlt und darum das einsichtige Urteil darüber, was ihm verfügbar ist und was nicht. Diese Einsicht wird durch falsche Meinungen *(dogmata)* getrübt. Und der Wille, ihr zu folgen, wird durch die Leidenschaften *(pathe)* gelähmt, welche die Seele verwirren. Die Selbsterkenntnis ist darum der Weg zur Selbstbeherrschung. Sie läßt die Dinge, die einem unverfügbar sind, willig oder voll Verachtung geschehen und sichert so auf jeden Fall die innere Freiheit des Menschen.

Diese Tendenz zur Entpolitisierung und darüber hinaus zur Entweltlichung des Freiheitsverständnisses wird im gnostischen Denken aufs äußerste verschärft. Den Menschen halten Verderbensmächte von kosmischem Ausmaß gefangen. Entsprechend steigert sich der Freiheitsgedanke zum Erlösungsgedanken. Freiheit bedeutet nun Freiheit von der Welt und damit auch vom eigenen Leib. Sie kann sich in diesem Leben asketisch oder libertinistisch äußern, realisiert sich aber voll erst durch den Tod. Dieser Freiheitsbegriff hat darum den positiven Bezug zum Mitmenschen völlig verloren.

2. Das paulinische Freiheitsverständnis

Soll dem Freiheitsverständnis, das aus dem Griechentum erwachsen ist und sich im Hellenismus modifiziert hat, das christliche Verständnis von Freiheit gegenübergestellt werden, so sieht man sich an Paulus gewiesen. Folgt man freilich dem Hinweis, mit dem er selbst den Ursprung christlicher Freiheit angibt, so ist es Jesus Christus, von dem sie ausgegangen ist, dem sie sich verdankt. Demgemäß wäre es eine sinnvolle und durchaus nicht aussichtslose Aufgabe, den historischen Jesus selbst sowie das außerpaulinische Urchristentum darauf zu befragen, inwiefern hier ein neuer Sachverhalt in bezug auf Freiheit aufgetreten ist. Denn es ist zweierlei: einmal ob und wie sich Freiheit ereignet, sodann aber, ob und wie diese Freiheit im Denken erfaßt und auf den Begriff gebracht wird. Durch das Denken von Freiheit ereignet sich nicht schon Freiheit. Und nur da, wo sie zum Ereignis geworden ist und in Kraft steht, kann sie überhaupt angemessen gedacht werden. Aber auch nur da, wo über Freiheit gründlich und kritisch nachgedacht wird, wo also im Denken über Freiheit sich auch Freiheit selbst verwirklicht, kann das Ereignis von Freiheit rein bewahrt und weitergegeben werden. Diese Rolle ist nun aber im Urchristentum ausschließlich Paulus zugefallen.

a) Die christliche Rezeption des Freiheitsbegriffs

Freiheit ist ein unalttestamentlicher, unhebräischer Begriff. In den Teilen der Septuaginta, die aus dem Hebräischen übersetzt sind, kommt *eleutheria* nur ein einziges Mal vor, und zwar im Sinne von Freilassung aus dem Sklavenstand, das Adjektiv etwas öfter, aber ebenfalls überwiegend als Gegenbegriff zu Sklave. Auch unabhängig vom Vorkommen der Vokabel bietet das Alte Testament verschwindend wenig Material an Sachverhalten für den Freiheitsgedanken. Der ganz andere Befund im Neuen Testament geht, wie schon die Wortstatistik zeigt, ganz überwiegend auf das Konto des Paulus. Die uns so vertraute christliche Inanspruchnahme des Freiheitsbegriffs ist eine ganz erstaunliche Leistung seiner Theologie. Man könnte vermuten, daß die wenigen Stellen, an denen die Wortgruppe außerhalb der echten Paulinen begegnet, auf Beeinflussung durch Paulus oder auf Auseinandersetzung mit ihm schließen lassen. Das letztere könnte von der Wendung „Gesetz der Freiheit" (Jak 1,25 2,12) angenommen werden oder von der Warnung vor falscher Freiheitsversprechung, womit wohl Paulus gegen Mißverständnisse abgeschirmt werden soll (2. Petr 2,19 vgl. 3,16). Von positivem theologischem Gewicht sind nur die beiden einzigen Vorkommen in den Evangelien: Mt 17,26 und Joh 8,32–36. Beide Stellen, an denen der Freiheitsbegriff mit dem Sohnesbegriff verbunden auftritt, haben überraschend paulinischen Klang. Das gilt gerade auch von der Tempelsteuer-Perikope im Matthäus-Sondergut. Aus der Regel, daß die Söhne des Königs steuerfrei sind, wird erstaunlicherweise geschlossen, daß die Gotteskindschaft von der Tempelsteuer befreit. Der üblichen religiösen Auffassung entspräche es vielmehr, daß die Zugehörigkeit zu Gott auch besondere Opfer auferlegt. Statt dessen sollen diejenigen, denen Gott als Vater zugesprochen wird, dem kultischen Recht Israels entnommen sein, weil dieses im Grunde aus der Konzeption einer Fremdherrschaft Gottes heraus gedacht sei.

Daß Paulus einen so genuin griechischen Begriff wie den der Freiheit, gewiß in neuer Interpretation, als zentrale Bestimmung des christlichen Glaubens verwendet, ist allein von der missionarischen Situation her nicht hinreichend erklärt. Selbst unter diesem Gesichtspunkt bliebe immer noch zu fragen, was den christlichen Glauben dazu instand setzte, in dieser Weise auf den Freiheitsbegriff einzugehen. Darüber hinaus aber ist zu erwägen, ob nicht ein der alttestamentlich-jüdischen Tradition fremdartiger Sachverhalt geradezu nötigte, auch ihre Sprachmöglichkeiten zu überschreiten und aus der Auseinandersetzung mit der Tradition des griechischen Freiheitsdenkens einen Sprachgewinn für den christlichen Glauben zu erzielen.

So aufschlußreich für den paulinischen Freiheitsbegriff die Stellungnahme zum Sklavenproblem ist, liegt doch hier offensichtlich nicht der Schwerpunkt. Paulus negiert entschieden die Unterscheidung von Freien und Sklaven für das Sein in Christus, redet aber nicht einer Sklavenemanzipation das Wort. Er hält es sogar für unangebracht, daß sich ein Sklave, der Christ geworden ist, um Änderung seines sozialen Status bemüht (1. Kor 7,21). Dies daraus zu erklären, daß das nah bevorstehende Ende solche Dinge vergleichgültige, gerät mit der parallelen Empfehlung in Schwierigkeiten, der Verschiedenheit von Beschnittensein und Unbeschnittensein ebensowenig Gewicht beizumessen (1. Kor 7,18f). So kann nur aus der Freiheit gegenüber dem Gesetz heraus argumentiert werden. Diese mit dem Christusglauben geschenkte Freiheit verursacht offenbar auch die Stellung zur sozialen Statusfrage: sowohl die strikte Negierung ihrer Bedeutung für das Sein in Christus als auch das Abraten vor einer Überschätzung des sozialen Aspekts. Die ekklesiologischen und sozialethischen Folgerungen aus dem paulinischen Freiheitsverständnis werden uns später beschäftigen (vgl. vor allem § 36 B II 3c, s. u. S. 380ff). Jetzt sei nur auf das Grundsätzliche hingewiesen.

b) Die Dialektik des paulinischen Freiheitsbegriffs

Sprachlich fällt am paulinischen Umgang mit dem Freiheitsbegriff vor allem der fast verwirrende Wechsel in der Beziehung zu seinem Gegenbegriff auf. Freiheit steht einerseits in ausschließendem Gegensatz zum Sklavesein. Anderseits ist sie nur ein Synonym für eine bestimmte Art von Sklavesein.

aa) Die Dialektik im Freiheitsgedanken überhaupt

Im Freiheitsbegriff liegt wesenhaft ein dialektisches Moment. Er ist auf die Frage bezogen, wem der Mensch gehört, wer über ihn Verfügungsrecht hat. Mit dem negativen Sinn von Freiheit, wonach ein Verfügungsrecht über den Menschen abgelehnt wird, erledigt sich nicht die Frage, wem der Mensch gehört, wessen Eigentum er ist. Freiheit wird deshalb positiv dahin bestimmt, daß ein freier Mensch sich selbst gehört und über sich selbst verfügt. Will er nicht anderen gehören, so muß er sich selbst gehören. Sollen nicht andere über ihn verfügen, so muß er über sich selbst verfügen. Der Mensch ist wesenhaft dem Problem seiner Hörigkeit, der Verfügung über ihn ausgesetzt. Das ist allererst der Ermöglichungsgrund für Sklaverei. In bezug auf das Freiheitsproblem stellt sie einen sekundären Sachverhalt dar. Auch wenn der soziale Unterschied von Sklaven und Freien verschwindet, ist damit das Freiheitsproblem nicht gelöst. Durch Abschaffung von Sklaverei wird Freiheit nicht ohne weiteres geschaffen und gesichert. Auch in einer Sozialstruktur, die Freie und Sklaven unterscheidet, stellt sich die Frage, in welcher Weise der eine dies und der andere das ist. Freiheit betrifft die Art, wie sich in Hinsicht auf das Menschsein die Machtfrage stellt: offensichtlich nicht allein durch Mächte, die ihn von außen her in seinem Vermögen einschränken, sondern auch durch Mächte, die er in sich selbst beherbergt. Am griechischen und hellenistischen Freiheitsbegriff ließe sich nun zeigen, daß dort die Frage nach Möglichkeit und Sinn des Verfügens über sich selbst nicht durchgehalten ist. Nach dem politischen Freiheitsbegriff garantiert der Nomos die Freiheit, beschränkt sie aber zugleich. Freiheit kann hier nur durch eine gewisse Freiheitsbeschränkung gewahrt werden. Im hellenistischen Freiheitsbegriff verrät sich an der Eliminierung der Beziehung zum Mitmenschen ein Ausweichen vor der Radikalität des Freiheitsproblems sowie auch daran, daß die Frage unbeantwortet bleibt, was denn in der Selbstbeherrschung des Menschen zur Herrschaft kommt.

bb) Das Ineinander von Sklavesein und Freisein bei Paulus

Das ständige Umpolen bei der Verwendung dieses Begriffspaars durch Paulus ist ein Symptom dafür, daß hier das Freiheitsproblem mit einer bis dahin unbekannten Schärfe erfaßt wird. Angesichts der Frage, wie der soziale Status einzuschätzen sei und wie man sich zu ihm einzustellen habe, wird der Sklave, der berufen worden ist, dem Herrn zu gehören, als Freigelassener des Herrn bezeichnet, und wer als freier Mann berufen worden ist, als ein Sklave Christi (1. Kor 7,22). Es klingt so, als hätten sie die Rollen getauscht, und doch ist beiden dasselbe widerfahren. Daß der Glaubende Christus die Freiheit verdankt, kann in Analogie zum Sklavenrecht als Loskauf bezeichnet werden. Die paulinische Terminologie variiert nun aber zwischen *exagorazein,* das den Freikauf meint (Gal 3,13 4,5), und dem Simplex *agorazein,* bei dem der Ton nicht auf der Herstellung von Freiheit, sondern auf der Überführung in ein neues Abhängigkeitsverhältnis liegt (1. Kor 6,20 7,23). Diese Änderung des Besitzverhältnisses wird durch eine Wendung erläutert, die dem griechischen wie dem hellenistischen Freiheitsverständnis aufs schärfste widerspricht: „Ihr gehört nicht euch selbst." (1. Kor 6,19) Das ist gleichbedeutend mit dem Sklavesein (1. Kor 7,22). Der *doulos* ist eben der, der nicht sich selbst gehört. Trotzdem ist in beiden Fällen, beim Loskauf wie beim Kauf, derselbe Sachverhalt gemeint. Der *doulos Christou* ist der, der seine Freiheit nicht an Menschen verlieren darf: „Werdet keine Menschenknechte!" (1. Kor 7,23) Das Sich-nicht-selbst-Gehören im Falle von 1. Kor 6,19 ist Kennzeichen nicht der Knechtschaft, sondern der Freiheit: Der Glaubende ist von sich selbst befreit, der eigenen Verfügung entnommen. Deshalb läuft das *agorazein* hier ebenfalls auf einen Freikauf hinaus: das Freigekauftwerden des Menschen von sich selbst. Das unterstreicht an dieser Stelle der Hinweis auf den heiligen Geist und auf die Doxa Gottes (1. Kor 6,19f). Beides ist für Paulus mit dem Freiheitsbegriff aufs engste verknüpft.

Noch fester verschränkt Paulus in Röm 5 und 6 Freiheit und Knechtschaft ineinander. Das Sein des Menschen ist auf jeden Fall ein Beherrschtsein. So ist vom *basileuein* des Todes die Rede (5,14.17). Aber es schlägt in die Verheißung um, durch Christus – und nun heißt es nicht: beherrscht zu werden, sondern: – zu herrschen. Während dann in Vers 21 vom *basileuein* der Sünde die Rede ist, wird in Entsprechung dazu freilich doch auch von einem *basileuein* der Gnade gesprochen. Das Leben ist nun einmal das Sein in einem bestimmten Herrschaftsbereich. Demgemäß kommt der Tod als Freiwerden von solcher Herrschaft in Betracht, sofern er die Kehrseite eines anderen Lebens, also einer anderen Herrschaft ist. Paulus hält darum das Thema der Herrschaft fest, wenn er in Röm 6 im Blick auf die Taufe den Herrschaftswechsel mit den Worten Leben, Sterben und Erwecktwerden zum Ausdruck bringt. Indem die Macht der Sünde über den Leib zunichte wird, wird dem Sklavendienst der Sünde ein Ende bereitet (6,6). Entsprechend ist dem Herrsein des Todes über Christus durch die Auferweckung das Ende gesetzt (6,9). Sein Sterben war der Preis für die Sünde und hat deshalb von ihrem Anspruch ein für allemal frei gemacht. Entsprechend gehört sein Leben Gott als ein Freisein für seinen Anspruch (6,10). In diesem Sinne stehen auch für die Glaubenden jetzt schon Tod und Leben als der Herrschaftswechsel zwischen Sünde und Gott in Geltung (6,11). Die Herrschaft der Sünde und der Gehorsam gegenüber den Begierden werden dadurch abgelöst, daß die Glieder Gott zur Verfügung gestellt werden (6,12f). Durch den Herrschaftswechsel zwischen Gesetz und Gnade ist das Herrsein der Sünde gebrochen (6,14f). Aus Sklaven sind Gehorchende geworden, eine Wende, die zugleich als ein Befreitwerden und als ein Knechtwerden, ein In-Dienst-Genommensein verstanden werden kann (6,17f). Paulus empfindet zwar selbst die Ausdrucksweise als nicht ganz angemessen, wenn er in beiden Fällen scheinbar undifferenziert vom Sklavendienst der Glieder spricht (6,19). Doch kann man schon einmal formalisierend so reden: *doulos*-Sein und *eleutheros*-Sein gehören zusammen wie die beiden Seiten derselben Münze. Im einen Fall ist *doulos tes hamartias* identisch mit *eleutheros te dikaiosyne* (6,19f), wobei freilich die Unabhängigkeit gegenüber der Gerechtigkeit im Munde des Paulus ein Oxymoron ist. Im andern Fall heißt von Sünde befreit sein in Gottes Dienst genommen sein (6,22).

Als letztes Beispiel dieser scheinbaren Austauschbarkeit von Freisein und Sklavesein sei noch das Selbstverständnis des Paulus angeführt. Er bezeichnet sich als *doulos,* nicht nur Jesu Christi (Röm 1,1 Gal 1,10 Phil 1,1), sondern auch der Gemeinden um Christi willen (2. Kor 4,5). Christus selbst hat ja Knechtsgestalt angenommen, ist in das Sklavendasein eingetreten (Phil 2,7). Dennoch bezeichnet sich Paulus – ohne sich zu widersprechen – in seiner apostolischen Vollmacht als frei (1. Kor 9,1). Eben darin besteht seine Freiheit, sich dem andern zum Sklaven zu machen (1. Kor 9,19). Zu dieser Art von Knechtsein ermächtigt allein die Freiheit, die Paulus Christus verdankt.

Freiheit und Sklavesein können also anscheinend promiscue gebraucht werden, als wäre derselbe Sachverhalt in verschiedener Perspektive so oder so interpretierbar, die Terminologie als solche rein formal und je nach Gegenüber gleich-gültig. Dennoch besteht hier für Paulus die Differenz einer letztgültigen Alternative. Gewiß kann er die Worte vom Stamme *doulos* häufig positiv verwenden (zu den Verben *douleuein, douloun* und *doulousthai* vgl. Röm 7,6–25 12,11 14,18 16,18 Gal 5,13 Phil 2,22 1. Thess 1,9 1. Kor 9,19 Röm 6,22). Auf seiten der Wortfamilie von *eleutheros* findet sich dagegen nur ein einziges Beispiel für einen negativ wertenden Gebrauch (Röm 6,20). Außer einigen neutralen Verwendungen ist sonst nur die Freiheit gemeint, die Christus eröffnet hat. Dagegen kommt wohl nicht zufällig die Abstraktbildung *douleia* ausschließlich in abschätzigem Sinne vor (Röm 8,15.21 Gal 4,24 5,1). Hier geht es um unumkehrbare Urteile. Paulus könnte an die Adresse der Mitchristen unmöglich vom Verhältnis zu Christus sagen: „Ihr habt den Geist der Knechtschaft empfangen" (vgl. Röm 8,15), oder: „Wo der Geist des Herrn ist, da ist Knechtschaft" (vgl. 2. Kor 3,17). Er, der mit solcher Entschiedenheit den Unterschied von Sklaven und Freien in Christus als erledigt ansieht, hat sich nicht gescheut, das Wesen der Kirche allegorisch am Gegensatz der Freien zur Sklavin zu veranschaulichen (Gal 4,24–26). Die Kirche erzeugt nicht Sklavenkinder, sondern Freie. Kirche – das ist ein ekklesiologischer Grundsatz – ist der Ort der Freiheit. Sie ist das Geschlecht der Freien. Wo immer bei Paulus der Freiheitsbegriff auftaucht, finden sich auch der Gedanke der Sohnschaft und der Hinweis auf den Geist. Beides miteinander ist Ausdruck der in Christus eröffneten Wirklichkeit der Freiheit (Gal 5,1 Röm 8,2). Auf sie ist die Schöpfung insgesamt ausgerichtet (Röm 8,21).

Man könnte an sich eine andere Ausdrucksweise erwarten: In Christus sei der wahre Gehorsam, die rechte Hörigkeit des Menschen begründet. Besteht doch der Glaube darin, daß der Mensch nicht sich selbst gehört (Röm 14,7–9). Das Herrsein Christi ist aber nur als freimachende, an der Herrschaft teilgebende Herrschaft richtig verstanden. Daß die Glaubenden Christus gehören, hat darin seine Entsprechung, daß ihnen alles gehört (1. Kor 3,21–23). Damit enthüllt sich der tiefste Grund, warum es nicht beliebig zur Wahl steht, ob man den Christusglauben als Freiheit versteht oder als Preisgabe aller Freiheit an die unbedingte Knechtschaft unter einem neuen Gesetz. In Christus und im Geistgeschehen ereignet sich die Gegenwart Gottes als gegenwärtigmachende Gegenwart. Ganz gegenwärtig sein heißt frei sein. Unfreiheit besteht darin, dem nachzuhängen, was einen nicht gegenwärtig sein läßt. Die Religionen in ihren mannigfaltigen Erscheinungsformen sind dadurch bestimmt, daß Gott nicht oder nur partiell gegenwärtig ist: Er ist fern und man muß ihn herbeibringen, die Ferne überwinden, ihn gegenwärtig machen. Religion in dieser Gestalt hat die Struktur des Gesetzes und ist Existenz in Unfreiheit. Durch das Evangelium von Jesus Christus wird dagegen die Nähe Gottes proklamiert und der Geist als Gegenwart Gottes verliehen. Das sprengt die Gesetzesstruktur von Religion. Hier steht darum alles im Zeichen der Freiheit (2. Kor 3,17).

3. Das Geschick der Freiheit in der Moderne

Die Aufgabe, das Verständnis vom Menschen als Gottes Werk systematisch in Hinsicht auf das Freiheitsproblem zu bedenken, wäre weder durch eine Fortsetzung der Begriffsgeschichte bis in die Gegenwart hinein zu bewältigen – ganz abgesehen von ihrer Durchführbarkeit – noch durch die unmittelbare Aneignung des paulinischen Freiheitsverständnisses. Selbst wenn man der Überzeugung sein darf, daß der theologische Sachverhalt durch Paulus unübertrefflich erfaßt ist, kann man sich doch nicht an ihn anschließen, ohne sich den Kontrast zur modernen Problemsituation bewußt zu machen. Wenn hier nun nicht ebenfalls vom Begriff oder vom Verständnis der Freiheit gesprochen wird, sondern von ihrem Geschick, so nicht einfach deshalb, weil es in der neuzeitlichen Strittigkeit der Freiheit einen einhelligen Freiheitsbegriff gar nicht gibt. Die Nuance des Ausdrucks soll vielmehr an zweierlei erinnern: Zum einen daran, daß die Freiheit in der Moderne von einem großen Erbe zehrt, das ihre geschichtliche Bedingung ist, auch wenn sie sich zu dieser Herkunft kritisch einstellt und das Freiheitsbewußtsein sich vornehmlich als Emanzipation davon versteht. Zum andern soll daran erinnert sein, daß die Freiheit in der Moderne, soviele theoretische Äußerungen über sie auch vorliegen, doch in erster Linie als ein geschichtlicher Vorgang in Erscheinung tritt, in dem sie so erfolgreich, aber auch so bedroht ist wie nie zuvor. Die widersprüchlichen Tendenzen sind an der Wendung „Geschick der Freiheit" insofern abzulesen, als das Schicksalhafte zur Freiheit in Gegensatz zu stehen scheint. Nun widerfährt aber der Freiheit in der Moderne nicht nur mancherlei Geschick, sondern sie selbst wird für die Neuzeit zum Schicksal.

a) Das Freiheitserbe

Nachdem der griechisch-hellenistische Freiheitsbegriff durch Paulus aufgegriffen und christlich umgeformt worden war, hat die abendländische Tradition nicht etwa bloß dieses Verständnis tradiert. Sie hat vielmehr in relativer Sonderung voneinander beides überliefert: den antiken wie den christlichen Freiheitsbegriff, den einen freilich nicht ohne den andern, darum aber auch beide in einer neuen Kombination miteinander, die sowohl das antike als auch das christliche Erbe modifizierte. Die Folge war zunächst die, daß der Freiheitsbegriff in der christlichen Theologie einen ungeheuren Gewichtsverlust erlitt und das paulinische Verständnis von Freiheit nahezu ganz in Vergessenheit geriet. Erst in der Reformation rückte der Freiheitsbegriff erneut in das Zentrum in Verbindung mit der Wiederentdeckung paulinischer Theologie.

Während des Mittelalters spielte er dennoch an zwei nicht unwesentlichen Stellen eine wichtige Rolle: als das vornehmlich metaphysisch verstandene Problem der Willensfreiheit und als das kirchenpolitisch relevante Postulat der Freiheit der Kirche. In beidem verrät sich die eigentümliche Mischung antiker und christlicher Motive. Das Problem der Willensfreiheit war der antiken Philosophie zwar nicht völlig fremd, ist aber von ihr nicht aufgearbeitet worden. Erst vom biblischen Gottesbegriff her drängte es sich als unumgänglich auf, wurde dann jedoch im Denkhorizont antiker Metaphysik erörtert. Im Prinzip der Freiheit der Kirche, das die Unabhängigkeit der Hierarchie vor den Laien in der Kirche schützen und so das Geistliche vor der Verweltlichung bewahren sollte, wirkte eher ein Motiv der antiken Polis nach als die ekklesiologische Relevanz des paulinischen Freiheitsbegriffs, wenn auch natürlich in einer gegenüber dem Griechentum stark veränderten Gestalt.

In scharfem Gegensatz zu diesen beiden Schwerpunkten der Freiheitsthematik im Mittelalter, aber im Grunde an denselben Stellen ansetzend, hat die Reformation das Freiheitsthema kontrapunktisch behandelt: als Lehre vom servum arbitrium und als Lehre von der libertas christiana. Auf der einen Seite wurde die Freiheit aufs schroffste negiert, auf der andern Seite unübertrefflich gepriesen. Das erste sprengte die traditionelle Gestalt der Frömmigkeit, das zweite die überkommene Gestalt der Kirche.

Das lenkt den Blick auf die Frage, wie nicht nur über Freiheit gelehrt, sondern wie sie gelebt wurde. Das Mittelalter steht unter diesem Aspekt immer noch als finster in Verruf. Zweifellos hielt sich hier die Freiheit sowohl in weltlicher als auch in geistlicher Hinsicht in äußerst bescheidenen Grenzen. Aber abgesehen von den mancherlei Korrekturen, die an dem gängigen Geschichtsklischee anzubringen wären, ist das Gewicht dessen nicht zu unterschätzen, daß durch die Ausrichtung auf die ewige Gnade ein Wissen um die Relativierung und Überwindung aller irdischen Zwänge präsent war. Obwohl die Auswirkung des reformatorischen Freiheitsverständnisses in verschiedener Hinsicht revolutionär war, blieb sie dennoch im kirchlichen wie im politisch-sozialen Bereich weit zurück hinter hochgespannten Erwartungen, aber auch hinter dringenden geschichtlichen Erfordernissen. Die Kirchengeschichte und die von ihr bestimmte allgemeine Geschichte stellen unbestreitbar, aufs Ganze gesehen, keine strahlende Geschichte der Freiheit dar, obschon hier die Anzeichen von Unfreiheit besonders auffallen und z.T. überhaupt erst als solche empfunden werden dank einer trotz allem die Kirchengeschichte durchziehenden Leuchtspur der Freiheit.

b) Die Selbstsetzung der Freiheit

Das Freiheitspathos der Neuzeit hat trotz seiner emanzipatorischen Note gegenüber der kirchlich geprägten Vergangenheit nicht einfach unmittelbar an die Antike wieder angeknüpft. Von dorther kommende Motive wurden unter Verarbeitung christlicher Impulse zu einem neuen Freiheitserlebnis von ungeheurer Stoßkraft. Daß jeder Mensch von Natur frei sei, ist eine These, die unter Abstreifung der Lehre von der Erbsünde Spuren des christlichen Schöpfungs- und Heilsglaubens an sich trägt. Daß Freiheit durch Aufklärung zustandekomme, spiegelt auf allgemein anthropologischer Ebene die christliche Gewißheit wider, daß in Gottes Offenbarung Wort und Wahrheit zur Einheit verbunden sind. An dem aktivistischen Zug der neuzeitlichen Freiheit, der gegenüber der Antike als neu auffällt, ist die Übersetzung christlich-eschatologischer Hoffnung in Handlungsutopien beteiligt. Wenn auch zunächst das metaphysische Problem des Determinismus noch die Beziehung zum Gottesgedanken nachklingen läßt, verschwindet doch die Frage der Willensfreiheit mehr und mehr hinter einem entschieden voluntaristisch geprägten Freiheitsgebrauch, der an dem orientiert ist, was menschlicher Macht unterliegt. Dementsprechend werden Natur und Geschichte zum Material menschlicher Freiheit. Ihr autonomer Charakter läßt freilich gegensätzliche Tendenzen zu. Die Realisierung von Freiheit kann ins Universale streben und dann leicht ins Totalitäre umschlagen, so daß die Freiheit des Einzelnen dem Fortschritt auf dem Wege zur Freiheit geopfert wird. Oder es dominiert die Orientierung am Individuum, das dann sogar bereit ist, kleine Freiheiten durch Verzicht auf das zu erkaufen, was man in bezug auf die Frage nach dem Menschsein selbst die große Freiheit nennen könnte. Bezeichnenderweise ist auch das im Sozialismus wirksame Freiheitsverständnis überwiegend individualistisch bestimmt. Freiheit hat dann ihr Maß an der Selbstentfaltung und Selbstverwirklichung.

c) Die Selbstaufhebung der Freiheit

Daß die Neuzeit in Sachen der Freiheit enorme Errungenschaften gebracht hat, kann auch scharfsichtige Kultur- und Gesellschaftskritik nicht leugnen. Wer wollte schon auf die ungeheuren Freiräume verzichten, welche die wissenschaftliche Weltforschung und Weltbeherrschung öffnen, auf die Toleranz, die das gleichberechtigte Zusammenleben verschiedener Religionen und Rassen ermöglicht, auf die Rechte des Arbeiters, die – weit über die Aufhebung der Sklaverei hinaus – der willkürlichen Ausbeutung von Menschen wehren, oder auf die Emanzipation der Frau, wodurch für das Verhältnis der Geschlechter zueinander eine offenere, aber auch anspruchsvollere Atmosphäre entstanden ist? Bei all dem hat das Christentum eine merkwürdig widersprüchliche Rolle gespielt: wegweisend und hemmend zugleich. Daß man ihm Versagen vorwirft, ist leider in vieler Hinsicht nicht unberechtigt. Was man ihm vorwirft, hängt aber auch mit der Zwiespältigkeit all jener Errungenschaften zusammen, denen man schlecht dient, wenn man sich Illusionen darüber macht, daß der Zuwachs an Freiheit zugleich neue Dimensionen der Unfreiheit erschließt. Keine noch so freiheitlichen Verhältnisse garantieren ihren freiheitlichen Gebrauch. Trotz aller Revolutionen hat die Neuzeit das Reich der Freiheit nicht verwirklicht. Im Gegenteil, je hochgespannter die Ziele und Ansprüche in dieser Hinsicht sind, desto grauenhafter wird die Wirklichkeit. Freiheit läßt sich per definitionem nicht durch Gewalt herstellen. Man könnte sich darum fragen, ob nicht die Abkehr von der Lehre von der Erbsünde – dieses neuzeitliche Signal der Freiheit – auch einen ungemein freiheitsbedrohenden Aspekt hat. Weniger provokatorisch, aber nicht weniger angriffig dürfte die andere Erwägung sein, ob nicht der emanzipatorische Grundzug der neuzeitlichen Freiheit die Lebensgrundlage der Freiheit bedroht, die stets in einer Zusammengehörigkeit mit anderem besteht. Die Unterminierung der Freiheit durch einen Gebrauch von Freiheit, der ihre Lebensgrundlage verbraucht und zerstört, tritt heute vor allem an der Energiekrise ins Bewußtsein und offenbart eine unfaßliche Kurzsichtigkeit. Man atmet schon bei der Feststellung auf, daß die Energievorräte vermutlich doch noch einige Jahrzehnte länger reichen als angenommen. Dabei ist dieses Problem nur ein grobes Beispiel der Selbstaufhebung von Freiheit. Mit der unumgänglichen Forderung ihrer zwangsweisen oder freiwilligen Beschränkung ist es jedoch nicht getan. Die Freiheit entsteht nicht durch Gesetze oder bloße Selbstdisziplin. Entscheidend ist die Frage nach der Quelle einer Freiheit, durch die der Mensch allererst frei und menschlich wird.

II. Gott und Mensch im Problemhorizont der Freiheit

Nur scheinbar wird der Rahmen der Pneumatologie verlassen, wenn ganz allgemein das Verhältnis von Gott und Mensch unter dem Gesichtspunkt der Freiheit erörtert wird. Die Neigung zu einem parzellierenden theologischen Denken verführt freilich zu einem stufenweisen Vorgehen. Danach wäre zuerst das Verhältnis von Gott und Mensch als das von Schöpfer und Geschöpf grundsätzlich auf das Freiheitsproblem hin zu erörtern. Damit würde für spezifizierende Betrachtungshinsichten der Grund gelegt: wie sich das durch die Sünde gestörte Gottesverhältnis des Menschen auf das Freiheitsproblem auswirkt und wie sich endlich die Gnade und das Wirken des heiligen Geistes in die Freiheitsthematik fügen. In solcher Sicht ginge es jetzt sozusagen nur um den letzten Akt eines Dramas, dessen Held gewissermaßen der freie Wille des Menschen ist und das von Gefährdung und Wiedergewinnung der Freiheit handelt, die zum Wesen des Menschen gehört. Irreführend daran ist ein Doppeltes.

Zum einen vollzieht sich rechtes theologisches Denken stets in dem Sinne vom Ende her, daß es auf die Situation des Menschen bezogen ist, der zum Glauben gerufen, vom Evangelium angeredet ist. Insofern stellt dasjenige, wovon der dritte Glaubensartikel handelt: die durch den heiligen Geist sich vollziehende Ausrichtung aller Glaubensaussagen auf den Menschen hin, die Situation dar, die beim Nachdenken über alle theologischen Aussagen vorausgesetzt ist. Außerhalb dieser Situation, in der es um das Betroffensein des Menschen vom Ganzen der Glaubensbotschaft geht, müssen alle isoliert genommenen theologischen Aussagen Verzerrungen erleiden.

Das andere, was an jener skizzierten Betrachtungsweise irreführend ist, betrifft die Selbstverständlichkeit, mit der dem Freiheitsproblem der Ort angewiesen wird. Danach erhält es seine eigentliche Grundlegung in einer Lehre von der schöpfungsmäßigen menschlichen Natur. Dadurch wird der Rahmen für alles folgende gesetzt. Wenn man statt dessen, wie angedeutet, die gesamte theologische Thematik von daher erfaßt, worauf sie abzielt, kommt auch das Thema der Freiheit erst dann in der rechten Weise in den Blick, wenn von dem die Rede ist, was durch den heiligen Geist geschieht. Von daher fällt dann allerdings Licht auch auf das Freiheitsproblem im schöpfungsmäßigen Verhältnis von Gott und Mensch sowie in der Situation des Sünders vor Gott. Obwohl im folgenden anscheinend ganz in der Weise jenes Stufenschemas zunächst die schlechthinnige Abhängigkeit von Gott, sodann das servum arbitrium und endlich die libertas christiana behandelt werden, soll dies doch der Sache nach so geschehen, wie es sich im Lichte dessen darstellt, was, obwohl an letzter Stelle stehend, doch den Zugang zum Ganzen erschließt. So ist nicht die vermeintliche Selbstverständlichkeit des liberum arbitrium, sondern das Wunder der libertas christiana die Voraussetzung des Folgenden.

1. Die schlechthinnige Abhängigkeit von Gott

An der Art, wie Schleiermacher die Wendung „schlechthinnige Abhängigkeit von Gott“ einführt[6], ist richtig, daß er nicht von einem Gottesbegriff ausgeht, um daraus die schlechthinnige Abhängigkeit zu folgern. Er geht vielmehr von der Erfahrung aus, um von ihr her die Situation zu bestimmen, aus der das Reden von Gott entspringt und die im Reden von Gott immer vorausgesetzt ist. Das soll jetzt nicht im einzelnen referiert und rezipiert werden. In freier Aufnahme seiner Anregung sollen das Verhältnis von Abhängigkeit und Freiheit sowie das Handeln Gottes bedacht werden, das die schlechthinnige Abhängigkeit von ihm hervorruft.

a) Das Verhältnis von Abhängigkeit und Freiheit

Die schlechthinnige Abhängigkeit sagt ein Verhältnis aus, das sich von allem Weltverhältnis unterscheidet. Denn im Verhältnis zu anderem in der Welt gibt es stets nur partielle Abhängigkeit, verbunden mit partieller Freiheit. Auch da, wo die Abhängigkeit völlig zu dominieren scheint, wie etwa in der Abstammung und der dadurch gegebenen physischen, psychischen und geschichtlichen Prägung, öffnet sich stets ein Spielraum, wie sich der Mensch damit auseinandersetzt. Umgekehrt gibt es im Weltverhältnis keine schlechthinnige Freiheit. Alles, was der Mensch in Angriff nimmt, ist auf Gegebenheiten und Bedingungen bezogen, ohne die von Freiheit gar nicht die Rede sein könnte, weil sie dann buchstäblich gegenstandslos wäre. Nur dasjenige, was der Freiheit entgegensteht und ihr Widerstand leistet, was sie einschränkt, sie aber auch herausfordert, kann ihr Material liefern und ihr damit zur Konkretion verhelfen. Insofern ist Freiheit gewissermaßen von Abhängigkeit abhängig. Versteht man sie als Spontaneität, so kann sie nicht ohne ein Empfangen sein, wobei das Empfangen das Primäre und Konstitutive ist. Freiheit ist undenkbar, die nicht in Abhängigkeit gründet.

Daß sich das Verhältnis schlechthinniger Abhängigkeit von allem Weltverhältnis unterscheidet, besagt nicht, daß es von ihm geschieden sei. Vielmehr betrifft es alle Weisen partieller Abhängigkeit und Freiheit in Hinsicht auf das, was für sie letztlich bestimmend ist. Nun könnte aus dem Gedanken der alles bestimmenden Wirklichkeit, der eine Form des

[6] Der chr. Gl., (1830/31²) 1960, § 4 (I,23–30).

metaphysischen Gottesbegriffs darstellt, die schlechthinnige Abhängigkeit alles Seienden von Gott gefolgert werden. Aber das wäre einerseits eine Tautologie, die bloß wiederholte, was in diesem Begriff gesetzt ist, anderseits der Sprung von einer Idee zu dem personalen Gegenüber, als das Gott angebetet wird, weil er als das geglaubt wird, was den Menschen unbedingt angeht. Allein in dieser Situation des unbedingten Angegangenseins hat die schlechthinnige Abhängigkeit ihren lebensmäßigen Ort. Damit beschränkt sich aber diese Abhängigkeit keineswegs auf den betreffenden Menschen. Vielmehr weiß er in das unbedingte Angegangensein von Gott und damit in die schlechthinnige Abhängigkeit von ihm alles mit eingeschlossen, was ihn sonst in der Weise partieller Abhängigkeit und Freiheit angeht. Diese Erkenntnis nimmt nicht etwa umgekehrt den Lauf des theoretischen Denkens, das aus dem Gedanken einer allgemeinen Abhängigkeit alles Seienden von der alles bestimmenden Wirklichkeit auf die eigene schlechthinnige Abhängigkeit zurückschließt. Ein theoretischer Akt kann dies gar nicht zuwege bringen, weil er als solcher das eigene Selbst des Menschen notwendig als die betrachtende Instanz von der Abhängigkeit frei hält. Das ist der Grund, weshalb in der theoretischen Betrachtung, durch die der Mensch vor sein eigenes Forum Gott zitiert, die schlechthinnige Abhängigkeit nur als Widerspruch zur Freiheit des Menschen gedacht und eben darum nicht gedacht werden kann.

Dagegen wird die schlechthinnige Abhängigkeit in der Situation des Menschen vor Gott notwendig bejaht, weil sich der Mensch hier in seinem eigenen Selbst als schlechthin abhängig erfährt. Dieses Widerfahrnis ist, wenn ihm standgehalten wird, widerspruchslos. Es ist dann sogar das Allernatürlichste und Selbstverständlichste, daß der Mensch alles, was er ist und hat, allein Gott verdankt und in dieser Dankbarkeit sein Sein als von Gott her empfangen bejaht. Sofern dies ohne Sträuben und Widerstand geschieht, ist die Bejahung schlechthinniger Abhängigkeit von Gott das Versetztsein in schlechthinnige Freiheit. Das klingt wiederum nur der Betrachtung von außen paradox, die diese Identität von Abhängigkeit und Freiheit deshalb nicht erfaßt, weil sie der schlechthinnigen Abhängigkeit entschiedenen Widerstand entgegensetzt und sie darum von vornherein verneint. Wer dagegen Gott bejaht, weil er sich selbst von Gott bejaht weiß, erfaßt die schlechthinnige Abhängigkeit von ihm als Grund seiner Freiheit. Es klingt verwegen, sie ebenfalls schlechthinnige Freiheit zu nennen. Aber man darf diese Aussage wagen, wenn man dabei an die vom heiligen Geist eröffnete herrliche Freiheit der Kinder Gottes denkt (Röm 8,21), die deshalb zu Herren über alles macht und an der Doxa Gottes teilgibt, weil die Gotteskindschaft die uneingeschränkte Bejahung der Abhängigkeit von Gott ist.

b) Das freisetzende Handeln Gottes

Diese Interpretation des schöpfungsmäßigen Gottesverhältnisses von dem her, was dem Menschen widerfährt, der aus dem Widerstand der Selbstbehauptung gegen Gott erlöst ist, also die Interpretation des Geschöpfseins von dem Sein als *kaine ktisis* (2. Kor 5,17) her, stellt das Verständnis von Gottes Schöpfungshandeln erst in das rechte Licht. Die Vorstellung des Handelns Gottes im Kausalschema verfälscht es unvermeidlich in ein welthaftes Handeln. Es wird zu einer partiellen Ursache, auch wenn man sie zur prima causa erhebt. Dann ist es unausbleiblich, daß das Verhältnis zwischen Gott und Mensch im Schema partieller Abhängigkeit und partieller Freiheit vorgestellt und der Gedanke schlechthinniger Abhängigkeit nicht anders denn als radikale Verneinung von Freiheit aufgefaßt wird. Daraus ergibt sich zwangsläufig das Problem, wie die dennoch nicht preiszugebende Freiheit des Menschen gegen Gott zu behaupten ist und wie die Freiheit Gottes und die Freiheit des Menschen gegeneinander abzugrenzen sind. Es ist offensichtlich, daß sich das Denken hier in hoffnungslose Widersprüche verliert, weil von der Setzung eines in sich selbständigen Menschen ausgegangen wird, über dessen Beziehung zu Gott zusätzlich Aussagen gemacht werden sollen.

Wird dagegen das Handeln Gottes aus der Situation des Seins vor Gott heraus erfaßt, so hat es den Charakter des worthaften Handelns. Das ist die Weise, wie die Bibel vom Schöpfungshandeln redet: „Gott sprach: Es werde Licht! Und es ward Licht.“ (1. Mos 1,3) „Er sprach, und es geschah, er gebot, und es stand da.“ (Ps 33,9) Das Schaffen ist ein Rufen dessen, was nicht ist, daß es sei, ein hervorrufendes Ansprechen des Nichtseienden als Seienden (Röm 4,17). Deshalb werden mit Recht Schöpfung und Evangelium unter Bezugnahme auf das Wort verklammert, das im Anfang war. „Alles ist durch diesen Logos entstanden und ohne ihn ist nichts von dem entstanden, was besteht.“ (Joh 1,3) Das Handeln Gottes als Ins-Sein-Rufen ermöglicht es, im Gegensatz zu dem Denken im Kausalschema das Schöpfungsgeschehen als ein Freisetzen zu verstehen. Nicht in dem Sinne, als wäre das einmal Geschaffene damit in die Unabhängigkeit von Gott versetzt, sondern so, daß die das Hören allererst setzende Anrede ein unaufhebbares Gott-Gehören begründet, das sich freilich als solches nur dann erfüllt, wenn es ein Hören auf die Anrede Gottes bleibt. In dieser Relation von Schöpferwort und Hören wiederholt sich die Identität schlechthinniger Abhängigkeit und schlechthinniger Freiheit. Denn das Hören auf das Wort des Schöpfers ist einerseits reines Geschenk, anderseits als solches das Freigesetztwerden des Geschöpfs zum Gegenüber, zum Partner Gottes. In dieser Freiheit des Hörens befindet es sich aber nur dann, wenn sich darin das Hören als

Gott-Gehören erfüllt. Auch hier wiederum zeigt es sich, daß das Wesen des Geschöpfseins als das Ineins von Abhängigkeit und Freiheit erst von daher beschreibbar wird, was durch den heiligen Geist am Menschen geschieht.

2. Das servum arbitrium

Daß der freie Wille nichts sei, muß als eine unsinnige und unmenschliche These erscheinen, wenn man das Gottesverhältnis im Schema des Weltverhältnisses denkt. Dann ist es allerdings das einzig Vernünftige, den Menschen als das animal rationale, das zusammen mit der ratio durch liberum arbitrium ausgestattet ist, als den feststehenden Rahmen in Ansatz zu bringen, in den hinein die theologischen Aussagen einzufügen sind, ohne diesen Rahmen zu sprengen. Mit dem Nein zu dieser Weise, von Gott und Mensch zu reden, befand sich die reformatorische Theologie in einsamer Position der katholischen Scholastik und dem Humanismus gegenüber. Wer heute zu der Lehre vom servum arbitrium steht, befindet sich erst recht in der Position eines einsamen Vogels auf dem Dache (Ps 102,8). Dabei ist dieses – wenn man so sagen will – Todesurteil über den freien Willen im Grunde so realistisch. Aber eben deshalb will man es nicht gelten lassen.

a) Die Willensfreiheit und ihre Grenzen

Man könnte sagen: Willensfreiheit sei eine Tautologie. Wille meint in der Tat nicht einfach einen blinden Trieb, sondern ein wählendes, sich entscheidendes Verhalten. Man hat es ständig vor Augen und rechnet unablässig damit, in bezug auf sich selbst wie in bezug auf den Mitmenschen. Darauf beruht die Unberechenbarkeit des Menschseins, aber auch seine Zurechnungsfähigkeit, seine Verantwortung. Es bedarf keiner weiteren Worte, daß die Leugnung dieses freien Willens – etwa zugunsten einer Theorie des totalen Kausaldeterminismus unrealistisch und töricht wäre. Sie läßt sich in Wirklichkeit gar nicht vertreten. Ebenso steht allerdings fest, daß der Entscheidungsfreiheit des Willens enge Grenzen gesetzt sind. Er ist an die Vorgegebenheiten des individuellen Charakters, der Lebensumstände, der Umwelt und der Sprache, an der er teilhat, gebunden. Der Mensch bewegt sich gewöhnlich in einem sehr engen Spielraum von Möglichkeiten. Aus Distanz gesehen könnte es so scheinen, als sei mit der Geburt im Grunde schon alles entschieden, als könne der freie Wille nur allenfalls freiwillig oder widerwillig vollziehen, was verhängt ist.

Aber auch dann, wenn man aus der Perspektive des täglichen Wählens und Entscheidens und vor allem im Hinblick auf die Erwartungen und Enttäuschungen im Umgang mit den Mitmenschen und auf Grund der Erfahrungen mit ihrer Gutwilligkeit oder Böswilligkeit dem freien

Willen höhere Bedeutung beimißt, ist doch die Kluft zwischen dem, was der Wille will, und dem, was er tatsächlich vermag, sehr groß. Sie wird desto größer, je weiter das Ziel gesteckt ist, das der Wille ins Auge faßt. Handelt es sich nur darum, ob ich im Augenblick diese oder jene Bewegung vollziehe, mir dies oder das zu tun vornehme, so entsteht normalerweise kein Problem. Handelt es sich um das Durchführen von Plänen, um die Verwirklichung größerer Vorhaben, so weiß jeder, wie der Wille allein gar nichts vermag, wenn ihm nicht die von ihm unabhängigen Faktoren, die ständig in das menschliche Handeln eingreifen, günstig sind. Man muß Glück haben, sagt man. Oder man gibt dem Schicksal Schuld. In der Tat bringt der menschliche Wille nichts von Belang zustande, was in der Ausführung und in seinen Folgen nicht mehr oder weniger von dem Geplanten abwiche und weit hinausginge über das Gewollte oder auch ihm aufs äußerste widerspräche.

Das Beunruhigendste aber ist dies, daß der Wille des Menschen sozusagen im eigenen Hause nur sehr eingeschränkt Herr ist. Das muß jeder zugeben, der sich darum bemüht, guten Vorsätzen zu folgen oder gar die Grundausrichtung seines Willens zu ändern. Was Paulus Röm 7,15 beschreibt: „Ich tue nicht, was ich eigentlich will“, ist eine triviale Erfahrungstatsache, deren Hintergründigkeit freilich erst dann in Erscheinung tritt, wenn man sich fragt, was man denn eigentlich will, ob das, was man gegen seinen Willen dennoch zu tun beklagt, nicht im Grunde durchaus dem eigentlichen Willen entspricht, während das, was man für seinen eigentlichen Willen halten möchte und als ihn ausgibt, sozusagen nur ein gewünschter Wille, ein vorgetäuschter Wille ist, der deshalb gar nicht so zu heißen verdient, weil er unernst und ohnmächtig ist.

b) Die Unfreiheit in Hinsicht auf das Sein vor Gott

All die Erfahrungen, auf die angespielt wurde: vom einfachsten Willensakt bis zum Erweis der Ohnmacht des Willens, sind in das Reden vom servum arbitrium einbezogen. Die einen Erfahrungen werden dadurch nicht geleugnet, die anderen aber sind keineswegs mit dem identisch, was das servum arbitrium meint. Bei ihm geht es nicht um das, was der Wille der Welt gegenüber vermag – das ist aufs Ganze gesehen zumeist herzlich wenig, kann freilich auch fürchterliche Ausmaße haben –, sondern um das, was er Gott gegenüber vermag – und das ist schlechterdings nichts. Freier Wille im strengen Sinne ist ein Gottesprädikat. Aber man geriete wiederum in ein falsches Denkschema, wenn man in Hinsicht auf die Allmacht des göttlichen Willens in einem metaphysischen Denkakt den menschlichen Willen überhaupt leugnete. Die Wahrheit des servum arbitrium ist nicht etwa die, daß der Mensch keinen Willen hätte, sondern die, daß er seinen freien Willen Gott gegenüber zum Einsatz bringen möchte und ihn so in einen zutiefst gottlosen und versklavten Willen pervertiert. Gott ist nicht Gegenstand des menschlichen Handelns. Und darum ist es auch nicht Sache des menschlichen Willens, das Verhältnis zu Gott zu regulieren. Gott gegenüber kann der freie Wille nur so in Aktion treten, daß er sich selbst preisgibt. „Wer Sünde tut, der ist der Sünde Knecht." (Joh 8,34) Dagegen ist die Willigkeit zu Gott das Geschenk seiner Gnade, Gabe des heiligen Geistes. Dies aber bezeichnet man angemessenerweise nicht als Willensfreiheit, als bestände es darin, gewissermaßen von neutralem Orte aus je nachdem sich Gott zu- oder von ihm abzuwenden. Die Freiwilligkeit, die das Geschenk des heiligen Geistes ist, versteht sich selbst als unverbrüchliche Zugehörigkeit zu Gott, die nicht der Mensch, sondern Gott bewirkt. Darum ist es richtiger, in Hinsicht auf das Sein vor Gott die Kategorie des freien Willens überhaupt aufzugeben und statt dessen von der Freiheit des Gewissens als des innersten Gehörs des Menschen zu sprechen: Freiheit allerdings im Sinne des Befreitseins. Dem servum arbitrium entspricht als Gegenbegriff das befreite Gewissen.

3. Die libertas christiana

Wenn Paulus in 1. Kor 9,19 Freiheit und Dienstbarkeit in der Weise in eins setzt, daß er deswegen aller Knecht geworden ist, nicht etwa obwohl, sondern weil er allen gegenüber frei ist, so handelt es sich hier nicht um die Antithetik von unfreiem Willen und der durch den heiligen Geist geschenkten Freiheit, sondern um die gänzlich unparadoxe, weil in sich einige Auffassung der Freiheit als Freiheit zum Dienen. Luther hat dieser paulinischen Aussage die klassische Auslegung gegeben: „Ein Christenmensch ist ein freier Herr aller Dinge und niemand untertan. Ein Christenmensch ist ein dienstbarer Knecht aller Dinge und jedermann untertan."[7] Das erste beschreibt, was der Glaube ist und vermag, das zweite, was daraufhin die Liebe ist und vermag. Dieser durch den Glauben zur Liebe freigesetzte Mensch ist das Werk Gottes, das reichlich Gelegenheit hat, Gutes zu tun (2. Kor 9,8). Von diesem Werk Gottes und seiner Menschlichkeit soll nun im nächsten Kapitel des näheren gehandelt werden.

---

[7] WA 7; 21,1–4 = BoA 2; 11,6–9.

Kapitel 10

Der rechtfertigende Glaube

Einleitung

1. Geist und Glaube

Es sei in Erinnerung gerufen, was es mit dem Themawechsel auf sich hat, der jetzt vollzogen wird. Durch die Zuwendung zum Glauben wird die Pneumatologie nicht etwa verlassen. Vielmehr wird sie unter einer anderen Koordinate fortgeführt. Bisher erfolgte in Hinsicht auf das Menschsein die Grundlegung der Pneumatologie. Nun soll unter dem Gesichtspunkt des Glaubens auf das Wirken des heiligen Geistes genauer eingegangen werden. Dafür ist nicht etwa die Frage von Belang, ob ein bestimmtes zeitliches Folgeverhältnis von Gläubigwerden und Geistempfang anzunehmen sei. Wichtig ist jedoch die Frage nach der inneren Beziehung von Geist und Glaube. Luther hat diese Frage auf höchst prägnante Weise beantwortet, indem er im Kleinen Katechismus die Aussage „Ich glaube an den heiligen Geist" durch eine Glaubensaussage über den Glauben erläuterte: „Ich *glaube,* daß ich nicht aus eigener Vernunft noch Kraft an Jesum Christ, meinen Herrn, *glauben* oder zu ihm kommen kann, sondern der heilige Geist ..."[1] Und nun folgen Angaben darüber, was der heilige Geist getan hat, tut und tun wird in Hinsicht auf den Glauben und die Gläubigen. Dabei werden diese beiden Stichworte noch je zweimal ausdrücklich genannt: „... der heilige Geist hat mich durchs Evangelium berufen, mit seinen Gaben erleuchtet, im rechten *Glauben* geheiliget und erhalten, gleichwie er die ganze Christenheit auf Erden beruft, sammelt, erleuchtet, heiliget und bei Jesu Christo erhält im rechten einigen *Glauben,* in welcher Christenheit er mir und allen *Gläubigen* täglich alle Sünden reichlich vergibt und am jüngsten Tage mich und alle Toten auferwecken wird und mir samt allen *Gläubigen* in Christo ein ewiges Leben geben wird."[2] So wird unüberhörbar zum Ausdruck gebracht: Indem der dritte Glaubensartikel vom heiligen Geist handelt, wird er ein Glaubensartikel in bezug auf den Glauben selbst. In keiner der beiden anderen Artikelerklärungen

[1] BSLK 511,46–512,2.
[2] BSLK 512,2–13.

wird – außer der Wiederholung des Schlüsselwortes credo je am Anfang – sonst noch der Glaube erwähnt. Hier dagegen strukturiert er den einen langen und doch so kristallklaren Satz über das Wirken des heiligen Geistes.

2. Der Hinweis auf den Geist um des Glaubens willen

Diese innere Beziehung von Geist und Glaube läßt sie beide einander erläutern und gegen Verkehrung schützen. Der Glaube ist erst dann als Glaube verstanden, wenn er als das begriffen ist, wozu der Mensch aus eigener Vernunft und Kraft nicht fähig ist. Zinzendorf hat dies einmal treffend so kommentiert, daß „nicht die böse, sondern alle eigene Vernunft, nicht die schädliche, feindselige, sondern alle eigene Kraft in der Sache der Seligkeit nichts helfen kann"[3]. Darum, so könnte man dies unterstreichen, muß die Glaubensaussage über den Glauben in dem Bekenntnis bestehen, daß der Glaubende von sich aus nicht glauben kann, sondern dazu des heiligen Geistes bedarf. „Ich glaube! Hilf meinem Unglauben!" (Mk 9,24) – das ist der unentbehrliche Unterton in den geradezu schockierend volltönenden, aber nach dem Eindruck vieler zugleich verdächtig hohl klingenden Aussagen über den Glauben, die darin gipfeln, daß allein der Glaube rechtfertige. „,... ich nicht, ... sondern der heilige Geist" – das heißt keineswegs: Nicht ich glaube, sondern der heilige Geist glaubt in mir, wohl aber: Ich mache mich nicht zum Glaubenden, vielmehr der heilige Geist macht mich dazu.

3. Der Hinweis auf den Glauben um des Geistes willen

Nun sichert aber auch umgekehrt der Hinweis auf den Glauben das rechte Verständnis des heiligen Geistes. Darauf wurde schon bei der Skizzierung der paulinischen Lehre vom Geist hingewiesen. Diesem pneumatologischen Kriterium soll nun für das gesamte Wirken des heiligen Geistes Nachdruck verliehen werden. Die Gerechtigkeit des Glaubens ist die eigentliche Gabe des Geistes. Das Wort des Glaubens ist die Quelle des Geistes. Die Gemeinschaft des Glaubens ist die Geschichtsgestalt, in welcher der heilige Geist weiterwirkt. Durch diese Präzisierungen wird den enthusiastischen Höhenflügen und spiritualistischen Verflüchtigungen gewehrt, die den heiligen Geist von der Erdenschwere und der Geschichtsgebundenheit des irdischen Lebens loszulösen trachten. Dies könnte allerdings dahin mißverstanden werden, als sollte durch das Bestehen auf dem Glauben die Rede vom heiligen Geist zurückgebunden, wenn nicht gar wieder zurückgenommen werden.

[3] Zweite Predigt über die Auslegung des dritten Artikels (1752), in: Nik. Ludwig von Zinzendorf, Hauptschriften, hg. von E. Beyreuther und G. Meyer, Bd. V, Londoner Predigten (Erster Band 1756) 1963, 11.

Was zum Verhältnis von Pneumatologie und theologia crucis gesagt wurde (§ 31 C I 3a, s.o.S. 102ff), erweckt leicht den Verdacht, die Konzentration auf den rechtfertigenden Glauben sei schließlich nur die Rechtfertigung der Resignation in bezug auf die Wirklichkeit des heiligen Geistes. Deshalb ist bei den kommenden Überlegungen auf folgendes sehr genau zu achten: Wenn das Thema des rechtfertigenden Glaubens nun alles bestimmen soll, was die bessere Gerechtigkeit betrifft, die durch Jesus Christus in die Welt gekommen ist (vgl. Mt 5,20), sowie dasjenige, was das christliche Wort letztlich der Welt zu sagen und zu geben hat und was man sich von der Wirklichkeit der Kirche für Gegenwart und Zukunft versprechen darf, dann steht und fällt die Wahrheit dessen damit, daß dies nicht Ausdruck eines Rückzugs und Verzichtes ist, vielmehr erst deutlich macht, worin der Selbsterweis von Gottes Geist und Kraft besteht (1. Kor 2,4) und warum Gottes Geist heiliger Geist heißt.

§ 34 Die Gerechtigkeit des Glaubens

Die Darstellung der Rechtfertigungslehre hat stets nicht nur hinsichtlich des Aufbaus, dem sie folgen soll, große Schwierigkeiten bereitet, sondern vor allem auch in bezug auf ihren Inhalt. Dies wird verständlicherweise als Argument dafür ins Feld geführt, daß es sich deshalb bei diesem Artikel offenbar nicht um den articulus stantis et cadentis ecclesiae handeln könne. Er erscheint eher als eine Fußangel, über die kaum ein Theologe nicht stolpert: ganz abgesehen von dem theologisch nicht gebildeten Christen, der hier mit seinem Verstehen auf eine Mauer stößt; sowie erst recht ganz zu schweigen von dem Zeitgenossen, der dem Christentum mehr oder weniger ferne steht. Ihm löst sich die Rede von der Gerechtigkeit des Glaubens in eine skurrile Phrase auf, hinter der nur die Selbstgerechtigkeit der Christen zum Vorschein kommt.

Wenn die folgende Darlegung um zwei Hauptgesichtspunkte kreist: den rechten Menschen und den rechten Christen, so ist das Streben nach Vereinfachung von Inhalt und Aufbau offenbar allzu weit über das Ziel hinausgeschossen. Eine Entleerung bis zur Banalität und ein Abbau des Wesentlichen scheinen die Folge zu sein. Daß dies nicht der Fall ist, können nur die Ausführungen selber erweisen. Es wäre sinnlos, im voraus dahingehende Versicherungen abzugeben. Dennoch mögen zwei Bemerkungen nachdenklich machen.

Das so flach und fade klingende Wörtlein „recht" könnte, wenn man die Sprache beim Worte nimmt, in diesem Falle vielleicht deutlicher als das gewichtige und belastete Wort „gerecht" anzeigen, worum es geht; in Übereinstimmung sogar mit dem Terminus „rechtfertigen", wenn man ihn einmal von dem Gesichtspunkt befreit, daß hier etwas gefertigt, angefertigt werden soll. Der rechte Mensch – das wäre etwas Großes. Und wer vom Christen wenig hält, würde sich ihn vielleicht sogar gefallen lassen, wenn er ein rechter Christ wäre. Aber wo ist der rechte Mensch? Wo ist der rechte Christ? Die Frage drängt nun doch darauf hin: Wie kommen sie zustande? Oder sinnentsprechend zu dem Ausdruck „fertigen", der uns dafür unpassend klingt: Wie wird der Mensch, wie wird der Christ in rechten Stand gesetzt?

Warum sich nun der Hauptaufbau nach dem Menschen und nach dem

Christen gliedert, mag nicht so leicht durchschaubar sein und läßt sich auch nur von der weiteren Untergliederung her hinreichend erklären. Sie im voraus zu begründen, erforderte weit mehr als eine bloße erste Vorbemerkung. Doch sollte dies wohl einleuchten: Rührt das Thema der Rechtfertigung allein aus Glauben wirklich an das spezifisch Christliche, so wird dadurch das Verhältnis von Menschsein und Christsein akut. Wenn sich nun aber die Frage nach dem rechten Menschen nicht etwa durch den Hinweis auf den Christen erledigt, sondern hier akut bleibt und sich wiederholt als die Frage nach dem rechten Christen, so tritt ein entscheidender Aspekt der Rechtfertigungslehre in den Brennpunkt: Ebenso, wie nach christlicher Lehre die Rechtfertigung allein aus Glauben für das Leben jedes Menschen schlechterdings entscheidend sein soll, bleibt sie auch für das Leben des Christen weiterhin entscheidend. Er bringt sie nie hinter sich. Dann legt es sich aber nahe, dasselbe Thema zweimal durchzugehen, einmal in Hinsicht auf das Menschsein überhaupt, zum andern in Hinsicht auf die besonderen Aspekte des Christenlebens. Im ersten Fall wird der Sachverhalt als solcher dargelegt, den die Rechtfertigungsaussage meint. Im zweiten Fall wird er in dem Kontext sonstiger Aussagen über den Christen bedacht sowie auf die Erfordernisse und Bedingungen seines Lebens bezogen.

A. Der rechte Mensch

Wenn man sich in systematisch-theologischer Intention mit der Thematik der Rechtfertigungslehre befaßt, gerät man in besonderem Maße in diejenige Mehrdimensionalität der Problemaspekte, die an sich bei aller theologischen Arbeit begegnet, an bestimmten Knotenpunkten aber vor eine kaum zu bewältigende Aufgabenkumulation stellt. Wenn auch, auf die Genesis der Rechtfertigungslehre gesehen, im Grunde nur Paulus in Betracht kommt, ist doch der Sachverhalt bei ihm exegetisch schwierig und umstritten. Die Bezugnahme auf diesen Ursprung ist nun aber von einer gewaltigen Auslegungsgeschichte überlagert, die sich keineswegs nur in Pauluskommentaren vollzogen hat, sondern vor allem im systematischen theologischen Denken. Vornehmlich durch Augustin und durch Luther ist dabei das paulinische Erbe weitergeführt und ausgebaut worden, so daß sich darin die abendländische Theologie zentrierte. Der Verlust der abendländischen Kircheneinheit leitet sich zwar gewiß nicht allein von der expliziten Auseinandersetzung um das Rechtfertigungsverständnis her, ist aber unter dieser Fragestellung mit äußerster Schärfe reflektiert und verantwortet worden. Damit ist neben Paulus ein zweiter geschichtlicher Brennpunkt der Rechtfertigungsthematik getreten, dessen Einfluß sich keine gegenwärtige systematische

Besinnung auf sie entziehen kann. Wie aber schon zwischen der paulinischen und der abendländisch-kontroverstheologischen Ausprägung der Rechtfertigungslehre eine unverkennbare Differenz der Situation und damit auch der Ausprägung besteht, so erweitert sich die historische Differenz zu einer tiefen Kluft, wenn man vor dem Problem steht, ob und wie, abgekürzt formuliert, die paulinisch-reformatorische Auffassung von der Rechtfertigung aus Glauben heute theologisch vertretbar ist. Handelt es sich nur um ein ehrwürdiges geschichtliches Erbstück, das sich mit gelehrtem Aufwand restaurieren läßt, aber im Hinblick auf die lebensnotwendigen Aufgaben zum Ballast wird? Oder ist dieses Rechtfertigungsthema der Schlüssel auch zur heutigen Zentralfrage des Menschseins und Christseins? Ist es vornehmlich eine uns fremd gewordene Terminologie, die der Rezeption im Wege steht? Oder ist die zugrundeliegende Fragestellung selbst und mit ihr dann auch die von Paulus her bestimmte Antwort obsolet geworden, so daß wir gar nicht mehr uns selbst darin erkennen oder nur mit Mühe die eigenen Lebensprobleme in diese theologische Lehrüberlieferung zurückübersetzen können? Wäre nicht aber das krampfhafte Bemühen um Übereinstimmung mit der Tradition und um Bestätigung aus ihr der typische Fall einer Rechtfertigung aus Werken des Gesetzes? Solche Kritik würde also wider Willen nur die Aktualität der Rechtfertigungslehre bestätigen.

Dieses weite Problemfeld ist von den Kämpfen, Leidenschaften und Leiden vieler Generationen aufgewühlt und von zahllosen Historikern durchforscht und kreuz und quer durchfurcht worden. Um uns darin zurechtzufinden, müssen wir uns mit dem Mut zum Einfachen an einige wenige Hauptgesichtspunkte halten und zu dem Grundsachverhalt vorzustoßen versuchen, von dem her die aufgeworfenen Fragen entscheidungsreif werden. Zu diesem Zweck konzentrieren wir uns zunächst auf die Herausarbeitung der Rechtfertigungsfrage, wobei die historische Spannung dominiert. Sodann soll die Rechtfertigungsaussage systematisch expliziert werden.

I. Die Rechtfertigungsfrage

Sprache und Sache sind hier, wie sonst, selbstverständlich nicht voneinander zu separieren. Aber erst der Spielraum ihrer Beziehung zueinander erlaubt ein Verstehen und Nachdenken. Deshalb ziehen wir nicht getrennte Schubfächer auf, sondern folgen der Bewegung eines Sprachgeschehens, wenn wir bei Beobachtungen zur Sprache der Rechtfertigungslehre einsetzen und sodann die Sache des Rechtfertigungsglaubens zu bestimmen versuchen.

1. Die Sprache der Rechtfertigungslehre

a) Der historische Ort

Auf ihren historischen Ort gesehen, ist die Sprache der Rechtfertigungslehre in auffallender Weise ein Grenzphänomen. Wie an jeder Grenze beides stattfindet: Berührung und Scheidung, Übergang und Zurückweisung, so auch hier. Die Herkunft dieser Sprache verweist mit aller Eindeutigkeit in die alttestamentlich-jüdische Tradition. Nur dank seiner jüdischen geistigen Prägung hat Paulus die Rechtfertigungslehre ausbilden können. Aber im Unterschied zu einer schon vorpaulinischen Übernahme dieser traditionellen Terminologie in den christlichen Sprachgebrauch ist daraus erst durch Paulus das Instrument schärfster Abgrenzung gegen das Judentum geworden. Infolgedessen ist die Rechtfertigungslehre erstaunlicherweise der Ort, an dem die Aufhebung der religiösen Scheidung in Juden und Heiden grundsätzlich durchreflektiert worden ist. Diese Lehrgestalt hat sich bei Paulus erst allmählich herausgebildet und bestimmt vornehmlich seine Auseinandersetzung mit den judaistischen Gegnern. Aber es kann keine Rede davon sein, daß es sich etwa nur um eine apologetische oder polemische Hilfskonstruktion nach dieser Seite hin handelte. Vielmehr ist, wenn auch weniger terminologisch als der Sache nach, die Abgrenzung gegen die enthusiastischen Christen in Korinth an derselben Grundeinsicht orientiert. Sowenig die Rechtfertigungslehre etwa das einzige sprachliche Medium paulinischer Theologie ist, stellt sie innerhalb ihrer doch zweifellos das am tiefsten eindringende und am weitesten greifende diagnostische Instrumentarium theologischer Urteilsbildung dar.

Diesen Beobachtungen entsprechen in der reformatorischen Situation parallele Sachverhalte – bei einer Konstellation allerdings, die sich gegenüber der urchristlichen verschoben hat. Den unmittelbaren Traditionskontext bilden nun die spätmittelalterliche Gestalt von Kirche und Frömmigkeit sowie die scholastische Ausprägung der Rechtfertigungslehre. Nicht etwa darin besteht das Reformatorische, die Rechtfertigungslehre sozusagen der Vergessenheit entrissen und wieder in die Mitte gestellt zu haben – daran mangelte es nicht –, sondern in einer Akzentuierung, die an dem, was der Reformation mit der unmittelbaren kirchlichen und theologischen Tradition gemeinsam war, einen unerhört tiefen Gegensatz aufbrechen ließ. Das geschah nun aber ebenfalls keineswegs allein nach dieser Seite hin, die nun mit jüdischer Gesetzesgerechtigkeit identifiziert wurde. Vielmehr gewann man damit gleichermaßen das Kriterium auch gegenüber dem Schwärmertum verschiedenster Art auf der linken Seite der Reformation. Nun überhaupt erst ist die fundamentaltheologische Bedeutung der paulinischen Rechtfertigungslehre voll in das theologische Bewußtsein gehoben und nach allen Seiten hin bedacht worden.

b) Die Terminologie

Man mißverstünde den Tenor der Rechtfertigungsterminologie, wenn man ihn nach unseren Begriffen als juridisch bezeichnete. Danach scheint der Begriff der Gerechtigkeit vornehmlich an der Funktion des Richters zu haften, der festzustellen hat, ob ein Angeklagter gegen das geltende Recht verstoßen hat. Urteilt der Richter zutreffend, das heißt: erfaßt er den Sachverhalt der Tat richtig und schätzt er ihn dem Recht gemäß richtig ein, so ist das Urteil gerecht und er selbst ebenfalls. War der Betroffene zu Recht angeklagt, so erhält er nun seine gerechte Strafe. Wird er dagegen von der Anklage freigesprochen, so gilt er als gerechtfertigt. Natürlich steht dieser juridische Sprachgebrauch im Hintergrund. Er wird aber dadurch erheblich umgeformt, daß es sich um das Verhältnis von Gott und Mensch im alttestamentlichen Verständnis handelt. Die Verbindung zum Juridischen bleibt durch den Gesichtspunkt des Forensischen bestehen. Er reicht aber weiter, als daß es sich nur um ein Gerichtsforum handelte. Gott und Israel, und darin eingeschlossen: Gott und jeder Einzelne, sind relational zueinander bestimmt. Das kommt am deutlichsten zum Ausdruck in dem Sein vor Gott im Sinne von: „vor dem Angesicht Gottes", worin das Sein von Gott her stets mit gemeint ist. In der Situation des Beters, der sich Gott verdankt und von ihm alles Gute erwartet, tritt zutage, was es um die Situation des Menschen ist. Von daher scheiden sich die Menschen in Gerechte und Ungerechte. Beide sind dies nicht einfach kraft ihrer Qualität, unabhängig vom Gottesverhältnis. Der Gerechte ist der Fromme, der Ungerechte der Gottlose. Aber auch dies nicht bloß in Hinsicht auf ihr Ja und Nein zu Gott und seinen Geboten. Vielmehr kommt in beiden Fällen, weil dem Ernstnehmen oder Nichternstnehmen des Seins vor Gott, dem Urteil Gottes konstitutive Bedeutung zu. Gerecht ist, wer letztlich von Gott angenommen wird, gottlos, wer letztlich von seinem Angesicht verworfen wird. Deshalb kommt der Zukunft in doppelter Hinsicht Gewicht zu: im Blick auf den leidenden Gerechten, dem Gott Recht verschaffen wird, wie auch im Blick auf das, was dem Frommen an Gerechtigkeit noch fehlt und ihn auf Gottes Vergeben angewiesen sein läßt. Daß sich Gott auch durch dieses sein heilschaffendes Handeln, durch seine Gnade, als gerecht erweist, hängt mit dem weiten Sprachgebrauch von Recht und Gerechtigkeit zusammen. Wie Gott die Ordnung seiner Schöpfung und den Bund mit seinem Volk als seine Rechte und Satzungen nicht nur kundtut, sondern auch selber wahrt und so Recht und Gerechtigkeit auf Erden als Heil walten läßt, so holt er dadurch die

Menschen in die von ihm gestiftete Gemeinschaft, handelt an ihnen in Richtung auf eine seinem Gesetz gemäße Gerechtigkeit.

Gegen diesen alttestamentlichen Sprachhintergrund hebt sich die paulinische Terminologie durch folgende neue Akzentuierungen ab, die miteinander zusammenhängen und eine Einheit bilden. Das zukünftige Gerechtgesprochenwerden kann schon als gegenwärtig ausgesagt werden im Hinblick auf das, was Gott in Jesus Christus getan hat. Das Gerechtfertigtwerden widerfährt nicht dem Frommen, dem nur noch etwas an der Gerechtigkeit fehlt, sondern dem Gottlosen, dem Sünder im radikalen Sinne, als welcher ausnahmslos jeder gilt, ob Heide oder Jude. Die Gerechtigkeit, die so verliehen wird, ist darum eine Gerechtigkeit nicht des Gesetzes, sondern des Glaubens. Und sie heißt Gerechtigkeit Gottes – eine Wendung, die in der Septuaginta nicht vorkommt und die trotz der Bezugnahme darauf, wie das Alte Testament die Worte gerecht und Gerechtigkeit in bezug auf Gott verwendet, wohl eine eigene terminologische Prägung des Paulus darstellt. Der Genitiv hat nicht in allen Fällen denselben Sinn. Zuweilen ist er als genitivus subiectivus zu verstehen, an den Hauptstellen aber als ein genitivus auctoris, der selbstverständlich den Gesichtspunkt der Relation mit einschließt, wie ja der paulinische Genitivgebrauch oft einen schwebenden Charakter hat. So verstanden ist die Gerechtigkeit Gottes die von Gott geschenkte Glaubensgerechtigkeit, durch die der Sünder vor Gott als gerecht gilt.

2. Die Sache des Rechtfertigungsglaubens

Mit den Bemerkungen zur Sprache der Rechtfertigungslehre wurde nur an einige historische Daten erinnert, ohne daß nun der Versuch unternommen werden sollte, des näheren exegetisch von den paulinischen Texten her unter Hinzuziehung kontroverstheologischen Materials die Sachfrage anzugehen. Auf eine solche weitergreifende historische Entfaltung – so wichtig sie an ihrem Orte als Vorarbeit ist – sei jetzt verzichtet zugunsten einer schlichten Besinnung darauf, worum es eigentlich im Rechtfertigungsglauben geht. Fraglos bereitet schon die Terminologie Schwierigkeiten. Wir sind vornehmlich gewohnt, die Worte gerecht und Gerechtigkeit im moralischen Sinne zu gebrauchen für die ethische Eigenschaft distributiver Gerechtigkeit, die jedem das Seine gibt. Sofern dieser Begriff auf Gott übertragen wird, suggeriert er die gerechte Verteilung von Lohn und Strafe, als wäre Gott nur ein Buchhalter, der die Bilanz zieht, und als wäre der Mensch in seinem Verhältnis zu Gott wie sonst im Leben aus mancherlei Soll und Haben, Schulden und Verdiensten zusammengesetzt. Daß dieser Sprachgebrauch das Verständnis des Rechtfertigungsglaubens blockieren kann, hatte schon Luther an sich selbst erfahren. Trotzdem wäre es höchst unwahrscheinlich, daß die Schwierigkeiten durch eine lexikalisch-semantische Belehrung zu beheben wären. Auch wenn man tiefer eindringend, als es in den bloß andeutenden Bemerkungen dazu geschah, die Eigentümlichkeit des hebräischen Sinnes von *zedaka* darlegt, fällt damit schwerlich auf die Rechtfertigungslehre plötzlich das helle Licht, das sie zu etwas selbstverständlich Einleuchtendem macht. Den eigentümlichen theologischen Gebrauch des hebräischen Gerechtigkeitsbegriffs kann man sich zwar ohne weiteres klarmachen: daß sich hier der forensische Sinn mit einem ausgesprochen soteriologischen Sinn verbindet. Aber wie sich das zusammenfügt und was dies eigentlich bedeutet, das ist keine rein semantische Frage. Jedenfalls ist sie von dem gesamten Sachkontext des alttestamentlichen Gottesverständnisses nicht ablösbar. Deshalb liegt die Hauptschwierigkeit offenbar keineswegs in der Terminologie, sondern in der Sache des Rechtfertigungsglaubens. Ihr soll zunächst nur in Hinsicht darauf weiter nachgegangen werden, welche Frage durch die Rechtfertigungsaussage beantwortet wird. Das ganze Problem könnte sich darauf konzentrieren, daß diese vorausgesetzte Frage für den heutigen Menschen gar nicht mehr besteht und die Rechtfertigungslehre deshalb so hoffnungslos dunkel bleibt, weil man im Grunde gar nicht begreifen kann, wovon da die Rede ist.

a) Die allgemeine Frage nach dem rechten Menschen

Als die Frage, auf welche die Rechtfertigungsaussage antwortet, ist im Neuen Testament keine andere vorausgesetzt als im Alten und auch in der Bibel insgesamt keine andere als die, die mit dem Menschsein als solchem gegeben ist: Was macht den Menschen zum rechten Menschen? Dieser Frage kann sich niemand entziehen. Sie wird, wenn auch nicht immer ausdrücklich gestellt, doch von jedermann empfunden und irgendwie beantwortet, nicht bloß theoretisch und allgemein – dies vielfach auch – sondern im praktischen Vollzug des eigenen Menschseins, was dann sogar ganz anders ausfallen kann, als man bewußt darüber denkt. Die tatsächliche Einstellung zum Leben deckt sich keineswegs ohne weiteres mit der Einstellung, die man sich und anderen vorgibt. Der Gott, den man bekennt, kann ein ganz anderer sein als der, dem man faktisch im Herzen und mit der Tat dient. Nun kann diese Grundfrage des Menschen nach dem rechten Menschen natürlich sehr verschieden gefaßt werden. Eine Frage ist immer schon von dem her dirigiert, was man weiß oder zu wissen meint und was man sich in bezug auf dasjenige vorstellt, das es zu suchen gilt. Um dies bloß andeutungsweise durch Variierung des Stichwortes „recht" zu illustrieren: Die Frage kann darauf aussein, wodurch und auf welche Weise es mir recht ergeht, oder wie mir mein Recht zuteil wird, oder was als das Rechte zu tun von mir gefordert ist, oder unter welchen Bedingungen das Rechte auch recht getan wird.

Bei dieser Schematisierung entsteht zwar der Eindruck, als sei solches Fragen individualistisch ausgerichtet und erfolge gleichsam vom Nullpunkt aus. Gewiß kann die Fragestellung viele Nuancen durchlaufen: von einer ausgeprägten Egozentrik – daß unter allen Umständen nur ich im Recht bin – bis zu einer extremen Hingabe, es anderem recht zu machen, anderem gerecht zu werden, sei es dem Mitmenschen, der Umwelt, der Sitte, den Erfordernissen der Zeit, der Not der Welt oder dem Willen Gottes. Aber das sind nur Varianten innerhalb derselben Konstellation. Kein noch so individualistischer Ansatz entrinnt der faktischen Auswirkung auf das Verhältnis zum Mitmenschen, zur Welt und zu Gott. Und kein noch so selbstvergessenes Hingegebensein an anderes entbehrt des eigenen Betroffenseins als der wenn auch noch so unbewußten Ausgangsbedingung. Entsprechendes wäre zu dem Eindruck einer Nullpunkt-Situation zu sagen. Gewiß gibt es im Leben immer wieder die Möglichkeit einer Neubesinnung und eines Neuanfangs, die Überlegung, wie man es recht macht, und den Vorsatz, es nun auch wirklich recht zu machen. Jedoch geschieht dies nie im Niemandsland. Bestimmte Bedingungen sind vorgegeben und schreiben den Spielraum der Möglichkeiten vor. Auffassungen von dem, was recht ist und was nicht, prägen immer schon das Urteil, ob nun als unbedachtes Vorurteil oder mit Bedacht bejaht oder auch mit Gründen verworfen. Und schließlich befindet sich jeder immer schon unter der Auswirkung seiner eigenen Vergangenheit und bezieht darum in jede neue Entscheidung über das, was recht ist, bereits gefallene Entscheidungen darüber mit ein, ob es mit ihm selbst zum Rechten bestellt ist.

b) Die biblisch präzisierte Frage nach dem rechten Menschen

Innerhalb der biblischen Überlieferung wird die Frage nach dem rechten Menschen durch die Ausrichtung auf drei Voraussetzungen, die dort außer Frage stehen, präzis gestellt.

aa) Gott

Der Mensch muß sich vor einer anderen als einer welthaften Instanz verantworten. Damit ist das Faktum, daß er zur Rechenschaft gezogen wird, als unausweichlich bezeichnet. Der Mensch ist einem ständigen Gegenüber ausgesetzt, das ihn durchschaut. Er lebt unter dem Auge Gottes. „Herr, du erforschest mich und kennest mich. Ich sitze oder stehe, du weißt es; du verstehst meine Gedanken von ferne." (Ps 139,1f) Es liegt nicht am Menschen, ob er nach seinem Rechtsein fragen möchte. Er ist danach gefragt. Darin liegt zugleich eine Unterscheidung der Instanzen, die ihn zur Rechenschaft ziehen. Es gibt auch welthafte

Instanzen: die Meinung der andern, den legitimierten Richter sowie die urteilende Mitwisserschaft des eigenen Gewissens. Sie werden durch Gott nicht aufgehoben, stehen aber auch nicht unabhängig neben ihm und befinden sich ebensowenig mit ihm in Deckung. Wer um das Forum Gottes weiß, weiß notwendig zwischen verschiedenen Fora zu unterscheiden. Diesen Unterschied ernst zu nehmen kann durchaus dazu anhalten, die welthaften Urteilsinstanzen ernster zu nehmen. Es kann aber ihnen gegenüber auch in Freiheit versetzen: „Mir ist es völlig gleichgültig, ob ihr oder sonst ein menschliches Gericht über mich urteilen will. Ich urteile ja auch nicht einmal über mich selbst. Denn ich bin mir keiner Schuld bewußt. Doch darin besteht meine Rechtfertigung nicht! Der Herr ist es, der über mich urteilt." (1. Kor 4,3f)

Mit dieser Unterscheidung verschiedener Fora ist auch die Unterscheidung verschiedener Hinsichten der Rechenschaft gegeben. Die welthaften Instanzen müssen sich an partielle Umstände halten, die sie feststellen und beurteilen können. Wollen sie über die innere Gesinnung urteilen, überschreiten sie ihre Kompetenz und verfehlen trotzdem das Ziel. Von Gottes Urteil dagegen sind einzelne Verhaltensweisen durchaus nicht ausgenommen. Aber sie kommen in anderer Weise in den Blick: in Hinsicht auf den ganzen Menschen. Gottes Urteil trifft immer die Person, ob sie recht ist, und nicht etwa nur, ob dies oder das an ihr recht ist. Darum hat das Urteil Gottes, sosehr es jederzeit ergeht, das letzte Wort und ist von dem Gedanken des Endgerichts nicht abtrennbar, gegen das es keine Berufungsinstanz gibt. Damit ist also die Frage nach dem rechten Menschen radikal gestellt.

bb) Sünde

Für das biblische Verständnis steht es außer Frage, daß für den Menschen vor Gott zwar stets Anlaß zur Rechtfertigung, aber von ihm selbst aus nie die Möglichkeit zur Rechtfertigung besteht. „Wie kann ein Mensch Recht haben vor Gott?" (Hiob 9,2 vgl. 4,17 25,4) „Gehe nicht ins Gericht mit deinem Knechte; kein Lebendiger ist ja vor dir gerecht." (Ps 143,2) Die Folgerichtigkeit, mit der dies erkannt und betont wird, kann sehr unterschiedlich sein. Für die paulinische Rechtfertigungslehre ist das unüberbietbar scharfe und umfassende Urteil konstitutiv: „Es gibt keinerlei Unterschied. Alle haben gesündigt und gehen der Herrlichkeit Gottes verlustig." (Röm 3,22f) Darüber aber besteht in der gesamten biblischen Überlieferung Konsens, daß der Mensch vor Gott Sünder ist und nur unter bestimmten Voraussetzungen gerecht wird. Die Ausgangssituation ist nur urgeschichtlich betrachtet die der völligen Unschuld. Faktisch befindet sich jeder Mensch in der Situation des bereits Schuldigen. Das Gerechtsein kann nur auf einem Gerechtwerden basieren. Auch dies hat erst Paulus zu der strengen Auffassung eines totalen Sündenzusammenhangs von Adam her ausgeformt: „Durch *einen* Menschen ist die Sünde in die Welt gekommen und durch die Sünde der Tod, und auf diese Weise ist der Tod zu allen Menschen gelangt, weil alle gesündigt haben." (Röm 5,12) Das ist offensichtlich ein Glaubensurteil, sosehr es auf Erfahrung Bezug nimmt.

Daß das Urteil über die Sündhaftigkeit des Menschen, über die ihm mangelnde Gerechtigkeit vor Gott, grundsätzlich glaubensbedingt ist, läßt die biblische Überlieferung in doppelter Hinsicht erkennen: Der Mensch ist letztlich gar nicht für die Beurteilung seiner selbst zuständig. „Wer kann merken, wie oft er fehle? Sprich mich ledig von meinen verborgenen Fehlern." (Ps 19,13) Das liegt aber daran, daß das Verständnis von Sünde an dem Gottesverhältnis orientiert ist. „An dir allein habe ich gesündigt, habe getan, was dir mißfällt." (Ps 51,6) Wie zur Voraussetzung der biblischen Frage nach dem rechten Menschen die Unterscheidung der Fora gehört, so auch die Unterscheidung zwischen moralischen Verfehlungen und der Verfehlung Gott gegenüber. Die Rechtschaffenheit vor der Welt macht den Menschen nicht recht vor Gott. Sünde heißt das menschliche Versagen allein in Hinsicht auf Gott. Das bedeutet nicht, daß die Sünde nur einen speziellen Bereich menschlichen Verhaltens betrifft, der für Gott reserviert ist, so daß sie sich als zeremonielles Vergehen, als kultische Unreinheit, von anderem abhebt. Diese Auffassung kann zwar ein Hinweis auf den nichtmoralischen Charakter von Sünde sein, freilich auch den religiösen Charakter von Sünde zutiefst verfälschen. Denn die Sünde Gott gegenüber ist nicht einfach materialiter vom welthaften Unrecht unterschieden, sondern der Dimension nach, indem das menschliche Tun vor Gott in Betracht kommt.

cc) Heil

Eine weitere Voraussetzung biblischen Fragens nach dem rechten Menschen ist schließlich die, daß die helfende, die rettende Instanz nur dieselbe sein kann wie die fordernde, urteilende und verurteilende. Daß von Gott Heil zu erwarten ist, steht in der Bibel außer Diskussion. Die Frage ist nur die, welcher Art und unter welcher Bedingung und darum für wen. Es wäre eine abstrakte, dem Biblischen fremde Denkweise, wenn man als feststehenden Ausgangspunkt allein die Tatsache nähme, von Gott zur Rechenschaft gezogen und vor ihm schuldig zu sein, so daß sich erst von daher die Frage erhöbe, ob und wie dennoch von Gott auch Heil zu erwarten sei. Die Frage: „Wie kriege ich einen gnädigen Gott?" – ob sie nun den Hintergrund von Luthers Rechtfertigungsverständnis zutreffend angibt oder nicht –, geht gerade von der unbestrittenen Voraussetzung aus, daß von Gott Gnade und Heil zu erwarten sind, während der Frager daran zweifelt, ob und wie er diese Erwartung auch auf sich beziehen darf. Man könnte wohl sogar behaupten, daß die Erfahrung Gottes als des zürnenden Richters sowie des Menschen selbst als des Sünders, der vor ihm nicht bestehen kann, überhaupt nur da aufkommen und mit derartiger Wucht nur da auftreten kann, wo nicht bloß die Möglichkeit gedacht wird, von Gott Heil zu erfahren, sondern wo Heil auch immer schon tatsächlich erfahren worden ist. Der Mensch, der sich vor Gott ins Unrecht gesetzt sieht, hält sich nicht für befugt, daraufhin seinerseits Gott ins Unrecht zu setzen, als hätte Gott ihn nicht recht gemacht. Gerade weil Gottes Werk gut ist, fällt so schwer ins Gewicht, wenn das Werk des Menschen, ja wenn dieser selbst böse ist. Es wäre zu fragen, ob nicht der Zugang zum biblischen Sündenverständnis vornehmlich dadurch verbaut ist, daß die Anerkennung dessen, von Gott bereits Güte erfahren zu haben, so schwer fällt und so kraftlos bleibt. Die confessio peccati kann schwerlich aufkommen, wo ihr nicht durch die confessio laudis der Boden bereitet ist, was dann selbstverständlich auch wiederum umgekehrt gilt.

Das schließt nun für das biblische Denken die weitere Unterscheidung zwischen zweierlei Weisen von Heil oder, falls man sie terminologisch fixieren will, zwischen Wohl und Heil in sich. Auch wenn alles, was zu irdischer Wohlfahrt gehört, Gottes Güte zugeschrieben und gedankt werden soll, ist es doch davon ablösbar und unabhängig davon genießbar. Das Heilsame daran ist nicht identisch mit seinem Genuß. Es hat eine über das Zeitliche hinausweisende Ewigkeitsdimension. Darum tendiert das biblische Heilsverständnis aus der Zweideutigkeit irdischen Wohls auf die Eindeutigkeit ewigen Heils. Dies kann aber von Gott nicht an der tatsächlichen Situation des Menschen vor Gott vorbei erwartet werden. Darum kann das Heil nur von dem erwartet werden, von dem das Gegenteil zu erwarten ist. Wie sich hier aus dem „Gott wider Gott" statt der Offenbarung des Zornes Gottes vom Himmel her die Offenbarung heilschaffender Gottesgerechtigkeit ergibt (Röm 1,17f), das ist die äußerste Zuspitzung der Rechtfertigungsfrage unter den Voraussetzungen des biblischen Denkens. Paulus ist dies am Kreuz Jesu Christi aufgegangen.

c) Das Problem der Zumutbarkeit der Rechtfertigungsfrage

Der Widerstand gegen die Rechtfertigungslehre, so wurde vermutet, entzündet sich nicht nur an der Fremdheit ihrer Sprache, sondern ist auf ihren Sachgehalt zurückzuführen. Das haben die bisherigen Überlegungen, welche Fragestellung der Rechtfertigungslehre zugrundeliege, in eigentümlich zwiespältiger Weise bestätigt. Noch war gar nicht des näheren von der paulinischen Antwort auf die Rechtfertigungsfrage die Rede. Diese Antwort ist erst recht voller Probleme, die nicht nur dem Verstehen erwachsen, sondern auch und vor allem die Bereitschaft hindern, einzustimmen und sich darin aufgehoben zu wissen. In dieser Antwort liegt zweifellos der Hauptknoten, der sich keineswegs schon damit löst, daß man sich bejahend auf die Rechtfertigungsfrage einläßt. Nun hat sich aber in bezug auf die Fragestellung selbst ein widersprüchlicher Sachverhalt ergeben. Einerseits hat der Rückgang auf die allgemeine Frage nach dem rechten Menschen einen Problemhintergrund aufgedeckt, von dem man schwerlich behaupten kann, er gehe einen nichts an. Anderseits hat die Kennzeichnung dessen, wie die Bibel insgemein die Frage nach dem rechten Menschen präzisiert, deutlich werden lassen, daß sich bereits hier für den heutigen Menschen die Hindernisse türmen, die es ihm unmöglich zu machen scheinen, die Bedingungen dieser Fragestellung zu übernehmen und die eigene Existenzfrage darin wiederzuerkennen.

Man muß also gar nicht erst bis zu den Spitzensätzen der paulinischen Rechtfertigungslehre vordringen, um ein tiefes Befremden zu empfinden, wie es in der Tat von ihnen ausgeht. Stehen sie doch in unserer Zeit kaum weniger fremd als sonstige durchaus großartige, aber kaum noch nachvollziehbare Symbole der Vergangenheit wie etwa eine ägyptische Sphinx oder – was der Sache näher kommt, aber den meisten Zeitgenossen eher noch ferner steht – wie das trinitarische und christologische Dogma der alten Kirche. Dennoch sind es im Grunde schon die gemeinbiblischen Voraussetzungen der Rechtfertigungslehre, die als nicht mehr nachvollziehbar empfunden werden. Dadurch verschiebt sich jedoch das übliche Urteil in aufregender Weise. Die Rechtfertigungslehre ist gewissermaßen nur die Spitze des Eisberges, mit dem es zur Kollision kommt. An ihr tritt nur extrem zutage, was schon an den elementarsten Sachverhalten der Bibel Anstoß nehmen läßt. Gott, Sünde, Heil – diese zentralen Gesichtspunkte, welche die Frage nach dem rechten Menschen biblisch präzisieren, sind jeder für sich und alle miteinander dem heutigen Menschen nicht minder fremd. Sie sind im Grunde das, woran sich das Nein zur Rechtfertigungslehre entscheidet, bevor auch nur von ihr ausdrücklich die Rede war. Man nehme andere soteriologische Begriffe des christlichen Glaubens wie Versöhnung, Erlösung, ewiges Leben, Gotteskindschaft, Wiedergeburt, Heiligung oder was auch immer, und prüfe, ob sich nicht bei ihnen mutatis mutandis dieselben Schwierigkeiten einstellen. Es ist doch wohl eine Täuschung zu meinen, man habe biblische Alternativen, mit denen das Kernproblem zu umschiffen ist. Die Lage ist also wesentlich ernster, als es die übliche Behauptung erscheinen läßt, daß die Rechtfertigungslehre für den heutigen Menschen unzumutbar sei.

aa) Der Eindruck der Unzumutbarkeit der Rechtfertigungsfrage

Die Meinung, daß sich die Rechtfertigungsfrage für den heutigen

Menschen erledigt habe, pflegt so begründet zu werden: Für ihn stehe nicht das Problem der Sünde und ihrer Vergebung im Brennpunkt, sondern das Problem des Sinnverlustes und neuer Sinnbegründung. Deshalb sei die Sinnfrage an die Stelle der Rechtfertigungsfrage getreten. Nun gibt eine solche Behauptung zunächst zweierlei grundsätzlich zu bedenken.

Einmal muß man sich vor der Vorstellung in acht nehmen, als hätten sich frühere Zeiten mit der Rechtfertigungsfrage in deren biblischer Präzisierung widerspruchslos in Übereinstimmung befunden. Daß sie für die Welt des Hellenismus die zeitgemäße Fragestellung gewesen sei, läßt sich kaum behaupten. Und daß Zeiten, in denen Worte wie Gott, Sünde und Heil zu weltanschaulichen Selbstverständlichkeiten geworden sind, es dadurch leichter haben, die genuine biblische Intention der Rechtfertigungsfrage zu erfassen, ist ebenfalls mit einem Fragezeichen zu versehen. Man darf also bei einer solchen geistesgeschichtlichen Argumentation nicht das unumgängliche Moment des Widerspruchs gegen den Zeitgeist außer acht lassen, das keineswegs nur für die Sache der Bibel zur Vorsicht mahnt bei dem Versuch zu bestimmen, was zeitgemäß und in der jeweiligen geistigen Situation zumutbar und verstehbar sei. Wäre die Rechtfertigungsfrage als solche tatsächlich als zeitgebunden und durch den Fortgang der Zeiten überholt erwiesen, so müßte man es als fraglich ansehen, ob sie überhaupt je dem christlichen Glauben angemessen war, wenn anders die Identität mit ihm unter Preisgabe der Rechtfertigungsfrage festzuhalten sein soll.

Nun ist aber ohnehin – das ist das andere Bedenken grundsätzlicher Art – eine solche Diagnose in bezug auf zeitgemäße Fragestellung mit Vorsicht aufzunehmen. Das Recht dazu hängt nicht nur an der Einschätzung der geistigen Gesamtsituation, sondern auch an dem Verständnis der ihr angehängten Etiketten. Der Eindruck ist sicher richtig, daß dem heutigen Menschen die Frage nach dem Sinn seines Tuns, dem Sinn des Daseins, dem Sinn des Ganzen näher liegt als die Frage, ob und wie er vor Gott bestehen könne. Damit hängt offenbar zusammen, daß sich ihm die Dinge zu einer Einheit fügen sollen und ihm alles widerstrebt, was auf fundamentale Unterscheidungen hindeutet wie das Gegenüber von Gott und Mensch, die Verschiedenheit zweier Fora, in denen er gefordert ist, die Andersartigkeit des moralischen und des theologischen Aspekts, die Distinktion zwischen Wohl und Heil, zwischen diesem Leben und dem ewigen Leben. Deshalb wird ihm insbesondere der Begriff Sünde, in dem sich diese Fundamentalunterscheidungen existentiell verknoten, zutiefst sinnlos. Sünde wird nun entweder moralisch mißverstanden und dann als übertreibende Verzerrung abgelehnt, oder sie ermangelt überhaupt jeder Ortung in der Erfahrung.

Mit einer solchen Feststellung ist es aber nicht getan. Auf der einen

Seite muß es als problematisch angesehen werden, ob denn in dem Rahmen dieser dem heutigen Menschen gewohnten Denkweise die Sache des christlichen Glaubens überhaupt einzuzeichnen ist, ohne sie dabei preiszugeben. Auf der anderen Seite ist es aber erst recht problematisch, ob sich denn der Sachverhalt, wie er in der Sinnfrage zu Gesicht kommt, in dieser Sicht erschöpft, ob er sich nicht vielmehr nur dann in seiner Relevanz erfassen läßt, wenn die Sinnfrage transzendiert wird. Scharf formuliert: Ist das, was den Menschen vor die Sinnfrage stellt und sich an sie klammern läßt, überhaupt im Rahmen der Sinnfrage interpretierbar?

bb) Die Zumutbarkeit eines Hinausfragens über die Sinnfrage

Bei einer Auseinandersetzung über die Zumutbarkeit der Rechtfertigungsfrage besteht Anlaß, sich daran zu erinnern, daß ihre Beantwortung im Sinne der Rechtfertigung allein aus Glauben unter dem Vorzeichen steht: „Ich glaube, daß ich nicht aus eigener Vernunft noch Kraft an Jesum Christ, meinen Herrn, glauben oder zu ihm kommen kann."[1] Es gilt hier also darauf zu achten, daß nicht etwa doch der Versuch unternommen wird, durch vernünftige Argumentation einen Zugang zu bahnen, der an die Stelle des Glaubens tritt. Dieser Gefahr wird am ehesten dann gewehrt, wenn man die gegenwärtige Situation als die eigene ernst nimmt und sich nicht darüber täuscht, wie sehr man selbst ebenfalls von einem Denken bestimmt ist, dem die Rechtfertigungsfrage fern liegt; und weiter, wenn man sich darauf konzentriert, ob und wie sich im herrschenden Denken die Rechtfertigungsfrage dennoch anmeldet.

Nun liegt die Erkenntnis gar nicht so fern, daß die Sinnfrage eine bestimmte Modifikation der Rechtfertigungsfrage ist. Das sei durch eine Aussage Nietzsches erläutert, die für zahlreiche andere mögliche Beispiele stehen mag: „ … das Bild des sterbenden Sokrates als des durch Wissen und Gründe der Todesfurcht enthobenen Menschen [ist] das Wappenschild, das über dem Eingangstor der Wissenschaft einen jeden an deren Bestimmung erinnert, nämlich das Dasein als begreiflich und damit als gerechtfertigt erscheinen zu machen …"[2] Für den neuzeitlichen Menschen, der die Wissenschaft zum Instrument der Rechtfertigung des Daseins erhoben hat, ist die Rechtfertigungsfrage in die Sinnfrage verwandelt. Damit hat er sich selbst zum Forum der Rechtfertigung gemacht. Der Sinn des Daseins entscheidet sich an der Begreifbarkeit durch den Menschen im Zusammenhang des wissenschaftlich

[1] BSLK 511,46–512,1.

[2] Fr. Nietzsche, Die Geburt der Tragödie oder Griechentum und Pessimismus, Abschn. 15, in: Ders., Werke in drei Bänden, hg. von K. Schlechta, I, (7–134) 85.

Erfaßbaren. Das heißt aber gemäß dem neuzeitlichen Wissenschaftsverständnis: Als Sinnfrage ist die Rechtfertigungsfrage nun darauf abgestellt, was der handelnde Mensch durch sein Forschen und Herstellen erschließt und erschafft. Das läuft dann de facto auf Sinngebung durch den Menschen hinaus.

Bei dieser Umwandlung der Frage nach der Rechtfertigung des Menschen selbst in die Frage nach der Rechtfertigung alles anderen vor ihm und durch ihn werden wesentliche Dimensionen der Erfahrung abgeblendet, sosehr gerade der Gesichtspunkt des Empirischen dominiert. Nicht bedacht wird, daß das Ideal von Sinntotalität ohnehin eine Utopie ist und sich auch in wissenschaftlicher Hinsicht Sinn stets nur in partieller Hinsicht erschließt. Nicht bedacht wird ferner, daß im wirklichen Lebensvollzug nicht die ins Universale drängenden, auf Gesamtkonstruktionen angelegten Sinnzusammenhänge das eigentlich Hilfreiche sind, sondern das Aufleuchten konkreter Sinnbejahung inmitten von Unbegreiflichem. Nicht bedacht wird weiter die Tatsache, daß die gravierenden Sinnlosigkeiten und Sinnwidrigkeiten diejenigen sind, die der Mensch selbst verursacht. Nicht bedacht wird endlich die Tatsache, daß durch die Distanzlosigkeit, in die der Mensch zu sich selbst gerät, indem er zum Forum und Urheber der Rechtfertigung seines Daseins wird, die Frage nach gewißmachender Gewißheit hoffnungslos verdeckt wird. Einerseits wird die Person des Menschen selbst samt dem, was sie gründet, gar nicht mehr zum Gegenstand der Frage, sondern in einer naiven Selbstgewißheit vorausgesetzt. Die Frage, wer der Mensch selbst ist, scheint mit dem Verständnis seiner selbst als des handelnden Subjekts hinreichend beantwortet zu sein. Anderseits wird dieses Handeln nun mit der ganzen Last der Sicherung von Sinnhaftigkeit belastet.

Damit zeichnen sich nun aber überraschend Strukturen der Rechtfertigungsfrage ab. Die in die Sinnfrage umgedeutete Rechtfertigungsfrage schlägt dennoch in ihrem genuinen Sinne wieder durch. Und es zeigt sich überdies, daß die so fremd anmutende Terminologie, die von Rechtfertigung und Gerechtwerden spricht, der Problematik des neuzeitlichen Menschen gar nicht so fern liegt, gerade auch dann nicht, wenn man sein Befangensein in der Sinnfrage ernst nimmt. Mit diesen Erwägungen sind die Probleme keineswegs schon behoben, die der paulinischen Rechtfertigungslehre in der gegenwärtigen Situation erwachsen. Aber es ist ein Ansatz aufgewiesen, wie die Aussage über die Rechtfertigung allein aus Glauben – ich sage absichtlich: – sinnvoll auszulegen ist.

II. Die Rechtfertigungsaussage

Wenn die Aussage über die Rechtfertigung allein aus Glauben das hält, was sie verspricht, dann muß sie einerseits ganz bei dem sein, um dessentwillen sie gilt, anderseits ganz bei dem, dem sie gilt. Sie gilt um Jesu Christi willen. Die Berufung auf ihn ist für die Rechtfertigungsaussage konstitutiv. Und sie gilt jedem Menschen, auch dem heutigen. Dieser Zuspruch an ihn und Anspruch auf ihn ist für sie nicht minder konstitutiv. Die Ansage der Rechtfertigung allein aus Glauben gilt um dessentwillen, der als der rechte Mensch geglaubt wird. Nicht obwohl, sondern weil Jesus als vere Deus geglaubt wird, wird er als vere homo geglaubt, als der, der im Unterschied zum alten, verkehrten Menschen der neue, der rechte Mensch ist. Diese Ansage gilt dem als Zusage, der als der alte Mensch dazu berufen ist, neuer, rechter Mensch zu werden. So geht es in der Rechtfertigungsaussage ganz und gar um den Menschen, allerdings – und das ist keine Einschränkung, sondern die Ermöglichung dessen – um Gottes willen um den Menschen und deshalb gleichermaßen um des Menschen willen um Gott. Ginge es allein um den Menschen, so ginge es nicht wirklich um den Menschen, nicht um den rechten Menschen. Denn die Verkehrung zum alten Menschen hat eben darin ihren Grund, daß der Mensch für sich allein sein will, sein will wie Gott – jedenfalls, wie er sich Gott vorstellt. Darum gründet die Rechtfertigungsaussage in Jesus Christus. Denn sie gilt nur daraufhin, daß Gott und Mensch vereint sind. Darum zielt aber die Rechtfertigungsaussage auf jeden Menschen ab. Denn daß sie gilt, kann nur heißen, daß sie für alle gilt.

In dieser Weise die Rechtfertigungsaussage einerseits ausschließlich auf den einen Jesus Christus und ausnahmslos auf alle Menschen hin ausgerichtet sein zu lassen, ist die Bedingung ihrer Möglichkeit. Es ist aber auch der Grund ihrer Schwierigkeit. Nicht einer Schwierigkeit nach Art einer komplizierten mathematischen Aufgabe, sondern einer Schwierigkeit in dem Sinne, wie es dem Menschen schwer fällt, sich mit seinem Denken dem Einfachsten zuzuwenden: daß er sein Sein nicht aus sich selbst und für sich selbst hat. Um dieses Einfachste geht es bei der Aussage, die Jesus Christus zusammen mit allen Menschen im Blick hat: daß er für sie alle da ist und daß sie alle in ihm an dem rechten Ort sind, wo sie zurechtgebracht werden. Dies nun freilich nicht in abstrakter Allgemeinheit als bloße Möglichkeit zu denken, sondern konkret als Wirklichkeit und dabei über Jesus Christus nicht die Menschen in ihrer tatsächlichen Situation zu vergessen und über der Hinwendung zu der verwirrenden und bedrückenden Tatsächlichkeit der menschlichen Situationen nicht Jesus Christus aus dem Auge zu verlieren, sondern in dem einen den andern wahrzunehmen: in Jesus Christus jeden Menschen, in jedem Menschen Jesus Christus, das fällt nun allerdings unserer gewohnten Denkweise sehr schwer. Das ist aber kein Grund, der dagegen spräche, die Aussage über die Rechtfertigung allein aus Glauben, anstatt sie kurzerhand als überholt und unverständlich abzutun, mit aller Sorgfalt zu durchdenken. Dies soll in folgenden Schritten geschehen. Zuerst ist die Art der Rechtfertigungsaussage näher zu bedenken (II 1). Sodann soll die Rechtfertigungsaussage auf ihre Elemente hin abgehorcht werden (II 2). Und schließlich muß die Frage nach der Lebbarkeit der Glaubensgerechtigkeit gestellt und damit der Schritt in den zweiten Hauptteil getan werden, der vom rechten Christen handelt (B).

1. Die Rechtfertigungsaussage als Ruf in die Grundsituation des Menschen

Welcher Art ist die Rechtfertigungsaussage? Ist sie eine Beschreibung dessen, was unabhängig von ihr geschieht? Ist sie eine Theorie, die in die Praxis hinein realisiert werden muß? Ist sie ein Dogma, das anzunehmen einen Gehorsamsakt darstellt? Wenn sie aber dies alles nicht oder doch nur sehr bedingtermaßen ist, wenn sie vielmehr den Charakter eines Geschehnisses hat – wie eine Zusage, die ausgesprochen, ein Versprechen, das gegeben, ein Urteil, das gefällt und verkündet wird –, was läßt sich dann über diesen Geschehnischarakter Genaueres sagen?

Es berührt seltsam, wenn die Rechtfertigungsaussage im Hinblick auf ihren Geschehnischarakter als Ruf in die Grundsituation des Menschen umschrieben wird. Man sollte eher die Kennzeichnung als einladender Ruf Jesu Christi erwarten: „Kommet alle zu mir, ihr Mühseligen und Beladenen, ich will euch erquicken." (Mt 11,28) Oder sogar ohne jeden Ruf als die mehr als alle Worte sagende Gebärde des Vaters, der dem heimkehrenden Sohn entgegeneilt, ihm um den Hals fällt und ihn küßt. Von dieser Veranschaulichung her könnte ein gewisses Verständnis für jene spröde Formulierung erwachsen. Denn wer heimkehrt, kommt zurück an seinen Ort, in diejenige Situation, die ihm auch in der Fremde gewissermaßen als seine Grundsituation präsent blieb und ihn dahin zurückrief. So gewendet klingt es freilich eher als Ruf zur Umkehr, zur Buße. Wie sich dieser zur Rechtfertigungsaussage verhält, ist später zu erörtern (B I 2b, s. u. S. 236ff). Jedenfalls ist doch wohl ein Unterschied zu beachten. Nun soll aber die Wendung „Ruf in die Grundsituation" gar nicht unmittelbar die Rechtfertigungsaussage ihrem Inhalt nach beschreiben, sondern auf das Problem aufmerksam machen, wie sich hier das schlechterdings Besondere, Ereignishafte, Kontingente, das in der Berufung auf den Namen Jesu Christi liegt, mit dem Allgemeinen, Wesensmäßigen verbindet, das jedem Menschen eigen ist.

a) Die Grundsituation als Gegenübersein

Auf das, was das Wesen des Menschen ausmacht, was für sein Sein konstitutiv ist, wird nicht wie in der klassischen Definition des Menschen als animal rationale durch Angabe von Wesensbestandteilen hingewiesen, die durch klassifizierende Einordnung in das übrige Seiende spezifiziert sind, sondern durch den Begriff der Grundsituation. Das besagt: Für das Menschsein ist konstitutiv, was seine Situation konstituiert. Dies ist in jedem Falle ein Gegenüber: bestimmte Dinge, die ihn umgeben und mit denen er umgeht, oder, weiter gefaßt, deren Konstellation als Umwelt; bestimmte Menschen, mit denen er verbunden ist und verkehrt, in Konkurrenz lebt und sich streitet, die er liebt und haßt oder die ihm gleichgültig sind; dazu er selbst, der sich seiner bewußt ist, um sich weiß, um sich sorgt, sich seiner rühmt oder seiner überdrüssig ist; schließlich Gott, den er fürchtet, dem er vertraut, zu dem er betet oder von dem er lossein will, den er leugnet und vergißt. Diese Beispiele sollen nur die Phantasie dazu anregen, sich die Vielfalt der Relationen und ihrer Modifikationen bewußt zu machen, in denen der Mensch sein Sein hat und die sich vor allem durch das Eingreifen des Zeitfaktors noch weiter differenzieren. Aber bei aller Zufälligkeit der andeutenden Illustration sind doch die Hauptdimensionen erwähnt. Und trotz der Nebeneinanderordnung dürfte es deutlich sein, daß diese verschiedenen Dimensionen des Gegenübers, das für das Menschsein situationsbestimmend ist, nicht voneinander trennbar sind, sondern jeweils ineinandergreifen, obwohl im jeweiligen Moment die eine oder andere vorherrschen mag: die Beschäftigung mit einem bestimmten Ding oder die Unterhaltung mit einem Mitmenschen oder das Zugewandtsein zu sich selbst oder die Hinwendung zu Gott. Jede konkrete Situation ist von dem Miteinander dieser verschiedenen Dimensionen des Gegenübers bestimmt, auch wenn die eine oder andere mehr oder weniger abgeblendet ist. Daß man diese allgemein und jederzeit jede Situation bestimmende Relevanz auch dem Gottesbezug zuschreiben könne, wird allerdings bestritten und mag einen Augenblick zurückgestellt sein.

Im übrigen aber ist deutlich, daß der Umgang des Menschen mit den Dingen, mit den Mitmenschen und mit sich selbst eine unlösbare Einheit bildet. Versucht man sich vorzustellen, daß eine dieser Dimensionen des Gegenübers völlig ausgeschaltet und inexistent wäre, so wird offensichtlich, daß damit auch die anderen entfielen und das Menschsein zerfallen wäre. Es ist ferner ohne weiteres erkennbar, daß der Schnittpunkt dieser Dimensionen des Gegenübers in der Sprachlichkeit des Menschen liegt. Er weiß sich angegangen, herausgefordert, angesprochen, gefragt, in Frage gestellt. Das Gegenübersein hat schon um des Verstehens willen sprachlichen Charakter. Ohne Verstehen wird kein Gegenüber wahrgenommen, wenn es auch, wie dies stets der Fall ist, mit Unverstandenem und Unbegreiflichem vermengt ist. Der sprachliche Charakter kommt dem Gegenübersein vor allem aber auch um des Geschehens willen zu, als das sich dieses Gegenübersein ständig vollzieht. Deshalb wurde in früherem Zusammenhang die Grundsituation des Menschen als Sprachsituation gekennzeichnet, in der sich in vielfältiger Weise ein Widersprechen, Versprechen und Entsprechen vollzieht (§ 8 C II, s. Bd. I, 189ff). Demgemäß hat sie auch den Charakter der Forumsituation (§ 14 B, s. Bd. I, 346ff). Was dem Menschen gegenüber ist, sind nicht einfach Objekte seines Betrachtens und Handelns, vielmehr, ursprünglicher als dies, Bezugsinstanzen seines eigenen Seins. Nicht nur sie befinden sich ihm gegenüber, sondern auch er selbst befindet sich ihnen gegenüber. Wer er ist, wohin er gehört, wem er gehört, entscheidet sich in diesen Relationen.

b) Gott als Gegenüber

Das Gegenübersein Gottes und das Sein im Gegenüber zu ihm betreffen offenbar dies, daß die verschiedenen Dimensionen des Gegenübers ihre ausdrückliche Zusammenfassung und gemeinsame Ausrichtung erhalten. Das konkurriert nicht mit der Feststellung, daß der Schnittpunkt dieser Dimensionen des Gegenübers in der Sprachlichkeit des Menschen liegt, sondern konkretisiert sie. Denn wo „Gott" gesagt und an ihn geglaubt wird, da ist jedenfalls dies intendiert, daß ein letztes und alles umfassendes Gegenüber die anderen Dimensionen des Gegenübers relativiert und bestimmt. Das schließt nicht aus, daß im Widerspruch dazu der Gottesbezug bewußtseinsmäßig und lebensmäßig nur eine separate Nebenrolle spielt. Wie denn überhaupt die Tendenz besteht, über der Differenziertheit und besonderen Prägung der konkreten Situationen die in ihnen wohl wirksame, aber doch nicht ohne weiteres erkennbare Grundsituation außer acht zu lassen. Wie jeder weiß, zerfällt das Leben in vielerlei wechselnde, immer neu so oder so in Anspruch nehmende Situationen, so daß man tatsächlich vor lauter Bäumen den Wald nicht sieht. Ohne Bild geredet: Die Meinung kann natürlich nicht die sein, daß man abgesehen von den einzelnen konkreten Situationen die Grundsituation und damit sich selbst in ihr erfaßt. Vielmehr kann dies selbstverständlich nur in Hinsicht auf die konkreten Situationen geschehen, jedoch so, daß sie erst durch ihren Bezug auf die Grundsituation zu ihrer vollen Konkretion gelangen. Wo das Gottesverhältnis lebendig ist, bewirkt es eine solche Sammlung des Lebens, die sich auf alle Dimensionen des Gegenübers auswirkt.

Man wird nun kaum behaupten dürfen, daß derartiges nur da geschieht, wo ausdrücklich von Gott die Rede ist. Wer aber das Reden von Gott ernst nimmt, wird in bezug auf ein Leben, das diese Dimension des Gegenübers nicht kennt und nicht gelten läßt, trotzdem behaupten: Auch dort besteht dieses Gegenüber und ist darin faktisch wirksam. Diejenigen Weisen, wie dort die Dimensionen des Gegenübers dennoch eine gewisse konzentrische Ausrichtung erhalten, tragen quasireligiösen Charakter und vertreten die Stelle, die der Gottesbezug meint. Darüber hinaus wird aber, wer das Reden von Gott ernst nimmt, auf der Frage insistieren, ob ohne das Reden von Gott hinreichend bedacht wird, daß mehr auf dem Spiel steht als die Sammlung des Lebens. Es bedarf eines viel tiefer greifenden Zurechtbringens, das von keiner anderen Dimension des Gegenübers her erwartet werden kann. Deshalb hat der Gottesbezug mit der zutiefst gestörten Grundsituation des Menschen zu tun und damit, wie sich dieses Gestörtsein und das Zurechtbringen bis in die einzelnen Situationen des Menschseins hinein auswirken. Darum ist alles Reden von Gott durch die Kategorie der Transzendenz bestimmt. Sie hält dazu an, alles auf das hin zu übersteigen, was letztlich, schlechthin, unbedingt gilt, was darum principium und finis aller Dinge ist und den Menschen als ganzen in seinem Personsein betrifft. Recht verstanden, hat der Sachverhalt der Transzendenz nicht in der objektivierenden Weltbetrachtung seinen genuinen Ort, vielmehr in dem Betroffensein des Menschen in bezug auf seine Grundsituation. Sie steht deshalb in Frage, weil das Verhältnis zu demjenigen Gegenüber nicht in Ordnung ist, das alles andere bedingt und über alles andere entscheidet.

c) Das Problem der Erfahrung Gottes als Gegenübers

Die Frage, wie Gott als Gegenüber erfahrbar wird, ist von außerordentlichem Gewicht. Sie ist nicht nur für den Sinn des Religiösen überhaupt von ausschlaggebender Bedeutung, sondern auch für das Verständnis der Rechtfertigungsaussage. Das Reden von Gott bleibt blaß und theoretisch, es entbehrt der Überzeugungskraft und gerät notwendig in Verfall, sofern es auf bloßen Erwägungen über die Denknotwendigkeit oder wenigstens Denkmöglichkeit des Gottesbegriffs beruht. Eine tragfähige Basis besteht für das Gottesverständnis auch nicht darin, daß man von Not gepeinigt oder von Sehnsucht umgetrieben ist oder daß man sich gefordert, angeklagt und schuldig weiß. All solche Phänomene vermögen nicht eine entscheidende Wendung zu Gott hin zu verursachen, wenn das Reden von Gott entschwindet und sinnlos erscheint. Sie können wohl in einer Situation, die von religiöser Tradition bestimmt ist, in verschiedener Weise als sogenannte Anknüpfungspunkte dienen, nachdenklich machen und zur Besinnung einladen. Daraus entsteht aber nicht Gottesglaube, nicht die Gewißheit eines unausweichlichen, den Menschen unbedingt angehenden, weil schlechterdings alles bestimmenden Gegenübers. Es war davon die Rede, daß die Rechtfertigungslehre nur die Spitze des Eisberges sei, mit dem der heutige Mensch in Kollision gerät, weil schon ihre elementaren biblischen Voraussetzungen: das Reden von Gott, von Sünde und von Heil, in gleicher Weise wie die Rechtfertigungslehre als etwas im Grunde völlig Unverständliches empfunden werden (s.o.S. 205). Dies läßt sich nun noch einmal auf die Beobachtung reduzieren, daß bereits die Dimension dieses Gegenübers als nichtssagend empfunden wird, weil sie leer und unbesetzt ist und weil man das, was als Ersatz angesehen werden könnte, gar nicht so einzuschätzen vermag. Ist einem doch die dafür in Betracht kommende Kategorie selbst entschwunden.

Nur da kann das Reden von Gott lebendig sein, wo es sich zu einem rettenden, Leben versprechenden, Heil in Aussicht stellenden Reden von Gott verdichtet hat. Gewiß nicht ohne zugleich das Erschrecken über die Heillosigkeit und die Einsicht in die Abgründe des Seins zu vertiefen. Beides faßt der Begriff des Heiligen (§ 6 A II 2, s. Bd. I, 118 ff; § 19 B II 1, s. Bd. II, 231 ff) in eins zusammen, der alttestamentlichen Ursprungs ist, aber mit Recht zur religionsphänomenologischen Grundkategorie erweitert worden ist. Seinen Schwerpunkt hat er jedoch insofern im ersteren, als nur da, wo in irgendeiner Weise Heil zu erhoffen ist, das Heilige konkrete Gestalt gewinnt und als solches ganz und gar in Anspruch nimmt. Wo die Heilserwartung ausgehöhlt ist und darum auch das Bewußtsein der Heillosigkeit und des unbedingten Angegangenseins vage und profillos geworden ist, da kann von einem Gegenüber nicht mehr die Rede sein und es auch nicht theoretisch konstruiert werden. Nur da, wo Heiliges irgendwie Heil versprechend zur Erfahrung gekommen ist, hat man ein Heiligtum errichtet, ist ein Kult entstanden und hat sich eine bestimmte religiöse Tradition gebildet, an der Menschen eine Art Matrix für die Erfassung ihrer Grundsituation besaßen.

d) Das Gegenüber in der Rechtfertigungsaussage

Die Verständlichkeit der Rechtfertigungsaussage hängt daran, daß mit ihr zusammen die Gewißheit eines letztgültigen Gegenübers gesetzt ist. Wir könnten auch, religionsphänomenologisch formalisierend, sagen: die Erfahrung von etwas Heiligem, welches Heil verspricht. Diese Erfahrung haftet an der Person Jesu. An ihm hat die Rechtfertigungsaussage Anhalt als an einem unbezweifelbaren Gegenüber. Auf ihn verweist sie mit Nachdruck, um den, den sie anspricht, nicht sich selbst zu überlassen, sondern auf ein Gegenüber hin auszurichten, das ihn völlig in Anspruch zu nehmen vermag. Die Rechtfertigungsaussage will gar nichts anderes sein als die äußerste Präzisierung des Wortes, das Jesus in Person ist. Wer mit der Rechtfertigungsaussage Mühe hat, sei es, daß ihm dunkel ist, von welcher Wirklichkeit sie überhaupt handelt, sei es, daß ihm zutiefst zweifelhaft ist, ob sie auch ihm gilt, dem ist kein anderer Rat zu geben als der, sich in den Anblick dieses Menschen zu versenken, diesem Gegenüber nicht auszuweichen. Wie verschieden auch die Voraussetzungen bei denen sein mögen, an die sich die Rechtfertigungsaussage richtet, sie selbst setzt auf jeden Fall als allen gemeinsam dies voraus, daß sie an Jesus ein Gegenüber haben, welches den Menschen zutiefst berührt. Gewiß liegt darin kein Automatismus. Aber das Bewegende und Ergreifende an der Person Jesu ist offenbar dies, daß hier das Heilige grundmenschlich begegnet, nicht in Gestalt eines Übermenschen, sondern als rechter Mensch, nicht in der Ausnahmesituation des vom Glück Begünstigten, sondern in der menschheitlichen Gesamtsituation, die von Unrecht, Leiden und Tod gezeichnet ist und sich im Kreuz Jesu verdichtet.

So verweist die Rechtfertigungsaussage auf ein Gegenüber, das den Menschen, wenn er wirklich hinhört, an seine eigene Grundsituation erinnert und in sie hineinruft. Wer sich Jesus gegenübersieht, ist auf das eigene Menschsein hin angesprochen und danach gefragt, was in bezug auf das Leben das letztlich Ausschlaggebende ist: nicht in der Weise einer unerfüllbaren Forderung, sondern in der Weise eines Mut machenden, Vertrauen einflößenden, Bejahung ausstrahlenden Zuspruchs. Wer Jesus vor Augen hat, sollte auf keinen Fall zur Verzweiflung am Leben oder an sich selbst Anlaß haben. Ihm sollte auch Bitterkeit oder resignierende Gleichgültigkeit vergehen. Er sollte sich etwas Unerschütterlichem und Gewißmachendem gegenübersehen. In Jesus sollte ihm Gott zur Anschauung kommen und zum Gegenüber werden. Das sind Beschreibungen in einer dogmatisch unpräzisen Sprache. Dessen bedarf es aber, um die Voraussetzung der Rechtfertigungslehre klarzustellen. Sie setzt voraus, daß der Person des Angeredeten die Person Jesu gegenübersteht und daß in diesem Gegenüber das Gegenübersein Gottes zur Erfahrung kommt.

Selbstverständlich ist diese Konzentration auf das Gegenüber zu Jesus insofern eine Abstraktion, als sie gar nicht vollzogen werden kann, ohne daß der von Jesus Angesprochene damit bereits in den weiten und reichen Lebensraum der heiligen Schrift hineingenommen wird. Die Überlegungen, woran einem das letztgültige Gegenüber aufgehen kann, ohne das die Rechtfertigungsaussage unverständlich und sinnlos bleibt, sollen nicht zu einer starren Methode führen. Wir dürfen nicht unterschätzen, welche Rolle der Begegnung mit der Bibel als ganzer zufallen kann oder der Konfrontation mit einem bestimmten Wort, das aus ihr geschöpft ist. All das gehört mit zu dem greifbaren Gegenüber, an dem einem das Gegenüber Gottes aufgehen und wirklich werden kann. Wie denn dazu ebenfalls Begegnungen mit bestimmten Menschen, Verhaltensweisen, Situationen und vielleicht auch Bildern und Symbolen gehören können. Als verschiedene Wege, die zu Jesus hinführen, sind sie Verstehenshilfen für die Rechtfertigungsaussage.

e) Die Verstehensbedingung der Rechtfertigungsaussage

Warum bedurfte es einer so weit ausholenden und vielleicht als weitschweifig empfundenen Reflexion? Die treibende Fragestellung ist die, wie die Rechtfertigungsaussage dem heutigen Menschen verständlich werden kann, dem schon die elementarsten biblischen Voraussetzungen der Rechtfertigungsaussage unverständlich erscheinen und dem das Gegenüber Gottes verblaßt, wenn nicht überhaupt entschwunden ist. Man könnte meinen, eine Dogmatik des christlichen Glaubens habe schlechte Vorarbeit geleistet, wenn einem nach so langem Wege die Rechtfertigungsaussage nicht gleichsam als reife Frucht in den Schoß fällt. Nun ließe sich zwar geltend machen, daß in diesem Reflexionsgang vornehmlich an schon früher Ausgeführtes erinnert wurde. Aber damit würde man nur etwas Wichtigeres verdecken. Es kann gar nicht Sache der Dogmatik sein, einen Weg zu führen, auf dem man Stufe um Stufe immer mehr in Sicherheit gelangt. Im Gegenteil, wie es zum Wesen des christlichen Glaubens gehört, daß mit zunehmender Reife des Glaubens auch die Anfechtungen zunehmen und schwerer werden können, so gehört es auch zum Denkweg der Dogmatik des christlichen Glaubens, daß, je tiefer er in das Zentrum vorstößt, um so elementarere Fragen aufbrechen. Wer mit Predigen Erfahrung hat, wird wissen, daß er nicht etwa nur mit Rücksicht auf den Hörer, sondern in erster Linie um seiner selbst willen immer wieder von vorn beginnen muß. Oder noch grundsätzlicher: Wer mit dem Beten eine gewisse Erfahrung gewonnen hat, wird nicht das beruhigende Gefühl haben, daß er nun sozusagen aus dem Gröbsten heraus ist und nicht mehr zum Beten de profundis genötigt ist. Es ist darum durchaus sachgemäß, daß bei der Rechtfertigungslehre, wenn anders sie wirklich der articulus stantis et cadentis ecclesiae sein sollte, der ganze Abgrund der Problematik erneut aufbricht, welchen Sinn es denn habe, von Gott zu reden.

Zugunsten dessen könnte man im übrigen auch dies in die Waagschale werfen, daß die Rechtfertigung aus Glauben doch, streng verstanden, nicht die Rechtfertigung des Frommen ist, sondern die Rechtfertigung des Gottlosen. So muß der Dogmatiker offenbar da, wo es um das Innerste des Glaubens geht, zum Anwalt dessen werden, der dem Glauben anscheinend am fernsten steht. Doch muß man sich hüten, mit diesem Argument kurzschlüssig umzugehen. Zum einen meint hier „Gottloser" keineswegs einfach den Atheisten, der nicht versteht oder nicht zu verstehen behauptet, was das Wort Gott bedeutet. Die Bezeichnung als Rechtfertigung des Gottlosen ist unabhängig davon, ob es sich um den Menschen handelt, der religiös ist, oder um den, der unreligiös ist. Juden und Griechen, die Paulus beide miteinander als unter der Sünde, weil unter dem Unglauben, beschlossen ansah, waren keine Atheisten, sondern, überwiegend jedenfalls, betont religiös. Sie wurden erst im Lichte der Rechtfertigungsaussage zu Gottlosen erklärt. Damit stellt sich aber folgendes Problem: Bestand für die Rechtfertigungsaussage im paulinischen Verständnis nun nicht eben doch die selbstverständliche Voraussetzung eines Wissens um Gott? Daß dieses Wissen um Gott nicht etwas darstellt, was selbst schon zur Rechtfertigung vor Gott beiträgt, daß es im Gegenteil eher dazu angetan ist, sich für gerecht zu halten und sich desto mehr der Rechtfertigungsaussage zu verschließen, mag jetzt durchaus anerkannt sein. Wie steht es aber im negativen Fall des Atheisten, dessen, dem Gott gleichgültig ist, als ein leeres Wort oder als eine gefährliche Illusion gilt? Es wäre naiv, darin einen Vorzug, eine erleichternde Verstehensvoraussetzung zu sehen. Dann stellt sich aber die Frage, wie sich die Gottesgewißheit in dem allgemeinen Sinne der Überzeugung, daß es Gott gebe, oder auch in dem negativen Modus der gegenteiligen Überzeugung zu derjenigen Gottesgewißheit verhält, die durch die Rechtfertigungsaussage zugesprochen wird. Von einer Rechtfertigung des Atheisten im Sinne einer atheistischen Transformation der Rechtfertigungsaussage zu reden, wäre eine Idee, die auf den Kehrichthaufen der trivialen Gott-ist-tot-Theologie gehörte. Wem die Gerechtigkeit des Glaubens zugesprochen wird, kann nicht Atheist bleiben. Glaube im prägnanten Sinne ist Gottesglaube.

Man wird sich aber dennoch vor einem Bekehrungsschematismus hüten müssen, wonach jemand erst zu einer fides generalis kommen müsse, zu der Überzeugung, daß Gott sei, und der Erkenntnis, wer Gott sei, um daraufhin erst für die fides specialis im Sinne der Rechtfertigungsaussage reif zu werden. Dieser Schematismus entspräche einer Dogmatik, die alles auf die Folgerichtigkeit des Denkens setzt. Nun darf man allerdings die Folgerichtigkeit des Denkens im Bereich der Dogmatik keineswegs leicht nehmen. Aber sie muß im Dienste dessen stehen, daß die Dogmatik entscheidend an dem komplexen Lebensvorgang orientiert ist. Darauf gesehen, ist es unmöglich, eine Vorschrift dafür aufzustellen, wie einem die Rechtfertigungsaussage aufgeht. Dies kann sich in verschiedenen Schritten vollziehen, die sich auf das Rechtfertigungsverständnis erst hinbewegen. Es kann aber auch in einer Begegnung mit der Gestalt Jesu geschehen, in der die fides iustificans Ereignis wird, die sich als fides quaerens intellectum erst mehr und mehr auch zum vollen Verständnis dessen vortastet, was Gott heißt.

f) Rechtfertigungsgeschehen und Rechtfertigungslehre

Daß zwischen dem Rechtfertigungsgeschehen und der Rechtfertigungslehre zu unterscheiden sei, wird niemand bestreiten. Damit, daß ich die paulinische und die reformatorische Rechtfertigungslehre korrekt entfalte, geschieht an mir nicht das, was ich lehre. Nicht einmal die Aufgabe der Lehre wäre damit schon hinreichend erfüllt. Die Sache der Rechtfertigungslehre ist nicht bloß mit tradierten Formeln vorzutragen, sondern in eigener Rechenschaft, und zwar so, daß man dabei genötigt ist, zu dem gemeinten Geschehen selbst vorzustoßen. Das erfordert einen eigenen Erfahrungseinsatz, der eine größere Sachnähe vermittelt. Als bloße Denkübung in bezug auf etwas, was dem eigenen Leben fern ist, dürfte dies schwerlich gelingen. Aber auch dann besteht jene Differenz zwischen Rechtfertigungsgeschehen und Rechtfertigungslehre. Wer noch so eindringend die Rechtfertigung allein aus Glauben lehrt, ist dadurch nicht gerechtfertigt. Das ist eine Banalität, und dennoch ist es wohl nicht überflüssig, daß man als Theologe es sich selber sagt. Gerade weil Lehre und Leben zusammenstimmen sollen, muß man sich desto mehr vor der Verwechslung beider hüten.

Nun ist aber auch noch in einem anderen Sinne zwischen Rechtfertigungsgeschehen und Rechtfertigungslehre zu unterscheiden. Das erste ist streng genommen auf das zweite nicht angewiesen. Das Rechtfertigungsgeschehen entsteht nicht aus der Rechtfertigungslehre. Auch das wird kaum jemand bestreiten wollen. Steht doch heute ohnehin in Sachen des Glaubens die Lehre nicht hoch im Kurs, nach gängiger Meinung ihm sogar eher im Wege. Aber auch wenn man es sich nicht so billig macht – infolgedessen kommt es einem dann erst recht teuer zu stehen –, wenn man vielmehr die theologische Verantwortung der Verkündigung ernst nimmt, muß man zugeben: Die Rechtfertigung aus Glauben predigen ist noch einmal etwas ganz anderes als sie theologisch lehren. Nicht etwa das Leichtere, als hätte die Predigt nur die Theologie in kleine Münze umzusetzen (was einem, soweit daran etwas Richtiges ist, schwer genug fallen mag). Das Predigen – ob nun über die Rechtfertigung aus Glauben oder worüber auch immer sonst – ist auf jeden Fall stets in einem spezifischen Sinne das Schwerere, weil Anspruchsvollere, im Vergleich mit dem, was der Dogmatiker treibt, wenn hier auch die Aufgaben einander zuweilen recht nahe kommen. Aber noch einmal ist es zweierlei, explizit über die Rechtfertigung aus Glauben zu predigen und so zu predigen, daß sich Rechtfertigung allein aus Glauben ereignet. Das sollte eigentlich der Skopus aller christlichen Verkündigung sein: nicht der gedankliche Skopus, so daß man schließlich immer wieder auf dieselben Formeln und Schlagworte hinauskommt, sondern der Skopus, die Intention des Verkündigungsgeschehens. Man könnte sogar noch weiter gehen und sagen: die Intention nicht der ausdrücklichen Verkündigung allein, sondern jedes christlichen Zuspruchs, jeder christlichen Äußerung überhaupt.

Dadurch wird eine außerordentlich wichtige Feststellung getroffen, die zwar im Grunde ebenfalls selbstverständlich, aber keineswegs in aller Bewußtsein ist. Der rechtfertigende Glaube ist nicht der Glaube, der inhaltlich auf die Rechtfertigungslehre oder zumindest auf ihre Grundgedanken ausgerichtet und beschränkt ist, sondern der Glaube als solcher in seinem wahren Verständnis. Gewiß ist der Glaube nie wortloser, nie gegenstandsloser, nie inhaltsloser Glaube. Aber das, was den Glauben zum rechtfertigenden Glauben macht, ist dies, daß er Glaube an Jesus Christus ist, nicht aber dies, daß er speziell auf die Explikation des Christusglaubens als Rechtfertigungsglaubens bezogen ist. Weiß sich der Glaubende als Gottes Kind oder läßt er es wahr sein, daß er Gottes Geschöpf ist, so ist er in diesem Glauben gerechtfertigt. Damit ist nur scheinbar die ausdrückliche Rechtfertigungsaussage und mit ihr die Rechtfertigungslehre abgewertet. Sie ist im Gegenteil ungleich höher gewertet, als man es ihr zumeist zubilligt, da sie nun zur Kennzeichnung dessen wird, worum es im Glauben überhaupt geht, wie auch immer er sich im Rahmen seines christlichen Bestimmtseins äußern mag.

Das verleiht nun aber der ausdrücklichen Rechtfertigungsaussage auch unmittelbar eine wesentliche Bedeutung. Dabei liegt das Hauptgewicht unverkennbar auf der durchgebildeten Rechtfertigungslehre. Ihre Funktion ist nicht, einen speziellen Aspekt christlicher Verkündigung und christlichen Glaubens zu pflegen. Die zentrale Stellung der Rechtfertigung allein aus Glauben zu behaupten, stellt zwar nach verbreiteter Meinung eine willkürliche Bevorzugung eines theologischen Teilaspekts dar. Dieser Vorwurf verkennt jedoch völlig den Sinn dieser Hervorhebung der Rechtfertigungslehre sowie deren Funktion bei Paulus selbst. Es geht in ihr um den theologischen Grundriß des Christusglaubens und damit um die systematisch reflektierte Struktur aller theologischen Aussagen überhaupt. Das ist eine ungemein anspruchsvolle Aufgabe. Deshalb kann es auch nicht verwundern, welches Schicksal der Rechtfertigungslehre in der Geschichte der Theologie und der Kirche zuteil geworden ist. Obwohl nun aber der Schwerpunkt auf der theologisch durchreflektierten Rechtfertigungslehre liegt, damit man an ihr einen Kompaß theologischer Urteilsbildung habe, kommt ihr doch gerade für die Verkündigung erhebliche Bedeutung zu. Nicht nur indirekt infolge dieser ihrer Orientierungshilfe. Vielmehr auch darum, weil die Verkündigung ein gewisses Maß an Lehre vermitteln muß, damit der Glaubende mündig werde. Dort, wo es um unmittelbaren Zuspruch geht, wird allerdings die Terminologie der Rechtfertigungsaussage kaum eine Rolle spielen, sosehr es um deren Sache geht. Dort aber, wo es gilt, auch den einzelnen Glaubenden urteilsfähig zu machen und ihn dazu instand zu setzen, den Glauben gedanklich zu durchdringen und zu vertreten, versieht die Rechtfertigungsaussage den unentbehrlichen Dienst einer, wenn ich so sagen darf, pointierenden Zeichensetzung, um die Syntax der Sprache des christlichen Glaubens richtig zu erfassen.

2. Die Elemente der Rechtfertigungsaussage

Die reformatorische Theologie hat die Rechtfertigungsaussage ausdrücklich in den Stand dieser pointierenden Zeichensetzung erhoben durch die particulae exclusivae solus Christus, sola gratia, solo verbo und sola fide. Wir nehmen sie als Leitfaden, um nun noch einmal die Rechtfertigungsaussage auf ihre Elemente hin durchzugehen.

a) Solus Christus

Dem Glauben an Jesus Christus ist es wesenhaft eigen, den Exklusivanspruch in bezug auf ihn zu vertreten. „Ein anderes Fundament als das, das gelegt ist, kann niemand legen: das ist Jesus Christus.“ (1. Kor 3,11) „Durch keinen andern gibt es das Heil. Es gibt auch keinen anderen Namen unter dem Himmel, der den Menschen dazu gegeben wäre, als den, in dem unsere Rettung verfügt ist.“ (Apg 4,12) Nicht allein durch solche ausdrücklichen Aussagen, sondern auch durch alle Hoheitstitel, die Jesus beigelegt werden, wird seine Einzigkeit unterstrichen. An ihn glauben heißt, an ihn allein glauben, ihm allein gehören. Man kann seine Herrschaft nicht mit der anderer Herren verbinden. Das ganze Neue Testament ist voll von diesem solus Christus. Ausgeschlossen sind dadurch alle anderen Heilsmittler.

Was hat das mit der Rechtfertigungsaussage zu tun? Obwohl von ihrem Ursprung her gar kein Zweifel darüber bestehen kann, daß die Rechtfertigungsaussage in dem Christusgeschehen gründet, der rechtfertigende Glaube also der Christusglaube ist, stellt es doch immer wieder eine Hauptschwierigkeit dar, die Rechtfertigungslehre so zu fassen, daß der Bezug auf Jesus Christus für sie sachnotwendig ist, und umgekehrt den Christusglauben so zu verstehen, daß sich aus dem, wer Jesus Christus ist, sachnotwendig die Rechtfertigungsaussage ergibt. Das solus Christus könnte ja auch ein Rechtfertigungsverständnis in dem schlechten Sinne begründen, daß man der Überzeugung ist, mit dem Anschluß an ihn, mit der Parteinahme für ihn stehe man auf der rechten Seite und sei so durch das richtige Parteiabzeichen gerechtfertigt, als recht ausgewiesen. Die Ausschließlichkeit, die hier durch die particula exclusiva gesetzt ist, hat nicht den Charakter einer Elitebildung um eine anspruchsvolle Führergestalt, die sich wie ein Halbgott über alle anderen erhebt, sondern meint in zweifacher Hinsicht ein Inkludieren: daß er sich selbst ganz in die Situation der anderen hineinbegibt, sich nicht von ihnen ausschließt, vielmehr in vorbehaltloser und grenzenloser Hingabe für sie da ist und daß er sie wiederum ganz in seine Situation, in sein Gottesverhältnis, in sein Leben und Sterben mit hineinnimmt. Sie haben an ihm den rechten, mit Gott einigen Menschen und finden darum in ihm den wahren, mit dem Menschen einigen Gott. Entsprechend sucht er von denen, die zu ihm kommen, nichts für sich, stellt auch nicht einen Katalog von Forderungen als ein neues Gesetz für sie auf. Er macht ihnen keine Versprechungen, die anderes enthielten als das, was sie in ihrem Menschsein vor Gott in der Welt betrifft. Er verändert nicht ihre äußere Situation, sondern ihre Grundsituation, was dann freilich für alle Situationen seine Folgen hat. „Friede mit Gott durch Jesus Christus" (Röm 5,1) – das ist die schlichteste Zusammenfassung der Rechtfertigungsaussage. Sie unterstreicht, daß das solus Christus nicht ein hartes Gebot ist, sondern eine einzigartige Einladung, ein unvergleichliches Angebot. Sieht man es so an, dann bedarf es nicht des Verbotes, anderen Konkurrenzangeboten zu folgen, sondern es ist eine reine Feststellung: Es gibt keinen anderen, der in dieser Weise zurechtbringend für die Menschen da ist. Darum sind in dem solus Christus die anderen Exklusivpartikeln enthalten. Hier geht es um reine Gnade, hier ist nichts anderes zu erwarten als lauteres Wort, und hier gilt nichts anderes als der Glaube allein.

b) Sola gratia

Die Frage, was ausgeschlossen ist, wenn die Gnade mit der Exklusivpartikel versehen wird, erledigt sich von selbst. Es liegt im Wesen von Gnade, daß die eigene Leistung, das anspruchsvolle Pochen auf das eigene Verdienst ausgeschlossen ist. „Durch Gnade, nicht durch Leistungen! Denn sonst wäre die Gnade nicht mehr Gnade." (Röm 11,6) „Wer etwas leistet, dem wird sein Lohn nicht aus Gnade, sondern nach Verdienst zugerechnet." (Röm 4,4) Es wäre zwar voreilig, daraus ein pauschales Verdikt gegen das Leistungsprinzip abzuleiten. Maßgebend ist, was vom Leistungszwang entbindet und in welcher Hinsicht dieser Leistungszwang sinnlos wird. Aus dem Gottesverhältnis ist der Gesichtspunkt der Leistung durch Jesus Christus ausgeschlossen. Es widerspräche seinem Leben und Sterben, das Vertrauen auf die eigenen Leistungen zu setzen. Man kann sich nicht gleichzeitig auf Jesus Christus berufen und auf Ansprüche, die sich aus eigenen Verdiensten herleiten. Darum schließt der Glaube an Jesus Christus jede Möglichkeit aus, sich seiner selbst vor Gott zu rühmen. „Wo bleibt da der Selbstruhm? Er ist ausgeschlossen! Durch welches Gesetz: das der Werke? Nein, sondern durch das Gesetz des Glaubens." (Röm 3,27) Nicht daß dem Rühmen überhaupt ein Ende gemacht wäre. Das Rühmen gehört zum Menschsein. Aber wie sich das Menschsein durch den Selbstruhm verkehrt, so kündigt sich das Zurechtkommen des Menschen dadurch an, daß er sich Gottes und seiner Gnade rühmt, daraufhin nun aber sich sogar dessen rühmen kann, was nach menschlichem Urteil unrühmlich ist. Durch Jesus Christus „haben wir im Glauben den Zugang zu dieser Gnade Gottes gewonnen, in der wir unseren Stand haben. So rühmen wir uns der Hoffnung auf die Herrlichkeit Gottes. Doch nicht nur das – wir rühmen uns auch inmitten von Bedrängnissen." (Röm 5,2f) „Wenn es denn schon gilt, sich zu rühmen, so will ich mich meiner Schwachheiten rühmen!“ (2. Kor 11,30 12,5.9) „Für mich soll es nie einen anderen Grund zum Rühmen geben außer das Kreuz unseres Herrn Jesus Christus.“ (Gal 6,14)

Es ist bezeichnend, daß die Wortgruppe *kauchasthai, kauchesis* und *kauchema* bei Paulus so stark und im Neuen Testament fast ausschließlich bei ihm begegnet. Hier tut sich von der jedermann vertrauten menschlichen Erfahrung her der Zugang zur Rechtfertigungsthematik auf. Der Mensch ist darauf angewiesen, bejaht, anerkannt zu werden, ein Urteil zu empfangen, das ihn für recht erklärt. Und er ist vom Grunde seines Wesens her bestrebt, sich dieses Ja, diese Anerkennung selbst zu verschaffen und sich selbst zu rechtfertigen, selber das Urteil zu sprechen. Das ist auch dann der Fall, wenn diese Struktur des Selbstruhms in das Gegenteil umschlägt und zur Verzweiflung an sich selbst, zur Selbstverdammung wird, in die Gott und die Welt mit hineingerissen werden. Dieses Urteil ist dem Menschen entzogen. Es wird nicht einfach verboten, sondern es wird hinfällig, es erübrigt sich, es wird töricht und lächerlich kraft der Bejahung, die dem Menschen in Jesus Christus und um seinetwillen zugesprochen ist. Mit der Freiheit vom Selbstruhm vor Gott tritt dann allerdings auch eine Befreiung von der Selbstrechtfertigung im Umgang mit dem Mitmenschen ein. Wer sein Sein in Jesus Christus hat, ist nicht darauf angewiesen, sich vor der Welt besser darzustellen, als er in Wahrheit ist. Er hat den Mut, er selbst zu sein mit seinen Mängeln und Schwächen. Und er schöpft diesen Mut auch keineswegs aus der Hoffnung darauf, was er nun im Stande der Gnade an Leistungen zustandebringen wird. „Allein aus Gnade“ ist nicht ein verchristlichtes Leistungsprinzip. Nicht eine mir als Kraft zuteil werdende Begnadigung, sondern das bleibende Angewiesensein auf Gnade macht den um Jesu Christi willen rechten Menschen aus. Erst daraus erwächst dem Menschen die Möglichkeit zu hingebungsvoller Arbeit, die dann aber nicht als Leistung ihm selbst zugute kommt, sondern Dienst am Mitmenschen ist.

c) Solo verbo

So selbstverständlich es ist, was durch das sola gratia als ausgeschlossen zu gelten hat, so schwierig erscheint die Frage, was durch die Exklusivpartikel solo verbo ausgeschlossen wird. Es fällt schwer, diese Wendung nicht in abfälligem Sinne zu verstehen: bloßes Wort. Wem soll mit bloßem Wort geholfen sein? Wenn jemand bei einem anderen Hilfe sucht und er wird mit einem bloßen Wort abgespeist, so ist dies das Schlimmste, was ihm widerfahren kann: sein Vertrauen wird bitter enttäuscht. Nun soll aber gerade darum das solo verbo gelten, weil es um das Wort des Glaubens geht, das heißt: um das Glauben weckende, Glauben am Leben erhaltende Wort. Die Glaubhaftigkeit der Tat leuchtet einem ungleich mehr ein, während das bloße Wort, wie es scheint, unglaubhaft macht. „Seid Täter des Wortes, nicht nur Hörer – denn damit hättet ihr euch übel verrechnet.“ (Jak 1,22) Das klingt nach einer polemischen Korrektur gegenüber der paulinischen Aussage, daß der Glaube aus dem Hören der Botschaft kommt (Röm 10,14f.17). Freilich heißt es auch bei Paulus: „Nicht die Hörer des Gesetzes sind bei Gott gerecht – die Täter des Gesetzes werden von ihm als gerecht anerkannt.“ (Röm 2,13) So liegt es offenbar nicht am Wort überhaupt, sondern an einem bestimmten Wort, daß es durch die Exklusivpartikel ausgezeichnet wird. Das Wort des Gesetzes verlangt allerdings die Tat und macht es von ihr abhängig, ob der Mensch recht ist oder nicht. Zwischen Wort und Wort ist also zu unterscheiden, wenn der Sinn des solo verbo klarwerden soll.

Von dieser Seite des paulinischen Rechtfertigungsverständnisses wird der nächste Paragraph ausführlich handeln, der im Hinblick auf das Wort des Glaubens die Unterscheidung zwischen Gesetz und Evangelium aufzuhellen hat. Dadurch erst wird zu dem tiefsten Grund der paulinischen Rechtfertigungslehre vorgestoßen. Das Wort des Evangeliums ist im Unterschied zu dem des Gesetzes dasjenige Wort, das Wirklichkeit nicht postuliert, sondern setzt, und darum nicht erst durch die Tat realisiert wird. Vielmehr kann seine eigene Realität dadurch nur verfälscht werden, daß man meint, es durch die Tat erst noch realisieren zu müssen. Dieser reine Wortcharakter des Evangeliums hängt an dessen Inhalt. Sein innerster Kern ist ein Urteilsspruch Gottes, der durch ihn ergehende Freispruch, das Gerechtsprechen des Sünders. Darum ist zwar nicht die einzige Gestalt, wohl aber das maßgebende Modell des solo verbo im Sinne des Evangeliums der Zuspruch: Absolvo te! Du bist frei! Es gibt kein Recht der Anklage mehr: „Wenn Gott für uns ist, wer könnte dann gegen uns sein? ... Wer wird Gottes Auserwählte beschuldigen? Gott, der Gerechtigkeit schenkt? Wer verurteilt sie? Christus Jesus, der gestorben ist, vielmehr: der vom Tode auferweckt worden ist? Er ist zur Rechten Gottes und tritt für uns ein!“ (Röm 8,31.33f) Alles, was über dieses Wort hinaus noch gegeben werden könnte, wäre deshalb weniger als das Wort, weil es dazu verleiten könnte, die Glaubwürdigkeit des Urteils Gottes einzuschränken.

Die Frage, ob denn das Rechtfertigungsurteil nur forensisch gemeint sei und nicht auch effektiv, ob es bloß den Charakter eines Ansehens „als ob“ habe und nicht eine tatsächliche Änderung bewirke, wird uns noch beim zweiten Durchgang durch die Rechtfertigungslehre im Hinblick auf den rechten Christen beschäftigen. Aber zunächst muß diese Fragestellung deshalb als irrig abgewiesen werden, weil sie in bezug auf das Urteil Gottes die Vorstellung erweckt, als sei es ein leeres Wort, das erst noch durch die Tat erfüllt und bestätigt werden muß; als sei Gottes

Wort nicht als solches ein Rufen des Nichtseienden, daß es sei, also creatio ex nihilo; als wäre es enttäuschend, wenn Gott einem sein Wort gibt, nichts als das. Gerade damit wird der Mensch in die Situation versetzt, in der er wieder rechter Mensch ist. Als der Mensch vor Gott ist der rechte Mensch Hörer und schlechterdings nicht Täter in Richtung auf Gott hin. Deshalb ist das solo verbo so anstößig, weil es in der Tat ausschließt, sich auf handgreifliche Realitäten zu verlassen. Das rechtfertigende Wort ist reine promissio, ein Kommenlassen dessen, was dem Menschen durch Gottes Gnade zukommt. Allein dieses Wort und eben deshalb, weil es reines Wort ist, versetzt darum in die Situation des rechtfertigenden Glaubens.

d) Sola fide

Die drei bisher erwähnten Elemente der Rechtfertigungsaussage – solus Christus, sola gratia und solo verbo – haben jeweils in verschiedener Hinsicht den Akzent auf die Externität des Rechtfertigungsgeschehens gelegt: auf die geschichtliche Externität Jesu Christi, auf das Gegenüber der göttlichen Gnade, auf das verbum externum des Evangeliums. Nun scheint sich der Blick dem Innersten des Menschen zuzuwenden, wenn noch dasjenige Element genannt wird, von dem sich die spezifische Kennzeichnung als Rechtfertigung sola fide herleitet. In der Tat zielt damit das Rechtfertigungsgeschehen auf das Innerste und Verborgenste des Menschen, auf das Herz. Rechtfertigung heißt nichts anderes als Antwort auf die Frage, wie das Herz rein wird. Aber gerade dieses Geschehen am Innersten kommt nicht aus dem Innersten, sondern allein von seinem äußersten Gegenüber her. Wie denn entsprechend der Grundsituation des Menschen sein Personsein durch die radikale Externität des Gottesbezugs bestimmt ist.

Darum enthält die Rechtfertigungsaussage eine fundamentale anthropologische These, die auch an den Phänomenen des Menschseins allgemein diskutierbar ist: Nicht aus den Werken des Menschen geht seine Person hervor, sondern aus der Person erwachsen die Werke. Darum ist die Grundfrage nicht die, wie er rechte Werke hervorbringt, sondern wodurch der Mensch recht wird, so daß er rechte Werke zu tun vermag. Das sola fide schließt nicht die Werke überhaupt als überflüssig aus – das hieße den Menschen zerstören. Es schließt sie aber schlechterdings von dem aus, was für das Personsein des Menschen, für das, was er gilt, konstitutiv ist, von dem also, worauf er sein Vertrauen setzen soll und was ihn zurechtbringt. Sollen dazu seine Werke dienen, dann sind sie nicht bloß überflüssig, sondern sogar schädlich, sogar die denkbar besten. Denn als Rechtfertigungsgrund können sie nur in der Weise in Kraft treten, daß der Mensch an sich selbst glaubt. Das ist aber die Grundverkehrung seines Menschseins: der Unglaube als die Wurzel alles dessen, was in bezug auf den Menschen nicht recht ist. Wenn Luther formuliert: fides facit personam[3], so meint er den Glauben, der allein so zu heißen verdient, weil er den Menschen nicht bei sich selbst festhält, sondern ihn durch Jesus Christus Gott ausliefert. Allein so wird dem Menschen Gewißheit zuteil. Ideo nostra theologia est certa, quia ponit nos extra nos[4]. Deshalb ist der Glaube rechtfertigender Glaube, weil er den Menschen dahin versetzt, wo er hingehört, an seinen rechten Ort.

Wie aber kann der Mensch an diesem Ort sein, also sein Sein in Christus haben, und nun doch in der Welt sein als der Sünder, der er allem Anschein nach immer noch ist? Wie ist die Glaubensgerechtigkeit lebbar? Das veranlaßt, nach dem rechten Christen zu fragen.

B. Der rechte Christ

Das Thema der Rechtfertigung wurde bisher in einem ganz weiten Rahmen und in grundsätzlicher Hinsicht behandelt. Es wurde ganz allgemein auf den Menschen bezogen. Und indem der Rechtfertigungslehre der Anschein eines speziellen und vielleicht gar obsoleten Glaubensartikels genommen wurde, stand dieses Thema stellvertretend und summarisch für alles, was über die Bedeutung des Glaubens für den Menschen zu sagen ist. Die Folge war freilich, daß darüber die konkreten Züge zu kurz kamen. Wer Jesus Christus so begegnet, daß er an ihn glaubt, von dem kann man wohl sagen, daß er dadurch in einem sehr tiefen Sinne zum rechten Menschen werde. Aber die nächstliegende Kennzeichnung wäre doch die, daß er dadurch ein Christ wird. Mit welchem Recht man auch betonen mag, daß das Christsein im Grunde auf nichts anderes abziele als auf rechtes Menschsein, würde doch die geschichtliche Konkretion dabei allzu leicht als irrelevant übergangen, die eben darin besteht, daß der Glaube an Jesus Christus in bestimmten Handlungen und Situationen kund wird. Wer sich ihm anschließt, wird im christlichen Glauben des näheren unterwiesen, läßt sich taufen, gehört damit einer bestimmten Kirche und Gemeinde an, nimmt an deren Leben teil und ist bemüht, das eigene Leben vom Glauben bestimmen und durchdringen zu lassen. Aber auch diese Skizzierung setzt noch idealtypisch ein, ist für unsere Verhältnisse jedoch gerade untypisch. Normalerweise wird man entsprechend der Kirchenzugehörigkeit der Eltern schon als Säugling getauft und wächst dann

---

[3] Der Glaube macht die Person. WA 39,1; 282,16 283,1.18f.

[4] Deshalb ist unsere Theologie gewiß, weil sie uns außerhalb unser setzt. WA 40,1; 589,8.

gegebenenfalls in das Christsein hinein, oder man bleibt nur dem Namen nach ein Christ oder ist es schließlich einmal bloß der Abstammung nach gewesen.

Wie verhält sich zu diesem biographischen Aspekt des Getauftwerdens, der Kirchenzugehörigkeit und des Einbezogenseins in das Christsein das Thema der Rechtfertigung allein aus Glauben? Zwischen dem Umstand, daß jemand seiner Religionszugehörigkeit nach ein Christ ist und sich formell zum christlichen Glauben bekennt, und der theologischen Aussage, die dem Glauben zuschreibt, daß er allein rechtfertige, besteht ein weiter Abstand: der qualitative Unterschied zwischen dem Glauben, der auf eine statistische Angabe zusammenschrumpft, und dem Glauben in gefülltestem Verständnis. Dabei ist das erste immerhin eine unbestreitbare, wenn auch noch so fragwürdige Lebenswirklichkeit, während das zweite in dem Verdacht steht, doch nur etwas Gedachtes zu sein. Aber selbst dann, wenn Leben und Lehre zur Deckung kommen sollten und das Verhältnis zum Glauben nicht nur nominell, sondern existentiell ist, besteht ein weiter Abstand in einer anderen Hinsicht: der Unterschied zwischen einem lebensmäßigen Verhältnis zum Glauben, das unter den sich wandelnden geschichtlichen Bedingungen selber der Wandlung unterliegt und unendlich viele Aspekte aufweist, und einer Kondensierung des Glaubens, wenn nicht etwa auf eine bloße Formel, so doch anscheinend auf ein punktuelles Widerfahrnis oder auf sein letztlich gleichbleibendes Wesen in und hinter seinen zeitlichen Erscheinungen.

Im ersten Fall vollzieht sich auf recht verschiedenen Wegen ein Zum-Glauben-Kommen, dem dann wiederum unter sehr verschiedenen Umständen ein Auf und Ab des Wachsens und Abnehmens folgen mag, des tieferen Eindringens und Erfülltseins oder des Fernrückens und der inneren Leere, Zeiten der Gewißheit und Zeiten des Zweifels, Zeiten der Glaubensstärke und Zeiten der Glaubensmüdigkeit und des Kleinglaubens. Oder es kommen ganz verschiedene Situationen in Betracht, solche, in denen die Sache des Glaubens im Vordergrund steht: eine Stunde des Gottesdienstes, gelegentliche Momente des Betens, gedankliche Beschäftigung mit Glaubensfragen; oder auch solche Situationen, in denen sich der Glaube zu bewähren hat: eine Entscheidung, die gefällt oder verarbeitet werden soll, eine Krankheit, die man durchstehen oder für den Rest des Lebens hinnehmen muß, ein großes Glück, das einem zuteil wird, oder die gestörte Beziehung zu einem Mitmenschen; oder schließlich auch solche Situationen, deren Beziehung zum Glauben nur schwer oder gar nicht erkennbar ist: daß ich die eintönige oder auch interessante Arbeit verrichte, mit der ich mir den Lebensunterhalt verdiene, oder daß ich irgend ein Hobby betreibe, eine Ferienreise unternehme oder mich wieder mit dem Kleinkram des Alltags herumschlage, Besorgungen mache, die nötige Körperpflege und auch etwas Seelenhygiene betreibe, die lästige Steuererklärung ausfülle usw. Man kann die Beispiele gar nicht mannigfach und auch nicht banal genug wählen, um das Problem anzuleuchten, nicht nur wie der Glaube im Leben vorkommt, sondern auch dies, daß er dabei ganz verschiedenartige Aspekte aufweist.

Dem steht nun in der Tat mit weitem Abstand eine Bestimmung des Glaubens gegenüber, die ganz und gar auf die Grundsituation des Menschen ausgerichtet ist und dasjenige angibt, worauf es letztlich ankommt und was sich darum immer gleich bleibt. Was es um die Gerechtigkeit des Glaubens ist, darf nun aber keinesfalls nur in dieser Grundsätzlichkeit und Allgemeinheit ausgesagt werden. Es muß auf diejenige Gestalt hin verdeutlicht werden, in der die Glaubensgerechtigkeit gelebt wird. Damit wird das Thema der Rechtfertigung allein aus Glauben nicht etwa verlassen, sondern es will nun in einem erneuten Durchgang auf die Beziehung zu seinem Kontext hin bedacht sein. Um diesen Kontextbezug vollständig zu erfassen, halten wir uns an eine an sich nicht unproblematische Unterscheidung, deren Sinn dabei zugleich ebenfalls einer Klärung näher gebracht werden soll: die Unterscheidung zwischen dem religiösen und dem welthaften Kontext des Rechtfertigungsglaubens.

I. Die Rechtfertigung im religiösen Kontext des Christen

1. Die Nötigung zur Differenzierung

Die Abneigung gegen die Rechtfertigungslehre hat verschiedene Motive. Unter anderem wirkt sich darin die Besorgnis aus, daß gerade infolge der zentralen und radikalen Ausrichtung der Rechtfertigungslehre die Differenzierung bedroht ist, die der Frömmigkeit aus dem Lebensbezug erwächst und die auch in der christlichen Sprachüberlieferung vorgegeben ist. Unter der Dominanz der Rechtfertigungslehre besteht die Gefahr, daß die Schärfe des theologischen Urteils eine Beschränkung des religiösen Erfahrungshorizonts und eine Verarmung der religiösen Sprache nach sich zieht. Dieses Bedenken ist sehr ernst zu nehmen.

a) Stadien des religiösen Lebens

Was in den einleitenden Bemerkungen schon kurz berührt wurde, ist noch etwas genauer in das Bewußtsein zu heben. Das religiöse Leben kann sich in ganz verschiedenen Kurven vollziehen. Es mag eine relativ stete Bewegung aufweisen, die zwar auch gelegentliche Stagnationen nicht ausschließt und gewisse Wandlungen durchmacht und Höhepunkte erreicht, aber im ganzen doch kontinuierlich verläuft. Oder es mag nach Art einer Fieberkurve extreme Ausschläge verzeichnen, radikale Umbrüche mit völliger Kehrtwendung, Erlebnisse von erschütternder Gewalt und mit explosiven Folgewirkungen. Das religiöse Leben mag auch in seinem Verhältnis zur Lebenskurve als ganzer verschieden verlaufen – das deckt sich nicht ohne weiteres mit der eben getroffenen Unterscheidung. Es kann entweder der allgemeinen Lebenslinie einigermaßen parallel laufen, zuweilen eher verdeckt, zuweilen deutlicher hervortretend, oder aber stark von ihr abweichen, sei es als etwas, was erst in einem bestimmten Zeitpunkt plötzlich hinzutritt, sei es als etwas, was alles andere dominiert, sei es als etwas, was zum übrigen Leben mehr oder weniger beziehungslos bleibt. Aber wie unterschiedlich auch die Gesamtverfassung, die Intensität oder sozusagen das religiöse Temperament sein mögen, sind doch ansatzweise oder ausgeprägt stets drei Stadien christlich-religiösen Lebens zu unterscheiden.

aa) Vorbereitung

Es gibt ein Stadium der Anbahnung und Vorbereitung. Man weiß sich noch nicht als Christ, ob man es nun seinen Papieren nach ist oder nicht. Man erkennt den Abstand, der einen davon trennt. Schon dies kann ein bedeutsamer religiöser Lebensvorgang sein. Man empfindet vielleicht einen Schrecken über dieser Entdeckung. Oder es meldet sich eine tiefe Beunruhigung an, die nach Klärung verlangt, oder eine Sehnsucht, die Erfüllung erhofft. Auf jeden Fall kann das, was sich in diesem Stadium ereignet, sehr verschiedenartige seelische Vorgänge betreffen: das Aufgerütteltwerden aus Gleichgültigkeit und Oberflächlichkeit, das Unbefriedigtsein von dem, was das Leben bisher bestimmte, das Umgetriebensein von religiösen Zweifeln und Krisen, das Geplagtsein von Ängsten und Selbstvorwürfen, die Suche nach einem festen Halt, nach einer unbedingt bindenden Autorität, nach einem Frieden, der aller Unruhe des Daseins überlegen ist, nach einer inneren Freiheit, die den bedrückenden Zwängen und den problematischen Freiheiten des Daseins gewachsen ist. In diesem Stadium der Gärung und des Unentschiedenseins können viele Faktoren religiös wirksam werden. Bei dem einen wirken Eindrücke nach, die tief ins Unterbewußtsein abgesunken sind. Bei dem andern sind es bestimmte Worte, die sich von frühester Kindheit an dem Gedächtnis eingeprägt haben und sich nun erneut anmelden. Der eine wiederum hat eine Begegnung mit einer geistesmächtigen Persönlichkeit, deren Rede oder noch mehr deren Gesamteindruck in ein zerfahrenes Leben ordnend und führend eingreift. Der andere hat ein bewegendes Erlebnis mit einer Gruppe von Menschen, die miteinander einen bestimmten Lebensstil verwirklichen. Hier darf gewiß nichts schablonisiert werden, obschon sich charakteristische Möglichkeiten der Einwirkung, typische Abläufe der inneren Bewegung und auch gewiße Gefahrenquellen bei all dem erkennen lassen.

bb) Entscheidung

Ein anderes Stadium ist dasjenige, in dem solche Anbahnungen und Vorbereitungen zur Reife kommen, so daß Entscheidungen fallen und das religiöse Leben infolgedessen auch in bestimmte Formen eingeht. Ob sich eine plötzliche Kehre ereignet oder ein bedachtsamer Entwicklungsvorgang oder ob man rückblickend eigentlich gar nichts darüber zu sagen vermag, wie sich Entschiedenheit und Klarheit herausgebildet haben, auf jeden Fall ist das religiöse Leben darauf aus, daß es Gestalt annimmt. Wer noch nicht getauft ist, entschließt sich nun dazu. Ebenso wie dieser tritt nun auch der früher bereits Getaufte in ein festes verbindliches Verhältnis zu einer Gemeinde. Man sucht in sein religiöses Leben eine wenn auch noch so bescheidene Ordnung und Regelmäßigkeit zu bringen. Von dem einen mag dies freilich eher als Gefahr gesetzlicher Veräußerlichung und Routine gescheut, von dem andern dagegen als außerordentliche Hilfe geschätzt werden. Doch ob so oder so, das Schwanken und Suchen hat ein Ende genommen. Man weiß, wohin man gehört. Man kann sogar sagen: „Ich weiß, woran ich glaube.“[5] Man sieht das eigene Leben an einer Stelle verankert, von der es sich zwar wieder entfernen oder gar lösen kann, von der man sich aber nicht zu entfernen und keinesfalls zu lösen gewillt ist, weil man der Überzeugung ist, von einer Wahrheit ergriffen und von einer Wirklichkeit umgeben zu sein, von der sich zu trennen Verrat an sich selbst wäre.

cc) Wahrung und Mehrung

Das Stadium der Entscheidung eröffnet kein Endstadium. Von einem Endstadium in religiöser Hinsicht kann man überhaupt nur im Hinblick auf dasjenige sprechen, was das irdische Leben transzendiert. In der Bewegung dieses Lebens muß auch das religiöse Leben in ständiger Bewegung bleiben, wenn es nicht absterben soll. Das widerspricht nicht dem Gefundenhaben, das sich als ein Gefundensein versteht. Auch da, wo eine Entscheidung gefallen ist und sich eine Gestaltwerdung des religiösen Lebens vollzogen hat, geht das Suchen als ein Gesucht- und Gerufensein weiter. Man kann dies das Stadium der Wahrung und Mehrung nennen. Jedes Stillestehen wäre ein Zurückfallen[6]. Man muß

---

[5] Vgl. das so beginnende Lied von Ernst Moritz Arndt, im Anklang an 2. Tim 1,12.

[6] Der frühe Luther bezieht sich darauf als auf einen Gemeinplatz, WA 4; 350,14–16: Et, ut sepe dictum est, proficere est nihil aliud, nisi semper incipere. Et incipere sine proficere hoc ipsum est deficere. Sicut patet in omni motu et actu totius creaturae. Zu dem

sich beständig der kritischen Frage aussetzen, ob es nicht bloß der Buchstabe ist, an den man sich hält, ohne den Geist zu verspüren und ihm Raum zu geben. Man wird gegenüber Selbstsicherheit, Selbstgerechtigkeit und täuschendem Schein auf der Hut sein müssen, auch in bezug auf vertraute Formen nicht meinen dürfen, daß an ihnen alles hange, und sich in bezug auf das verstehende Erfassen und Durchdringen der Glaubenswahrheiten nie am Ziel wissen können. Es wäre kein rechter Christ, der nicht hinzuzulernen und neue Einsichten zu gewinnen bereit wäre, sogar sich wieder auf die Anfänge des Verstehens zurückgeworfen sein ließe[7].

b) Die Mannigfaltigkeit biblischer Aussagen

Das Neue Testament weist eine Fülle von Möglichkeiten auf, wie das auszusagen ist, was durch Jesus Christus dem Menschen zuteil wird. Wie die vielfältigen christologischen Titel und Prädikationen nicht auf eine systematisierende Summation angelegt sind, so auch nicht die mannigfachen Kennzeichnungen dessen, wie das, was in Jesus Christus geschehen ist, dem Menschen zuteil wird und was dadurch an ihm geschieht.

aa) Soteriologische Vielfalt

Es befinden sich unter diesen Kennzeichnungen Aussagen wie die, daß dem Menschen etwas widerfährt, was er nicht von sich aus gesucht hat, sondern was ihm als Ruf begegnet ist, und zwar nicht als etwas Zufälliges zu beliebiger Wahl, sondern so, daß sich darin Gottes erwählendes Handeln vollzieht. Eine andere Gruppe von Aussagen bezieht sich auf die entscheidende Wende, die dadurch eintritt: ein Umdenken, das den Charakter radikaler Lebensumkehr hat, ja sogar ein Beschenktwerden mit neuem Leben, ein Hineingenommensein in Christi Sterben und Auferstehen, ein Wiedergeborenwerden, ein Teilgewinnen am ewigen Leben. Im Blick auf das, was voraufging, wird von Vergebung, Befreiung, Rettung, Versöhnung und Erlösung gesprochen. Dabei ist der terminus a quo auf jeden Fall als Gottwidrigkeit aufgefaßt, kann aber sehr verschieden benannt werden: als die Sünde, als das Böse, als Unwissenheit und Begierde, als die Macht der Finsternis, als Knechtschaft oder als die gegenwärtige böse Weltzeit. Der terminus ad quem, der darin teils schon direkt, teils nur indirekt mit angesprochen ist, wird als Friede, Gerechtigkeit, Heiligkeit, Freiheit und Geisterfüllheit be-

---

Zusammenhang mit der Unterscheidung zwischen litera und spiritus vgl. meinen Aufsatz: Die Anfänge von Luthers Hermeneutik, in: Lutherstudien Bd. I, 1971, (1–68) 41f.

[7] Vgl. D. Bonhoeffer, Widerstand und Ergebung, (1951) 1966[13], 206; Neuausgabe (1970) 1977, 327.

schrieben, sowie als die Aussicht auf Auferstehung vom Tode und auf ewige Herrlichkeit. All das ist durch den Begriff des Glaubens zur Einheit verklammert und liegt miteinander in ihm beschlossen. Obwohl durch die einzelnen Aussagegehalte bestimmte Aspekte dessen hervorgehoben werden, was das Menschsein zerstört und heilmacht, tendieren sie doch nicht auf Spezielles, sondern jeweils auf das Ganze des soteriologischen Geschehens. Es widerspräche der Aussageintention und auch der historischen Schichtung innerhalb des Neuen Testaments, wenn man die Funktion jeder Aussage pedantisch gegen die der anderen abgrenzte, um daraus mosaikartig erst ein Ganzes zusammenzusetzen.

bb) Aussageketten

Dennoch finden sich gerade bei Paulus gewisse Ansätze dazu, die soteriologischen Aussagen zu ordnen. Das hat zwar z. T. den Charakter einer rhetorischen Variation, um das Ganze des Heils zu umschreiben, ohne es dadurch in Teile zu zerlegen und gar eine zeitliche Reihenfolge festsetzen zu wollen. So ist es doch wohl zu verstehen, daß Gott Jesus Christus „um unserer Übertretungen willen dahingegeben und um unserer Rechtfertigung willen auferweckt“ hat (Röm 4,25) und daß „Christus uns zur Weisheit geworden ist, zur Gerechtigkeit, Heiligung und Erlösung“ (1. Kor 1,30); oder wenn es im Hinblick auf die Taufe heißt: „Ihr seid nun reingewaschen, ihr seid geheiligt, ihr seid gerecht geworden.“ (1. Kor 6,11) Dagegen ist deutlich auf ein Gefälle der Lebensbewegung hingewiesen, wenn Paulus den Frieden des Gerechtfertigtseins als einen Weg beschreibt, der von Bedrängnissen über Geduld und Bewährung zur Hoffnung und zu deren Erfüllung führt (Röm 5,1–5); oder wenn er das Christsein als ein Werden darstellt, das im Erwählt- und Vorausbestimmtsein gründet und über die Berufung und Gerechtmachung zur Verherrlichung führt (Röm 8,29 f). Bezeichnend ist nun aber an diesen Aussageketten zweierlei. Zum einen: Obwohl die Terminologie nicht konstant ist, wird doch in allen Fällen die Rechtfertigung erwähnt. Zum andern: Dieser Hinweis auf die Rechtfertigung erscheint aber an den verschiedensten Stellen der Aufzählung, am Anfang oder in einem der Mittelglieder oder am Ende. Dabei ist vor allem im Hinblick auf spätere Problemstellungen zu beachten, daß Rechtfertigung und Heiligung, falls nebeneinander erwähnt, einmal in dieser, das andere Mal in umgekehrter Reihenfolge genannt werden (1. Kor 1,30 6,11).

c) Die dogmatische Systematisierung

Es liegt in der Natur der Sache, daß bei dem Versuch, die Aussagen der Heilszueignung systematisch zu ordnen, die Hauptstrukturierung dem Lebenslauf folgt, in den von Jesus Christus her das Neue eintritt und der dadurch seinem endgültigen Ziele zugeführt wird.

aa) Katholische Scholastik

Dieses Schema bestimmt auch die augustinisch-scholastische Gnadenlehre. Deren Schwerpunkt liegt einmal in der Vorbereitung auf den Gnadenempfang, in der dispositio ad gratiam, ferner in der Hauptwirkung der gratia operans als gratia iustificans und schließlich in deren Folgewirkung als gratia cooperans bei dem Zustandekommen von Verdiensten, welche die Gnade im Hinblick auf die eschatologische Vollendung mehren. Das tridentinische Rechtfertigungsdekret[8] hat dieses Schema dann erstmals einer Darstellung der Rechtfertigung selbst zugrundegelegt. Nacheinander behandelt es die praeparatio ad iustificationem, die iustificatio ipsa und ihre Ursachen, das incrementum iustificationis sowie das für die Frömmigkeitspraxis entscheidende Problem des Verlustes und der Reparatur der heiligmachenden Gnade. Dabei dient bewußt der Erwachsene als Modell, da man den Gesamtvorgang biographisch nur an ihm darstellen kann, während im Falle der Säuglingstaufe der Gesichtspunkt der Vorbereitung auf die Gnade entfiele. Gerade an diesem Aspekt war aber besonders gelegen.

bb) Reformation

Das reformatorische Interesse am Thema der Rechtfertigung war nicht in dieser Weise auf eine biographische Gesamtordnung hin ausgerichtet. Es entzündete sich an der Frage der Buße und der Heilsgewißheit. Das Systematische daran betraf das Grundverständnis der Heilszueignung, das alle ihre Stadien und Aspekte zu bestimmen hat. Deren ausdrückliche Berücksichtigung war dadurch nicht ausgeschlossen, wie die Aufzählung in Luthers Erklärung des dritten Artikels im Kleinen Katechismus zeigt: „... der heilige Geist hat mich durch das Evangelium berufen, mit seinen Gaben erleuchtet, im rechten Glauben geheiligt und erhalten"[9], was sich dann in der parallel strukturierten Aussage über das Geschehen an der ganzen Christenheit und über die Teilhabe daran bis in die eschatologische Zukunft hinein fortsetzt[10]. Auffallenderweise kommt weder hier noch in der breiteren Erläuterung im Großen Katechismus das Stichwort Rechtfertigung vor. Das ist natürlich durch die Rücksicht auf das Fassungsvermögen der Adressaten bedingt, wird aber

[8] Denz. 1520–1549 (1583). Dazu H. Rückert, Die Rechtfertigungslehre auf dem Tridentinischen Konzil, AKG 3, 1925, bes. 86–100.

[9] BSLK 512,2–5.

[10] BSLK 512,5–13.

theologisch dadurch ermöglicht, daß alles miteinander die Rechtfertigung allein aus Glauben zur Sprache bringt. Jedoch nicht so, daß sie sich erst aus den Summanden ergibt, vielmehr so, daß jede Einzelaussage dank dem Gesamtduktus durch die Rechtfertigung allein aus Glauben bestimmt ist[11]. Das geben die präzisierenden Hinweise auf den Glauben, auf das Evangelium und auf Jesus Christus zu erkennen sowie das Vorzeichen des Ganzen, das Wirken des heiligen Geistes. Und für den Kundigen wird es darüber hinaus natürlich auch an dem deutlich, was absichtlich nicht erwähnt ist.

cc) Altprotestantische Dogmatik

Die altprotestantische Dogmatik hat statt der anfänglichen Konzentration auf den Rechtfertigungsartikel das umfangreiche Lehrstück von der gratia spiritus sancti applicatrix ausgebaut im Sinne eines ordo salutis, der die einzelnen Stufen vom Anfang des Christwerdens bis zur Vollendung hin umfaßt. An sich besteht kein Anlaß zu dem Verdacht einer Rückkehr zur scholastischen Gnadenlehre. Wird doch nun die Gnade des heiligen Geistes ausdrücklich als applizierend verstanden und nicht als applizierte Qualität des Begnadeten. Das Bedenkliche liegt auch nicht in dem Bemühen, den geistlichen Gesamtvorgang auf seine Phasen hin genauer zu betrachten und so den Kontakt mit der religiösen Erfahrung zu wahren. Problematisch ist jedoch zum einen in formaler Hinsicht die Tendenz, alle in Betracht kommenden biblischen Aussagen möglichst vollständig zu einem einzigen Heilsordo zu addieren, einem System der Heilszueignung, durch das gewisse Abgrenzungsprobleme erst künstlich erzeugt werden. Zum andern aber ist insbesondere von der Sache her problematisch, daß nun die gratia iustificans nur ein Gesichtspunkt unter vielen ist. Sie steht zwar in der Mitte, und dies nicht bloß äußerlich. Die vorausgehenden Gesichtspunkte der Berufung, Erleuchtung, Bekehrung und Wiedergeburt laufen auf die Rechtfertigung zu, während die nachfolgenden Gesichtspunkte der Einwohnung des Geistes, der Heiligung, der Erhaltung und der Verherrlichung von dort herkommen. Aber es wird nun doch fraglich, ob bei dieser Anordnung alle Einzelaspekte in der Gesamtdisziplin des reformatorischen Rechtfertigungsverständnisses bleiben. In der Folgezeit haben sich denn auch Einzelaspekte des ordo salutis wie der Gedanke der Wiedergeburt oder der Heiligung oder der Bekehrung oder des Bußkampfes verselbständigt und ihrerseits das Rechtfertigungsverständnis zurechtzurücken beansprucht.

[11] Vgl. dazu meinen Aufsatz: Luthers Ortsbestimmung der Lehre vom heiligen Geist, WG III, (316–348) 335f.

2. Das Kriterium aller Aussagen über das Christsein

Wie der Glaube nicht etwa nur ein Teilaspekt des Christseins ist, sondern dasjenige, worin es besteht und woraus alles entspringt, was christlich ist, woran deshalb auch alles sein Kriterium hat, was den Anspruch erhebt, christlich zu sein, so ist es auch mit der Rechtfertigung allein aus Glauben. Sie ist weder ein bloßer Teil der soteriologischen Aussagen über den Christen, noch ist sie das Ergebnis ihrer Addition, noch auch tritt sie zu ihnen in Konkurrenz. Sie stellt vielmehr den kritischen Bezugspunkt aller Aussagen über das Christsein dar. Was auch immer an Glaubensurteilen über den Christen in Betracht kommen mag, es muß sich daran ausweisen, daß es mit der Rechtfertigung allein aus Glauben in Übereinstimmung steht und, obwohl von ihr unterschieden, doch notwendig bleibend auf sie ausgerichtet und mit ihr verbunden ist. Von daher lassen sich die vielen Beziehungen, die hier in Betracht kommen, unter drei Hauptgesichtspunkten zusammenfassen: Was ist der Grund der Rechtfertigung? Was geht ihr im Menschen voraus? Und wie vollzieht sie sich? Unter jedem Gesichtspunkt soll das Christsein in bestimmter Hinsicht zur Sprache kommen. Deutlicher schiene es freilich zu sein, wenn es hieße: das Christwerden und das Christsein. Oder sollte man gar sagen: das Christsein als Christwerden? Im folgenden muß sich zeigen, wie sich beim Christen Werden und Sein zueinander verhalten. Wenn man hier wie bei allem Lebendigen davon ausgehen darf, daß das Sein im Werden ist, dann versteht sich der Sinn dessen allerdings für das Christsein nicht von allein. Er muß gemäß der Rechtfertigung allein aus Glauben bestimmt werden.

a) Erwählung und Rechtfertigung

Die Rechtfertigung hat ihren Grund gänzlich außerhalb des Menschen. Eben deshalb ist sie Rechtfertigung allein aus Glauben. Der Glaube ist nicht eine Leistung des Menschen, die als solche den Rechtfertigungsgrund darstellte. Glauben heißt, anstatt sich auf sich selbst zu verlassen, buchstäblich sich selbst verlassen, um sich auf einen Grund außerhalb seiner selbst zu verlassen, auf dessen Tragfähigkeit sich einzulassen, das Urteil über sich selbst derjenigen Instanz zu überlassen, die dafür allein zuständig ist. Dem entspricht das Selbstverständnis des Christen in bezug auf das Christwerden.

aa) Erwählungsgewißheit als Folge der Rechtfertigungsgewißheit

Was dem Christen als Rechtfertigung zuteil wird, hat in Gottes Erwählen seinen Grund. Dieser Rückverweis tritt nicht etwa als ein anderer Erklärungsgrund mit den verwickelten Umständen biographischer und psychologischer Art in Konkurrenz, unter denen sich das

Christwerden vollzieht. Der Hinweis auf Gottes Erwählen läßt all dies durchaus bestehen und gelten. Er führt aber die verwirrend ineinander verschlungenen Faktoren auf den sie ordnenden Grundfaktor zurück: auf das ursprüngliche, grundeinfache Ja Gottes ohne alles Wenn und Aber vor und außerhalb aller Zeit. Wie ein solcher Rückverweis jedoch nicht die individuelle Lebensgeschichte vergleichgültigt, so überspringt er erst recht nicht die geschichtliche Verankerung der Rechtfertigungsgewißheit im Christusgeschehen. Allein im Blick auf die Ausführung und den Zuspruch des Rechtfertigungsgeschehens kann die Erwählung als tiefster Grund des Christseins ausgesagt werden, als der Ursprung, wo das Christwerden letztlich seinen Anfang genommen hat. So erfolgt die Aussage über den Anfang vom Ende her. Das entspricht auch dem inneren Verhältnis von Erwählungsgewißheit und Rechtfertigungsgewißheit. Die Rechtfertigungsgewißheit ergibt sich nicht etwa aus der Erwählungsgewißheit, vielmehr umgekehrt diese aus jener. Erwählt zu sein ist in Sachen des Christseins nicht die Urgewißheit, aus der sich dann die Rechtfertigung ergäbe, sondern die Folge aus der Rechtfertigungsgewißheit, die sich der Gnade und der Wahrheit verdankt, welche durch Jesus Christus auf den Plan getreten sind (Joh 1,17). Erwählung kann allein so im strengen Sinne geglaubt werden, daß sie im Rechtfertigungsglauben ihren Erkenntnisgrund hat. Als auf sich selbst stehendes pures Faktum kann Erwählung ebensowenig Gegenstand des Glaubens im Sinne des rechtfertigenden Glaubens sein wie die Verwerfung Inhalt einer Glaubensgewißheit sein kann. Geglaubte Verwerfung wäre ein Widerspruch in sich. Deshalb kann sie niemand konkret aussagen, weder von sich selbst noch von einem anderen. Von Verwerfung läßt sich nur als von einer unbegreiflichen Grenzmöglichkeit reden um der Wirklichkeit der Erwählung willen (Röm 9,6–33).

bb) Erwählungsverständnis im Alten und im Neuen Testament

Die Veränderung, die sich in der Wende vom Alten zum Neuen Testament in bezug auf das Erwählungsverständnis vollzogen hat, hängt mit der Interpretation der Erwählung vom Rechtfertigungsgeschehen her zusammen. Nicht in der leiblichen Abstammung von Abraham, sondern in der geistlichen Herkunft von ihm, in der Erfüllung der Abrahamssohnschaft als Sein im Glauben wird das Verständnis der Erwählung rein erfaßt (Röm 4,9–22 9,8 2,28f Gal 4,21–31 vgl. Mt 3,9). Erst so ist sie dagegen gesichert, zu anspruchsvoller Selbstrechtfertigung mißbraucht zu werden, anstatt den reinen Gnadencharakter der Rechtfertigung zu unterstreichen. Geglaubte Erwählung als solche könnte auf ein fürchterliches Zerrbild hinauslaufen. Nicht sie, sondern nur die im rechtfertigenden Glauben selbst an ihr Ziel kommende, weil in Jesus Christus begründete und kundgewordene Erwählung gilt im

Neuen Testament als Erwählung. Deshalb kommt sie weder dem Volk als solchem zu noch auch dem Einzelnen kraft seiner abstammungsmäßigen Zugehörigkeit zu ihm. Sie gilt vielmehr um des einen Erwählten, um Jesu Christi willen jedem Einzelnen in seinem glaubensmäßigen Verbundensein mit ihm.

cc) Erwählung und Berufung

Im Neuen Testament ist deshalb vom Erwählungsgedanken der Berufungsgedanke nicht zu trennen. Er hat jenem gegenüber sogar einen deutlichen Vorrang. Was im alten Bund nicht für die Zugehörigkeit zu ihm, sondern nur für eine besondere Funktion in ihm bestimmend war, insbesondere für das prophetische Amt, das wird im neuen Bund zu demjenigen Geschehen, das jeden Einzelnen hinzuholt. Jeder Christ ist dies gewissermaßen von Beruf, kraft einer Berufung, die, sosehr sie an alle ergeht, doch jedem Einzelnen gesondert gilt. Das reiche Vorkommen der Vokabel „rufen" im Neuen Testament hat darin seinen Schwerpunkt, daß die Berufung ebenso, wie dies nun erstaunlicherweise auch in bezug auf das Geheiligtwerden und die Geistverleihung der Fall ist, ausnahmslos von jedem Christen als für sein Christsein konstitutiv ausgesagt wird. Daraus läßt sich erkennen, wie einer ein Christ wird: nicht durch irgendwelche außerordentliche Berufungserlebnisse – sie spielen allenfalls eine Nebenrolle und dann möglicherweise eine nicht ungefährliche –, sondern schlicht und ganz gewöhnlich dadurch, daß der einladende Ruf des Evangeliums an ihn ergeht. Die Unterscheidung zwischen den vielen Berufenen und den wenigen Auserwählten (Mt 22,14) erwächst aus der Erfahrung, daß nicht jeder, zu dem der Ruf gelangt, auch innerlich von ihm erreicht wird und daß nicht jeder, der von ihm bewegt wurde, auch unentwegt bei ihm bleibt. Das führt nicht etwa dazu, daß der Rechtfertigung allein aus Glauben einschränkende und zusätzliche Bedingungen beigefügt werden müssen. Im Gegenteil, wie der einladende Ruf auf nichts anderes zielt als darauf, sich allein diese Weise der Rechtfertigung vor Gott gefallen und sich an der Gnade genügen zu lassen, so kann auch das Bleiben bei dieser Berufung in gar nichts anderem bestehen als darin, dem rechtfertigenden Glauben das Leben einzuräumen.

b) Buße und Rechtfertigung

Während der Begriff der Erwählung auf den Grund der Rechtfertigung außerhalb des Menschen verweist, verbindet sich mit dem Begriff der Buße der Gedanke an das, was der Rechtfertigung im Menschen vorausgeht oder, vorsichtiger formuliert: was im Zusammenhang mit der Rechtfertigung im Menschen vorgeht. Wie allerdings im ersten Fall das Verhältnis zur Rechtfertigung Probleme aufwarf, die vom Begriff der Erwählung her nicht hinreichend zu klären sind und es deshalb nötig machten, den Begriff der Berufung zu berücksichtigen, so sichert der Begriff der Buße keineswegs das rechte Verhältnis zur Rechtfertigung allein aus Glauben. Darum wurde das reformatorische Rechtfertigungsverständnis ein Kampf um das rechte Bußverständnis.

Man könnte sich fragen, ob nicht das Wort Buße so hoffnungslos vorbelastet ist, daß man es als ungeeignet lieber ausschiede. Nicht bloß die juristische Bedeutungsnuance von Buße als Geldstrafe für Verkehrssünder stellt den theologischen Sinn von Buße völlig auf den Kopf. Auch die kirchliche Einrichtung des Bußwesens hat einen juridischen Einschlag, sei es in der altkirchlichen Gestalt der öffentlichen Kirchenbuße für offenbare Todsünden, sei es in der aus dem Mönchtum hervorgegangenen Form der Privatbeichte, die sich zum Bußsakrament entwickelte und die verborgenen und nun erst im strengen Sinne geistlich verstandenen Todsünden betrifft. Trotz der im Zentrum stehenden Absolution fungiert der Priester zugleich als Richter. Er muß die näheren Umstände der zu beichtenden Sünden erfahren, nicht etwa um von dem Grad ihrer Schwere die Vergebung der Schuld und den Erlaß der ewigen Strafe abhängig zu machen – von ihnen wird um des Verdienstes Christi willen freigesprochen –, wohl aber um die damit nicht erledigte entsprechende zeitliche Strafe einzuschätzen und in angemessene satisfaktorische Bußleistungen in Gestalt bestimmter Frömmigkeitsübungen umzusetzen.

Das Wort Umkehr, das den Sinn der entsprechenden hebräischen und griechischen Vokabeln und ihre biblische Intention wiedergibt: die erforderliche Kehrtwendung und Sinnesänderung, entlastet von irreführenden Assoziationen und ist darum für den allgemeinen kirchlichen Gebrauch vorzuziehen. Für den dogmatischen Sprachgebrauch wäre es aber ein Nachteil, die Beziehung zu den kirchlichen Lehr- und Lebensformen aus dem Auge zu verlieren, die bewußt oder unbewußt auch das heutige Verständnis des Christseins noch prägen. Um die Auseinandersetzung mit einem überaus bedeutsamen, die ganze Kirchengeschichte durchziehenden Strom christlicher Frömmigkeit und christlichen Selbstverständnisses im Auge zu behalten, empfiehlt es sich, den Begriff der Buße weiterhin als Leitbegriff zu verwenden. Er rührt in entscheidender Weise an das Verhältnis von Christwerden und Christsein.

aa) Buße und Christwerden

Das nächstliegende Verständnis ist unbestreitbar dies, die Buße als Umkehr mit der Bekehrung zum christlichen Glauben, also mit dem Christwerden gleichzusetzen. Das hat eine doppelte Folge. Zum einen handelt es sich nicht nur um einen Wechsel religiöser Überzeugungen, um eine Konversion in dem gängigen Sinne, daß man eine bestimmte

Form der Devotion mit einer anderen vertauscht oder sich überhaupt erst von religiöser Gleichgültigkeit abkehrt und in eine bestimmte religiöse Bindung begibt. Schon der prophetische Ruf zur Umkehr und erst recht der Ruf zur *metanoia* in der Verkündigung des Täufers und Jesu fordern nicht zu einem Religionswechsel auf, sondern dazu, angesichts der nahen Gottesherrschaft mit dem Ernst zu machen, was man theoretisch bejahte, also eine Lebenswende zu vollziehen, die reuige Abkehr von dem Verhaftetsein an die bisherigen Sünden, um Vergebung der Sünden zu empfangen, einen neuen Anfang zu machen. Im Rahmen der eschatologischen Naherwartung und in Verbindung mit der Taufe erhält dieses Verständnis von Buße den Charakter der Einmaligkeit, nicht bloß in der Verkündigung des Täufers, sondern auch und erst recht für das Urchristentum. Der Gesichtspunkt der Einmaligkeit haftet also nicht an der Vorstellung, als wäre das Christwerden ein Religionswechsel – warum sollte man einen solchen nicht öfter vollziehen? –, sondern an der eschatologischen Relevanz des Christusereignisses und der Einbeziehung darein.

Daraus erwächst nun aber eine weitere Folge. Wenn die Parusieverzögerung für das frühe Christentum eine wesentliche Auswirkung hatte, so wohl vor allem hinsichtlich der Gleichsetzung von Umkehr mit der Bekehrung, von Buße mit dem Ereignis des Christwerdens und mit dem Taufgeschehen. Je länger das Christsein währte, je mehr die Begeisterung erlahmte und die erste Liebe erkaltete, je stärker sich gewissermaßen der Alltag des Lebens mit all seinen Problemen wieder bemerkbar machte, desto bedrängender wurde die Frage, wie der Einmaligkeit des Christwerdens im Sinne der Bekehrungsbuße durch das nachfolgende Christsein Rechnung zu tragen sei. Die Notwendigkeit der Ermahnung, der scharfen Kritik, sogar des Ausschlusses eines krassen Sünders aus der Gemeinde als förmlicher Übergabe an den Satan im Sinne soteriologischer ultima ratio – „damit sein Geist am Tage des Herrn gerettet wird" (1. Kor 5,4f) –, das alles begegnet schon bei Paulus. Die Illusion völliger Sündenfreiheit lag dem Urchristentum fern, mußte freilich zuweilen auch ausdrücklich bekämpft werden (1. Joh 1,8–10). Dennoch fiel es schwer, die Identität von Buße im vollen Sinne und der Einmaligkeit von Taufe und Christwerden aufzugeben. Besonders die Sünde des Abfalls – und in diesen Zusammenhang gehört ursprünglich vielleicht auch die Diskussion um die Sünde wider den heiligen Geist (Mk 3,28f) – ließ eine zweite Buße unmöglich erscheinen, die dann ebenfalls wieder als einmalig vorgestellt war (Hebr 6,4–6). Doch hat sich in der alten Kirche unter dem Druck insbesondere der Verfolgungserfahrung die Wiederholbarkeit der Buße für den Todsünder durchgesetzt.

Erstaunlicherweise sind dann gerade auf dem Boden des Mönchtums als einer freiwilligen Sonderfrömmigkeit durch Erfüllung auch der sogenannten evangelischen Räte das Bewußtsein der Sünde und das Verständnis von Todsünde so verinnerlicht und verschärft worden, daß gerade hier die Notwendigkeit häufig wiederholter oder sogar ständiger Buße zum Charakteristikum des Christseins wurde. Und dies trotz der Tatsache, daß die Übernahme der ewigen Gelübde zu einer Art zweiter Taufe stilisiert war. Von daher ist es dann auch für den Durchschnittschristen zur Minimalbedingung seines Christseins geworden, vor der einmaligen Kommunion im Jahr auch das Bußsakrament zu empfangen. Aus der einmaligen Buße wird eine Buße mindestens einmal jährlich.

bb) Buße und Christsein

Es scheint auf der strengsten Linie monastischer Frömmigkeit zu liegen, wenn Luther, veranlaßt durch das Ablaßunwesen, entgegen der herrschenden sakramentalen Bußauffassung das ganze Christenleben als Buße verstehen lehrte. Damit tritt er anscheinend gerade auch zu Paulus in schärfsten Gegensatz, bei dem die Begriffe *metanoia* und Sündenvergebung kaum begegnen, während im Johannesevangelium und in den Johannesbriefen sich *metanoia* sogar überhaupt nicht findet, wohl aber an wenigen und wichtigen Stellen von der Sündenvergebung die Rede ist (Joh 20,22f 1.Joh 1,8–10 vgl. 2,12). Dennoch darf daraus nicht auf einen Widerspruch zum paulinischen Rechtfertigungsverständnis geschlossen werden, von dem her doch gerade der Einspruch erfolgte gegen die traditionelle sakramentale sowie auch monastische Bußauffassung und gegen das darin zum Ausdruck kommende Verständnis des Christseins. Gewiß stand die reformatorische Entfaltung der Rechtfertigungslehre im Kontext der augustinisch-scholastischen Tradition und war deshalb notwendig auf Fragestellungen und Begriffsprägungen bezogen, wie sie nicht unmittelbar bei Paulus vorliegen. Dadurch entstand notwendig eine gewisse Sprachdifferenz, die aber die Übereinstimmung in der Sachintention nicht ausschließt.

Die Gründe der Konvergenz können jetzt nur angedeutet werden. Im Gegensatz zu der scholastischen Dreiteilung der Buße in contritio, confessio und satisfactio unterscheidet die ausgereifte reformatorische Auffassung von der Buße scharf zwischen der contritio und der fides. Die Reue oder Zerknirschung erstreckt sich auf alles, was im Leben auch des Christen zu der Mahnung Anlaß gibt, nicht auf sich selbst und die eigenen Leistungen zu vertrauen, nicht sich zu rühmen, den Grund der Gerechtigkeit vor Gott auf keinen Fall in sich selbst zu finden, auch nicht in den Früchten des Glaubens, in den Ansätzen zu einem neuen Leben. All das wird, falls zum Grunde der Selbstrechtfertigung gemacht, zur Sünde, da es dann von der auch im Getauften keineswegs ausgelöschten Grundsünde, dem peccatum originale und radicale, in

Dienst genommen und verdorben wird. Demgegenüber bleibt auch der Christ bis an sein Ende allein auf den Glauben, weil allein auf Gnade und eben darum auf Jesus Christus angewiesen. Die Glaubensgerechtigkeit wird nie seine eigene Gerechtigkeit, sondern ist stets die ihm zugesprochene und angerechnete Gerechtigkeit Christi. Auch in seinen frömmsten Lebensäußerungen ist der Christ nur durch die geglaubte Gerechtigkeit gerecht. Nur so ist er rechter Christ. Auf sich selbst gesehen ist er Sünder; allein im Blick auf das, was ihm durch das Evangelium als Freispruch und Gerechtsprechung zuteil wird, und somit allein im Blick auf Christus ist er gerecht.

Das trifft mit zwei fundamentalen Sachverhalten bei Paulus zusammen. Zum einen ist für ihn der Glaube nicht etwas, was sich in einer einmaligen Bekehrungswende erschöpft, dann aber durch den Geistbesitz als eine neue Potenz des Christen abgelöst wird, so daß die Aussage von der Rechtfertigung nicht aus Werken des Gesetzes, sondern aus Glauben allein nur für den Anfang des Christseins gälte. Vielmehr bleibt auch das Christsein für Paulus im Zeichen der Rechtfertigung allein aus Glauben, weil im Zeichen des Gekreuzigten. Damit stimmt ferner überein, daß sich bei Paulus das Sein in und mit Christus in der Bewegung des irdischen Lebens als ein Werden abzeichnet, das noch nicht zum Abschluß gekommen ist. Zwar kann das Mit-Christus-Gestorbensein im Blick auf die Taufe entschieden perfektisch ausgesagt werden; dennoch ist der noch ausstehende leibliche Tod in geistlicher Hinsicht keine Bagatelle. Deshalb kann das Auferstehen mit Christus, obwohl es schon begonnen hat, doch letztlich nur futurisch ausgesagt werden. In der paulinischen Rechtfertigungslehre ist also grundsätzlich dies angelegt, daß der Christ die radikale und streng einmalige Wende, die sich durch die Hineinnahme in das Christusereignis vollzogen hat, nicht hinter sich läßt. Vielmehr lebt er diese Wende während seines ganzen Lebens als eines Seins im rechtfertigenden Glauben.

c) Heiligung und Rechtfertigung

Die Relation von Rechtfertigung und Heiligung ist in der Theologiegeschichte heftig umstritten. Das liegt nicht zuletzt daran, daß die Begriffsbestimmungen voneinander abweichen und durcheinander geraten. Aber es liegt nicht etwa daran allein. Denn in der Entscheidung für eine bestimmte Begriffsfassung verrät sich die Richtung des theologischen Interesses. Vom neutestamentlichen Sprachgebrauch her läßt sich kaum eine feste Regelung ableiten. Ein ausgeprägter Begriff der Rechtfertigung liegt nur bei Paulus vor, abgesehen von der kritischen Korrektur, die der Jakobusbrief daran vornimmt. Auch der Begriff der Heiligung in substantivischer Form begegnet übrigens ganz überwiegend bei Paulus, während das Verständnis des Christseins als Geheiligtseins allgemein urchristlich ist. Die Christen heißen die Heiligen. Demgegenüber begegnet zwar ihre Bezeichnung als Gerechte kaum, wohl aber in vergleichbar starker terminologischer Prägung die Benennung als die Glaubenden. Das könnte auf die Dominanz des Rechtfertigungsgedankens gedeutet werden. Doch ist es vom neutestamentlichen Sprachgebrauch her unmöglich, beides in Konkurrenz zueinander zu sehen, wie Dietrich Bonhoeffer von dem Gespräch mit einem jungen französischen Pfarrer berichtete, daß sie die Frage, was sie mit ihrem Leben eigentlich wollten, verschieden beantworteten. Dieser: Ich möchte ein Heiliger werden; er selbst: Ich möchte glauben lernen. Obwohl Bonhoeffer damals schon seine Antwort als Widerspruch zu der anderen empfunden hatte, habe er doch, wie er dazu bemerkt, lange Zeit die Tiefe dieses Gegensatzes nicht verstanden[12]. Ein tiefer Gegensatz ist es in der Tat im Hinblick auf die Geschichte des Umgangs mit diesen Begriffen.

aa) Die Rechtfertigung als Heiligung

Die Tendenz zu einer Identifizierung von Rechtfertigung und Heiligung kann je nachdem verschiedenes besagen. Am nächsten liegt in diesem Fall die klassische katholische Auffassung der gratia iustificans als heiligmachender Gnade. Dementsprechend ist die Rechtfertigung nicht bloße Gerechtsprechung, sondern eine Gerechtmachung, eine Veränderung des Sünders in einen Gerechten, die es erlaubt, ihn so zu nennen. Darum geschieht hier die Rechtfertigung nicht sola fide, sondern fide charitate formata, das heißt durch den Glauben nur insoweit, wie er durch die Liebe mit Leben erfüllt ist. Hier wäre also die Rechtfertigung infolge der Gnadenausstattung in der qualitativen Veränderung des Menschen selbst begründet. Gegen diese Deutung richtet sich vornehmlich die reformatorische particula exclusiva sola fide. Man kann nun aber auch dementsprechend die Rechtfertigung als Heiligung akzentuieren. Luther hat, wie schon erwähnt, in den Katechismen den Begriff der Rechtfertigung ganz vermieden. Die Heiligung gilt ihm dort als Inbegriff des dritten Artikels (s. o. S. 232f, bes. Anm. 11). Er hat dabei aber gar nichts anderes zur Entfaltung gebracht, als was in seinem Rechtfertigungsverständnis angelegt ist. Indem der Hauptton darauf liegt, was der heilige Geist als Heiligmacher wirkt, wird der Verselbständigung menschlicher Heiligkeit gegenüber dem Wirken des Geistes gewehrt. Der Mensch ist Gottes Werk auch dann, wenn es um die Heiligung des Menschen geht. So wird es möglich, die Rechtfertigung als Heiligung weit über den Bereich dessen hinaus zu entfalten, was man

[12] Widerstand und Ergebung, (1951) 1966[13], 248; Neuausgabe (1970) 1977, 401.

üblicherweise unter Rechtfertigung versteht, bis in die eschatologischen Aussagen hinein, dabei jedoch all dies der Rechtfertigung allein aus Glauben gemäß zu interpretieren. Es leuchtet ein, daß daraus ein anderes Verständnis christlichen Lebens erwächst, das im Unterschied zu dem Wunsch, ein Heiliger zu werden, darin aufgeht, glauben zu lernen.

bb) Die Heiligung als Folge der Rechtfertigung

Diese Verhältnisbestimmung ist im Bereich des Protestantismus die übliche. Sie läßt aber erhebliche Verschiedenheiten zu. Sie kann ganz im Sinne der Rechtfertigungslehre gefaßt werden, indem nun unter den Begriff der Heiligung die Anfänge eines neuen Lebens fallen, der Kampf gegen die Werke des Fleisches und das Hervorbringen von Früchten des Geistes, das Angehen gegen die falschen Abhängigkeiten und gegen die in sich selbst verkrümmte Selbstliebe sowie das Freiwerden zu einer souveränen Haltung den Dingen der Welt gegenüber und zu einer sich hingebenden Liebe, wie sie Paulus in 1. Kor 13 beschreibt. Die Folgeordnung von Rechtfertigung und Heiligung kann aber auch darauf abzielen, im ersten nur ein Negatives zu sehen, die Bereinigung der Vergangenheit, während das andere als das eigentlich Wichtige und Ausschlaggebende erscheint. Dann erhält die Heiligung allerdings ein Eigengewicht, das schließlich doch das Gottesverhältnis bestimmt. Daß ein solches Verständnis von der Gefahr der Gesetzlichkeit, welche die Heiligung reguliert, bedroht ist, von einer Unfreiheit infolge der Last, die damit dem Christen auferlegt ist, und von einer Scheinheiligkeit, weil sie auf den Eindruck ausgerichtet ist, den der andere empfangen soll und den auch man selbst von seinem Christsein gewinnen möchte, das ließe sich an weiten Bereichen protestantischer Frömmigkeitsgeschichte belegen. Das berechtigte Interesse an der Ausstrahlung des Rechtfertigungsglaubens in das Leben hinein wird aber nur dann sachgemäß wahrgenommen, wenn man sich wohl dafür offen hält, daß der Glaube im Umgang mit dem Leben von Tag zu Tag Gelegenheit hat, Neues zu erfahren und zu entdecken und dabei auch in der Heiligung zuzunehmen, dies jedoch als eine Einübung im rechtfertigenden Glauben ansieht. Das Sein als Sünder und Gerechter zugleich stellt dann keine verstiegene Paradoxie dar, sondern entspricht genau der Situation, in der sich der Christ vor Gott in der Welt befindet, je reifer er wird, desto mehr.

II. Die Rechtfertigung im welthaften Kontext des Christen

Bisher wurde die Frage nach dem rechten Christen in Hinsicht auf den religiösen Kontext des Christseins behandelt. Wenn nun dieselbe Frage in Hinsicht auf den welthaften Kontext gestellt wird, so klingt dies nach Deformation der reformatorischen Zweireichelehre zu einer Aufteilung des Lebens in zwei gesonderte Bereiche: den religiösen Lebensbereich, der in der Intimsphäre und in der Kirche seinen Ort hat, und den welthaften Lebensbereich, der den Alltag und die politische und gesellschaftliche Wirklichkeit umfaßt. Nun muß man aber, um nicht sogleich einer Karikatur zu verfallen, folgende Gesichtspunkte festhalten:

Zum einen handelt es sich auch bei diesem bereichsmäßigen Nebeneinander von religiösem und welthaftem Leben, von Kirche und Staat, oder wie immer man diese Unterscheidung von greifbaren Phänomenen her charakterisieren mag, keineswegs um ein beziehungsloses Nebeneinander, sondern um ein Verflochtensein ineinander, und zwar nicht nur auf alle möglichen problematischen Weisen der Vermischung und illegitimen Übergriffe, sondern auch im Sinne einer in der Sache selbst liegenden Relation. Das Religiöse nimmt im Leben einen relativ gesonderten Raum ein, damit es desto gesammelter und reiner in das welthafte Leben hinein ausstrahlen kann. Umgekehrt wird dem Welthaften mit Recht die relative Selbständigkeit gegenüber dem Religiösen zugesprochen, damit es nüchtern als das eingeschätzt und behandelt werden kann, was es ist. Die relative Sonderung voneinander kommt also der rechten Unterscheidung voneinander und der rechten Beziehung zueinander zugute.

Zum andern ist zu bedenken, daß das Christsein diese Unterscheidung nicht aufhebt. Das Christentum ist eine Religion und hat entsprechende religiöse Lebensformen entwickelt. Es nimmt darum auch einen gesonderten Lebensraum in Anspruch. Dies geschieht aber nicht durch Absonderung von den welthaften Aufgaben des Lebens, sondern so, daß es diesen zugute kommt. Nun wird aber diese Relation des Unterschiedenseins um des Beieinanders und Füreinanders willen dadurch in besonderer Weise zur Geltung gebracht, daß sowohl das Religiöse am Christentum als auch sein Verhältnis zum welthaften Leben geistlich in Betracht kommen. Damit ist in beider Hinsicht ein eminent kritischer Faktor gesetzt, der aus derselben Wurzel kommt. Die religiösen Lebensaspekte rücken ebenso wie die welthaften in das kritische Licht der Rechtfertigung allein aus Glauben. Die Verwirrung entsteht dadurch, daß man die Unterscheidung von religiöser und welthafter Lebensdimension einfach mit der Unterscheidung von geistlich und weltlich gleichsetzt. Weder eine völlige Scheidung in zwei Räume noch auch eine völlige Aufhebung der Unterscheidung macht das spezifisch Christliche aus, sondern die kritische Bestimmung der Unterscheidung, indem sowohl das Religiöse als auch das Welthafte geistlich beurteilt werden. Das ist die Funktion der Rechtfertigungslehre. Wie sie im religiösen Kontext als Kriterium wirksam ist, wurde im bisherigen dargelegt. Nun seien noch einige Hinweise gegeben, in welcher Weise die Rechtfertigung allein aus Glauben auch im welthaften Kontext als Kriterium zur Geltung kommt.

1. Glaube und Werke

Wenn hier mit der traditionellen theologischen Sprache der Ausdruck Werk gebraucht wird, so muß man sich dessen bewußt sein, daß dies für das heutige Verstehen Schwierigkeiten mit sich bringt. Unter die Kategorie Werk fallen nach dem heutigen Sprachgebrauch einerseits besonders hervorgehobene welthafte Leistungen. Man zitiert die musikalischen Schöpfungen nach der opus-Zahl des Komponisten. Man veranstaltet Werkausstellungen bildender Künstler. Von einem Schriftsteller werden die gesammelten Werke veröffentlicht. Man nennt ein Fabrikunternehmen im Unterschied zu einer bloßen Werkstatt ein Werk. Die Angestellten und Arbeiter darin sind die Werkangehörigen und unterstehen der Werkleitung. Der normale Sterbliche mag all solche Werke bestaunen oder auch als ein Rädchen im Getriebe daran beteiligt sein. Aber er selbst bringt es in seinem Leben nicht zu Werken in diesem Sinne. Er arbeitet, produziert, betreibt einen Job, tut dies und das. Aber es klänge in seinen Ohren gespreizt, wenn man ihn auf seine Werke hin anspräche. Denn für das heutige Empfinden ist Werk anderseits ein altertümliches Wort, das im biblischen Sprachgebrauch wurzelt und den Beigeschmack des frommen Werkes hat. Der Ausdruck „ein gutes Werk" kann fast nur noch mit einem ironischen Unterton gebraucht oder gehört werden. Indem das menschliche Tun und Verhalten völlig säkularisiert worden ist, hat es das Gewicht von Werken verloren, über die der Mensch einst Rechenschaft geben muß und nach denen über ihn das Urteil gefällt wird. Richtig daran ist die Abkehr von der Vorstellung außerordentlicher Leistungen, auf die es ankäme. Doch soll nun trotzdem das traditionelle Wort Werk daran erinnern, daß zwischen der Person des Menschen einerseits und der Wirklichkeit, die er hervorbringt, anderseits zu unterscheiden ist: den Wirkungen, die von ihm ausgehen, den Folgen seines Tuns und Unterlassens, dem Ertrag seines Lebens. Diese Unterscheidung kann auch der heutige Mensch nicht übersehen. Der damit gemeinte Sachverhalt treibt ihn sogar außerordentlich um. Darum rührt auch für ihn die Frage nach dem Verhältnis von Glaube und Werken an einen neuralgischen Punkt.

a) Der Glaube als Quelle der Werke

Versteht man unter dem Werk nicht das einzelne herausgehobene außerordentliche Werk, sondern den Inbegriff dessen, wie sich menschliches Leben ständig so oder so verwirklicht, welche Möglichkeiten es ergreift und welche es fahren läßt, so ist die Frage nicht eigentlich die, ob der Glaube Werke hervorbringt, sondern wie er in diesen Prozeß der Verwirklichung von Möglichkeiten eingreift, der sich auch ohne ihn ständig in Gang befindet. Welche Bedeutung hat dafür der Glaube? Das läßt sich aufs kürzeste so beantworten: Der Glaube gibt die Freiheit, das Notwendige und Richtige zu wählen, sich sachlich zu verhalten, und er macht als den obersten Leitgesichtspunkt dieser Sachlichkeit die Liebe geltend. Denn alles, was der Mensch mit seinem Leben unternimmt, hat sein Maß daran, daß er damit in das Leben anderer Menschen eingreift. Wie nun der Glaube dadurch den Charakter der Freiheit hat, daß ihm die Liebe Gottes aufgegangen ist – denn der Glaube ist, aufs einfachste gesagt, das Wissen, von Gott geliebt zu sein –, so gibt er auch dem Menschen die Freiheit zur Liebe. Die Feindesliebe ist dafür das signifikanteste Beispiel. Denn in ihr liebt die Liebe wahrhaft souverän. Das Verhältnis des Glaubens zu den Werken ist durch dieses Freiheit-Geben angemessener zu bestimmen als durch die geläufigere Ausdrucksweise, daß er das Motiv oder die Kraft zu den Werken gebe. Auch daran ist etwas Richtiges. Aber die spezifische Relevanz des Glaubens besteht nicht darin, daß er ungewöhnliche Kräfte und außerordentliche Impulse verleiht, sondern daß er die Freiheit gibt, wahrzunehmen, was die Umstände und Gelegenheiten bieten und erfordern. Woran es fehlt, sind zumeist nicht Kräfte und Impulse, sondern daß man mit ihnen kritisch umgeht, von falschen Hemmungen und Bindungen frei wird und sich dem öffnet, was jetzt und hier geschehen kann und soll.

b) Der Glaube als Einschätzung der Werke

Die Freiheit, die der Glaube zu den Werken gibt, besteht darin, daß er Freiheit von den Werken ermöglicht. Sie sind nicht dazu da, den Menschen in seinem Personsein zu legitimieren, ihn vor sich selbst und vor der Welt und, sofern er überhaupt danach fragt, vor Gott zu rechtfertigen. Wenn die Frage nach der Rechtfertigung des Menschen durch den Glauben beantwortet ist, allein durch ihn, dann sind die Werke von einer Aufgabe entlastet, die ihnen gar nicht zusteht und durch die sie deshalb verfälscht werden. Das Verhältnis des Menschen zu der Wirklichkeit, die er hervorzubringen und zu gestalten hat, ist dann von dem Zwang befreit, die Sinnfrage durch die Vermischung mit der Rechtfertigungsfrage aufzublähen. Die Sinnfrage hat durchaus ihren Ort im Leben, kommt aber um so mehr zu ihrem Recht, je begrenzter und bescheidener sie angesetzt ist. Der Prüfstein des Christseins im welthaften Kontext besteht darin, ob mit der Einsicht in die Rechtfertigung allein aus Glauben im Hinblick auf die Werke Ernst gemacht wird, so daß sie den Rang erhalten, der ihnen gebührt, aber auch nicht mehr. Sie haben nicht der Selbstvergewisserung und Selbstbestätigung des Menschen zu dienen. Sie sind nur dann rechte Werke, wenn sie aus der

Gewißheit heraus geschehen, daß der Mensch selbst in seinem Personsein unabhängig von ihnen angenommen und bejaht ist. Dann werden die wirklich tüchtigen oder gar überragenden Werke nicht überschätzt und zum Selbstruhm mißbraucht. Und die vielen Erfahrungen des Versagens geben dann nicht zu Depression und Verzweiflung Anlaß. Die Werke können nun dem dienen, worauf sie ihrem Gehalt nach abzielen und werden nicht ihrem Zweck entfremdet, indem sie zu einem Schatz der guten Werke angehäuft werden, wie man das früher nannte. Das wird aber mutatis mutandis nicht minder von dem heutigen Menschen betrieben. Durch sein Schaffen und Raffen sucht er seine Guthaben verschiedenster Art zu vermehren.

2. Glaubensgerechtigkeit und politische Gerechtigkeit

Mit der Unterscheidung von Glaubensgerechtigkeit und politischer Gerechtigkeit stößt die Besinnung in die weiten Problemfelder der Ethik vor. Der Begrenzung, die sich die Dogmatik in dieser Hinsicht auferlegt hat, muß auch hier dadurch Rechnung getragen werden, daß nur Hauptwegweiser gesetzt werden.

a) Die doppelte Gerechtigkeit

Der Gegenbegriff zur Glaubensgerechtigkeit steht nicht ohne weiteres fest. Wenn man der reformatorischen Terminologie entsprechend von bürgerlicher Gerechtigkeit spricht, so mischen sich heute leicht verwirrende Assoziationen ein, die der reichlich malträtierte Begriff des Bürgerlichen auslöst. Wenn man statt dessen, ebenfalls in Anlehnung an reformatorischen Sprachgebrauch, den Begriff des Politischen wählt, so drohen allerdings nicht weniger Mißverständnisse. Der Begriff des Politischen wird heute weithin von einer bestimmten politischen Ideologie usurpiert, die ihrerseits die Glaubensgerechtigkeit als bloße Ideologie abtut, sich selbst absolut setzt und darum die Unterscheidung einer zweifachen Gerechtigkeit strikt ablehnt. Darum sei ausdrücklich betont, daß der Begriff politischer Gerechtigkeit in weitestem Sinne verstanden sei, der auch die sogenannten individualethischen Aspekte mit umfaßt.

Worauf die Unterscheidung zwischen Glaubensgerechtigkeit und politischer Gerechtigkeit abzielt, wäre völlig verfehlt, wenn dabei an zwei Normen- oder Wertesysteme gedacht wäre, zwei inhaltlich verschiedene Gesetzeskodizes, wie man sie etwa als die Gebote der Bergpredigt und als das bürgerliche Gesetzbuch zu konfrontieren pflegt. Es geht vielmehr um die Unterscheidung zwischen Glaube und Werken, zwischen dem Theologischen und dem Moralischen, so daß im Unterschied zur Glaubensgerechtigkeit auch von der Gerechtigkeit der Werke geredet werden könnte, die alle Dimensionen des Ethischen umspannt. Wenn trotzdem der Begriff der politischen Gerechtigkeit bevorzugt wird, so einerseits deshalb, um dadurch auch die sogenannten individualethischen Aspekte in die mitmenschlichen Verhältnisse einbezogen sein zu lassen. Anderseits soll damit einer Ernüchterung gegenüber allzu hochfliegenden Konzeptionen des Ethischen das Wort geredet sein. Das Hauptinteresse hat dem Praktikablen, dem Konkreten, dem Beschränkten zu gelten – ein Gesichtspunkt, der in dem recht verstandenen Begriff des Werkes zur Geltung kommt.

Der unterscheidende Gesichtspunkt ist somit der, daß es zweierlei ist: was den Menschen recht macht und was Sache des rechten Werkes ist. Diese anthropologisch verwurzelte Unterscheidung hat nun aber einen theologischen Hintergrund, von dem her die Unterscheidung zwischen Glaubensgerechtigkeit und politischer Gerechtigkeit ihre nähere inhaltliche Bestimmung erhält. Beide haben es mit dem homo peccator zu tun. Beide sind darauf ausgerichtet, den Menschen zurechtzubringen. Jedoch in grundsätzlich verschiedener Weise: Die Glaubensgerechtigkeit betrifft dasjenige Zurechtgebrachtwerden des Menschen, das sich durch Vergebung der Sünde, durch die Teilhabe am Sein Christi sowie durch das Wirken des heiligen Geistes vollzieht. Die politische Gerechtigkeit betrifft dagegen dasjenige Zurechtgebrachtwerden des Menschen, das durch Eindämmen der Auswirkungen der Sünde zustande kommt. Das ist eine dringend notwendige, aber doch auch sehr begrenzte Weise, der Sünde als der Zerstörung wahren Lebens wenigstens in Hinsicht auf die Zerstörung irdischer Lebensbedingungen Einhalt zu gebieten. Von dieser Unterscheidung wird des näheren noch im Zusammenhang mit der Lehre von Gesetz und Evangelium die Rede sein (§ 35 A III, s. u. S. 288ff).

b) Die materialethischen Impulse des Rechtfertigungsglaubens

Der Rechtfertigungsglaube hat gerade deshalb eminente materialethische Folgen, weil er nicht in der Proklamation eines neuen Gesetzes besteht. Das sei mit vier Stichworten zu bedenken gegeben. Der Rechtfertigungsglaube vermittelt Freiheit von Illusionen und Aberglauben in bezug auf das, was von der Welt und vom Tun des Menschen zu erwarten ist. Er befreit von der Angst, auf die gerade im Bereich des Politischen spekuliert wird und deren Beseitigung sogar die Mächtigsten ohnmächtig macht. Der Rechtfertigungsglaube vermittelt Solidarität mit allen Menschen, nicht zuletzt dadurch, daß der Christ sich als ein Sünder wie alle anderen weiß und sich als rechter Christ nicht anmaßt, über andere nach dem Augenschein zu urteilen, nach ihren Leistungen oder Fehlleistungen. Der Rechtfertigungsglaube vermittelt endlich die Freiheit zur Hingabe, nicht bloß der Habe, wenn es sein muß, sondern auch des Lebens. Er macht frei von dem heutigen Grunddogma, daß das eigene Leben der Güter höchstes ist. Indem nun aber dies alles unter dem Vorzeichen der Freiheit steht, hält der Rechtfertigungsglaube dazu an, von dem Erlaß neuer Gesetze nicht allzu viel zu erhoffen, um so mehr jedoch von dem Wirken des Geistes zu erwarten, als dessen Instrument sich der Christ wissen darf: als Tempel oder, bescheidener ausgedrückt, als Kapelle des heiligen Geistes, als Ort der Gegenwart Gottes in der Welt.

§ 35 Das Wort des Glaubens

Die alte Dogmatik handelte unter dem Stichwort media salutis von Wort und Sakrament. Wenn jetzt von dem Lebens-Mittel des Glaubens die Rede sein soll, muß ebenfalls beides in den Blick kommen. Denn wenn über den Glauben nicht spekuliert, sondern von der Erfahrung her nachgedacht wird, ist davon auszugehen, daß in der Lebensgemeinschaft des christlichen Glaubens beides miteinander die Rolle des konstitutiven Lebensmittels spielt: das Wort, das auf verschiedenste Weisen ergeht, sowie bestimmte Handlungen, die herkömmlich Sakramente heißen und sich im evangelischen Verständnis auf zwei beschränken: Taufe und Abendmahl. Aber obwohl nun die Haupteinteilung des Folgenden von daher genommen ist, weist sie dennoch eine nicht unwesentliche Verschiebung auf. Statt daß das verbale und das sakramentale Medium einfach aneinandergereiht werden, bildet das Wort Gottes den Oberbegriff dessen, was zunächst auf seinen inneren Gehalt hin zu untersuchen ist und sodann auf seine Gestalt hin, sofern sie sich vom rein Verbalen als sakramental abhebt. Der Gehalt des Wortes Gottes kommt zur Sprache, indem es nach Gesetz und Evangelium unterschieden wird. Das stellt freilich nicht eine zweiteilige Inhaltsangabe dar, sondern beschreibt, was durch das Wort Gottes geschieht. Darum deckt sich die Frage nach seinem Gehalt mit der nach seiner Gewalt, nach dem, was es vermag und wirkt.

Darauf weist auch die als Leitbegriff gewählte Wendung Wort des Glaubens. Sie darf nicht etwa zu der geläufigen Wendung Wort Gottes in Konkurrenz gesehen werden. Der Ausdruck Wort des Glaubens dient als Erläuterung von Wort Gottes im Hinblick auf die darin gesetzte Relation von Wort und Glaube. Indem nun Wort und Glaube zur Genitivverbindung als engster grammatischer Beziehung zweier Substantive zusammengefaßt werden, ist zwar keineswegs ein eindeutiges Verständnis dieser Relation gesichert. Im Gegenteil, diese Fassung wird zum Anreiz, sich ihre Mehrdeutigkeit bewußt zu machen. Dabei ist freilich der rein sprachlich nächstliegende Sinn als genitivus subiectivus offenbar der Sache nach der am fernsten liegende. Denn wenn der Begriff Wort Gottes durch den Begriff Wort des Glaubens nicht ausgeschieden, sondern ausgelegt werden soll, darf die Grundbestimmung nicht aufgehoben werden, daß Gott der Autor dieses Wortes ist, was immer dies des näheren heißen mag. Es muß also dabei bleiben, daß Gottes Wort das Gegenüber des Glaubens bildet und als solches den Primat hat. Dennoch kann man den sprachlich nächstliegenden Sinn als das aus dem Glauben hervorgehende, von ihm gesprochene Wort nicht gänzlich außer Betracht lassen. Und zwar nicht etwa allein deshalb nicht, weil die Rede vom Worte Gottes dem Einspruch ausgesetzt ist, sie sei nichts anderes als eine objektivierende Projektion dessen, was dieses Wort seinem Ursprung nach eigentlich darstellt: ein Wort, das bloßer Ausdruck des Glaubens ist und eben deshalb den Ausdruck Wort Gottes in Anspruch nimmt. Dies ist insofern keine völlig willkürliche Deutung, als das Wort Gottes, wo immer es sprachlich laut wird, von Menschen ausgesprochen wird, die es als Wort Gottes glauben. Dieser Sachverhalt mag zwar in dem Sinne verdeutlicht werden: das Wort Gottes gehe dem Wort des Glaubens als der Antwort auf das Wort Gottes voraus. Aber als konkret gesprochenes ist es immer schon das Einstimmen des Glaubens in das Wort Gottes und somit Ausdruck der Einstimmigkeit von Wort Gottes und Wort des Glaubens.

Läßt man nun jedoch die damit angerührte Problematik zunächst auf sich beruhen, so kommt die Differenz von Wort und Glaube auf jeden Fall von dem Inhalt des Wortes her in den Blick, das als Gottes Wort zu gelten beansprucht. Hier drängt sich zunächst der pauschale Gesichtspunkt auf, daß es als Gottes Wort Glauben beansprucht und fordert. Das könnte ganz allgemein dahin gedeutet werden, daß es Annahme, Gehorsam, Unterwerfung verlangt, ohne ein Recht der Kritik zuzulassen, nicht einmal den Vorbehalt prüfender Bestätigung. In dieser Weise vom Worte Gottes zu reden und auf seiner Autorität zu insistieren, hat aber nur den Schein der Glaubensstärke. Er enthüllt sich schnell als Symptom eines nicht bloß schwachen, sondern verfälschten Glaubens. Denn die blinde Unterwerfung, die des Verstehens und der inneren Zustimmung entbehrt, ist ebenso ein Zerrbild des Glaubens, wie der willkürliche, vom Inhalt des Wortes unabhängige Autoritätsanspruch ein Zerrbild des Wortes Gottes ist. Die zweifellos richtige Aussage, daß das Wort Gottes Glauben fordert, bedarf der erläuternden Auskunft, wie es denn zu diesem Glauben komme. Dabei darf die unabdingbare Verbindung von Glaube und Verstehen allerdings nicht eliminieren, was zum Wesen des Glaubens gehört: daß der Mensch in bestimmter Hinsicht nur gegen die eigene Vernunft und das eigene Vermögen zum Glauben kommen kann. Das Angewiesensein auf den heiligen Geist hingegen darf wiederum auf keinen Fall auf Kosten der Klarheit und Verständlichkeit des Wortes geltend gemacht werden.

Das führt auf eine weitere Bedeutungsnuance der Verbindung Wort des Glaubens. Es ist ein Wort, das vom Glauben spricht. Jetzt aber keineswegs nur in dem Sinne, daß es ausdrücklich Glauben fordert, sondern so, daß es den Glauben selbst zur Sprache bringt. Das braucht durchaus nicht mit der Verwendung dieser Vokabel zu geschehen. Der Glaube kann durch Darbietung bestimmter Inhalte und durch Darstellung bestimmter Situationen zur Sprache kommen. Das ist nun aber offensichtlich nicht nur irgendein beliebiger Aspekt dessen, wovon Gottes Wort handeln kann. Vielmehr besteht darin, wenn auch vielleicht nicht der einzige – das bleibe vorerst offen –, so doch der Hauptinhalt des Wortes Gottes, geradezu sein untrügliches Kennzeichen: Es wäre nicht Gottes Wort, wenn seine Pointe nicht darin läge, daß es vom Glauben spricht.

Das läßt eine letzte und die entscheidende Facette der mehrdeutigen Wendung Wort des Glaubens aufleuchten: Das Wort Gottes spricht in der Weise vom Glauben, daß es ihn zuspricht und gibt, anstatt ihn nur zu fordern und abzuverlangen. Damit befinden wir uns an der Schwelle der Thematik, auf die sich der erste Teil des Paragraphen konzentriert. Wenn vom Worte Gottes als dem Wort des Glaubens in dem Sinne die Rede sein soll, daß es Glauben wirkt, dann muß von ihm als Evangelium gehandelt werden. Was Gottes Wort als Evangelium ist, kann aber nur daraufhin klar werden, daß es beides ist: Gesetz und Evangelium, und somit nur daraufhin, daß das eine Wort Gottes zweierlei Wort ist.

A. Gottes Wort als Gesetz und Evangelium

Vom biblischen und vom gewohnten kirchlichen Sprachgebrauch her kommt dem umfassenden Begriff des Wortes Gottes der Vorrang zu vor der Distinktion von Gesetz und Evangelium, die ihn anscheinend nachträglich aufteilt und seine Einheit problematisiert. Vom Alten Testament ganz abgesehen, hat diese Unterscheidung auch am Neuen, wenn man es ganz genau nimmt, kein unmittelbares Sprachvorbild. Es erscheint als selbstverständlich, daß erst der Begriff Wort Gottes bestimmt werden muß, ehe von daher und in den damit gesetzten Grenzen die Differenzierung in Gesetz und Evangelium erfolgen kann. Nun geht aber die Intention dieser Unterscheidung dem Verständnis von Wort Gottes so sehr an die Wurzel, daß sich ihr zufolge der Verstehenszusammenhang umkehrt: Erst im Lichte dieser Unterscheidung wird klar, was überhaupt Wort Gottes heißt. Allerdings darf das keinesfalls so mißverstanden werden, als werde erst in Abhebung gegen das Gesetz deutlich, was Wort Gottes eigentlich und einzig bedeutet: Evangelium als das Wort, das Glauben schafft. Vielmehr kommt die Unterscheidung von Gesetz und Evangelium allein dann zu ihrer vollen Auswirkung, wenn das Verständnis von Wort Gottes nicht formal und in sich spannungslos, sondern ganz und gar von seinem Inhalt als einem gegensätzlichen Geschehen her erfaßt wird. Nur so bleibt die Frage nach dem Worte Gottes nicht ohne Beziehung zur Situation des Fragenden. Der Mensch selbst muß als der Adressat des Wortes Gottes und deshalb in Hinsicht auf seine Grundsituation mit in Betracht kommen, damit allererst erfaßt wird, warum er überhaupt des Wortes Gottes bedarf. Dann ist es aber unumgänglich, den Begriff des Wortes Gottes auf das Gegensatzgeschehen zwischen Gott und Mensch auszurichten. Darauf gesehen, ist für das Wort Gottes folgendes konstitutiv: Es widerspricht notwendig dem Menschen, und dennoch verspricht es ihm, ihn dahin zu bringen, daß er dem Willen Gottes entspricht.

Obwohl die Unterscheidung von Gesetz und Evangelium der unentbehrliche Schlüssel ist, um den Zugang zum Wort Gottes als dem Wort des Glaubens zu öffnen, setzen wir trotzdem zunächst bei Beobachtungen ein, die das Wort Gottes in seiner überlieferten Auffassung als Einheit betreffen. Dabei stoßen wir freilich ebenfalls sofort auf polare Unterscheidungen, die zwar nicht mit der von Gesetz und Evangelium identisch, wohl aber auf sie bezogen sind und auf sie hinweisen.

I. Das überlieferte Wort Gottes

Was als Gottes Wort überliefert ist, bringt in verschiedener Hinsicht eine Gegensatzrelation mit sich. Es will von Menschenwort und fälschlichem Gotteswort unterschieden sein. Es trägt den Unterschied von Gebot und Verheißung in sich. Es liegt überlieferungsmäßig in der Spannung von Altem und Neuem Testament vor. Und es begegnet in der Differenz von Schrift und mündlichem Wort, von Buchstabe und Geist.

1. Menschenwort und Gotteswort

a) Der Sinn des Unterschiedes

Die biblische Überlieferung unterscheidet Menschenwort und Gotteswort wesenhaft als einander ausschließende Gegensätze. Das Problem, ob und wie Gottes Wort in menschlicher Sprache ausgesagt werden könne und ob es nicht schon an sich durch menschliches Wort Schaden leide, tritt überhaupt nicht auf. Es liegt nicht an der Naivität anthropomorpher Denkweise, sondern an der Ausrichtung auf das, was in der Sprache letztlich zur Entscheidung steht und was vom Wort zuhöchst zu erwarten ist, wenn einerseits Gottes Wort ohne alle Bedenken als normales, verständliches Wort aufgefaßt ist, anderseits ebenso mit Entschiedenheit als der Gegensatz zu dem, was der Mensch von sich aus zur Sprache zu bringen vermag. Deshalb handelt es sich dabei nicht um einen einfach zutage liegenden, an formalen Symptomen kenntlichen Unterschied. Er ist zumindest davon bestimmt, wie das Wort verstanden wird. Was als Wort Gottes verkündet wird, kommt keineswegs ohne weiteres als solches an. Durch die Art der Aufnahme kann es in Menschenwort verkehrt werden. Es ist ein besonderer Grund zum Danken, wenn es nicht als Menschenwort aufgenommen wird, sondern als das, was es ist: als Gottes Wort (1. Thess 2,13). Das heißt nicht, daß es dort, wo ihm nicht geglaubt wird, gar nicht als Gottes Wort ergangen sei. Entsprechend der Lehre von der manducatio impiorum in bezug auf das Abendmahl muß man auch von einer auditio impiorum in bezug auf das Wort Gottes reden, das heißt: von einem Nichthören mit hörenden Ohren (Mt 13,13–15). Gerade das macht das Verkündigen und das Hören so schwerwiegend, daß denen, die nicht begreifen, das Wort Gottes zu Menschenwort wird, während es dort als Gottes Wort aufgenommen ist, wo es Glauben findet und in den Glaubenden am Werke ist (1. Thess 2,13). Damit drängt sich nun aber die Frage nach Kriterien auf. Die bloße Tatsache, daß etwas, was mit dem Anspruch, Wort Gottes zu sein, vorgebracht wird, auch so angenommen und geglaubt wird, ist ebenso zweideutig, wie die Behauptung eines Propheten als solche nicht garantiert, daß die Worte seiner Konkurrenten bloßer Trug des Herzens seien, während er Gottes Wort getreu rede (Jer 23,25–28).

b) Kennzeichen des Unterschiedes

Garantie des Unterschiedes ist also nicht die Form „So spricht der Herr" mit nachfolgender Rede Gottes in der ersten Person. Es ist ein auffallender Sachverhalt, daß diese Stilform prophetischer Rede im Urchristentum nur am Rande in der Apokalyptik und im Enthusiasmus wieder auflebt, sich aber nicht durchgesetzt hat. Wie Jesus selbst in eigener Person den Willen Gottes ansagt, so berufen sich seine Apostel und Zeugen zwar auf seinen Namen, sprechen aber der Stilform nach ebenfalls in eigener Person. Als Wahrheitskriterium prophetischer Rede wird im Alten Testament angegeben, ob sie sich erfüllt und durch die künftigen Ereignisse bestätigt wird: „Wenn ein Prophet von Frieden weissagt, so wird man daran, daß sein Wort eintrifft, erkennen, daß in Wahrheit der Herr diesen Propheten gesandt hat." (Jer 28,9 vgl. 5. Mos 18,22) Das ist jedoch ein problematisches Kriterium. Es ist auf dasjenige Gotteswort gar nicht anwendbar, das nicht in konkreter Zukunftsvorhersage besteht. Und auch für sie entbindet es nicht von der eigenen gegenwärtigen Stellungnahme, die ihr Kriterium gleichermaßen daran hat, was sich erst später herausstellen wird. Wie das Beispiel des Jona zeigt, verändert überdies das prophetische Wort selbst möglicherweise die Situation, so daß es sich nach jenem Maßstab gerade dadurch unglaubhaft macht, daß es Glauben findet. Der Gedanke, daß die eintretende Erfüllung der Wahrheitserweis des Wortes Gottes ist, schließt aber auch die Mahnung ein, mit ihrem Verziehen zu rechnen und das Harren nicht aufzugeben (Hab 2,3). Anderseits kann, wie die Erfüllungszitate im Neuen Testament zeigen, der Skopus umschlagen: Von der Wahrheit der Verheißung her wird die Wahrheit der Erfüllung erwiesen. Dies ist um so notwendiger, als das, was als Erfüllung ausgegeben wird, keineswegs ohne weiteres auch als Erfüllung einleuchtet. Es bedarf der Bestätigung durch einen Weissagungsbeweis, der aber seinerseits nur dem einleuchtet, der überzeugt und erfüllt ist von dem, was als gegenwärtiges Wort Gottes im Namen Christi verkündigt wird. Als Kriterium dafür kann nun aber nicht erneut die Zukunft genannt werden, einmal weil in Sachen des christlichen Glaubens das verifizierende Geschehen anderer Art ist, ferner aber auch deshalb nicht, weil das einzige noch ausstehende Geschehen, das als Bestätigung gelten könnte, wesenhaft zu spät kommt, als daß man daraufhin noch Gelegenheit zum Glauben hätte.

Was nach neutestamentlichem Verständnis das Wort Gottes vom Menschenwort unterscheidet, ist die Kraft, mit der es das Gewissen trifft. Eben das ist für Paulus ein durchschlagendes Argument für den Vorrang verständlicher Rede vor dem Zungenreden. Wenn ein Ungläubiger in eine christliche Versammlung kommt, wo alle mit Zungen reden, hält er sie für verrückt. „Wenn dagegen alle in prophetischer Sprache reden, und es kommt dann ein Ungläubiger oder ein Uneingeweihter herein, so wird er von allen in seinem Gewissen getroffen, von allen ausgeforscht; was er in seinem Herzen verborgen hält, wird offenbar. So wird er auf sein Angesicht fallen, Gott anbeten und bekennen: Wahrhaftig, Gott ist in eurer Mitte!" (1. Kor 14,23–25) Diese sich am Gewissen erweisende Kraft ist die *dynamis* des Wortes Gottes, die insbesondere dem Evangelium zugesprochen wird (Röm 1,16). Das kann zwar antithetisch akzentuiert werden, als stünde der Krafterweis neben dem Wort oder würde gar gegen es ausgespielt. „Nicht in Worten besteht das Reich Gottes, sondern in Kraft." (1. Kor 4,19f vgl. 1. Thess 1,5 2. Kor 6,7). Der Sache nach kann aber gar kein Zweifel daran bestehen, daß sich der Erweis göttlicher Kraft durch das Wort vollzieht, selbst wenn es dem äußeren Eindruck nach nicht imponierend ist (1. Kor 2,4). Dieses Kriterium ist freilich ebenfalls zweideutig. Macht über die Gewissen geht gerade auch von all den Satzungen aus, die in schärfstem Gegensatz zu Gottes Wort stehen, ob sie nun Menschensatzungen oder Satzungen der Weltmächte sind (Mt 15,2–9 Mk 7,8–13 Gal 4,3.9 Kol 2,8.20.22). Daraus ergibt sich aber dennoch ein Sachkriterium: Jene Satzungen versklaven (Gal 4,3). Sie machen von vergänglichen Dingen abhängig (Kol 2,22) und dienen als Vorwand dafür, die schlichtesten Gebote Gottes um zeremonieller Devotion willen außer Kraft zu setzen (Mt 15,4–6), um in frommer Eigensucht dem den Vorzug zu geben, was einen Heiligenschein verleihen könnte. Dagegen erweist sich die Macht des Wortes Gottes daran, daß es die Gewissen frei und weit macht gerade durch eine Bindung an den Willen Gottes, die alle Scheinheiligkeit vertreibt.

Als ein weiteres Kriterium des Wortes Gottes begegnet endlich noch der Hinweis auf die Redlichkeit, mit der sich der Verkündiger für die Verkündigung einsetzt. Falsche Propheten entlarven sich selbst dadurch, daß ihr Verhalten ihrer Rede widerspricht, trotz der zeitweiligen Mimikry ihres Auftretens (Mt 7,15f). Der Apostel seinerseits erinnert die Thessalonicher eindrücklich an seinen Aufenthalt bei ihnen, an die Lauterkeit, mit der er sich ihnen hingegeben hat: „Wir hätten wohl ein Recht gehabt, unser Gewicht als Apostel Christi in die Waagschale zu werfen; aber wir sind statt dessen liebevoll unter euch aufgetreten, so wie eine Amme ihre Säuglinge hegt und pflegt. So zog es uns zu euch; wir wollten euch nicht nur die Heilsbotschaft Gottes, sondern zugleich uns selbst mitteilen –: so lieb seid ihr uns geworden ..." (1. Thess 2,7f vgl. den ganzen Abschnitt 2,1–12). Ebenso wird den Korinthern gegenüber die Art seines Dienstes zum Argument für die Wahrheit seiner Verkündigung. „Wir verhalten uns keineswegs arglistig und verfälschen das Wort Gottes nicht. Sondern wir machen die Wahrheit offenkundig – das ist unsere Selbstempfehlung, mit der wir uns vor Gott an jedes menschliche Gewissen wenden." (2. Kor 4,2 vgl. 1,12 2,17 6,4–10) Gewiß ist diese Art der Argumentation, als Kriterium des Wortes Gottes im Gegensatz zum Menschenwort die Weise seiner Darbietung einzusetzen, ein gefährlich schmaler Weg. Mit Recht wurde die donatistische Auffassung verworfen, welche die Gültigkeit des sakramentalen Handelns von der sittlichen Qualität des Spenders abhängig machte. Dennoch kann sich gerade in Hinsicht auf die Wortverkündigung niemand der Tatsache entziehen, daß die Art, wie sich der Verkündiger einsetzt, ein äußerst empfindliches Glaubhaftigkeitskriterium auch für die Sache ist, die er vertritt.

2. Gebot und Verheißung

Ganz anderer Art als der bisher besprochene Gegensatz von Menschenwort und Gotteswort ist eine Unterscheidung, die das Wort Gottes selbst betrifft, die von Gebot und Verheißung. Man könnte sich freilich fragen, ob nicht andere Unterscheidungsgesichtspunkte näher liegen, wenn es darum geht, nach Formgesichtspunkten einzuteilen, was in der Bibel als verbum Dei scriptum überliefert ist.

a) Geschichte und Lehre

Für das Alte wie für das Neue Testament wird die Unterteilung in Geschichtsbücher, Lehrbücher und prophetische Bücher verwendet. Wenn es nicht um die Gruppierung der Schriften insgesamt geht, sondern um eine Typisierung der Aussageformen quer durch die ganze Bibel, könnte man das Schema noch vereinfachen zu der Unterscheidung zwischen narrativer und kerygmatisch-doktrinaler Aussage. Das ist keine zufällige und unwichtige Distinktion in bezug auf das Verständnis des Wortes Gottes. Denn als zu verkündigendes Wort kommt es immer schon von Geschehnissen her, die durch das Wort Gottes selbst bestimmt sind, und hat darum auch einen Schwerpunkt im Erzählen. Das vom Worte Gottes her bestimmte Geschehen treibt auf Überlieferung hin und wird erst in ihr als Wort Gottes voll erschlossen. Und es treibt darüber hinaus zu einem weiterführenden Verkündigen, das wiederum neues erzählbares Geschehen auslöst. Ohne diese Polarität von Geschichte und Wort, von Wort und Geschichte drohte das Wort Gottes den doktrinären Charakter einer flächigen Lehre anzunehmen, der die geschichtliche Dimension fehlt. Damit würde aber gerade dasjenige unterhöhlt, wenn nicht überhaupt eliminiert, was für das Wort Gottes eigentlich konstitutiv ist: die Verheißung. Eine Reduktion auf Gebote und auf rein lehrhafte Aussagen nähme dem Worte Gottes das Spezifische. Denn die Kategorie der Verheißung kann es nur im Zusammenhang mit Geschichte geben und das Faktum bestimmter Verheißung nur auf Grund bestimmter Geschichte.

b) Das Ineinander von Verheißung und Gebot

Das Beieinander von Geschichte und Lehre steht also in einer inneren, wenn auch nur indirekten Beziehung zu dem Beieinander von Verheißung und Gebot. Wie jenes so ist auch dieses ein eng verschlungenes Ineinander. Das Gebot ist mit Verheißung verbunden. Wohlergehen und ein langes Leben auf Erden werden dem in Aussicht gestellt, der seinen Vater und seine Mutter ehrt (2. Mos 20,12). Wenn dieses Gebot im Hinblick auf den Dekalog als das erste bezeichnet wird, das mit einer Verheißung verbunden ist (Eph 6,2f), so könnte man demgegenüber doch auch schon auf das Bilderverbot hinweisen, dem ein alle Gebote miteinander betreffender Zusatz beigefügt ist. Er unterstreicht die Zukunftsfolgen, die sich am Verhalten zu den Geboten entscheiden, und zwar mit einem charakteristischen Ungleichgewicht. Während die Schuld der Väter nur bis ins dritte und vierte Geschlecht an den Kindern derer heimgesucht werden, die Gott hassen, wird Gottes Gnade bis ins tausendste Geschlecht an den Kindern derer wirksam, die ihn lieben und seine Gebote halten (2. Mos 20,5f). Der Abschluß der Gesetzessammlungen im Pentateuch erfolgt darum auch mit breit ausgeführter Ankündigung des verheißenen Segens und des angedrohten Fluches (3. Mos 26 5. Mos 28). Denn das Gebot ist um des Lebens willen gegeben. Seine Erfüllung verspricht darum Leben. Seine Verachtung trägt dagegen den Tod ein (5. Mos 30,15f).

Die Drohung ist nur die Kehrseite der wesensmäßig mit dem Gebot verbundenen Verheißung. Zu den Geboten Gottes gehört das Gericht nach den Werken. Dabei will als Hauptton herausgehört werden, daß sich dann die Zusage erfüllt, wie dies Paulus durch die chiastische Form seiner Aussagen über Gottes gerechtes Gericht zu erkennen gibt: „Den einen das ewige Leben; das sind die, die in beständigem Eifer in guten Werken Herrlichkeit, Ehre und Unvergänglichkeit suchen. Den anderen dagegen Zorn und Grimm; das sind die, die in Streitsucht leben und der Wahrheit den Gehorsam verweigern, um dafür dem Frevel zu gehorchen. Bedrängnis und Angst wird über das Leben jedes Menschen kommen, der Böses tut, des Juden zuerst und genauso des Griechen. Herrlichkeit aber, Ehre und Frieden wird jedem gegeben werden, der Gutes tut, dem Juden zuerst und genauso dem Griechen." (Röm 2,7–10 vgl. Mt 25,31–46) Auch Paulus bejaht, daß das Gebot zum Leben gegeben ist (Röm 7,10), woraus freilich nicht folgt, daß das Gesetz Leben schaffen könne (Gal 3,21). Eben deshalb ist das Gebot nicht etwa nur auf das künftige Leben bezogen, das es in Aussicht stellt, sondern auch und vor allem auf das Leben, das als Gabe die Voraussetzung des Gebotes ist. Darum ist in jedes Gebot auch in dem Sinne Verheißung eingeschlossen, daß es auf die immer schon erwiesene Güte Gottes zurückverweist. Denn ein Gebot hat es mit nichts anderem als der Anerkennung und Wahrung dessen zu tun, was Gott gegeben hat. Diese Verbindung von Verheißung und Gebot liegt am fundamentalsten im ersten Gebot vor. Die Hinkehr zu anderen Göttern wird deshalb untersagt, weil sich Gott seinem Volk mit der erlösenden Tat zugewandt und sich dadurch ihm für alle Zukunft zugesagt hat (2. Mos 20,2f). Die Unterscheidung von Gebot und Verheißung ist als solche also durchaus nicht mit dem identisch, was die Unterscheidung von Gesetz und Evangelium meint. Aber gerade in der untrennbaren Verbundenheit von Gebot und Verheißung liegt die Voraussetzung der Unterscheidung von Gesetz und Evangelium und somit ein wesentlicher Hinweis auf sie.

3. Altes und Neues Testament

Die erstaunlichste innere Unterscheidung, die dem anhaftet, was als Gottes Wort überliefert ist, besteht in dem Nebeneinander von Altem und Neuem Testament. Darauf wurde schon im Zusammenhang des Kanonproblems (§ 2 I 1 c, s. Bd. I, 27f) sowie in Hinsicht auf das biblische Verständnis von alt und neu eingegangen (§ 32 A I 2, s.o.

S. 128ff). Im Rahmen der jetzt gestellten Frage nach dem Worte Gottes ist von der Feststellung auszugehen, daß sich die Unterscheidung von Gesetz und Evangelium selbstverständlich nicht mit der von Altem und Neuem Testament deckt. Dennoch besteht ein innerer Zusammenhang zwischen beiden Unterscheidungen.

a) Das Verhältnis von Bibel und Wort Gottes

Die Identifikation von Bibel und Wort Gottes wird außer unter dem jetzt zu besprechenden Aspekt auch von der im nächsten Punkt zu erörternden Distinktion zwischen Schrift und Geist her zum Problem. Selbst die orthodoxe Lehre von der Verbalinspiration sah sich der Tatsache konfrontiert, daß das verbum Dei scriptum nicht die einzige Gestalt des Wortes Gottes ist. Von ihr ist die Gestalt des verbum Dei incarnatum zu unterscheiden, in dem das verbum Dei aeternum in der Geschichte ein für allemal Ereignis geworden ist, sowie die Gestalt des verbum Dei praedicatum, durch das unter Verweis darauf, was ein für allemal geschehen ist, und mit Hilfe dessen, was für alle Zeiten geschrieben steht, sich das Wort Gottes weiterhin ständig neu ereignet (vgl. § 10 B I, s. Bd. I, 258f). Nun liegt aber innerhalb des verbum Dei scriptum selbst der Hauptanstoß, der die einfache Identifikation von Bibel und Wort Gottes problematisch macht. Zumindest muß in dem Sinne unterschieden werden, daß nicht jedes jedem jederzeit gilt und in gleicher Weise Gottes Wort ist. Schon das ist eine außerordentlich wichtige Einsicht, die sich durch die Verschiedenheit von Altem und Neuem Testament aufdrängt und die nur zum Schaden des Verständnisses von Wort Gottes durch allegorische Auslegungskünste verdeckt wird. Daß die Bibel Wort Gottes ist, kann nur in dem weiten Sinne vertreten werden, daß sich in ihr die maßgebende Spur des Widerfahrnisses von Gottes Wort in der Geschichte niedergeschlagen hat und sie darum zur Erkenntnisquelle dessen wird, was je und je als Gottes Wort zu vernehmen und weiterzusagen ist.

Man ginge darum völlig fehl, wollte man die Spannung zwischen Bibel und Wort Gottes dadurch auflösen, daß man eine Auswahl herstellte, in der gleichsam der Weizen von der Spreu geschieden und das reine und bleibende Wort Gottes gesammelt würde. Der lebendige Bezug zur eigenen Situation, der für das Widerfahrnis des Wortes Gottes konstitutiv ist, würde gerade dadurch gefährdet, daß der einstige Situationsbezug getilgt und eine vermeintlich zeitlose Gültigkeit zum Auswahlprinzip erhoben wird. Daß sich der Umgang mit der Bibel faktisch weithin nach diesem Gesichtspunkt vollzieht, indem man sich an dasjenige hält, was einen unmittelbar anspricht, und dasjenige stillschweigend übergeht, was einen nicht anzugehen scheint und einem nichts sagt, setzt gerade voraus, daß die Bibel in ihrer ganzen Weite und geschichtlichen Vielfalt unversehrt und unkanalisiert für den Umgang mit ihr bereit steht. Die Präsenz des Ganzen nötigt dann immer wieder zur Korrektur willkürlicher Auswahl.

Doch nun würde das Problem ungebührlich vereinfacht, wenn es allein auf den geschichtlichen Wechsel der Aktualität zurückgeführt würde. Durch die Verschiedenheit von Altem und Neuem Testament ist eine Sachdifferenz gegeben, die es problematisch macht, wie sie mit dem Begriff des Wortes Gottes zu überbrücken sein soll. Auch wenn man sogar in bezug auf das Neue Testament um der anderen in Betracht kommenden Gesichtspunkte willen die schlichte Identität von Schrift und Wort Gottes mit einem Vorbehalt versehen muß, scheint hier doch für den Christen die Lage ungleich einfacher zu sein als in bezug auf das Alte Testament, von dem es fraglich werden könnte, inwiefern es für den Christen überhaupt unmittelbar als Wort Gottes gelten könne.

b) Das Ineinander von Altem und Neuem Testament

Um an das Kernproblem heranzukommen, muß man tiefer ansetzen, als daß man nur die zwei getrennten Schriftenkorpora auf ihre Beziehungen hin befragt. Rein äußerlich ist selbstverständlich das Alte Testament allein schon durch seine Zitation im Neuen reichlich präsent. Das Umgekehrte wäre nur allenfalls indirekt im Hinblick auf Voraussagen zu behaupten, die als dem Neutestamentlichen geltend angesehen werden. Aber das Schema von Weissagung und Erfüllung genügt nicht, um das Bezogensein beider Testamente aufeinander zu erfassen.

Für das Alte Testament, das für Paulus selbstverständlich allein die heilige Schrift ausmachte, hat er einen entscheidenden Hinweis durch den Gesichtspunkt gegeben, daß hier bereits zwei Bundesbeschlüsse beieinander sind und nebeneinander herlaufen, der durch Abraham und der durch Mose repräsentierte. Von ihnen hat der erstere nicht nur zeitlich, sondern auch sachlich den Primat. Auf der Linie der Abrahamssohnschaft liegt das, was neutestamentlich ist. Nun greift es allerdings schon in die paulinische Unterscheidung von Gesetz und Evangelium ein, wenn man sich fragt, ob denn in Konsequenz jener Sicht auch innerhalb des Neuen Testaments jene Doppelheit der Abrahams- und Moselinie begegnet. Nach Paulus klingt es so, daß die Wende definitiv vollzogen und Mose abgetan ist. Aber schon die Auseinandersetzung um die Frage des Gesetzes, zu der Paulus genötigt war, läßt erkennen, daß das Problem keineswegs automatisch erledigt ist, sondern zumindest als Anfechtung, in das alte Wesen zurückzufallen, bestehen bleibt. Es fragt sich aber, ob dies als eine grundsätzlich vermeidbare und überwindbare Situation anzusehen ist oder ob nicht dem Sein im neuen Bund notwendig die Kehre vom Alten zum Neuen präsent bleiben muß, weil man sie wesenhaft nicht hinter sich bringen kann.

Bonhoeffer hat einmal davor gewarnt, zu schnell neutestamentlich zu denken[1]. Er hat damit gemeint: Das Alte Testament halte dazu an, die irdischen Bezüge der Existenz, das Sein in der Vorläufigkeit, ernster zu nehmen, statt sie zugunsten des Endgültigen zu überspringen. Dieses Endgültige verliert seine Wahrheit und seinen Ernst, es hört infolgedessen auf, befreiend zu wirken und Freude zu bereiten, wenn der Widerstand ausgeschaltet ist, der in bezug auf das Endgültige vom Vorläufigen ausgeht. Es besteht freilich auch die umgekehrte Gefahr, allzu naiv alttestamentlich zu sein. Dafür liefert nicht nur die heutige Theologie Beispiele, sondern die ganze Kirchengeschichte. Gerade dann, wenn man die Unterscheidung zwischen Gesetz und Evangelium nicht fälschlicherweise mit der von Altem und Neuem Testament gleichsetzt, kann sie klären helfen, was der Unterschied beider Testamente mit dem Verständnis des Wortes Gottes zu tun hat und inwiefern der Christ eben in der Wende vom Alten zum Neuen seinen Ort hat.

4. Schrift und Geist

Als überliefertes steht das Wort Gottes notwendig in der Spannung zwischen Schrift und Geist. Luther hat darauf hingewiesen – und damit übrigens nicht nur eine tiefe theologische Einsicht ausgesprochen, sondern auch eine historische Wahrheit getroffen –, daß Schrift eigentlich nur das Alte Testament sei, während das Neue Testament ursprünglich gar nicht auf Geschriebenwerden angelegt war[2]. Es ist streng verstanden nicht Schrift, sondern mündliches Wort, eine Botschaft, die weitergegeben wird, „ein freundliches gutes Geschrei von Christus“[3]. In merkwürdigem Gegensatz zum Gedanken der Inspiriertheit heiliger Schrift schätzt er es jedenfalls in bezug auf das Neue Testament als ein Gebrechen an Geist ein, daß es erforderlich wurde, es schriftlich zu fixieren[4]. Damit ist das Problem formuliert, wie der Geist als die Gabe des neuen Bundes tradierbar ist. Sicher nicht ohne das Wort und darum auch sicher nicht ohne die Schrift. Aber wie sich in bezug auf die Schrift das Problem stellt, daß aus dem zur Schrift gewordenen Wort wieder lebendiges mündliches Wort, geisterfülltes Wort werden muß, so stellt sich auch in bezug auf das mündliche Wort selbst das Problem, daß es durch den, der es verkündigt, nur allenfalls bis zu den Ohren der Hörer herangebracht werden kann, während es seiner Verfügung völlig entzogen ist, was dann daraus wird, ob es in das Innere des Hörers eindringt

[1] Widerstand und Ergebung, Neuausgabe, (1951) 1966[13], 112f; (1970) 1977, 175f.
[2] WA 10,1,1; 17,7–12.
[3] WA 10,3; 400,14.
[4] WA 10,1,1; 627,1–10.

und was es da anrichtet, ob es Frucht bringt oder umsonst ausgerichtet ist und verdorrt, erstickt oder zertrampelt wird, wie es eben in der Mehrzahl der Fälle dem Wort zu gehen scheint.

Dieses Problem, wie aus dem Buchstaben Geist wird, und zwar in der doppelten Problemgestalt: wie aus Schrift Wort und aus Wort Geist wird, läßt sich zwar als ein allgemeines hermeneutisches Problem formalisieren. Paulus hat jedoch dem Gegensatz von Buchstaben und Geist in bezug auf die Hermeneutik des Wortes Gottes dadurch die schärfste Spannung gegeben, daß er ihn inhaltlich verstand und auf die Unterscheidung von Gesetz und Evangelium bezog. In sie münden alle Distinktionen ein, die im Umgang mit dem überlieferten Wort Gottes auftreten. Darauf muß nun näher eingegangen werden.

II. Das Sein unter dem Gesetz

Um die Lehre von Gesetz und Evangelium zu entfalten, ist es erforderlich, sehr disparate Horizonte aufeinander zu beziehen. Das, was nur einen Bruchteil des biblischen Denkens ausmacht, und auch dies nur in einer nicht unumstrittenen Interpretation, erhebt den Anspruch darauf, hermeneutischer Schlüssel zum Ganzen der heiligen Schrift zu sein. Und eben das, was an die biblische Überlieferung gebunden ist, will als fundamentale Unterscheidung generell erhellen, was es mit der Wirklichkeit überhaupt für jeden Menschen auf sich hat. Die innerbiblischen Beziehungen der Distinktion von Gesetz und Evangelium sowie ihre Beziehungen nach außen hin haften nun aber vornehmlich an der Wirklichkeit des Gesetzes. Der Gesetzesbegriff, der auf diese Weise denkbar weit gespannt ist und sich in die verschiedensten Dimensionen hinein erstreckt, soll jedoch gemäß jener Unterscheidung in der Perspektive eines einzelnen geschichtlichen Sachverhalts in Betracht kommen, dessen Bezeichnung als Evangelium geradezu den Charakter eines Eigennamens hat. Demnach werden also die Beziehungen zwischen dem Zentrum paulinisch-reformatorischen Denkens und der weiten Peripherie der Bibel einerseits, der gesamten Weltwirklichkeit anderseits mit Hilfe des Gesetzesbegriffs reflektiert. Und das Verständnis von Gesetz wiederum soll die Spannkraft und Spannweite für eine so anspruchsvolle Aufgabe aus der Konzentration auf das Evangelium gewinnen. Wenn nun mit dem Sachverhalt des Gesetzes begonnen werden soll, so ist zu berücksichtigen, daß dabei die Fragestellung und die Blickrichtung bereits durch das Evangelium bestimmt sind. Obwohl das Sein unter dem Gesetz dem Evangelium vorausgeht und ohne das Evangelium besteht, erschließt sich doch die theologische Lehre vom Gesetz erst vom Evangelium her.

1. Begriff und Wirklichkeit des Gesetzes

Die paulinische Wendung „Sein unter dem Gesetz" im Sinne von: unter der Macht des Gesetzes, erschließt sich nach Bedeutung und Gewicht erst von daher, daß es eine Alternative dazu gibt: das Sein in Christus als das Sein unter der Gnade, als das Geführtsein vom Geist (Röm 6,14f Gal 5,18). Trotz dieses hochtheologischen Hintergrundes kann es mit gewissen Einschränkungen als allgemeinverständlich gelten, wenn das Sein des Menschen als Sein unter dem Gesetz angesprochen wird. Mag auch die singularische Ausdrucksweise befremden und es näher liegen, daß der Mensch vielerlei Gesetzen unterworfen ist, so gehören doch Gesetze zu den Grundgegebenheiten des Lebens und können sogar als eine Grundbedingung der Freiheit des Menschen verstanden werden.

a) Gesetz im Horizont von Wirklichkeit und Sprache

Auf die Lebensrelevanz von Gesetz verweist nicht nur die Anwendungsvielfalt dieses Begriffs, sondern auch die Verwurzelung des Gesetzesphänomens in der Sprachlichkeit der Wirklichkeit.

aa) Moralisch-juridisches und logisch-naturwissenschaftliches Gesetzesverständnis

Das Wort Gesetz wird auf zwei ganz verschiedene Weisen gebraucht: in präskriptivem und in deskriptivem Sinne. Dem Menschen muß und kann man etwas gebieten, was im Bereich seiner Möglichkeiten liegt. Er tut es gegebenenfalls nicht von selbst, jedoch vielleicht daraufhin, daß man es von ihm verlangt. Einem Apfelbaum gebieten zu wollen, daß er blühe und Früchte trage, wäre lächerlich. Er tut es von Natur; falls aber nicht, so nützen keine Befehle. Gesetze im präskriptiven Sinne gibt es nur für den Menschen, Gesetze im deskriptiven Sinne nur als sogenannte Naturgesetze. Trotz solcher einleuchtenden Abgrenzung sind aber gewisse Überschneidungen zu bedenken. Der Mensch selbst unterliegt ebenfalls den Naturgesetzen. Und auch in den geschichtlich-gesellschaftlichen Prozessen sind Gesetze wirksam, die man beschreiben kann, die gebieten zu wollen aber sinnlos wäre. Auch die Unterscheidung, daß das Gesetz im einen Falle sprachlich sei, sich im anderen Fall dagegen unsprachlich vollziehe, gilt nur mit Einschränkung. Was als Gesetz das menschliche Leben regelt, braucht nicht ausdrücklich in Worte gefaßt zu sein, sondern kann als Brauchtum, Sitte oder Konvention stillschweigend in Geltung stehen. Umgekehrt war der neuzeitliche Begriff des Naturgesetzes ursprünglich noch mit der Vorstellung göttlicher Gesetzgebung verbunden. Nachdem er sich davon gelöst hatte, erwuchs aus der ihm immanenten Problematik, auf die jetzt nicht weiter einzugehen ist, die Frage, ob sich nicht der Sachverhalt nur der menschlichen Betrachtung als gesetzhaft darstelle. Auf jeden Fall ist das in mathematischer Formel deskriptiv erfaßte Naturgesetz ein sprachliches Gebilde, für das die Gesetze der formalen Logik konstitutiv sind. Auch darin berühren sich beide Ausprägungen des Gesetzesbegriffs, daß sie trotz ihrer Vielfalt eine Tendenz auf Einheit erkennen lassen. Der Physiker fragt nach einer letzten Weltformel. Und wenn auch nur in archaischer Auffassung das Gesetz im menschlichen Bereich als Weltordnung verstanden wurde, so meldet sich doch als kritischer Gesichtspunkt immer wieder die Orientierung an letzten Prinzipien an, etwa der Idee der Menschenrechte oder der Ehrfurcht vor dem Leben. Darin kommt zum Ausdruck, daß das Sollen auf ein Sein zurückführbar sein muß. Das präskriptive Gesetz trägt deskriptive Züge.

bb) Leben und Wort

Oberflächlicher Betrachtung mag es so erscheinen, als seien Sprachgebilde bestimmte Dinge unter vielen anderen und etwas Zusätzliches zum Leben, wenn auch noch so wichtig. Da gibt es Bücher, Zeitungen und Radio, Plakate und Briefe, Ansprachen und Vorlesungen, Verhandlungen und Gespräche. Aber in all diesen Gestalten verdichtet und vergegenständlicht sich nur das Medium aller Wirklichkeitsbegegnung und Wirklichkeitserschließung. Daß es so etwas wie christliche Verkündigung gibt, hebt sich zwar dem Inhalt und der Form nach von anderer sprachlicher Verlautbarung ab, ist aber inmitten all der übrigen Sprachgebilde ein sozusagen ganz normaler und grundmenschlicher Vorgang. Denn der Mensch ist darauf angewiesen, daß nicht nur von Fall zu Fall das Informationsgeschehen funktioniert, das in seiner Vielgestalt das menschliche Leben durchzieht und trägt. Darüber hinaus muß auch immer wieder ein Blick auf den Kompaß geworfen werden, um die Lebensorientierung zu kontrollieren. Dazu bedarf es der Besinnung auf die Grundbedingungen des Lebens: was es verspricht und was es fordert; was man sich von ihm versprechen darf und welche Forderungen man daraufhin an das Leben, die Mitmenschen und sich selbst stellen darf und muß. Auf diese Fragen sucht jeder irgendwelche Antworten und gibt sie immer schon irgendwie. Daß auch die christliche Verkündigung Antworten darauf anbietet, ist offensichtlich. Was demgegenüber Mühe macht, ist weithin gar nicht so sehr der Umstand, daß an diesen christlichen Antworten manches befremdlich oder gar unverständlich ist, sondern eher der Eindruck, daß es im Grunde auch nichts anderes sei, als was man so oder so in verschiedensten Versionen angeboten bekommt: eine Beschreibung des Lebens, die in entsprechende Vorschriften ausmündet. An solcher Kennzeichnung dessen, worin die Lebensnotwendigkeit des Wortes, aber auch der Überdruß an ihm begründet sind, ist eine doppelte Polarität wichtig und ganz allgemein von Bedeutung.

Zum einen setzt jede Forderung eine bestimmte Gegebenheit voraus. Was anspricht, hat grundsätzlich immer den Doppelcharakter, daß es einerseits sich darbietet und anbietet, anderseits daraufhin Bestimmtes gebietet und verbietet. Dem, was es verspricht, gilt es zu entsprechen, ihm gerecht zu werden. Diese Grundrelation in der Lebensrelevanz des Wortes ist freilich vielfachen Störungen ausgesetzt, etwa der, daß man eine Gegebenheit nicht als Gabe wahrnimmt und ihr nicht gerecht wird. Deshalb hat das Versprechen nicht nur verheißenden, sondern auch drohenden Klang. Und infolgedessen verlagert sich der Schwerpunkt notwendig in das Fordern, ob nun in der Weise zuversichtlicher Erwartung, daß ihm stattgegeben werden kann und wird, oder mit dem Ton der Klage, daß man überfordert sei, sowie dem Ton der Anklage, des Einforderns von Schuldiggebliebenem.

Daraus erwächst dann zu der einen Polarität von Gegebenheit und Forderung hinzu die andere von dem, was vorgeschrieben ist, und dem, wie man sich in Wort und Tat dazu äußert. Das Leben in der Kompliziertheit menschlichen Zusammenlebens, aber auch angesichts der Unbeständigkeit und Ungeschütztheit des Einzelnen macht es unentbehrlich, daß es in Vorschriften gefaßt wird, ob diese nun in mündlicher Tradition oder in schriftlicher Fixierung vorliegen. Beides ist daran wesentlich: die vorausgenommene Entscheidung und die dauerhafte und allgemeine Geltung. Das Leben ist nicht nur durch seine Gegebenheiten bestimmt. Gerade auch über die Aufgaben und Forderungen des Lebens ist immer schon durch einen Rahmen vorentschieden, der dafür geschichtlich gesetzt ist und der zwar nicht allein, aber doch in besonders charakteristischer Weise durch geschriebene Gesetze repräsentiert wird. Das Vorgeschriebene ist mit das Wichtigste unter dem Vorgegebenen. Aber ob man sich ihm fügt und ihm entspricht oder ob man sich dagegen auflehnt und ihm widerspricht, auf jeden Fall bedarf das Vorgeschriebene erneuter Stellungnahme und Entscheidung. Vorschriften wollen angewandt und interpretiert werden, sie müssen aber auch den Lebensveränderungen angepaßt und abgeändert werden, um das Leben, dem sie dienen sollen, nicht an der Entfaltung zu hindern und es absterben zu lassen. Vor allem aber muß bedacht werden, daß Vorschriften nur den Spielraum abstecken, in dem sich das Sprachgeschehen des Lebens mit all den Äußerungen abspielt, die nicht zu regeln sind und die darum das eigentlich Lebendige am Leben darstellen, deshalb aber auch das besonders Gefährdete und Gefährliche an ihm. Denn mag das Leben noch so sehr des Schutzes durch Gesetze bedürfen, insbesondere auch jedes Einzelleben des Schutzes vor sich selbst, so steht doch außer

Zweifel, daß aus Gesetzen allein kein Leben entspringt. Woraus aber sonst? Und was für ein Leben?

b) Der theologische Begriff des Gesetzes

Der theologische Begriff des Gesetzes entsteht weder durch eine bestimmte inhaltliche Füllung der Strukturen eines allgemeinen Gesetzesbegriffs noch ist er einfach der Bibel zu entnehmen. Das erste deshalb nicht, weil er aus der kritischen Unterscheidung vom Evangelium hervorgeht. Das zweite nicht, weil innerhalb der Bibel selbst die Auseinandersetzung um das Gesetzesverständnis ausgetragen wird und auch der paulinische Gesetzesbegriff nicht unmittelbar übernehmbar ist, sondern in die veränderte Situation unserer Lebenswirklichkeit übersetzt werden muß.

aa) Der alttestamentliche und der paulinische Gesetzesbegriff

Bei Paulus bedeutet *nomos* normalerweise die alttestamentliche Tora. Sein Gesetzesbegriff hat also nicht den Charakter eines Allgemeinbegriffs, unter den auch das alttestamentliche Gesetz subsumiert wird. Er meint vielmehr eine bestimmte geschichtliche Größe, ist also streng genommen nicht ein Begriff, sondern ein Eigenname. Wie es für Paulus kein anderes Evangelium gibt als das Jesu Christi, so – jedenfalls ist das die Ausgangsposition – auch kein anderes Gesetz als das mosaische. Nun weicht aber Paulus dennoch unverkennbar vom alttestamentlichen Tora-Verständnis ab. Einerseits verengt er es, anderseits geht er weit darüber hinaus.

Die Verengung ist daran kenntlich: Das rein Gesetzliche an der Tora scheint bei Paulus von dem zugrundeliegenden und vorausgehenden Handeln Gottes isoliert zu sein. Dadurch wird die Einheit aufgelöst, die jedenfalls im deuteronomischen Gesetzesverständnis noch besteht. Deshalb entfällt die ganze Dimension der Freude am Gesetz oder erscheint nur noch in der Verzerrung einer sich rühmenden Gesetzlichkeit. Paulus hält sich offenbar an das vereinseitigte Gesetzesverständnis des pharisäischen Judentums, nur daß auch im Vergleich zu diesem die wertenden Akzente ganz anders gesetzt sind. Was demgegenüber seitens der alttestamentlichen Forschung geltend gemacht worden ist, läßt den Eindruck entstehen, die paulinische Lehre vom Gesetz lasse sich allenfalls aus der Konfrontation mit dem zeitgenössischen Judentum verstehen, treffe jedoch nicht das genuine Verständnis der Tora. Die Gesetzeskritik würde sich erledigen durch die Rückbesinnung auf einen angemesseneren Gesetzesbegriff, der gewissermaßen Evangelium schon in sich schließt und voraussetzt, also eine Einheit von Evangelium und Gesetz darstellt, wie sie der paulinischen Folge von Kerygma und

Paränese entspricht. So würde sich die paulinische Antithese von Gesetz und Evangelium durch eine Korrektur des Gesetzesbegriffs erübrigen.

Nun wäre es allerdings irrig, das in dieser Weise gereinigte Tora-Verständnis gleichsam als ein Evangelium zur Befreiung von der paulinischen Unterscheidung zwischen Gesetz und Evangelium anzupreisen. Denn es ginge ebenfalls fehl, dieser paulinischen Unterscheidung nur für das Judentum Bedeutung beizumessen, nicht aber für die Christen aus den Heiden oder für sie allenfalls nur in dem negativen Sinn, daß sie nicht erst Juden werden müssen, um Christen zu werden. Sobald dies nicht mehr bestritten würde, hätte jene paulinische Theorie ihren Dienst getan und wäre, um eine Schleiermachersche Wendung zu gebrauchen, der Geschichte zur Aufbewahrung zu übergeben. Solche Auffassung verkennt, daß es Paulus gerade daran gelegen ist, im Unterschied nicht nur zum zeitgenössischen Judentum, sondern auch zum Alten Testament selbst scharf zu unterscheiden, was darin als die Abrahams- und die Moselinie ineinander liegt. Das läßt sich infolge eines wesenhaften Verstehenshindernisses, das erst in Christus behoben ist, dem Alten Testament nicht unmittelbar entnehmen (2. Kor 3,14–16). Ferner ist Paulus durchaus der Meinung, durch das Licht, das von Christus her auf das Gesetz fällt, werde etwas deutlich, was alle Menschen angeht. Das zeigt sich an der Gleichstellung von Juden und Heiden vor Gott. Sie ist keineswegs nur den Juden anstößig. Den Nichtjuden ist es nicht minder ärgerlich, daraufhin zu Sündern deklariert zu werden, die auf einen Gekreuzigten als Retter angewiesen sein sollen.

Damit hängt nun die Erweiterung des Gesetzesbegriffs bei Paulus zusammen. Es gibt Anzeichen einer Formalisierung des Wortes Gesetz. Wenn er von dem Gesetz der Sünde und des Todes spricht, das „in meinen Gliedern wirksam" ist (Röm 7,23.25 8,2), so ist dieser Ausdruck zwar kontrastweise zum Gesetz Gottes gebildet. Es wäre sinnlos, in diesem Falle *nomos* durch Tora wiederzugeben. Aber ein Zusammenhang ist insofern dennoch gegeben, als sich das Gesetz am Sünder in der Weise auswirkt, daß die Sünde und damit der Tod nun erst recht virulent werden (vgl. Röm 7,7–13). Das griechische Wort *nomos* erlaubt es Paulus, den Bedeutungshorizont von *tora* auf die faktische Wirkung des Gesetzes hin zu überschreiten. Der Gebrauch des Wortes Gesetz wird aber auch nach der Gegenseite hin erweitert, indem vom Gesetz des Glaubens die Rede ist (Röm 3,27) oder vom Gesetz des Geistes (Röm 8,2) oder auch vom Gesetz Christi (Gal 6,2). In diesen Fällen handelt es sich ebenfalls um Kontrastbildungen: Das Sichrühmen ist nicht durch das Gesetz der Werke ausgeschlossen, sondern durch den Glauben. Vom Gesetz der Sünde und des Todes befreit der Geist, der zum Leben in Christus Jesus gehört und führt. Und Christus gemäß handelt geistlich, wer sich seines Bruders, der zu Fall gekommen ist, zurechtbringend annimmt, anstatt ihn zu richten, was ebenso wie das Sichrühmen dem Sein unter dem Gesetz entspräche (Röm 2,1–11). Daß in diesen Fällen das Wort *nomos* positiv aufgenommen wird, liegt auf der Linie dessen, daß das Gesetz als solches nach Paulus heilig und geistlich ist, wie auch das einzelne Gebot heilig, gerecht und gut ist (Röm 7,12.14), daß die Liebe des Gesetzes Erfüllung ist (Röm 13,8–10) und daß Christus als das Ende des Gesetzes (Röm 10,4) dessen Intention nicht außer Kraft, sondern in Geltung setzt (Röm 3,31). Dennoch bleibt ein solcher Sprachgebrauch auf unmittelbare Kontrastaussagen beschränkt.

Paulus denkt nicht daran, das Wort *nomos* grundsätzlich so zu formalisieren, daß es zum gemeinsamen Oberbegriff des Mose-Gesetzes und eines Christus-Gesetzes würde. Das führte nur zu einer falschen Konkurrenz zwischen beiden. Ist doch das, was dem Gesetz als Neues gegenübertritt, nicht eine inhaltlich verbesserte Ausgabe des mosaischen Gesetzes, sondern das Ereignis der Erfüllung des Gesetzes, die zu bewirken dem Gesetz unmöglich war (Röm 8,3f). Darum sind die klaren Gegenbegriffe zum Gesetz die Verheißung, die Gnade, der Glaube, der Geist oder schlechthin Jesus Christus. Obschon bei Paulus das Wort Evangelium nicht als unmittelbarer Gegenbegriff zu Gesetz vorkommt, faßt es doch dies alles sinngemäß zusammen. Dagegen wäre es nur Ursache von Verwirrung, wenn man mit der späteren Terminologie anstatt Gesetz und Evangelium altes und neues Gesetz sagte. Auch wenn dabei „neues Gesetz" gemäß der Verheißung des neuen Bundes in erster Linie als das ins Herz geschriebene Gesetz im Sinne der eingegossenen Gnade des heiligen Geistes selbst verstanden wird, wie dies bei Thomas von Aquin[5] der Fall ist, wird dann doch zugleich an den Schriftenkomplex des Neuen Testaments im Unterschied zum Alten gedacht. Darum wird in zweiter Linie all das mit zum neuen Gesetz gerechnet, was an Glaubens- und Sittenlehre der Zurüstung auf den Empfang und den Gebrauch dieser Gnade des heiligen Geistes dient. Damit gewinnt nun aber doch die Unterscheidung zwischen Altem und Neuem Testament die Oberhand und verwischt die Unterscheidung von Gesetz und Evangelium, zumal auch die mitgeteilte Gnade des heiligen Geistes als Gegenüber zum alten Gesetz etwas wesenhaft anderes ist als das Gegenüber des Evangeliums zum Gesetz.

Während also in all den genannten Fällen von einer Ausweitung des Gesetzesbegriffs bei Paulus nicht eigentlich die Rede sein kann, liegt nun aber ein deutlicher Ansatz dazu in Hinsicht auf die Nichtjuden vor.

---

[5] S.th.1,II q.106 a.1 crp.

Paulus redet zwar von ihnen als solchen, die ohne Gesetz sind (1. Kor 9,21 Röm 2,14). Für einen Griechen, der vom *nomos* so hoch denkt, muß dies überaus befremdend klingen, sofern er es nicht im Sinne von „ohne Tora" versteht. Aber auch für Paulus kann es nicht bedeuten, daß bei dem Nichtjuden jedes Analogon zur Tora fehle. Wie die gelegentlichen Äußerungen über ein vorgesetzliches Stadium in der Geschichte Israels und sogar des einzelnen Juden nicht auf einen Zustand völliger Gesetzlosigkeit hindeuten (Röm 5,20 Gal 3,17.19 Röm 7,9), so muß auch außerhalb des Geltungsbereichs der mosaischen Tora Gesetz als eine Wirklichkeit angenommen werden (Röm 2,14–16). Nur so kann das, was über Sünde, Gnade und Freiheit gesagt wird und sich zur Unterscheidung von Gesetz und Evangelium verdichtet, auch dem Nichtjuden gelten, ohne daß er erst der Tora unterworfen werden müßte.

bb) Die Lebenswirklichkeit als Gesetzeserfahrung

Nimmt man, von Paulus herkommend, noch einmal den Faden der allgemeinen Erwägungen zum Verhältnis von Leben und Wort auf, so wird deutlich: Die Charakterisierung des Menschseins überhaupt als des Seins unter dem Gesetz hat von dem Gesetz nicht als einem Kodex auszugehen, sondern als etwas, was in und mit dem Leben selbst immer schon in Aktion ist. Darum ist auch nicht in erster Linie, wenn überhaupt, an bestimmte sittliche Ideen und Prinzipien zu denken, die dem Menschen angeboren und als Richtschnur im Gewissen wirksam seien. Ebensowenig ist der Hauptton auf ein bestimmtes kulturelles Gesamtklima zu legen, das den Menschen in seinen Grundüberzeugungen und bis in bestimmte Verhaltensmodelle hinein prägt. Solche Formationen eines ungeschriebenen, gegebenenfalls aber desto wirksameren Systems der Lebensgestaltung – sei es innerhalb eines Volkes oder einer bestimmten sozialen Schicht oder einer elitären Gruppe – können zur Verdeutlichung von Gesetz als Lebenswirklichkeit gewiß viel beitragen. Je nachdem läßt sich daran das Sein unter dem Gesetz gerade auch als ein Gefangen- und Versklavtsein unter bestimmten Mächten besonders eindrücklich illustrieren. Das gilt auch für solche kulturellen Phasen, in denen, wie in unserer Zeit, überkommene Normen und Lebensformen ihre bindende und gestaltende Kraft verlieren, ohne daß sich schon neue Umrisse der Lebensführung und Lebensordnung in der Gesellschaft deutlich abzeichnen. Hier könnten etwa die Mächte der inneren Unsicherheit und des Modischen, die anscheinend Anzeichen einer Gesetzesatrophie sind, zu besonders typischen Symptomen des Seins unter dem Gesetz werden. Aber die Frage nach der Lebenswirklichkeit als Gesetzeserfahrung zielt nicht auf die Geltung bestimmter Gesetzesinhalte, sondern darauf, wie das Sein unter dem

Gesetz überhaupt zur Erfahrung kommt und den einzelnen Menschen trifft.

Konstanten der Gesetzeserfahrung sind die elementaren Lebensvorgänge sowie besonders einschneidende Widerfahrnisse: die Bewußtwerdung und Selbstfindung in Kindheit und Reifung, das Erlebnis der Geschlechtlichkeit und der Beziehung zum Geschlechtspartner, das Eingehen einer Lebensbindung, die Geburt eines eigenen Kindes samt den daraus erwachsenden Aufgaben, der Tod der Eltern und das Abtreten der ganzen Generation vor einem, schließlich die Aussicht auf das eigene Altern und Sterben. Nicht zufällig sind, wie in den Religionen überhaupt, so auch im Christentum derartige Anlässe, wie die sogenannten Kasualien zeigen, vornehmlich dazu angetan, den Menschen innerlich anzurühren und zu bewegen, ihn seines Beschenkt- und Gefordertseins, seines Getroffen- und Infragegestelltseins bewußt zu machen. Dazu kommen besondere Fügungen und Schicksalsschläge: Gelingen oder Scheitern von Vorhaben, die einem zur Lebensaufgabe wurden; Gewinn von Ansehen und Vermögen oder ihr plötzlicher Verlust, ob durch fremde oder eigene Schuld; das Miterleben und Mitgerissenwerden von geschichtlichen Ereignissen und Katastrophen, welche die Gewalt anonymer Mächte, die Ohnmacht der Mitbetroffenen, die Chance besonderer Herausforderungen oder auch das Wunder der Bewahrung und des Geführtseins erfahren lassen; oder daß es um einen her einsam wird, daß unheilbare Krankheit das restliche Dasein hoffnungslos erscheinen läßt und daß statt der animierenden Zuwachsrate das Schwinden der Kräfte und die Verengung des Horizonts das Leben bestimmen.

In all dem ist deshalb von Gesetzeserfahrung zu reden, weil hier die verschiedenen Dimensionen dessen zusammentreffen, was das Leben ordnet, trägt, hell und durchsichtig macht, was es aber auch in Unordnung bringt und erschüttert, was es verfinstert und sinnlos werden läßt; ferner all das, was das Leben durch offensichtliche Aufgaben und Pflichten herausfordert, reich macht und erfüllt, aber auch durch ein Übermaß dessen niederdrückt oder durch Mangel an Gefordertsein unausgefüllt, tötend langweilig und leer sein läßt; überdies all das, was das Leben einengt, auf Grenzen stoßen und das Gewicht seiner eigenen Folgen spüren läßt, was aber auch durch grenzenlose Weite und durch die Überfülle des Glücks und des ungestraft Davonkommens mit Unheimlichkeit und Angst erfüllen kann; endlich alles, was das Leben auf Ursprung und Ziel hin zu transzendieren veranlaßt, die Erfahrung des Gewährtseins und Gewährenlassens, daß aber auch das Gewährte wieder eingefordert wird und das Gewährenlassen sein Ende findet, oder so, daß der Trieb zum Transzendieren nur auf die Mauern der Diesseitigkeit stoßen läßt, ob das nun als Gefängniserfahrung empfunden wird oder als beruhigendes Abgeschirmtsein gegen jeden Eingriff und Zugriff von außen.

2. Der Inhalt des Gesetzes

a) Der singularische Gebrauch des Wortes Gesetz

Der strikt singularische Gebrauch des Wortes Gesetz in seiner theologischen Verwendung mag im Vergleich zu der üblichen Vielzahl von Gesetzen im politischen Bereich auffallen und gerät vor allem mit der geschichtlichen Vielgestalt in Konflikt, wie sich in der Menschheit Gesetz artikuliert. Freilich ließen bereits die Erwägungen zum allgemeinen Gesetzesbegriff auf eine Tendenz zur Einheit hin aufmerksam werden. Selbst im heutigen politischen Leben wird der Prozeß der laufenden Gesetzgebung durch eine Verfassung, ein Grundgesetz, auf einen Nenner gebracht und einheitlich normiert, wobei das Gesetz seinerseits noch einmal durch die Idee des Rechts diszipliniert wird. Jedoch kommen bei dem theologischen Gesetzesverständnis besondere Faktoren hinzu, die den singularischen Gebrauch zum ausschließlichen werden lassen. Schon im Alten Testament hat sich die Entwicklung von der Pluralität priesterlicher Weisungen zu der einen Tora Jahwes hin vollzogen. Wenn das Judentum auch bemüht war, die darin enthaltenen einzelnen Gebote zu zählen, so stellt doch die Einheit und Einzigkeit der Tora mehr dar als nur die Summe ihrer Gebote. Beim Begriff des Wortes Gottes ist dieselbe Konzentration auf einen rein singularischen Gebrauch zu verzeichnen. So liegt es offenbar am Ursprung des Gesetzes, daß es als eines verstanden wird. Doch würde die formal monotheistische Herleitung eine unzureichende Erklärung liefern. Wie der nächstliegende Beziehungsbegriff zu *tora* zeigt: der des Bundes, der dann auch den einzigen Oberbegriff für das paulinische Verständnis von Gesetz und Evangelium darstellt, geht es um so etwas wie eine Verfassung, eine Grundordnung des Verhältnisses von Gott und seinem Volk.

Nun könnte man meinen, daß die Orientierung an der Tora dem paulinischen Gesetzesbegriff den streng singularischen Charakter vermittelt habe, und zwar sowohl um dieser ihrer Bezogenheit auf Gott willen als auch hinsichtlich ihrer geschichtlichen Einzigartigkeit. Das trifft auch zu, muß aber durch einen weiteren Gesichtspunkt ergänzt werden. Daß die Ausweitung des Gesetzesbegriffs auf die Nichtjuden, ohne zu ihrer Unterwerfung unter die Tora zu führen, doch nicht eine Pluralisierung des Gesetzes bewirkt hat, liegt gewiß an dem festgehaltenen Gottesbezug, aber auch an der Tatsache, daß für Paulus nicht die Frage nach dem, was das Gesetz enthält, den Hauptaspekt am Gesetzesbegriff ausmacht, sondern die Frage nach dem, was es wirkt. Weil das Gesetz mit der Lebenswirklichkeit selbst aufs engste verflochten ist, kommt ihm strenge Singularität zu, obwohl sich gerade von dorther eine Pluralität aufdrängt, die den Gedanken der Verbindlichkeit von Gesetz überhaupt zu gefährden droht. Darauf stößt man bei der Frage nach der inhaltlichen Bestimmung des Gesetzes. Auf dieses bisher zurückgestellte Problem muß nun eingegangen werden.

b) Die geschichtliche Vielfalt des Gesetzes

Für das Verständnis von Gesetz als umfassender Lebensordnung erscheint der Anspruch absoluter Geltung unabdingbar. Die Tatsache, daß jedes Volk wie seine eigenen Götter so auch sein eigenes Gesetz hat, beunruhigte in früherer Zeit gerade infolge dieser Verbindung deshalb nicht, weil die eigene Auffassung von gut und böse, von Recht und Unrecht als religiös legitimiert und das abweichende Verständnis als Folge von Abgötterei galt. Aber selbst wenn man sich mit einem partikulären Nebeneinander zufrieden gab, beruhte es doch auf regionaler Abgrenzung, dank derer am selben Ort nur eine Religion und darum auch nur ein Gesetz in Geltung stehen konnte. Damit mochte sich durchaus weitgehende Toleranz verbinden. Für das Imperium Romanum hatte sie nur an der minimalen Loyalitätsforderung des Kaiserkults ihre Grenze. Aber im Prinzip galt jene Regionalisierung des religiös verstandenen Gesetzes bis in das konfessionelle Zeitalter hinein. Erst das neuzeitliche geschichtliche Denken in Verbindung mit der sich unumgänglich aufdrängenden Toleranz führte das herkömmliche Gesetzesverständnis in eine tiefe Krise. Konnte man zunächst noch den Verlust der positiv-religiösen Verankerung mit Hilfe des Naturrechtsgedankens, gegebenenfalls im Verein mit der Idee natürlicher Religion, aufzufangen versuchen, so wurde nun für die Verbindlichkeit des Gesetzes die Erkenntnis bedrohlich, daß die Gesetzesinhalte nicht bloß in religiöser, sondern auch in sittlicher Hinsicht außerordentlich stark variieren. Der Pluralismus scheint nur noch einen Positivismus auf dem Hintergrund eines Nihilismus zuzulassen.

Das Gesetzesverständnis, das an der Lebenswirklichkeit orientiert ist, wird dadurch freilich nicht unmittelbar tangiert. Die geschichtliche Vielfalt läßt sich als Vielzahl von Deutungen des Gesetzes auffassen, das in und mit dem Leben immer schon in Aktion ist. In diese Sicht fügt sich auch das Faktum höchst widersprechender Verdolmetschungen des Gesetzes, ohne daß alle Abweichungen voneinander als ausschließender Gegensatz verstanden werden müßten. Die Tora enthält unbestreitbar Elemente, die auf das Volk Israel beschränkt sind. In dieser begrenzten Hinsicht kann man sie durchaus als „der Juden Sachsenspiegel"[6] auffas-

[6] WA 16; 378,11 18; 81,14f.

sen. Anderseits enthält sie – und erst recht die Bibel im ganzen – Einsichten, deren fordernder Anspruch jeden Menschen vor die Frage stellt, ob damit nicht das Gesetz der Lebenswirklichkeit treffsicher und unüberholbar interpretiert ist. Der Dekalog und die Spruchweisheit, die Bergpredigt und die apostolischen Paränesen sind Auslegungen des Gesetzes, deren Anspruch man sich wohl verschließen kann, die aber unmöglich zu übergehen sind, wenn die Frage nach dem Inhalt des Gesetzes ernsthaft gestellt wird. Nicht daß sich Zeitgebundenes und Zeitüberlegenes reinlich voneinander scheiden ließen. Aber die Intention einer solchen Unterscheidung läßt sich auch nicht schlechtweg abweisen. Denn nur dasjenige kann das Gewissen binden, was nicht als fremde und zusätzliche Forderung zum Menschsein hinzutritt, sondern den Menschen selbst in seiner Lebenswirklichkeit zur Sprache bringt. Die Lebensumstände machen wohl z. T. erhebliche Wandlungen durch. Aber elementare Grundbedingungen des Lebens bleiben dieselben. Desgleichen wandelt sich zwar die Sprache in vieler Hinsicht. Dennoch besteht ein Zusammenhang des Verstehens und Übersetzens, weil sich in den verschiedenen Konstellationen bestimmte Notwendigkeiten immer wieder einstellen und durchsetzen. So sind z. B. Verläßlichkeit der Rede und Hilfsbereitschaft mit der Tat elementare Erfordernisse jedes menschlichen Zusammenlebens.

c) Der Inhalt des Gesetzes nach christlichem Verständnis

Geht es nun darum, was nach christlichem Verständnis der Inhalt des Gesetzes sei, so wird man gut daran tun, nicht bei einzelnem zu beginnen und einen Katalog von Geboten und Verboten aufzustellen. Dabei käme man vielfältig mit dem in Berührung, was auch sonst als Forderung erkannt und aufgestellt worden ist. Das wäre zwar kein Einwand, aber es führte nicht zu dem Spezifischen, was nach christlichem Verständnis auf Grund der gesamtbiblischen Überlieferung über den Inhalt des Gesetzes zu sagen ist. Dahin stößt man nur dann vor, wenn die Kriterien erkennbar werden, an denen sich die Interpretation der Lebenswirklichkeit auf das in ihr wirksame Gesetz hin auszuweisen hat. Dadurch kommt in die Aussagen über den Inhalt des Gesetzes ein ungemein konzentrischer Zug.

aa) Die Konzentration auf den Menschen als ganzen

Dieser konzentrische Zug zeigt sich zunächst daran, daß der Mensch selbst als ganzer gefordert ist. Das trifft zwar in bezug auf das Vielerlei, was von ihm im Leben verlangt wird, gerade nicht zu. Der Mensch soll sich nicht von allem und jedem total in Anspruch nehmen lassen. Eben dies kommt jedoch dadurch zur Geltung, daß er von dem, der allein dazu das Recht hat, zu einer Hingabe „von ganzem Herzen, von ganzer

Seele und von ganzem Vermögen“ gefordert ist (5. Mos 6,5). Das steht nicht gesondert neben den Weisen, wie der Mensch sonst gefordert ist, sondern betrifft sie alle insgesamt. Dadurch werden sie einerseits relativiert und auf das ihnen zukommende begrenzte Gewicht reduziert, möglicherweise sogar entschieden negiert. Anderseits wird die aufs Ganze gehende Forderung Gottes für den Menschen zum Geheiß, die Ansprüche, die ihn sonst fordern, in dieser ihrer Begrenztheit oder auch als entschieden abzuweisende unbedingt ernst zu nehmen. Ihnen soll er mit der Gewissenhaftigkeit Rechnung tragen, die einem letzten Gefordertsein und Verantwortlichsein gemäß ist. Daß der Mensch als ganzer und darum auf die Lauterkeit seines Herzens hin gefordert ist, stellt nur die Kehrseite dessen dar, daß er von Gott gefordert ist. Daß er aber von Gott gefordert ist, bleibt eben darum nicht ein isolierter Sachverhalt, sondern wirkt sich auf das Verhältnis zum Ganzen der Lebenswirklichkeit aus. Alles, was wahrhaft den Anspruch eines Gebotes erheben kann, will als Gottes Gebot verstanden und ernstgenommen sein. Durch diesen Rückbezug aller Gebote auf das erste Gebot wird freilich nur dann statt bloßer Autoritätsverstärkung ein Kriterium eingeführt, wenn erkennbar und bestimmbar ist, inwiefern sich der Anspruch Gottes von demjenigen unterscheidet, was sonst aus der Lebenswirklichkeit heraus den Menschen in Anspruch nimmt.

bb) Die Konzentration auf das Doppelgebot der Liebe

Der konzentrische Zug bei der biblischen Inhaltsbestimmung des Gesetzes führte über das Gefordertsein des ganzen Menschen sogleich auf das Gefordertsein durch Gott und damit auf den Primat des ersten Gebots und dessen Relevanz für alle Gebote. Die Konzentrik deckt sich also mit der Frage nach dem höchsten Gebot (Mt 22,36–40). Im biblischen Verständnis ist diese Frage mit dem Hinweis allein auf das erste Gebot erstaunlicherweise nicht hinreichend beantwortet. Jesus stellt ihm das Gebot der Nächstenliebe gleich. Und Paulus kann sogar allein die Liebe zum Nächsten als dasjenige bezeichnen, worin das ganze Gesetz beschlossen liegt und sich erfüllt (Gal 5,14 Röm 13,10). Aber weder wird im einen Fall dem ersten Gebot etwas Fremdes zur Seite gestellt, noch wird im anderen Fall etwa gar das erste Gebot selbst beseitigt. Das Doppelgebot der Liebe ist keine überflüssige Verdoppelung, so daß es auf die Nächstenliebe reduzierbar wäre und die Liebe zu Gott in nichts anderem bestünde als in der Liebe zum Nächsten. Wenn sie sich aber von dieser auch nicht isolieren läßt, so kommt eben in dieser Doppelrelation die Unterscheidung zur Geltung zwischen dem Anspruch Gottes und allem, was aus der Lebenswirklichkeit heraus den Menschen in Anspruch nimmt. Darin besteht Gottes Anspruch, daß er so für den Mitmenschen eintritt, wie das kein anderer Anspruch vermöchte. Die Philanthropie Gottes selbst (Tit 3,4) steht hinter dem Gebot der Nächstenliebe, und nur sie verleiht ihm die Radikalität des Gebotes der Feindesliebe (Mt 5,43–48). Wenn von der Nächstenliebe gesagt wird, sie sei des Gesetzes Erfüllung, so ist damit zunächst nur gemeint, daß alle Forderungen des Gesetzes in ihr zusammenlaufen und aufgenommen sind. Es wird damit aber zugleich die Frage angerührt, wie denn Liebe so geschehen kann, daß damit die Forderung des Gesetzes überhaupt zum Schweigen kommt, daß ihr also voll und ganz Genüge getan ist und sie restlos zur Erfüllung gelangt. Der Schärfe dieser Frage kann nur dann Rechnung getragen und standgehalten werden, wenn die Forderung der Nächstenliebe nicht etwa allein auf sich selbst steht, sondern wenn um ihretwillen die Forderung des ersten Gebots von ihr unterschieden bleibt. Wird doch die Nächstenliebe stets nur im Hinblick auf partielle Sachverhalte akut. Gott aber fordert den Menschen ganz.

d) Die interpretatorische Funktion des theologisch gedeuteten Gesetzes

Welche Funktion kommt dieser theologischen Inhaltsbestimmung des Gesetzes zu? Die Unterscheidung von Gesetz und Evangelium soll erhellt werden. Dazu muß geklärt werden, was Sein unter dem Gesetz heißt. Der universalen Ausrichtung des Evangeliums entsprechend soll das Sein unter dem Gesetz ebenfalls universal verstanden werden. Es geht also nicht bloß um das Sein desjenigen Menschen, den man als sittlich ernst oder als fromm oder gar als gesetzlich zu bezeichnen pflegt. Von jedem, auch von dem, der sich dem Gesetz gegenüber große Freiheiten herausnimmt, soll gelten, daß er unter dem Gesetz ist. Und zwar nicht nur im Sinne eines puren Anspruchs auf ihn, dem nicht stattgegeben wird und dem darum gar keine Wirklichkeit entspricht, vielmehr trotz aller Ungesetzlichkeit und Widergesetzlichkeit in dem Sinne, daß sich auch in aller Auflehnung gegen das Gesetz das Sein des Menschen als Sein unter der Macht und Wirklichkeit des Gesetzes erweist. Selbst bei aller Gleichgültigkeit und Gedankenlosigkeit in bezug auf das Leben wird – das ist die Meinung – das Gesetz auch immer schon in bestimmter Weise gedeutet, indem die Lebenswirklichkeit so oder so aufgefaßt, wenn auch vielleicht noch so sehr fehlgedeutet wird.

Nun liegt aber dieser weiten, man könnte sagen: ontologischen Verwendung des Begriffs des Gesetzes ein Verständnis zugrunde, das theologisch bestimmt ist. Es wäre zwar auch denkbar, daß man sich auf solche ontologische Verwendung des Gesetzesbegriffs unter völliger Ablösung von ihrem theologischen Hintergrund einließe. Wieweit das durchführbar und ob es ergiebig ist, bleibe dahingestellt. Für unseren

Zusammenhang ist das theologische Interesse maßgebend. Das verursachte bei der Frage nach der inhaltlichen Bestimmung des Gesetzes eine wichtige Weichenstellung. Spricht man vom Gesetz als dem, was in und mit der Lebenswirklichkeit immer schon in Aktion ist, dann ist der Frage nach dem Inhalt des Gesetzes nicht auszuweichen. Im Blick auf die Geschichte und nicht minder auch auf die Gegenwart steht man vor einer wirren Pluralität der Deutungen der Lebenswirklichkeit. Diese Pluralität widerlegt nicht das Recht, den Gesetzesbegriff in solcher Weise zu gebrauchen. Sie widersetzt sich aber seiner inhaltlichen Bestimmung. Deswegen wurde das christliche Verständnis vom Inhalt des Gesetzes mit dem Anspruch eingeführt, dadurch werde der Sachverhalt nicht in irgendeiner speziellen Fassung vorgelegt, sondern in seiner allgemeinen Bedeutung der Wahrheit nach erhellt. Das hinterläßt einen zwiespältigen Eindruck.

aa) Die Ausrichtung auf das allgemein Menschliche

In dieser inhaltlichen Bestimmung des Gesetzes liegt in der Tat ein erstaunlicher Zug zum allgemein Menschlichen hin. Sie ist frei von allen zeremoniellen Sondervorschriften, wie sie nicht bloß für die Tora kennzeichnend sind, sondern so oder so überall da eine Rolle spielen, wo eine Gruppe von Menschen durch eine bestimmte Lebensordnung verbunden und zusammengehalten ist. Das Gesetz hat dann immer zugleich eine abgrenzende Funktion. Es soll eine Besonderheit zur Geltung bringen, durch die sich diese Menschen von anderen unterscheiden. Daß im christlichen Verständnis die inhaltliche Bestimmung des Gesetzes von solchen zeremoniellen Eigentümlichkeiten und Auflagen frei ist, darf freilich nicht schon mit der durch das Evangelium eröffneten Freiheit gleichgesetzt werden. Sie ist nicht Freiheit allein vom Zeremonialgesetz, sondern meint die Freiheit vom Gesetz schlechthin. Jedoch stellt die Freiheit vom Zeremonialgesetz eine nicht zufällige Folge derjenigen Freiheit dar, die durch das Evangelium in bezug auf das Gesetz überhaupt in Kraft gesetzt ist. Eben deshalb bringt diese inhaltliche Bestimmung zum Ausdruck, was für jeden Menschen gilt: nicht bloß für den Juden oder nur für den Griechen, nicht bloß für den Weißen oder nur für den Farbigen, nicht bloß für den Besitzenden, sondern auch für den im Leben zu kurz Gekommenen. Alle denkbaren Zäune und Mauern, welche die Menschen errichten, um sich gegeneinander abzugrenzen und zu verbarrikadieren, sind bei dieser inhaltlichen Bestimmung des Gesetzes niedergelegt. Und was an solchen Unterschieden naturhaft oder geschichtlich unaufhebbar ist, fällt doch nicht ins Gewicht. Im Gegenteil, diese inhaltliche Fassung des Gesetzes spricht jeden Menschen allein auf sein Menschsein hin an.

Darum eignet ihm die auffallende Konzentrik. Sie hält sich nicht bei

Äußerlichem auf, sondern zielt auf das Gewissen, weil es um den ganzen Menschen geht. Und alles konzentriert sich auf die Liebe, die sich zum Mitmenschen, wer er auch sei, sogar zum Feind hin öffnet. Was vom Menschen gefordert ist, wird hier in ein grundeinfaches Gebot zusammengefaßt. Das bedeutet aber nicht die willkürliche Einengung auf irgendeine Spezialität, dieses typische Symptom einer gesetzlichen Einstellung. Dem einen steht etwa ein bestimmter Ehrenkodex über allem, dem andern das Eingeschworensein auf ein Parteiprogramm, dem dritten die Einhaltung bestimmter Riten, dem vierten das Brechen aller Tabus und so fort. Vielmehr öffnet sich von der Konzentration auf das Gebot der Nächstenliebe aus eine denkbar vielfältige und flexible Anwendungsmöglichkeit. Sie ist nicht im voraus festgelegt und schablonisiert. Zu diesem Verständnis des Gesetzes gehört die Zumutung, die notwendige Anwendung selbst herauszufinden, also eine Bestimmung des Inhalts des Gesetzes, die von Gesetzlichkeit völlig frei ist.

Dieses Problem haftet ja jedem Gesetzesverständnis an, wie es von der Aufstellung einer allgemeinen Regel zur konkreten Anwendung kommt. Deshalb ist man, um sicher zu gehen, an möglichst spezifizierten Anordnungen interessiert. Und diese wiederum rufen nach einer kasuistischen Auslegung auf den Einzelfall. Das zeigt freilich nur, daß auf diese Weise schwerlich dem Gesetz gerecht zu werden ist, weil so dem Leben nicht gerecht zu werden ist. Die Tendenz zur Kasuistik führt in infinitum und ist nie definitiv zu befriedigen. Sie erweist sich sogar insofern als eine Flucht vor dem Gesetz, als sie seinen aufs Ganze gehenden Anspruch durch möglichst partielle Ansprüche ersetzen möchte, um so zugunsten relativ leicht erfüllbarer Detailforderungen der Frage nach der Erfüllung des Gesetzes überhaupt auszuweichen. Überdies wird an der kasuistischen Auslegung des Gesetzes vollends deutlich, daß gerade dadurch nicht erreicht wird, was von ihr erwartet wird und was sie zu leisten beansprucht. Anstatt die konkrete Situation zu treffen, droht die Kasuistik die Situation gerade durch eine Pseudo-Konkretheit zu verdecken, das Leben in ein Schema zu pressen und nach einem bestimmten Raster zu verfahren. Dem Problem, das dem Gesetz als solchem eigen ist: wie es in seiner Allgemeinheit auf das einzelne anzuwenden sei, kann man auf dem Wege der Kasuistik nicht entkommen. Indem man ihm freilich auf diese Weise zu entkommen sucht, strebt man dem Gesetz selbst zu entkommen. Denn es gehört zum Gesetz, dem Einzelnen die letzte Verantwortung für die konkrete Anwendung nicht abzunehmen, sondern gerade abzuverlangen. Die Konzentration auf das Gebot der Nächstenliebe verbindet beides in einzigartiger Weise: Einerseits wird dadurch jedem mit extremem Spielraum zugemutet, die konkrete Anwendung selbst zu finden. Anderseits enthält es von sich aus eine Weisung, die unausweichlich in die

Konkretion treibt. Es fordert vom Menschen, daß er Augen und Ohren nicht verschließt, sondern wahrnimmt, wie er vom Mitmenschen angegangen ist und für dessen Leben Verantwortung trägt – Verantwortung nicht im Sinne von Aufsicht, Kontrolle und Entmündigung, sondern in der Weise der Liebe, die dem anderen zu sich selber verhilft.

bb) Die Ausrichtung auf Gott

Daß das christliche Verständnis vom Inhalt des Gesetzes auf das allgemein Menschliche ausgerichtet ist, sichert ihm freilich nicht ohne weiteres allgemeine Anerkennung. Es wird zwar weithin durchaus zugegeben, daß in dieser Konzentration des Gesetzesinhalts auf die Liebe eine tiefe Wahrheit liegt. Und es ist durchaus sachgemäß, daß dies dann nicht als Anerkennung eines fremden Gesetzes, eben des christlichen, verstanden wird, sondern als Entdeckung dessen, was der tiefsten Intention des Lebens entspricht, also allgemein menschlich ist. Doch erhebt sich zugleich Widerspruch. Nicht nur der Widerspruch des faktischen Verhaltens zu dem, was man theoretisch grundsätzlich bejaht. Sondern es werden auch theoretische Einwände erhoben.

Durchaus mit Recht kann darauf hingewiesen werden, daß das Gesetz nicht einfach nur aus dem Gebot der Nächstenliebe bestehen kann. Wenn es Sache des Gesetzes ist, die Lebenswirklichkeit als solche zur Sprache zu bringen, so muß offenbar viel mehr gesagt werden als nur dies: „Du sollst deinen Nächsten lieben wie dich selbst." Es müssen nun doch die Bedingungen, Probleme, Ordnungen und Differenzierungen, die für das Leben gelten, ebenfalls erfaßt werden. Ohne darauf positiv oder kritisch Bezug zu nehmen, hinge das Gebot der Nächstenliebe in der Luft und erreichte nicht das Leben selbst. Nur deshalb gewinnt es überhaupt den Rang der Summe des Gesetzes, weil das Gesetz noch auf andere Weise mit seinen Forderungen laut wird. Diesen Einwand muß auch das christliche Verständnis vom Inhalt des Gesetzes berücksichtigen.

Anders steht es mit dem Einwand, daß diese Zuspitzung auf die Nächstenliebe und gar die Feindesliebe das Gesetz unerfüllbar mache. Hier werde etwas verlangt, dem niemand auch nur annähernd nachkommen könne. Deshalb sei diese Auslegung des Gesetzes, wie sie insbesondere in der Bergpredigt vorliegt, für das Leben im Grunde unbrauchbar. Das Leben verläuft nach anderen Gesetzen. Nach ihnen gilt es sich zu richten, wenn man ihm gerecht werden will. So kann sich der Einwand von einem bloßen Beklagen der Unvollkommenheit des Menschen und der Unerfüllbarkeit der Forderung zu dem leidenschaftlichen Protest steigern, daß diese christliche Auffassung vom Inhalt des Gesetzes durchaus nicht auf das allgemein Menschliche ausgerichtet sei, sondern das Menschliche vergewaltige. Damit verbindet sich dann der bisher noch ganz ausgeklammerte Gesichtspunkt, daß auch das christliche Verständnis vom Inhalt des Gesetzes insofern doch nicht ausschließlich auf das allgemein Menschliche ausgerichtet sei, als es die Ausrichtung auf Gott einschließt und sogar zum Vorzeichen des Ganzen macht. Ein religiös gedeutetes Gesetz hat aber kaum Aussicht, als solches allgemein anerkannt zu werden. Darum spitzt sich nun die Frage darauf zu: Welche Bedeutung kommt der Forderung des Glaubens an Gott für das Gesetz zu, wie es in und mit dem Leben immer schon in Aktion ist?

Auf diese Frage wird man in verschiedener Weise eingehen je nachdem, ob es sich um eine Äußerung in einer bestimmten Verkündigungssituation oder in einem theologischen Reflexionsgang über das Gesetz handelt. Trotz der Berührung miteinander hängt doch im ersten Fall viel davon ab, wie der Adressat seinerseits die Lebenswirklichkeit erfährt und deutet. Und die Art, wie darauf einzugehen ist, kann und wird weit über diese zugespitzte Fragestellung hinausgehen und in die Darbietung christlicher Glaubenswahrheit eng verflochten sein. So wird gar nicht allgemein vom Gesetz geredet werden, sondern von bestimmten Lebensproblemen, wie man ihnen gerecht werden kann. Und die Forderung, an Gott zu glauben, wird nicht in theoretischer Isoliertheit vorgebracht, sondern in Verbindung damit, wie sich in dem gegebenen Zusammenhang die Rede von Gott nahelegt. In dem anderen Fall dagegen geht es um eine umfassende Analyse des Menschseins als des Seins unter dem Gesetz in allen denkbaren Modifikationen. Deshalb stellt sich hier die Aufgabe begrifflicher Klärung. In diesem Zusammenhang hat das Wort Gesetz dem intendierten Sinne nach seinen eigentlichen Ort. Im Alten Testament gehörte die Rede vom Gesetz gemäß der ihm dort eigenen Prägung bezeichnenderweise in die Frömmigkeitssprache selbst, wie man sich etwa an Ps 19,8–15 oder 119 verdeutlichen mag. Durch Paulus ist dagegen das Wort Gesetz zu einem theologischen Reflexionsbegriff geworden, der normalerweise nicht in die unmittelbare Äußerung des Glaubens und der Verkündigung hineingehört. Entsprechend stellt sich innerhalb der theologischen Lehre vom Gesetz die Gottesfrage in stärker theoretischer Weise und in spezieller Hinsicht auf diese Problemstellung. Das soll aber letztlich nur dazu dienen, die Urteilsbildung für den Sprachvorgang der Verkündigung zu schärfen. Darum kann jetzt ohne weitere Differenzierung die Frage nach der Bedeutung des Gottesglaubens für das Gesetz grundsätzlich und summarisch beantwortet werden.

Die theologische Lehre vom Gesetz hat eben darin ihren Angelpunkt, daß sie das Gesetz, wie es in und mit dem Leben immer schon in Aktion ist, in all seinen Deutungen als Gottes Gesetz versteht oder, anders formuliert: als Begegnung Gottes in der Weise des Gesetzes. Das gilt völlig unabhängig davon, ob die Lebenswirklichkeit religiös aufgefaßt und gedeutet wird oder nicht, und auch im ersten Fall unabhängig davon, in welcher religiösen Deutung das Gesetz aufgefaßt wird. Wenn es als Gottes Gesetz verstanden wird, so wird damit weder ihm etwas hinzugefügt noch auch ein spezieller Inhalt des Gesetzes hervorgehoben, sondern die Tiefendimension des Gesetzes geltend gemacht: daß es unbedingt fordert auf Grund dessen, was bedingungslos gegeben wurde. Durch den theologischen Begriff des Gesetzes werden alle Weisen der Erfahrung und Deutung der Lebenswirklichkeit daraufhin reflektiert, was sich darin vollzieht, und so gewissermaßen in zweiter Potenz interpretiert. Als gemeinsamer Grundriß ergibt sich dabei die Tendenz, das Leben auf Letztgültiges zu beziehen. Entsprechend der Dialektik des Lebens, daß man es hat, aber gerade auch nicht hat, weil man es erst noch zu leben und darum noch zu gewinnen und zu verlieren hat, tritt die Tendenz auf Letztgültiges doppelt auf: einerseits so, daß Letztgültiges immer schon vorausgesetzt und angenommen wird, indem man irgendwo einen letzten Halt hat, etwas, worauf man sich verläßt und was einen darum auch unbedingt in Anspruch nimmt und fordert; und anderseits so, daß diese Ausrichtung auf Letztgültiges auch immer wieder in Frage gestellt ist, zu weiterem Suchen veranlaßt und zu der Grundforderung wird, sich des Letztgültigen zu versichern. Wie das Leben selbst Gabe und Aufgabe in einem ist, so ist die darin wirksame Tendenz auf Letztgültiges stets beides zugleich: ein Haben und ein Erst-noch-erwerben-Müssen. Wird diese Tendenz auf Letztgültiges religiös verstanden, so gilt in bezug auf das Göttliche, wie immer es vorgestellt sein mag, beides: Es ist da, aber es will doch erst noch recht erkannt, gefürchtet und kultisch verehrt sein. Weil es da ist, wird es zur Forderung. Aber auch wenn eine solche religiöse Deutung nicht akzeptiert wird, bleibt doch eben die Frage nach Letztgültigem eine Gegebenheit und eine Forderung zugleich.

Der theologische Gesetzesbegriff formuliert nun diesen Sachverhalt, der in der Vielfalt seiner Erscheinungen verwirrend ist, mit Hilfe der biblischen Sprache so, daß jener Grundriß allererst scharfe Konturen annimmt. Wenn dabei entsprechend dem ersten Gebot geltend gemacht wird, daß Gott als der Schöpfer der Lebenswirklichkeit darin als letztgültig fordernde Instanz wirksam ist und daß er als der Geber des Gesetzes zum vordringlichsten Inhalt des Gesetzes wird, zum Gegenstand des ersten Gebots, so ist dabei selbstverständlich schon ein Gottesverständnis zum Einsatz gebracht, das nicht allgemein und beliebig aus der Lebenswirklichkeit gewonnen wird. Aber es wird der Anspruch erhoben, daß auf diese Weise klar sagbar wird, was sonst im Leben zwar wirksam ist, aber nicht richtig erkannt wird. Deshalb erwächst aus der Feststellung dessen, daß es so ist, die Forderung, es auch wahrwerden und gelten zu lassen. So gehört in der Tat das erste

Gebot fundamental zum Gesetz schlechthin, wenn es auch als solches erst durch die theologische Interpretation des Gesetzes gemäß dem biblischen Gesamtkontext zur Geltung kommt. Von daher kann man auch sagen: Das Gesetz, wie es in und mit dem Leben immer schon in Aktion ist, fordert letztlich und eben darum an erster Stelle den Glauben. In der Sprache der Weisheit: „Die Furcht des Herrn ist der Anfang der Erkenntnis." (Spr 1,7) Das hat dann aber nicht den Charakter eines religiösen Zeremonialgebotes, das zu den übrigen Gesetzesforderungen hinzukommt, sondern es stellt nichts anderes dar, als daß es den Menschen auf seine Grundsituation hinweist und in sie hineinruft. Darum tritt die Ausrichtung des Gesetzes auf Gott nicht zu der Ausrichtung auf das allgemein Menschliche in Konkurrenz, sondern zielt eben auf sie ab und kommt ihr zugute. Um nun aber diesen universalen Charakter des ersten Gebots im Hinblick auf die Lebenswirklichkeit im ganzen voll zur Geltung zu bringen, dazu braucht es freilich etwas anderes als die Sprache des Gesetzes. Erst vom Evangelium der Menschwerdung Gottes her kann das Gesetz so universal und damit zugleich erst so radikal interpretiert werden.

3. Macht und Ohnmacht des Gesetzes

Die theologische Lehre vom Gesetz, wie sie erst vom Evangelium her entstehen kann, ist dadurch gekennzeichnet, daß sich die Unterscheidung zwischen Gesetz und Evangelium auf das Verständnis des Gesetzes selbst unterscheidend auswirkt. Das findet seinen vornehmlichen Niederschlag in der reformatorischen Lehre von den beiden usus legis, von den zwei Weisen, wozu das Gesetz da ist und was es wirkt. Aber um das Verständnis dafür vorzubereiten, ist noch auf eine andere Unterscheidung einzugehen, welche die Art und Weise betrifft, wie das Gesetz eine Interpretation im Lichte des Evangeliums erfährt.

a) Die zwei Arten der Interpretation des Gesetzes vom Evangelium her

aa) Die inhaltliche Präzisierung

Die Interpretation, die dem Gesetz vom Evangelium her widerfährt, ist nicht etwa bloß eine inhaltliche Präzisierung dessen, was das Gesetz will und fordert. Das ist sie auch. Schon im Alten Testament erhielt das erste Gebot seine Prägung und sein Gewicht von daher, wie sich Gott dem Volke Israel kundgetan und zugesagt hatte und wie dies auf das Verständnis der anderen Gebote ausstrahlte. Entsprechend werden das Verständnis des ersten Gebots und seine Ausstrahlung in das Ganze des Gesetzes hinein noch einmal dadurch betroffen, daß Gott in Jesus Christus erfahren und geglaubt wird. Es wäre verwirrend, wenn man sagte, das Gesetz selbst werde radikalisiert oder es werde gar ein neues Gesetz aufgestellt. Vielmehr kommt nur an den Tag, was die wahre Meinung des Gesetzes ist, das immer schon in und mit dem Leben in Aktion ist. Vom theologischen Verständnis des Gesetzes her kann es gar nicht im strikten Sinne ein neues Gesetz geben, sondern nur eine Erneuerung seiner Deutung und insofern allerdings ein Zurückgehen auf seine Wurzel, auf seinen radikalen Sinn. Wo immer in Orientierung am Evangelium christliche Verkündigung geschieht, ereignet sich eine solche verschärfende, weil konzentrierende Auslegung des Gesetzes. Es wird nicht etwa nun erst Gesetz gelehrt. Das geschieht immer schon auf unendlich vielen Wegen der Deutung, Normierung und Gestaltung der Lebenswirklichkeit. Was sich an Lehre des Gesetzes im Zusammenhang mit der Evangeliumsverkündigung vollzieht, greift nur korrigierend, erhellend und auch motivierend in das unabhängig davon in Gang befindliche Lehren des Gesetzes ein. Es zeitigt dabei auch solche Ausstrahlungen in die Gesetzesdeutung, die sich von ihrem Ursprung im Evangelium mehr oder weniger ablösen lassen. Solche Säkularisate der christlichen Interpretation des Gesetzes sind in der Gegenwart mannigfach als Bestandteile des öffentlichen und privaten Bewußtseins anzutreffen. Sie liefern einen Beleg dafür, daß es sich nur um die Interpretation dessen handelt, was die Lebenswirklichkeit als solche ist und fordert.

bb) Die Lehre vom Vermögen des Gesetzes

Nun ist aber eine solche inhaltlich präzisierende Interpretation des Gesetzes im Gefolge des Evangeliums gewissermaßen nur ein Nebenprodukt. Es wäre verhängnisvoll, darin das Eigentliche des Evangeliums selbst zu sehen, ja auch nur seinen einzigen Beitrag zum Verständnis des Gesetzes. Von der Auslegung des Gesetzes im Sinne seiner inhaltlichen Präzisierung ist als noch gewichtiger die Lehre vom Gesetz zu unterscheiden, die dasjenige aufdeckt, was es um das Gesetz als solches überhaupt ist, was es vermag, was es bewirkt; aber nicht nur so, daß darüber eine theologische Belehrung erfolgt, vielmehr so, daß der Mensch an sich selbst erfahren und lernen muß, was das Gesetz an ihm wirkt und was er sich vom Gesetz erhoffen kann, was von ihm zu erwarten ist. Diese beiden Aspekte der Lehre des Gesetzes im Gefolge des Evangeliums, die Präzisierung seiner Inhaltsbestimmung und die Enthüllung seiner Daseinsbestimmung, müssen deshalb unterschieden werden, weil das erste ohne das zweite unausweichlich zu dem Mißverständnis verleitet, als sei das Evangelium nur eine Neuauflage des Gesetzes, ein radikalisiertes Gesetz, Gesetz in höchster Potenz. Erst durch die zweite Weise, das Gesetz zu erhellen, nämlich in Hinsicht auf sein Vermögen, kommt das Evangelium in seiner eigentlichen Bedeutung für das Verständnis des Gesetzes zur Geltung. Insofern freilich hängen beide Aspekte untrennbar zusammen, als nur durch die präzisierende Auslegung des Inhalts des Gesetzes vollends deutlich wird, was vom Vermögen des Gesetzes zu halten ist. Nun erst offenbart sich als Wirkung des Gesetzes, was zwar auch zuvor seine Wirkung war, jedoch als solche verborgen und unerkannt blieb und insofern gerade nicht zu voller Auswirkung gelangte.

b) Der usus theologicus legis

aa) Zum Begriff des usus legis

Die reformatorische Lehre von den usus legis mag, was diese Ausdrucksweise betrifft, durch eine Äußerung in den Pastoralbriefen mit veranlaßt sein: „Das Gesetz ist gut, wenn man sinngemäß mit ihm umgeht." (1. Tim 1,8) Wörtlich heißt es: dem Gesetz entsprechend, seiner Intention gemäß, nicht mißbräuchlich. Das wird dahin erläutert: Das Gesetz ist nicht für die Gerechten da, sondern für die Rechtsbrecher, für die Sünder. Inwiefern? Um sie zu Gerechten zu machen, sie zurechtzubringen? Das widerspräche nicht nur dem unmittelbaren Textzusammenhang, in dem sich der Verfasser gegen gnostische Irrlehrer wendet, die sich zu Gesetzeslehrern aufwerfen, aber von der christlichen Verkündigung, dem Evangelium, nichts verstanden haben. Es widerspräche auch dem gesamten Neuen Testament. Denn obschon Paulus mit seiner Lehre vom Gesetz eine Sonderstellung einnimmt, bringt er doch insofern einen urchristlichen Konsens zum Ausdruck, als die Wendung zum Heil nirgends dem Gesetz zugeschrieben wird, sondern allein Jesus Christus. „Das Gesetz ist durch Mose gegeben worden; die Gnade und Wahrheit ist durch Jesus Christus auf den Plan getreten." (Joh 1,17) Demgemäß hieße, das Gesetz dem Gesetz entsprechend gebrauchen, eben dies, es dem Evangelium entsprechend gebrauchen, das dem Gesetz seinen Ort und seine Funktion zuweist. Somit könnte rechter Gebrauch des Gesetzes jedenfalls nicht heißen: von ihm die Rechtfertigung, das Heil erwarten. Zu meinen, das Gesetz solle und könne aus Ungerechten Gerechte machen, aus Sündern Kinder Gottes, wäre ein eklatanter Mißbrauch des Gesetzes.

Wenn Luther den Begriff des usus legis prägte, so gab dafür allerdings anderes den Ausschlag als eine einzelne Schriftstelle. Einerseits bestimmte ihn die relationale Denkweise, wonach das Wesen einer Sache am Umgang mit ihr herauskommt. Will man erfassen, was es mit dem Worte Gottes oder mit den Sakramenten auf sich hat, so darf man nicht fragen, was sie an und für sich sind, sondern wie sie sich zu uns verhalten und welches Verhalten zu ihnen ihnen entspricht. Anderseits stand es für ihn fest, daß in allem, was das Verhältnis zu Gott betrifft, dem Handeln Gottes der Primat zukommt. Wenn darum die theologische Lehre vom Gesetz als Lehre vom usus legis anzugehen ist, so kann es sich bei diesem Umgang mit dem Gesetz nur um ein Respektieren dessen handeln, was Gott mit dem Gesetz vorhat, wie er durch das Gesetz mit dem Menschen umgeht.

bb) Die Macht des Gesetzes als Kehrseite seiner Ohnmacht

Wenn unter Gesetz die Satzung verstanden wird, welche die Forderung, die von der Lebenswirklichkeit ausgeht, in Sätze faßt und möglichst auch durch schriftliche Fixierung festsetzt, so kommt ihm zwar insofern Macht zu, als das Gesetz durch die Art seiner Promulgation, wie es heißt, in Kraft gesetzt wird und, zumindest bis auf weiteres, von dauerhafter Geltung ist. Gesetze haben ein zähes Leben. Sie überstehen sogar ihre Mißachtung und Übertretung. Dadurch, daß es nicht befolgt wird, ist ein Gesetz keineswegs außer Kraft gesetzt. Sieht man jedoch darauf, was es von sich aus dazu vermag, sich Geltung zu verschaffen, so ist es ohnmächtig. Es ist davon abhängig, ob man es zu erfüllen bereit ist. Es ist auf den guten Willen derer angewiesen, an die es sich wendet. Es vermag nichts dazu zu tun, diesen guten Willen zu erzeugen. Nun wird solcher Ohnmacht des Gesetzes allerdings dadurch abgeholfen, daß man ihm durch äußere Machtmittel Nachdruck verleiht. Wie die Menschen nun einmal sind, kann man nicht erwarten, daß sie durchweg freiwillig dem Gesetz Folge leisten. Dafür bedarf es der Drohung mit dem Gericht, und diese wiederum muß durch die physische Macht handfest unterstützt werden. Der Einsatz solcher Machtmittel für das Gesetz beweist nur seine Ohnmacht.

Doch wäre dies eine einseitige Charakterisierung. Denkt man nicht an äußerlich vollstreckbare Gesetze, an den Bereich bloßer Legalität, sondern an das Gesetz in den verschiedenen Erscheinungsformen der Moralität und des Religiösen, so wäre viel von der Macht zu sagen, die es über Menschen ausübt, Erschreckendes, aber auch Eindrückliches. Doch sogar und erst recht hier trifft man auf Anzeichen der Ohnmacht. Symptomatisch ist, daß das Gesetz auf seine Grenze stößt angesichts des Problems, wie seine Übertretung wiedergutzumachen sei. Je ernster das Gesetz genommen wird, je heiliger sein Anspruch ist, desto schwerer wiegt seine Verletzung. Das Gesetz kann fordern, was geschehen soll. Aber es kann nicht Geschehenes ungeschehen machen. Hier ist seiner Macht eine unübersteigbare Grenze gesetzt. Wie es sich für seine Durchsetzung in die Zukunft hinein mit der Anwendung von Gewalt verbinden muß, so kann es sich angesichts dessen, was nach Wiedergutmachung ruft, nur mit Maßnahmen helfen, die in gewisser Weise auf eine Außerkraftsetzung des Gesetzes hinauslaufen. Das gilt sogar schon für den Gedanken der Strafe, sofern ihr ein Sühnecharakter zugesprochen wird. Es gilt offensichtlich für Amnestie und Begnadigung. Es gilt vor allem von religiösen Maßnahmen, die den Zorn der Götter besänftigen, die gestörte Weltordnung wieder ins Gleichgewicht bringen sollen. All das kann wohl Bestandteil gesetzlicher Regelung werden. Aber je mehr damit Ernst gemacht wird, daß der Mensch als ganzer gefordert ist und daß er der Heiligkeit Gottes gegenüber nichts von sich aus wiedergutmachen kann, erweist sich die Ohnmacht des Gesetzes. Es vermag nicht das Herz rein, den Willen willig, den Menschen gerecht zu machen.

Diese Erkenntnis der Ohnmacht des Gesetzes, daß es zur Rechtfertigung unfähig ist, erwächst freilich nicht aus dem Sein unter dem Gesetz. Dessen innere Logik läuft entweder darauf hinaus, die Anstrengungen zur Selbstrechtfertigung aufs äußerste zu steigern, wozu auch immer raffiniertere Methoden der Selbsttäuschung und Selbstberuhigung gehören, oder darauf, zu verzagen und schließlich abzustumpfen und zu resignieren. Praesumptio und desperatio, Anmaßung und Verzweiflung sind so oder so die Pole, zwischen denen das Sein unter dem Gesetz schwankt. Aus dieser Situation kann so wenig das Gesetz heraushelfen, wie man sich am eigenen Zopf aus dem Sumpf ziehen kann. Aber gerade in dieser seiner Ohnmacht entfaltet das Gesetz die ihm spezifische Macht. Sie wirkt sich nicht so sehr dadurch aus, daß das Gute angezeigt wird, das getan werden soll, als vielmehr dadurch, daß das Böse angezeigt wird, das getan worden ist, und der Mensch bei dem behaftet wird, was geschehen, aber nicht vergangen ist. Das Gesetz erweist sich als stark im Anklagen. Wenn Sünde im strengen Verständnis Zerstörung wahren Lebens ist, so erweist das Gesetz seine Macht daran, daß es, anstatt wieder lebendig zu machen, erst vollends tötet, die Sünde erst recht virulent macht (Gal 3,21 Röm 7,7–13 2. Kor 3,6). Es muß nicht etwa äußerlich die Sünde mehren, sosehr auch dies der Fall sein kann, da das Gesetz zuweilen erst recht zur Übertretung reizt. Aber vor allem kann es nicht von sich aus die Freiheit und den Frieden des Glaubens vermitteln. Je ernster man es nimmt, desto unersättlicher ist es in seinem Fordern und desto unerbittlicher in seinem Verurteilen. Indem es praesumptio und desperatio als die einander eng verwandten Extreme des Seins unter dem Gesetz erzeugt, bestärkt es im Unglauben. Diese Grundsünde erfährt gerade dann ihre äußerste Steigerung, wenn ein Mensch von moralischer Verfehlung frei ist und sich dessen rühmt oder wenn er, ob mit oder ohne schwere moralische Verfehlungen, an sich selbst und an Gott verzweifelt.

cc) Die Aktualisierung des theologischen usus legis

Man karikiert den Sachverhalt, wenn man ihn auf die Formel bringt: In theologischer Sicht sei das Gesetz nicht dazu da, erfüllt zu werden, sondern nur dazu, seiner Nichterfüllung zu überführen, um dadurch zu Christus zu treiben (Gal 3,24). Gerade weil das Gesetz erfüllt sein will, ist es allerdings nur als nichterfülltes erheblich und auch nur so theologisch relevant. Wäre es erfüllt, so schwiege es. Es brauchte nichts zu fordern und hätte keinen Grund anzuklagen. Dann wäre es überhaupt nicht mehr sinnvoll, von Gesetz zu reden. Der Begriff des Gesetzes impliziert geradezu die Diskrepanz zwischen dem, was ist, und dem, was sein soll. Dies um so mehr, wenn das Gesetz als Gottes Gesetz und damit als aufs Ganze gehend verstanden ist. Dann kann es nur noch Erkenntnis der Sünde wirken (Röm 3,20), weil sich niemand vor Gott dessen rühmen kann, auf Gnade nicht angewiesen zu sein (Röm 3,23f). Deshalb ist das Gesetz in der Tat theologisch nicht in Hinsicht darauf von Interesse, daß Sünde verhindert oder zumindest verkleinert wird, sondern in Hinsicht darauf, daß sie, die immer schon da ist, so scharf wie nur möglich erkannt wird. Der scheinbare Widerspruch, daß, wo kein Gesetz, auch keine Übertretung ist (Röm 4,15) und daß das Gesetz gerade um der Übertretungen willen gegeben ist (Gal 3,19), findet darin seine Lösung: Durch das Gesetz wird die Sünde in der Tat so gewichtig, daß einem alle Ausflüchte vergehen, so ernstgenommen, daß die Sünde nicht geleugnet, sondern bekannt wird und das Gesetz als Heilsweg ausscheidet. So erklärt Paulus, er sei durch das Gesetz dem Gesetz gestorben, um für Gott zu leben (Gal 2,19), das heißt: nicht durch das Sein unter dem Gesetz für Gott zu leben, sondern durch die Freiheit vom Gesetz kraft dessen, daß Christus in ihm lebt (Gal 2,20).

Wie aber vollzieht sich dies, was als usus theologicus legis im paulinisch-reformatorischen Sinne nachgezeichnet wurde? Es wäre eine Verengung des Begriffs des usus legis, wollte man ihn darauf festlegen, daß ein Prediger das Gesetz dazu gebraucht, den Hörer in die Ausweglosigkeit zu treiben und so für das Evangelium reif zu machen. Wieweit im Umgang mit der Unterscheidung von Gesetz und Evangelium überhaupt ein geplantes und gezieltes Gebrauchen des einen oder des anderen in Betracht kommt, wird später noch berührt (III 4, s.u.S. 294f). Daß sich in der Tat vornehmlich im Umkreis der christlichen Verkündigung infolge der geistlich radikalisierten Interpretation des Gesetzes dieser usus theologicus legis ereignet, darf über zweierlei nicht täuschen: weder darüber, daß dies nie ein selbständiges Ziel christlicher Verkündigung sein kann – das besteht ausschließlich in der Verkündigung des Evangeliums –, noch darüber, daß das Aufgeschreckt- und Beunruhigtwerden, die Erkenntnis von Ausweglosigkeit und von Angewiesensein auf Gnade, etwas ist, was mehr oder weniger ausgeprägt überall im Sein unter dem Gesetz auftreten kann. Es wäre falsch, den usus theologicus legis auf die christliche Verkündigung und ihre Einwirkung beschränken zu wollen. Er vollzieht sich ansatzweise überall da, wo es unter dem

Druck der Lebenswirklichkeit zur Erfahrung dessen kommt, ihr nicht zu genügen. Mit aller Klarheit wird es freilich erst dort erfaßt, wo der Glaube selbst zum Durchbruch kommt. Denn was es um die Sünde ist, erschließt sich voll erst dem Glauben. Deshalb kommt aber auch der usus theologicus legis erst da zum Ziel, wo nicht er, sondern das Evangelium die Oberhand behält.

Man muß sich freilich hüten, aus dieser Skizzierung des Grundsätzlichen ein starres Erlebnisschema zu machen. Der heilige Geist, welcher weht, wo er will, und der keineswegs nur als Tröster wirksam ist, sondern als der Geist der göttlichen Majestät auch überall da am Werke ist, wo Menschen umgetrieben und in ihrer Sicherheit erschüttert werden, wo sie auf Grenzen stoßen, gedemütigt und zum Rufen aus der Tiefe genötigt werden, ist nicht durch bestimmte Methoden zu regulieren. Niemand hat es in seiner Verfügung, wo sich das Gesetz in seinem usus theologicus aktualisiert. Die zupackende Bußpredigt kann – vielleicht sogar nicht ganz ohne Recht – ein Herz um so härter verschließen. Eine absichtslose und beiläufige Bemerkung hingegen kann sich im Innern festsetzen und dort eine Revolution anrichten. Der Umgang mit biblischer Sprache kann das Gegenteil bewirken und die Ohren taub machen. Durch ein ganz profanes Ereignis kann eine christliche Reminiszenz plötzlich entfacht und überraschend aktuell werden. Aber wie es auch gehen mag, – ohne daß die eigene Gerechtigkeit und der Selbstruhm am Gesetz zerbrechen, wird das Evangelium nicht als Evangelium vernehmbar.

c) Der usus politicus legis

Die Folge der theologischen Lehre vom Gesetz, die im usus theologicus legis ihren Brennpunkt hat, besteht nicht etwa darin, daß die untheologische, das heißt: die ethische und in diesem Sinne politische Funktion des Gesetzes, vergleichgültigt oder gar abgewertet würde. Im Gegenteil, erst aus der theologischen Lehre vom Gesetz erwächst für seine politische Funktion dasjenige Verständnis, das ihr die ihr zukommende Würde gibt, gerade deshalb, weil die politische Handhabung des Gesetzes in dieser Weise beschränkt wird. Wenn es nicht mehr dazu herhalten muß, Teile der Lebenswirklichkeit oder den einzelnen Menschen in ihr zu glorifizieren und zu rechtfertigen, wenn es nicht mehr den Anspruch eines Programms utopischer Weltveränderung erhebt, wenn es nicht mehr zu einem Evangelium emporstilisiert wird, wenn es vielmehr nüchtern auf den notwendigen Dienst beschränkt wird, der ihm für dieses Leben zukommt, dann ist damit dem politischen Leben und deshalb dem Menschen selbst in Hinsicht auf das irdische Leben ein entscheidender Dienst geleistet. Die Ausstrahlung des Evangeliums in die Welt des Politischen hinein kraft dieses Verständnisses des Gesetzes im usus politicus kann gar nicht hoch genug eingeschätzt werden.

Ein Hauptmißverständnis der Lehre vom zweifachen Brauch des Gesetzes macht daraus ein zweifaches Gesetz: Im Unterschied zu der radikalen Gestalt des Gesetzes, wie es etwa in der Bergpredigt vorliegt, gehe es hier um ein Gesetz, das auf die äußerlichen Bedürfnisse und die allgemeine Praktikabilität und Durchsetzbarkeit beschränkt ist, das sich also von vornherein auf ein niederes Niveau einstellt, eine Art System von Verkehrsregeln, falls erforderlich mit Polizeistrafen, und völlig gleichgültig gegenüber dem, wie sich der einzelne Verkehrsteilnehmer innerlich dazu einstellt. Dann macht man daraus entweder eine zweistufige Sittlichkeit, für die Groben und für die Anspruchsvolleren, oder die Zweistufigkeit von Legalität und Moralität, wobei die letztere in Kants Deutung tatsächlich gewisse Elemente des usus theologicus legis in sich aufgenommen hat. Der Eindruck einer solchen Zweistufigkeit des Gesetzes konnte deshalb entstehen, weil die primäre Notwendigkeit, den usus politicus legis zu entfalten, in der Meinung gründete, es sei eines Christen eigentlich unwürdig, sich auf die weltlichen Funktionen des Politischen im engen Sinne einzulassen, also etwa darauf, die Rolle eines Polizisten zu übernehmen, notfalls von der Waffe Gebrauch zu machen, Gefängniswärter zu sein und dergleichen. Die grundsätzliche Abwertung solcher Tätigkeit mußte aus einem Verständnis des Christlichen entspringen, das am Begriff der nova lex sowie am Gedanken der Überbietung des Durchschnittsethos durch ein Leben der Vollkommenheit orientiert war. Demgegenüber gibt die Lehre vom usus politicus legis dem Weltlichen sein uneingeschränktes Recht. Sie ist tief in der reformatorischen Rechtfertigungslehre verankert.

Das wird zum einen daran deutlich, daß zwischen der Glaubensgerechtigkeit, die durch das Evangelium zugesprochen wird, und derjenigen Gerechtigkeit zu unterscheiden ist, die im menschlichen Miteinander realisiert wird. Dies bedeutet keineswegs, daß man sich in Hinsicht auf die politische Gerechtigkeit mit einem Minimum begnügt. Aber es bedeutet nun doch, daß man dieses Minimum, wo es nicht anders sein kann, nicht geringschätzen darf und sich selbst nicht für zu gut halten soll, da zuzupacken, wo man sich schmutzig machen könnte. Es ist ein Zeichen falschen Verständnisses des christlichen Glaubens, wenn man unter Berufung auf ihn die harten Notwendigkeiten des Lebens überspielt und sich ihnen für die eigene Person nach Möglichkeit entzieht.

Die Verankerung des usus politicus legis in der Rechtfertigungslehre wird zum anderen daran deutlich, daß er nur da in wahrem Sinne erfüllt wird, wo jemand kraft des Glaubens dazu freigemacht ist, sich dienend für andere hinzugeben, ohne dabei auf Selbstbestätigung angewiesen zu sein. Das heißt aber keineswegs, daß nur da der usus politicus legis waltet, wo er in diesem wahren Sinne erfüllt wird. Nicht nur unabhängig davon, ob einer ein Christ ist oder nicht (diese Unterscheidung ist ohnehin mit Schwierigkeiten beladen), sondern auch unabhängig davon, ob einer lauteren Herzens oder mit Eitelkeit und Selbstsucht seinen Dienst in der Gesellschaft versieht, wird, sofern es dabei nur einigermaßen sachlich zugeht, der usus politicus legis legitim ausgeübt, wenn auch nicht im strengen Sinn wahrgenommen. Damit wird ein Dienst versehen, der dem Gesetz Gottes entspricht und demgemäß zu respektieren ist.

Nun wäre es aber falsch, dem usus politicus legis diese enge Ausrichtung allein auf das Politische im üblichen Sinne zu geben. Grundsätzlich betrifft er den gesamten Bereich ethischen und kulturellen Handelns. Erst so gesehen gewinnt die Frage ihr volles Gewicht, ob vom Evangelium her auch inhaltlich für den usus politicus legis Folgen erwachsen. Dafür können hier nur zwei Hinweise gegeben werden, die gleichsam als Geländer dienen sollen, damit man auf dem schmalen Weg, der hier beschritten werden muß, nicht zur Rechten oder zur Linken abstürzt. Auf der einen Seite ist daran festzuhalten, daß der Christ für sein Handeln in der Welt keine höhere Gerechtigkeit kennt als die, die unter den Gesichtspunkt der iustitia civilis und des usus politicus legis fällt. Deshalb gehören die Aspekte, die man unter dem Gesichtspunkt eines tertius usus legis als des Gebrauchs des Gesetzes in den Wiedergeborenen behandelt hat, in den Horizont des weit verstandenen usus politicus legis. Als wahrhaft geistlich erweist sich gerade diese Bescheidung zur Weltlichkeit. Auf der anderen Seite hat der Christ im Rahmen des usus politicus legis mit Nachdruck und gegebenenfalls ganz unkonventionell die Freiheit des Glaubens als Freiheit zur Liebe zu äußern. Das heißt, daß in der Öffentlichkeit vom Evangelium her ohne religiöse Bevormundung oder gar Klerikalisierung das Gesetz als Gottes Gesetz geltend zu machen ist. Und es heißt ferner, daß unbeschadet der Notwendigkeit von Recht und legitimer Gewalt doch ständig für deren Relativierung auf die Liebe hin eingetreten werden muß.

III. Die Unterscheidung von Gesetz und Evangelium

Über das Evangelium ist an dieser Stelle nicht in der gleichen Ausführlichkeit zu handeln wie vom Gesetz. Das hat zwei Gründe. Nach der Ökonomie dieser Dogmatik war vom Evangelium in der Christologie eingehend die Rede. Das Nachdenken über die Hauptdaten christologischer Überlieferung: Menschwerdung, Tod und Auferstehung, mündete jeweils in die Wortwerdung dieses Geschehens als Evangelium (§ 18 B I 3, s. Bd. II, 90ff), als Wort vom Kreuz (§ 19 B I 4, s.Bd.II, 209ff), als Wort des Lebens (§20 B13, s.Bd.II, 340ff). Dazu kommt aber ein Gesichtspunkt, der die Sache selbst betrifft.

1. Der Gesichtspunkt der Unterscheidung

Wird die Unterscheidung von Gesetz und Evangelium zum Thema, so zeichnet sich die hier zu verhandelnde Problematik vor allem am Sachverhalt des Gesetzes ab. Indem darauf eingegangen wird, ist die Thematik des Evangeliums immer schon präsent. Das zeigte sich schon bei der Bestimmung von Begriff und Wirklichkeit des Gesetzes, verstärkt noch bei der Frage nach dem Inhalt des Gesetzes und vollends bei der Erörterung über Macht und Ohnmacht des Gesetzes. Die Unterscheidung der zwei usus legis ist der Widerschein des Evangeliums am Phänomen des Gesetzes. Nicht daß das Evangelium das Gesetz zweideutig machte. Das Evangelium als das schlechterdings Eindeutige bringt auch das Gesetz zu eindeutiger Klarheit.

Aber zu dieser Klarheit gehört eben dies, daß in bezug auf das Gesetz eine Unterscheidung erkennbar wird in Hinsicht auf das, was Gott durch das Gesetz bewirkt. Es dient seinem Willen nach zu beidem: zur Erhaltung des Lebens unter den Bedingungen der Sünde, die doch die Zerstörung wahren Lebens ist, sowie zur Erkenntnis des Lebens in seinem innersten Zerstörtsein, um für das wahre Leben bereit zu machen, das durch das Evangelium als das Wort des Lebens eröffnet wird. Es liegt letztlich an diesem Widerspruch des Sünders gegen den Schöpfer und damit gegen sein eigenes Geschöpfsein, daß das Problem der Fundamentalunterscheidung in der dogmatischen Besinnung ein solches Gewicht erhält. Und zwar notwendig in doppelter Hinsicht: als die Unterscheidung dessen, was dazu bestimmt ist, geschieden zu werden – Gott will sein Geschöpf von der Sünde freimachen –, sowie als die Unterscheidung dessen, was dazu bestimmt ist, aufeinander bezogen und so vereint zu sein – Gott will, daß sein Geschöpf vor seinem Angesicht und bei ihm das Leben habe. Der eine Aspekt der Fundamentalunterscheidung, der auf die rechte Beziehung zueinander aus ist, wäre überhaupt kein Problem, wenn er nicht durch den anderen Aspekt der Fundamentalunterscheidung gestört und in Frage gestellt wäre, der durch die Sünde bestimmt ist. Freilich gäbe auch dieser Aspekt nichts zu reden und käme gar nicht in den Blick, wenn nicht als Einspruch gegen das Nein des Menschen zu Gott Gottes Ja zum Menschen laut würde. Erst dadurch besteht überhaupt für das theologische Denken Anlaß, den Gesichtspunkt der Fundamentalunterscheidung in diesen unterschiedlichen Aspekten und deshalb in ihrer Bezogenheit aufeinander zu bedenken.

Eben dies geschieht in der Lehre von Gesetz und Evangelium, in der es gewissermaßen um die Logik der Sache der Theologie geht. Dabei ist das Evangelium der Schlüssel zum Ganzen – in aristotelischer Begrifflichkeit könnte man sagen: die forma –, während dem Gesetz in diesem Unterscheidungsgeschehen, als das sich das Heilsgeschehen theologisch darstellt, die Rolle der materia zufällt, die ihre Bestimmung durch das Evangelium erhält.

Nach allem, was bereits dargelegt worden ist, genügen nun einige zusammenfassende Bemerkungen zur Unterscheidung von Gesetz und Evangelium.

2. Die begriffliche Unterscheidung

Gesetz und Evangelium sind für sich genommen ganz verschiedenartige Größen und gar nicht unmittelbar vergleichbar. Es bedarf darum schon der richtigen theologischen Hinsicht, um sie überhaupt in angemessener Weise einander zu konfrontieren.

a) Im Hinblick auf den Inhalt

Wie wir sahen, handelt es sich bei dem Gesetz um dasjenige, was in und mit der Lebenswirklichkeit immer schon in Aktion ist. Als solches ist es nicht von vornherein in Worte gefaßt, sondern bedarf dessen, immer neu gedeutet und artikuliert zu werden. Die ganze Menschheitsgeschichte ist, so verstanden, das Geschehen des Gesetzes und seiner vielstimmigen Interpretation. Demgegenüber ist das Evangelium auf einen bestimmten Punkt der Menschheitsgeschichte hin orientiert und an den Namen Jesus Christus gebunden. Es ist wesenhaft lebendiges, mündliches Wort. Zwar besteht auch hier eine Relation zwischen dem, was in Jesus Christus geschehen ist, und der daraus hervorgehenden Aussage und Ansage. Aber diese Beziehung ist dadurch charakterisiert, daß das im Evangelium bezeugte Geschehen selbst die Menschwerdung des Wortes Gottes ist. Darum ist das Evangelium im Unterschied zum Gesetz nicht ein tastendes Suchen nach Deutung, sondern klares und definitives Wort. Es ergeht zwar ebenfalls in einer großen Mannigfaltigkeit des Wortgeschehens und will immer neu ausgesagt werden, nicht durch bloßes Rezitieren überkommener Formeln, sondern in einem sprachschöpferischen Geschehen. Das hat aber seinen Grund nicht in der Unklarheit und Unvollkommenheit des Evangeliums, sondern darin, daß es in seiner Relation zum Gesetz zur Sprache kommen will und darum an der Sprachgeschichte des Gesetzes teilhat, indem es beständig auf sie bezogen ist. Dennoch bleibt die Differenz bestehen: Um zu erfassen, was das Gesetz ist, muß sich der Blick immer wieder der gesamten Lebenswirklichkeit zuwenden, obschon dies nur dann theologisch fruchtbar wird, wenn vom Evangelium her eine konzentrierende Ausrichtung vermittelt wird. Um zu erfassen, was das Evangelium ist, muß sich dagegen der Blick der Erscheinung Jesu Christi und seiner ursprünglichen Bezeugung zuwenden, obschon dies nur dann theologisch fruchtbar wird, wenn man sich von daher in die gegenwärtige Wirklichkeitserfahrung weisen läßt.

Es ist darum nicht unproblematisch, Gesetz und Evangelium mit bestimmten Texten zu identifizieren. Für das Gesetz sind ungeheuer viele Texte, vor allem aber auch Sachverhalte relevant. Dennoch gibt es bestimmte Texte, die in unübertrefflicher Weise in all dem, was zu verwirren droht, der Orientierung dienen. Der Dekalog, die Bergpredigt, das Doppelgebot der Liebe – das sind in der Tat maßgebende Texte, wenn es um die theologische Bestimmung des Inhalts des Gesetzes geht. Daß das Evangelium in den Evangelien vorliegt, ist zwar nicht zu bestreiten, aber dennoch nur bedingt richtig. Der literarische Begriff des Evangeliums ist abgeleiteter Art. Evangelium in strengem Sinne ist das, was die Gnade und Wahrheit aussagt, die in Jesus Christus auf den Plan getreten ist (Joh 1,17). Dazu leistet die Evangelienüberlieferung einen unentbehrlichen Dienst. Sie ist aber nicht damit identisch. In einer einzigen kerygmatischen Aussage liegt das ganze Evangelium beschlossen. Und in den sogenannten Evangelien wird nicht ohne weiteres das Evangelium in seiner Unterscheidung vom Gesetz vernommen. Im übrigen können Gesetz und Evangelium in denselben Texten begegnen. Das erste Gebot, wenn es recht vernommen wird, kann zum Inbegriff des Evangeliums werden. Der Anblick des Gekreuzigten kann zum tötenden Gesetz werden. Deshalb wäre es unsinnig, die Bibel etwa in zwei Gruppen von Worten aufzuteilen: Worte des Gesetzes und Worte des Evangeliums, sosehr an solcher Unterscheidung cum grano salis auch etwas Richtiges ist. Es gibt Worte, in denen schonungslos die fordernde, drohende und anklagende Stimme des Gesetzes auf uns zukommt, und solche Worte, in denen uns die grenzenlose Liebe des Vaters entgegentritt. Nicht jeder aber vernimmt jedes in gleicher Weise. Darum ist es angemessener, die Unterscheidung von der Sache her zu bestimmen: Alles, was zur Forderung, zur Anklage, zur Verurteilung wird, ist dem striktesten theologischen Sprachgebrauch nach Gesetz. Alles, was Glauben weckt, aufrichtet, tröstet, Frieden schenkt, und zwar in Hinsicht auf das Sein vor Gott, das ist im Sinne Jesu Christi und gilt in seinem Namen, verdient darum, Evangelium zu heißen.

b) Im Hinblick auf die gegenseitigen Relationen

Gesetz und Evangelium im theologischen Verständnis sind Relationsbegriffe. Das Gesetz geht dem Evangelium voraus. Das Evangelium ist das Ende des Gesetzes. Doch diese Relationsbestimmung in zeitlicher Hinsicht bedarf gewisser Korrekturen. Sie gilt, auf die volle Offenbarung des Evangeliums in Jesus Christus gesehen, durchaus in historischem Sinne, zumal wenn dabei primär die Relation zum mosaischen

Gesetz im Blick ist. Sie gilt aber insofern nur eingeschränkt in chronologischem Sinne, als dem Gesetz immer schon eine Gabe zugrunde liegt und damit, wenn sie recht verstanden wird, eine Verheißung. Im Alten Testament ist dieser Vorsprung der Verheißung vor dem Gesetz deutlich zum Ausdruck gekommen, was allerdings in seiner Bedeutung erst Paulus voll aufgegangen ist. In der Lebenswirklichkeit überhaupt ist dieser Vorsprung der Verheißung vor dem Gesetz zwar auch vorhanden, jedoch völlig verdeckt. Aber da auf jeden Fall das Sein des Menschen fern von Christus, der Dominanz nach, Sein unter dem Gesetz ist, geht in soteriologischer Hinsicht auf jeden Fall das Gesetz dem Evangelium voraus, die Sünde der Vergebung, das Töten dem Lebendigmachen, das Alte dem Neuen. Diese sachbestimmte Folge ist unumkehrbar. Man kann zwar vom Evangelium in die Herrschaft des Gesetzes zurückfallen, aber nicht über das Evangelium hinaus zu einer höheren Stufe des Gesetzes fortschreiten.

Die Sachrelation von Gesetz und Evangelium ist deshalb so zu bestimmen, daß das Gesetz zum Evangelium hintreibt und das Evangelium die Erfüllung des Gesetzes ist. Das erstere darf nicht dahin mißverstanden werden, als bewirke das Gesetz durch eine zumindest partielle Erfüllung eine Präparation auf das Evangelium, damit man für seinen Empfang bereit und seiner würdig werde. Das Gegenteil trifft zu. Das Gesetz übt seine Vorbereitung auf das Evangelium darin aus, daß es den Menschen erst in qualifiziertem Sinne zum Sünder macht, ihn also seiner Unwürdigkeit und seines Angewiesenseins auf Gnade allein bewußt macht. Er muß vor Gott zunichte werden, damit Gott aus ihm den machen kann, der zu sein er von der Schöpfung her berufen ist. Daß das Evangelium Erfüllung des Gesetzes ist, scheint zu der anderen Formulierung in Spannung zu stehen, wonach es Erfüllung der Verheißung ist. Aber recht verstanden bringt das Evangelium nicht in der Weise Erfüllung der Verheißung, daß es nun mit der Verheißung vorbei ist und die verheißenen Dinge selbst vorhanden sind, so daß das Wort überflüssig geworden wäre. Erfüllung der Verheißung ist das Evangelium in dem Sinne, daß es die Verheißung schlechthin bringt. Es ist reinste, lauterste Verheißung. Deshalb entspricht ihr der Glaube allein. Er kann geradezu als Erfüllung der Verheißung gelten. Denn im Glauben hat der Mensch schon jetzt an dem Anteil, was Gottes ist.

Damit will die Aussage zusammengedacht werden, daß das Evangelium Erfüllung des Gesetzes ist. Dies meint nicht, daß dem Menschen nun die Kraft zuteil werde, das Gesetz vollkommen zu erfüllen und ein sündloses Leben zu führen. Von einer solchen Gesetzeserfüllung durch den Glaubenden kann nur ansatzweise und als Folgeerscheinung die Rede sein. Das Evangelium wäre zum Gesetz geworden, wenn es daraufhin Evangelium hieße. Darin besteht vielmehr das Evangelium, daß das Gesetz in Jesus Christus ein für allemal erfüllt ist, daß ihm seine anklagende Macht genommen ist, daß sein Fluch abgetan ist und daß an diesem Sieg über das Gesetz der Glaubende als einer teilhat, der nun vor Gott keinen Verkläger mehr hat, wohl aber einen Anwalt. In dieser Sachrelation von Gesetz und Evangelium ist es begründet, daß die Vermischung beider nur dahin ausschlagen kann, daß das Gesetz dominiert. Daß das Gesetz selbst als Evangelium verstanden wird, ist Symptom des Seins unter dem Gesetz. Ebenso droht dem Evangelium ständig die Verkehrung in Gesetz. Vermischung von Gesetz und Evangelium ist sozusagen der anomale Normalzustand. Unterscheidung von Gesetz und Evangelium hingegen ist die Folge des Evangeliums und als solche, auf die Lebenswirklichkeit gesehen, die große Ausnahme, obschon dasjenige, was ihr allein gerecht wird. Dann nimmt aber die Unterscheidung von Gesetz und Evangelium nicht die Gestalt einer völligen Sonderung voneinander an, so daß das Evangelium einfach an die Stelle des Gesetzes träte, und auch nicht die Gestalt des Sowohlalsauch, so daß beide friedlich miteinander erst das Ganze ergäben. Die Unterscheidung von Gesetz und Evangelium ist nur dann erfaßt, wenn es sich nicht um etwas handelt, was sich ein für allemal begrifflich bestimmen und damit erledigen läßt, wenn sie vielmehr ein Geschehen betrifft, das sich unaufhörlich zu vollziehen hat.

3. Die Unterscheidung am Gewissen

Die theologische Unterscheidung von Gesetz und Evangelium zielt auf einen gemeinsamen Adressaten. Obwohl das Gesetz in seinem theologischen usus das äußerste Gegenteil zu dem wirkt, was das Evangelium eröffnet, liegen doch diese beiden Wirkungsweisen als Aktionen des heiligen Geistes am Gewissen des Menschen sozusagen in einer Hand und sind aufeinander ausgerichtet. Es ist schon Werk des heiligen Geistes, wenn der Mensch zu der Forderung und Anklage des Gesetzes Ja sagen lernt und auf alle Selbstrechtfertigung als etwas Sinnloses verzichtet. Obwohl dies in voller Einsicht bereits Frucht des Glaubens an das Evangelium ist, darf doch nicht beides in der Weise identifiziert werden, daß schon die Selbstanklage des Menschen, seine Selbsterkenntnis als Sünder, die Glaubensgerechtigkeit in sich schließt. Wie sich die Dinge psychologisch am Menschen vollziehen, ist unterschiedlich und läßt sich letztlich weder normieren noch kontrollieren. Wer in dieser Weise von dem in Anspruch genommen ist, was ihn letztlich auf Tod und Leben hin angeht, hat nicht die Muße zur Selbstbeobachtung. Gerade weil die Frage nach der ewigen Zukunft des Menschen gestellt ist, besteht bei ihm kein Interesse an sich selbst. Nicht in der Hinwendung zu sich selbst, sondern in der Hinwendung zu dem verbum externum ereignet sich das Entscheidende.

Darum muß grundsätzlich der Unterschied gewahrt bleiben zwischen dem, was durch das Wort des Gesetzes am Gewissen geschieht, und dem, was durch das Wort des Evangeliums geschieht. Der Zustimmung zum Urteil des Gesetzes muß das nicht aus dem Menschen entspringende, sondern ihm zugesprochene Nein des Evangeliums zum Urteil des Gesetzes entgegentreten, der Freispruch, der die Anklage erledigt. Daraus erwächst dann allerdings eine Freiheit vom Gesetz, die in bezug auf die Erfassung des Inhalts des Gesetzes souverän macht. Sosehr das Gesetz als fordernde und anklagende Macht durch das Evangelium erledigt ist, kommt doch nun sein Inhalt ungeschmälert und treffend zur Geltung, das, was nach Gottes Willen der Lebenswirklichkeit gut ist. Der Glaubende muß sich nicht ängstlich nach Geboten und Verboten richten. Er erfaßt die Situation und gewinnt für das Heilsame und Hilfreiche einen klaren Blick. Er ist sogar, wie Luther einmal kühn sagt, nun dazu fähig, neue Dekaloge zu machen[7]. Der Glaubende ist von aller Heteronomie befreit. Er steht in einer Freiheit, die gerade im Ja zum Willen Gottes gründet. Man könnte sie Theonomie nennen, wenn hier nicht das Wort *nomos* Verwirrung stiftete, da es das Evangelium ist, was diese Freiheit verleiht. In Hinsicht auf das Einverständnis mit Gott könnte man sogar von einer Autonomie reden, wenn man berücksichtigt, daß die schlechthinnige Abhängigkeit von Gott wahre Freiheit ist. Jedenfalls findet das, was unter dem Gesichtspunkt der Autonomie berechtigtermaßen vertreten wird, seine wahre Erfüllung in dem Glauben und seinem Verhältnis zum Gesetz.

4. Die Unterscheidung in der Verkündigung

Die Schematisierung der Unterscheidung von Gesetz und Evangelium zu einer bestimmten Abfolge der Verkündigung verkennt, daß es unverfügbar ist, wie das Wort beim Hörer ankommt, und daß die Unterscheidung von Gesetz und Evangelium nicht auf einen einmaligen oder von Fall zu Fall zu wiederholenden Vorgang abzielt, sondern für das Christsein ständig präsent sein muß. Darum ist die christliche Verkündigung, wenn sie von dem theologischen Urteilsvermögen der Unterscheidung von Gesetz und Evangelium geleitet ist, das andauernde Geschehen dieser Unterscheidung. Gewiß gehört dazu, daß jeweils die Situation des Hörers, insbesondere im seelsorgerlichen Gespräch, berücksichtigt wird. Im Hinblick darauf läßt sich allerdings bis zu einem gewissen Grade in der Weise unterscheiden, wann es gilt, mit aller Strenge und Kompromißlosigkeit das Gesetz zur Geltung zu bringen,

---

[7] WA 39,1; 47,27–30: Imo novos Decalogos faciemus, sicut Paulus facit per omnes Epistolas, et Petrus, maxime Christus in Euangelio. Et hi Decalogi clariores sunt, quam Mosi decalogus, sicut facies Christi clarior est, quam facies Mosi.

wann dagegen, mit aller Einseitigkeit und Entschiedenheit das Evangelium. Es gibt Situationen, in denen das Gesetz zu predigen ist, als gäbe es kein Evangelium, und Situationen, in denen das Evangelium zuzusprechen ist, als sei es mit dem Gesetz für immer aus. Gerade ein solches Abwägen und Verteilen kann jedoch allein die Frucht dessen sein, daß die Unterscheidung von Gesetz und Evangelium erfaßt ist. Dazu gehört aber unaufgebbar das spannungsvolle Beieinander beider. Der Christ ist zugleich in der Zeit des Gesetzes und in der Zeit des Evangeliums. Innerhalb dieser Gleichzeitigkeit gilt es von Fall zu Fall die Zeiten zu unterscheiden. Läge nicht beides so dicht beieinander, verlöre das Gesetz seine Ausrichtung auf das Evangelium und das Evangelium seine Notwendigkeit und Verständlichkeit. Die Unterscheidung von Gesetz und Evangelium soll dem Theologen nicht dazu verhelfen, aus dem kritischen Beieinander von Gesetz und Evangelium herauszukommen. Sie soll ihn vielmehr in diesen Sachverhalt einweisen und so dafür Sorge tragen, daß das Evangelium nicht eine unverbindliche Zutat wird, sondern zentral auf die Lebenswirklichkeit selbst bezogen ist.

B. Gottes Wort in sakramentaler Gestalt

Nachdem vom Worte Gottes als Gesetz und Evangelium die Rede war, ergibt sich der Übergang zur Sakramentslehre keineswegs von selbst. Er drängt sich nicht ohne weiteres von dem her auf, wovon bisher gehandelt wurde, sondern scheint allein durch die Positivität geschichtlicher Gegebenheiten aufgenötigt zu sein. Mit dem Hinweis auf das Wort Gottes ist, so möchte man meinen, dasjenige hinreichend genannt, was für den Glauben lebensnotwendig ist. Wenn jetzt noch die Sakramente hinzukommen, weil sie nun einmal in der Christenheit begangen werden, so stellt dies offenbar entweder einen Zusatz dar, der nicht im strengen Sinne lebensnotwendig ist, oder eine dennoch für heilsnotwendig erklärte Auflage, die den Charakter des Evangeliums gefährdet. Damit hängt möglicherweise die weit verbreitete empfindungsmäßige Verlegenheit den Sakramenten gegenüber zusammen. Die Taufe erscheint entwertet, teils infolge der Inflation ihres Vollzugs, teils weil man von dem eigenen Getauftsein zumeist nur durch Hörensagen weiß. Das Abendmahl dagegen erscheint als etwas Exklusives, an dem teilzunehmen sich viele scheuen, sei es um der eigenen Unwürdigkeit willen, sei es wegen des Unverstandes gegenüber dieser Feier, den man ihr als Unverständlichkeit zur Last legt, sei es, daß man es bevorzugt, in der Unverbindlichkeit zu verharren. So ist der Zugang zur Sakramentslehre auf jeden Fall durch mannigfache Schwierigkeiten blockiert. Auf sie ist zunächst einzugehen.

I. *Spezifische Schwierigkeiten der Sakramentslehre*

Geht man nicht beschreibend vor, sondern sucht man sogleich die Wurzeln der Schwierigkeiten auf, so muß man die Sakramentslehre auf ihr Verhältnis zur Lehre vom Wort, zur Unterscheidung von Gesetz und Evangelium sowie zur Faktizität kirchlicher Handlungen bedenken.

1. Wort und Sakrament

Die geläufige Formel „Wort und Sakrament" ist als Nebeneinanderordnung zweier Größen theologisch nur bedingt brauchbar. Ohne differenzierende Interpretation führt sie in die Irre. Sinnlos wäre sie in der Fassung „Wort Gottes und Sakrament". Denn das Sakrament stellt nicht eine Alternative zum Wort Gottes dar, sei es als ein bloßer Ritus der Kirche, sei es als eine vom Wort unterschiedene Weise des Handelns Gottes. Das Sakrament ist vielmehr selbst Wort Gottes, in gewisser Hinsicht sogar in dichtester Darbietung. Auf jeden Fall liegt die Besonderheit des Sakraments nicht in einem speziellen, vom Worte Gottes unterschiedenen Gehalt, sondern in der Besonderheit der Gestalt, die das Wort Gottes darin annimmt. Deshalb wäre es deutlicher, statt „Wort und Sakrament" „Predigt und Sakrament" zu sagen. Damit würde auf zwei gottesdienstliche Formen hingewiesen: den reinen Wortgottesdienst und den Sakramentsgottesdienst. Aber auch diese Erläuterung stößt auf Schwierigkeiten. Die Predigt ist nur eine von vielen Möglichkeiten, wie das Wort Gottes in rein verbaler Gestalt ergeht. Derartiges ist sogar keineswegs auf rein gottesdienstliche Gelegenheiten beschränkt. Das Sakrament dagegen ist ausschließlich und im striktesten Sinne ein gottesdienstliches Geschehen. Als solches ist es jedoch nie ohne das verbale Moment. Ohne dieses kommt überhaupt kein Sakrament zustande. Zumindest muß die Formel ausgesprochen werden, welche die Sakramentshandlung konstituiert. Darüber hinaus treten aber bei regulärem Sakramentsvollzug andere liturgische Redestücke hinzu, insbesondere Gebete. Und selbst wenn auf das Sakrament bezogene Verkündigung und Ermahnung, in freier Form oder als festes Formular, ganz unterbleiben, ist doch auf jeden Fall die worthafte Darbietung des christlichen Glaubens gewissermaßen atmosphärisch präsent. Das Sakrament kann nirgends den Anfang machen, sondern setzt stets Verkündigung voraus, die überdies in ihrer Verbalität durchaus ebenfalls Handlungscharakter hat.

Verwendet man dennoch die Formel „Wort und Sakrament" unter Berücksichtigung all dieser Vorbehalte, so läßt sie auch so noch Entscheidendes offen. Obschon sie historisch ihren Ursprung in reformatorischem Sprachgebrauch hat, ließe sie sich doch nach katholischer Lehre im Sinne einer Klimax deuten, wonach das Wort für sich genommen nur präparatorischen und begleitenden Charakter hat, während das Sakrament als das eigentliche Gnadenmittel gilt. Dieser Gedanke der Steigerung läge dem evangelischen Verständnis auf jeden Fall fern. Daß hier umgekehrt die Formel zur Antiklimax wird, indem sie mit dem Allerwichtigsten beginnt und das nicht unbedingt Gleichwichtige an die zweite Stelle setzt, entspricht zwar dem gängigen Verständnis und der kirchlichen Praxis. Dies stellt aber so lange keine korrekte Interpretation dar, wie nicht bedacht wird, daß die reformatorischen Exklusivaussagen solo verbo – sola fide für beide Glieder der Formel „Wort und Sakrament" uneingeschränkt gelten. Das heißt: Auch das Sakrament stellt keine Ausnahme von dem solo verbo – sola fide dar, sondern muß in diesem Sinne interpretiert werden. Umgekehrt garantiert die Predigt, um es an diesem Modell des Wortes Gottes in rein verbaler Gestalt zu exemplifizieren, durchaus nicht ohne weiteres die Geltung des solo verbo – sola fide. Bei dem solo verbo – sola fide eine Predigtlehre zu behaften, ist eine nicht geringere Aufgabe als die entsprechende Ausrichtung der Sakramentslehre. Schließlich mag man noch hinzunehmen, daß nach reformatorischem Verständnis das Wort der Verkündigung selbst sakramentaler Art ist, sofern man den Gesichtspunkt der Wirksamkeit als das Spezifische des Sakramentalen zum Einsatz bringt. Diese Akzentuierung des Sakramentalen von der efficacitas her entspräche dem katholischen Sakramentsverständnis, widerspräche ihm jedoch insofern, als dies nun auch auf die rein verbale Gestalt des Wortes Gottes bezogen wird. Damit verändert sich das Verständnis von efficacitas, wie das sola fide erkennen läßt. Aus all dem wird vollends deutlich: Die einfache Nebeneinanderordnung von Wort und Sakrament stellt mehr eine theologische Problemanzeige dar, als daß sie eine klare theologische Auskunft gäbe.

2. Sakrament und Zeremonialgesetz

Seitdem im Hochmittelalter der Sakramentsbegriff die uns vertraute scharfe Umgrenzung erhalten hat, wird zwischen ihm und dem weiteren und offeneren Begriff der Riten und Zeremonien terminologisch unterschieden. Im römisch-katholischen Sprachgebrauch geschieht dies in unpolemischer Weise. Obwohl die Sakramente als solche nicht Riten oder Zeremonien genannt werden, scheut man sich doch nicht, einzelne Teilhandlungen in ihnen wie auch bestimmte religiöse Bräuche neben ihnen so zu bezeichnen. Der reformatorische Sprachgebrauch jedoch gibt der Bedeutungsverschiedenheit eine polemische Note. Im Gegensatz zu der göttlichen Stiftung der Sakramente haben alle Riten und Zeremonien als Menschensatzungen zu gelten. Sie sind zwar nicht schlechterdings zu verwerfen. Man hat sie als Adiaphora anzusehen, als Belanglosigkeiten, mit denen man je nach Einschätzung ihrer Brauchbarkeit so oder anders verfahren kann. Auf sie darf man aber auf keinen Fall religiöses Vertrauen setzen. Geschieht dies etwa doch oder werden sie gar für notwendig erklärt, so verlieren sie ihren Adiaphoron-Charakter und sind entschieden abzulehnen nach dem Grundsatz: Nihil est *adiaphoron* in casu confessionis vel scandali[8].

Unter dem Einfluß religionssoziologischer und sozialpsychologischer Erkenntnisse empfindet man es dagegen heute als theologisch förderlich, insbesondere den Ritus-Begriff zur Interpretation wie des Gottesdienstes überhaupt so auch der Sakramente als solcher heranzuziehen. Das kann dazu helfen, ihre anthropologischen und ontologischen Bezüge verständlicher zu machen und dasjenige Wirklichkeitsverständnis zu ermitteln, das in ihnen vorausgesetzt ist. Man darf sich freilich nicht damit zufriedengeben, durch die Einordnung in gegenwärtig gängige Interpretationsraster eine Aktualisierung zu erzielen, die dann ohnehin im Zwielicht religionskritischer und religionsrestaurativer Tendenzen steht. Eine solche Re-interpretation, die den in Verlust geratenen Sinn für so etwas wie Sakrament von allgemeinen Bedingungen des Menschseins her zurückzugewinnen trachtet, erreicht nur dann ihr Ziel, wenn sie sich die Frage nach der spezifischen Differenz zwischen den christlichen Sakramenten und sonstigen menschlichen Riten nicht erspart. Dieser Aufgabe kann man sich gewiß nicht dogmatistisch entledigen, indem man einfach vom Offenbarungsanspruch her argumentiert. Das sollte schon der konfessionelle Streit um das Sakramentsverständnis erschweren. Er vermittelt nun aber auch Hinweise auf die entscheidende Sachdifferenz. Sie ergibt sich aus der Unterscheidung von Gesetz und Evangelium.

Die Freiheit vom Gesetz, die das Evangelium eröffnet, betrifft zwar unterschiedslos das Gesetz als solches. Durch Jesus Christus ist ihm als Heilsweg ein Ende gesetzt und darum auch als Unheilsweg, weil seinem Anklagen, Verdammen und Töten. Diese Außerkraftsetzung erfolgt also nicht, weil inhaltlich einzelne Teile des Gesetzes außer Kraft gesetzt wären, vielmehr gerade deshalb, weil es in Jesus Christus erfüllt ist und der Glaube an ihn als Gerechtigkeit angerechnet wird (Röm 4,23f). Wie steht es nun aber mit den zeremonialgesetzlichen Teilen des Alten Testaments? Paulus hat nicht so argumentiert, wie man es später vereinfachend tat: Durch Christus sei in dieser Hinsicht auch eine inhaltliche Änderung und teilweise Außerkraftsetzung des Gesetzes erfolgt. Es wird nicht ein antizeremoniales Gesetz aufgerichtet. Der

[8] In der Situation des Bekenntnisses oder des Ärgernisses hat nichts den Rang des Indifferenten. Die Grundthese von Matthias Flacius Illyricus, De veris et falsis adiaphoris (1549), in der Auseinandersetzung um das Leipziger Interim. Vgl. FC X: Von Kirchengebräuchen, so man Adiaphora oder Mittelding nennet, BSLK 813–816, 1053–1063, bes. 1057 Anm. 2.

Jude, der Christ geworden ist, soll sich seiner Beschneidung nicht schämen (1. Kor 7,18). Den Christen aus der Judenschaft wird auch nicht verboten, weiterhin an den Nachkommen die Beschneidung als eine jüdische Sitte zu vollziehen. Das gilt freilich nur unter der Bedingung, daß man nicht seine Hoffnung darauf setzt und sich nicht dessen rühmt, daß also die Beschneidung zu einem Adiaphoron wird. Dann mag es sich erweisen, ob sie samt anderen zeremonialen Bestimmungen der Tora noch sinnvoll bleibt, wenn die Tora als solche nicht mehr Heilsweg ist. Akut wird dies etwa an der Frage der Tischgemeinschaft mit Heidenchristen. Es läuft auf eine Verleugnung des Evangeliums hinaus, wenn der Judenchrist vor dieser Freiheit zurückschreckt (Gal 2,11–21). Denn er suggeriert damit dem Christen aus der Heidenschaft, es sei heilsnotwendig, sich ebenfalls der Tora zu unterwerfen. Da für den Nichtjuden auf jeden Fall nur unter diesem Gesichtspunkt die Beschneidung in Betracht käme, kann sie für ihn also nicht als Adiaphoron gelten, sondern tritt zum Sein in Christus in einen ausschließenden Gegensatz (Gal 5,2–6).

Was nun aber die eigene religiöse Herkunft der Nichtjuden betrifft, so wird hier das Zeremonialproblem vornehmlich in negativer Hinsicht akut, wie sich an der Frage des Götzenopferfleisches zeigt (1. Kor 8,1–13 Röm 14,1–23). Der Bruch mit der eigenen Vergangenheit erlaubt es den Starken, im Wissen um die Nichtigkeit der Götzen das ihnen geopferte Fleisch frei von der daran haftenden religiösen Vorstellung zu genießen. Wird aus solcher Haltung jedoch eine Freiheitsdemonstration, die über die Gewissensskrupel der noch schwachen Mitchristen skrupellos hinwegschreitet, so stellt dies eine antizeremoniale Gesetzlichkeit dar, die nicht minder als ihr zeremoniales Gegenstück dem Evangelium zuwider ist. Denn darin tut sich eine Lieblosigkeit kund, die den anderen nicht zum Glauben befreit und die eigene in Anspruch genommene Freiheit verdirbt, indem sie die Frage des Götzenopferfleisches gerade nicht als Adiaphoron behandelt. Wenn dagegen die frühe Christenheit die Beteiligung an der politisch-religiösen Zeremonie des Kaiserkults kompromißlos ablehnte, so konnte in diesem Fall weder die Freiheit der Starken noch die Rücksicht auf die Schwachen zugunsten eines Kompromisses in die Waagschale geworfen werden. Denn hier ging es um die ausdrückliche Anerkennung eines religiösen Anspruchs, der dem christlichen Glauben widersprach. In solchem Fall gibt es kein Adiaphoron. Da kann sich die christliche Freiheit nur im Nein erweisen und dessen Konsequenzen bejahen. Ein Nachgeben mit Rücksicht auf die Glaubensschwachen unter eigener stillschweigender Gewissenssalvierung hätte das Gewissen des anderen erst recht der Anfechtung und Unfreiheit ausgeliefert und überdies den christlichen Glauben in der Öffentlichkeit unglaubhaft gemacht.

Auf diesem Hintergrund christlicher Stellung zum Zeremonialgesetz wird die Frage bedrängend, ob nicht die Sakramente ein neues Zeremonialgesetz darstellen. Tritt nicht der Ritus der Taufe an die Stelle des Beschneidungsritus oder irgendwelcher Initiationsriten der Mysterienreligionen und der Ritus des Abendmahls an die Stelle anderer religiöser Mahlzeiten wie etwa des Passahmahls oder heidnischer Opfermähler? Wird also nicht bloß ein altes Zeremonialgesetz durch ein neues ersetzt? Die Möglichkeit dieses Verständnisses läßt sich nicht ausschließen. Es begegnet nicht nur darin, wie vielfach christliche Vulgärfrömmigkeit mit den Sakramenten umgeht, sondern auch mehr oder weniger versteckt in der Sakramentstheologie. Aber ein solches Verständnis erweist sich trotz formaler Gemeinsamkeiten der Sakramente mit religiösen Riten als ein Mißverständnis und Mißbrauch, sofern man das Sakrament als Evangelium in die Relation von Wort und Glaube gefaßt sieht. Dann stellt es nicht eine vorgeschriebene Bedingung dar, deren Absolvierung erst etwas vermittelt, was bei der Relation von Wort und Glaube noch aussteht. Wie das Sakrament nur dem gebührt, der glaubt, weil es nur ihm heilsam ist, so ist das darin Dargereichte nichts anderes als das, was das Wort in höchster Potenz zu sein und zu geben vermag: Verheißung. In dieser Weise interpretiert Paulus auch den genuinen Sinn der Beschneidung als eines nachträglichen Siegels der Glaubensgerechtigkeit, die Abraham schon mit dem Glauben an die Verheißung zuteil wurde, als er noch unbeschnitten war (Röm 4,11). So kann man wohl sagen, daß die Taufe an die Stelle der Beschneidung tritt, weil durch Christus der universale Charakter der Glaubensgerechtigkeit offenbar geworden ist als etwas, was nicht bloß dem Juden gilt, sondern auch dem Nichtjuden, nicht bloß dem Mann, sondern auch der Frau. Und entsprechend läßt sich das Abendmahl als die Ablösung und Aufhebung allen priesterlichen Opferkults verstehen, indem es an dem durch Christus ein für allemal vollbrachten Sühnopfer teilhaben läßt (vgl. Hebr. 9). So sind die Sakramente wohl Riten, aber nicht solche, die das Heil herstellen, sondern die den Empfänger gewissermaßen in es hineinstellen, indem sie ihn daran erinnern und es besiegeln, daß der Glaubende sein Sein in Christus hat. Damit ist den Sakramenten der Charakter zeremonialgesetzlicher Notwendigkeit genommen. Aber sie sind dennoch nicht als Adiaphora eingestuft. Denn sie bezeugen das Evangelium. Und das kann keinem, der ihm glaubt, gleichgültig sein, sowenig daraus eine Sakramentsgesetzlichkeit entspringt. Der rechte Brauch des Sakraments, das als Evangelium erfaßt ist, steht notwendig im Zeichen der Freiheit.

3. Sakramentsvollzug und Sakramentslehre

Zu den spezifischen Schwierigkeiten der Sakramentslehre, die zum Zwecke der Einführung im voraus zu erwähnen und zu bedenken sind, gehört schließlich auch das Faktum, daß es überhaupt einer Sakramentslehre bedarf. Mehr noch als sonst in der Theologie empfindet man es hier als Widerspruch, daß über das letztlich Grundeinfache, das doch der Glaube sein soll, so kompliziert gedacht und geredet wird; daß das Leben, dem der Glaube nicht nur dienen will, sondern das er selbst ist, von so viel Lehre überschwemmt wird und dies noch dazu in derartig strittiger Weise. Allein schon als Handlungen haben die Sakramente einen unaufholbaren Vorsprung vor der theologischen Reflexion. Gewiß kann man in bestimmter Hinsicht das bloße Denken und Reden der bequemen Flucht aus der anspruchsvollen Ganzheit der Lebenswirklichkeit beschuldigen. Jedoch muß dabei auch dies berücksichtigt werden: Das Aufgehen in einer bestimmten Lebenssituation ist letztlich etwas in bestem Sinne Einfältiges, während der berechtigte und notwendige Versuch, die Lebenswirklichkeit selbst gedanklich zu durchdringen, ungemein anstrengend und gefährdet ist.

Nun handelt es sich bei den Sakramenten um denkbar schlichte Situationen. Dies unterstreichen schon die in Anspruch genommenen Elemente: Wasser, Brot und Wein. Ihnen entsprechen einfachste Worte, die nur erläutern, was geschieht. Und die Handlung selbst vollzieht sich in eindeutiger Gebärde: dem Eintauchen und Ausgießen, dem Austeilen und Darreichen. Auch wenn sich in der liturgischen Entwicklung viele Zutaten und Vorschriften darum herumgerankt haben, vergleichbar der überreichen Verzierung von Initialen in alten Handschriften, so bleiben doch die elementaren Grundzüge erkennbar, freilich z. T. nur noch schwer. Und wenn durch besonderen Aufwand an theologischem Scharfsinn die Bedeutung des Sakraments nicht bloß klargestellt, sondern vielfach gerade auch verdunkelt worden ist, wenn sich sogar die tiefsten kirchlichen Gegensätze an den Sakramenten entzündet haben und an ihnen allererst als kirchentrennend in Erscheinung getreten sind, so darf die berechtigte Klage darüber dennoch nicht von der Tatsache ablenken, daß sich das Ringen um das Verständnis des Evangeliums an dieser hochempfindlichen Stelle offenbar besonders konzentriert und verantwortungsschwer vollzieht. Gleichgültigkeit der Sakramentslehre gegenüber ist kein Zeichen von Ehrfurcht vor den Sakramenten. Der Verantwortungsernst in bezug auf die Sakramentslehre hat jedoch daran sein Maß, ob man sich an das Grundeinfache, das sich in den Sakramenten darbietet und vollzieht, erinnern und von ihm bestimmen läßt.

II. Begriff und Phänomen des Sakraments

Das Neue Testament kennt keinen gemeinsamen Begriff für Taufe und Abendmahl. Anderseits heben sich diese beiden Handlungen unübersehbar als etwas Besonderes heraus, obwohl auf sie miteinander bloß an zwei Stellen Bezug genommen wird (1. Kor 10,1–4 Joh 19,34). Nur mit weitem Abstand wären andere Riten zu nennen, von denen man sich fragen könnte, ob sie auf der gleichen Linie liegen; das Schlüsselamt des Bindens und Lösens (Mt 16,19 18,18 Joh 20,23), die Handauflegung (Apg 6,6 8,18f 1. Tim 4,14 5,22 2. Tim 1,6 Hebr 6,2) sowie die Krankenölung (Jak 5,14f Mk 6,13). Das Bedürfnis, der Sonderstellung von Taufe und Abendmahl durch eine umgreifende Bezeichnung Ausdruck zu geben, ist nicht aus biblizistischem Purismus zu verwehren. Aber man muß sich darüber klarwerden, welche Implikationen ein solcher Oberbegriff mit sich bringt und welche Gefahren darin liegen können, daß er dazu veranlaßt, das Verständnis von Taufe und Abendmahl einer ihnen vor- und übergeordneten Lehre zu unterstellen, wie dies später in Gestalt einer allgemeinen Sakramentslehre geschehen ist. Aus diesen Gründen ist zunächst dem Sakramentsbegriff kritische Aufmerksamkeit zu widmen.

1. Der Sakramentsbegriff

Aus der komplizierten Begriffsgeschichte von Sakrament können jetzt nur drei Hauptaspekte hervorgehoben werden: wie sich im frühkirchlichen Sprachgebrauch *mysterion* und sacramentum zueinander verhalten, wie sich dann der kirchliche Sakramentsbegriff definitiv herausgebildet hat und wie sich das Problem seines Gebrauchs für die reformatorische Theologie darstellt.

a) Mysterium und sacramentum

Die beiden termini, die sich zur Bezeichnung der heiligen Handlungen im engsten Sinne in der Ostkirche und in der abendländischen Kirche durchgesetzt haben, repräsentieren den verschiedenen Geist griechischen und lateinischen Christentums. Obwohl es sich bis zu einem gewissen Grade um ineinander konvertible Vokabeln handelt, haben sie doch von Hause aus einen verschiedenen semantischen Horizont, was sich auch in der Übersetzungsgeschichte niederschlägt. Während *mysterion* im Sinne von Mysterienkult oder mystagogischer Geheimlehre ohne weiteres seinen religiösen Bedeutungsschwerpunkt zu erkennen gibt, gehört sacramentum der Rechts- und der Militärsprache an, hat aber auch hier einen religiösen Unterton: als das bei Prozeßbeginn hinterlegte Pfand, das der Verlierer der Gottheit schuldet, sowie als der Eid, der bei dem Feldzeichen geschworen wird. Die Bedeutungsnuancen, wonach bei *mysterion* das soteriologische Moment dominiert, bei sacramentum dagegen die Verbindlichkeit und Verpflichtung, haben zur Folge, daß im Lateinischen beides nebeneinander begegnet: sacramentum und das latinisierte mysterium. Nur dieses, nicht sacramentum, dient zur Bezeichnung von Mysterienkult und Mystagogie.

Obwohl nun die hellenistischen Mysterienreligionen gewisse Einflüsse auf die urchristliche Auffassung von Taufe und Abendmahl ausgeübt haben, liegt doch dem neutestamentlichen Sprachgebrauch von *mysterion* der Sinn sowohl von Kultveranstaltung als auch von Geheimlehre fern. *Mysterion* ist hier weder ein Heilsmittel noch ein Gegenstand der Arkandisziplin, sondern der offenbare Heilsgrund, der in der Verkündigung laut wird. Erst im zweiten Jahrhundert wird der Sprachgebrauch der hellenistischen Umwelt zögernd und schwankend christianisiert, indem die Wahrheiten der christlichen Religion oder auch in hermeneutischer Hinsicht die allegorischen Bedeutungsgehalte als Mysterien bezeichnet werden. Welche Probleme sich hier beim Übergang ins Lateinische stellten, zeigt sich am Schwanken der lateinischen Bibelübersetzung, die erst sacramentum bevorzugt, später dagegen mysterium[9]. Tertullian hat das Wort sacramentum vielfältig verwandt, gelegentlich auch als Bezeichnung der Taufe und damit die Richtung gewiesen, in der sich der christliche Sprachgebrauch im Abendland entwickelte. Während im griechischen Christentum nur das Wort *mysterion* zur Verfügung stand, das dann bei Anwendung auch auf die heiligen kirchlichen Handlungen seinen vorchristlichen religiösen Bedeutungshintergrund mit einbrachte, verrät die abendländische Wahl von sacramentum wohl eine bewußte Distanzierung von dem durch heidnische Religiosität besetzten Wort mysterium. Das ist um so auffallender, als zur Bezeichnung von Taufe und Abendmahl die latinisierten griechischen Vokabeln *baptisma* und *eucharistia* verwendet wurden, dagegen für den nun sich bildenden Oberbegriff ein genuin lateinisches Wort zur Verfügung stand.

b) Der katholische Sakramentsbegriff

Augustin ist der erste, bei dem ein intensives theologisches Interesse an den Sakramenten anzutreffen ist. Aber obwohl er das Wort sacramentum bereits weitgehend für diejenigen Handlungen verwendet, die wir Sakramente nennen, und zwar in erster Linie für Taufe und Abendmahl, gebraucht er es doch zugleich in einem sehr viel weiteren Sinn für alle bedeutsamen kultischen Bräuche und Besitztümer der Kirche. Eine terminologische Festlegung ausschließlich auf die engste Verwendung liegt ebensowenig vor wie eine Fixierung der Zahl der Sakramente. Der schwebende Sprachgebrauch, der für *mysterion* im ostkirchlichen Bereich im Grunde bis heute gilt, hält sich im Abendland noch bis an die Schwelle des Hochmittelalters durch. So zählt z.B. Hugo von St. Viktor bis an die dreißig Sakramente verschiedener Klassen auf[10]. Die Sieben-

---

[9] G. Bornkamm, ThWNT 4; 833,30–36.

[10] De sacramentis christianae fidei libri II, MPL 176,173–618.

zahl ist zuerst bei Petrus Lombardus nachweisbar und hat sich durch die Autorität seines Sentenzenwerks schließlich durchgesetzt[11]. Im 2. Lyoner (1274) und erneut im Florentiner Konzil (1438–1445) wurde sie anläßlich von Unionsverhandlungen mit der griechischen Kirche solenn definiert[12].

Bei Augustin finden sich bereits die meisten Bausteine der mittelalterlichen Sakramentstheologie: die Relation von signum und res, die sich auf den Symbolcharakter des Sakraments bezieht und je nachdem spiritualistisch und realistisch deutbar ist; die Unterscheidung von verbum und elementum, die das Konsekrationsgeschehen betrifft, welches das Sakrament zum Sakrament macht; oder die Unterscheidung zwischen zweierlei Weisen des Empfangs, dem habere und dem utiliter habere, wodurch die Objektivität der Sakramentswirkung sichergestellt wird. Bereits im Frühmittelalter setzt sich die Tendenz auf den Sakramentsrealismus endgültig durch, so daß man dem Sakrament ein conferre gratiam und sogar ein continere gratiam zuspricht. Eine geläufige Definition der späteren Scholastik zielt darum auf den Gesichtspunkt der Sakramentswirkung: Sacramentum est signum gratiae efficax et certum[13]. Mit der Festlegung der Siebenzahl der Sakramente entsteht sodann das Bedürfnis, die Struktur jedes Sakraments nach demselben Schema zu bestimmen[14]. Dabei werden Wort und Element als die Wesensbestandteile des Sakraments in aristotelischer Terminologie als forma und materia verstanden, was nicht nur der liturgischen Präzisierung zugute kommt, sondern vor allem die Integration zur sakramentalen Substanz fördert. Ferner ist für jedes Sakrament der zuständige minister festzulegen, der es zu spenden berechtigt ist. Dies ist normalerweise der Priester. Die Sakramente der confirmatio und des ordo sind jedoch dem Bischof vorbehalten. Die Taufe dagegen kann notfalls auch ein Laie vollziehen, sogar eine Frau, wie ausdrücklich hervorgehoben wird, ja selbst ein Häretiker oder Heide, wenn er sich nur an die kirchlich vorgeschriebene Form hält und das kirchliche Tun intendiert. Auf das Ehesakrament paßt freilich das Schema von forma, materia und minister sacramenti schlecht. Hier sind es die Nupturienten selbst, die durch ihren Ehekonsens das Sakrament vollziehen. Schließlich bleibt noch bei jedem Sakrament die Frage des effectus zu beantworten. Obwohl es sich in jedem Fall um Mitteilung von Gnade handelt,

---

[11] Sententiarum lib. IV, dist. 2, cap. 1: baptismus, confirmatio, panis benedictionis, id est eucharistia, poenitentia, unctio extrema, ordo, coniugium.

[12] Professio fidei Michaelis Palaeologi imperatoris vom 6. Juli 1274, Denz. 860. Decretum pro Armeniis vom 22. Nov. 1439, Denz. 1310–1328.

[13] Z. B. G. Biel, Collectorium circa quattuor libros sententiarum IV, dist. 1 q. 1 a. 1 A.

[14] So im Decretum pro Armeniis, s. o. Anm. 12.

modifiziert sich doch dieser Gnadeneffekt je nach dem Adressaten und der Situation, für die ein Sakrament bestimmt ist. Hinzu kommt bei den nur einmalig zu empfangenden Sakramenten Taufe, Firmung und Priesterweihe die Verleihung eines unauslöschlichen Merkmals, eines character indelebilis. Er stellt als solcher nicht eine Gnadenausstattung dar, wohl aber eine Potentialität für das Gnadengeschehen. Wer getauft ist, bleibt grundsätzlich fähig, andere Sakramente zu empfangen, wie der geweihte Priester grundsätzlich fähig bleibt, Sakramente zu vollziehen, wenn auch die Frage der Legitimität in beiden Fällen noch besonderen Bedingungen unterliegt.

c) Die Problematik des Sakramentsbegriffs in reformatorischer Sicht

Die reformatorische Kritik traf nicht nur die katholische Sakramentslehre und -praxis, sondern stellte auch die Verwendung der Vokabel Sakrament in Frage. Daß dieses Wort infolge seiner Geschichte durch und durch von katholischem Verständnis geprägt und zudem nicht biblischen Ursprungs war, ließ fragen, ob eine schriftgemäße evangelische Umprägung überhaupt möglich und bejahendenfalls auch durchsetzbar sei oder ob es nicht besser wäre, dieses belastete Wort preiszugeben und, falls überhaupt erforderlich, durch ein anderes zu ersetzen. Luther hat in seiner grundlegenden Auseinandersetzung mit der katholischen Sakramentslehre die vorläufige Reduktion auf drei Sakramente: Taufe, Buße und Abendmahl, mit der Bemerkung verknüpft, nach biblischem Sprachgebrauch sei es richtiger, von einem einzigen Sakrament und drei sakramentalen Zeichen zu reden[15]. Er geht dabei von der Voraussetzung aus, daß sich der genuine theologische Sinn von sacramentum nach der neutestamentlichen Verwendung von *mysterion* zu richten habe und dementsprechend nicht signum rei sacrae bedeute, sondern die res sacra selbst meine, so daß streng genommen Jesus Christus das Sakrament ist[16]. Wenn Luther die beibehaltenen Sakramente signa sacramentalia nennen möchte, so will er sie damit einerseits keineswegs auf die Stufe dessen herabsetzen, was man nach traditionellem Sprachgebrauch im Unterschied zu den eigentlichen Sakramenten als Sakramentalien bezeichnet: heilige Handlungen rituellen Charakters, die nicht im vollen Sinne Sakramente sind. Vielmehr soll die Ausdrucksweise signa sacramentalia die Auszeichnung nur dieser Handlungen durch den Bezug auf Christus als das eine sacramentum hervorheben. Anderseits intendiert er mit solcher Erwägung nicht terminologische

[15] WA 6; 501,33–38 = BoA 1; 431,34–39.

[16] WA 6; 551,9–16 = BoA 1; 487,20–29. Vgl. auch WA 6; 86,7f: Unum solum habent sacrae literae sacramentum, quod est ipse Christus Dominus.

Konsequenzen. Ihm genügt der Aufweis des maßgebenden interpretatorischen Kriteriums, von dem her es möglich sein soll, den sprachlichen Zusammenhang mit der kirchlichen Tradition zu wahren und dennoch das schriftgemäße Verständnis im Umgang mit dem Wort Sakrament sicherzustellen.

Bezeichnenderweise zeigten sich die stärker humanistisch orientierten Reformatoren in bezug auf die Purifizierung des Sprachgebrauchs rigoroser. Melanchthon hat allerdings nur in den frühen Loci die Reduktion auf den bloßen signum-Begriff propagiert[17], ist aber bald wieder davon abgekommen und hat dann ebenfalls das Wort Sakrament rezipiert[18]. Am entschiedensten verfuhr an diesem Punkt Zwingli[19], indem er den Zeichenbegriff zu Erkennungszeichen oder Pflichtzeichen hin präzisierte, obschon auch er das von ihm an sich scharf verurteilte Wort Sakrament nicht völlig aus seinem theologischen Vokabular tilgte. In philologischer Hinsicht verfuhr Zwingli zweifellos am kenntnisreichsten. Aber gerade dabei stellte sich eine eigentümliche Paradoxie mit bedenklicher theologischer Folgewirkung ein. Im Unterschied zu Luthers Überlegung ließ er sich von dem Worte sacramentum nicht auf das neutestamentliche Verständnis von *mysterion* führen, um von daher den wahren Sakramentsbegriff zu gewinnen. Zwingli hielt, nicht ohne Recht, die Übersetzung von *mysterion* durch sacramentum für falsch und ging deshalb von dem christlich überformten Wort sacramentum auf seinen ursprünglichen Sinn in der klassischen Latinität zurück. Von daher gewann er die Wegweisung für das theologische Sachverständnis dessen, was man in der kirchlichen Tradition als Sakrament zu bezeichnen pflegt. Somit machte der schärfste Gegner des Sakramentsbegriffs unter den Reformatoren gerade den ursprünglichen Sinn von sacramentum zum Schlüssel des Sakramentsverständnisses und hätte somit am meisten Grund und Recht gehabt, auch diese Vokabel in Anspruch zu nehmen. Er tat dies deshalb nicht, weil er eine solche Bedeutungsreinigung angesichts des gewaltigen Stroms verunreinigten Sprachgebrauchs für nicht erfolgreich hielt. Deshalb sollte die Verdeutschung des genuinen Wortsinns als Pflichtzeichen das unbrauchbar gewordene Lehnwort ersetzen. Das theologisch Bedenkliche an diesem Vorgehen ist nicht der intendierte Bruch mit der kirchlichen Sprachtradition, obwohl auch dies nicht ohne Probleme ist. Fatal ist vielmehr vor allem, daß sich Zwingli,

---

[17] Loci communes rerum theologicarum seu Hypotyposes theologicae (1521), in: Melanchthons Werke in Auswahl II, 1; 140–144: De signis. 143,29f: Quae alii sacramenta, nos signa appellamus aut, si ita libet, signa sacramentalia.

[18] Z.B. Loci praecipui theologici (1559), in: Melanchthons Werke in Auswahl II,2; 497–499: De Sacramentis.

[19] Zum Folgenden: De vera et falsa religione, in: H. Zwinglis Sämtl. Werke III (CR 90), 757,10f 758,13–759,9.

der abendländischen Entscheidung für das Wort sacramentum folgend, aus dessen vorchristlichem Sprachgebrauch das theologische Kriterium ableitete. Dabei verkannte er, insofern philologisch doch nicht ganz korrekt, den religiösen Klang auch in der klassischen Verwendung von sacramentum. So ergab sich als Leitbegriff für die Interpretation von Taufe und Abendmahl der Gesichtspunkt, daß es sich um Zeichen menschlichen Gewilltseins handele, während der Gesichtspunkt entfiel, daß es dabei um Zeichen des göttlichen Willens gegen uns gehe. In rein terminologischer Hinsicht blieb dies freilich ein Zwischenspiel. Bullinger und Calvin machten unbedenklich vom Worte Sakrament Gebrauch.

Durch den Ausgang der reformatorischen Debatte um das Wort Sakrament ist das Problem zwar keineswegs erledigt. Das reformatorische Sakramentsverständnis, soweit es heute überhaupt noch in Kraft steht, vermag keineswegs die Belastungen völlig zu beseitigen, die jener Vokabel von ihrer Geschichte her anhaften. Durch ihre Beibehaltung auch in der Reformation hat sich jedoch das Traditionsgewicht, das an diesem Worte hängt, noch einmal bedeutend verstärkt. Wenn nicht ganz außergewöhnliche Umbrüche in Theologie, Kirche und Frömmigkeit eintreten sollten, wäre es illusionär, eine neue Wortbildung einführen zu wollen. Anderseits ist es unmöglich, auf eine Bezeichnung zu verzichten, welche Taufe und Abendmahl umgreift. So berechtigt die Warnung vor den Gefahren einer allgemeinen Sakramentslehre ist, nehmen doch Taufe und Abendmahl in dem kirchlichen Leben schon von seinen urchristlichen Wurzeln her eine so offenkundige Sonderstellung ein, daß dieses Phänomen theologisch bedacht werden muß. Überdies läßt sich eine Geschichte von solchem Gewicht nicht einfach ungeschehen machen. Bejaht man grundsätzlich eine Kontinuität mit ihr, so würde man auf eine unerhört reiche Quelle theologischer Erkenntnisse, Denkimpulse und Erfahrungen verzichten, wenn man den Problemzusammenhang, der durch das Wort Sakrament geknüpft ist, durch dessen Preisgabe auflöste. Das Verständnis von Taufe und Abendmahl könnte nur verflachen, wenn man die Überlieferung der allgemeinen Sakramentslehre einfach abschüttelte, anstatt sich durch sie, gerade auch durch die Fragwürdigkeit des Wortes Sakrament, immer neu zum Nachdenken über das damit gemeinte Phänomen herausfordern zu lassen.

2. Das Sakrament in kontroverstheologischer Sicht

Schon die Überlegungen zum Sakramentsbegriff ließen die eigentümliche Problemsituation spüren, der eine evangelische Dogmatik in der Sakramentslehre überhaupt kaum entrinnen kann. Es dominiert sogleich der geschichtliche Aspekt, und zwar vornehmlich als konfessionsgeschichtlicher. Man könnte sich fragen, was eine evangelische Sakramentslehre überhaupt zu bieten hätte, wenn sie auf die referierende Interpretation überlieferter Sakramentslehre und vor allem auf die Darstellung und Kritik katholischer Sakramentsauffassung verzichten wollte. Das sakramentale Leben der katholischen Kirche ist trotz vieler offensichtlich problematischer Begleiterscheinungen von tiefer Eindrücklichkeit. Und die ausgebaute katholische Sakramentslehre samt ihren Ausstrahlungen in die Soteriologie und Ekklesiologie stellt einen der faszinierendsten dogmatischen Komplexe überhaupt dar. Was man vom Protestantismus insgesamt sagen könnte: daß er zu seiner Selbstdarstellung auf die Kontrastdarstellung des Katholizismus angewiesen ist, das gilt nicht zufällig hier in besonderem Maße, wo man sich offensichtlich am Knotenpunkt der konfessionellen Differenz befindet. Darauf näher einzugehen, schiene nur dann vertretbar zu sein, wenn man in gebührender Ausführlichkeit das theologiegeschichtliche Detail und dazu auch die gegenwärtig im Fluß befindliche katholische Selbstinterpretation berücksichtigen könnte. Obgleich der Stil dieser dogmatischen Rechenschaft darauf zu verzichten nötigt, ist doch die Aufgabe unumgänglich, gewisse Hauptmarkierungen zu setzen. Ob über ein so kompliziertes und facettenreiches Thema sparsame und großlinige Angaben gemacht werden können, ohne daß man sich damit dem Vorwurf der Leichtfertigkeit aussetzt, ist geradezu die Probe auf die dogmatische Relevanz des Sachverhalts sowie auf die dogmatische Urteilskraft.

Nähme man der katholischen Kirche in einer hypothetischen Prozedur die Sakramente, so zerstörte man ihr Wesen. Versuchte man eine entsprechende Operation in bezug auf den Protestantismus, so dürfte sich zwar niemand erkühnen, zu behaupten, daß sich damit nicht viel änderte, obwohl man vom äußeren Anschein her fast zu einem solchen Urteil neigen könnte. Darüber aber kann kein Zweifel bestehen, daß die Auswirkung, wenn auch noch so schwerwiegend, dennoch eine erheblich andere und keinesfalls eine wesenzerstörende wäre.

a) Die quantitative Reduktion

Die augenscheinlichste Differenz besteht in der Reduktion der Zahl der Sakramente von sieben auf zwei. Das ist seiner Bedeutung nach aus verschiedenen Gründen relativierbar. Auch nach katholischem Verständnis sind Taufe und Eucharistie im Gefüge der Sakramente die Hauptsäulen. Freilich bricht vieles, wenn nicht Entscheidendes, zusammen, und zwar gerade auch in bezug auf die Eucharistie, wenn das Weihesakrament angetastet wird. Und Entsprechendes gälte für die gesamte kirchliche Frömmigkeitsstruktur, sofern das Bußsakrament verschwände. Dagegen wird eine ausgewogene katholische Sakramentslehre der Firmung, der letzten Ölung sowie dem Ehesakrament jedenfalls nicht das gleiche Gewicht zuschreiben wie den Erstgenannten. Und wenn man sich bewußt macht, daß die zahlenmäßige Fixierung mehr als ein Jahrtausend lang in der Schwebe war, wird man den rein quantitativen Gesichtspunkt selbstverständlich nicht für ausschlaggebend halten können. Immerhin sind die nachträglichen Versuche, die Siebenzahl zu rechtfertigen, aufschlußreich und eindrücklich. Das gilt nicht so sehr von den nur ordnenden Gruppierungen nach einmaligen und wiederholbaren Sakramenten oder nach solchen, die das Heil des Einzelnen betreffen, und nach Standessakramenten (ordo und matrimonium) oder nach Sakramenten für die geistlich Toten (Taufe und Buße) und solchen, die nur im Gnadenstand empfangen werden können und darum Sakramente der Lebenden heißen. Anders steht es jedoch mit dem Nachweis, daß das ganze christliche Leben von den Sakramenten betroffen und geleitet ist, wie dies Thomas von Aquin in zwei Argumentationsreihen darlegt: einerseits im Blick auf die Vervollkommnung des Menschen unter dem Individual- und Sozialaspekt des Lebens, anderseits im Blick darauf, daß die durch die Sünde verursachten Defekte in jeder Hinsicht beseitigt werden[20]. Das Sakramentsverständnis ist auf eine universale Fülle ausgerichtet. Für alle geistlichen Lebensnotwendigkeiten ist durch Bereitstellung sakramentaler Mittel gesorgt. Das ganze Leben des Christen ist sakramentales Leben. Die gesamte Lebenswirklichkeit der Kirche ist sakramentaler Art. Obwohl sich daneben die Beschränkung auf Taufe und Abendmahl äußerst bescheiden ausnimmt, darf nun aber doch nicht übersehen werden, daß auch auf diese Weise der Bezug auf das Lebensganze zur Geltung kommen kann, nur eben in einer Konzentration, die zugleich ein anderes Verständnis der Intention verrät.

Der Gesichtspunkt quantitativer Reduktion ließe sich freilich auch auf die Praxis der noch verbliebenen Sakramente beziehen, jedenfalls die des Abendmahls. Während nach katholischem Verständnis nur eine Messe, also die Begehung des Eucharistiesakraments, Gottesdienst im Vollsinn ist, trifft dies für evangelisches Verständnis nicht zu, unabhängig davon, wie eng und wie häufig das Abendmahl mit dem Predigtgottesdienst verbunden zu werden pflegt. Was hier von der Gottesdienstordnung sowie von der Gottesdienstteilnahme her zu beunruhigenden Beobachtungen Anlaß gibt, darf jedoch zwei grundsätzliche Feststellungen nicht verdecken. Zum einen betrifft die entscheidende Differenz zum katholischen Sakramentsverständnis gar nicht in erster Linie diejenigen Sakramente, die reformatorischerseits nicht als solche anerkannt werden, vielmehr gerade diejenigen, die beiden Konfessionen gemein-

[20] S.th. III q.65 a.1.

sam, ihrem Verständnis nach jedoch strittig sind. Daraus ergibt sich zum andern, daß es vom Augenschein her kurzschlüssig geurteilt wäre, wenn man die quantitative Reduktion als Geringschätzung deutete. Das evangelische Sakramentsverständnis ist so geartet, daß der quantitative Gesichtspunkt wenig aussagekräftig ist. Jedenfalls hat die reformatorische Theologie selbst ihr Verhältnis zu den Sakramenten nicht als zumindest partielle Befreiung von ihnen verstanden, vielmehr als Befreiung der Sakramente selbst aus der babylonischen Gefangenschaft, in welche die Kirche samt den Sakramenten durch einen unevangelischen Gebrauch der Sakramente geraten war. Evangelische Sakramentslehre nimmt das Vermächtnis der Reformation dann wahr, wenn sie sich als Kampf für die Sakramente versteht und sich darin von katholischer Sakramentstheologie nicht übertreffen läßt.

b) Sakrament und Heilsverständnis

Daß katholische Frömmigkeit primär sakramental bestimmt ist und evangelische Frömmigkeit primär worthaft, läßt sich leicht am konfessionskundlichen Befund ablesen. Aber eine solche Konfrontation garantiert noch nicht das richtige Verständnis der Differenz. Mit Simplifizierungen wie Sakramentsmagie auf der einen und verbalem Intellektualismus und subjektivistischem Fideismus auf der anderen Seite verstellt man sich nur den wahren Unterschied. So wird man weder der Intention des katholischen Sakramentsverständnisses gerecht noch der Tatsache, daß gerade das reformatorische solo verbo – sola fide den eigentlichen Sinn der Sakramente zu erhellen beansprucht. Wie sich in der Verschiedenheit katholischen und evangelischen Sakramentsverständnisses die konfessionelle Grunddifferenz als eine soteriologische darstellt, das macht man sich am besten von einem Topos der traditionellen Sakramentslehre her klar, der uns heute an sich sehr fern liegt, der aber sachlich ungemein aufschlußreich ist: der Frage nach dem Unterschied alttestamentlicher und neutestamentlicher Sakramente. Daran hat man sich herkömmlich die Überlegenheit des neuen Bundes gegenüber dem alten klargemacht. Gemeinsam ist beiden der Christusbezug. Aber da Christus im alten Bund erst verheißen ist und noch aussteht, haben die alttestamentlichen Sakramente eine rein signifikative Bedeutung als bloße Glaubenssymbole. Mit der Erfüllung der Verheißung im neuen Bund dagegen ist, weil Christus da ist, auch die Gnadenwirklichkeit selbst präsent und verleiht den Sakramenten kausative Bedeutung als Wirksymbolen. Die futurische Heilsursache läßt sich nur bewußtseinsmäßig und somit durch bloßen Glauben vermitteln. Mit dem Perfekt der Heilsursache hingegen ist die Gnade wirklich da und ermöglicht eine unmittelbare Verursachung des Heilseffekts. Nun erst wird die gratia iustificans selbst mitgeteilt. Von dieser Betrachtungsweise her fällt ein überraschendes Licht auf die konfessionelle Differenz, zunächst eigentümlich verwirrend, sodann aber überaus erhellend, sobald man die vordergründigen Schwierigkeiten überwindet.

Unter dem skizzierten Aspekt erscheint das evangelische Sakramentsverständnis als Rückfall auf die Stufe des alten Bundes. Nach katholischer Sicht haben nur dort das solo verbo im Sinne von sola promissione sowie das sola fide ihren legitimen Ort. Nun wäre es natürlich unsinnig, der reformatorischen Sakramentsauffassung und dem ihr zugrundeliegenden soteriologischen Verständnis zu unterstellen, hier sei mit dem Gekommensein Christi nicht Ernst gemacht, man verharre noch immer in alttestamentlichem Warten. Freilich stoßen wir hier insofern auf eine zutreffende Beobachtung, als das Verständnis der Gegenwart Christi und des durch ihn eröffneten Heils in genuin reformatorischer Fassung ungleich stärker wieder eschatologische Züge annimmt. Auf den Glaubenden selbst gesehen, wird gerade im Zeichen der theologia crucis und des simul iustus – simul peccator die Spannung zwischen dem Schon-jetzt und dem Noch-nicht unerhört scharf empfunden. Deshalb liegt es durchaus im Sinne der reformatorischen Auffassung, daß das Neue am neuen Bund nicht etwa als Abschwächung des Eschatologischen zur Geltung gebracht werde. Eben dies kommt darin zum Ausdruck, daß das Wort Gottes, dem die particula exclusiva beigelegt wird, in seinem strengsten Verständnis den Charakter der promissio hat und daß diesem Wort allein der Glaube entspricht. Reformatorische Theologie bestreitet es darum, daß der Vorzug der neutestamentlichen Sakramente gegenüber den alttestamentlichen in der Ablösung des bloß Signifikativen durch das Kausative in Gestalt eines signum efficax liege. Gottes Verheißung ist nicht durch eine unmittelbare Gabe überbietbar. Und der Glaube als Relation zu Gott ist nicht steigerungsfähig, so daß man ihn als bloßen Glauben abwerten und kraft einer sakramental vermittelten Formierung durch die Liebe aufwerten könnte zu einer so erst wirklichen Vereinigung mit Gott. Im alten wie im neuen Bund geht es der Sache nach um dasselbe, nur daß durch das Gekommensein Jesu Christi die promissio erst rein als promissio ergriffen, der Glaube erst rein als Glaube erfaßt und gelebt wird. Was Liebe im Verhältnis zu Gott heißt, kommt nicht als Erfüllung und als eigentliches Lebensprinzip zum Glauben erst noch hinzu, sondern ist auf den Glauben selbst hin zu interpretieren, während die Liebe im Verhältnis zum Nächsten als Frucht des Glaubens zu gelten hat.

Die Bedeutung dieser Bemerkungen verstärkt sich noch, wenn man den Gesichtspunkt sakramentaler Objektivität einbezieht. Nach jener traditionellen Unterscheidung alt- und neutestamentlicher Sakramente kommt ihnen eine verschiedene Wirkungsweise zu. Die alttestamentlichen Sakramente wirken, weil nur durch den Glauben des Empfängers, allein ex opere operantis, kraft dessen, was sich in ihnen durch das Subjekt vollzieht. Die neutestamentlichen Sakramente dagegen haben ihren Vorzug darin, daß sie ex opere operato wirken, kraft des Vollzogenseins als solchen. Nun könnte man meinen, indem ein solcher Nachdruck auf die Objektivität des Vollzugs gelegt wird, komme ein Gesichtspunkt zur Geltung, den man gerade auf reformatorischer Seite erwarten sollte: die extrem betonte Alleinwirksamkeit Gottes zum Heil, ein Verständnis des sola gratia, das alle Mitwirkung des Menschen zum Heil, jeden Anschein von Verdienstlichkeit ausschließt. Jedoch stellt sich der Sachverhalt ganz anders dar. Wenn nach evangelischem Verständnis die Sakramentswirkung im Sinne des solo verbo – sola fide gedeutet wird, so wäre dies völlig schief interpretiert, wenn sie nach jenem Deutungsschema als Wirkung ex opere operantis ausgegeben würde. Daß nicht der Empfänger das Sakrament vollzieht und daß schon gar nicht der Glaube das Sakrament zum Sakrament macht, dies steht für ein rechtes evangelisches Sakramentsverständnis außer Diskussion. Meint man mit der Objektivität des Sakraments, daß man in ihm nicht auf sich selbst und auf die eigene Leistung zurückgeworfen, sondern der alleinwirksamen Gnade Gottes konfrontiert ist, so gebühren dem Sakrament nach evangelischem Verständnis in höchstem Maße eine derartige Objektivität und die ihr entsprechende Externität.

Jedoch wäre dafür die Wirksamkeit ex opere operato ein gänzlich unangemessener Ausdruck. Denn er ist in ein Wirklichkeitsverständnis hineingebunden, das an dem menschlichen Tun orientiert ist, und zwar sowohl in Hinsicht auf die von Menschen getätigte Sakramentshandlung als auch in Hinsicht auf den im Menschen gesetzten Sakramentseffekt. Das letztere ist zwar nicht unmittelbar aus dem Terminus ex opere operato abzuleiten, ergibt sich aber aus der mit ihm verbundenen Vorstellung von der Sakramentswirkung. Es erscheint wohl zunächst als Widerspruch, fügt sich jedoch nach katholischem Verständnis organisch zueinander, daß dem so betont objektivistischen Sakramentalismus das Interesse am meritorischen Werk zur Seite steht. Nicht nur in der vielleicht auch katholischerseits nicht gutzuheißenden Weise, wie man dies von Meßstiftungen her vor Augen hat, sondern in einem für das katholische Sakramentsverständnis wesentlichen Sinne. Die Sakramentsgabe als heiligmachende Gnade wandelt den Menschen und befähigt ihn kraft der sich so vollziehenden Heiligung zu verdienstlicher Mehrung der Gnade. Das Sakrament ist also darauf ausgerichtet, daß der Mensch das principium operum suorum ist[21]. Es hat seine spezifische Wirkung darin, daß es die Gnade als externes Prinzip zum internen Handlungsprinzip werden läßt, zu einer übernatürlichen Ausstattung

[21] Vgl. Thomas von Aquin, S.th.1,II Prol.

des Menschen in seiner tätigen Ausrichtung auf sein übernatürliches Ziel hin. Das evangelische Sakramentsverständnis weicht davon in der gleichen Weise ab, wie sich die Konfessionsdifferenz, wenn auch subtiler und heute vielfach überhaupt für obsolet erklärt, in dem Rechtfertigungsverständnis darstellt.

Die Differenz im Sakramentsverständnis ist also in hohem Maße in die Probleme des Wirklichkeitsverständnisses verwickelt. Deshalb begegnet man katholischerseits immer wieder dem evangelischen Sakramentsverständnis mit dem Verdacht einer Wirklichkeitsdefizienz, und das katholische Sakramentsverständnis zieht sich umgekehrt den Vorwurf des Magischen zu. Daß die Beschwörung des Realen derartige Verständnisbarrieren nicht allein in dieser konfessionellen Frontstellung, sondern in der Geschichte der Sakramentsstreitigkeiten überhaupt heraufbeschworen hat, ist freilich leichter festzustellen als diesbezügliche Mißverständnisse erfolgreich abzubauen. Geht man noch einmal von jener Unterscheidung alttestamentlicher und neutestamentlicher Sakramente aus, so kommen katholisches und evangelisches Sakramentsverständnis ganz offensichtlich darin überein, daß das christologische Perfekt für die neutestamentlichen Sakramente konstitutiv ist, sowie auch darin, daß dieses Perfekt auf eine perfectio durch die Sakramente abzielt. Doch hier trennen sich die Wege. Während das katholische Sakramentsverständnis auf eine perfectio des Menschen ausgerichtet ist, läßt sich nach evangelischem Verständnis nur in dem Sinne von perfectio reden, daß Gott das Werk, das in Jesus Christus ein für allemal vollbracht ist, in Hinsicht auf die Welt vollendet.

Zu dem eschatologischen Ton, der damit angeschlagen ist, fügen sich offensichtliche konfessionelle Verschiedenheiten. Katholischerseits besteht die Tendenz, den Zusammenhang von Christologie und Sakramenten als ein Bedingungsverhältnis und als ein Gefälle aufzufassen, so daß es vornehmlich um die Vermittlung der durch Christus eröffneten Gnadenwirklichkeit geht. Das Christusgeschehen dient dem Sakramentsgeschehen und erfüllt sich in ihm. Evangelischerseits dagegen ist darauf Gewicht zu legen, daß Jesus Christus sich selbst im Sakrament gibt. Dieser Bezug nicht auf eine von ihm unterschiedene Gnadenwirklichkeit, sondern auf ihn selbst entspricht dem solo verbo – sola fide. Hier kann darum das Interesse nicht der perfectio des Menschen zugewandt sein. Es richtet sich vielmehr auf die Festigung der Glaubensgewißheit im Hinblick auf das Sein in Christus. Infolgedessen unterscheidet sich evangelisches Sakramentsverständnis auch darin von dem katholischen, daß es statt am Besitz heiligmachender Gnade an dem Wirken des heiligen Geistes ausgerichtet ist. Für die differenten Auffassungen ist es charakteristisch, daß sich auf katholischer Seite die Multiplizierung der Sakramente durchgesetzt hat, der auf evangelischer

Seite eine strenge Konzentration auf die zwei Sakramente gegenübersteht, deren eindeutig christologische Orientierung sie von allen anderen abhebt. Der Versuch, die Differenz in dieser Weise zu markieren, gibt selbstverständlich nur die Richtung an, wie im konfessionellen Dialog das Problem in das Detail hinein zu verfolgen wäre.

c) Sakrament und Kirchenverständnis

So diffizil es ist, die konfessionelle Differenz in bezug auf die Sakramente in das verschiedene Heilsverständnis zurückzuverfolgen, dem sie entsprechen, so augenscheinlich stellt sich der Gegensatz dar, wenn man die Linien vom Sakramentsverständnis in die Ekklesiologie hinein auszieht. In bezug auf die katholische Kirche drängen sich diese Zusammenhänge so massiv auf, daß bloße Andeutungen genügen. Da die Sakramentsgewalt selber sakramental durch das Weihesakrament begründet ist, erhält die Kirche von daher ihre fundamentale personale Struktur als Unterscheidung zwischen dem hierarchisch gestuften Klerus und den Laien. Da bei jedem Getauften mit Rückfall in Todsünden zu rechnen ist, unterliegen alle der regelmäßigen Beichtpflicht, wobei sich der sakramentale Charakter der Buße mit dem jurisdiktionellen Moment des Verhörs und der Auferlegung von Satisfaktionen verbindet. Darüber hinaus liegen in der sakramentalen Lebenswirklichkeit der Kirche die Ansätze des Kirchenrechts, das in seinem Kern Sakramentsrecht ist. Die Eucharistie bildet das Lebenszentrum der Kirche als die im Meßopfer sich vollziehende andauernde Repräsentation des Opfers Christi am Kreuz, aus dessen Leib nach Joh 19,34 die Sakramente hervorgegangen sind. Die Zelebration der Messe ist, so erwünscht die Teilnahme der Gemeinde sein mag, doch grundsätzlich von ihr unabhängig, wie auch das sanctissimum der transsubstantiierten Hostie von der Eucharistiefeier ablösbar ist. In dieser Verknüpfung von priesterlicher Vollmacht, Meßopfer und Transsubstantiation besitzt die katholische Kirche eine sinnenfällige Darstellung der Gegenwart des Heiligen. Hier ist der Brennpunkt der sakramentalen Fülle, auf die der katholische Christ in allen Lebenslagen angewiesen ist. Sie befindet sich nicht nur in der Verwaltung der Kirche, sondern ist geradezu Ausdruck ihres Wesens. Gemäß der ekklesiologischen Relevanz der Mariologie gilt auch von der Kirche, daß sie gratia plena ist (vgl. Lk 1,28). Im Grunde vereinen sich alle Sakramente in der Kirche als dem Ursakrament.

Diese Weise der Reduktion auf ein einziges Sakrament ist anderer Art als die reformatorische Aussage, daß streng genommen Christus das einzige Sakrament ist. Während hier vom neutestamentlichen Begriff des *mysterion* her ein kritisches Vorzeichen vor die kirchlich so genannten Sakramente gesetzt wird, stellt die Kirche als Ursakrament den Inbegriff und die Fülle der kirchlichen Sakramente dar. In diesem Fall haben die

Sakramente geradezu die Funktion, die Horizontverschmelzung von Christus und Kirche herbeizuführen. Wie sich für das evangelische Verständnis die Unterscheidung zwischen Christus und den Sakramenten aufdrängt, so führt dies hier dazu, daß die so verstandenen Sakramente den Unterschied zwischen Christus und der Kirche zur Geltung bringen, anstatt die Kirche zum Christus prolongatus werden zu lassen. Auch darin liegt eine eminente ekklesiologische Bedeutung des Sakramentsverständnisses, aber von so durchgreifend anderer Art, daß rebus sic stantibus eine Kirchengemeinschaft mit der römischen Kirche nicht möglich ist. Um so bedeutsamer freilich ist das Faktum der dennoch von keiner Seite bestrittenen ökumenischen Relevanz des Taufsakraments. Doch weisen die sich damit öffnenden Perspektiven in den nächsten Paragraphen.

3. Die konstitutiven Momente des Sakraments

Im folgenden werden die konfessionsgeschichtlichen und kontroverstheologischen Aspekte nur noch ausnahmsweise erwähnt. Die Überlegungen konzentrieren sich nun darauf, was im Zusammenhang dieser Rechenschaft über den christlichen Glauben von Taufe und Abendmahl zu halten ist. Dazu sind allerdings noch unumgängliche historische Fragen und geschichtliche Gegebenheiten zu berücksichtigen. Und der Schwerpunkt liegt zunächst auf einigen Leitgesichtspunkten, die beide Sakramente miteinander betreffen: ihrer Einsetzung, ihrer Gestalt und ihrer Gabe sowie der Gemeinde, die sie begeht.

a) Die Einsetzung

Die Frage der Einsetzung ist in zweierlei Hinsicht von Bedeutung. Mit ihr entscheiden sich die Autorisierung der Sakramente sowie das Problem, welche Handlungen als solche zu gelten haben. Für das letztere genügen nicht rein formale Kennzeichen wie etwa die Bedingung, daß sich bestimmte Elemente mit einem auf sie bezüglichen bestimmten Wort zu einer bestimmten Handlung verbinden müssen, obschon auch dieser Gesichtspunkt eine gewisse Rolle spielt. Er könnte z.B. für die Frage wichtig werden, ob die poenitentia als Sakrament zu gelten habe. Doch ist dies vielleicht schon zu sehr aus dem traditionellen Sakramentsbegriff heraus gedacht. Ausschlaggebend scheint doch auf jeden Fall zu sein, worauf die Verbindlichkeit einer überlieferten kirchlichen Handlung beruht, die den Existenzgrund der Kirche, das Evangelium, zu repräsentieren und darum notwendig zur Existenz von Kirche zu gehören beansprucht. Nun ist die Frage, welche Handlungen dafür in Betracht kommen, vom Neuen Testament her durch die Dominanz von Taufe und Abendmahl offenbar so eindeutig entschieden, daß der Umschau nach weiteren derartigen Handlungen trotz der katholischen

Auffassung nicht allzuviel Gewicht beizumessen ist. Dagegen bleibt für Taufe und Abendmahl die Frage ihrer Autorisierung. Sie galt früher mit der Annahme der Einsetzung durch Jesus Christus als beantwortet. Ein Problem ist daraus erst durch deren historische Infragestellung geworden. Der Sachverhalt liegt in beiden Fällen recht verschieden.

Von einer Einsetzung der Taufe durch den historischen Jesus kann nicht die Rede sein. Sie wird dem Erhöhten in den Mund gelegt, aber auch dies nur an zwei sehr späten Stellen, in dem unechten Markus-Schluß (Mk 16,15f) und in dem Sendungsbefehl (Mt 28,19f), der wegen der trinitarischen Tauformel ebenfalls zur nachapostolischen Zeit zu rechnen ist. Für Paulus steht die Taufe selbstverständlich in Geltung, aber er führt für sie nicht wie beim Abendmahl ein Herrenwort an und betrachtet ihren Vollzug auch nicht als essentiellen Teil des Auftrags, der ihm durch Christus zuteil geworden ist (1. Kor 1,17). Abgesehen von einer nachträglich korrigierten Bemerkung im Johannesevangelium (3,22 4,1f) deutet nichts darauf, daß Jesus selbst getauft habe. Dagegen ist es eines der sicheren Daten seiner Vita, daß er sich der Johannestaufe unterzogen hat, wie vielleicht auch einige seiner Jünger. Abgesehen davon hat die Entstehung der christlichen Taufe zwei historische Fixpunkte: zum einen die Johannestaufe, mit der sie zweifellos in Zusammenhang steht, und zum andern die Tatsache, daß sie seit den frühesten Anfängen des Christentums praktiziert wurde, wie sich aus der Paulus-Überlieferung ergibt. Keine Spuren deuten darauf, daß sie je umstritten gewesen wäre. Freilich gibt es ebensowenig unmittelbare Spuren ihrer Entstehung. Eine Erklärung aus dem allgemeinen religionsgeschichtlichen Vorkommen religiöser Waschungen und Initiationsriten hat wenig für sich angesichts der deutlichen Beziehung zu der sehr eigenständigen Johannestaufe, mit der sie den eschatologischen Charakter, die Einmaligkeit und die fehlende Esoterik gemeinsam hat, von der sie sich aber dadurch unterscheidet, daß an die Stelle der Bindung an den Täufer und der Fortsetzung seiner Tätigkeit die Taufe auf den Namen Jesu Christi getreten ist. Damit hat sich auch die innere Ausrichtung verändert: aus einer reinen Bußtaufe, die vor dem Endgericht bewahren soll, ist die Übereignung an den Auferstandenen geworden, mit der zusammen als Angeld der heilige Geist zuteil wird.

Das Abendmahl, ursprünglich Herrenmahl genannt, ist dagegen überlieferungsmäßig fest und genau im Leben Jesu verankert: in dem Mahl mit seinen Jüngern „in der Nacht, da er verraten ward". Diese Datierung ergibt sich nicht nur aus den Berichten der Synoptiker. Sie ist sogar Bestandteil der von Paulus zitierten fest geprägten Paradosis (1. Kor 11,23–25), die ihm selbst wenige Jahre nach dem Tod Jesu übermittelt worden ist. Diese Überlieferung hat zu ihrem Kern die in der ersten Person formulierten Deuteworte Jesu zu Brot und Kelch, verbunden mit der Aufforderung, dies zu seinem Gedächtnis zu wiederholen. Der anscheinend so klare Befund läßt nun allerdings unter dem Mikroskop der Historiker mancherlei Schwierigkeiten erkennen. An der Historizität dieses letzten Mahls Jesu mit seinen Jüngern und der darin angesprochenen Beziehung auf seinen bevorstehenden Tod als einen Sühnetod zu zweifeln, besteht zwar kein Anlaß. Aber der ursprüngliche Wortlaut ist aus den bei Paulus und den Synoptikern erhaltenen vier Fassungen nicht mehr mit Sicherheit rekonstruierbar. Ob Jesus selbst die Stiftung eines regelmäßig zu wiederholenden Ritus beabsichtigt hat, ist zumindest fraglich und hängt von vielen anderen ungeklärt bleibenden Fragen des Übergangs vom historischen Jesus zur nachösterlichen Gemeinde zusammen. Daß es sich, wie die Synoptiker es darstellen, um ein Passahmahl handelt, läßt Paulus nicht erkennen und ist wohl eher unwahrscheinlich. Wieweit bei der Entstehung des Abendmahls als definitiver Institution die Erinnerung an die sonstige Tischgemeinschaft Jesu mit den Jüngern und mit solchen, die als unrein galten, eine konstitutive Rolle gespielt hat, muß ebenfalls offen bleiben. Das sind nur Beispiele einer Fülle historischer Detailfragen, die sich um die Entstehung des Abendmahls ranken. Man mag der Überlieferung mit mehr historischem Zutrauen gegenüberstehen, als es eine vielleicht allzu kritik- und hypothesenfreudige Forschung für richtig hält. Dennoch bleibt es auch in bezug auf das Abendmahl für die dogmatische Besinnung unmöglich, einfach von seiner Einsetzung durch Jesus auszugehen.

Die Autorisierung von Taufe und Abendmahl haftet dennoch an der Person Jesu, obwohl sie im Falle der Taufe sicher nicht und im Falle des Abendmahls nicht mit Sicherheit auf einer ausdrücklichen Stiftung durch ihn beruht. Die innere Verbindung ist dadurch gegeben, daß jede dieser beiden Handlungen auf eine ungewöhnlich herausgehobene Lebenssituation Jesu Bezug nimmt: auf den Anfang und auf das Ende seines Weges; auf seine Taufe, durch die der Johannestaufe ein neuer, über sie hinausführender Inhalt gegeben wurde, und auf seinen Abschied von den Jüngern, der darauf deutet, daß er sich ihnen nicht entzog, sondern sich für sie und an sie hingab, nicht allein ihnen zugute, sondern zur Weitergabe durch sie an alle. Mit diesem Festhalten und immer neuen Aufrichten gewissermaßen der Eckpfeiler des in den Tod dahingegebenen Lebens dessen, der als der Auferstandene Leben aus dem Tode empfangen hat und verheißt, wird die Summe dessen, was durch ihn geschehen ist, als ein weitergehendes Geschehen bezeugt und vollzogen. Die historisch gewährleistete Anordnung solcher Handlungen durch Jesus selbst könnte ihre Autorität ohnehin nur aus dem schöpfen, was sich durch sein Dasein ereignet und mitgeteilt hat. Die ausdrückliche Einsetzung durch ihn würde dem nichts hinzufügen, was durch ihn selbst in Kraft und in Gang gesetzt worden ist. Ihr Fehlen oder die Unsicherheit in bezug auf sie können sogar vor dem positivistischen Mißverständnis bewahren, welches diese Handlungen nur auf einen Befehl zurückführt, statt daß man sich in diesen Handlungen dem anbefiehlt und übergibt, was durch Jesus Christus der Welt gegeben ist. Aus der Macht dieses Angebots erwächst allerdings die Vollmacht eines Gebots, das aber nicht wie ein Zeremonialgesetz Erfüllung fordert, vielmehr dazu einlädt, dem Evangelium als der Erfüllung des Gesetzes Glauben zu schenken.

b) Die Gestalt

Taufe und Abendmahl haben dies gemeinsam, daß sie als elementare leibliche Vollzüge in geistlicher Hinsicht gewichtig und erheblich sind. Ihr Gehalt hat sich mit ihrer Gestalt eng vermählt. Ihre Leiblichkeit hat nicht den Charakter der Dinglichkeit. Sie eignet vielmehr dem Handlungsbezug um seiner Ausrichtung auf den menschlichen Leib willen, nicht in dessen abstrakter Unterscheidung von der Seele, sondern im Hinblick auf die leibhaftige Ganzheit der Person. Dadurch wahren die Sakramente den Zusammenhang mit allgemein menschlicher Erfahrung und auch mit allgemein religiöser Erfahrung. Die Grundvorgänge der Reinigung und der Ernährung erquicken und erfreuen den ganzen Menschen. Es verbindet sich darum mit ihnen mehr als die bloße physische Notwendigkeit. Die Reinigung dient dem Wohlbefinden des Einzelnen und macht ihn dem anderen angenehm. Sie spielt leicht hinüber in das Bedürfnis, sich von Befleckung und Sünde zu reinigen, um Gott angenehm zu sein. Die Nahrung kommt wohl ebenfalls primär dem eigenen Leib zugute. Wie die Reinigung des Äußeren muß auch die Nahrungsaufnahme in das Innere des Leibes an jedem selbst vollzogen werden. Hunger und Durst sind wie das Beschmutztsein Nötigungen, die jeden in eigener Person betreffen. Dennoch verbindet sich gerade mit dem Mahl das Gemeinschaftserlebnis, nicht aus rein praktischen Gründen, sondern weil das gemeinsame Essen und Trinken untereinander verbindet, indem es die Beteiligten mit dem verbindet, dessen sie alle bedürfen und an dem sie alle teilhaben dürfen. Darum gehört das Mahl auch zu den Grundformen religiöser Riten. Es schließt zusammen in dem gemeinsamen Verlangen nach einer Speise, die wahre Lebenskraft vermittelt. Und die Ausmalung der himmlischen Zukunft bevorzugt die Vorstellung eines Freudenmahls.

Nun liegt aber für Taufe und Abendmahl das Hauptgewicht keineswegs auf der Symbolik der Elemente und auf ihrer symbolischen Handhabung und erst recht nicht auf einer von der Handlung isolierten Einschätzung ihrer Substanz als solcher. Das Elementare an den Sakramenten betrifft – im Unterschied zu der traditionellen Benennung der hier verwendeten materiellen Dinge als Elemente – weit angemessener die Ganzheit der Handlung. Sie ist durch das Wort gestiftet und in ihr sind das Wasser, das Brot und der Wein so durch das Wort bestimmt und so in das Wort gefaßt, daß sie zu Trägern einer Mitteilung werden, die ihnen nicht von sich aus innewohnt. In diesem elementaren Vorgang geht die Christussituation in die eigene Situation ein und die eigene Situation in die Christussituation. Die Taufe wird zur Übereignung des Glaubenden an Christus und das Abendmahl zur Übereignung Christi an den Glaubenden. Man kann somit von der Gestalt dieser Handlungen gar nicht sprechen, ohne schon auf die Gabe zu stoßen, die durch sie zuteil wird. Dennoch sei die weitere Erörterung dieses Aspekts noch einen Augenblick zurückgestellt, um zum Gesichtspunkt der Gestalt noch einige Bemerkungen hinzuzufügen.

Darin erweisen Taufe und Abendmahl den Vorzug, der den Riten eigen ist, daß sie von feststehender Gestalt sind, festgelegt sowohl auf bestimmte Formeln wie auf bestimmte Handlungsabläufe. Was daran problematisch erscheinen könnte, wird dadurch aufgewogen, daß die Christussituation in ihrem Bezug auf die Empfängersituation und die Empfängersituation in ihrem Bezug auf die Christussituation von unerschöpflichem Bedeutungsgehalt sind. Deshalb stellt die gleichbleibende Gestalt von Taufe und Abendmahl nicht eine ermüdende Wiederholung und eine Verarmung dar. Im Gegenteil, ihr kommt eine gar nicht hoch genug zu schätzende Situationsüberlegenheit zu in Hinsicht auf den steten Wandel des jeweils Aktuellen und in bezug auf das Bedürfnis, mit ihm Schritt zu halten. Die Predigt ist überaus situationsempfindlich, und sie soll es auch sein. Sie soll immer wieder neu werden, je nachdem, was die Stunde geschlagen hat und wem und wie das Evangelium zu sagen an der Zeit ist. In dieser Situationsempfindlichkeit liegt die Stärke, aber auch die Gefährdetheit der Predigt. Die Stärke insofern, als es ihr gelingen kann, die Situation entscheidend zu verändern und eine neue Situation zu schaffen. Die Gefährdetheit insofern, als sie hinter der jeweiligen Situation zurückbleiben und sie verfehlen, ihr verfallen und unterliegen kann. Die Predigt muß immer erst wieder von Grund auf neu Gestalt gewinnen und bleibt oft genug kontur- und gestaltlos, geschweige denn, daß eine umgestaltende Wirkung von ihr ausgeht. Das Sakrament dagegen bringt gewissermaßen seine eigene Siutationsgestalt mit sich. Es erscheint darum zeitlos und fremd. Es geht dann auch tatsächlich an der Zeit und ihren Nöten vorbei und wird zu einem belanglosen Fremdkörper, wenn ihm nicht die der Situation zugewandte Predigt voraus- und zur Seite geht. Dann aber, wenn dies der Fall ist, kommt dem Sakrament eine solche Situationsüberlegenheit zu, die bei allem Anschein der Situationsferne doch eminent situationsbezogen ist, wie eine Herberge bei allem Wind und Wetter Schutz bietet oder wie ein

Ring an der Hand daran erinnert, wem man bei allen Wandlungen des Lebens ein für allemal gehört. Diese Situationsüberlegenheit des Sakraments ist darin begründet, daß dem, der an Christus glaubt, in jeder Situation das Erinnertwerden an diesen Grund des Glaubens und das Versetztwerden in die durch Christus bestimmte Grundsituation dazu helfen kann, die gegenwärtige Situation durchzustehen und zu bestehen, ihr standzuhalten, ihr Widerstand zu leisten oder auch sich von ihr völlig freizumachen, je nachdem, wozu das Sein in Christus der jeweiligen Situation gegenüber ermächtigt.

Zur Gestalt der Sakramente im einzelnen sei jetzt nur weniges bemerkt, nicht nur deshalb, weil die Dogmatik nicht Liturgik ist, sondern vor allem auch aus folgendem Grund. Die Dogmatik muß an dasjenige erinnern, was den liturgischen Vollzug im einzelnen bei aller Sorgfalt auf das Schlichteste, weil auf das Wesentliche, ausgerichtet sein läßt und was ihm bei aller Bindung an die unabdingbare Gestalt des Sakraments doch zu evangelischer Freiheit verhilft.

Daß die Taufe ursprünglich in fließendem Wasser und wohl durch das Eintreten des Täuflings und ein einmaliges Übergießen vollzogen wurde, bedeutet keinen Zwang zur Wiederherstellung dieser Taufform. Jeder Versuch sensationeller Liturgisierung droht vom Wesentlichen abzulenken. Ebensowenig bestünde ein Anlaß, ja auch nur ein Recht dazu, die ursprüngliche Tauffomel auf den Namen Jesu Christi repristinierend wieder an die Stelle der trinitarischen Tauffomel zu setzen. Mit dieser hat die christliche Bekenntnisbildung eine unaufgebbare Präzisierung erfahren, und an ihr hängt die ökumenische Gestalt des Taufakts. Die Taufe kann im übrigen jeweils nur am Einzelnen vollzogen werden. Sie macht den Täufling geradezu zum Einzelnen, indem er persönlich daraufhin mit Namen angesprochen wird, daß seine Übereignung an Christus etwas Definitives ist.

An der Gestalt des Abendmahls haften von seiner Geschichte her schwierigere Fragen. Auch hier gilt es zunächst, vor Repristinationsversuchen zu warnen. Die paulinische Einsetzungsformel läßt eine ursprüngliche Trennung von Brotwort und Kelchwort durch ein zwischen ihnen liegendes Mahl erkennen. Und die korinthischen Mißstände beim Herrenmahl erwuchsen aus der unmittelbaren Hintereinanderschaltung der sogenannten Agape als eines Sättigungsmahles und der eigentlichen sakramentalen Feier (1. Kor 11,17–34). Die Wiederherstellung der Sitte einer solchen Agape mag erwägenswert sein. Sie darf aber nicht die Sakramentshandlung als solche konkurrenzieren oder in sich aufsaugen wollen. Im übrigen wird man die Frage der Art des Brotes – ob gewöhnliches gesäuertes Brot oder die besondere ungesäuerte Hostie – und sogar die Ersetzung von Wein durch ungegorenen Traubensaft nicht als so schwerwiegend ansehen, daß davon die Gültigkeit des

Sakraments abhinge, obschon liturgisches Taktempfinden bei solchen Fragen den Ausschlag geben sollte. Sogar die konfessionsgeschichtlich so brisante Frage der communio sub una oder sub utraque specie fällt, genau genommen, unter diesen Gesichtspunkt. Denn die Sakramentsgabe verteilt sich nicht auf Brot und Wein. In beidem vollzieht sich dasselbe: die Übereignung Christi und die Teilhabe an ihm. Wer nur das Brot empfängt, empfängt nicht sozusagen nur die Hälfte. Aber auch hier ist es eine Frage des Respekts vor der Ganzheit der sakramentalen Handlung, daß dem Einsetzungswort entsprechend auch der Empfang der Gaben ungeteilt ist.

c) Die Gabe

Wie die Bemerkungen zur Gestalt des Sakraments schon von seiner Gabe zu sprechen veranlaßten, so muß nun die ausdrückliche Hinwendung zu diesem Thema auch noch einen Gesichtspunkt berühren, der die Gestalt des Sakraments betrifft. Die Sakramente sind Empfangshandlungen. Darin ist etwas begründet, was uns von der Sakramentspraxis her so selbstverständlich ist, daß wir ihm kaum noch Beachtung widmen. Niemand kann ein Sakrament an sich selbst vollziehen. Weder kann sich jemand selbst taufen, noch kann jemand für sich allein das Abendmahl feiern. Man wird getauft, und man nimmt sich nicht selbst Brot und Wein, sondern läßt sie sich geben.

Die Unmöglichkeit des Selbstvollzugs mag zu der Überlegung Anlaß gegeben haben, daß im äußersten Notfall auch ein Ungetaufter den Taufakt, wenn er begehrt wird, vollziehen kann. Dadurch wird zugleich unterstrichen, daß nicht die Qualifikation des Taufenden die Gültigkeit der Taufe konstituiert. Man wird sich freilich zu jenem konstruierten Notfall auch andere Gedanken machen können: ob nicht der Taufe eine falsche Einschätzung zuteil wird, wenn in casu mortis schnell noch ein Ungetaufter diesen Dienst am Sterbenden versehen soll, damit er nicht ungetauft sterbe. Man möchte es für angemessener halten, daß die Taufe – anstelle der im Weihesakrament verankerten apostolischen Sukzession – die Sukzession als Sukzession der Getauften repräsentiert und gewährleistet. So eindrücklich freilich die Vorstellung ist, daß durch die Weitergabe der Taufe wohl faktisch ein nahezu lückenloser und geradezu leiblicher Zusammenhang vom Urchristentum bis in die Gegenwart hinein besteht, wird man sich doch durch die theoretische Möglichkeit nicht irritieren lassen, daß in dieser Kette irgendwo einmal doch ein Glied fehlt und die Sukzession der Taufe durch einen Ungetauften zugleich unterbrochen und hergestellt worden ist. Eines ist jedoch auf jeden Fall festzuhalten: Im Unterschied zur Johannestaufe kommt bei der christlichen Taufe dem Täufer kein eigenes Gewicht zu, wie dies auch Paulus den korinthischen Parteiungen gegenüber geltend macht

(1. Kor 1,11–17). Besteht die Beziehung des Taufgeschehens auf das Christusgeschehen von Tod und Auferstehung zu Recht (Röm 6,3–5), woran die Beziehung auf Jesu eigene Taufe erinnert und was der ausdrückliche Vollzug der Taufe auf seinen Namen als das Entscheidende hervorhebt, so ist der eigentliche Spender des Sakraments Christus selbst oder, trinitarisch gesprochen: Gott selbst, während der den Taufakt vollziehende Täufer nichts anderes als ein Instrument des göttlichen Handelns ist, das selbst der Taufe bedarf.

Der Gedanke einer Selbstkommunion ist im Blick auf die priesterliche Zelebration der Messe, insbesondere wenn sie ohne Gemeinde geschieht, durchaus nicht die Konstruktion eines theoretischen Grenzfalls, obwohl der Sachverhalt in katholischer Interpretation gegen naheliegende Einwände abgeschirmt wird. Bei der evangelischen Abendmahlsfeier stellt sich das Problem der Selbstkommunion infolge einer wohl nur im lutherischen Bereich begegnenden exklusiven Bindung der Sakramentsspendung an die Ordination. Es ist wohl begreiflich, daß man der Gefahr einer wild wuchernden Abendmahlspraxis durch eine entsprechende Kirchenordnung zu wehren sucht, welche die Sakramentsverwaltung ausschließlich dem rite vocatus vorbehält, auch ohne dies mit einer sakramental verliehenen Weihegewalt zu begründen. Dennoch ist es nicht unproblematisch, wenn in einer evangelischen Abendmahlsfeier der Pfarrer, der sie leitet, entweder selbst gar nicht kommuniziert oder sich sozusagen selbst bedient, anstatt sich Brot und Wein durch einen Nichtordinierten reichen zu lassen.

Was nun die Gabe des Sakraments betrifft, so müssen sich alle Erörterungen darüber nach dem einen Grund-Satz richten: Das Sakrament verleiht keine andere Gabe, als sie das mündliche Wort verleiht; aber es verleiht sie anders als dieses. Dies als Richtschnur evangelischen Sakramentsverständnisses aufzustellen, erscheint allerdings aus zwei Gründen problematisch. Zum einen scheint dadurch der Unterschied zwischen Taufe und Abendmahl in bezug auf ihre spezifischen Wirkungen nivelliert zu werden, während doch der Taufe außer der Sündenvergebung die Verleihung des heiligen Geistes zugeschrieben wird und das Abendmahl seine Sonderstellung in der wie immer gedeuteten Realpräsenz Christi und der Teilhabe an seinem Leib und Blut hat. Zum andern scheint durch die Gleichstellung mit der Wirkung des mündlichen Wortes das Sakrament im Grunde überflüssig geworden zu sein, wenn es nicht sogar dem Wort gegenüber dadurch abgewertet wird, daß es nicht für sich allein stehen kann, sondern seinen legitimen Ort nur da hat, wo das Wort bereits ergangen und sein Werk getan ist. Das Dilemma, das sich hier ergibt, muß sich von daher auflösen, was es in bezug auf das Wirken des Sakraments besagt, daß hier keine andere Gabe, wohl aber die eine Gabe des Evangeliums anders verliehen wird.

Das hängt mit der anscheinend äußerlichen Tatsache zusammen, daß die Taufe an einem und demselben nur ein einziges Mal vollziehbar, das Abendmahl hingegen dem Getauften zu immer neuer Teilnahme angeboten ist. Doch soll darauf erst in dem Schlußteil eingegangen werden. Zunächst sei im Sinne jenes Grund-Satzes zur Frage der Sakramentsgabe folgendes hervorgehoben.

Mögen auch der Taufe anscheinend spezielle Gaben wie Vergebung aller Sünde oder Verleihung des Geistes zugeschrieben werden, so stellt dies doch nur die Konkretisierung dessen dar, daß sie das Sein in Christus definitiv begründet. Auf den Namen Jesu Christi getauft sein heißt, auf Christus oder geradezu in ihn hinein getauft sein (Röm 6,3 Gal 3,27 vgl. 2. Kor 1,21), in seinen Tod getauft sein (Röm 6,3–5), Christus anziehen (Gal 3,27 vgl. Röm 13,14) und zu einem einzigen Leibe getauft werden (1. Kor 12,13), so daß alle Getauften ein einziger sind in Christus (Gal 3,28). Wie also die Taufe in Christus hineinstellt, so besteht auch die Wirkung des Abendmahls in dem Teilgeben an Christus, und zwar an dem Gekreuzigten, dem zum Sühneopfer Gewordenen. „Gibt uns der Segensbecher, über den wir den Segen sprechen, nicht teil am Blute Christi? Gibt uns das Brot, das wir brechen, nicht teil am Leibe Christi?“ (1. Kor 10,16). Wie sollte dies nicht ebenfalls Zuspruch der Sündenvergebung und Begabung mit dem heiligen Geist in sich schließen? Auch hier klingt sogleich die Einverleibung in Christus an: „Weil es ein Brot ist, sind wir Vielen ein Leib; denn wir alle empfangen unseren Anteil von dem einen Brot.“ (1. Kor 10,17) Christus anzugehören, ist aber wiederum nichts anderes, als was durch den Glauben wirklich wird, der aus dem Hören der Botschaft kommt. So ergibt sich also als das Spezifische des Sakraments zunächst nichts anderes als dies: Durch die Taufe wie durch das Abendmahl ereignet sich dasjenige, was der Glaube ist, nämlich Sein in Christus, in der Weise leiblicher Handlung als Einbeziehung in bestimmte Situationen des Lebens Jesu, und zwar in diejenigen, in denen sich sein Leben und Sterben als ein Ganzes darstellt, als Hingabe für die anderen.

d) Die Gemeinde

Der Gesichtspunkt der Leiblichkeit begegnet im Zusammenhang mit dem Sakrament in mehrfacher Hinsicht: als die Leiblichkeit der Handlung, die darauf Bezug nimmt, was Jesus Christus selbst in seiner Leiblichkeit erfahren hat; insbesondere als die Teilhabe am Leibe Christi im Abendmahl sowie als das Zu-einem-Leibe-Werden durch die Taufe. Wenn auch diese verschiedenen Aspekte zu unterscheiden und nicht ineins zu mengen sind, so konvergieren sie doch aufeinander. Das führt auf die ohnehin evidente Tatsache, daß zwischen dem Sakrament als der Besiegelung des Seins in Christus und der Kirche als dem Leib Christi ein außerordentlich enger Zusammenhang besteht. Von dieser schon in den nächsten Paragraphen hinüberweisenden Thematik seien vorausgreifend doch schon drei Punkte hervorgehoben, die für das Sakramentsverständnis wichtig sind.

Zum einen: Kirche konstituiert sich als geschichtliche Institution erst durch die Sakramente. Die Taufe setzt und bestätigt geradezu in der Weise eines Rechtsaktes die Zugehörigkeit zum Leibe Christi. Das Abendmahl läßt die Gemeinde als solche in Erscheinung treten. An die Stelle fluktuierender Unverbindlichkeit des Hörens der Verkündigung tritt das gegliederte Ganze einer sich kontinuierlich zum Gottesdienst versammelnden Gemeinde. Ihre innere Struktur ist davon bestimmt, daß hier durch die Taufe zu einem Leibe alle Trennwände der religiös-volkhaften Herkunft, des Geschlechts und des sozialen Standes aufgehoben sind und der einzige Unterschied der des Charismas und des gegenseitigen Dienstes ist.

Zum andern: Die Gemeinde ist darum auch der Ort, wo die Sakramente vollzogen werden. Sie sind nicht beliebig irgendwann und irgendwo zu begehen. Sie rufen nach einer bestimmten Ordnung und Regelung der Zuständigkeiten. Die Taufe gehört darum prinzipiell ebenso wie die Feier des Abendmahls in den Gemeindegottesdienst. Hinsichtlich der liturgischen Konsequenzen, die daraus zu ziehen sind, ist freilich vor Prinzipienreiterei zu warnen. Das gilt z.B. im Hinblick auf die zuweilen peinlichen, obschon gut gemeinten Versuche, die Predigtgemeinde durch eine Art Überrumpelung zu nötigen, geschlossen, wenn auch nicht unbedingt kommunizierend, am Abendmahl teilzunehmen.

Schließlich: Die Sakramente markieren in bezug auf das Problem der Kircheneinheit extreme Aspekte. Die Taufe ist das widerstandsfähigste Band innerhalb der Ökumene gegenüber aller Kirchenspaltung. Die rite vollzogene Taufe begründet die Zugehörigkeit nicht zu einer Partikularkirche, sondern zum Leibe Christi und so zur Kirche insgesamt. Weder beim Wechsel von einer Kirche zur andern noch bei einem Wiedereintritt nach erfolgtem Austritt ist die Taufe zu wiederholen. Allenfalls ist sie sub conditione zu vollziehen, falls es nicht sicher ist, ob sie überhaupt oder ob sie in der legitimen Form vollzogen worden ist. Diese universale Geltung der Taufe schließt nicht aus, daß sich die konfessionellen Gegensätze auch auf das Taufverständnis erstrecken. Dennoch kann das Faktum dieses ökumenischen Bandes nicht hoch genug eingeschätzt werden. Das Abendmahl dagegen ist die empfindlichste und zerbrechlichste Institution der Christenheit. Kommt es zur Kirchentrennung, so dokumentiert sie sich als Aufhebung der Abendmahlsgemeinschaft, und zwar oft genug so, daß der Streit um das Verständnis des Abendmahls selbst den Grund abgibt für die Trennung am Tisch des Herrn. Umgekehrt haben die Bemühungen um kirchliche Wiedervereinigung bei der Herstellung der Abendmahlsgemeinschaft ihre schwierigste Probe zu bestehen. Hier greifen gegensätzliche Motive ineinander. Auf der einen Seite ist eine so tief in der jeweiligen kirchlichen Tradition verankerte und so sehr in die Empfindungen und das Unterbewußtsein einwirkende Handlung wie das Abendmahl sozusagen ein Hort interkirchlicher Allergien. Auf der anderen Seite erfährt hier in der Tat das Verständnis christlichen Glaubens eine derart konzentrische Verdichtung, daß sich begreiflicherweise daran die Gegensätze besonders leicht entzünden. Jedenfalls war dies in früherer Zeit so. Ob freilich die heutige Neigung zu großzügiger Sakramentsgemeinschaft sowie zur Lässigkeit in experimentierendem Umgang mit den Sakramenten (z.B. Kinderkommunion, aber nicht Kindertaufe!) als Zeichen von Glaubensstärke und theologischer Klarheit anzusehen ist, läßt sich bezweifeln. Dennoch ist die darin zum Ausdruck kommende Sehnsucht als Ausrufungs- und Fragezeichen in ekklesiologischer Hinsicht ernst zu nehmen. Es gibt Situationen, etwa in einem Gefangenenlager, in denen die konfessionellen Schranken völlig dahinfallen und die Abendmahlsgemeinschaft über die Kirchengrenzen hinweg zu einer Selbstverständlichkeit wird. Solche Erfahrungen lassen sich aber nicht ohne weiteres in veränderte Umstände hinein konservieren. Es könnte jedoch sein, daß sich die Christenheit weltweit in einem so tiefgreifenden Umbruch ihrer Gesamtsituation befindet, daß auch für das Begehen des Abendmahls daraus Folgen erwachsen.

III. Die Bedeutung von Taufe und Abendmahl für das Sein in Christus

Wenn nun noch einmal im Sinne eines knappen Summars auf Hauptgesichtspunkte hingewiesen werden soll, an die man sich zum Verständnis von Taufe und Abendmahl zu halten hat, so wird damit ein Doppeltes beabsichtigt: Zum einen soll ein Anhalt dafür gegeben werden, was die Lebensrelevanz jedes der beiden Sakramente ist. Sind sie doch nicht dazu da, zum Gegenstand theologischen Scharfsinns zu werden, sondern dazu, in der Einfalt des Glaubens empfangen zu werden. Damit deutlich wird, wozu die unumgängliche Bemühung um eine rechte Sakramentslehre dient, soll darum zum Schluß auf den Lebensbezug verwiesen werden, der für den Umgang mit Taufe und Abendmahl ausschlaggebend ist. Zum andern ist vorgesehen, gerade in diesen Versuch, zum Schlichtesten zurückzulenken, die Erwähnung derjenigen Probleme mit aufzunehmen, die in bezug auf diese beiden Sakramente die strittigsten und dornigsten sind. Für die Taufe ist dies das Problem der Kindertaufe, für das Abendmahl das Problem der

Realpräsenz. Die Absicht ist dabei nicht, diese Themen zu verharmlosen, indem sie bei der Konzentration auf das Wesentliche sozusagen nur noch am Rande als unwesentlich berührt werden. Im Gegenteil, dadurch, daß sie an dieser Stelle einbezogen werden, wird bestätigt, welches Gewicht ihnen zukommt. Das Verständnis der Kindertaufe wird zum Test des Taufverständnisses überhaupt. Und an dem, was das Stichwort Realpräsenz meint, hängt das Verständnis des Abendmahls. Indem nun aber beide Themen nicht, wie es ihnen durchaus gebührte, mit monographischer Ausführlichkeit erörtert werden, sondern von dem abschließenden Gedankengang her nur kurz angeleuchtet werden, sollen sie von der Ebene der theologischen Diskussion in den ihnen zukommenden Lebenszusammenhang versetzt werden.

Als Leitfaden dieses zusammenfassenden Gedankengangs dient der Gesichtspunkt der Einmaligkeit, der für beide Sakramente in verschiedener Weise in Betracht kommt.

1. Die Einmaligkeit der Taufe und das andauernde Leben in der Taufe

Die Einmaligkeit und Unwiederholbarkeit des Taufvollzugs läßt sich nicht von daher bestimmen, was in dem Moment des Taufakts an Wirkung im Getauften gesetzt oder durch den Getauften erlebt und bekannt wird. Die biographische Punktualisierung oder psychologische Aufblähung des Taufgeschehens kann nur zu seiner Abwertung führen. Die schlechthinnige Einmaligkeit kann darum nicht in dem menschlichen Ja des Getauften, sondern nur in dem göttlichen Ja zum Getauften gründen. Daß in nicht rückgängig zu machender Weise über den zur Taufe Kommenden die Zusage der Einverleibung in Christus ausgesprochen und durch ein denkbar schlichtes Zeichen leiblich vollzogen wird, besagt, daß nun das ganze Leben des Getauften ein Leben in der Taufe ist. Was in dem Moment des Taufakts als ein schnell vorübergehender und anscheinend unbedeutender Vorgang abläuft, das ist die Vorwegnahme dessen, was das ganze Leben hindurch als Sterben und Auferstehen mit Christus durch den heiligen Geist praktiziert wird. Deshalb bedarf es keines ergänzenden Bußsakraments, um die Sünde nach der Taufe wieder zu reparieren. Es bedarf vielmehr der andauernden und immer wieder zur Taufe zurückkehrenden Bejahung der Verheißung, unter deren Zeichen das Leben ein für allemal gestellt ist. So ist das Taufverständnis das genaue Korrelat zum Rechtfertigungsverständnis.

Damit steht die Kindertaufe in vollem Einklang. Gerade weil die Taufe das Leben als ganzes betrifft und nicht im Ja des Getauften gründet, ist der Zeitpunkt der Taufe relativ gleichgültig. Es stellt ohnehin eine Illusion dar, als könnten je der Taufakt und das volle Ja des Getauften uneingeschränkt zur Deckung kommen. Der Taufaufschub bis zur eigenen Entscheidungsreife droht zu skrupelhafter Selbstreflexion zu führen, wann man zur Taufe reif sei, und so gerade den eigentlichen Skopus der Taufe zu gefährden. Diese entschiedene Bejahung der Kindertaufe steht allerdings unter zwei Vorbehalten. Zum einen muß man sich jeden Versuch eines direkten Schriftbeweises für sie aus dem Sinn schlagen. Die Kindertaufe ist aller Wahrscheinlichkeit nach erst im dritten Jahrhundert aufgekommen im Gefolge der geschichtlichen Konsolidierung der Kirche trotz der gerade nun besonders heftig einsetzenden Christenverfolgungen. Das theologische Recht der Kindertaufe gründet jedoch in einer sinnvollen Beziehung des neutestamentlichen Taufverständnisses auf die entstehende volkskirchliche Situation. Zum andern hängt die Vertretbarkeit der Kindertaufe an den kirchlichen Umständen: ob seitens der für die Kinder Verantwortlichen und ebenfalls seitens der für die Kirche im ganzen Verantwortlichen nach menschlichem Ermessen die Fortsetzung des auf jeden Fall im Taufakt lautwerdenden Bekenntnisses dem heranwachsenden Kind gegenüber gewährleistet ist. Dazu bedarf es keineswegs notwendig der im gängigen Sinne volkskirchlichen Verhältnisse. Sie können sogar in bezug auf die Legitimität der Kindertaufe hemmend wirken, während in einer sogenannten Freikirche die Praxis der Kindertaufe ein weit höheres Recht haben könnte. Auf jeden Fall sollte es unter den heutigen kirchlichen Verhältnissen, die hinsichtlich der Öffentlichkeitsgeltung so sehr im Umbruch begriffen sind, zum Normalzustand gehören, daß die Erwachsenentaufe ebenso vertraut ist und geübt wird wie die Kindertaufe. Dagegen sind die Versuche, die Kindertaufe durch eine Darbringung oder Segnung zu ersetzen, deswegen fragwürdig, weil sie die eigentlichen Probleme nicht lösen, sondern verschieben. Im übrigen gilt hier wie in allen Fragen kirchlicher Reform, daß der Ansatzpunkt von Erneuerung nicht die Einführung neuer Institutionen ist, sondern die vertiefte Besinnung auf das, was der Christenheit faktisch gegeben ist.

2. Die wiederholte Begehung des Abendmahls und die Einmaligkeit des Todes Christi

Im Unterschied zur strikten Einmaligkeit der Taufe ist das Abendmahl zu ständiger Wiederholung bestimmt. Jedoch hat es in zweifacher Hinsicht am Gesichtspunkt der Einmaligkeit teil. Einerseits ist es auf dasjenige bezogen, was ein für allemal durch den Kreuzestod Jesu geschehen ist. Wenn auch die katholische Auffassung vom Meßopfer in korrekter theologischer Interpretation den Gedanken einer Wiederholung des Opfers Christi abweist, so bleibt doch durch Art und Funktion der Messe der Anschein bestehen, als überwuchere dasjenige, was ständig neu durch den Priester geschieht, das, was ein für allemal durch

Christus geschehen ist. Der perfektische Charakter des „für euch", des Hingegebenseins des Leibes, des Vergossenseins des Blutes, der Aufrichtung des neuen Bundes, des Bezugspunktes der Anamnese, alles dessen, was die Einsetzungsworte unterstreichen, läßt die ständige Wiederholung der Abendmahlsfeier zur Verkündigung des ein für allemal Geschehenen werden. Anderseits ist das Abendmahl jedoch auf die Einmaligkeit der Taufe bezogen. Der Zusammenhang von Taufe und Abendmahl scheint insofern ein äußerlicher und rechtlicher zu sein, als nur die Getauften Zugang zum Abendmahl haben. Dem kommt nun aber in Wahrheit die tiefe Bedeutung zu, daß das Abendmahl nichts anderes ist als die immer wiederholte confessio zu dem, was in der Taufe verheißen ist. Die Einmaligkeit der Taufe schützt das wiederholte Abendmahl vor der Verwechslung mit einer Mysterienfeier, durch die den Teilnehmern geheime neue Kräfte vermittelt werden. Was im Abendmahl empfangen wird, bestätigt nur das, was in der Taufe empfangen ist. Aber wer um die Gebrechlichkeit des Getauften und die Permanenz des Lebens in der Taufe weiß, wird dankbar nach dem greifen, was den Glaubenden seines Glaubensgrundes vergewissert. Deshalb korrespondiert der Bezug auf die Einmaligkeit der Taufe dem Bezug auf die Einmaligkeit des Todes Christi. Und beides trifft sich in dem Bezug auf die Gegenwart.

Indem das Abendmahl an das Perfekt des Christusgeschehens erinnert, geht es in ihm um die Präsenz Christi. Die mühsamen konfessionellen Auseinandersetzungen, nicht nur mit der römischen Kirche, sondern auch innerhalb des Protestantismus, um die Art dieser Präsenz, sind heute nur mit großem Aufwand an historischer Kenntnis und Einführung nachzuvollziehen. Daß es in ihnen dennoch nicht um Bagatellprobleme ging, sei nun in der Konzentration auf das Entscheidende durch Abgrenzung nach zwei Seiten hin verdeutlicht. Auf der einen Seite wäre es eine bedenkliche Gefährdung der Christologie, wenn die Gegenwart Christi im Abendmahl allein dem Erhöhten zugeschrieben wäre, nicht aber, gerade weil dem Erhöhten, dem Menschgewordenen in seiner Leibhaftigkeit und seinem Leiden. Es würde die Einheit der Person Christi zerreißen, wenn man vom Abendmahl allein die Präsenz Christi seiner göttlichen Natur nach behauptete und nicht in eins mit ihr die seiner menschlichen Natur, um diese Termini der altkirchlichen Christologie zu verwenden. Daß sich die innerprotestantischen Auseinandersetzungen um das Abendmahlsverständnis in überaus subtiler Weise darum bemüht haben, mit den ontologischen Denkmitteln der Zweinaturenlehre die Präsenz Christi im Abendmahl zu bestimmen, hat gewiß auch zu einem trostlosen Aneinandervorbeireden und zu abstrusen Konsequenzen geführt. Jedoch sind dabei dennoch echte Verstehensgegensätze zum Austrag gekommen. Es besteht Grund zu der Hoffnung, daß es mittels differenzierterer Exegese und von einem angemesseneren Wirklichkeitsverständnis aus gelingt, den unaufgebbaren Sinn der Realpräsenz theologisch so auszusagen, daß sich dadurch die herkömmlichen Differenzen erledigen. Mit bloßer Vergleichgültigung wird hier allerdings nur ein schlechter Konsens erzielt.

Auf der anderen Seite bedeutet es ebenfalls eine bedenkliche Gefährdung der Christologie, wenn die Gegenwart Christi im Abendmahl in einseitiger Ausrichtung auf die Elemente durch die Annahme ihrer Transsubstantiation gesichert werden soll, wobei diesem Wunder noch das andere zur Seite treten muß, daß trotz gewandelter Substanz die Akzidentien unverändert dieselben bleiben. Die Wandlung der Abendmahlselemente in Leib und Blut Christi widerspricht zwar nicht direkt dem „unwandelbar" *(atreptos)*, mit dem das Chalcedonense das Verhältnis der menschlichen und der göttlichen Natur Christi in der unio hypostatica zueinander kennzeichnet (§ 18 B I 2, s. Bd. II, 77 ff). Dennoch verrät die Transsubstantiationslehre auf sakramentaler Ebene eine Tendenz, die der kryptomonophysitischen Tendenz analog ist, wie sie trotz aller gegenteiliger Beteuerungen in der orthodoxen Christologie doch immer wieder durchschlägt. Gewiß kann man zu einem Teil auch die Denkformen, die hier in Anspruch genommen sind, um die Gegenwart Christi zu interpretieren, für diese Auffassung entschuldigend verantwortlich machen. Aber der Differenzpunkt sitzt tiefer. Er verrät sich nicht nur daran, daß sich das Interesse den Elementen als solchen zuwendet, so daß sie losgelöst vom Ganzen der Handlung, also extra usum sacramenti, ihr Eigengewicht erhalten. Er zeigt sich vor allem an dem dabei leitenden Heilsverständnis. Der Auffassung von der Wandlung der Abendmahlselemente entspricht die Auffassung von der qualitativen Wandlung des Menschen selbst durch das Gnadengeschehen. Wenn Karl Rahner die Polemik gegen die evangelische Abendmahlsauffassung auf die Formel bringt: „Gott bleibt im Himmel; da, wo das Brot ist, geschieht nichts"[22], so geht dies zwar am rechten evangelischen Verständnis in geradezu fahrlässiger Weise vorbei, aber es läßt auch ganz zu Recht erkennen, wie tief die konfessionelle Differenz immer noch ist in bezug auf das, was es heißt „wo das Brot ist" und was „geschehen" hier besagt. Die Verschiedenheit zwischen katholischer Lehre von der Gnade solo sacramento und evangelischem Verständnis von der Rechtfertigung solo verbo – sola fide wird hier anschaulich.

---

[22] K. Rahner, Die Gegenwart Christi im Sakrament des Herrenmahles, in: Ders., Schriften zur Theologie Bd. IV, 1961², (357–397) 380.

3. Taufe und Abendmahl als Wegzeichen des heiligen Geistes

Mit der Wendung „Wegzeichen des heiligen Geistes" soll eine Hilfe angeboten sein, die Grundbedeutung von Taufe und Abendmahl aufzusuchen. In Anknüpfung an das traditionelle Sakramentsverständnis nimmt sie den Zeichenbegriff auf. Er ist hier aber nicht auf die sogenannten Elemente eingeengt, sondern auf die elementare Ganzheit dessen bezogen, worum es in Taufe und Abendmahl geht. In dieser Ausrichtung hat das Zeichen den Sinn von Wortzeichen oder Verheißungszeichen. Durch den Hinweis auf den heiligen Geist ist auf die Frage nach der Wirksamkeit der Sakramente eine Antwort gegeben. Sie besteht einerseits darin, daß die Einverleibung in Christus und die Teilhabe an seiner leibhaftigen Gegenwart nicht in dem Glauben des Empfängers gründet, sondern in der Verheißung, auf die sich die sakramentale Handlung beruft. Die Wirksamkeit der Sakramente besteht anderseits darin, daß dieses „objektive" Sakramentsgeschehen nur kraft des heiligen Geistes zum Heil dient. Durch den Ausdruck Wegzeichen endlich wird dies angedeutet: Wer sich an Taufe und Abendmahl hält, ist auf sein Unterwegssein angesprochen, auf das Leben als ganzes bis in den Tod hinein. Für dieses Unterwegssein wird ihm die Vergewisserung zugesprochen, in Christus zu sein.

§ 36 Die Gemeinschaft des Glaubens

Die Aufgabe, die sich mit dem Stichwort „die Gemeinschaft des Glaubens" stellt, wäre schlecht erfaßt, wenn der Schwerpunkt darin liegen sollte, die Brücke vom einzelnen Glaubenden zur Kirche zu schlagen. Die Frage, wozu es denn auch noch der Kirche bedürfe, wird zwar häufig aufgeworfen und im folgenden auch indirekt beantwortet. Aber es ist eigentlich eine törichte Frage. Wer mit dem Glauben in Berührung gekommen ist, befindet sich schon im Wirkungsbereich der Kirche. Sie ist nicht der nachträgliche und zusätzliche Zusammenschluß der Glaubenden, sondern diejenige geschichtliche Wirklichkeit, die dem, der zum Glauben kommt, immer schon vorausliegt und ihn als Glaubenden in sich einbezieht. So entschieden das Glauben selbst Sache des Einzelnen ist, geht es doch aus einem Kommunikationsgeschehen des Glaubens hervor und nimmt seinerseits daran teil. Mit Bedacht wurde nicht formuliert: Gemeinschaft der Glaubenden, sondern: Gemeinschaft des Glaubens. Das erste hat auch seine Wahrheit. Aber das zweite setzt tiefer und umfassender an. Der Glaube, der sich an Jesus Christus hält und sich dem heiligen Geist auf das Wort des Glaubens hin verdankt, ist wesenhaft von geschichtlicher Dimension. Zu ihm gehören der nicht bloß gedankliche, sondern lebensmäßig verlaufende Zusammenhang von seinem geschichtlichen Ursprungsgeschehen her sowie der geschichtlich weitergehende Sprach- und Lebenszusammenhang derer, die an ihm teilhaben. Der Glaube kommt nie von allein, und er läßt nie allein. Wer glaubt, steht in der geschichtlichen Gemeinschaft des Glaubens.

Durch die Zuwendung zu diesem Thema gerät nun allerdings die Rechenschaft über den christlichen Glauben in besonderem Maße in die Turbulenz der Geschichte. Mit Geschichtlichem hat die Dogmatik zwar ständig zu tun: mit den biblischen Texten und dem Geschehen, von dem sie berichten, sowie dem Verstehen und Mißverstehen, das ihnen in der Kirchengeschichte zuteil geworden ist. So gesehen kann man aber immer noch eine Distanz walten lassen zwischen dem überlieferten Glaubensinhalt und seinem weiteren Überlieferungsgeschehen, zwischen der in der heiligen Schrift bezeugten heiligen Geschichte und der nachfolgenden Kirchengeschichte, die aus vielen Quellen und Folgeerscheinungen auf uns zukommt und durch unsere eigene Gegenwart hindurch ihren Lauf in die Zukunft nimmt. Jetzt dagegen gerät das Unterschiedene ineinander. Die Kirche, die im Credo unter die Glaubensgegenstände gezählt und als heilig bezeichnet wird, gehört ja nicht nur einem offenbarungsgeschichtlich qualifizierten Einst an. Sie existiert seither in der Geschichte und stellt in ihrer Kontinuität wie in ihrer Wandelbarkeit den wohl imponierendsten, wenn auch vielleicht problematischsten Geschichtskomplex überhaupt dar. Sie ist keine abgeschlossene Größe. Als alle Zeiten überdauernd[1] erstreckt sie sich bis zum Eschaton. Nicht der Brückenschlag vom Einzelnen zur Kirche, sondern diese Brückenfunktion der Kirche selbst von Jesus Christus in die gesamte weitere Weltgeschichte hinein – oder in traditioneller kirchlicher Sprache: vom ersten Kommen Christi bis zu seiner Wiederkunft – bildet den Schwerpunkt dessen, was unter dem Stichwort „die Gemeinschaft des Glaubens“ zu bedenken ist. Als Glaubensgegenstand ist also etwas zu behandeln, was in Geschichte und Gegenwart zutage liegt und immer noch weitergeht, sich verändert und, wer weiß, vielleicht doch einmal erlischt, und was insbesondere voller Zweideutigkeiten ist und die Spuren des Allzumenschlichen an sich trägt. Ein Ausweichen in das Gegenüber von heiliger Schrift und Kirche erscheint hier verbaut. Denn was immer auch der heiligen Schrift an Aussagen und Feststellungen über die Kirche zu entnehmen sein mag, es ist doch als solches bereits Bestandteil der Kirchengeschichte. Und sofern man daraus dennoch eine Reihe dogmatischer Aussagen über die Kirche erhebt, muß man sich dem Einwand stellen, ob denn eine Lehre von der Kirche sinnvoll sei, die davon absieht, was aus der Geschichte der Kirche direkt über ihre Wirklichkeit zu erfahren ist.

Während solche Überlegungen in schwere Aporien führen, wie überhaupt zu einer Ekklesiologie zu gelangen sei und was sie zu leisten habe, kommt nun anderseits dem Nachdenken über die Kirche eine Bedeutung zu, die viel weiter greift, als daß es sich nur um ein einzelnes Glied in der Kette der Glaubensinhalte handelte. Alles, wovon in der Dogmatik des christlichen Glaubens die Rede ist, zielt darauf ab, daß dies in der Gegenwart wahr und wirklich ist, daß es geglaubt, gelebt und weitergegeben wird, daß es also als dasjenige anzutreffen ist, was die Existenz von Kirche bestimmt und erfüllt. Wenn davon in der Weise einer Dogmatik die Rede ist, so allein deshalb, weil vom Dasein der Kirche ausgegangen und auf die Verantwortung für sie zugegangen wird. Ohne diese Voraussetzung und ohne solchen Vorsatz wäre das Geschäft systematischer Theologie gegenstandslos und deshalb sinnlos.

---

[1] CA VII: ... quod una sancta ecclesia perpetuo mansura sit. BSLK 59,16f.

Denn man kann nicht die Wahrheit des christlichen Glaubens zur Geltung bringen unter völligem Absehen von seiner Art, in der Geschichte dazusein und wirksam zu sein, nämlich als Gemeinschaft des Glaubens, als Kirche. Deshalb muß aber auch zumindest als Unterton aller dogmatischen Rechenschaft der Gedanke an die Kirche mitschwingen, die Liebe zu ihr, die Sorge um sie, die Kritik an ihr und nicht zuletzt auch Trauer und Scham um sie. Dies erfordert dann freilich eine ausdrückliche Erörterung dessen, was das rechte Leben der Kirche ausmacht und wie ihre offensichtlichen und verborgenen Existenzprobleme einzuschätzen sind. Die bedrängende Fülle ekklesiologischer Fragen kann zwar nicht im einzelnen behandelt werden. Jedoch können diese beiden Gesichtspunkte: das Leben der Kirche und ihre Existenzprobleme, als zentrierende Pole die leitenden Gedanken ordnen, die zur Klärung der Detailfragen instandsetzen.

A. Das Leben der Kirche

Die Lehre von der Kirche befindet sich in ihrem Verhältnis zum Leben der Kirche in einer doppelten Gefahr, die allerdings nur die Kehrseite einer doppelten Notwendigkeit ist. Die erfahrene und geglaubte Wirklichkeit von Kirche ist die conditio sine qua non ernst zu nehmender Lehre von der Kirche. Durch bloße Lehre läßt sich Kirche nicht postulieren und konstruieren. Deshalb ist es nur natürlich, daß sich da, wo Kirche stark und lebendig ist, die theologische Reflexion auf sie weitgehend erübrigt. So war es im Mittelalter. Für die scholastische Theologie, die es am Streben nach Ausführlichkeit und Vollständigkeit nicht mangeln ließ, war die Kirche kein selbständiger Lehrtopos. Gerade weil allgegenwärtig und zudem in der Kanonistik bis ins einzelne traktiert, kam sie kaum als theologisches Problem in den Blick. Erst gegen Ende des Mittelalters infolge von Krisenerscheinungen trat eine Änderung ein. Damit wurde erkennbar, daß man im Banne kirchlicher Lebensmacht versäumt hatte, das Leben der Kirche kritisch von seinem Quellgrund her zu prüfen. Im Gefolge der Reformation hat sich das gewandelt. Aber bezeichnenderweise hat das ekklesiologische Thema erst seit Beginn des 19. Jahrhunderts in beiden Konfessionen ein auffallend starkes Gewicht erhalten, im Protestantismus vornehmlich Hand in Hand mit kirchlichen Verfassungsproblemen, Unionsbestrebungen und Aktivitäten wie innerer und äußerer Mission und ökumenischer Bewegung bis hin sogar zur methodologischen Begründung der Wissenschaftlichkeit der Theologie von ihrer Kirchlichkeit her, wofür Schleiermacher bahnbrechend war. Das alles erklärt sich aus dem Verlust selbstverständlicher Geltung der Kirche in der Moderne und hat von daher auch sein gutes Recht. Aber es birgt die Gefahr in sich, daß das ekklesiologische Thema dank der Positivität seines Gegenstandes eine Anziehungskraft ausübt, die ihm ein ungutes Übergewicht verleiht. Eine allzu eifrige Hinwendung des Interesses zu ekklesiologischen Prinzipienfragen oder Gestaltungsproblemen steht im Verdacht der Kopflastigkeit. Die Frage, was die Kirche ist und tut, überwuchert dann die Frage nach ihrem Kriterium: was die Kirche zur Kirche macht – und das ist ja offensichtlich nicht die Kirche selbst. Solche Schwerpunktverlagerung in die Ekklesiologie kann die Flucht sein vor demjenigen, was gerade um der Kirche willen das eigentlich Wichtige ist. Daraus wird vielleicht sogar ein Surrogat, indem der Mangel an Lebenswirklichkeit der Kirche durch Reden über sie verdeckt wird. Im Wissen um solche Gefahren im Verhältnis zwischen der Lehre von der Kirche und dem Leben der Kirche setzen wir nicht sogleich mit einer Beschreibung ihres Lebens ein, sondern beginnen mit einer Reflexion auf die verschiedenen Zugänge zu Aussagen über sie.

I. Theologisches und empirisches Reden von Kirche

Ob es sich bei der gängigen Konfrontation von theologischem und empirischem Reden von Kirche um eine echte Alternative handelt, muß sich herausstellen, sobald man sich auf beides näher einläßt. Zunächst jedenfalls sind es in der Tat zwei grundverschiedene Zugänge, entweder bei den überlieferten, theologisch gefüllten Bezeichnungen und Prädikationen der Kirche einzusetzen oder bei Beobachtungen in bezug auf die Kirche selbst sowie bei Erfahrungen mit ihr.

1. Die Kirche im Urteil des Glaubens

Das Neue Testament ist, unbeschadet seiner Relevanz für die Kirche aller Zeiten, ein Dokument des Urchristentums: der Entstehung der Kirche sowie ihrer Geschichte während des ersten Jahrhunderts. Aber nicht allein wegen der historischen Unschärfe und Lückenhaftigkeit darin kommt die Hauptbedeutung nicht den rekonstruierbaren Vorgängen und Erscheinungen der kirchengeschichtlichen Anfänge zu. Die Intention der Texte, sogar der quasihistorisch verfahrenden Apostelgeschichte, gilt den Glaubensaussagen über die Kirche. Dafür kommen im Grunde alle kerygmatischen Aussagen in Betracht, insofern sie gewissermaßen Inhalts- und Ortsbestimmungen der Kirche sind. Insbesondere implizieren die christologischen Aussagen eo ipso ekklesiologische Perspektiven. Jedoch allein schon die vielfältigen Bezeichnungen der Kirche im Neuen Testament, auf die wir uns im folgenden beschränken, sind für das Verständnis von Kirche ungemein aufschlußreich.

In unserem eigenen Sprachgebrauch haben wir praktisch nur das

Wort Kirche zur Verfügung, das zur Wiedergabe des neutestamentlichen Hauptterminus *ekklesia* dient. Im Unterschied zu den entsprechenden Vokabeln in den romanischen Sprachen ist es nicht das Lehnwort jenes griechischen Äquivalents, sondern leitet sich – analog zu anderen germanischen Sprachen – von *kyriakon* her, ist also seiner Herkunft nach ebenfalls dem Griechischen entlehnt, jedoch der Bedeutung nach nicht personal an der Gemeinde orientiert, sondern lokal an ihrem Versammlungsgebäude, dem Gotteshaus. Damit stellen sich semantische Schwierigkeiten ein. Assoziationsmäßig hat die Vorstellung von Kirche als einem feststehenden, in der Öffentlichkeit allgemein sichtbaren und seiner Zweckbestimmung nach erkennbaren Bau, der in vielen Exemplaren vorkommt, ein starkes Gewicht. Daneben aber und mit Vorrang steht die institutionelle Bedeutung im Sinne einer übergemeindlich organisierten Partikularkirche. Davon pflegt man die Gemeinde als deren lokales Teilstück zu unterscheiden. In Abhebung sowohl gegen die Ganzheit der Partikularkirche als auch gegen die politische Gemeinde wird sie als Kirchgemeinde bezeichnet. Neben diesen beiden empirischen Bedeutungen als Bau und als Institution und sie mehr oder weniger durchdringend hat das Wort Kirche schließlich auch den Sinn von Universalkirche, die weder diachronisch noch synchronisch eindeutig fixierbar ist. Theologisch wird sie als die eine Kirche Jesu Christi verstanden. Dieser singularische Begriff von Kirche liegt auch dem Wort Kirchengeschichte zugrunde. Über die verwirrende Rolle der Vokabel Kirche ist mit Recht viel geklagt worden. Die Schwierigkeit liegt aber im Sachverhalt selbst und läßt sich nicht einfach durch Änderung der Nomenklatur beseitigen, wie immer man die Chancen einer neuen Sprachregelung einschätzen mag.

a) Das Wort *ekklesia*

Es wäre unmöglich, den eigenen Sprachgebrauch auf die neutestamentliche Verwendung des Wortes *ekklesia* zurückzuschrauben. Aber durch den Einblick in ihre Eigentümlichkeiten werden einige wichtige Sacherkenntnisse für den Kirchenbegriff gewonnen. Diesen Terminus hat Paulus als christliche Selbstbezeichnung schon vorgefunden. Ob bereits in der Jerusalemer Urgemeinde und im palästinischen Christentum das Äquivalent *kahal* in Anspruch genommen worden war, mag offen bleiben. Auf jeden Fall hat für die Wahl des Wortes *ekklesia* das griechische Alte Testament den Ausschlag gegeben. Freilich ist bei der Übersetzungsentscheidung der Septuaginta und nun erneut bei der christlichen Verwendung des Wortes der Kontakt mit der genuin griechischen Bedeutung ebenfalls in Rechnung zu stellen. Nach der alttestamentlichen Seite hin – darin liegt der Schwerpunkt – besagt der Gebrauch von *ekklesia*: Die Christusgläubigen sind die eschatologische

Entsprechung zu der einstigen Versammlung des Volkes Gottes in der Offenbarungszeit am Sinai. Nicht diese apokalyptische Projektion, wohl aber ihre terminologische Aktualisierung als Gegenwart war neu. Der profangriechische Sinn von *ekklesia* entspricht insofern dem alttestamentlichen, als es der Terminus technicus der politischen – nicht speziell kultischen – Volksversammlung ist, der freilich wie allem Politischen in der Antike ein religiöses Moment kaum fehlte, sowenig die Versammlung am Sinai des politischen Charakters entbehrte. Dennoch besteht ein tiefer Gegensatz zwischen der beschlußfassenden demokratischen Versammlung der freien Männer der Polis und der auf den Willen Gottes hörenden theokratischen Versammlung des erwählten Volkes. Wenn sich nun die Christen in hellenistischer Umwelt *ekklesia* nannten, so mußte der Verzicht auf die gängigen Bezeichnungen eines Kultvereins und die Ersetzung durch einen politisch klingenden Terminus auffallen. Daß der Gebrauch des Wortes *ekklesia* nach beiden Seiten seiner sprachlichen Herkunft hin eine kritische Abgrenzung in sich trug, wird durch die paulinische Beschreibung überaus plastisch. Während zur alttestamentlichen *ekklesia* Gottes nur die Söhne Israels gehörten und zur griechischen *ekklesia* der Polis nur die freien Männer, heißt es nun von der christlichen *ekklesia*: „Da gilt nicht mehr: Jude oder Grieche, nicht mehr: Sklave oder Freier, nicht mehr: Mann oder Frau." (Gal 3,28)

Mit dieser doppelten Front des neutestamentlichen *ekklesia*-Begriffs hängt nun diejenige Eigenart zusammen, die gegenüber unserem Sprachgebrauch von Kirche auffällt und Übersetzungsschwierigkeiten verursacht: die merkwürdige Kombination singularischer und pluralischer Verwendung. Im alttestamentlichen Sinne von *kahal* und darum auch gemäß der Septuaginta kommt streng genommen nur die singularische Verwendung in Betracht. Es gibt nur eine *ekklesia* Gottes. Nun könnte man meinen, die lokale Pluralisierung als *ekklesia* Gottes in Korinth, in Thessalonich usw. verrate die Einwirkung des griechischen politischen *ekklesia*-Begriffs, wonach es an jedem Ort nur eine einzige rechtmäßige *ekklesia* gibt. Aber zum einen scheint die Existenz von Haus-*ekklesiai* dagegen zu sprechen, und zum anderen bleibt in der Pluralisierung die Einheit der *ekklesia* Gottes dennoch erhalten. Diese prinzipielle und universale Singularität ist der griechischen *ekklesia* ebenso fremd, wie die Pluralität trotz der festgehaltenen wesenhaften Singularität dem alttestamentlichen und auch dem apokalyptischen Verständnis von *kahal* fernliegt. Hier hat sich eine spezifisch christliche Struktur herausgebildet. Sie ist aber nicht etwa im Sinne der uns geläufigen Unterscheidung von Gemeinde und Kirche aufzufassen, wonach sich die Einheit der *ekklesia* insgesamt aus der Summation und Unterordnung der Einzel-*ekklesiai* ergibt. Die Gleichheit der Vokabel hat sachliches Gewicht: Wo immer die *ekklesia* sich versammelt und in Erscheinung tritt, ist sie die *ekklesia* Gottes. Wollte man einen deutschen Ausdruck verwenden, so müßte man in beiden Fällen entweder Kirche oder Gemeinde sagen, also auch: die Kirche Gottes in Korinth, oder: die Gemeinde Gottes überhaupt. Jede bestimmte *ekklesia* repräsentiert konkret die eschatologische *ekklesia*. Es gibt keine darüber hinausgehende Aufstockung zur *ekklesia* Gottes als ganzer.

Daß die *ekklesia* am gleichen Ort nicht etwa, wie dies in Korinth geschah, durch Spaltungen zerteilt werden darf, weist allerdings auf die Notwendigkeit, die Einheit zu wahren und sie am gleichen Ort erkennbar werden zu lassen. Im übrigen besteht durch dieselbe Paradosis sowie durch den Austausch ein Lebenszusammenhang zwischen den Gemeinden. Und schließlich wird der Jerusalemer Gemeinde durch freiwillige Liebesgaben ein Anciennitätsrang zugestanden. Die Einheit der *ekklesia* aber muß nicht erst hergestellt werden. Sie ist mit dem identisch, was die *ekklesia* konstituiert. Darüber aber gibt dieser Name nicht unmittelbar Auskunft. Die uns vertraute Wendung Kirche Jesu Christi begegnet fast nie (nur Röm 16,16). Sofern *ekklesia* nicht absolut gebraucht wird, heißt sie die *ekklesia* Gottes. Nur Paulus fügt gelegentlich ergänzend den Hinweis auf Jesus Christus hinzu, um deutlich zu machen, wo die Gemeinde Gottes ihren Existenzgrund hat (1. Thess 2,14 Gal 1,22 1. Thess 1,1 2. Thess 1,1). Ist doch in und durch Christus nicht eine eigene Separat-*ekklesia* konstituiert, sondern die *ekklesia* Gottes. Aber zu einer terminologischen Fixierung des spezifisch christlichen Charakters der *ekklesia* ist es bei Verwendung dieses geläufigsten Wortes für Kirche überraschenderweise nicht gekommen.

b) Die Vielzahl personaler Bezeichnungen

Im Neuen Testament findet sich neben *ekklesia* eine Menge anderer personaler Bezeichnungen ekklesiologischer Art, teils Kollektivbegriffe, die darum wie *ekklesia* selbst von Haus aus rein singularisch sind, teils solche, die den Einzelnen in seiner Zugehörigkeit zur Kirche kennzeichnen. Sie haben darum zwar als solche schon ekklesiologischen Charakter, machen ihn aber gerade durch den Pluralgebrauch explizit. Obwohl nur ein Teil der im folgenden erwähnten Vokabeln terminologischen Charakter gewann und kaum eine von ihnen eine so häufige Verwendung fand wie *ekklesia,* ist doch die Breite der sprachlichen Skala für das urchristliche Selbstverständnis aufschlußreich. Ebensowenig wie jetzt Vollständigkeit angestrebt werden kann, ist es möglich, über bloße Andeutungen hinaus dem Beziehungsreichtum nachzugehen, der sich durch jeden dieser Ausdrücke erschließt.

In engem Zusammenhang mit der alttestamentlichen Herkunft von *ekklesia* steht die Inanspruchnahme des Titels Volk Gottes oder gar des

Namens Israel. „Volk Gottes" begegnet in der Septuaginta ungleich häufiger als *ekklesia*. Aber da es im Unterschied zu diesem Wort vom zeitgenössischen Judentum als Selbstbezeichnung gebraucht wurde, haben die Christen es ebenso wie die Namen Israel oder gar Jude samt dem Gedanken der Abrahamssohnschaft nur in gelegentlich uminterpretierender Weise auf sich selbst bezogen, jedoch keine terminologische Usurpation dessen versucht, was faktisch und heilsgeschichtlich untrennbar jenem bestimmten Volk anhaftet. Eine direkte sprachliche Konkurrenz hätte zudem den partikularistischen Klang kaum überwinden und das schlechterdings Neue in der trotz allem betonten Kontinuität schwerlich zur Geltung bringen können. Im Blick auf heutige ekklesiologische Regenerationsversuche ist es besonders zu beachten, daß der vielfach bevorzugte Ausdruck Volk Gottes im Neuen Testament nur durch einige alttestamentliche Zitate auf die Christen bezogen wird und keine selbständige Rolle spielt. Vor Probleme ganz anderer Art stellt die ekklesiologische Relevanz des *basileia*-Begriffs. Von ihm kann jetzt aber abgesehen werden, weil darauf später in anderem Zusammenhang eingegangen wird (§ 40 B, s. u. S. 491 ff). Im Neuen Testament läßt er zwar bereits eine gewisse Affinität zur Kirche erkennen, kommt jedoch nie auch nur ansatzweise als Bezeichnung für sie in Betracht.

Zahlreicher sind diejenigen Worte, die in bezug auf das Individuum die Zugehörigkeit zur Kirche kennzeichnen. Charakteristischerweise fehlt völlig ein formaler Begriff, der analog zu unserer Rede von Kirchenzugehörigkeit oder Kirchenmitgliedschaft die Beziehung zwischen der *ekklesia* und dem Einzelnen zum Ausdruck brächte. Über dieses Verhältnis lassen sich ausschließlich inhaltlich bestimmte Aussagen machen, die daran orientiert sind, wodurch und worin sich die Kirchenzugehörigkeit realisiert. Es fällt auf, daß eine unmittelbare Benennung nach Jesus Christus, wie sich eine Sekte oder Bewegung nach ihrem Haupt und Führer nennt, ursprünglich nicht in Betracht kommt, obwohl doch der Name Jesus Christus von Anfang an auch nach außen hin als das Proprium schlechthin bekannt war. Der später – und bis in unsere Tage – als Alternative zu Kirche gebrauchte Name Christen und davon wiederum abgeleitet Christenheit oder Christentum wurde durch die Umwelt aufgebracht (Apg 11,26). Der Latinismus der griechischen Wortbildung *christianos* läßt auf den Ursprung in der römischen Behördensprache schließen. So wurde diese Bezeichnung zu dem strafwürdigen nomen ipsum, zu dem sich zu bekennen: christianus sum, Martyriumsbereitschaft erforderte. Auf diese Weise wurde das Wort christlicherseits akzeptiert. Daran zu erinnern, ist nicht unwichtig angesichts des eher säkularistischen Anscheins, um dessentwillen gelegentlich die Ersetzung von „christlich" durch „kirchlich" propagiert wurde. Andere von außen angehängte Namen, die abfällig auf die Person Bezug nehmen, um die sich diese neue Sekte schart, sind wie „Nazoräer" oder „Galiläer" nicht zu weiterer Wirkung gelangt.

Die Christen selbst dagegen haben sich von ihrem Christusverhältnis her als „die Glaubenden" bezeichnet. Das war auch ohne nähere Bestimmung eindeutig infolge der ungewöhnlichen Relevanz, die hier der Glaubensbegriff gewann. Die durchaus terminologische Prägung als Ersatz für einen noch fehlenden Namen wird besonders an der häufigen aoristischen oder perfektischen Partizipialform erkennbar. Sie läßt eine gefallene Entscheidung und die Zusammengehörigkeit der zum Glauben Gekommenen erkennen. Dagegen kommt nicht der entsprechende partizipiale Name „die Getauften" vor, wie man zumindest mit der Näherbestimmung „die auf Jesus Christus Getauften" vermuten könnte. Sosehr die Taufe hier der Sache nach hineinspielt, wurde doch nicht von ihr her eine Titulierung der Kirchenzugehörigkeit abgeleitet. Dagegen verbindet sich mit dem Namen „die Glaubenden", durchaus unter Einschluß der Taufe, das Charakteristikum, daß es sich um solche handelt, die den Namen Jesu Christi anrufen und bekennen. Die Christen sind „Anrufer des Namens Christi" (1. Kor 1,2 vgl. Röm 10,9 bis 14). Es ist bezeichnend, daß sie sich nicht einen Eigennamen verschaffen, indem sie sich selbst von sich aus nach Christus Christen nennen, sondern sich als die bezeichnen, die ihrerseits den Namen Christi in Brauch nehmen und bekennen.

Sachlich berührt sich damit aufs engste die Bezeichnung als „die Heiligen". Dies ist wohl neben *ekklesia* als dem maßgebenden Kollektivnamen die wichtigste Individualbezeichnung ihrer Glieder. In ihr tritt die Tendenz zum Kollektiven darin in Erscheinung, daß das Wort in dieser Verwendung nur pluralisch auftritt. Nicht der Einzelne für sich ist ein Heiliger, sondern die zur eschatologischen *ekklesia* Gehörenden sind die Heiligen. Sie sind es als die Berufenen und in Jesus Christus Geheiligten, die des heiligen Geistes teilhaftig sind. Das, was von Jesus Christus her durch den Geist geschieht, hat wesenhaft nicht privaten, sondern menschheitlichen Charakter. Die direkt auf den Geist Bezug nehmende Prädizierung als „die Geistlichen" gilt zwar ebenfalls wie „die Heiligen" allen Glaubenden und kommt nicht etwa nur, wie es gnostischer Ansicht entspricht, einer Elite zu. Diese Bezeichnung hat aber nicht die Funktion eines Namens für die Christen gewonnen. Dagegen kommt es einer feststehenden Titulierung nahe, daß die Christen Gottes Kinder oder Söhne Gottes heißen.

Schließlich seien noch einige Ausdrücke genannt, die nicht das volle Gewicht eschatologischen Heilsgeschehens in sich tragen, sondern von gewöhnlichen zwischenmenschlichen Beziehungen hergeleitet sind wie Schüler, Knecht, Freund und Bruder. Der Ausdruck Schüler oder

Jünger hat sein Vorbild im rabbinischen Sprachgebrauch und mit anderen Nuancen in hellenistischen Philosophenschulen. Durch Jesus hat er eine Eigenprägung mit charakteristischen Merkmalen erhalten, zu denen vor allem dies gehört, daß der Jünger sich nicht bewirbt, sondern berufen wird, nicht nur vorübergehend, sondern dauernd im Jüngerverhältnis bleibt und daß er nicht nur an der Lehre, sondern auch an dem Leben und Schicksal des Lehrers teilhat (vgl. § 23 A I 2 a, s. Bd. II, 466 f). Als Name für die Christen hat dieses Wort wohl fast nur in den palästinischen Gemeinden eine Rolle gespielt und stellte einen ekklesiologischen Titel auf einer christologischen Frühstufe dar. Bei Paulus begegnet das Wort gar nicht, hat dort aber eine gewisse Entsprechung in dem Mimesis- und Partizipationsgedanken. Welchen faktischen Stellenwert es im johanneischen Umkreis besaß, muß offen bleiben. Ähnlich der personalen Verengung, die später der Titulierung etwa als „Heiliger" oder als „Zeuge" zuteil geworden ist, hat sich *mathetes* bei Ignatius zu der Bedeutung von Blutzeuge radikalisiert und spezialisiert. Die Titulatur „Knecht Jesu Christi" wäre in allgemeiner Anwendung denkbar, begegnet bei Paulus aber nur als Ausdruck für die besondere Inanspruchnahme zum missionarischen Dienst. Er selbst stellt im übrigen für das Christsein die Sohnschaft gegen die Knechtschaft, wie im Johannesevangelium die Jünger ausdrücklich als „Freunde" statt als „Knechte" tituliert werden (Joh 15,15). Den Brudernamen verwendet das Judentum für den Volksgenossen, und gelegentlich begegnet er auch in heidnischen religiösen Genossenschaften. Aber die Intensität seines Gebrauchs, die Begründung seines Verständnisses aus dem gemeinsamen Christusbezug sowie die gänzlich vorbildlose Einbeziehung auch der Schwester lassen daraus eine charakteristische Selbstbezeichnung der Christen werden. Ihr kommt ein ähnlicher ekklesiologischer Rang zu wie dem Namen „die Heiligen". Sie schließt innerkirchliche Herrschaftsverhältnisse aus und stellt die gegenseitige Beziehung unter das Gebot der Liebe und des Dienens.

c) Der Begriff Leib Christi

Die Vielzahl ekklesiologischer Bezeichnungen, die zu *ekklesia* als dem neutestamentlichen Grundwort für Kirche erläuternd und bereichernd hinzutreten, weist darauf hin, daß keine von ihnen alles in sich schließt, worauf es ankommt. Der einzige Ansatz zu einem umfassenden theologischen Begriff derjenigen Wirklichkeit, die mit dem Worte Kirche gemeint ist, liegt in dem paulinischen Gedanken des Leibes Christi. Er ist zwar erst in den Deuteropaulinen, dem Epheser- und dem Kolosserbrief, weiter ausgebaut worden. Dabei sind gegenüber Paulus auch gewisse Veränderungen eingetreten, vor allem die ausdrückliche Unterscheidung Christi als des Hauptes von seinem Leib (Kol 1,18 Eph 1,22

4,15f 5,23) sowie die Vorstellung vom Wachstum des Leibes zu voller Reife (Kol 2,19 Eph 4,12f.16). Bei Paulus begegnet die Wendung *soma Christou* im Sinne von Kirche ausdrücklich, streng genommen, nur 1. Kor 12,27. Die darüber hinaus in Betracht kommenden Ausführungen finden sich außer in diesem Brief (1. Kor 6,12–20 10,16f 12,12–31) nur noch im Römerbrief (12,4–8). An den beiden Hauptstellen (1. Kor 12,12–31 Röm 12,4–8) scheint überdies der griechische Organismusgedanke zu dominieren und die Rede vom Leib vorwiegend metaphorischen Charakter zu haben. Aus solchen Gründen hat man zuweilen die Bedeutung dieses Theologumenon herabgespielt.

Gewiß handelt es sich bei Paulus über die breite paränetische Auswertung dieses Gedankens in 1. Kor 12 hinaus mehr um Andeutungen als um eine voll durchgebildete Lehre wie etwa die über das Gesetz. Geschweige denn, daß er die Absicht gehabt hätte, den Ausdruck Leib Christi in terminologischer Hinsicht zu verabsolutieren und zu dessen Gunsten andere Begriffe für Kirche zu verdrängen. Er hat vielmehr die Funktion eines Reflexionsbegriffs, der die weiten Zusammenhänge, die beim Nachdenken über die Kirche miteinander zu berücksichtigen sind, in einem einzigen Griff zu erfassen ermöglicht. Die spezifisch theologische Denkleistung des Paulus liegt hier deshalb darin, das Verständnis von Kirche mit der Christologie, der Pneumatologie und der Anthropologie durch den *soma*-Begriff eng verbunden und so überhaupt erst eine eigentliche ekklesiologische Reflexion eingeleitet zu haben. Die Beziehungen zum Leib Christi, an dem das Abendmahl teilgibt (1. Kor 10,16f), sowie zu dem menschlichen Leib, der ein Glied Christi und ein Tempel des heiligen Geistes ist, aber auch mit der Hure ein Leib werden kann (Röm 6,12–20), stellen nicht zufällige Anspielungen dar. Sie lassen etwas vom Wirklichkeitsverständnis des Paulus erkennen, für das der *soma*-Begriff geradezu eine Schlüsselstellung einnimmt.

Das kann man sich aufs knappste an zwei Aspekten verdeutlichen: *Soma* steht nach paulinischem Verständnis nicht in einem feindlichen Gegensatz zu *pneuma*. Sie gehören dem göttlichen Willen nach zusammen, wie dies die Qualifikation des Leibes als Tempels des heiligen Geistes und das Verständnis des Auferstehungsleibes als geistlichen Leibes unterstreicht. In dieser Verbindung geht es um die wahre Lebendigkeit des Leibes und um das wirkliche Leben als leibliches Leben. Zum andern ist *soma* im paulinischen Verständnis nicht eine für sich seiende Substanz, sondern das Werkzeug der Konkretion menschlichen Lebens in Werken sowie das Instrument der Partizipation an anderem. Darum hat der Mensch nicht bloß einen Leib, sondern ist er Leib, und der Leib ist das Menschsein. Die Leiblichkeit konstituiert die geschichtliche Wirklichkeit des Menschen. Darum ist entscheidend, wer über den Leib Herr ist. Wie dies in geschlechtlicher Hinsicht nicht der betreffende Mensch selbst, sondern sein Geschlechtspartner ist (1. Kor 7,4), so ist es in gesamtheitlicher Hinsicht ebenfalls nicht der Mensch selbst, sondern Jesus Christus (1. Kor 6,13). Daß der Mensch mit Christus ein Geist ist (1. Kor 6,17) und desgleichen ein Leib ist, wie wir alle in einem Geist zu einem Leib getauft sind (1. Kor 12,13), bringt zum Ausdruck: Die Herrschaft Christi über den Leib des Menschen bewirkt dessen Einfügung in das Geistleben des Leibes Christi.

Die Ausstrahlung auf den Kirchenbegriff bringt zum einen dies mit sich: Die Kirche ist als ein Gesamtleben verstanden, in das die Einzelnen durch die Partizipation an Christus und seinem Geist eingebracht werden und durch das das Christusleben als Geistleben in der Welt wirklich da und wirksam ist. Um dieses Lebensgrundes der Kirche willen ist der Leib Christi wesenhaft einer und duldet keine Teilung.

Zum andern aber ergibt sich gerade aus dieser Einheit des Leibes Christi die innere Vielgestalt seines Lebens. Die Verklammerung zu der Aussage „ein Leib – viele Glieder" ist ein wichtiger ekklesiologischer Skopus dieser Auffassung vom Leib Christi, so daß sich der Organismusgedanke bruchlos einfügt (1. Kor 12,12.14.21.27 Röm 12,5). Der Einzelne wird nicht vergewaltigt und totalitär egalisiert. Ihm wird freilich versagt, hier selber Herrschaftsgelüste zu realisieren oder Rivalitätsempfindungen zu kultivieren. Auch wird allen natürlich und geschichtlich gegebenen Unterschieden der religiösen Herkunft, des sozialen Standes und des Geschlechts nicht etwa die Existenz abgesprochen, wohl aber dies, daß sie Quelle von Geltungsansprüchen oder von Minderwertigkeitsgefühlen innerhalb des Leibes Christi sein dürfen. Sie werden neutralisiert und kraft dieser Entmachtung zu etwas ganz Natürlichem. Dagegen ergibt sich die innere Vielgestalt des Leibes Christi, seine reiche Gliederung, aus dem, was sein Leben bestimmt. Die Charismen, die der Geist jedem verleiht, sind mit den Diensten identisch, die einer dem andern leistet, und seien sie bescheidenster Art. Da gibt es grundsätzlich keinen persönlichen Rangunterschied. Dennoch muß man die Verschiedenheiten gelten und sich gefallen lassen.

Das Gliedsein am Leibe Christi besagt beides in einem: Glied Christi sein (1. Kor 6,15) und daß einer des andern Glied ist (Röm 12,5). Das Zusammensein mit Christus und das Zusammensein mit dem Mitmenschen steht in innerer Korrespondenz. Das ergibt nun aber keineswegs ein idealisiertes Bild von der Kirche. Der Hintergrund der Paränese in 1. Kor 12 sind die Spannungen und Spaltungen in Korinth. Der Leib Christi strotzt zwar einerseits von Lebensfülle, wie die Vielzahl der Charismen zeigt. Anderseits zeigen sich an der Art, wie damit umgegangen wird, schwere Mängel und Krankheitssymptome. Der Begriff des Leibes Christi erweist nicht zuletzt dadurch seine Eignung als Wegweisung für das Kirchenverständnis, daß er dazu anleitet, die konkreten

Existenzprobleme der Kirche vom Gesichtspunkt des Lebens der Kirche her mit in den Blick zu fassen und ekklesiologisch ernst zu nehmen. Zum rechten Leben der Kirche gehört nicht nur die Kommunikation der Freude, sondern auch die Kommunikation des Leidens und darum doch auch das Mittragen an den Lasten, die durch menschliche Schwächen und Sünden im Leibe Christi verursacht werden.

2. Die Kirche in empirischer Hinsicht

Zwischen den überaus hochgreifenden Aussagen über die Kirche nach ihrem eigenen Selbstverständnis und dem, was ihre Wirklichkeit erkennen läßt, scheint ein unüberbrückbarer Gegensatz zu bestehen. Wer könnte es wagen, das, was sich als Kirche ausgibt und auch nach allgemeinem Konsens als solche anzusehen ist und zu gelten hat, einfach als eschatologische Gottesgemeinde, als die Heiligen, als die Gotteskinder, als den einen Leib Christi zu prädizieren? Die Widersprüche, die hier klaffen, sind so eklatant, daß sich ihre Illustration erübrigt. Das Empfinden der Unvereinbarkeit wird dadurch noch gesteigert, daß es sich bei solchen Prädikationen um Fremdworte handelt, deren allfällige Verwendung Zitatcharakter hat, dadurch aber nur die historische Distanz zu ihrem ursprünglichen Sitz im Leben dokumentiert. Wird dennoch die Kirche mit diesen biblischen Sprachelementen tituliert, so wird der Boden der Wirklichkeit offensichtlich von vornherein verlassen und von Kirche als einer Vorstellungshypostase gesprochen, einem Idealgebilde oder einem ideologischen Überbau. Nun ist es aber anderseits jenen neutestamentlichen Aussagen über die Kirche, die als Glaubensurteile über sie tradiert werden, wesentlich, daß sie nicht von fernen apokalyptischen Erwartungen oder Wunschgebilden der Phantasie reden, sondern von gegenwärtigen, lokalisierbaren und personell bestimmten Erscheinungen. Was als Kirche im Neuen Testament angesprochen ist, meint eine geschichtliche und soziale Realität. Sie war dies und blieb es ja auch, wie die geschichtlichen Auswirkungen zeigen und was sich in seiner Resistenz wohl am ehesten durch Verfolgungssituationen erhärtet.

Damit ist freilich über den Zusammenhang zwischen jenen anspruchsvollen Glaubensurteilen und der oft genug allzu platten und trivialen Realität von Kirche noch nichts Definitives ausgesagt. Derartige Spannungen, wenn nicht gar Überspanntheiten, gehören vielfach zur menschlichen Wirklichkeit. Doch wurde zumindest bei der Untersuchung des Begriffs Leib Christi deutlich, daß die widersprüchlichen Phänomene durchaus in die theologische Auffassung von Kirche mit hineingehören. Ihnen kommt dafür sogar ein solches Gewicht zu, daß es theologisch höchst verdächtig wäre, sich auch nur partiell gegen die Empirie von Kirche abzuschirmen. Der Gefahr eines ekklesiologischen

Doketismus muß damit begegnet werden, daß das Glaubensurteil über die Kirche dem empirischen Urteil ausgesetzt wird und daß der Erfahrung vorbehaltlos alle Schleusen geöffnet werden. Dabei hat man sich allerdings in doppelter Hinsicht vor Einseitigkeiten zu hüten. So notwendig es ist, der Empirie im Sinne historisch-objektivierender Sicht der Kirche Raum zu geben, wäre es doch unzureichend, darin den Erfahrungsaspekt sich erschöpfen zu lassen. Als das Gegenüber zu dem Glaubensurteil muß ebenfalls die Erfahrung mit der Kirche auf Grund des lebensmäßigen Umgangs mit ihr in Betracht gezogen werden. Beide Erfahrungshorizonte geben Anlaß, sich der Ambivalenz des Sachverhalts Kirche bewußt zu werden. Es wäre also ein kurzschlüssiges Vorurteil, von der historisch-objektivierenden Sicht von Kirche nur negative und von dem lebensmäßigen Umgang mit ihr nur positive Feststellungen und Eindrücke zu erwarten oder umgekehrt. Im übrigen muß man sich von vornherein der auf das Grundsätzliche begrenzten Intention dieses Gedankengangs bewußt sein. Wenn im zweiten Hauptteil (B, s.u.S. 368ff) der Blick auf die Existenzprobleme der Kirche gerichtet wird, so soll dort einiges von den Konkretionen, die jetzt vermißt werden mögen, im Rahmen des Möglichen noch zur Sprache kommen. Zunächst kann nur skizziert werden, wie das extrem weite Problemfeld: Kirche in empirischer Hinsicht, dimensioniert ist.

a) Die historisch-objektivierende Sicht von Kirche

aa) Religionsvergleichend

Die christliche Kirche muß es sich gefallen lassen, komparatistisch als ein Phänomen der Religionsgeschichte betrachtet zu werden. Ist sie doch tief darein verflochten: entstehungsmäßig – man denke an die Beziehungen zur Synagoge oder zu religiösen Gemeinschaftsformen der hellenistischen Antike – sowie in ihrem weitergehenden Bestehen – man vergegenwärtige sich die rückwirkenden religiösen Umwelteinflüsse auf die Kirchengestalt im Missionsgeschehen, ob einst bei den Germanen oder heute in der dritten Welt. Darüber hinaus hat das Christentum an allgemeinen Gegebenheiten und Gesetzen der Religionsgeschichte teil. Religion ist stets gemeinschaftsbezogen. In ihrer bestimmten Prägung beruht jede Religion auf Tradition, die gepflegt werden muß, und sie aktualisiert sich in kultischem Handeln, das Gemeinschaftssache ist. Wie in diesen Hinsichten so weist die Religionsgeschichte auch in bezug auf das Verhältnis zu den natürlichen Sozialgebilden wie Familie, Volk und Staat eine große Variationsbreite auf, die sich ebenfalls an der geschichtlichen Wirklichkeit der Kirche als ein weiter Spielraum abzeichnet. Traditionalistische Verfestigung oder revolutionärer Umbruch, priesterliche Ordnung oder außerordentliche charismatische Begabung,

Ausrichtung auf das Allgemeine oder elitäre Gruppenbildung, die Prävalenz überindividueller Objektivität oder Einbeziehung der Subjektivität des Einzelnen, Verschmelzung mit den natürlichen gesellschaftlichen Gegebenheiten oder betonte Distanz zu ihnen – diese und andere hin- und herwogende und sich verschieden kombinierende Möglichkeiten sind mehr oder weniger deutlich in der Religionsgeschichte überhaupt anzutreffen und lassen sich ebenso von Erscheinungen der christlichen Kirche her belegen. Das Phänomen etwa der Volkskirche oder das des Mönchtums sind nur Beispiele, aber wohl besonders charakteristisch für Berührungspunkte der christlichen Kirche mit allgemeinen Formen religiöser Sozialgestalt.

Die sich nahelegende Nivellierungsformel „nichts anderes als" würde freilich gerade dem empirischen Vergleich nicht standhalten. Religionsphänomenologisch gesehen, ist Kirche trotz aller Berührungen mit ähnlichen Erscheinungen etwas spezifisch Christliches. Sie gibt es in keiner anderen Religion in auch nur annähernd vergleichbarer Gestalt, auch nicht im Judentum, Islam oder Buddhismus. Das Wort Kirche als allgemeine religionsphänomenologische Kategorie zu verwenden, wäre irreführend und verriete nur die interpretierende Orientierung am Modell des Christentums. Dabei ist die Besonderheit keineswegs nur von den christlich-religiösen Inhalten her gegeben. Von ihnen leiten sich strukturelle Spezifika her. Sie lassen sich als Exponenten des Geschichtsbezugs erfassen, wobei allein schon die Intensität des Geschichtsbezugs eigentümlich ist. Sie ist darin begründet, daß der für das Gottesverhältnis bestimmende Glaube an Jesus Christus sozusagen eingespannt ist in die Relation zu diesem einen geschichtlichen Punkt einerseits und zu dem Ganzen der weiteren Geschichte anderseits. Damit hängen eine besondere Aufgeschlossenheit zu kultureller und politischer Integration, aber auch eine besondere Empfindlichkeit in bezug auf die Unterscheidung zwischen dem Geistlichen und dem Weltlichen zusammen sowie in bezug auf beides ein besonderes Maß an Differenzierungsmöglichkeit im Festhalten an der Identität. Diese Hinweise ließen sich vermehren und vertiefen, und der Anschein eines rein quantitativen Unterschiedes wäre zu korrigieren. Aber um der hier angemessenen Behutsamkeit willen soll es bei der bloßen Richtungsangabe sein Bewenden haben. Man könnte sie auch auf die Formel bringen, daß das Faktum der Kirchengeschichte gerade in seiner Ambivalenz das deutlichste Symptom der religionsphänomenologischen Besonderheit von Kirche ist.

bb) Kirchengeschichtlich

Die Kirchengeschichte erscheint allerdings vornehmlich als Selbstwiderlegung der Kirche oder als Widerspruch zu ihr. Von außen her stellt man sie gern als Skandalgeschichte dar, unter dem Gesichtswinkel der Frömmigkeit dagegen als Geschichte des Abfalls. Oder man zieht die Linien ins Grundsätzliche aus: Das Wesen der Kirche stehe wie mit dem Wesen des Rechts so auch und sogar mit dem Wesen von Geschichte überhaupt in Widerspruch. Auf jeden Fall ist problematisch, was denn das Subjekt der Kirchengeschichte sei, da es doch in ihr die eine Kirche nur in gegensätzlichen und rivalisierenden Fragmenten gibt. Was sollte auch etwa die archaische Gestalt der koptischen Kirche Gemeinsames haben mit einer vom Geist der Aufklärung geprägten Gemeinde? Wie sind die Macht- und Prachtentfaltung des päpstlichen Hofes in seinen besten (oder sollte man sagen: schlechtesten?) Zeiten oder auch die ergreifend schönen mittelalterlichen Kathedralen auf einen Nenner zu bringen mit der Existenz von Christen in den Katakomben und auf den Galeeren oder in einer Ladenkirche im Elendsviertel einer Großstadt? Was verbindet Kreuzzüge, Ketzerverfolgungen und Hexenverbrennungen mit dem Horengesang in einem Benediktinerkloster, mit Bachs Matthäuspassion, mit einer pietistischen Stunde oder mit dem sich aufopfernden Leben von Diakonissen oder von Missionaren auf anscheinend verlorenem Posten? Wie fügen sich die Nüchternheit eines evangelischen Gottesdienstes und der Enthusiasmus der einstigen korinthischen Gemeinde oder der heutigen Pfingstler zueinander, oder noch einmal variiert: Christen im Zeichen des Bündnisses von Thron und Altar oder auch mit dem Sternenbanner im Kirchenraum und christliche Partisanen oder pressure-groups?

Was so schroff neben- und widereinander steht, ist einander allerdings z.T. weniger fern, als es scheint. Und überdies wäre zwar nicht zur Entschuldigung, aber zu besserem Verständnis und abgewogenerem Urteil das Problem der Verantwortlichkeiten in Anbetracht geschichtlicher Legierungen zu bedenken, die man nicht einfach daraufhin für christlich halten darf, weil sich ein bestimmter Zeitgeist darin so firmiert. Auf jeden Fall sind all die enormen Wandlungen, Spannungen und Strittigkeiten in das Kirchenverständnis hinein zu verarbeiten. Was die Kirche ist, läßt sich nicht über ihre geschichtliche Verwirklichung hinweg dekretieren, nicht nur, weil darin so viel theologisch Unbequemes begegnet, sondern vor allem auch deshalb, weil die Kirchengeschichte einen Anschauungsunterricht der Existenzprobleme der Kirche gibt, ohne dessen Berücksichtigung die Ekklesiologie farblos und unscharf bliebe.

cc) Soziologisch

Für die Ekklesiologie, die sich von den Glaubensurteilen über die Kirche leiten läßt, geht die bedrohlichste Herausforderung von der soziologischen Betrachtungsweise aus. Nicht nur deshalb, weil hier widersprechende Fakten aufgeboten werden, wobei sich die Verfahrensweise nicht auf eine historische Interpretation beschränkt. Vielmehr tritt der theologischen Auffassung vor allem eine andersartige in sich geschlossene Gesamtsicht gegenüber, die mit einem eigenen begrifflichen Instrumentarium operiert. Von daher wird die Ekklesiologie dem Ideologieverdacht unterworfen oder gar von vornherein als Ideologie eingeschätzt. Das Ziel besteht darin, unbeachtete und unverstandene Zusammenhänge so zu durchleuchten, daß die tatsächlichen Bedingungen und Mechanismen erkennbar werden. Dabei erstreckt sich die kritische Analyse in beide Richtungen: die religiöse Bedingtheit sozialen Verhaltens sowie die soziale Bedingtheit religiösen Verhaltens aufzudekken. Die schon klassisch gewordenen Beispiele religionssoziologischer Fragestellung sind die nach den kirchlich-konfessionellen Wurzeln des Kapitalismus und nach den sozialen Ursachen der Verschiedenheit von Kirche und Sekte. Kirchensoziologisch ist heute ein Hauptproblemfeld, welche Rolle die Kirche in einer pluralistischen und segmentierten Gesellschaft spielt. Der Funktionsverlust der Kirche und der Widerspruch zwischen ihrem Selbstverständnis und ihrer sozialen Realität werden untersucht. Je nach soziologischem Gesamtverständnis wird gegebenenfalls die Frage gestellt, ob die Kirche noch imstande ist, mit der von ihr angebotenen Sinndeutung die der Gesellschaft insgesamt notwendige Integrationsfunktion zu leisten oder ob sie sich, weil dazu nicht mehr in der Lage, entgegen ihrem eigenen Anspruch in das Getto der Privatisierung zurückzieht. In all dem können der Kirche selbst sowie der theologischen Besinnung auf sie gerade dank der andersartigen Perspektive wichtige Erkenntnisse vermittelt werden, und zwar nicht etwa erst dann, wenn die Methoden der Statistik und der Demoskopie, was zuweilen auch der Fall ist, in den Dienst apologetischer Interessen gestellt werden. Die Hauptfrage bleibt allerdings die, ob es gelingt, die soziologische Sicht in die theologische Ekklesiologie so einzubeziehen, daß die Diastase in bezug auf das strittige Wirklichkeitsverständnis, wenn nicht überwunden, so doch verarbeitet wird.

b) Die lebensmäßige Erfahrung mit Kirche

Die Erfahrungen im lebensmäßigen Umgang mit Kirche dürfen dem bisher Besprochenen nicht in der Weise zugeordnet werden, daß sich die positiven etwa mit dem Glaubensurteil über die Kirche decken müßten und die negativen mit dem kritischen Urteil, das sich überwiegend aus der historisch-objektivierenden Sicht zu ergeben scheint. Der Sachverhalt ist komplexer. Auch positive Lebenserfahrungen mit der Kirche brauchen keineswegs darauf hinauszulaufen, daß sie die tradierten Glaubensaussagen über sie bestätigen. Man muß in Rechnung stellen, daß die Verbalisierung solcher Erfahrungen vielfach Mühe bereitet. Der eine greift in seiner Hilflosigkeit vielleicht zu vorgegebenen religiösen Ausdrücken, obwohl sie das von ihm Gemeinte gar nicht genau treffen. Ein anderer versucht es mit eigenen Worten, bleibt dabei aber möglicherweise hinter seiner Intention zurück. Man wird es auf jeden Fall als das Normale ansehen müssen, daß die neutestamentlichen Aussagen über die Kirche auch dem Wohlwollenden schwerlich dasjenige sind, was in durchaus positiven Erfahrungen mit Kirche bestätigt und eingelöst wird. Das, was man an der Kirche hat, wird meist unter andere Gesichtspunkte fallen. Jedoch darf man annehmen, daß vielfach solche positiven Erfahrungen über das einzelne hinaus eine Ganzheitseinschätzung bewirken, die es ermöglicht, Erfahrungen auch negativer Art zu ertragen, ja sie bisweilen auf dem Hintergrund des Positiven überhaupt erst zu machen, also kritischer zu sein, als es bei einer weniger positiven Gesamteinstellung der Fall sein mag. Wenn dagegen die negativen Erfahrungen überwiegen und das Gesamturteil bestimmen, ist kaum damit zu rechnen, daß andere Möglichkeiten auch nur wahrgenommen werden. Diese Haltung unterscheidet sich dann aber wesentlich von der historisch-objektivierenden dadurch, daß nicht Beobachtungen gegenständlicher Art maßgebend sind, sondern solche, die das eigene Erleben betreffen. Sie geben darum dem Urteil eine persönliche, man möchte fast sagen: bekenntnishafte Note.

aa) Die Bedingtheit heutigen Zugangs zur Kirche

Für diesen ganzen Bereich lebensmäßiger Erfahrung mit Kirche, der schwer greifbar, für die glaubensmäßige Stellung zu ihr aber außerordentlich wichtig ist, scheint nun die Regel zu gelten, daß die Entscheidung bereits in einem Vorbereich fällt. In ihm ist zumeist schon darüber vorausbestimmt, ob man überhaupt zur Kirche Zugang hat oder nicht. Davon hängt ab, ob man in die Situation gelangt und dazu bereit ist, Erfahrungen mit ihr zu machen. Natürlich liegen die Verhältnisse im einzelnen sehr verschieden. Sie weisen alle möglichen Varianten und Kombinationen auf. Zur Klärung des Wesentlichen ist eine gewisse Schematisierung unumgänglich.

Hält man sich zunächst an denjenigen, der zur Kirche Zugang hat und ihr gegenüber aufgeschlossen ist – aus welchen Gründen auch immer: infolge familiärer Tradition, persönlicher Lebensumstände, bestimmter Erlebnisse oder wie sonst –, so läßt sich etwa folgendes sagen. Es müssen irgendwelche tragenden Momente vorhanden sein. Unter ihnen hat für den evangelischen Christen im Unterschied zum katholischen das Verhältnis zu dem umfassend organisierten Kirchenkörper, dem er angehört, kaum eine hervorgehobene Bedeutung, von Ausnahmen etwa in Kirchenkampfzeiten abgesehen, in denen man sich einer gesamtkirchlichen Solidarität bewußt wird. Normalerweise haftet der Umgang mit

Kirche am Besuch des Gottesdienstes, an der Inanspruchnahme der Amtshandlungen, an der Zugehörigkeit zu einem Gemeindekreis, an der Anwesenheit oder auch Mitwirkung bei einzelnen Veranstaltungen gemeindlicher oder übergemeindlicher Art sowie an persönlichen Kontakten. Was daran über das allgemeine Widerfahrnis sozialer Identität hinaus von spezifischer Bedeutung ist, konzentriert sich auf die Partizipation an christlichem Gedankengut, wofür oft mehr das Kirchenlied und die kirchlichen Feste eine hilfreiche Rolle spielen als unmittelbar die Bibel. Daraus erwächst eine vornehmlich habituelle innere Grundorientierung, die sich nicht bloß gewohnheitsmäßig aktualisiert. Je nach Lebensumständen und Gelegenheiten führt sie auch zu neuen Erfahrungen, die von Fall zu Fall beglückend bewußt machen können, was man daran hat, daß es Kirche gibt und man ihr angehören darf. Situationen, in denen man aus äußeren Gründen zwangsweise von dem Kontakt mit der Kirche abgeschnitten ist, haben möglicherweise besonders erhellende Kraft. Mit solcher Freude an der Kirche verbindet sich dann freilich um so mehr das Leiden an ihren Unzulänglichkeiten und an ihrer mangelnden Ausstrahlungskraft, an leer lassenden Predigten oder an menschlichen Enttäuschungen, ohne daß dies doch, wie auch sonst bei tiefen Bindungen, die Liebe zur Kirche beeinträchtigen müßte.

Auf der anderen Seite befindet sich jedoch die große Zahl derer, die zwar überwiegend noch nominell der Kirche angehören, für die der Zugang zu ihr aber schon im Vorfeld blockiert ist, oft gar nicht durch eigene Erlebnisse, vielmehr zumeist durch übermächtige Umwelteinflüsse. Reduziert man die Menge der darunter fallenden Phänomene auf das Wichtigste, so handelt es sich vor allem um zwei Hauptbarrieren.

Die eine besteht in einer Grundeinstellung, zu der sich die Erfahrung mit der geschichtlichen Rolle der Kirche in der neuzeitlichen Gesellschaft verdichtet und verfestigt hat. Das gilt – freilich nicht ausnahmslos – für den Fabrikarbeiter, bei dessen Kampf um seine sozialen Rechte die Kirche aufs Ganze gesehen versagt hat. Es gilt – ebenfalls nicht uneingeschränkt – für die Intellektuellen und die breite Schicht der gesellschaftlich verantwortlich Tätigen, für deren Bewußtsein sich mit der Kirche in erster Linie die Erinnerung an ihre hemmende Wirkung in bezug auf den wissenschaftlichen und zivilisatorischen Fortschritt in der Moderne verbindet. Es gilt schließlich für die gesellschaftlich Atomisierten, die aus organisch gewachsenen und ererbten sozialen Bindungen und Ordnungen, wozu auch die Verwurzelung in der Kirche gehörte, herausgelöst sind. Sie können nun aber nicht mehr wenigstens auf dieses eine Residuum zurückgreifen, weil die Kirche, obwohl sie sich anbietet, in ihrer bestehenden Lebensform zu stark mit einer Lebenswelt verbunden ist, die für die Betreffenden nicht mehr existiert.

Die andere große Barriere überlagert zwar nach Ursachen und Auswirkungen teilweise die erstgenannte, hat aber doch ihre eigene Note. Sie besteht in dem fehlenden Sinn dafür, worum es in der Kirche geht. Das läßt sich nach verschiedenen Gründen auffächern. Einerseits ist es einfach das Absorbiertsein durch ganz andersartige Eindrücke und Interessen, Gegebenheiten und Fragestellungen, was für den Einzelnen im Gefolge der Umstrukturierung des allgemeinen Lebensstils, der sittlichen Anschauungen und der Freizeitgestaltung die Kirche völlig an die Peripherie geraten läßt. Anderseits ist es, natürlich damit zusammenhängend, die eingetretene Sprachveränderung, der zufolge die Kirchensprache weitgehend unverständlich geworden ist, in modernisierender Übersetzung jedoch vielfach erst recht befremdend wirkt. Es wird als schwer begreiflich empfunden, inwiefern hier die eigenen Probleme und inneren Bedürfnisse angesprochen sein sollen, an denen es durchaus nicht fehlt. Sie sind allerdings vielfach verdrängt und in die Spracharmut abgesunken, da es keinen vollgültigen Ersatz für die Funktion gibt, die einst die Kirche versah. Literatur und Theater, Psychotherapie und Anleitung zu Kreativität, Lebensberatung durch Illustrierte und Seelentrost in Schlagertexten treten zwar je nach Niveau und Veranlagung stellvertretend ein, ohne doch normalerweise in vergleichbarem Maße das Lebensganze durchdringen zu können.

Nun ist es allerdings bemerkenswert, daß trotz all dieser blockierenden Einflüsse das äußere Band der Kirchenzugehörigkeit weithin bestehen geblieben ist. Es ist zwar eine Entfremdung und eine Lähmung eingetreten, aber nicht ein Bruch, jedenfalls nicht in dem zu erwartenden Ausmaß. Entscheidungsträgheit oder Rücksichten irgendwelcher Art erklären dies nicht ausreichend. Es hängt offenbar mit wenn auch noch so vagen Erwartungen zusammen. Unter den Kasualien wird am ehesten noch für ein christliches Begräbnis die Mitwirkung der Kirche in Anspruch genommen. Das läßt sich zwar ironisch glossieren, verrät aber das Empfinden, daß einer solchen Situation etwas Außerordentliches ansteht, wofür es keine angemessene Alternative zu dem gibt, was die Kirche hier tut. Das ist durchaus nicht von nur privatem und punktuellem Belang. Es trifft sich mit dem unterschwellig stark wirksamen Gefühl, daß es ein Angebot und einen Garanten letzter Sinnordnung und Verbindlichkeit geben müsse, auch wenn man selbst davon wenig oder gar nicht praktizierenden Gebrauch macht. Für die Existenz von Kirche gilt hier nicht etwa das alte Argument, daß sie für das Volk nötig sei. Sie erscheint vielmehr wichtig, wenn nicht unersetzlich, auf Grund eines gefühlsmäßigen Verständnisses von Kirche, das – analog zum Sakramentsverständnis – zwischen einer rationalen Zeichentheorie und einer Deutung ihres Daseins als ex opere operato wirksam eigentümlich schillert. So verworren solche Vorstellung von Kirche auch sein mag, verbindet sie sich doch nicht selten mit einem ganz richtigen Gespür dafür, ob die Kirche zu ihrer Sache steht oder Allotria treibt. Diejenigen, die ganz ungeistlich eingestellt sind, können sehr empfindlich auf Anzeichen dafür reagieren, daß die Kirche selbst ihrer geistlichen Aufgabe müde wird. Natürlich kann dahinter eine engstirnig reaktionäre oder verächtlich säkularistische Einstellung stehen, die in allzu bequemer Weise simplifiziert. Dennoch sollte man nicht unterschätzen, daß aus der Distanz zur Kirche heraus zuweilen sehr gesunde Urteile über sie gefällt werden.

bb) Potentielle Erfahrungen

Wenn man – nicht um die unmittelbare Bilanz dieser Beobachtungen über die lebensmäßige Erfahrung mit Kirche zu ziehen, sondern um sich darüber hinaus zu Folgerungen vorzutasten – die Frage zu beantworten sucht, welche potentiellen Erfahrungen von Kirche die bestehenden Grenzen sprengen und in den Umgang mit Kirche neue Bewegung hereinbringen könnten, so drängen sich drei Gesichtspunkte auf. Sie stellen kein kirchenreformerisches Programm dar. Dazu fehlt es ihnen naturgemäß an praktikabler Konkretion, die nur durch eingehende Analysen zu gewinnen wäre. Und überdies muß vor die Diskussionen über Strukturreform und vor alles Experimentieren in Sachen der Kirche das warnende Vorzeichen gesetzt werden, daß ohne tieferes Eindringen in die Sache des christlichen Glaubens Operationen äußerer Art wenig versprechen. Dies vorausgesetzt, können folgende Stichworte die notwendige Richtung andeuten.

Zum einen wäre die Überlegung darauf zu richten, wie es zu einer Relevanzerfahrung kommen kann, welche die Blockaden im Vorfeld durchstößt. Dabei darf es sich nicht um vordergründige Argumente handeln, welche die Kirche empfehlen. Es geht dabei überhaupt nicht primär und direkt um die Relevanz der Kirche, sondern um ein Vordringen zu der verschütteten Relevanz Jesu für das Leben in der gegenwärtigen Welt. Das schließt ein, daß sich die Aufmerksamkeit und Anteilnahme vornehmlich dem zuwenden muß, inwiefern und wodurch das Leben – das eigene wie das der Angesprochenen – relevant ist und wird. Ist doch die Relevanzkrise der Kirche letztlich eine Relevanzkrise des heutigen Menschen selbst. Zu ihrer Überwindung bedarf es eines solchen Einsatzes der Kirche, in dem sie hinter dem einzigen zurücktritt, was sie glaubwürdig zu machen imstande ist.

Zum andern bedürfte es dessen, daß Erfahrung von Gemeinschaft in Freiheit ermöglicht wird. Ohne solche Gemeinschaftserfahrung in Gestalt von Freiheitserfahrung, wofür man ebenso sagen kann: ohne eine solche Freiheitserfahrung in Gestalt von Gemeinschaftserfahrung, kann es in Sachen des christlichen Glaubens keinen Durchbruch zu Neuem hin geben. Die bloße Vermittlung von Wahrheiten ohne Vermittlung einer Erfahrung davon, wie sie gelebt werden, hat insbesondere dort wenig Aussicht, wo mit entgegenkommenden Vorgaben nicht zu rechnen ist. Vermittlung von Lebenserfahrung ist aber per definitionem schon ein Akt der Gemeinschaft und zugleich ein Akt freimachender Freiheit. Darum muß man sich wohl davor hüten, den Gesichtspunkt der Gemeinschaftserfahrung zu verselbständigen, und ebenso davor, den Gesichtspunkt der Freiheitserfahrung zu isolieren von dem Dasein für andere sowie von dem Dasein anderer für einen selbst. Die Ausrichtung auf den Punkt, in dem die Überwindung der Einsamkeit und der Gewinn wahrer Freiheit identisch werden, dürfte kaum in den Verdacht kommen, am heutigen Menschen vorbeizugehen.

Schließlich wäre es nötig, die Erfahrung des Gebrauchtseins zuzumuten. Die mangelnde Bereitschaft, sich für die Kirche einzusetzen, ist nicht auf Überforderung durch die Kirche zurückzuführen. Daß Pfarrer und kirchliche Mitarbeiter vielfach überfordert sind, ist einerseits, soweit es sich nicht um einen Pseudopflichtenballast handelt, Zeichen dafür, wie stark hier die Aufgaben andrängen, anderseits die Folge einer mangelnden Inanspruchnahme brachliegender Kräfte. Selbst die gelegentliche Klage, daß die Predigthörer überfordert seien, deutet eher auf Fälle falscher Inanspruchnahme. Im allgemeinen hat man mehr darüber zu klagen, daß die Predigt den Hörer durch eine spezifische Art der Anspruchslosigkeit strapaziert. Aber es gilt jetzt in einem weiteren Sinne, daß im Umgang mit Kirche gerade durch hohe Ansprüche wohltuende Erfahrungen ausgelöst werden können. Man kann einem Menschen oft keinen größeren Dienst erweisen, als ihm sinnvolle Aufgaben anzuvertrauen und ihm das Bewußtsein zu geben, gebraucht zu sein. Ohne solche Erfahrung macht man es ihm in der Tat schwer, Freude an der Kirche zu haben.

3. Das Problem der Unterscheidung in ekklesiologischer Hinsicht

Hält man nun noch einmal beides nebeneinander: als was die Kirche in der Sprache des Glaubens aufgefaßt ist und als was sie empirisch erscheint, so stellt sich eine doppelte Spannung heraus. Einerseits ist ein eklatanter Widerspruch zwischen dem Glaubensanspruch und der Wirklichkeit von Kirche zu konstatieren, am offensichtlichsten so: Dem Glauben gilt sie als die unteilbar eine, und sie existiert doch als in sich zerstrittene Vielheit; dem Glauben gilt sie als heilig, und sie existiert doch weithin sehr weltlich und unheilig. Anderseits ist eine Sprachdifferenz festzustellen, deren Tragweite nicht ohne weiteres ersichtlich ist. Auch da, wo das Erfahrungsurteil über die Kirche positiv lautet, deckt es sich nicht einfach mit dem Glaubensurteil. Handelt es sich dabei nur um verschiedene austauschbare Ausdrucksweisen für die Wertschätzung von Kirche? Oder meldet sich eine wesenhafte Differenz zwischen Glaubensaussage und Erfahrungsaussage an? Beide Formen der Spannung: die Widersprüchlichkeit und die Sprachverschiedenheit, scheinen unumgänglich zur Existenz von Kirche zu gehören. Die dogmatische Rechenschaft bliebe Entscheidendes schuldig, wenn sie nicht beide Spannungen in das Verständnis von Kirche einbezöge. Sie darf weder das den Glaubensaussagen Widersprechende übergehen oder schlechtweg als nicht zur Kirche gehörend abtun noch darüber hinwegsehen, wie sich die Lebenserfahrung mit Kirche abweichend von der Glaubenssprache äußert. Dieser Problematik tragen Distinktionen in bezug auf den Kirchenbegriff Rechnung.

a) Die Distinktionen im Kirchenbegriff

In bezug auf die Kirche begegnen ungewöhnlich viele Unterscheidungen. Schon dieses Faktum ist ein Symptom der Schwierigkeiten, Kirche zu bestimmen. Aber nicht alle Distinktionen betreffen das Grundproblem, das sich auf das Verhältnis von Glaubensaussage und Erfahrungsaussage zuzuspitzen scheint, wenn sie auch alle in diese Problematik irgendwie hineinverwickelt sind. Jedoch gehört ein Teil der geläufigen Unterscheidungen vorwiegend auf die Seite des Empirischen.

aa) Gegenständliche Distinktionen

In bezug auf den inneren Aufbau von Kirche erwähnten wir schon die Unterscheidung zwischen Kirche und Kirchgemeinde. Auf der Gemeindeebene, von dort aus aber auch den ganzen Kirchenkörper betreffend, stellt sich die Unterscheidung zwischen Kirchenvolk und Kirchenleitung, zwischen Laien und Klerus ein. In Hinsicht auf die verschiedenen Kirchenkörper als ganze begegnen die vielen unterscheidenden Bezeichnungen nach ihrer geschichtlich, geographisch und konfessionell bestimmten Eigenart. So spricht man etwa von Mutter- und Tochterkirchen oder von jungen Kirchen im Gegensatz zu den schon lange etablierten und mit viel Tradition beladenen, ferner von Landeskirchen in verschiedenster Umgrenzung und schließlich von glaubensmäßig unterschiedlich und gegensätzlich geprägten Kirchen, in deren Bezeichnungen sich neben dogmatischen und kirchenrechtlichen Eigentümlichkeiten vielfach die historische Herkunft spiegelt, aber auch Ortsangaben sachliches Gewicht erhalten können wie im Falle der römisch-katholischen oder der anglikanischen Kirche. Im Blick auf die Kooperation verschiedener Kirchenkörper hat sich die ekklesiologisch recht subtile Unterscheidung zwischen Kirche und Kirchenbund herausgebildet, um zum Ausdruck zu bringen, daß im einen Fall volle Kirchengemeinschaft besteht, im andern Fall dagegen trotz freundschaftlicher

Beziehungen und gewisser organisatorischer Verbindungen die vorbehaltlose Bezeichnung als Kirche unangemessen erscheint.

Die verschiedene Struktur von Kirche wird durch die Distinktionen von Staatskirche und Freikirche, von Volkskirche und Bekenntniskirche zur Geltung gebracht, obschon es hier mancherlei Abstufungen und Überschneidungen gibt, die ein sauberes Auseinanderhalten dieser Gesichtspunkte erschweren. Schwieriger noch steht es mit der Unterscheidung zwischen Kirche und Sekte. Auch da, wo sie rein soziologisch deskriptiv verstanden ist, kann sie die Herkunft von einem Sprachgebrauch nicht verleugnen, der durch ein dogmatisches Urteil bestimmt ist und sich mit der Unterscheidung zwischen wahrer und falscher Kirche berührt. Eine Sekte gilt als falsche Kirche. Sie nennt sich selbst jedoch nicht Sekte, sondern hält sich gerade für die einzig wahre Kirche. Ebenso gibt ein glaubensmäßiger Gesichtspunkt den Ausschlag für die Unterscheidung zwischen ecclesia militans und ecclesia triumphans, hier aber nicht im Sinne polemischer Abgrenzung, sondern als Ausdruck einer Gemeinschaft zwischen der Kirche in der irdisch-geschichtlichen und deshalb angefochtenen Existenz und der Kirche der Vollendeten aller Zeiten in ihrer ewigen himmlischen Gegenwart – eine Vorstellung, die durch die Bilderwand des orthodoxen Kirchenraums in eindrücklicher Weise liturgisch Gestalt gewonnen hat. All diese Distinktionen versehen jedoch nicht die zentrale theologische Unterscheidungsfunktion in bezug auf die innere Dialektik des Kirchenbegriffs selbst. Sie betreffen durchweg Phänomene, die nebeneinander stehen, einander ergänzen oder sich gegenseitig ausschließen.

bb) Dialektische Distinktionen

Anders steht es mit den Versuchen, das Ineinander verschiedener Aspekte von Kirche so zum Ausdruck zu bringen, daß beides zugleich gewahrt ist: Die Differenz sowie eine zumindest teilweise Identität. Die wichtigsten der hier in Betracht kommenden Unterscheidungen lassen sich nach formalen Gesichtspunkten gruppieren, die auf verschiedene Weise das Problem zu lösen suchen, wie in bezug auf die Identität die Differenz darstellbar ist.

Die geschichtlich wirksamste Distinktion ist am Gesichtspunkt der Erkennbarkeit orientiert: die Unterscheidung zwischen sichtbarer und unsichtbarer Kirche. Es wäre unsinnig, daraus zwei getrennte Kirchen zu machen, aber auch problematisch, die Existenz in der Sichtbarkeit zugunsten des Moments der Unsichtbarkeit zu vergleichgültigen. Die Intention besteht vielmehr darin, gegen falsche Identifikationen zur Geltung zu bringen, inwiefern Kirche von ihrer sichtbaren Erscheinung her zu bestimmen ist, inwiefern aber zugleich kritisch dazu ein Faktor in Betracht kommt, der sich der sinnenhaften Greifbarkeit entzieht. Der

Mißbrauch, der mit dieser Unterscheidung getrieben worden ist, hat dazu veranlaßt, das Unaufgebbare solcher Distinktion anders zu akzentuieren. Tillich hat die Unterscheidung zunächst zwischen latenter und manifester Kirche und sodann, sich korrigierend, die zwischen der Geistgemeinschaft in ihrer Latenz und der Geistgemeinschaft in ihrer Manifestation vorgeschlagen[2]. Damit verschiebt sich die Wertung. Die Weite, die sich mit dem Gedanken der unsichtbaren Kirche verbinden kann – freilich auch zuweilen durch ihn gerade eliminiert wird, indem er als eine einengende Bestimmung verstanden wird –, soll durch den Begriff der Latenz festgehalten und in positivem Sinne zur Geltung gebracht werden. Durch den Begriff der Manifestation wird das Moment der Sichtbarkeit im Sinne konkreter Repräsentanz ebenfalls positiv gewertet, aber entgegen seiner Formalisierung auf den Sachgehalt hin relativiert. Während jedoch die Klimax der Wertung üblicherweise von der sichtbaren zur unsichtbaren Kirche führt, verläuft sie nun von der Latenz zur Manifestation. Als eine weitere Variante könnte in Anspielung auf Luthers absconditas-Gedanken die Unterscheidung zwischen der Geschichtlichkeit und der Verborgenheit der Kirche zur Diskussion gestellt werden.

Die Verhältnisbestimmung erfolgt in etwas anderer Perspektive, wenn sie an der Relation von Gehalt und Gestalt orientiert wird. In diesem Sinne pflegt man zwischen der Kirche im Glaubenssinn und der Kirche im Rechtssinn zu unterscheiden. Das kann auf ein grundsätzlich friedliches Nebeneinander zweier Aspekte hinauslaufen, wie auch sonst ein und derselbe Sachverhalt in verschiedenen Hinsichten betrachtet werden kann. Aber da sich dann unausweichlich die Frage nach der inneren Beziehung zueinander stellt: wie sich vom Glaubensgehalt her die Rechtsgestalt ergibt oder ob die Rechtsgestalt notwendig den Glaubensgehalt verfälscht, enthält diese Distinktion ebenfalls erheblichen Sprengstoff. Das ist im Grunde dann nicht anders, wenn man eine terminologische Sonderung zwischen Kirche und Kirchentum vollzieht, wovon nur das eine, nicht das andere in das Credo gehöre[3]. Beides richtig auseinanderzuhalten, erfordert doch offenbar, es zusammenzuhalten, damit klar wird, inwiefern ein Kirchentum an Kirche partizipiert und Kirche durch Kirchentum repräsentiert wird.

Eine dritte Gruppe von Unterscheidungsversuchen bedient sich des Gesichtspunktes verschiedener Größenrelation. Die Differenz im Kirchenverständnis stellt sich dann geometrisch als das Verhältnis verschiedener Kreise zueinander dar, die entweder einander konzentrisch zugeordnet sind oder sich partiell überschneiden. Daraus ergibt sich

[2] P. Tillich, Syst. Theol. III, 1966, 179–182.

[3] Th. Harnack, Die Kirche, ihr Amt, ihr Regiment, 1862 (Neudruck o. J. [1934]), 1.

zugleich eine unterschiedlich taxierte arithmetische Relation zwischen den dazu gehörenden Personen. Diese Darstellungsform verbindet sich häufig mit dem Begriffspaar sichtbare und unsichtbare Kirche. Ihr sind aber auch andere Distinktionen zuzuordnen, die diesen Gesichtspunkt noch deutlicher zum Ausdruck bringen. Da ist einmal die Unterscheidung zwischen Partikularkirche und Universalkirche, wonach die zweite nicht die bloße Summe aller Exemplare der ersten ist, sondern sich von diesen qualitativ abhebt. Das deckt sich etwa mit der Unterscheidung von Kirchentum und Kirche, wobei die Partikularkirche die geschichtliche Einzelgestalt von Kirchen aller Größenordnungen ist, während Universalkirche die prinzipiell nicht organisatorisch darstellbare, allein Gott offenbare wahre Kirche meint, die stets eine Diasporaexistenz führt. Etwas anders nuanciert den Sachverhalt die Unterscheidung zwischen der bekannten Zahl der Getauften und der unbekannten Zahl der Erwählten oder aber der Versuch, im Gegensatz zur ecclesia mixta die wahre Kirche doch sichtbar darzustellen, sei es als Kerngemeinde und somit als inneren Kreis, sei es als heiligen Rest in Separation von der Großkirche.

b) Die Notwendigkeit ekklesiologischer Fundamentalunterscheidung

Nahezu alle erwähnten Distinktionen lagen dem Urchristentum fern. Sie beruhen auf Fragestellungen, die sich erst im weiteren Verlauf der Kirchengeschichte ergaben. Man könnte sie darum für ein Anzeichen der Verlegenheit halten angesichts des Problems, wie das urkirchliche Selbstverständnis mit einem Zustand von Kirche zu harmonisieren sei, der die Folge des Abfalls vom Ursprung ist. Aber auch dann, wenn man die Entwicklung zum Frühkatholizismus des zweiten bis vierten Jahrhunderts, also einschließlich der sogenannten konstantinischen Wende, als die entscheidende Weichenstellung in die weitere Kirchengeschichte hinein keineswegs unkritisch und positivistisch hinnimmt, müssen dennoch bestimmte Veränderungen gegenüber dem Urchristentum als notwendig und auch als in Kontinuität mit dem neutestamentlichen Kirchenverständnis eingeschätzt werden. Dazu gehören insbesondere zwei Hauptprobleme: einmal die Frage, wie die Einheit der Kirche über ihre lokale Repräsentation hinaus Gestalt gewinnen kann und muß; ferner die Frage, welche Folgen sich für die Wahrung ihrer Besonderheit, für die Erhaltung ihrer Reinheit aus ihrer Ausbreitung in die Welt hinein ergeben. Zum ersten Komplex gehören die Herausbildung gleichförmiger Ordnungen sowie Ansätze zu zwischen- und übergemeindlichen Strukturen. In den zweiten Komplex fällt die Aufgabe, die nun erst spürbarer werdende Durchdringung von Kirche und Welt zu verarbeiten, und zwar sowohl in bezug auf die Kirchenzugehörigkeit als auch in bezug auf die Teilnahme an Aufgaben der Weltgestaltung. Dazu kommt schließlich dies, daß der Klärung beider Problemkomplexe die Notwendigkeit vorgeordnet wird, den Inhalt christlichen Bekenntnisses gegenüber dem Denken der Umwelt sowie gegenüber der eigenen Vielstimmigkeit theologisch zu präzisieren. Das grundsätzliche Ja zu dieser sich mehr und mehr konkretisierenden geschichtlichen Verantwortung der Kirche dürfte als dasjenige gelten, was in Übereinstimmung theologischer und soziologischer Betrachtungsweise den Unterschied von Kirche und Sekte ausmacht.

Die Aufgabe einer ekklesiologischen Fundamentalunterscheidung besteht darin, den Kompaß zu liefern, der inmitten der überaus schwierigen und verwirrenden Fragen, die das Verständnis von Kirche sowie die Entscheidung über ihre Gestalt und ihr Handeln betreffen, die theologische Gesamtorientierung zur Geltung bringt. An den erwähnten Distinktionen fällt auf, daß ihnen die Tendenz innewohnt, die Unterscheidung vorschnell zu einer Scheidung führen zu lassen. Keine Formel für sich allein ist ein befriedigender Schlüssel zur Lösung der Probleme. Jede hat ein gewisses Recht und kann als Impuls zu ekklesiologischer Reflexion nützlich sein. Fraglich ist jedoch, ob eine auf die Kirche selbst beschränkte Unterscheidung die durchgreifende Orientierungshilfe zu liefern vermag. Der entscheidende Ansatzpunkt liegt zweifellos in der Frage, was Kirche zur Kirche macht. Das erfordert eine Fundamentalunterscheidung, die nicht primär zwei Aspekte der Kirche aufweist und zueinander in Beziehung setzt, vielmehr die Kirche als solche von Jesus Christus als ihrem Grund unterscheidet. Damit ist auf dasjenige Geschehen hingewiesen, das für das Entstehen und Bestehen von Kirche konstitutiv ist.

Daraus ergibt sich die Warnung, die Fundamentalunterscheidung personal von der Frage der Zugehörigkeit zur Kirche her anzusetzen. Wer zur Kirche gehört – das ist ein sekundäres Problem, zumal es immer schon eine Antwort darauf voraussetzt, was unter Kirche zu verstehen sei, wenn von der Zugehörigkeit zu ihr die Rede ist. So präzis die Sachfrage beantwortet werden muß, was Kirche zur Kirche macht, so elastisch und offen muß die Antwort auf die Frage gehandhabt werden, wer zur Kirche gehört, zumal dann, wenn die Erwartungen darauf gerichtet sind, durch personelle Abgrenzungen Entscheidendes zu gewinnen, anstatt auch die Frage nach der Kirchenzugehörigkeit der Frage nach dem unterzuordnen, was für die Kirche konstitutiv ist. Weil die Unterscheidung zwischen Christus und der Kirche für das Kirchenverständnis fundamental ist, wird es für alle ekklesiologischen Fragen zur Grundregel, sie auf diese Unterscheidung hin zu relativieren. Damit wird der Gefahr gewehrt, die von einer sich verselbständigenden Ekklesiologie her droht: Sie verleitet zu einer theologia gloriae. Die

Unterscheidung zwischen Christus und der Kirche hingegen hält dazu an, über die Kirche im Geiste der theologia crucis nachzudenken. Das macht dafür offen, die Kirche in ihrer Geschichtlichkeit ernst zu nehmen und eben deshalb die Verborgenheit ihrer eschatologischen Relevanz zu beachten und zu bedenken. So verbindet sich mit dem, was die Erfahrung mit Kirche über sie vermittelt, das Glaubensurteil über die Kirche, das zur rechten Erfahrung mit solcher Erfahrung anleitet. Dem damit gekennzeichneten ekklesiologischen Grundsatz wird deshalb am besten Rechnung getragen, wenn man das Verständnis von Kirche am Begriff des Leibes Christi orientiert.

II. Die Kirche als Leib Christi

Mit Rücksicht darauf, daß der paulinische Begriff des Leibes Christi bereits erläutert worden ist und daß den Existenzproblemen der Kirche ein besonderer Abschnitt gewidmet wird, kann sich die Beschreibung des Lebens der Kirche jetzt auf einige Hauptgesichtspunkte beschränken, die den Lebensgrund, die Lebensfunktionen und die Lebensgestalt der Kirche betreffen. Die äußerste Straffung einer an sich uferlosen Thematik mag dazu helfen, eine stringente Auffassung zu gewinnen. Denn so vielseitig das Leben überhaupt ist, schon unser eigenes Leibesleben und nun unvergleichlich mehr das Leben des Leibes Christi, wird es doch als solches erst wirklich begriffen, wenn es nicht in vielerlei Themen zerfällt, sondern konzentriert und bündig von seinem Grunde her erfaßt wird.

1. Der Lebensgrund

Wenn von Christus als dem Grund, dem Fundament der Kirche die Rede ist, so rückt an die Stelle der Konzeption des Leibes die Vorstellung von einem Bau. Das Neue Testament redet mehrfach in dieser Weise von der Kirche (1. Kor 3,9–17 Eph 2,20–22 1. Petr 2,4–8 Mt 16,18). Der Verdacht einer statischen Auffassung bestätigt sich aber nicht. Sosehr dadurch allerdings das Gegründetsein, das Definitive und Haltgebende zum Ausdruck gebracht wird, muß doch beachtet werden: Der Bau, von dem die Rede ist, stellt nicht etwas Fertiges dar, sondern befindet sich im Bau. Und dieses Baugeschehen, das Erbautwerden, wird keineswegs dadurch ins Erbauliche verharmlost, daß es nicht um die Errichtung eines Gebäudes oder um den Aufbau einer Organisation geht, sondern darum, daß Menschen zur Behausung Gottes werden. Dadurch gewinnt dieses Geschehen vielmehr eine so weitreichende Bedeutung, daß sie erst am Ende der Tage voll offenbar werden wird (1. Kor 3,13). Die Funktion des Fundaments, als welches Jesus Christus gilt (1. Kor 3,11), erschöpft sich nicht darin, bloßer Anfang, bloße

Grundlage zu sein, als ob erst das Weitere die Hauptsache wäre. Die tragende Funktion des Fundaments ist geradezu der Quellgrund dessen, was daraus entspringt, der Grund des Geistgeschehens, das nicht erst auf die Fertigstellung des Tempels wartet, sondern durch das Einwohnen sich selbst die Wohnung schafft. So gleitet die Vorstellung vom Baugrund von selbst hinüber in die Aussage über den Lebensgrund, der das Verständnis der Kirche als des Leibes Christi bestimmt.

a) Jesus Christus als Grund der Kirche

Jesus ist nicht der Gründer der Kirche, sondern der Grund der Kirche. Damit ist auf die historische Frage nach dem Ursprung der Kirche eine präzise Antwort gegeben. Daß Jesus nicht in expliziter Anordnung die Kirche gewollt und gestiftet hat und daß die einzige anders klingende Stelle (Mt 16,16–18) nachösterlich ist, wurde schon in den Ausführungen über den historischen Jesus dargelegt (§ 23 A I 2 b, s. Bd. II, 467 f). Diese negative Feststellung schließt freilich nicht aus, daß sich für Jesus selbst der Gedanke an dasjenige nahelegte, was aus seinem Tode erwächst. Und über den inneren Zusammenhang zwischen dem Wirken des historischen Jesus und dem späteren Wirken des Geistes Jesu Christi kann kein Zweifel bestehen. Selbst wenn man die historischen Zusammenhänge anders einschätzte, wie ja die kirchliche Tradition mit aller Selbstverständlichkeit die ausdrückliche Stiftung der Kirche durch Jesus selbst angenommen hat, müßte man dennoch sagen: Kirche entsteht nicht durch Anordnung, sondern durch das Geistgeschehen der Befreiung und Bevollmächtigung. Die Erinnerung daran hat sich in der neutestamentlichen Überlieferung der Sache nach erhalten. Und auch dies zeigen die Texte mit aller Deutlichkeit an: Die Gabe des Geistes hat nicht unmittelbar im Leben Jesu ihren Ursprung, sondern stellt die Folge und Entsprechung dessen dar, daß Jesus am Kreuz seinen Geist in Gottes Hände befahl. In der Ganzheit seiner Person, seines Lebens und Sterbens, ist Jesus der Grund der Kirche, und er bleibt dies als der Erhöhte.

Darum wäre es völlig abwegig, an Jesu Stelle die ersten Christusgläubigen als die Gründer der Kirche anzusehen. Wenn es richtig ist, daß das Zum-Glauben-Kommen als solches bereits das Sein in Christus und somit die Einverleibung in ihn Ereignis werden läßt, dann verhält sich kein Mensch zur Kirche als deren Gründer, sondern stets nur als einer, der selber auf ihren Grund gegründet und in sie eingestiftet ist. Wenn Petrus als der Fels bezeichnet wird, auf welchem Christus seine Kirche erbaut (Mt 16,18), so mag offen bleiben, ob hier möglicherweise eine spannungsvolle Beziehung zu der paulinischen Aussage über Jesus Christus als den Grund der Kirche anzunehmen sei (1. Kor 3,11). Auf jeden Fall aber ist auch in jenem Wort an Petrus nicht dieser Mensch als solcher der Felsengrund – dann wäre die Kirche, wie Luther einmal drastisch sagt, „auf einer Pfütze oder Misthaufen gegründet"[4] –, vielmehr wird Petrus um des Christusbekenntnisses willen und allein in dieser Hinsicht als der genannt, der den Anlaß gibt, der Kirche zuzusagen, daß sie kraft solchen Gegründetseins auf Christus sogar von den Höllenpforten nicht überwältigt wird (Mt 16,18).

b) Das Leben Christi im Leibe Christi

Die Auffassung der Kirche als des Leibes Christi hat keineswegs einen bloß bildhaften Sinn, sondern versteht den Leib Christi als eine Realität. Denn nicht das Leben der Glieder und ihr Zusammenleben konstituieren den Leib, sondern infolge ihrer geistleiblichen Verbundenheit mit Christus ist sein Leben zu ihrem Leben geworden und bestimmt ihr Zusammenleben. Paulus kann davon im Blick auf das einzelne Glied als von dem Leben Christi in ihm sprechen (Gal 2,20 Phil 1,21) und in gleichem Sinne pneumatologisch: „Wer Christi Geist nicht hat, gehört nicht zu ihm." (Röm 8,9) Der Sache nach meint es dasselbe, wenn die Kirche als creatura verbi bezeichnet wird[5] oder wenn der Glaube als dasjenige verstanden ist, was die Kirche als Gemeinschaft durchwaltet. Wichtig daran ist, daß Christus – oder das Wort, der Geist und der Glaube – als das Leben der Kirche und nicht als etwas bloß Zusätzliches verstanden wird, was der Kirche zwar wohl ansteht, wovon aber nicht ihre Existenz abhängt. Die gängige Vorstellung von Kirche sieht in ihr eine Institution, die weitgehend unabhängig davon besteht, wie es darin mit der Gegenwart Christi, der Vollmacht des Wortes, dem Wirken des Geistes, der Wirklichkeit des Glaubens bestellt ist. Wird die Kirche als Leib Christi verstanden, so wird sie bei Verlust jenes Lebens zu einem Leichnam, auch wenn sonst alle möglichen Lebensgeister darin ihr Wesen treiben mögen. Was wir Kirche nennen, ist dem vielfach nahe. Dies zu behaupten, bedeutet keine Übertreibung. Daß es trotzdem noch Kirche ist, hängt vielfach an verborgenen und unscheinbaren Vorgängen, in denen sich jenes Leben vollzieht, das Kirche zur Kirche macht.

2. Die Lebensfunktionen

Die Lebensfunktionen des Leibes Christi ergeben sich daraus, was in Jesus Christus geschehen ist und was weiterhin geschehen zu lassen das Sein des Leibes Christi ausmacht. Hier geht es um einen Sachverhalt, in dem sich die Fäden aufs engste verknoten und der nur in dieser seiner Dichte richtig erfaßt wird. Vom Sein des Leibes Christi sind seine Funktionen im Grunde gar nicht zu unterscheiden. Sie bestehen darin,

---

[4] WA 10,3; 214,16.

[5] WA 6; 560,33 – 561,1 = BoA 1; 497,37 – 498,3.

das Leben wirksam werden zu lassen, das von Christus her in ihm und durch ihn in der Welt wirkt. Was in Jesus Christus geschehen ist und sein Leben ausmacht, ist das Zusammensein von Gott und Mensch. Die alte Dogmatik hat dies in der Lehre von der Person Christi als die Vereinung von wahrem Gott und wahrem Menschen ausgelegt und in der Lehre vom Werke Christi als die Versöhnung zwischen Gott und Mensch. Dieses Zusammensein von Gott und Mensch weiterhin wahr sein und geschehen zu lassen, heißt: Das Sein des Leibes Christi in der Welt ist zugleich Gottesdienst und Dienst am Menschen. Denn mit nichts anderem kann Gott wahrhaft gedient werden als damit, daß ihm der Mensch zu eigen wird. Und mit nichts anderem ist dem Menschen letztlich gedient als mit Gott. Was in archaischer Zeit die äußerste und entsetzlichste Möglichkeit des Kultes darstellte, das Menschenopfer, das hat sich in völlig anderer Weise in dem Tode Christi erfüllt: als die Tat der Liebe Gottes, der seinen Sohn für uns alle dahingegeben hat (Röm 8,32), und daraus entspringend macht es auch das Leben des Leibes Christi aus: „Bringt euer leibliches Leben Gott zu einem lebendigen, heiligen, ihm wohlgefälligen Opfer dar; das soll euer vernünftiger Gottesdienst sein." (Röm 12,1) Dementsprechend ist das Wirken des heiligen Geistes von der Art, daß die Charismen, mit denen der vom Geist Erfüllte durch Gott beschenkt ist und in denen er zugleich Gott antwortet, in der Liebe kulminieren und an ihr das Kriterium haben. Nicht bloß die spezifisch religiösen Gaben des Zungenredens, der Prophetie und der Wunderkräfte, sondern auch die heroische Haltung völliger Selbstaufopferung – „Wenn ich all meine Habe an die Armen verteile und meinen Leib hingebe zum Verbrennen" – stehen unter der Grundbedingung: Habe ich die Liebe nicht, so ist das alles nichts wert (1. Kor 13,1–3).

a) Gottesdienst

Genau genommen veranstaltet die Kirche nicht Gottesdienst. Sie ist vielmehr Gottesdienst. Darum werden in so entschiedener Weise die kultischen Begriffe aus ihrer Besonderung herausgeholt und in Lebensbegriffe verwandelt, die jedem zukommen, der an Christus glaubt. Alle sind nun Tempel, alle sind Priester, alle sind ein Gott darzubringendes Opfer. Wie der Leib Christi selbst in seinem Dasein in der Welt, so ist auch das Leben des Christen als solches Gottesdienst. Am herkömmlichen kultischen Denken gemessen, ist das widersinnig. Denn zum Kult gehört die Absonderung vom übrigen Leben, die Aussonderung bestimmter Orte und Zeiten, Personen und Gaben. In der umstürzenden Wandlung des Verständnisses von Heiligung, die sich im Christusgeschehen vollzogen hat, ist es begründet, daß es all dessen – der Tempel, Priester und Opfer – im herkömmlichen Sinne nicht bedarf. Dies ist gänzlich erledigt und abgetan. Denn es stellt nicht mehr das dar, was es zu sein beansprucht: Gottesdienst, ist nun vielmehr Götzendienst und Gotteslästerung. Nicht der Mensch hat auf Gott hin zu handeln, um ihn zu versöhnen, sondern Gott hat auf den Menschen hin versöhnungstiftend gehandelt. Diese Botschaft von der Versöhnung weiterzugeben und wahr sein zu lassen, kurz: zu glauben, das ist die einzige Weise, wie der Mensch noch Gott dienen und ihm Ehre geben kann, so also, daß er es sich gefallen läßt, wie Gott ihm dient und ihm an seiner Doxa teilgibt.

Daß sich nun dennoch die Kirche zu bestimmten Zeiten und an bestimmten Orten zu dem besonderen Geschehen von Gottesdienst versammelt, stellt nicht einen Rückfall in kultische Veranstaltungen dar, wie sie grundsätzlich abgetan sind, sondern aktualisiert den Gottesdienst, der die Kirche ist, in ständig wiederholter Einkehr in den Grund ihres Daseins. Dieser Besonderung christlichen Gottesdienstes zu Veranstaltungen eigener kultischer Prägung liegen zwei Notwendigkeiten zugrunde.

Einmal nötigt dazu die Unterscheidung zwischen Christus und der Kirche. Die Kirche hat nicht einfach ihr Leben als einen ihr zu eigen gewordenen Besitz, sondern lebt als der Leib Christi nur in beständigem Empfangen dieses Lebens von Christus her. Das Gegenüber von Christus und Kirche offen zu halten und immer neu wirksam werden zu lassen, dazu bedarf es des gesonderten gottesdienstlichen Geschehens.

Dazu kommt ein zweites: Ist doch der Glaubende nicht völlig in das neue Sein hinein verwandelt. Als der, der in Christus ist, ist er zugleich in der Welt. Als der aus Glauben Gerechte ist er zugleich immer noch Sünder. Darum wird ihm das Leben Christi nicht als die Totalität seines Lebens überhaupt zuteil, sondern als die Unterscheidung zwischen dem, was Sache des Glaubens und des Geistes ist, und dem, was das Leben unter den Bedingungen dieser Weltzeit immer noch ausmacht und erfordert. Das bedeutet nicht die Teilung in zwei selbständige und gegeneinander verschlossene Lebensbereiche. Das Leben, das von Christus ausgeht, ist auf das ganze Leben des Menschen gerichtet und will alles durchdringen. Damit es aber diese aufs Ganze zielende Ausrichtung zur Geltung bringen kann, darf es nicht in voreiliger Vermischung seiner Besonderheit beraubt und infolgedessen abgeschwächt werden. Der christliche Glaube macht sich nicht etwa in der Weise im Leben breit, daß er totalitär alle Lebensaspekte absorbiert und in sich verschlingt. Das Sein in Christus geht nicht etwa in das Sein in der Welt auf und damit in ihm unter. Es hebt sich als das Geistliche erkennbar vom Weltlichen ab, sosehr es sich je und je mit ihm aufs engste verbindet. Damit es zu rechter Verbindung kommt, bedarf es der rechten Unterscheidung.

Deshalb führt das von Christus ausgehende Leben nicht zur Abschaffung von Religion, sondern zu ihrer Läuterung und zugleich zu ihrer Relativierung auf das hin, was als Evangelium der Inbegriff des Christusgeschehens ist. Damit erhält der gesonderte christliche Gottesdienst seine Neubestimmung vom Evangelium her. Rechter Gottesdienst ist nun an die eine einzige Bedingung geknüpft, „daß nichts anderes darin geschehe, denn daß unser lieber Herr selbst mit uns rede durch sein heiliges Wort, und wir wiederum mit ihm reden durch Gebet und Lobgesang“[6]. In Anlehnung an diese Definition des Gottesdienstes durch Luther könnte man auch sagen: Gottesdienst besteht in dem Gespräch zwischen Gott und den Menschen. Der Mensch dient Gott allein dadurch, daß er auf Gott hört und ihm antwortet. Und Gott dient dem Menschen, indem er zu ihm spricht und seinerseits ihn erhört. Von Gott hat der Mensch nicht bloße Gaben zu erwarten, sondern die Gegenwart Gottes selbst. Und vom Menschen erwartet Gott gleichfalls nicht Gaben, sondern ihn selbst, sein Herz[7]. Deshalb strahlt aber der Gottesdienst als besondere Veranstaltung in sämtliche Lebensfunktionen der Kirche hinein aus. Sie alle werden zu Modifikationen des Gottesdienstes, der in seiner besonderen Gestalt dafür sorgen muß, daß das Verständnis von Gottesdienst überhaupt wach und sachgemäß bleibt.

b) Dienst am Menschen

Der Dienst am Menschen steht nicht als ein zweites neben der gottesdienstlichen Funktion der Kirche: sei es so, daß erst er der eigentliche Endzweck und sie nur ein Mittel dazu wäre, sei es so, daß der Dienst am Menschen in Gestalt der Diakonie zum bloßen Mittel der Legitimation des gottesdienstlichen Lebens würde. Dem Menschen in seinem Gottesverhältnis zurechtzuhelfen, ihn dazu zu befreien, daß sein Leben selbst zum Gottesdienst wird, ist der unvertretbare Dienst der Kirche am Menschen. Der Gottesdienst als solcher kommt dem Menschen zugute und ist insofern Dienst am Menschen. Deshalb wird die gesonderte Veranstaltung des Gottesdienstes zur Einübung in das Leben als Gottesdienst. Und das Leben der Kirche teilt sich dem Leben des Menschen mit gutem Grunde nicht zuletzt in der Weise mit, daß in den Kasualien die Hauptzäsuren des Lebens gottesdienstlich begleitet werden und die menschliche Existenz, die sich in Gestaltlosigkeit und Zerstreuung zu verlieren droht, hereingeholt wird in den Rhythmus der vom Sonntag bestimmten Woche und des vom Christusgeschehen her strukturierten Kirchenjahres.

---

[6] WA 49; 588,15–18.

[7] Formuliert im Anschluß an meinen Aufsatz: Die Notwendigkeit des christlichen Gottesdienstes, WG III, (533–553) 542.

Wenn daraus volkskirchliche Ordnungen und Lebensformen hervorgehen, so mag das Leben, das sich darin faktisch vollzieht, demjenigen recht fern sein, was Christus gemäß ist; es mag allzu spürbar des heiligen Geistes entbehren und viel eher dazu dienen, sich in dieser Welt wohnlich einzurichten, anstatt den Aufbruch und das Unterwegssein zur ewigen Heimat hin zu fördern. Dennoch wäre ein antivolkskirchlicher Rigorismus keine Bezeugung des Evangeliums und entspräche nicht der Menschenfreundlichkeit Gottes. Freilich nur dann, wenn die Weite der Kirche die Frucht ihrer Konzentration auf das Entscheidende ist und dieser Konzentration wiederum zugute kommt, hat das Evangelium an einer sogenannten Volkskirche ein ihm nicht widersprechendes Instrument. Wenn dies aber der Fall ist und das von Christus ausgehende Leben mit allen Erscheinungsweisen und Nöten menschlichen Lebens überhaupt täglich in engster Tuchfühlung bleibt, dann stellt dies eine dem Leibe Christi selbst sehr angemessene und förderliche Situation dar. Der in seinem irdischen Leibesleben auch mit Zöllnern und Dirnen verkehrte und mit ihnen zu Tische saß, hat die Kirche als seinen Leib nicht dazu bestimmt, daß sie selbstgenügsam nur für sich da sei und sich von allem freihalte, was sie belasten und beflecken könnte. Die Erbauung des Leibes Christi ist mit dem Dasein für die Welt identisch. Gewiß erfordert dies die Polarität von Sammlung und Sendung, aber doch so, daß die Sammlung der Sendung zugute kommt, damit die Sendung wirklich zur Sammlung des Volkes Gottes führt. Deshalb wird allerdings die wache und tätige Aufmerksamkeit gerade auch auf die leiblichen Nöte der Menschheit zum Kriterium dafür, ob die Kirche der Welt die Botschaft von der Liebe Gottes wirklich aus Liebe und in Liebe ausrichtet.

3. Die Lebensgestalt

Wie es eine gesonderte Veranstaltung von Gottesdienst geben muß, obschon, ja weil das Sein der Kirche als solches Gottesdienst ist, so nimmt die Kirche auch eine besondere Lebensgestalt an, obwohl, ja weil das Leben, das in ihr wirksam ist, das Leben überhaupt durchdringen will. Sie steht neben den politischen Gebilden der Bürgergemeinde und des Staates, den berufsständischen und wirtschaftlichen Interessenverbänden, den privaten Vereinen sowie der Familie als der sozialen Grundform und doch zugleich ihnen allen gegenüber. Insofern entspricht sie in ihrer gesellschaftlichen Funktion, wenn auch keineswegs immer darin anerkannt, jedoch der Natur der Sache nach, am ehesten den politischen Institutionen.

Wie diese, so nimmt auch sie, freilich in ganz anderer Hinsicht, Verantwortung für alle wahr. Der Staat samt seinen Organen trägt in seinem Hoheitsbereich Verantwortung für die Erhaltung alles menschlichen Lebens und der dafür erforderlichen Lebensbedingungen, insbesondere angesichts derjenigen Kräfte, welche die Grundrechte der Menschen gefährden und mißbrauchen. Die Kirche dagegen trägt für dieselben Menschen ausnahmslos, ob sie ihr angehören oder nicht, Verantwortung im Hinblick auf diejenigen Mächte, die des wahren Lebens und der wahren Freiheit berauben.

Gemäß dieser verschiedenen Dienstfunktion an demselben fehlsamen und bedrohten Menschen: einerseits um des irdischen Wohls willen in Hinsicht auf die Folgen der Sünde, anderseits um des ewigen Heils willen in Hinsicht auf die Sünde selbst, unterscheiden sich Staat und Kirche tief durch elementare Kennzeichen. Der eine Dienst kann, auch unter völlig demokratischen Bedingungen, nicht von der Anwendung autoritärer Herrschaftsmittel absehen, wie denn der politischen Instanz zwangsläufig alle Einwohner unterstehen. Die Freiheit wird hier gewahrt, indem sie in bestimmter Weise geregelt und beschränkt wird. Der andere Dienst hingegen verträgt grundsätzlich keine politischen Herrschaftsmethoden und überläßt deshalb die Zugehörigkeit zur Kirche der Freiwilligkeit. Für die Freiheit wird hier nicht durch ihre Einschränkung Sorge getragen, sondern durch die Entbindung von Freiheit und durch die innere Ermächtigung zu ihr. Während die Staatszugehörigkeit prinzipiell auf einen nach politischen Gesichtspunkten bestimmten Personenkreis begrenzt ist, eignet der Kirchenzugehörigkeit, auch wenn sie partikularkirchlich ähnlich bestimmt ist, mit Notwendigkeit eine darüber hinausweisende ökumenische Weite.

In der Verschiedenheit dieser Dienste liegt auch ein gegenseitiges Dienstverhältnis. Die Kirche profitiert vom Lebensschutz seitens des Staates und unterliegt auch den dafür erforderlichen politischen Bedingungen einschließlich einer gewissen Aufsicht. Ihrerseits trägt sie dazu bei, daß dem Staate willig gegeben wird, was ihm gebührt, wacht aber auch darüber, daß er sich nicht anmaßt, was ihm nicht zukommt, oder etwa unterläßt, was seine Pflicht ist.

Diese Verhältnisbestimmung wird je nachdem nicht nur verschieden gefüllt, sondern erfährt auch mancherlei Beeinträchtigung und Verzerrung, kann aber als Orientierungsskizze kritisch auf alle denkbaren Fälle bezogen werden. Die Hauptsache besteht freilich in folgendem: Diese Unterscheidung zwischen Kirche und Staat, die für das Verhältnis der Kirche zur Gesellschaft überhaupt symptomatisch ist, darf nicht als das Kompromißprodukt einer Christianisierung gelten, die noch nicht weit genug gediehen ist, so daß in einem fortgeschrittenen Stadium die Kirche in Staat und Gesellschaft aufgeht oder diese in ihr. Eine solche Verschmelzung widerspricht grundsätzlich und nicht etwa nur mit Rücksicht auf zufällige Umstände dem Wesen des Leibes Christi, von dem der johanneische Jesus sagt: „Mein Königreich stammt nicht von dieser Welt." (Joh 18,36) Was sich daraus für die inneren Strukturen der Lebensgestalt der Kirche als des Leibes Christi ergibt, bedarf noch einiger Hinweise.

a) Gesamtleben und Einzelleben

Das Gesamtleben des Leibes Christi nimmt den Einzelnen in sich auf und trägt ihn. Was wäre ein Christ ohne die Teilhabe an dem, was Kirche zur Kirche macht, sowie daran, was andere vor ihm und neben ihm an geistlichem Leben ihm vermitteln? Anderseits hängt die Lebendigkeit einer konkreten kirchlichen Gemeinschaft von dem ab, was sich unvertretbar am Einzelnen vollzieht. Zinzendorf hat ganz recht: „Aus der Gemeinschaft wird nichts Solides, bis die individua erst mit sich selber richtig sind."[8] Und Luther begann in der kritischen Situation, die in Wittenberg durch übereilte Kirchenreformexperimente während seines Wartburgaufenthalts entstanden war, die Reihe der Invocavitpredigten unter Anspielung auf Röm 14,12 mit dem Hinweis, daß jeder, weil für sich selbst sterben, auch selbst die Hauptstücke des Glaubens wissen und ihrer gewiß sein muß[9]. Das ist der unabdingbare Angelpunkt konkreter Gestaltwerdung von Kirche. Darin liegt auch die spezifische Bedeutung der Sakramente für die Formierung von Kirche. Zwar wird die Gabe des Sakraments nicht durch den Empfänger konstituiert. Deshalb macht das Bekenntnis weder die Taufe noch das Abendmahl zum Sakrament. Jedoch liegt es im Wesen des Sakraments, daß es durch die Art und Weise seines Empfangs mit dem Bekenntnis verbunden ist. Das gilt von der Taufe, auch der Kindertaufe, und ebenso vom Abendmahl in Hinsicht auf die Korrespondenz von persönlichem Ja und persönlichem Empfang. In solchem Bekenntnis wird Kirche erkennbar und nimmt verbindlich Gestalt an. Die Taufe konstituiert die Kirchenzugehörigkeit. Das Abendmahl wird zur Keimzelle der Ordnung der *ekklesia*.

b) Gemeinde und Amt

Für das Leben des Leibes Christi ist konstitutiv, daß an ihm der Dienst geschieht, der ein für allemal durch Christus geschehen ist und jederzeit durch das Christuswort, in rein verbaler oder in sakramentaler Gestalt, als Wirken des heiligen Geistes geschehen darf und soll. Dementsprechend gibt es im Grunde nur ein einziges Amt für die Kirche: das Amt Jesu Christi, an dessen Bezeugung alle Glaubenden

---

[8] Zwölfte Predigt über die Auslegung des dritten Artikels (1752), in: Nik. Ludwig von Zinzendorf, Hauptschriften, hg. von E. Beyreuther und G. Meyer, Bd. V, Londoner Predigten (Erster Band 1756), 1963, 110.

[9] WA 10,3; 1,7–2,2 = BoA 7; 363,15–20. Vgl. Bd. I, 88.

teilhaben, weil sie als solche an dem teilhaben, was dieses Amt wirkt. Darum gibt es keine höhere Vollmacht für das, was in der Kirche zu geschehen hat, als die durch die Taufe ausdrücklich zugesprochene. Wer in Christus ist, hat an dem priesterlich-königlichen Amt Christi teil und ist geistlichen Standes. Das äußert sich am Leibe Christi in vielen verschiedenen Diensten, doch so, daß sie alle auf diesen einen Christusdienst selbst bezogen sind. Deshalb haben diese Dienste, sowenig sie eine hierarchische Ordnung bilden, doch ihr Zentrum in der verbalen und sakramentalen Weitergabe des Christuswortes. Obwohl es im Neuen Testament Ansätze zu einer Institutionalisierung kirchlicher Dienste gibt, wäre es doch falsch, daraus eine bestimmte Ämterordnung als ein für allemal verpflichtend abzuleiten. Ebenso falsch wäre es, das geschichtlich gewachsene Pfarramt als die nun einmal gegebene Institution für unbedingt normativ zu halten. Kirchenrechtlich gesehen, ist das evangelisch verstandene Pfarramt der demgemäß umgeformte monarchische Episkopat. Denn der Bischof hat nach ursprünglichem Verständnis nicht ein übergemeindliches kirchenorganisatorisches Amt, sondern das leitende Amt der lokalen *ekklesia,* wie denn auch nach kanonischem Recht die bischöfliche Diözese die kirchliche Grundeinheit darstellt[10]. Jedoch ergeben sich aus den erwähnten Gesichtspunkten die folgenden Richtlinien für ein evangelisches Verständnis des kirchlichen Amtes.

Zum einen darf man es nicht als einen Widerspruch zur paulinischen Charismenlehre ansehen, nach der jeder Christ, weil den Geist, auch je sein Charisma hat, daß überhaupt bestimmte Dienste zu Institutionen werden. Als solche verlieren sie nicht notwendig den Charakter von Charismen. Die spätere Antithetik von einem freien Charismatikertum und dem institutionell gewordenen Dienst ist zwar religionsphänomenologisch vertraut und geschichtlich verständlich, liegt aber nicht in der Konsequenz des paulinischen Geistverständnisses.

Zum andern muß bei der Herausbildung fester Ämter, wie sie im Interesse kontinuierlichen und geordneten Lebens der Kirche geschichtlich unumgänglich ist, eine doppelte Regel gelten: Solche Ämter dürfen nicht die freien charismatischen Dienste lähmen, geschweige daß eine Vielfalt von Ämtern zugunsten eines einzigen verkümmern darf. Alle Dienste der Kirche müssen jedoch auf das Christusamt selbst und damit auf die Weitergabe des Christuswortes hin zentriert sein. Wenn im Sinne dieser beiden Regeln von dem Pfarramt rechter Gebrauch gemacht wird, so stellt es immer noch die bewährteste Lösung dar.

Schließlich beruht zwar nicht die Vollmacht des Amtes, wohl aber das Recht und die Pflicht, es auszuüben, auf kirchlicher Berufung. Welche

---

[10] Vgl. CIC can. 334 § 1.

Instanz dafür in Betracht kommt, hängt von den Umständen ab. Allerdings sollte es nicht ohne Beteiligung der lokalen Gemeinde geschehen. Für die Mitwirkung eines übergemeindlich kirchenleitenden Organs sprechen wichtige Gesichtspunkte wie die Prüfung, wer für das Amt in Betracht kommt. Aber durch solchen Dienst wird, genau genommen, nur ein zwischengemeindlicher Beistand ausgeübt, wie er nach evangelischem Verständnis alle sogenannten kirchenleitenden Funktionen kennzeichnet. Diese Ämter stehen, was die geistliche Vollmacht betrifft, nicht über der jedes Verbi Divini Minister. Sie üben allein einen Hilfsdienst zugunsten der Gemeinden und zur Unterstützung von deren Ämtern aus. Wenn nun aber die kirchliche vocatio nicht der Grund der geistlichen Vollmacht des Amtes ist und wenn die speziellen Kenntnisse und Fähigkeiten des Berufenen dabei nur als notwendige Begleitumstände zu gelten haben, dann darf aus der Rückführung auf das allgemeine Priestertum der Glaubenden keineswegs die Folgerung gezogen werden, daß der Inhaber des Amtes nur den Auftrag der Gemeinde auszuführen und sich nach dem Willen dieses Auftraggebers zu richten habe. Der in das Amt Berufene steht einzig und allein in dem Auftrag Christi und insofern in einem notwendigen Gegenüber zur Gemeinde, soweit es um die Verantwortung des Christuswortes geht. Sie ist ihm anvertraut, weil aus naheliegenden Gründen nicht alle diese Verantwortung in derselben Weise öffentlich wahrnehmen können. Mit der Berufung in das Amt hat freilich die Gemeinde selbst die Verpflichtung übernommen, die Verantwortung für das Leben des Leibes Christi mitzutragen.

B. Die Existenzprobleme der Kirche

Bisher wurde über das Leben der Kirche als des Leibes Christi theologisch grundsätzlich gesprochen. Dabei wurden zwar schon gelegentlich – wie sollte das anders sein! – ihre Existenzprobleme berührt. Die Absicht aber war, möglichst unverwirrt dadurch zunächst die positiven Grundzüge aufzuweisen. Das wird freilich schon weithin den indirekten Kontrasteffekt erzielt haben, daß man sich fragte, wie solche Aussagen mit der kirchlichen Wirklichkeit in Verbindung und Übereinstimmung zu bringen sind. Auf die vorläufig zurückgedrängten Probleme muß jedoch nun noch eingegangen werden, soweit es in diesem Rahmen überhaupt möglich ist. Dies soll am Leitfaden der vier ekklesiologischen Epitheta des Nicaeno-Constantinopolitanum geschehen: Credo ... unam, sanctam, catholicam et apostolicam ecclesiam[11]. Nur wird

[11] BSLK 27,7f.

die Reihenfolge etwas geändert und das Prädikat der Apostolizität an zweiter statt an letzter Stelle besprochen.

I. Die Funktion der Glaubensattribute

Die Wahl der Glaubensattribute als Leitgesichtspunkte für die Existenzprobleme der Kirche muß befremden. Im Neuen Testament werden diese oder überhaupt derartige Attribute nicht direkt der Kirche beigelegt. Das geschieht erst bei einem gesteigerten ekklesiologischen Bewußtsein, wie es in Fortführung von Ansätzen in den Deuteropaulinen besonders für die Ignatianen charakteristisch ist und dann von der sich herausbildenden frühkatholischen Kirche übernommen wird. Die Kirche wird nun hypostasiert und in himmlische Sphären erhoben – eine Entwicklung, in der sich schließlich die Verbindung mit der Mariologie nahelegt. Aus der Gemeinschaft des Glaubens wird ein Gegenstand des Glaubens, aus dem Ort der Anbetung ein Objekt der Anbetung. Die Existenznöte der Kirche, von denen jene frühkatholische Zeit reichlich Erfahrungen hatte, scheinen durch ein hypertrophes Kirchenverständnis eher verdeckt und übertrumpft zu werden. Statt in die Existenz von Kirche hineinzuführen, verführen offenbar diese anspruchsvollen und stolzen Attribute zu einer Ideologie von Kirche. Eben darin könnte man allerdings ein Hauptproblem der Existenz von Kirche sehen, ob nicht solche Glaubensaussagen über sie die Erkenntnis der kirchlichen Realität verhindern. Die hier lauernden Gefahren sind nicht zu bestreiten, obschon jene Prädikate der Kirche, die ihrer eigentlichen Absicht nach in der Dunkelheit angefochtener christlicher Existenz wie Sterne hoch am Himmel leuchten, uns gegenwärtig eher im trüben Dämmerlicht des kirchlichen Alltags verblassen und unter dem künstlichen Licht hektischer kirchlicher Aktivitäten bedeutungslos oder umfunktioniert werden.

1. Die antithetische Aussage

Als Aufgabe stellt es sich deshalb – anscheinend paradox –: die Existenzprobleme der Kirche und die Glaubensaussagen über sie in einem einzigen Gedankengang miteinander zu erörtern. Dafür spricht der trotz allem unverkennbare Bezug jener Attribute auf einen kirchlichen Zustand, der, anstatt sie zu bestätigen, zu ihnen voller Widerspruch ist. Eben deshalb muß die Einheit der Kirche so emphatisch ausgesagt werden, weil sie so radikal in Frage gestellt ist. Desgleichen muß die Apostolizität so betont hervorgehoben werden, weil man allzu sehr spürt, wie die Kirche von ihrem apostolischen Ursprung fortgerissen wird und in eine unbekannte Zukunft hineintreibt. Die Heiligkeit der Kirche wird deshalb so wichtig, weil sich die Spuren ihrer Unheiligkeit penetrant aufdrängen. Und die Universalität rückt für die Kirche deshalb so sehr in den Brennpunkt, weil ihr der eigene Hang zur Partikularität derartig zu schaffen macht. Die Vollkommenheitsaussagen sind geradezu provoziert durch die Erfahrung all der Unvollkommenheiten der Kirche. Sie sind Kampfaussagen, die dagegen protestieren, den Anschein für die Wahrheit zu nehmen und aus dem, was vor aller Augen ist, das Urteil darüber zu schöpfen, was letztlich gilt.

So verhält es sich mit allen Glaubensaussagen. Daß die Welt Gottes Schöpfung ist, bedeutet den Einspruch dagegen, wofür der Mensch sie nimmt, ebenso wie das Christusbekenntnis dem widerspricht, wie die Welt über Jesus geurteilt hat, und wie der Rechtfertigungsglaube Gottes Urteil über den Menschen sogar gegen die Anklage des eigenen Herzens und Gewissens wahr sein läßt oder wie der Auferstehungsglaube seinen Gegenstand, weil seinen Widerstand, am Sterben und Verwesen hat. Die Kirche ist ebensowenig Glaubensgrund wie die Welt, ob die Außenwelt oder unsere Innenwelt, und ebensowenig wie der Tod, ob der eigene oder Jesu Tod in menschlicher Sicht. Gegenstand des Glaubens in einem nicht geläufigen, jedoch erst eigentlich zupackenden Sinne ist jedoch das, worein der Glaube kämpferisch verwickelt ist, indem er durch sein andersartiges Urteil den Sachverhalt selbst verändert. Zusammen mit allem anderen, was in Konkurrenz zum Glauben Gegenstand des Unglaubens ist und darum im Gegensatz zum Unglauben Gegenstand des Glaubens, wird auch die Kirche in diesem Sinne zum Gegenstand des Glaubens. Dabei wird nicht den Gegebenheiten widersprochen, sondern dem, wie sie gemeinhin gedeutet werden, nicht den Tatsachen, sondern ihrer vermeintlich so evidenten Sprache.

2. Die Ansage des Verborgenen

Nur aus dieser Antithetik heraus ist jenen Glaubensprädikaten der Kirche gerecht zu werden und ebenfalls nur so ihren Existenzproblemen. Denn woran es der Kirche mangelt und wo ihr eigentlicher Schade sitzt, das zu erkennen muß ja, wenn anders sie wirklich die Gemeinschaft des Glaubens ist, selber Sache des Glaubens sein und somit am Kontrast zu den Glaubensaussagen über sie deutlich werden. Umgekehrt werden die Credo-Attribute der Kirche nur dadurch vor dogmatistischem Mißbrauch bewahrt, daß sie mit der unbeschönigten und unverstellten Erfahrung von Kirche zusammengedacht werden. Dann muß es sich zeigen, ob es sich um bloße idealisierende Verbrämungen handelt oder um utopische Zielsetzungen, die nach Verwirklichung rufen, aber nichts dergleichen verheißen. Die nackte Antithetik ist nicht die Art der Glaubensaussage: ein grundloses Widersprechen, das keine Verheißung hat. Wenn die Glaubensattribute nicht einen Anhalt an dem haben, was die Kirche von ihrem Lebensgrund her ist, wenn sie also nicht Aussagen über diesen Lebensgrund selbst sind und damit über das, was Kirche zur Kirche macht, dann sind sie in der Tat nur fromme Wünsche oder auch Parolen unfrommen Machtstrebens. Nur dann, wenn mit diesen Attributen etwas angesprochen und angesagt ist, was zur Kirche von ihrem Grund her gehört und was als Verheißung sie begleitet, haben sie den Charakter von Glaubensaussagen. Und nur dann sind die hier spürbar werdenden Existenzprobleme nicht als zufällige Mißgeschicke zu beseitigen, sondern gehören unaufhebbar zur geschichtlichen Existenz von Kirche. Das bedeutet nicht, daß sie zur Resignation veranlassen. Sie enthalten durchaus auch Hoffnungsziele und Handlungsziele. Aber inwiefern dies der Fall ist und was man sich in Hinsicht auf die angerührten Existenzprobleme der Kirche für ihre geschichtliche Zukunft erhoffen und vom menschlichen Handeln dafür versprechen darf, das hängt von der Verankerung jener Glaubensattribute im Lebensgrund der Kirche ab.

II. Die Kirche in der Anfechtung

Die Interpretation der vier traditionellen Glaubensattribute als Hinweise auf die angefochtene Existenz der Kirche folgt jeweils derselben Gedankenbewegung. Sie setzt bei der Kennzeichnung des Fragwürdigen ein, vergewissert sich sodann der Beziehung zum Lebensgrund der Kirche und fragt schließlich nach den hier anstehenden Aufgaben, wobei um der Konkretion willen der Mut zum Exemplarischen unerläßlich ist.

1. Die Einheit der Kirche

Was die Kirche in bezug auf sich selbst glaubt und daß sie sich selbst in eben dieser Hinsicht unglaubhaft macht, prallt nirgends so kraß aufeinander wie bei der Aussage, daß die Kirche eine sei. Hier ist es nicht nur am bequemsten, den Nachweis für den Selbstwiderspruch der Kirche zu führen. Über diesen Punkt wird auch christlicherseits am lautesten Klage geführt. Im Katalog der Existenzprobleme der Kirche steht dieses vielfach an der Spitze. Die Bemühung um die Einheit der Kirche erscheint als das Vordringlichste. Es fragt sich freilich, ob man damit im Recht ist, zumindest in welchem Sinne dieses Problem so brennend ist und wie es sich zu den weniger spektakulären Anfechtungen der Kirche verhält.

a) Die Einheit als Problem

In unbestrittener, ungetrübter Einheit hat es die Kirche nie gegeben. Nicht etwa erst aus der Auseinandersetzung um die Reformation der Kirche im 16. Jahrhundert ist Kirchenspaltung hervorgegangen, wie man in abendländischer Perspektive leicht urteilt, freilich auch da zu Unrecht. Die gesamte Kirchengeschichte von ihren frühesten Anfängen an ist die Geschichte der Kirche, die zwar ihre Einheit bekennt, jedoch um dieses Bekenntnisses und des Verständnisses von Kircheneinheit willen vielfach zertrennt ist. Man muß allerdings unterscheiden zwischen der Vielgestalt von Repräsentationen der einen *ekklesia* und einer Zerrissenheit, die sich gerade aus dem Versuch uniformierender Einheit ergeben kann. Es gibt eine legitime Vielfalt, die der Einheit nicht widerspricht, die im Gegenteil sogar notwendig zu ihr gehört. Es gibt aber auch eine Gegensätzlichkeit ausschließender Art, welche die Einheit unmöglich macht und nicht aus Liebe zur Einheit bagatellisiert werden darf, vielmehr um der wahren Einheit willen das Eingeständnis fehlender Einheit erfordert. Selten freilich bleibt ein Konflikt, der zur Kirchentrennung führt, von unsachlichen Faktoren frei. Stets jedoch beruft man sich auf kirchlich relevante Sachgründe. Wenn dafür herkömmlicherweise zwischen kirchendisziplinär motiviertem Schisma und der die Kirchenlehre betreffenden Häresie unterschieden wird, so ist diese Distinktion bereits durch ein anfechtbares Verständnis von Kirche und Kircheneinheit bestimmt. Zu einer als unumgänglich verantwortbaren Trennung kann allein eine Differenz im Verständnis dessen führen, was Kirche zur Kirche macht. Es zeigt sich, daß die wirklich tiefgreifenden Gegensätze dieser Art nur in sehr wenigen Schicksalsstunden der Kirchengeschichte aufbrechen, dann aber von überaus zäher Dauer sind, auch wenn die Ursache gar nicht mehr recht nachvollziehbar ist. Deshalb liegen aber auch die eigentlich akuten Probleme der Einheit der Kirche nicht allein in dem Spannungsfeld überkommener Konfessionen und nicht einmal in gegenwärtigen Krisen des Verhältnisses der Partikularkirchen als ganzer zueinander. Die Einheit von Kirche ist vielfach elementarer, aber auch konkreter innerhalb derselben Partikularkirche oder sogar derselben Gemeinde bedroht und zerbrochen durch Richtungskämpfe und Rivalitäten sowie vor allem durch ein formalisiertes Verständnis von Einheit als einem organisatorischen Verbundensein, das nicht von einem wirklichen Lebenszusammenhang erfüllt ist. An dieser sich als communio vollziehenden Einheit jedoch und nicht an der Menge der zusammenbindenden Institutionen und Ordnungen hängt letztlich das Problem der Einheit der Kirche.

b) Die Einheit des Lebensgrundes

Auch im Zustande des Zertrenntseins bezeugt die Vielheit der Kirchen durch ihre, obwohl strittige, doch eben gemeinsame Beziehung zu dem einen Jesus Christus, worin die Einheit von Kirche letztlich ihren Grund hat. Von daher ist der Gesichtspunkt der Einheit in der Tat für den christlichen Glauben und das Dasein von Kirche schlechterdings wesentlich (vgl. 1. Kor 12,4–6 Eph 4,4–6). Wie Christus selbst einer ist und unteilbar (1. Kor 1,13), so ist auch sein Leib einer. Man hat sich zwar daran gewöhnt, von verschiedenen gegensätzlichen Kirchen zu reden, aber es gibt nicht mehrere Leiber Christi. Nimmt man das Verständnis von Kirche als Leib Christi ernst, so wird die ausschließliche Identifikation einer Partikularkirche mit ihm unmöglich, was auch die ökumenische Geltung der Taufe unterstreicht. Daraus ergibt sich aber ein solches Verständnis von Einheit der Kirche, das die kirchenorganisatorisch darstellbare Einheit nachdrücklich relativiert auf die Einheit des Leibes Christi, die sich organisatorischer Darstellbarkeit entzieht. Diese Einheit ist eine Realität trotz aller Kirchentrennung quer durch alle Kirchen hindurch. Die Relativierung vergleichgültigt nicht die Frage nach dem, was die Kirchengemeinschaft in und zwischen den Partikularkirchen konstituiert, lenkt vielmehr den Blick auf das Wesentliche. Ein Maximalismus, der die Einheit möglichst vollkommen an allen Lebensäußerungen der Kirche erkennbar werden lassen will, ist in Gefahr, über Nebensächlichkeiten die Hauptsache zu versäumen, durch die Herstellung von Pseudoeinheit das Leben der Kirche zu beeinträchtigen und so gerade Kirchenspaltung zu verursachen.

Darum ist es gut, sich bewußt zu machen, was zur Einheit der Kirche nicht notwendig ist, um sich dadurch zu der Erkenntnis hinführen zu lassen, was die Einheit deshalb hinreichend konstituiert, weil es das Leben des Leibes Christi konstituiert[12]. Daß dies allein das Christuswort selbst in seiner verbalen und sakramentalen Gestalt ist, stellt freilich eine gefährdete Antwort dar, weil an ihr sogleich die Frage der Übereinstimmung in bezug auf sein Verständnis aufbricht. In welchem Maß ein theologisch expliziter Konsens dazu gehört, ist durch die geschichtliche Situation bedingt. Grundsätzlich gilt jedoch die Regel: Einerseits sind die großen konfessionsbildenden Weichenstellungen der Kirchengeschichte zu respektieren, um durch den Anschluß an eine Grundgestalt christlichen Gesamtverständnisses den Zugang zu Entscheidungstiefen offenzuhalten, wie sie nicht jederzeit erreichbar sind. Anderseits ist mit aller Entschiedenheit davor zu warnen, die Kircheneinheit lehrgesetzlich aufzufassen, so daß eine fortschreitende möglichst engmaschige Fixierung theologischer Definitionen das Ideal wäre. Die Funktion eines gemeinsamen Bekenntnisses als Symbols der Kircheneinheit muß sich danach beurteilen lassen, ob dadurch der Weg zu immer neuer Einkehr in den Lebensgrund der Kirche gewiesen wird und darum zu freier, aber konzentrierter theologischer Arbeit und zu beweglicher, aber aufs Wesentliche ausgerichteter kirchlicher Tätigkeit. In der geschichtlichen

---

[12] Vgl. CA VII, BSLK 59,16–60,16.

Zerstreuung und Aufsplitterung der Kirche kommt ihre Einheit nur dann zur Geltung, wenn sie sich als ecclesia semper reformanda versteht.

c) Die Einheit als Aufgabe

Alle Bemühung um die Einheit der Kirche kann bestenfalls nur diejenige Einheit bezeugen, die von Christus her dessen Leib bestimmt. Deshalb ist es vordringlich, statt an äußeren Symptomen herumzuflikken, sich der Einheit des Lebensgrundes selbst zuzuwenden. Und soweit der Widerschein dessen an der Kirche in der Geschichte aufgesucht wird, kommen dafür mit weitem Vorrang vor Kirchenkörpern die Menschen in Betracht, die als lebendige Zeugen der einen Wahrheit über die ganze Kirchengeschichte verteilt und in der Gegenwart gerade auch als schlichteste Christen in allen Konfessionen anzutreffen sind. Diese Einstellung gibt die Freiheit, echte Gegensätze ernst zu nehmen – wie förderlich kann doch das Nachdenken etwa über die katholisch-evangelische Differenz sein! – sowie die legitimen Verschiedenheiten in verständnisvoller Liebe gelten zu lassen, um die eigene Begrenztheit zu erkennen und sie zugleich zu transzendieren durch die Anerkennung verschiedener theologischer Denkstile und kirchlicher Lebensstile. Wir haben nicht die eigene Prägung zur Norm zu machen und anderen aufzunötigen, so bereitwillig wir sie als Angebot anderen darreichen und vom Angebot anderer Gebrauch machen dürfen. Der Vollzug der communio als eines Austausches der Gaben, aber auch der Lasten und Leiden, ist in seiner Unscheinbarkeit und Bescheidung ein wesentlicher Dienst an der Einheit der Kirche.

Man mag sich das am theologischen Gespräch vergegenwärtigen, dessen kompromißloses Ringen um die Wahrheit die tolerante Anerkennung einer Vielstimmigkeit voraussetzt, wenn daraus nicht die Gewaltsamkeit eines Unisono hervorgehen soll, das als solches schon ein Indiz für Unwahrheit ist. Man mag es sich ebenfalls, wenn auch nun bewußt einmal in anderer Akzentuierung, an dem Leben einer Gemeinde verdeutlichen. Der Pluralität der Alters- und Bildungsstufen, der beruflichen und politischen Interessen muß durchaus Raum gegeben werden, nicht als Konzession, sondern um des Reichtums der Lebensintegration des christlichen Glaubens willen. Man wird sich aber entschieden davor hüten müssen, der heute extrem starken zentrifugalen Tendenz nachzugeben, so daß die christliche Gemeinde nur der Abklatsch einer Gesellschaft ist, in der die Klassen, die politischen Parteien und die Generationen, oder welche Gruppen auch sonst, sich gegeneinander abkapseln, einander befehden und nicht mehr verstehen. Eine Hauptaufgabe in bezug auf die Einheit der Kirche drängt sich hier auf der Gemeindeebene auf: gerade dort, wo es heute zuweilen als schier unmöglich erscheint, nämlich in der gottesdienstlichen Versammlung, etwas von der Einheit des Leibes Christi erfahrbar zu machen und an diesem Brennpunkt kirchlicher Existenz deutlich werden zu lassen, daß sie alle einer sind in Christus Jesus (Gal 3,28). Die Größe dieser Aufgabe zeigt sich daran, daß sie einen völlig auf das Grundgeschehen von Kirche zurückwirft.

Demgegenüber sind die ökumenischen Bemühungen um Einheit der Kirche im großen, die sich so leicht der Aufmerksamkeit der Öffentlichkeit erfreuen, von zweitrangiger Wichtigkeit. Ihre Bedeutung soll nicht unterschätzt werden, aber ihr Gewinn bemißt sich letztlich nicht nach Deklarationen und Abmachungen, sondern danach, was sie für das Grundgeschehen von Kirche austragen und wie sie sich auf die entscheidenden Lebensvorgänge in den christlichen Gemeinden auswirken. Eines muß freilich mit aller Schärfe abgewiesen werden: Die Meinung, als liege die Herstellung der in einer Spitze gipfelnden institutionellen Kircheneinheit in der Konsequenz des Glaubens, daß die Kirche eine ist. Das einzig ernst zu nehmende Modell dafür, das Papsttum, liefert zugleich die Widerlegung. Dieses Verständnis von Kircheneinheit stellt nicht nur faktisch eine Utopie dar, sondern verursacht auch eine gefährliche Verwirrung in bezug auf das, was die Kirche zur Kirche macht.

2. Die Apostolizität der Kirche

Im Unterschied zur Frage der Kircheneinheit haftet im allgemeinen Bewußtsein an der Frage nach der Apostolizität kaum die Einschätzung als ein brennendes Existenzproblem der Kirche. Jedoch berührt sich dieses Thema aufs engste mit dem vorigen, insofern es hier um die Einheit der Kirche im geschichtlichen Wandel und um den Zusammenhang mit ihrem Ursprung geht. Denn daran hat offenbar die Christlichkeit als die Bedingung der Kircheneinheit, im gewöhnlichen Sinn verstanden, ihre Norm. So führt das Prädikat der Apostolizität eher noch einen Schritt tiefer in die Problematik kirchlicher Existenz.

a) Die Apostolizität als Problem

Die gesamte Kirchengeschichte veranschaulicht das Problem, wie denn von der Kirche behauptet werden könne, sie sei bleibend die apostolische. Wäre die Kirche auf ihre apostolische Anfangsphase fixiert gewesen und in dieser Weise unverändert dieselbe geblieben, so wäre sie weder apostolisch noch Kirche geblieben, sondern als erstarrtes Gebilde zugrunde gegangen. Ihre geschichtliche Existenz als apostolische Kirche setzt die Ermächtigung voraus zu einer ihrem Auftrag entsprechenden Veränderung in der Geschichte. Darin liegt aber die immer wieder akut werdende Möglichkeit von Identitätskrisen und Identitätsverlust. Läßt man es nun nicht bei dieser allgemeinen Strukturproblematik der

Geschichtlichkeit der Kirche bewenden, sondern achtet man darauf, wie sie als Existenzproblem der Kirche von jedem ihrer Glieder, nicht nur den Theologen, erfahren wird, so geht es um das Problem unbedingter Autorität in der Kirche, jedoch einer dem Evangelium gemäß schlechterdings befreienden Autorität. Hier liegt eine Quelle ständiger Not im Leben der Kirche: das verwirrende Widereinander von Autorität und Freiheit, das sich zu dem Gegensatz von konservativer und progressiver Gesetzlichkeit verhärtet, zu einem gegenseitigen Mißtrauen, das sich aus vereinseitigten und darum verfälschten Aspekten des Glaubens speist. Die Folge ist eine Vergiftung der Atmosphäre, die nur von daher überwunden werden kann, daß befreiende Autorität erfahren wird und das Christsein zu einer Reife und Mündigkeit gelangt, die von der Kirche nicht etwa dispensiert, sondern allererst das Zusammenleben als Kirche verwirklicht.

b) Die Apostolizität des Lebensgrundes

Der Begriff des Apostolischen haftet an der ursprünglichen Bezeugung Jesu Christi als des Lebensgrundes der Kirche. Dabei ist die historische Frage nach der exakten Umgrenzung des Apostolischen nicht entscheidend. Der neutestamentliche Kanon hat in dieser Hinsicht eine weitherzige Antwort gegeben. Genau genommen, ist im Neuen Testament wohl nichts anderes unmittelbar Apostolisches überliefert als die echten Paulinen – und auch sie stammen von einem Apostel, der nicht Jünger des historischen Jesus gewesen ist. Das Normative weitet sich aus zu einem größeren Zeitraum relativer Nähe zum Ursprungsgeschehen des Christentums. Doch das eigentlich Normative daran ist nicht das einzelne, sondern die Person Jesu Christi selbst, nicht ein neues Gesetz, sondern das Evangelium, neben dem es kein anderes gibt. Darum hat die Kirche keinen anderen Zugang zu ihrem Lebensgrund als die heilige Schrift, durch die das Christuswort je und je neu entbunden wird und der heilige Geist sein Werk treibt. Das sola scriptura ist der Garant der bleibenden Apostolizität der Kirche.

c) Die Apostolizität als Aufgabe

Die Beantwortung der Frage nach der Apostolizität der Kirche durch das sola scriptura bedeutet das Nein zu zwei faszinierenden Möglichkeiten, Apostolizität sozusagen in kirchliche Regie zu übernehmen. Die eine Möglichkeit ist ihre Institutionalisierung, wodurch die Einmaligkeit des Apostolischen und das damit gesetzte kritische Gegenüber in etwas verwandelt werden, was geschichtlich andauert und mit der Geschichte Schritt hält. Die klassische Gestalt dessen ist die schon früh auftretende Idee der apostolischen Sukzession des Episkopats. Sie wird noch einmal überboten durch die Institution der Sedes Apostolica schlechthin, der die oberste jurisdiktionelle Gewalt und das unfehlbare Lehramt zukommen, die Unmittelbarkeit apostolischer Autorität zu jeder Zeit. Das sektiererische Pendant dazu ist die eschatologische Erneuerung des Apostolats, wie es zunächst die Katholisch-apostolische und sodann die Neuapostolische Gemeinde realisiert haben. Die andere Möglichkeit einer Vergegenwärtigung des Apostolischen ist das immer wiederkehrende Bestreben, die Kirche dem apostolischen Vorbild anzugleichen durch ein Leben in apostolischer Armut und urchristlicher Gütergemeinschaft, herausgelöst aus der Verstrickung in den Staat und die Kultur, und deshalb auch durch eine Rückkehr der Theologie aus der Verbindung mit der Weltweisheit zu der Einfalt ursprünglicher Glaubensgestalt. Gegen diese zweite Möglichkeit sprechen nicht die Opfer, die sie verlangt. Von einer solchen Protestexistenz der Kirche in einem Lebensstil, der nicht nur der Wohlstandsgesellschaft widerspricht, sondern auch allem Streben nach Wohlstand, könnten starke Wirkungen ausgehen, aber doch nur dann wirklich befreiende, wenn ein solcher Lebensstil nicht die Sache selbst ist, sondern eine freie Weise gelebten Glaubens und darum nicht etwa das Evangelium verdunkelt. Wie hier aber faktisch das Evangelium dadurch imponierende Autorität gewinnt, daß es in ein neues Gesetz verwandelt wird, beruht jene erste Möglichkeit darauf, daß die Autorität eines Gesetzgebers den verlokkenden Anschein eines entlastenden Evangeliums hat.

Wenn dagegen die Kirche sich der Bibel als der einzigen Gewähr des Apostolischen anvertraut, so erwachsen daraus Aufgaben, die wenig faszinierend, wenn nicht gar von vornherein entmutigend sind. Denn damit liefert sich die Kirche dem hermeneutischen Problem aus, dessen formale Dimension heute die Auseinandersetzung mit dem Historischen und dessen sachliche Dimension im Falle der Bibel die Unterscheidung von Gesetz und Evangelium erfordert. Man könnte daran zweifeln, wenn nicht gar verzweifeln, ob man die darin beschlossene Bildungsanforderung einer Kirche zumuten kann, die für alle gleichermaßen da ist. Daß gerade die bibeltreuen Frommen, obschon nicht nur sie, in der Gefahr sind, mit der Bibel gesetzlich umzugehen, und daß denjenigen, die ferne stehen, die Bibel zu einer kaum überwindbaren Sprachbarriere geworden ist, läßt einen fragen, ob nicht der Protestantismus an seinem sola scriptura praktisch scheitert. Sollte diese Frage dennoch verneint werden, so erwächst daraus der Kirche die Aufgabe, der christlichen Lehre ungleich mehr Beachtung und Gewicht beizumessen als bisher, freilich sie auch sprachlich und vor allem lebensmäßig auf neue Weise zu vermitteln. Nur dann, wenn dem heutigen Menschen im Kontext gelebten Glaubens das Nachdenken über den Glauben zugemutet wird, kann er dazu ermutigt werden, den Glauben im Kontext des heutigen Lebens und Denkens als etwas ihn ganz Beanspruchendes und ihn ganz

Befreiendes ernst zu nehmen. Der Theologie erwächst im Hinblick darauf die Aufgabe, an der Verständigung und der Verständlichkeit im Dienste einer solchen allgemein mitteilbaren und annehmbaren christlichen Lehre zu arbeiten.

3. Die Heiligkeit der Kirche

a) Die Heiligkeit als Problem

Daß Kirche mit Heiligkeit zu tun hat, gehört so offensichtlich zu ihrer Wesensbestimmung, daß vor allem die ersten Jahrhunderte der Kirchengeschichte von immer neuen Anläufen der Auflehnung gegen die so andersartige Erfahrung mit der kirchlichen Wirklichkeit durchzogen waren. Man konnte es nur schwer begreifen und sich nur mühsam damit abfinden, daß die Heiligkeit der Kirche kein eindeutiger, widerspruchsfreier Sachverhalt ist. Das Ringen um diese Widerspruchserfahrung, die ungleich stärker als die Enttäuschung der Parusieverzögerung die Kirchengeschichte bestimmt hat, ist auch durch die ganze Folgezeit hindurch immer wieder ein Sprengfaktor der Kirche gewesen. Ihrer Reinheit schien man ihre Einheit opfern oder richtiger: das Verständnis von Einheit der Bedingung der Reinheit anpassen zu müssen.

Die katholische Kirche hat dem problematischen Sachverhalt in weiser Pluralität durch Verkirchlichung, Spezialisierung und Minimalisierung der Heiligkeit Rechnung getragen. Da sind einerseits die heiligen Dinge vom sanctissimum bis zu den Reliquien; und da sind anderseits aus der Menge der Christen, die nicht mehr als solche „die Heiligen" heißen, wohl aber an der Heiligkeit der Kirche partizipieren, heilige Stände ausgesondert: der hierarchische Klerus dank des Amtscharismas und die religiosi in Hinsicht auf ihre Verpflichtung zum Weg der Vollkommenheit, wozu dann noch die kirchlicherseits heilig gesprochenen Verstorbenen kommen, die bereits jetzt die Kirche der Vollendung repräsentieren.

Der Protestantismus erscheint demgegenüber arm und dürftig. In Verbindung mit Sachen wie der Schrift oder dem Abendmahl gebraucht man das Epitheton heilig meist nur noch als Ausdruck der Pietät, in Verbindung mit Personen im Grunde gar nicht mehr. Die Heiligen hat man abgeschafft, gründlicher, als es die Reformatoren selber taten. Man hat sich zwar einige Ersatzheilige erkoren als Vorbilder christlichen Glaubens vor allem im Bereich der Liebestätigkeit. Gegen die Dominanz der Orthodoxie hat man sich nicht erst heute für die vernachlässigte Orthopraxie eingesetzt. Die Rechtfertigung aus Glauben sucht man durch die moralisch verstandene Heiligung auszubalancieren, sofern man nicht überhaupt diese traditionellen Lehrstücke in den Hintergrund treten läßt zugunsten einer aktivistischen Gesamtinterpretation des

Christlichen, die schon ihrer politisch-revolutionären Tönung wegen den Begriff der Heiligkeit kaum in Anspruch nimmt, es sei denn, man mache mit der Neigung zu Thomas Müntzer Ernst.

Das Problem ist in der Tat bedrängend, was die Welt von der Kirche erwartet und was die Kirche ihr schuldet. Erwartet, wenn auch vielleicht keineswegs begehrt, wird normalerweise durchaus Heiligkeit, deren vages Verständnis dann zwischen übernatürlichen Kräften und außergewöhnlicher Sittenstrenge schillert. Auf Spuren von Scheinheiligkeit, aber auch auf Anzeichen allzu unbekümmerter Anpassung reagiert man entrüstet oder spöttisch. Umgekehrt mischen sich in das Bewußtsein dessen, was die Kirche der Welt schuldet, vielfach Schuldgefühle in Anbetracht der kirchlichen Versäumnisse oder auch Ohnmachtsgefühle angesichts dessen, wozu man sich gefordert weiß, was man aber nicht leisten kann. So entsteht eine verworrene und ziemlich heillose Situation der inneren Unsicherheit, nicht nur in bezug auf das, was zu tun sei, sondern auch in bezug auf den eigentlichen Auftrag der Kirche selbst. Die Bemühung um das Proprium der Kirche und den ihm entsprechenden Taterweis verursacht innerkirchlichen Streit und wird von der außenstehenden Öffentlichkeit so oder so wenig gelohnt. Die Frage nach der Relevanz des Christlichen wird vielen zu einer schweren Anfechtung.

b) Die Heiligkeit des Lebensgrundes

Jesus Christus als der Lebensgrund der Kirche ist der Grund ihrer Heiligkeit. Und der lebendigmachende heilige Geist, der von Jesus Christus ausgeht, ist der heiligmachende Geist. Woran die Heiligkeit hängt, ist das, was Kirche zur Kirche macht. Darum heißt es im Munde des johanneischen Christus: „Ihr seid schon rein um des Wortes willen, das ich euch gesagt habe." (Joh 15,3) Als zugesprochene Heiligkeit ist sie geglaubte Heiligkeit und findet deshalb durch die Rechtfertigung allein aus Glauben ihre sachgemäße Interpretation in dem simul iustus et peccator. Mit diesem formelhaften Rückgriff auf frühere Darlegungen der Christologie und Pneumatologie kann jetzt nur unterstrichen werden, was grundsätzlich kein Christ bestreiten wird: daß Heiligkeit im christlichen Verständnis Jesus Christus verdankt wird und ihm gemäß ist. Über das Verständnis dessen gehen allerdings in der Christenheit die Auffassungen weit auseinander, so daß sich alle Konfessionen an ihrem Verständnis von Heiligkeit zu erkennen geben. Wenn das reformatorische Verständnis die Heiligkeit ganz innerhalb der Relation von Wort und Glaube interpretiert und sie deshalb nicht als Besitz des Glaubens ansieht, sondern als dasjenige, was allein im Glauben empfangen und wirksam wird, was darum nie im Blick allein auf den Geheiligten wahr ist, sondern stets nur in der Hinwendung des Glaubens zu dem, der heiligmacht, dann verbindet sich das Wesen von Heiligkeit in auffallender Weise mit dem, was es um die christliche Freiheit ist. Damit ist der Ansatzpunkt für das gegeben, was über Heiligkeit als Aufgabe in Hinsicht auf die gegenwärtige Existenz von Kirche zu bedenken ist.

c) Die Heiligkeit als Aufgabe

Bei aller Verlegenheit und Verwirrung über die Aufgabe der Kirche muß man sich immer wieder an dem im Grunde Selbstverständlichen orientieren: Die Kirche schuldet der Welt das Christuswort als das Wort des Glaubens und damit den Glauben selbst als die Freiheit zur Liebe. Wenn etwas unmittelbar den Zusammenhang aufleuchten lassen kann, der zwischen dem, worum es im Glauben und deshalb im Dasein von Kirche geht, und dem, was für den heutigen Menschen in höchstem Maße strittig ist und in Frage steht, so ist dies das Thema der Freiheit. Das hat freilich dazu verführt, die Beziehung höchst kurzschlüssig herzustellen und sich einer Äquivokation im Gebrauch des Wortes Freiheit schuldig zu machen. Wenn die christliche Gemeinde ihren Beitrag zum Freiheitsthema liefern will, so muß sie etwas von dem kundtun und an sich selbst erkennbar werden lassen, was es um die Heiligkeit Gottes in Jesus Christus ist, inwiefern hier das Heilige mit dem ganzen Ernst und Gewicht seines befreienden Inanspruchnehmens begegnet.

Nur so ist diejenige Freiheit zum Mitmenschen bezeugbar und lebbar, die sich von dem sonstigen Verständnis und Gebrauch der Freiheit durch zwei Charakteristika unterscheidet. Sie ist nicht in der Weise der Selbstbeschränkung, sondern als Selbsterfüllung Freiheit zum Dienen. Und in diesem Dienen ist sie freimachende Freiheit, nicht ein Erzwingen der Freiheit von außen her, sondern die innere Befreiung zu eben dieser Freiheit, die zu lieben vermag. Die christliche Gemeinde muß lernen, nicht aus Gründen der Propaganda, sondern als eine ihr notwendige Lebensäußerung, eine Zelle der Freiheit in geschwisterlicher Liebe zu werden, die von ausstrahlender und ansteckender Kraft ist. Der Angelpunkt liegt dabei nicht in bestimmten Aktionen der Umweltveränderung, sosehr diese die Folge sein können, sondern in einer Veränderung des Verhältnisses zur Umwelt, wodurch bestehende Zwänge keineswegs nur anders eingeschätzt, sondern tatsächlich gesprengt werden. Dadurch, daß einer nicht als der genommen wird, der er im gesellschaftlichen Gefüge ist, sondern als der, der er in Christus ist, widerfährt ihm schon eine faktische Veränderung seines sozialen Status. Dadurch, daß ein hoffnungslos Kranker besucht wird, verändert sich seine Lage.

Es wäre eine dringende Aufgabe der sich auf sich selbst besinnenden Gemeinde, darüber nachzudenken und entsprechende Konkretionen in ihrem Lebensbereich aufzusuchen, was Paulus damit meint, daß er den

Juden ein Jude, den Gesetzlosen ein Gesetzloser, den Schwachen ein Schwacher geworden ist, daß er für alle alles geworden ist, um einige zu retten (1. Kor 9,19–23). Das bedeutet nicht ein charakterloses Sichanpassen in missionstaktischer Absicht. Es bedeutet auch nicht eine ideologisch propagierte Parteinahme für die Geächteten, die Zu-kurz-Gekommenen, die Armen und Unterdrückten, sosehr hier allerdings der christlichen Gemeinde die konkrete Tat geziemt. Das wirkliche Helfen, wo es wenig einbringt, wie der Dienst an Lebensuntüchtigen, oder wo es gar gefährlich wird, wie es im dritten Reich vorkam, daß jemand den Juden ein Jude wurde, indem er das ihnen aufgezwungene Zeichen der Ächtung freiwillig sich selber anlegte, ist etwas anderes als ein bloßes deklamatorisches Demonstrieren.

Worum es Paulus geht, besteht nicht in einer Parteinahme innerhalb der vorgegebenen Raster, also auch nicht einfach in einem Kampf für die Armen gegen die Reichen. Als Jude kommt hier gerade der in Betracht, der sich des Gesetzes rühmt, als Nichtjude einer, der darauf stolz ist, nicht Jude zu sein, als der schwache Christ derjenige, der sich als religiös noch Unfreier gerade in seiner Art von gesetzlicher Frömmigkeit für den eigentlichen, den wahren Christen hält. Die schwachen Christen, die unter dem Gesichtspunkt der Freiheit von den Starken so eingeschätzt werden, haben sich ihrerseits immer noch selbst für die Starken gehalten. Den Schwachen ein Schwacher werden heißt darum, ihre vermeintliche Stärke als Schwachheit erkennen und die Last dieser Schwachheit auf sich nehmen, sich dadurch nicht zur Verachtung oder zu Gewaltsamkeiten, sondern zur Geduld herausfordern lassen. Nicht, damit sie bleiben, was sie sind. Allen alles zu werden, dient dazu, sie zu gewinnen, zielt also darauf ab, sie nicht da bleiben zu lassen, wo sie sind, nicht das sein zu lassen, was sie irrigerweise sind.

Dem Schwachen ein Schwacher werden heißt darum zunächst: das, was der sogenannte Schwache für seine Stärke hält, als Schwachheit erkennen und dadurch, daß man selber dies als eine Last des Nächsten auf sich nimmt, ihn überhaupt erst in die Existenz des Schwachen versetzen. Der Schwache, zu dem einer wird, wenn er dem Schwachen ein Schwacher wird, ist also keineswegs dessen Abspiegelung und eine sich gleichschaltende Anpassung an ihn. Im Gegenteil: Es gilt, in anderer Weise ein Schwacher zu sein, als es der sogenannte Schwache ist. Es gilt, dem Schwachen in der Weise ein Schwacher zu werden, daß der, dessen man sich so annimmt, aufhört, der zu sein, für den er sich hält, und zu dem wird, der er in Wahrheit ist. Dies ist dann der Fall, wenn er sich nun überhaupt erst als Schwachen erkennt, indem er das, was er für Gewinn hielt, als Schaden einschätzt und gerade darin die Kraft und Freiheit erfährt, die Christus eröffnet hat. Diese Art befreiender Solidarität zu praktizieren, ist die Aufgabe, die nicht nur den einzelnen Diensten in der Gemeinde obliegt, sondern der christlichen Gemeinde als solcher. Das ist ihre Funktion als Salz der Erde und als Licht der Welt (Mt 5,13f).

4. Die Universalität der Kirche

Die vier Credo-Prädikate der Kirche greifen ineinander und kennzeichnen einen einzigen Sachverhalt unter verschiedenen Hinsichten. Wenn nun noch der universale Weltbezug hinzukommt, so wird nur hervorgehoben, was in den Gesichtspunkten der Einheit, der Apostolizität und der Heiligkeit mitgesetzt ist. Sie wären mißverstanden, wenn sie zur Universalität in Widerspruch träten.

a) Die Universalität als Problem

Daß das Beiwort katholisch und das ihm sinnverwandte Wort ökumenisch zu Bezeichnungen von etwas Partikulärem geworden sind: der römisch-katholischen Kirche sowie einer unvollständigen christlichen Ökumene, läßt ein schwerwiegendes Problem kirchlicher Existenz erkennen. Das Fragwürdige an jenem Wortgebrauch ist nicht so sehr, daß der erhobene Anspruch nur fragmentarisch realisiert ist. Bedenklich ist vor allem die Akzentverschiebung von der universalen Sendung an die Welt zu einem weltweiten Bestand der Kirche selbst. Aus einer der nichtchristlichen Welt zugewandten Bezeichnung ist eine Bezeichnung der auf sich selbst konzentrierten christlichen Welt geworden, sei es in Gestalt einer sich absolut setzenden Kirche, sei es als eine Summierung aller Partikularkirchen. Mit der respektablen Erstreckung über alle Kontinente ist die universale Offenheit zur Welt hin noch keineswegs identisch. Damit soll nicht die Bedeutung dessen unterschätzt werden, daß der kirchliche Provinzialismus durch solche ökumenischen Beziehungen aufgebrochen und auch der Blick für die Realitäten der Welt dadurch geöffnet werden kann. Aber es besteht doch eine beklemmende Spannung zwischen der Selbstdarstellung sowie der Selbstbehauptung der Kirche in Gestalt einer Weltorganisation und der Tatsache, daß die Weltorganisation doch eben das Zeichen der Partikularität an der Stirne trägt.

Der missionarische Erfolg ist ohnehin zweideutig, jedoch in der Hinsicht ziemlich eindeutig, daß ihm offensichtlich unübersteigbare Grenzen gesetzt sind. Dem früher vielbestaunten Phänomen der Ausbreitung des Christentums im Bereich der alten Welt steht heute in Gestalt der Ausbreitung des Marxismus ein Gegenbeispiel von ungleich rasanterer Expansion gegenüber. Zugleich aber wird der christlichen Kirche ihre Diasporaexistenz als Minorität in steigendem Maße bewußt. Das gilt nicht nur weltweit im Blick auf das Missionsfeld, sondern ebenso innerhalb der sogenannten christlichen Welt für die Kirchen selbst. Die Gefahr ist evident, daß sie zu einer Welt für sich werden, die z. T. noch recht komfortabel ist, aber doch auch schon die Züge eines engen Gettos aufweist. Die Frage ist weniger die, ob und wie die Kirche spektakuläre Öffentlichkeitserfolge erringt, als vielmehr die, ob und wie sie unter den gegebenen Umständen ihre Universalität lebt und nicht nur für sich selbst da ist, sondern für die Welt. Das hängt nicht von ihrem Status ab, sondern von dem, was sie bewegt; nicht von der Freiheit, die man ihr gewährt, sondern von der Freiheit, kraft deren sie lebt und die sie sich nimmt, weil sie ihr gegeben ist.

b) Die Universalität des Lebensgrundes

Der christliche Glaube steht und fällt mit der Universalität, die er von Jesus Christus aussagt. Daß er der Herr der Welt ist, entspricht der Universalität des Gottesbegriffs und des Schöpfungsverständnisses sowie der heilsgeschichtlichen Ausrichtung auf ein Gesamtziel, wie dies in den vielen *panta*-Formeln des Neuen Testaments zum Ausdruck kommt. Die Universalität Jesu Christi selbst besteht aber darin, daß er für alle dahingegeben wurde und für alle da ist. Wie vor Gott kein Ansehen der Person gilt, so sind sie alle in Jesus Christus einer, befinden sie sich alle in derselben Situation und haben alle an demselben teil. Dies ist sozusagen die Magna Charta des Leibes Christi. Hier ist eine Wirklichkeit in die Welt eingetreten und keineswegs nur ein Ideal aufgestellt.

c) Die Universalität als Aufgabe

Was der Kirche in dieser Hinsicht als Aufgabe erwächst, besteht darin, daß sie zunächst für sich selbst die tatsächliche Universalität Jesu Christi erkennt und ihr Raum gibt. Das mag an drei Richtlinien für ihr Verhalten verdeutlicht werden.

Zum einen kann sie nur dann die spezifische Weise ihrer Weltverantwortung wahrnehmen, wenn sie sich nicht in vielerlei Unternehmungen verliert, sondern eine entschlossene Bewegung der Konzentration vollzieht. Das Hauptproblem im Dasein christlicher Gemeinden ist weithin nicht der Mangel an Aktivitäten, wenn auch diese vielfach falsch angesetzt sein mögen, sondern eher ein Zuviel an Aktivitäten zum Schaden der Sammlung auf das Wesentliche. Von daher spricht manches für die Institution des Mönchtums, von dem in der Geschichte stellvertretend eine unschätzbare Ausstrahlungskraft zur inneren Reform der Kirche und für die Wahrnehmung christlicher Weltverantwortung ausgegangen ist. Zentren der Sammlung entstehen zu lassen, gehört zweifellos zu den vordringlichsten Aufgaben der Kirche heute, gerade im Hinblick auf ihre Weltverantwortung.

Zum andern muß angesichts der Gefahren, die jeder Beschäftigung der Kirche mit sich selbst innewohnen, die Richtlinie gelten: Die

Sammlung hat ihr Kriterium daran, daß aus ihr heraus die Sendung entspringt, die nicht darauf aus ist, andere in Besitz zu nehmen, sondern ihnen zur Freiheit zu verhelfen. Nicht die Besonderheit des Christlichen stellt als solche einen Widerspruch zu seiner Universalität dar. Aber sie führt zu einer der Universalität tatsächlich widersprechenden Partikularität, wenn die Aufmerksamkeit nicht mit äußerster Selbstkritik darauf gerichtet wird, inwiefern die Kirche ihrem eigenen Auftrage im Wege steht und selbst die Barrieren aufrichtet, welche die von ihr Eingeladenen daran hindern hinzuzukommen, ja geradezu abschreckend auf sie wirken.

Zum dritten hat jede Art von Partikularkirche in der ihr gebührenden Bescheidung sich dessen bewußt zu sein, daß nicht sie allein und auch nicht die Summe aller Partikularkirchen den Leib Christi repräsentieren. Der Leib Christi hat seine Glieder auch außerhalb der organisierten Kirchen. Dies zwar nicht als Entlastung von der eigenen kirchlichen Verantwortung, wohl aber als heilsames Korrektiv des kirchlichen Selbstbewußtseins wirksam werden zu lassen, könnte ein Zeichen der echten Universalität auch einer Partikularkirche sein.

Kapitel 11

Die Überwindung und Vollendung der Welt

Einleitung

Nach der üblichen Aufteilung der Dogmatik ist es die Eschatologie, die nun an die Reihe kommt. Das ironische Verdikt des jungen Karl Barth über „ein harmloses ‚eschatologisches' Kapitelchen am Ende der Dogmatik"[1] wird man im Ohr haben müssen, wenn es einem selbst daran gelegen ist, dieses Thema weder zu verharmlosen noch in einem expressionistischen Feuerwerk umzudeuten oder gar mit Schweigen zu übergehen. Am Ende der Dogmatik steht es hier ohnehin nicht. Dieser Platz bleibt einem nochmaligen Eingehen auf die Gotteslehre vorbehalten. Das könnte auch von sachlicher Bedeutung für die Eschatologie sein. Nicht der Ausblick auf die letzten Dinge, sondern die trinitarische Doxologie soll das letzte Wort haben. Überdies stellt sich das eschatologische Thema ohnehin nicht unvermittelt ein, gewissermaßen nur chronologisch veranlaßt als Schlußpunkt heilsgeschichtlicher Disposition. Es wird vielmehr dadurch akut, daß wie in den früheren so auch in diesem dritten Teil der Dogmatik die Beziehung zur Welt noch einmal gesondert erörtert wird, nachdem ihrer jeweils schon in der Gesamtüberschrift der Hauptteile Erwähnung getan wurde. Wenn sich im jetzigen Falle mit der Hinsicht auf die Welt die eschatologische Thematik einstellt, so ist daran zweierlei zu beachten.

1. Individuelle und universale Eschatologie

Die gängige Aufteilung in eine individuelle, den einzelnen Menschen betreffende, und eine universale, die Welt betreffende Eschatologie findet hier nicht statt. Die Eschatologie als solche rückt unter den Weltaspekt. Wie man damit den Fragen nach der Zukunft des Einzelnen gerecht werden kann und ob sich nicht die Verkettung mit den Problemen universaler Endgeschichte als überaus belastend erweist, wird man im Auge behalten müssen. Jedenfalls ist diese vielleicht überraschend entschiedene Orientierung der Eschatologie auf die Welt hin hervorzuheben.

---

[1] K. Barth, Der Römerbrief, 1929^{5}, 484.

2. Pneumatologie und Eschatologie

Das andere Bemerkenswerte liegt in der Beziehung zu dem Gesamtthema dieses Teils der Dogmatik. Wenn es damit seine Richtigkeit hat, daß unter den vier Koordinaten, nach denen sich jeder Teil der Dogmatik gliedert, jeweils derselbe Sachverhalt erörtert wird, so wird die Eschatologie nicht der Pneumatologie als etwas anderes hinzugefügt. Sie ist vielmehr die Rückstrahlung des Glaubens an den heiligen Geist von der Welt her, wenn er der Welt konfrontiert wird. Deshalb ergibt sich der Übergang insofern ganz organisch, als die Kirche, von der zuletzt die Rede war und auf deren geschichtliche Existenz immer wieder Bezug genommen wurde, nun in den umfassenden Rahmen der Weltgeschichte post Christum natum gerückt wird. Über die Relation von Kirchengeschichte und Weltgeschichte, oder anders gesagt: über die weltgeschichtliche Bedeutung des heiligen Geistes meldet sich die eschatologische Fragestellung an. Demgemäß setzt sich in den eschatologischen Glaubensaussagen nur dasjenige fort, was über das Wirken des heiligen Geistes zu sagen ist. Wenn dafür, abweichend von der Überschrift des dritten Teils „Der Glaube an Gott den Vollender der Welt" nun ein anderes Stichwort hinzugefügt und von der Überwindung und Vollendung der Welt gesprochen wird, so deshalb, weil die Konfrontation mit der Welt den Menschen betrifft, der in Christus ist und aus der Glaubensgerechtigkeit lebt. Im Hinblick darauf teilt sich die eschatologische Aussage. Was, auf Gott gesehen, den Charakter des Vollendens hat, stellt sich, auf den Glauben gesehen, als ein Überwinden dar. Damit ist das Kernproblem der Eschatologie, die Dialektik von Ende und Vollendung, ausdrücklich aufgegriffen. Ihm darf nicht ausgewichen werden.

§ 37 Die Weltgeschichte post Christum natum

Wird von der Weltgeschichte post Christum natum gesprochen, so klingt dies nach Triumph des Christentums. Nietzsche hielt es für zwingend, „in Sokrates den einen Wendepunkt und Wirbel der sogenannten Weltgeschichte zu sehen"[1]. Die Tatsache, daß sich die Welt anders entschieden hat und ihre Zeit auf Christus hin und von ihm her zählt, scheint zu dokumentieren, daß kein anderer als er Herr der Zeit und Herr der Welt ist. Jedoch hat dieser chronologische Triumph für das Christentum einen bitteren Beigeschmack. Das Verhältnis von Geschichte und Eschatologie bereitet Not.

Jesus selbst erwartete mit der Nähe der Gottesherrschaft das Ende der Zeit. Und die ersten Christusgläubigen erwarteten ebenfalls zusammen mit seiner Parusie das nahe Eschaton. Ende der Geschichte, aber nicht Anfang einer neuen Geschichtsära, einer neuen Zeitrechnung! Dieser Fortgang widerspricht dem Anfang. Naherwartung läßt sich nicht geschichtlich konservieren. Der Geschichtserfolg bescheinigt dem Christentum einen schwerwiegenden Irrtum an seinem eigenen Ursprung. Der Preis dafür war die Abschiebung der Eschatologie in die Ferne, der Sieg der Geschichte über die Eschatologie. Aber auch wenn man differenzierter argumentiert und dasjenige in Rechnung stellt, was im christlichen Glauben von Anfang an schwerer wog als die Naherwartung und was der Enttäuschung durch die Parusieverzögerung weit überlegen war, modifiziert sich der Gegensatz doch nur. Christus ist dazu gekommen, die Welt zu erlösen, aber nicht dazu, Geschichte zu machen und die Welt zu verändern. Wenn nun aber dennoch die Weltenuhr auf Christus eingestellt worden ist, weil sich offenbar durch ihn Entscheidendes verändert hat, so daß die Zeit nach ihm gemessen wird, dann ist der Umschlag in das Gegenteil schier unvermeidlich. Christus wird nun an der Zeit gemessen. Der, den man als den kommenden Weltenrichter glaubt, muß sich an der nach ihm datierten

---

[1] Fr. Nietzsche, Die Geburt der Tragödie oder Griechentum und Pessimismus, Abschn. 15, in: Ders., Werke in drei Bänden, hg. von K. Schlechta, I, (7–134) 85.

Weltgeschichte ausweisen, als wäre sie für ihn das Weltgericht. Selbst wenn man mit Zuversicht die Geschichte über ihn urteilen läßt, ist doch die Umkehrung, die sich hier vollzieht, grotesk: der Weltenrichter als Angeklagter, der sich über seine Wirkungsgeschichte ausweisen muß. Der letzte Rest von Eschatologie scheint damit der Geschichte zum Opfer gebracht zu werden.

A. Die Veränderung der Welt durch Christus

Wodurch unterscheidet sich die Geschichte nach Christus von der vor ihm? Kann von einer universalen Wende nicht allenfalls nur in der Perspektive des Glaubens die Rede sein? Oder läßt sie sich auch historiographisch bestimmen? Was hat sie im Laufe von nahezu zwei Jahrtausenden erbracht? Die Antwort darauf kann zunächst nur in der Feststellung bestehen, wie verworren der Sachverhalt ist. Da gibt es zwar den breiten Strom direkten Weiterwirkens, der sich als besonderer geschichtlicher Sektor bestimmen läßt: die Kirchengeschichte. Aber allein schon sie ist voller Probleme, was denn hier auch bei eindeutig dazu gehörigen Fakten als Auswirkungen oder als Verirrungen oder als Schicksale des genuin Christlichen anzusehen sei. Dazu kommt, daß es unmöglich ist, nicht nur an den äußeren Rändern der Kirchengeschichte, sondern auch innerhalb ihrer selbst mit der wünschenswerten Trennschärfe die indirekte Ausstrahlung zu erfassen. Sie reicht zweifellos außerordentlich weit, so daß es verfehlt wäre, die Frage nach der Veränderung der Welt durch Christus allein von der Kirchengeschichte her beantworten zu wollen. Spuren sind in allen Bereichen zu entdecken. Aber wie sind sie einzuschätzen? Wie stets in der Geschichte bestimmt nicht ein Faktor alles. Die Veränderung der Welt nach Christus deckt sich selbstverständlich nicht mit der Veränderung der Welt durch Christus. Das Christliche selbst gehört offenbar mit zu dem, was der Veränderung der Welt unterliegt. Ließe sich die Zeit post Christum natum deshalb nicht auch so auffassen, daß Christus unter die Räder der Weltgeschichte geraten ist? Und selbst wenn man unter Berücksichtigung all dessen die Frage nach der Weltveränderung durch Christus sehr behutsam angeht, bleibt doch immer noch die Frage nach dem Maßstab. Hat sich das Urteil danach zu richten, was man von der Geschichte in der Geschichte meint erwarten zu dürfen? Oder muß ausschlaggebend sein, was die Geschichte transzendiert und ihr Grenzen und Ziel setzt?

Damit stellt sich wiederum auch bei der Konzentration auf die Geschichte die eschatologische Perspektive ein. Die folgenden Erwägungen, die das weite Problemfeld ohnehin nur grob markieren können, ordnen sich um zwei Schwerpunkte: das Verhältnis des christlichen

Glaubens zur Welt sowie das Verhältnis der Weltveränderung, die in der Moderne eingetreten ist, zum christlichen Glauben.

I. Das Eindringen des christlichen Glaubens in die Welt

Das Verhältnis des christlichen Glaubens zur Welt ist, auf das Grundsätzliche gesehen, ebenso spannungsvoll, wie es, auf die geschichtliche Verwirklichung gesehen, ambivalent ist.

1. Das spannungsvolle Verhältnis des christlichen Glaubens zur Welt

Es liegt am Gottesverhältnis, daß der Glaube an der Welt seinen Partner hat und nur in dieser universalen Dimension angemessen explizierbar ist. Deswegen stehen sich zwei Aussagereihen gegenüber, zuweilen in schroffer Gegensätzlichkeit und doch streng aufeinander bezogen: die hingebungsvolle Bewegung auf die Welt hin sowie die entschiedene Distanzierung von ihr. Wie Gott als der Schöpfer der Welt geglaubt wird, so ist die Welt auch Adressat der Erscheinung Jesu Christi, seines Auftrags als eines Gekommenseins in die Welt, eines Gesandtseins zur Welt. Ebenso sind auch die Seinen in die Welt gesandt. Denn der Ackerboden für das Wort, das sie auszurichten haben, ist die Welt (Mt 13,38). Das ist deshalb so, weil die Welt zum Gegenspieler Gottes geworden ist und selbst ihre Herrlichkeit und Weisheit zum Widerspiel der Herrlichkeit und Weisheit Gottes. Obschon Gottes Kreatur, steht doch der Beherrscher und Gott dieser Welt wider Gott. So liegt die Welt im argen. Was von Christus zu erwarten ist, besteht darin, herausgerissen zu werden aus dieser gegenwärtigen bösen Weltzeit (Gal 1,4). Dennoch steht das Verhältnis des Glaubens zur Welt im Zeichen der Liebe Gottes zu ihr, der Hingabe seines Sohnes für ihre Sünde, so daß er das Licht der Welt ist und das Brot der Welt, der Retter und Versöhner der Welt.

Dies der Welt zu vermitteln und selbst an dem Leuchten und Lebenspenden in die Welt hinein beteiligt zu sein, ist nicht etwas bloß Zusätzliches zum christlichen Glauben, sondern gehört zu seinem Wesen. Aber gerade um dieses von Gott her kommende Ja glaubhaft zur Geltung zu bringen, gilt es, die Welt als das einzuschätzen, was sie von sich aus ist: als das, was vergeht und dem man sich nicht gleichschalten darf, was nicht als solches liebenswert ist, was man zwar gebrauchen, von dem man sich aber nicht beherrschen lassen soll, dem gegenüber der Glaube vielmehr in die Freiheit versetzt, als Sieg über die Welt, sogar als ein Richten über sie, als Teilhabe an der Erhöhung Christi über sie, so freilich, daß das Gehaßtwerden und das Kreuz ebenfalls das Verhältnis des Glaubens zur Welt kennzeichnen. Also ein

Leben zwar in der Welt, aber nicht aus der Welt, sogar für die Welt und dennoch bereit, sie zu verlassen. Dieser Grundriß des Weltverhältnisses beschreibt nicht einen Zustand, sondern ein Geschehen und ist nur dann in sich widerspruchslos, wenn der Glaube seinen Grund in Jesus Christus hat und wenn sein Telos über diese Welt hinausweist. Die Geschichtsmacht des Glaubens ist durch die Dimension seiner Weltüberwindung bedingt. So dicht sich dieses alles zueinander fügt, so zum Zerreißen angespannt zeigt sich das Weltverhältnis des Glaubens in seiner geschichtlichen Verwirklichung. Es droht auseinanderzubrechen in Hingabe und in Entsagung, in echte Liebe und in feindliche Distanz zur Welt. Es droht darum aber auch zu welthafter Welteroberung und nicht minder welthafter Weltflucht verzerrt zu werden.

2. Die Ambivalenz der Verchristlichung der Welt

An dem Wesentlichen dessen, was das Verhältnis des christlichen Glaubens zur Welt bestimmt und seine geschichtliche Wirkung ausmacht, geht beides vorbei: das Herunterspielen seiner sittlichen und kulturellen Ausstrahlung sowie das Hochspielen des Gesichtspunktes der Weltveränderung als des entscheidenden oder gar einzigen Kriteriums. Es bedarf nicht dessen, die Zweideutigkeiten und tiefen Schatten in der Geschichte des Christentums in Erinnerung zu rufen. Das Elend des Christentums gehört ebenso unauslöschlich zu seiner Geschichte wie das Elend der Welt zur Geschichte überhaupt. Die Verchristlichung der Welt bedeutet immer auch eine Verweltlichung des Christentums, und zwar in einer zwiespältigen Weise. Einerseits lagern sich gewissermaßen Sedimente von ihm ab, in denen welthaft und allgemein greifbar wird, was sich von seinem geistlichen Ursprung abgelöst hat. Anderseits aber wird auch das Christliche durch trübe Fluten seiner eigenen Geschichte überschwemmt und verschlammt.

Dennoch sollte man nicht in einer Art apologetischer Spekulation à la baisse bestreiten oder verkleinern, was sich als ein Strom tiefer und reicher Menschlichkeit vom Christentum her in die Welt ergossen hat: ob man nun im Bereich des Sittlichen an die Gewissensverantwortung des Einzelnen und an das Eintreten für die Schwachen denkt oder im Bereich des Politischen an die Idee der Menschenrechte oder im Bereich der Wissenschaft an den unbestechlichen Wahrheitsernst oder im Bereich der Kunst an die seelische Sensibilität oder endlich im Bereich der Geschichte überhaupt an die Ausrichtung auf ein Ganzes, das doch zugleich der Verwirklichung durch den Menschen entzogen ist. Diese Andeutungen gelten unbeschadet dessen, daß in keinem Falle etwa ausschließlich das Christentum die Quelle ist, und vor allem trotz der Tatsache, daß zu jedem Beispiel das Christentum selbst beschämende Gegenbeispiele liefert. Dieses Eingeständnis sollte freilich zugleich vorsichtig machen gegenüber hochgespannten Erwartungen an die weltverändernde Kraft des christlichen Glaubens. Nicht daß er darin hinter anderen Geschichtsmächten zurückbliebe, sofern man den Gesichtspunkt der Weltveränderung nicht formalisiert und damit ad absurdum führt, als wäre Veränderung als solche Veränderung zum Guten, während doch die Geschichte zeigt, daß selbst die Veränderungen zum Guten meist mit hohen Hypotheken belastet sind. Gerade die aufsehenerregenden Veränderungen, sogar wenn sie im Namen der Freiheit und Gerechtigkeit geschehen, hinterlassen oft eine breite Blutspur der Ungerechtigkeit und Unfreiheit.

Der entscheidende christliche Beitrag zur Weltveränderung besteht darin, daß alles, was in dieser Hinsicht sinnvoll und vielleicht nur mit letzter Aufopferungsfähigkeit möglich ist, nüchtern als das eingeschätzt wird, was es bestenfalls sein kann. Negativ formuliert: nicht Errichtung eines Paradieses, einer vollkommenen Gesellschaft, in der das Böse keine Macht mehr hat oder ihm gar die Wurzeln abgeschnitten sind, weil sich angeblich durch Veränderung der Verhältnisse die Menschen von Grund auf verändern. Positiv formuliert: Herstellung solcher Lebensbedingungen, nicht bloß äußerer, sondern auch geistiger Art, unter denen die Auswirkung des Bösen begrenzt und die Bereitschaft zur Verständigung und zum Mittragen an den Fehlern, Lasten und Leiden des andern gefördert wird. Hier greift die christliche Verkündigung unmittelbar weltverändernd ein, indem der Glaube durch die Freiheit von der Welt zur Welt Illusionen über Bestehendes und Künftiges entmachtet und Zuversicht zum geschichtlichen Handeln gibt, gerade weil es nicht utopisch überfordert wird. In den Bereich der trügerischen Utopie wird dann auch das Wunschgebilde einer allgemeinen Verchristlichung der Welt verwiesen. Selbst wenn man sich diese einmal vorstellte, wäre doch die spannungsvolle Beziehung des christlichen Glaubens zur Welt in keiner Weise aufgehoben, sondern nur, wie das auch sonst immer schon der Fall ist, in die geschichtliche Existenz des Christentums mit hineingenommen.

II. Welteroberung und Weltverlust in der Moderne

Die Hauptzäsur der Geschichte post Christum natum ist die Wende zur Moderne. Darum muß sie noch gesondert bedacht werden. Man könnte geneigt sein, die damit einsetzende Geschichtsphase ihrem Hauptgefälle nach im Gegensatz zur vorigen als post Christianismum mortuum zu datieren. Sie ist durch den zunehmenden Verlust der politischen und kulturellen Vorherrschaft des Christentums sowie durch die Herauslösung des allgemeinen Bewußtseins aus dem überkommenen Weltbild bestimmt. Diese Weltveränderung, die sich selbst als Aufklärung versteht, ist aber unter jenen beiden Aspekten von einer bemerkenswerten inneren Widersprüchlichkeit. In der Tat setzt eine Emanzipation vom Christentum ein, deren Ausmaß z. T. viel weiter reicht, als es hinter der offiziellen Fassade den Anschein hat. Wichtiger als der Rückzug aus gesellschaftlichen Machtpositionen ist die atmosphärische Verdrängung des Christlichen aus dem Bereich des bildungsmäßig Präsenten und des empfindungsmäßig Selbstverständlichen. Das kann den Vorteil eines neuen Zugangs in sich schließen, der vom Mehltau des bloß Konventionellen befreit ist und die Frische des selbst Entdeckten und Erlebten hat. Aber unter der Macht der neuen Selbstverständlichkeiten bleibt es zumeist bei einer schwer überwindbaren Entfremdung und Verschlossenheit. Frühere Beispiele analoger Art wie der Verlust alter Kirchenprovinzen an den Islam weisen eine Strukturverwandtschaft auf. Dennoch sind die in der Neuzeit periodisch immer wieder auftretenden Prophezeiungen des finis Christianismi ganz unrealistisch. Sie stellen ein eigentümliches Gegenbild zur urchristlichen Naherwartung dar. In der Moderne haben sich in verschiedener Hinsicht eine Belebung, Intensivierung und Ausbreitung des Christentums vollzogen, welche neue geschichtliche Perspektiven erschließen. Das Zusammentreffen der Reformation mit dem Anbruch der Neuzeit hat eine Konstellation entstehen lassen, deren Tragweite trotz der seither verflossenen vier Jahrhunderte noch nicht abzusehen ist. Dabei ist die Verknüpfung mit dem anderen Hauptaspekt der Moderne, der Veränderung des Weltbildes, von großer Wichtigkeit. Hier ist mit den weiterführenden Überlegungen einzusetzen.

1. Ursachen und Folgen des Transzendenzschwundes

Auch bei der Herauslösung des allgemeinen Bewußtseins aus dem überkommenen Weltbild handelt es sich wie bei der Veränderung der Öffentlichkeitssituation des Christentums um einen durchaus nicht eindeutigen, vielmehr in sich äußerst widersprüchlichen Sachverhalt. Dem Anschein nach verhält es sich allerdings anders. Das sogenannte moderne Weltbild behauptet, seine Evidenz und Stärke darin zu haben, daß es in sich geschlossen ist und daß es entgegen dem Dualismus des religiös bestimmten Weltbildes die Welt als eine einzige Wirklichkeit erfaßt. Als wissenschaftlich begründet beansprucht es allgemeine Geltung, ohne Berufung auf eine Autorität, sondern kraft Rationalität und Empirie. Der Erfolg scheint ihm recht zu geben. Er ist in doppeltem Sinne ein Welterfolg, weil eine Welteroberung: in bezug auf die dadurch erschlossene Verfügung über die Welt sowie in bezug auf eine Ausbreitung in der Welt, welche die Expansion und Weltmission aller Weltanschauungen und Religionen in den Schatten stellt. Widersprüchlichkeit bringt es offenbar nur für denjenigen mit sich, der das religiöse Weltbild, jedenfalls in seiner alten Form, daneben festhalten will. Daraus entsteht die Schizophrenie des Denkens in zwei miteinander unverträglichen Weltbildern. Deren Verhältnis zueinander wird nicht dadurch gebessert, daß man sie apologetisch partiell zu harmonisieren versucht. Vollzieht man aber eine grundsätzliche Trennung vom Weltbild überhaupt, so droht eine rachitische Gestalt des Glaubens, der die zu ihm eigentlich gehörende anschauungsgesättigte Sprache nicht mehr guten Gewissens zu gebrauchen wagt und dessen Weltbezug einer Schrumpfung unterliegt.

Nun zeigt sich aber, daß das moderne Weltbild selbst trotz der enormen Welteroberung, die sich mit ihm verbindet, einen zumeist gar nicht erkannten Weltverlust mit sich bringt. Indem die Welt auf die Berechenbarkeit und Verfügbarkeit reduziert wird, tritt sie in Gegensatz zu der unmittelbaren Wahrnehmung, dem alltäglichen Umgang und der lebensmäßigen Erfahrung. All das hat als solches in dem sogenannten modernen Weltbild keinen Platz und scheidet als unwissenschaftlich aus. Die Folge ist nun freilich die, daß sich das Leben selbst gegen solche Abstraktion wehrt, teils in einer Art von Wildwuchs, teils durch die Flucht in Irrationalismen, teils aber auch in sehr ernsthaften Bemühungen um neue Wege in Literatur, Kunst und Wissenschaft. Infolgedessen ist aber gerade die Moderne durch einen Pluralismus gekennzeichnet, wie er früheren Zeiten unbekannt war. Für seine Berechtigung läßt sich vieles vorbringen. Jedoch darf man sich nicht darüber täuschen, daß dabei eine Problematik ungelöst bleibt, deren Gewicht gemeinhin unterschätzt wird. Es mangelt an einer Verständigungsmöglichkeit in bezug auf das eigentlich Menschliche. Das Weltbild, das von der Wissenschaft her bezogen wird, aber auch von daher durchaus nicht mehr ein einziges ist, kann die Verständigung über das Humanum nicht leisten, wie der Richtungsstreit in Psychologie und Soziologie zur Genüge belegt. Das schließt nicht aus, daß sich die Frage nach der Transzendenz als der Bedingung eines umfassenden lebensmäßigen Weltverhältnisses auf vielerlei Weise anmeldet. Aber der Verlust einer Sprache, die im Kontext des modernen Lebens in verbindlicher und verbindender Weise Transzendenz auszusagen vermöchte, wirkt sich zu einer Verarmung aus, die nicht nur für den Einzelnen, sondern auch für die Gesellschaft gefährlich wird.

2. Christlicher Glaube und Säkularisierung

Die umrissene Situation der Moderne stellt für den christlichen Glauben eine Herausforderung dar, die kirchengeschichtlich nur in dem Eintritt des Urchristentums in die hellenistische Welt eine größenordnungsmäßige Entsprechung hat. Wie der christliche Glaube auf die Herausforderung durch die Moderne reagiert und welche Chance er hat, noch einmal in neuer Weise in den Gang der Weltgeschichte einzugreifen, hängt davon ab, wie sein Verhältnis zu dieser Situation gedeutet wird. Zwei extreme Auffassungen stehen einander gegenüber.

Nach der einen ist das Christentum das Opfer eines Abfalls vom Glauben geworden, wofür ihm selbst insofern die Schuld zukommt, als die Verweltlichung des Lebens und Denkens aus dem Schoß der Christenheit hervorgegangen ist. Dieser Feststellung kann man den Akzent eines moralischen Vorwurfs geben oder sie mit apokalyptischen Erwartungen in Übereinstimmung bringen, um ihr dadurch zwar nicht die Schärfe, wohl aber den Stachel der Anfechtung zu nehmen. Denn als Erfüllung von Weissagung erhält auch dieses negative Faktum einen positiven Sinn und schlägt zur Bestätigung in bezug auf den christlichen Glauben aus. Die Schwäche dieser Deutung besteht darin, daß sie sich die Frage nach der Ursache allzu leicht macht. Wie dies auch bei der Ketzerbekämpfung üblich war, wird einfach auf das Böse im moralischen oder dämonischen Sinne zurückgeführt, was als geschichtliches Phänomen in komplizierten Zusammenhängen steht. Die Frage kann nicht unterdrückt werden, inwiefern in der neuen Situation die christliche Verkündigung selbst versagt hat.

Nach der anderen Auffassung dagegen wird der Säkularisierung eine überraschend positive Deutung zuteil. In ihr komme die im christlichen Glauben selbst begründete Freiheit von der Welt zur Welt zur Auswirkung. Indem die Welt entgöttert und von allerlei religiöser Vermischung befreit wird, werde sie uneingeschränkt zum Betätigungsfeld des Menschen und seiner Verantwortung übergeben. Freilich müsse man von dieser echten Säkularisierung, die zu ihrem rechten Gebrauch auf die christliche Freiheit aus Glauben angewiesen bleibt, den Säkularismus als Mißbrauch und Verzerrung unterscheiden. Dieser Vorbehalt wird jedoch fallen gelassen, wenn in den Säkularisierungssog auch das Reden von Gott einbezogen und die Verantwortung für die Welt absolutistisch als revolutionäre Weltveränderung verstanden wird.

Die beiden voneinander stark abweichenden Positionen weisen dennoch eine gemeinsame Schwäche auf. Das in solcher Weise theologisch begründete Ja zur Moderne übersieht, daß deren geschichtliche Impulse keineswegs direkt aus dem christlichen Glauben selbst herzuleiten sind. Und das Problem des Säkularismus bleibt trotzdem bestehen. Wird an ihm Kritik geübt, so steht man damit nach wie vor der Kernfrage gegenüber, wie in der Situation der Moderne der christliche Glaube verkündbar ist. Wird die Kritik am Säkularismus jedoch hinfällig, und das Christliche allein in dem weltlichen Handeln gesehen, dann wird problematisch, ob dafür überhaupt noch die Identität des Christlichen in Anspruch genommen werden kann.

Nun wird man sowohl die Abfallsthese als auch die Säkularisierungsthese als einseitig und unzureichend bezeichnen müssen. Dann konzentriert sich aber die Frage, wie der christliche Glaube der Situation der Moderne begegnet, auf den Schnittpunkt der spezifisch christlichen und der spezifisch modernen Problematik der Geschichte. Spezifisch christlich – jedenfalls urteilen so die neutestamentliche Überlieferung und die kirchliche Tradition – ist das eschatologische Verständnis der Geschichte. Spezifisch modern dagegen ist die Enteschatologisierung der Geschichte, die allerdings auf eine Vergeschichtlichung des Eschatologischen hintreibt. Für die Moderne drängt sich die Umwandlung eschatologischer Transzendenz in ein geschichtsimmanentes Transzendieren auf Zukunft hin auf. An dieser Stelle hat für die Moderne das Freiheitsproblem seinen eigentlichen Sitz und seine Brisanz. Wenn sich der christliche Glaube der Situation der Moderne stellt, dann muß darüber Klarheit entstehen, welche Relevanz dem Eschatologischen zukommt und wie es im Kontext und gegen den Kontext der Moderne interpretiert werden muß.

3. Die Zukunft der Welt als Problem der Moderne

Die Zukunft wird heute in widersprüchlicher Weise erfahren. Zum einen als Gegenstand menschlicher Gestaltung, die infolge des Transzendenzverlustes ein soteriologisches Gewicht erhält, das der Mensch nun selbst zu tragen hat. Deshalb wird – zum andern – die Zukunftserfahrung, die dadurch höchst empfindlich geworden ist, im Falle von Bedrohung schnell zur Unheilserwartung apokalyptischen Ausmaßes. Allerdings sind es berechtigte Ängste, die dazu Anlaß geben. Ist doch nun der Mensch selbst, dem die Zukunft in die Hand gegeben ist, die Quelle einer Bedrohung, die zur Ohnmachtserfahrung wird. So begreiflich die Wechselwirkung ist, in welcher der Fortschrittsglaube durch unbekümmerten Vorgriff auf die Zukunft die Angst um die Zukunft auslöst und sie wiederum den Aktivismus der Weltveränderung und damit den Fortschrittsglauben anstachelt, scheint hier doch ein Teufelskreis zu bestehen, der nicht kraft des Verhältnisses der Moderne zur Zukunft zu durchbrechen ist.

Was hat der christliche Glaube demgegenüber gewissermaßen an exorzistischer Macht aufzubieten? Sicher hat er seine eigentliche Aufgabe nicht darin, die Kräfte zu aktivieren, welche die Zukunft im Sinne einer menschheitlichen Selbsterlösung zu meistern hätten. Er wird allerdings Kräfte entbinden, die begrenzt helfend in den Gang der Geschichte eingreifen, ohne doch damit in der Lage zu sein, im Sinne des modernen Geschichtsverständnisses die Zukunft zu sichern. Der christliche Glaube hat ferner keine Verheißung eines innergeschichtlichen Heilszustandes und darum keine Möglichkeit, entsprechende Utopien zu unterstützen. Im Gegenteil, angesichts der herrschenden Verwirrung ist es seine Aufgabe, vor falscher Zukunftshoffnung nüchtern zu warnen und das bleibende Gewicht der menschlichen Sünde geltend zu machen. Schließlich ist es auch nicht die Sache des christlichen Glaubens, von der Palette der Futurologie die passenden Farben für ein apokalyptisches Gemälde zu entleihen und das nahe Weltende zu predigen. Unheilsprophetie ist kein selbständiger Gegenstand christlicher Verkündigung, es sei denn, solche Voraussage und Warnung ergebe sich aus rationaler Einschätzung der Situation. Apokalyptische Naherwartung solcher Art nimmt auch nur scheinbar die urchristliche Naherwartung wieder auf. Diese war nicht aus Katastrophenangst erzeugt, sondern als Antwort auf das Evangelium aus der Gewißheit der Nähe Gottes hervorgegangen. Das einzige, was dem christlichen Glauben zukommt, besteht darin, das Evangelium auch angesichts der Zukunft menschlicher Geschichte zu vertreten und auf sie hin zu explizieren. Damit ist für die Erörterung des eschatologischen Themas der Einsatz gegeben.

B. Weltgeschichte und Eschatologie

Die Funktion dieses Teils besteht darin, von der vorangegangenen Problemexposition nur die Brücke zu den beiden folgenden Paragraphen zu schlagen, in denen das eschatologische Thema selbst unter den beiden Aspekten: Zeit und Ewigkeit sowie Tod und Auferstehung, behandelt wird. Jetzt geht es um einige Vorbemerkungen begrifflicher und hermeneutischer Art.

I. Phänomen und Begriff des Eschatologischen

Der traditionelle Stoff der Eschatologie und noch mehr seine detaillierte Behandlung in der scholastischen und altprotestantischen Dogmatik sind dem heutigen Menschen so fremd, daß dies dazu einlädt, angesichts der eigenen Verlegenheit dem Thema gegenüber in eine historische Darstellung der Eschatologie auszuweichen. So widersinnig es wäre, die Aussagen über die eschatologische Zukunft als Vergangenheitsaussagen zu behandeln, könnte dieses Vorgehen doch sehr lehrreich sein, teils um vor der Denkleistung vergangener Zeiten Respekt zu gewinnen, teils um desto deutlicher zu erkennen, warum uns eine Repristination der traditionellen Eschatologie verwehrt ist. Dennoch soll jetzt nicht bloß in stofflicher, sondern auch in begrifflicher Hinsicht auf historische Angaben so gut wie ganz verzichtet und nur auf einige Sachgesichtspunkte hingewiesen werden.

1. Geschichtsende und Geschichtstranszendenz

Die eschatologischen Aussagen im herkömmlichen Sinne umfassen zwei unterschiedliche Komplexe. Der eine und eigentliche Komplex enthält Aussagen über das, was jenseits von Tod und Weltgeschichte zu erwarten ist, also Aussagen über Auferstehung und Jüngstes Gericht, über ewiges Leben und ewigen Tod. Vorstellungen dieser oder analoger Art treten in allen Religionen auf. Die Frage, vor die der Tod stellt, ist ein Hauptmovens der Eschatologie in weitestem Sinne und wohl der Religion überhaupt. Der andere Komplex enthält Aussagen über das Ende der Geschichte, entweder beschränkt auf die Vorzeichen des Endes und den Ablauf der letzten Geschehnisse oder hineingestellt in einen universalgeschichtlichen Rahmen, der den Ablauf des Ganzen in seinem Gefälle auf das Ende hin beschreibt. Dabei können bereits eingetretene historische Ereignisse als vaticinia eingearbeitet werden. Vor allem aber nimmt die Ausmalung des Endgeschehens ihre Anschauung von der allgemein erfahrenen Geschichte, wie sie in Gestalt von Naturkatastrophen und politischen Katastrophen über die Menschen hereinbricht und das Leben zu einem Gelebtwerden macht „durch so viel Angst und Plagen, durch Zittern und durch Zagen, durch Krieg und große Schrecken, die alle Welt bedecken"[2]. Dieser Aussagenkomplex ist das primäre Feld der Apokalyptik. Beide Bereiche gehen freilich ineinander über und sind auch durch mythische Vorstellungselemente und durch eine starke Metaphorik der Sprache miteinander verbunden.

2. Wandlungen des Begriffs Eschatologie

Als Schriftgrund des Terminus Eschatologie pflegt man Jes Sir 7,36 (Vulg. Vers 40) anzugeben. In allem, was man tut, heißt es dort, solle man das Ende bedenken; das werde einen für immer vom Sündigen abhalten. Hier steht zwar die Vokabel *ta eschata* – in der Vulgata: novissima –, die wohl das hebräische Wort *acharith* vertritt. Es ist aber das Ende gemeint, das es mit einem nimmt, also nicht im Sinne universaler Eschatologie und nicht einmal im Sinne individueller Eschatologie. Es wird nicht zur meditatio vitae futurae aufgerufen, sondern an die meditatio mortis appelliert. Und auch dies nicht in der allgemeinen Form, was der Tod überhaupt sei und was sich in seiner Dunkelheit verberge, sondern im Blick auf die Beziehung zum vorausgehenden Leben als dessen ihm entsprechender Ausgang, als die Ernte dessen, was man gesät hat. Nicht der Tod als solcher und die Rätselhaftigkeit des Totseins interessieren hier, sondern die sehr wohl verstehbare Beziehung zwischen Lebensführung und Sterbesituation. Die meditatio mortis wird nicht etwa in Richtung auf eine eschatologische Tat Gottes überstiegen, sondern schlägt auf das zeitliche Tun des Menschen zurück.

[2] P. Gerhardt, Neujahrsgesang, Vers 3.

Hier geht es nicht um das Leben nach dem Tode, sondern um das Leben vor dem Tod. Damit trifft sich freilich dennoch die Intention auch der eigentlich eschatologischen Aussagen. Sie beschäftigen sich nicht unter Absehen vom gegenwärtigen Leben objektiv mit fernen Dingen, sondern haben die Intention, das gegenwärtige Leben selbst zu treffen und es durch die Ausrichtung auf die eschatologische Zukunft zu verändern.

Nun ist der Terminus Eschatologie allerdings sehr jungen Datums. Erst an der Wende vom 18. zum 19. Jahrhundert ist er in Brauch gekommen. Während die scholastische Theologie überhaupt keinen übergreifenden Terminus für das eschatologische Lehrstück besaß, wurde es in der altprotestantischen Dogmatik seinem Gegenstandsbereich nach – so im lutherischen Zweig – De novissimis genannt. In der reformierten Theologie hingegen wurde durch die Bezeichnung De glorificatione die Einordnung in die verschiedenen Stadien der Heilsgeschichte stärker hervorgehoben. Der Name Eschatologie hat die etwas hölzern klingende Verdeutschung „die letzten Dinge" zwar nicht völlig verdrängt, ihr gegenüber aber einen ungeheuren Vorsprung gewonnen. Das hat tiefere Gründe. Die Wortbildung Eschatologie bot ebenso wie formal analoge Wissenschaftstermini die Möglichkeit, nicht nur den Gegenstandsbereich zu bestimmen, sondern zugleich als methodologischer Reflexionsbegriff verwendet zu werden. Das kam der Problemsituation entgegen, die von der ungebrochenen Gegenstandsorientierung in bezug auf die letzten Dinge forttrieb zu einer Besinnung auf Grund und Sinn eschatologischer Aussagen. Diese Ausweitung in das Methodologische wurde insbesondere durch die Möglichkeit der entsprechenden Adjektivbildung „eschatologisch" erleichtert, durch die nicht eigentlich die Sachverhalte selbst, sondern das Verhältnis zu ihnen angesprochen wird. Das gibt dem Sprachgebrauch einerseits die Tendenz zu einer Ausweitung des Anwendungsbereichs, anderseits zu einer Lockerung des Zeitbezuges. Als eschatologisch kann jetzt alles Mögliche qualifiziert werden, was an sich gar nicht in den Gegenstandsbereich der letzten Dinge im herkömmlichen Sinne gehört. Und die von Hause aus selbstverständlich futurische Eschatologie kann geradezu konkurrenziert werden durch den Gedanken präsentischer Eschatologie, wobei das Eschatologische einen prinzipiell fundamentaltheologischen Sinn annimmt. Das entspringt nicht etwa nur den Schwierigkeiten, die dem neuzeitlichen theologischen Denken der klassischen Eschatologie gegenüber erwachsen. Die gleichsam quecksilbrige Beweglichkeit, die der Terminus Eschatologie vor allem im 20. Jahrhundert angenommen hat und ihn zum Paradebeispiel theologischer Umdeutungen und Vieldeutigkeit werden ließ, steht in einem inneren Zusammenhang damit, daß im Christentum von vornherein das Thema der Eschatologie in eine tiefe Umformung hineingeraten ist. Denn die

Christologie ist eine Form von Eschatologie, freilich nicht futurische, sondern perfektische Eschatologie, die durchaus das Recht gibt, in bestimmter Hinsicht auch von präsentischer Eschatologie zu reden, jedoch keineswegs dazu legitimiert, zugunsten dessen die futurische Eschatologie überhaupt zu streichen.

Aus diesen Beobachtungen zum Begriff Eschatologie ergibt sich folgendes: Wenn man den Problemzusammenhang mit der dogmatischen Tradition und auch mit den Sachverhalten selbst, die primär durch den Begriff Eschatologie angesprochen sind, nicht verlieren will, so muß die Ausrichtung auf die Welt ebenso festgehalten werden wie die Transzendierung des Todes. Streicht man beides oder auch nur eines von beidem, so verliert man das Anrecht am Gebrauch dieses Wortes. Soll nun aber der Zusammenhang mit dem Ganzen christlicher Theologie gewahrt bleiben, so muß in die Fassung des Begriffs Eschatologie beides aufgenommen werden: der Bezug zur Christologie als der perfektischen Eschatologie, der eine davon unabhängige Eschatologie in Frage stellt, ferner aber die Konzentration auf den Zukunftsbezug des christlichen Glaubens, wie er sich aus dem Christusbezug ergibt.

II. Hermeneutische Überlegungen zur Eschatologie

Die Verantwortung für eschatologische Aussagen macht es erforderlich, daß man sich darüber Rechenschaft gibt, wie sie zustandekommen und woran sie ihr Kriterium haben.

1. Die Quelle eschatologischer Aussagen

a) Die Mängel biblizistischer Auffassung

Die naive Meinung geht dahin, daß die Bibel, weil sie eschatologische Aussagen enthält, daraufhin auch die Quelle eschatologischer Aussagen sei. Aber diese Auffassung hat verschiedene Mängel.

Zunächst wird nicht berücksichtigt, daß keineswegs nur die Bibel Fundort eschatologischer Aussagen ist. Man findet sie über die ganze Religionsgeschichte verstreut. Ihr Vorkommen auch in der Bibel ist ein besonders prägnantes Beispiel der hier wirksamen religionsgeschichtlichen Einflüsse und Abhängigkeiten. Damit ist nicht bestritten, daß im Bereich der Bibel die eschatologischen Vorstellungen und das apokalyptische Denken ein besonderes Gewicht und eine eigene Prägung erhalten. Dies schließt aber nicht den Zusammenhang mit Außerbiblischem aus. Das gibt Anlaß, vor einer theologischen Suggestivkraft des Stichworts eschatologisch zu warnen, durch die der Eindruck entsteht, als sei das Eschatologische als solches sozusagen hochkarätig christlich, ipso facto ein Ausweis für Offenbarungstheologie und eine Absage an natürliche Theologie. Versteht man unter natürlicher Theologie in etwas willkürlicher Einschränkung dasjenige theologische Denken, das den Erwartungen und Vorstellungen des natürlichen, das heißt: des sündigen Menschen entspringt und entspricht, so gehört dazu in hohem Maße Eschatologie. Sie kann ein Hort natürlicher Theologie in diesem Sinne sein. Urteilt man freilich abgewogener, so wird man dies nicht einfach abfällig feststellen, sondern die darin sich anmeldenden Existenzprobleme und Sehnsüchte theologisch sehr ernst nehmen. Insofern kann durchaus auch außerbiblisches eschatologisches Material für die theologische Besinnung wichtig werden.

Geht man nun trotzdem im Sinne des Schriftprinzips von der Orientierung an dem eschatologischen Material der Bibel aus, so kommt das weitere Bedenken hinzu, daß keineswegs alles davon, weil es in der Bibel steht, als gegenwärtige Glaubensaussage verwendet werden oder gar als solche zur Pflicht gemacht werden kann. Ohne eine innere Sachkritik, bei der auch die Frage der gegenwärtigen Verantwortbarkeit eine Rolle spielt, gerät man gerade auf diesem Gebiet in die Gefahr, unter dem Schein der Treue zum Buchstaben von der Bibel abzuweichen und sie zu mißbrauchen. Die Kirchengeschichte liefert viele Beispiele dafür, daß häretische und sektiererische Neigungen auf diesem Felde besonders üppige Blüten treiben.

Von dieser Warnung vor einem formalistisch-biblizistischen Verfahren wird nun aber auch die traditionelle orthodoxe Auffassung getroffen, deren Methode sich in abgeschwächter Weise in nicht ausgesprochen orthodoxen Theologien fortsetzt. Danach besteht die Meinung, das eschatologische Lehrstück komme dadurch zustande, daß die vielen eschatologischen Aussagen der Bibel puzzleartig zusammengesetzt werden, bis sie ein in sich harmonisches und vollständiges Gesamtgebilde ergeben. Das ist nicht nur deshalb problematisch, weil dabei mit mehr oder weniger Gewaltsamkeit auch Widersprechendes zusammengefügt wird. Es entspricht auch gar nicht der Eigenart dieser biblischen Aussagen. Sie sind nicht darauf angelegt, durch gegenseitige Ergänzung erst zu einem Ganzen summiert zu werden. Vielmehr steht jeder eschatologische Aussagenkomplex in seinem geschichtlichen und sachlichen Kontext jeweils für das Ganze. Deshalb wird durch das Additionsverfahren vor allem der Skopus eschatologischer Aussagen bedroht. Die Aufmerksamkeit verlagert sich von dem unmittelbaren Bezug auf das Eschaton in das Interesse an einem in sich stimmigen eschatologischen System. Nicht daß es an Sorgfalt fehlen dürfte, alle biblischen Aussagen, die dafür in Betracht kommen, auf ihren Erkenntnisgehalt hin abzuhorchen und aus allen theologischen Gewinn zu schöpfen. Aber die systematische Aufgabe besteht nicht in der Komposition eines Gesamtgemäldes, einer historistisch konzipierten Futurologie oder in der Funktion eines Cicerone, der durch das wohlgeordnete Museum fremdartiger eschatologischer Vorstellungen eine Führung veranstaltet. Das legitim Systematische muß durch die Herausarbeitung des Ortes der Eschatologie im christlichen Glauben zur Geltung kommen und die Sachzusammenhänge mit allen anderen Glaubensaussagen erhellen.

Endlich aber verstößt die Vorstellung, eschatologische Aussagen kämen allein dadurch zustande, daß man sie einer Quelle, die solche enthält, einfach entnimmt, gegen das Wesen theologischer Rechenschaft. Für sie ist es erforderlich, zu dem Ursprung eschatologischer Aussagen vorzudringen, dahin also, wo sie ihre Notwendigkeit und ihre sachliche Legitimation zu erkennen geben. Es gilt also nach demjenigen Geschehen zu fragen, das als Ursprungsgeschehen eschatologischer Aussagen nicht nur früher einmal bei ihrem einstigen Entstehen von Bedeutung war, sondern das die conditio sine qua non dessen bleibt, Aussagen dieser Art wirklich zu verstehen und selber dazu instandgesetzt zu werden, sie zu vollziehen.

b) Die Frage nach dem Ursprungsgeschehen eschatologischer Aussagen

Nach schlichtem Verständnis reden eschatologische Aussagen von künftigem Geschehen, nicht von einem beliebigen, sondern von demjenigen, das auf das Ende aller Dinge hinführt und von diesem Ende her bestimmt ist. Im Sinne solchen Verständnisses könnte man meinen: Diese künftige Geschichte selbst sei dasjenige, dem ein eschatologischer Text seine Entstehung verdankt. Wie bei einer erzählenden Darstellung die geschehene Geschichte, von der sie handelt, den Text verursacht hat, so kommt – könnte man analog meinen – eschatologische Aussage von jener künftigen Geschichte her. Wie im ersten Falle der Autor – nehmen wir an – Augenzeuge, also Zeitgenosse war, der es selbst miterlebt hat, so wäre im zweiten Fall der Autor, um zu den eschatologischen Aussagen autorisiert zu sein, ebenfalls in den Stand eines Augenzeugen versetzt worden, wenn auch in übernatürlicher Weise durch Gewährung einer Schau dessen, was noch aussteht, und von Auditionen in bezug auf das, was kein Mensch sonst vernimmt, also auf Grund einer speziellen Offenbarung. Auf diese Weise gerät man jedoch in ein pervertiertes Verständnis eschatologischer Aussagen nach dem Modell historischer Tatsachenaussagen, als handele es sich um eine „antizipierende Reportage“[3] . Das Geschehen, das der ermächtigende Ursprung eschatolo-

---

[3] K. Rahner, Theologische Prinzipien der Hermeneutik eschatologischer Aussagen, in: Ders., Schriften zur Theologie IV, 1961^2, (401–428) 414.

gischer Aussagen ist, darf nicht als eine objektiv vergegenwärtigte Zukunft vorgestellt werden, deren man sozusagen photographisch mittels eines Teleobjektivs habhaft wird. Man muß die Dinge einmal so primitiv karikieren, um das Problem zu sehen und den Fehler schon im Ansatz zu vermeiden.

Bei der Verbindung eschatologischer Aussagen mit dem Offenbarungsbegriff muß man vorsichtig sein. Der literarische Name Apokalypse und der religionsgeschichtliche Begriff Apokalyptik leiten sich zweifellos von daher, daß der Anspruch vertreten wird, es habe sich Offenbarung im Sinne einer Enthüllung der Zukunft ereignet. Nicht zufällig ist die einzige Apokalypse, die als besonderes Buch in das Neue Testament aufgenommen worden ist, zugleich die einzige Schrift des Neuen Testaments, die den Anspruch inspirierter heiliger Schrift erhebt. Nun ist die im Neuen Testament selbst vorherrschende Beziehung zwischen der Eschatologie und der Vokabel *apokalypsis* (Offenbarung) nicht die, daß sich die eschatologische Aussage auf geschehene *apokalypsis* beruft und sich von diesem ihrem Ursprung herleitet. Die vorherrschende Beziehung ist vielmehr die, daß die eschatologische Aussage die künftige *apokalypsis* ankündigt. Eschatologische *apokalypsis* ist nicht die Hervorbringung der eschatologischen Aussagen durch Offenbarung als Enthüllung der letzten Dinge. Sie ist vielmehr das Offenbarungsgeschehen, das erst vom Endgeschehen selbst zu erwarten ist, also eine Offenbarung, die als noch ausstehend angekündigt wird und deren man harren muß. Dasjenige Geschehen hingegen, dem die eschatologische Aussage entspringt, hat eher den Charakter der Erfahrung, daß diese letzte Offenbarung noch aussteht. Apokalyptik hat ihren Ursprung – gewiß nicht nur, aber in hohem Maße – in dem Widerfahrnis, das gerade einen Mangel, ein Noch-nicht, spüren läßt. Die Meinung, als sei das Ursprungsgeschehen eschatologischer Aussagen einfach ein Mitteilungsgeschehen, in dem diese Aussagen empfangen werden, verrät einen sachfremden Positivismus. Die Mitteilung, die dann als Ursprungsgeschehen angenommen wird, bleibt in bezug auf den Inhalt eschatologischer Aussagen äußerlich und zufällig. Was immer sonst noch zur Frage des Ursprungs eschatologischer Aussagen zu bemerken sein mag, – ihnen liegt zumindest auch eine elementare Erfahrung des Ausstandes von Offenbarung zugrunde. Das schließt keineswegs aus, daß man sich dabei zugleich im Lichte empfangener Offenbarung befindet. Aber auch die empfangene Offenbarung tut sich dann hinsichtlich des ihr zugehörenden Moments der Verhüllung kund. Die sich damit aufdrängende Frage nach der Erfahrung als Quelle eschatologischer Aussagen verquickt sich nun aber mit der nach den Kriterien eschatologischer Aussagen.

2. Kriterien eschatologischer Aussagen

Nicht das bloße Enthaltensein in der Bibel ist das Kriterium eschatologischer Aussagen, sondern das Ursprungsgeschehen, aus dem sie hervorgehen. Und auch dies steht noch unter der doppelten einschränkenden Bedingung: soweit solches Ursprungsgeschehen in einem notwendigen inneren Zusammenhang mit dem Glauben an Jesus Christus als dem Gesamtskopus der heiligen Schrift steht und sofern es in dem gegenwärtigen Vorgang des Entstehens und Verstehens dieses Glaubens nachvollziehbar ist. Deshalb tritt nicht etwa eine Lehrinstanz oder eine Lehrformel als Kriterium zur Bibel als der Quelle hinzu. Es wird damit vielmehr nur auf den umfassenden lebendigen Umgang mit der Bibel verwiesen, durch den sich herausstellen muß, was gilt. Kriterium kann nicht eine von außen herangetragene Größe sein, so daß man aus dem Sachbezug herausspringen dürfte, der durch den Text angesprochen ist, und das Kriterium jenseits der hermeneutischen Aufgabe und losgelöst von ihr handhaben könnte. Über das rechte Schriftverständnis kann man nur im Vorgang der Auslegung selbst entscheiden, also im Vollzug des Konfrontiertseins mit dem Text in der ganzen Weite und Tiefe dieses Vorgangs. Das ist eine allgemeine hermeneutische Regel, die nicht nur für den Umgang mit der Bibel gilt, die hier aber wiederum für den Umgang mit eschatologischen Aussagen von besonderer Dringlichkeit ist. Innerhalb einer Dogmatik des christlichen Glaubens konkretisiert sich nun das Kriterium eschatologischer Aussagen folgendermaßen.

a) Der Evangeliumsbezug

Kriterium eschatologischer Aussagen ist dies, daß sie auf das Evangelium bezogen sind. Sie können nicht isoliert davon den Anspruch erheben, zur gegenwärtigen Ausrichtung des christlichen Wortes zu gehören, sondern nur in dem Maße, wie sie zur rechten Ausrichtung des Evangeliums notwendig sind und dasjenige rein zur Sprache zu bringen helfen, was in der Person Jesu Christi beschlossen liegt. Eschatologische Aussagen dürfen also nicht als ein selbständiges Konglomerat dem christlichen Glauben angehängt werden. Eschatologie erscheint tatsächlich vielfach so konstruiert, daß sie ohne die Christologie und die christologisch orientierte Pneumatologie bestehen könnte. In Hinsicht auf die Gefahren, die hier drohen, sei dies andeutungsweise erläutert.

Verdächtig ist von vornherein die Tendenz, die Eschatologie gegen die Unterscheidung von Gesetz und Evangelium ins Spiel zu bringen, um sie zu überbieten und erledigt sein zu lassen. Allerdings enthält die Eschatologie zu Recht keineswegs nur Evangelium, sondern stellt in besonders erregender Weise das Ineinander von Gesetz und Evangelium dar. Eben deshalb ist deren Unterscheidung für den rechten Umgang mit der Eschatologie dringend nötig. Es gilt davor auf der Hut zu sein, der Eschatologie eine einschränkende oder korrigierende Funktion dem Evangelium gegenüber zuzugestehen. Umgekehrt freilich muß das Evangelium gegenüber der Eschatologie eine korrigierende und einschränkende Funktion ausüben. Dies läßt sich des näheren dahin bestimmen, daß die futurische Eschatologie an der Christologie als perfektischer Eschatologie ihr Maß hat. Man darf zwar keineswegs die Eschatologie etwa ausschließlich aus der Christologie herleiten wollen. Aber es muß bedacht werden, welche Veränderung für die Eschatologie dadurch eingetreten ist, daß Jesus Christus als eschatologische Erfüllung geglaubt wird und wie von daher nicht nur das traditionelle Detail, sondern der futurische Charakter der Eschatologie überhaupt bestimmt wird. Dies läßt sich dahin präzisieren: Spricht die Eschatologie von einem Gericht nach den Werken, so darf es nicht der Rechtfertigung allein aus Glauben widersprechen. Oder wenn sie von der künftigen Herrlichkeit spricht, so darf dies nicht in dem Sinne verstanden werden, als werde die theologia crucis zugunsten einer theologia gloriae revoziert. Dieser Vorbehalt einer dem Evangelium gemäßen Ausrichtung der Eschatologie widersetzt sich nicht der Tatsache, daß die Eschatologie ihrerseits eine unerläßliche Verstehensvoraussetzung des Evangeliums ist und daß darum das Evangelium selbst bedroht wäre, wenn die Eschatologie eliminiert würde. Ein solches Bedingtsein des Evangeliums durch die Eschatologie muß sich eben herausstellen, indem man auf ihren Evangeliumsbezug achtet, kann aber nicht in den pauschalen und vagen Anspruch umgedeutet werden, daß der Eschatologie die Funktion eines absolut gesetzten Kriteriums dem Evangelium gegenüber zukäme.

b) Der Schöpfungsbezug

Deutlicher als der Bezug zum Evangelium ist in der dogmatischen Tradition der Bezug der Endgeschichte zur Urgeschichte gewahrt geblieben. Die Bewegung von der Schöpfung zum Eschaton muß auf jeden Fall als irreversibel gelten, selbst wenn das Ende als Wiederherstellung der Schöpfung gedacht ist. Die Geschichte beginnt nicht wieder von neuem. Sie ist einmalig und endet definitiv. Eschatologie darf aber auch keinesfalls schöpfungsfeindlich sein, so stark der Ton auf dem Ende aller Dinge liegen mag. Sie muß vielmehr mit Nachdruck am Problem der Sünde und deren Folgen orientiert sein, auch wenn auf eine ontologische Verwurzelung der Eschatologie als einer schöpfungsmäßig angelegten Entwicklung nicht verzichtet wird. Eschatologie darf auf keinen Fall einer Aufspaltung der Wirklichkeit das Wort reden, so daß das Eschaton etwa als befreiende Reduktion auf eine leiblose, weltlose

Seinsweise interpretiert würde. Eschatologie darf jedoch ebensowenig die Leiblichkeit und Welthaftigkeit in zeitlich-irdischem Sinne deuten. Das eschatologische Geschehen muß als Handeln Gottes und darf nicht etwa als ein immanenter Prozeß verstanden werden. Es muß auf die Durchsetzung des Gottseins Gottes abzielen, so daß am Ende Gott alles in allem ist. Eschatologie darf aber nicht den Triumph Gottes im Widerspruch zur Soteriologie als Vernichtung des Menschen verstehen. Warnungstafeln dieser Art sind zwar wichtig. Sie sind Ausdruck der biblisch-heilsgeschichtlichen Verankerung der Eschatologie. Die eigentlich prekären Probleme, die eines Kriteriums bedürfen, liegen jedoch an anderer Stelle.

c) Der Erfahrungsbezug

Als Kriterium eschatologischer Aussagen kommt ferner in Betracht, daß sie in einem erhellenden Bezug zur gegenwärtigen Erfahrung stehen müssen. Sie erweisen sich als unangemessen, wenn sie dieser Konfrontation nicht standhalten, sondern nur vergessen lassen und überspielen, was sich als Wirklichkeit aufdrängt, anstatt durch die Ausrichtung darauf erleuchtende und überzeugende Kraft zu gewinnen. Nun ist zwar die Sprache der Apokalyptik in einer Hinsicht durchaus wirklichkeitsgesättigt. Sie schildert die Schrecken der Endzeit nach dem Muster gegenwärtiger Leiden und Qualen der Menschheit. In den vielen Jahrhunderten seit der jüdischen und urchristlichen Apokalyptik hat sich daran nichts geändert, daß immer noch Naturkatastrophen, Hunger und Kriege diejenigen Erfahrungen sind, die das apokalyptische Geschehen durchaus nicht bares Phantasieprodukt sein lassen. Gewiß mögen Häufung und Ausmaß ins Beispiellose gesteigert und die Farben grell gewählt und allzu dick aufgetragen sein. Aber was an begrenzteren Entsprechungen die Geschichtsbücher erzählen und die Tagespresse meldet, spricht als tatsächlich Geschehenes und Erlittenes eine viel fürchterlichere Sprache als alle apokalyptischen Schilderungen. Es ist kein Wunder, daß in ihnen so häufig die eigene Zeit wiedererkannt und als authentisch gedeutet empfunden wurde. Aber auch dann, wenn das eigene Erleben und die augenblickliche Zukunftsprognose ganz andere Züge tragen und nicht den Pessimismus solcher Endzeiterwartungen nähren, ist die Frage doch nicht von der Hand zu weisen, ob nicht Kurzsichtigkeit und Wunschdenken daran beteiligt sind. Auf längere Sicht besteht zu einem Fortschrittsoptimismus wenig Anlaß. Jedenfalls folgt dem, was trotz schrecklicher Begleiterscheinungen als Aufstieg der Menschheit gedeutet wird, mit Sicherheit einmal der Abstieg, ob nun in plötzlichen Katastrophen oder im Verkümmern auf der ausgeplünderten alternden Erde. Das mag noch ferne sein. Aber wenn man sich überhaupt ein Ende der Menschheitsgeschichte vorzustellen sucht, so kann dies offenbar nur ein Ende mit Schrecken oder ein schließliches Dahinsiechen und Aussterben sein, wie immer man sich bis dahin den Lauf der Dinge denken mag.

Nun kommt aber die Erfahrung nicht nur in der Hinsicht in Betracht, daß sie den finsteren Hintergrund bestätigt, gegen den sich die eschatologischen Hoffnungsaussagen desto leuchtender abheben. Auch deren Dennoch muß in einem verantwortbaren Bezug zu all dem stehen, was sich an widersprechender Erfahrung nur allzu sehr aufdrängt. Die eschatologischen Aussagen dieser Art dürfen nicht reine Wunschträume und Phantasieprodukte sein, die, noch so begreiflich, der Wirklichkeit zukunftssüchtig entgegengesetzt werden. Solche Art von Antithetik legt den Verdacht nahe, daß dem, was alle Hoffnung zu vernichten droht, gerade nicht standgehalten, vielmehr die Flucht davor ergriffen wird. Die gegenwärtig erfahrene Wirklichkeit übt die Funktion eines Kriteriums eschatologischer Aussagen nur dann aus, wenn diese auch an einer gegenwärtig erfahrbaren Überwindung der Hoffnungslosigkeit Anhalt haben, wenn also die eschatologische Hoffnung nicht willkürlich, sondern begründet ist. Hier greift die Beziehung zum Evangelium ein. Die Art und Weise, wie die eschatologischen Hoffnungsaussagen dem entgegentreten, was ihnen nicht nur seitens der tatsächlichen Wirklichkeit, sondern auch seitens aller vertretbaren geschichtlichen Erwartungen widerspricht, muß darin gründen, was das Evangelium all dem entgegenzusetzen hat, nicht als Forderung oder als Utopie, sondern als sich im Leben bewährende Wahrheit. Kriterium eschatologischer Aussagen muß deshalb der weltüberwindende Glaube an das Evangelium sein, der beides umfaßt: die Anfechtungserfahrung ebenso wie die gewißmachende Geisterfahrung.

d) Der Zukunftsbezug

Wenn schließlich noch der Zukunftsbezug als Kriterium erwähnt wird, so scheint sich dies dagegen zu richten, daß die futurische Eschatologie in eine rein präsentische verwandelt und so die Eschatologie überhaupt aufgelöst wird. In der Tat wird eine Eschatologie, in der die Relevanz des Evangeliums nicht in die Zukunftsdimension hinein bedacht und entfaltet wird, weder ihrem Namen noch dem christlichen Glauben gerecht. Allerdings könnten der Verzicht auf traditionelle apokalyptische Zukunftsaussagen und die Beschränkung auf die eschatologische Qualifizierung des gegenwärtigen Augenblicks dennoch den Zukunftsbezug sehr eindrücklich, wenn auch nur implizit, zur Geltung bringen. Indessen wird sich dies kaum wirksam durchhalten lassen, ohne daß der Zukunftsbezug auch explizit wird.

Im Blick darauf jedoch, was gewöhnlich als selbstverständlich gilt, muß schärfer formuliert werden: Kriterium eschatologischer Aussagen ist dies, daß sie die Zukunft Zukunft sein lassen. Das richtet sich gegen den Mißverstand und Mißbrauch, die eschatologischen Aussagen über die Zukunft als deren Entschleierung aufzufassen und sie so ihres echten Zukunftscharakters zu berauben. Dies wirkt sich in doppelter Hinsicht negativ aus. Zu einer Zukunft, die vermeintlich enthüllt und in Besitz genommen ist, ob nun durch ein Errechnen oder ein Erträumen, verhält man sich nicht mehr als der Zukunft. Denn echter Zukunft kann man nur entgegenwarten, indem man das Unverfügbare und Geheimnisvolle daran respektiert. Zugleich aber wird das Verhältnis zur Gegenwart verdorben. Denn entweder erscheint sie von ungewisser Zukunft entlastet, oder man flüchtet vor der Last der Gegenwart in eine Zukunftsvorstellung. Dies widerspricht aber der eschatologischen Aussage, die als zukunftsbezogene in die Gegenwart hineingesprochen ist und beides gleichermaßen ernst nimmt: Gegenwart und Zukunft. Man könnte darum auch so formulieren: Kriterium eschatologischer Aussagen ist dies, daß sie dazu instandsetzen, Gegenwart und Zukunft zu unterscheiden. Denn indem sie von falscher Sorge um die Zukunft freimachen, wollen sie für die Gegenwart freimachen. Und eben weil sie von dem Verfallensein an die Gegenwart befreien, machen sie für die Zukunft als Zukunft frei. Das berechtigt schließlich zu einer nochmaligen Variation: Kriterium eschatologischer Aussagen ist es, daß die Unterscheidung zwischen Gott und Mensch eingeübt wird, indem Gott die Zukunft überlassen wird, die dem Menschen entzogen ist. Zukunft ist allerdings nicht in jeder Hinsicht dem Menschen entzogen. Eschatologische Aussagen haben deshalb daran ihr Kriterium, daß zwischen Zukunft und Zukunft unterschieden wird: der Zukunft, der gegenüber sich der Mensch planend und gestaltend verhalten kann und muß, die also in gewissen Grenzen in die Hand des Menschen gelegt ist, und der Zukunft, die Gott sich vorbehalten hat und die zumal als die Zukunft aller Zukunft jedem menschlichen Zugriff entzogen ist.

§ 38 Zeit und Ewigkeit

Das eschatologische Thema ließen wir uns nicht positivistisch aus der Tradition geben als das übliche Schlußkapitel der Dogmatik und auch nicht spekulativ als das noch unbekannte Schlußkapitel der Geschichte. Vielmehr führte das Nachdenken über die innere Problematik der Weltgeschichte post Christum natum in das Fragen nach den sachlichen, lebensmäßigen Wurzeln von Eschatologie. Nun soll das eschatologische Thema entfaltet werden. Das geschieht in zwei Phasen. Bevor im folgenden Paragraphen die inhaltlichen Aussagen zur Behandlung kommen, konzentriert auf das Zentralgeschehen von Tod und Auferstehung, muß das kategoriale Medium eschatologischer Wirklichkeit geklärt werden: die Unterscheidung von Zeit und Ewigkeit. Deshalb ist die Aufmerksamkeit zunächst dem zuzuwenden, wie sich die theologische Fundamentalunterscheidung im Zeitbezug ausdrückt und mit welchem Recht, obschon nicht ausschließlich, so doch auch und mit besonderem Gewicht, der Ewigkeit futurischer Sinn zukommt.

A. Der Zeitbezug der theologischen Fundamentalunterscheidung

Da es nicht unumstritten ist, in welchem Sinn das Eschatologische auf die Unterscheidung von Zeit und Ewigkeit zurückzuführen ist, muß von einer Überlegung ausgegangen werden, wie eines mit dem andern zusammenhängt. Erst dann wird das Verhältnis von Zeit und Ewigkeit selbst erörtert.

I. Der fundamentaltheologische Sinn des Eschatologischen

1. In der Sprache christlicher Überlieferung

Am Eschatologischen drängt sich in erster Linie der temporale Charakter auf. Freilich schwingt darin zugleich ein wertendes Urteil mit. Das Zeitliche ist vergänglich und hat keinen Bestand. Es hat den Charakter der Vorläufigkeit. Das Ewige ist das Bleibende, das Unbedingte, das Definitive, das Endgültige. Damit verbindet sich eine

Differenz, die das Erkennen betrifft. In ihr überkreuzt sich in eigentümlicher Weise die gegenseitige Zuordnung. Auf der einen Seite steht das Sichtbare als das Zeitliche und Vergängliche, auf der anderen Seite das Unsichtbare als das Ewige und Bleibende. Auf diese Unterscheidung übt jedoch die Beziehung zueinander einen Einfluß aus. Sichtbar heißt das eine nicht in bloßer Unterscheidung von dem, was man nicht mit den Augen, sondern nur mit anderen Sinnesorganen oder allein mit dem sinnbegreifenden Verstand erfassen kann. Vielmehr steht hier das Sichtbare als pars pro toto dessen, was der Mensch von sich aus wahrzunehmen vermag. Dagegen meint das Unsichtbare dasjenige, was sein Erkenntnisvermögen transzendiert, was sich ihm aber dennoch als ihn angehend aufdrängt.

Nun hat aber nicht nur jenes Unsichtbare als das Verborgene zu gelten. Gerade auch das Sichtbare ist durchaus noch verhüllt und verborgen im Hinblick darauf, was es sub specie aeternitatis, nach endgültigem Urteil, gilt. Dementsprechend kommt dem Unsichtbaren sogar die Bedeutung des ungetrübten und unvergänglichen Lichtes zu. Wenn es sich offenbart, macht es alles andere offenbar. Deshalb verbindet sich mit dem Sein in der Zeitlichkeit und Vorläufigkeit der Glaube als die Ausrichtung auf das Ewige und Endgültige, der aber dann in das Schauen übergeht (2. Kor 5,7), wenn die Vollendung kommt und das Stückwerk zunichte wird (1. Kor 13,10). So ist das Eschatologische überhaupt eins mit der Spannung von Welt und Gott, der Zeit der Welt und der Ewigkeit Gottes. Nicht erst in der speziellen eschatologischen Thematik, sondern in der gesamten Dogmatik dominiert dieser prinzipielle Aspekt des Eschatologischen. Theologisches Reden verrät diesen grundsätzlich verstandenen eschatologischen Charakter an emphatischen Akzentuierungen wie unbedingt, schlechthin, letztlich und dergleichen. Die Grundsituation des Menschen als Sein in der Welt vor Gott hat diesen prinzipiell eschatologischen, auf das Endgültige gerichteten Charakter. Und zu den Attributen Gottes gehört in engster Verbindung mit der Schöpfermacht das der Ewigkeit (§ 20 B II 2, s. Bd. II, 350ff), das auf den Zeitbezug des Seins Gottes hin auszulegen ist und somit alle Aussagen über das Verhältnis Gottes zur Welt durchdringt.

2. In der Situation der Moderne

In der christlichen Tradition war die Auslegung des Eschatologischen durch die Unterscheidung von Zeit und Ewigkeit unbestritten, weil in doppelter Weise abgesichert. Einerseits durch das religiöse Weltbild: Wie die Welt dem Raum nach vom Himmel überwölbt und von der Hölle gleichsam unterkellert ist, so hängt sie auch der Zeit nach durch Schöpfung und Weltende in den Angeln der Ewigkeit. Als chronologische Fixpunkte des überschaubaren Weltkalenders markieren sie den Übergang aus der Ewigkeit in die Zeit und aus der Zeit in die Ewigkeit. Die kosmische Zeit und die geschichtliche Zeit fallen dabei in eins. Mit der Weltschöpfung ist auch Adam da und der Beginn der Menschheitsgeschichte, und mit deren Abschluß gelangt auch der Kosmos an sein Ende. Anderseits konnte man sich auf das metaphysische Wirklichkeitsverständnis abstützen, wonach das Ewige als das Unveränderliche vom Zeitlichen als dem Wandelbaren unterschieden und ihm unendlich überlegen ist. Die Verschmelzung beider Aspekte schützte das religiöse Weltbild vor einer naiven Mythisierung und das metaphysische Denken vor der Geschichtslosigkeit. Die Folge war, daß die Unterscheidung von Zeit und Ewigkeit sowie ihre Verbindung mit der temporalen Eschatologie nicht nur selbstverständlich in Geltung standen, sondern auch viel zu denken gaben, also keineswegs gedankenlos hingenommen wurden, wie es aus der neuzeitlichen Perspektive den Anschein hat.

Durch das Weltbild der Moderne erfährt zunächst die Einfügung temporaler Eschatologie in die Unterscheidung von Zeit und Ewigkeit ihre Auflösung, indem die traditionelle Weltchronologie entfällt. Sodann aber entschwindet auch das Verständnis von Ewigkeit, indem sowohl das physikalische als auch das historische Wirklichkeitsverständnis nur noch die Zeit als ontologische Bestimmung zuläßt. Auch in der Theologie des 20. Jahrhunderts begegnet nicht zufällig eine entsprechende Distanzierung vom Begriff der Ewigkeit, zunächst in der Meinung, auf diese Weise den temporalen Sinn von Eschatologie – entgegen der Überfremdung durch griechisches Denken – wiedergewinnen zu können; sodann aber mit der weitergehenden Tendenz einer Vergeschichtlichung der Eschatologie, die dem Selbstverständnis der Moderne entgegenkommt. Jedoch kann der Zugang zu dem, was Eschatologie im theologischen Sinne meint, nur dadurch wiedergewonnen werden, daß dem nachgedacht wird, was Ewigkeit heißt. Weil hier ein tiefer Bewußtseinsschwund eingetreten ist, muß bei der Frage nach dem Erfahrungsgrund der Unterscheidung von Zeit und Ewigkeit eingesetzt werden.

II. Der Erfahrungsgrund der Unterscheidung von Zeit und Ewigkeit

Auf den Begriff der Ewigkeit wurde bereits in der Lehre von den göttlichen Attributen eingegangen (§ 20 B II 2, s. Bd. II, 350ff). Entgegen dem vulgären negativen Verständnis der Ewigkeit als unbegrenzter Zeit oder als Zeitlosigkeit erwies sich für das theologische Verständnis der positive Zeitbezug als wesentlich: Ewigkeit als Zeitvollmacht, als das, was Zeit gewährt, wahrmacht und aufbewahrt. Nun gilt es, gewissermaßen in umgekehrter Blickrichtung, von der Erfahrung her aufzuweisen, wie sich die Unterscheidung von Zeit und Ewigkeit aufdrängt. Dazu muß zunächst von der Zeiterfahrung allgemein die Rede sein.

1. Die Zeiterfahrung

Daß Zeit zur Erfahrung kommt, ist ein Urphänomen des Menschseins und gleichursprünglich damit, daß der Mensch seiner selbst bewußt und somit Gegenstand von Selbsterfahrung wird, sowie damit, daß er Sprache hat, die ihn allererst instand setzt, Erfahrungen zu machen und weiterzugeben. Beides: das Selbstbewußtsein wie die Sprachlichkeit, ist von der Zeitlichkeit bestimmt. Wie das Selbstbewußtsein, so ist auch die Sprache zeitlich strukturiert und selbst ein zeitlicher Vorgang. Aber was im Zeichen stärkster Konvergenz steht, erweist sich als divergent.

a) Objektivierte und internalisierte Zeit

Die Frage nach der Zeit ist mit dem physikalischen Zeitbegriff selbstverständlich nicht hinreichend beantwortet. Dabei ist nicht die Korrektur am naiven Zeitverständnis durch die Relativitätstheorie ausschlaggebend. Worauf es jetzt nur ankommt, ist die exakte Meßbarkeit von Zeit nach einer bestimmten Maßeinheit, der alles Physische unterworfen werden kann und nach der es sich in bezug auf Bewegung und Dauer quantitieren läßt. Freilich verrät dies bereits ein spezifisch menschliches Verhältnis zur Zeit. Im Unterschied zu allem Seienden ist der Mensch nicht nur zeitlich in der Weise des Seins in der Zeit, sondern nimmt er auch Zeit wahr, unter anderem so, daß er sie objektiv mißt. Das ist etwas anderes als das Phänomen eines unbewußten Zeitgefühls, wie man es bei der sogenannten biologischen Uhr antrifft. Dieses Objektivieren ist nun aber erst durch ein Verhältnis zur Zeit ermöglicht, das ihm aufs schärfste entgegengesetzt, aber nicht minder spezifisch menschlich ist: die Internalisierung von Zeit. Das Charakteristische daran ist nicht das sukzessive Durchlaufen eines meßbaren Zeitkontinuums, obschon dies zugrundeliegt, sondern das Ausgespanntsein in die verschiedenen Zeitdimensionen. Der Mensch verhält sich zur Zukunft und zur Vergangenheit, und beides miteinander bestimmt sein Verhältnis zur Gegenwart. Das Vergangene ist nicht einfach vergangen, wirkt auch nicht nur durch objektive Folgen nach, sondern bleibt gegenwärtig und wird es in bestimmter Hinsicht immer neu. Man kann sich seiner erinnern oder auch darunter leiden, daß man es vergißt. Das gleiche gilt vom Verhältnis zur Zukunft. Der Mensch plant sie und sorgt sich um sie, er lebt in der Freude auf das Kommende oder in der Angst davor. So ist er der Gegenwart nicht verhaftet. Er kann sich von ihr distanzieren, sich in die Vergangenheit oder die Zukunft versetzen und dadurch je nachdem die Gegenwart bereichern oder belasten, sie verfehlen oder erst richtig begreifen. Natürlich gilt auch die Wechselbeziehung, daß Vergangenheit und Zukunft aus der Perspektive der Gegenwart gesehen werden und sich mit deren Weiterschreiten perspektivisch verändern oder daß der Zukunftsbezug durch den Vergangenheitsbezug bestimmt sein kann und umgekehrt. Wichtig ist vor allem –wenn man einmal von der lebenzerstörenden Wirkung völligen Gedächtnisverlustes absieht –, daß der Mensch nicht nur der Zukunft beraubt ist, wenn er um sein unmittelbar bevorstehendes Ende weiß; vielmehr kann dadurch bereits auch die Gegenwart zerstört sein.

Dieses ekstatische Verhältnis zur Zeit ist von der physikalischen Zeit nicht abzusondern. Deren unerbittlich exakter und unumkehrbarer Fortgang verleiht dem internalisierten Verhältnis zur Zeit erst den Ernst. Anderseits gibt dieses der jetzt erlebten Zeit ein anderes Maß, als die Uhr anzeigt. Ein bestimmter Zeitteil kann sich dehnen oder schrumpfen, je nachdem, was er zu erleben gibt und wie er erlebt wird. Die erlebte Zeit ist nie in formalem Sinne leere Zeit, sondern stets so oder so bestimmt und gefüllt, wenn aber als leer empfunden, dann als bedrückend leer. Wie dies in Pred 3 eindrücklich beschrieben wird, ist die Zeit für den Menschen stets konkrete, immer wieder andersartige Zeit in unendlicher Fülle der Variationen. Als solche ist sie unverfügbar. Das gilt nicht nur von der Stunde der Geburt und der des Todes, die selbst im Falle des sogenannten Freitodes vielfältig bedingt ist, sondern auch in Hinsicht auf den Kairos, den es wahrzunehmen gilt, oder die Zeit, die mit Geduld ertragen oder erwartet sein will. Der Mensch kann auch nicht alles zur gleichen Zeit haben wollen und schon gar nicht die Zeit für sich allein in Anspruch nehmen. Er ist mit seiner Zeit in die Zeit seiner Umwelt verflochten, was beides in sich schließt: Gewährung und Verhängnis. Und daran, was im Leben des Menschen alles seine Zeit hat, erfährt er, daß er selbst seine Zeit hat – freilich in dem Sinne, daß er sie nicht hat, sondern hergeben muß.

b) Die Strittigkeit der Zeit

Die Zeit wird dem Menschen zum Problem, weil er sich als im Zwiespalt mit ihr erfährt. Selbst die Zeit, mit der er einig sein könnte, trägt als vergehende und entschwindende ebenfalls den Keim des Widerspruchs in sich. Indem er wünscht, daß sie nicht vergehe, sträubt er sich dagegen, daß die Zeit Zeit sei. Oft genug freilich wünscht er sich in Erwartung besserer Zeiten die Zeit weg oder schlägt sie tot, weil er mit ihr nichts anfangen kann. Anderseits hat er seine Zeit paradoxerweise meist so, daß er keine Zeit hat. Weil er von seiner Zeit zuviel will, hat er zuwenig von ihr. Diese Erfahrungen im alltäglichen Umgang mit der Zeit verraten, daß man so oder so stets mit der Zeit im Streit liegt oder um sie ringt und bangt. Das Ausgreifen in die Zeitekstasen könnte zwar Zeitfreiheit bedeuten, schlägt aber immer wieder in eine Zeitverfallenheit um, die im Unterschied zur schlichten Zeitverhaftetheit des Tieres eine große Skala von Perversionen durchläuft. Der Mensch kann in die Zukunft flüchten und darüber versäumen, was gegenwärtig not ist. Er kann banausenhaft in den Tag hineinleben und stumpf sein für das, was im Kommen ist. Er kann der Vergangenheit sentimental nachhängen oder sich ihrem Gesetz aus Angst vor Neuem oder aus Bequemlichkeit beugen. Er kann aber auch die Vergangenheit verdrängen oder sie verfälschen, um sie bestimmten Interessen dienstbar zu machen. Oder es kann ihm an der Freiheit mangeln, sich der Weite der Überlieferung zu erschließen, um sich von ihr für die Zukunft bilden zu lassen. Auf all diese Weisen kann er entweder verkennen, was an der Zeit ist, oder sich von dem treiben lassen, was gerade als zeitgemäß gilt.

Am Verhältnis zur Zeit zeichnen sich die theologischen Themen ab. Für das Geschenk der Zeit ist dem Schöpfer zu danken. An ihrer unerwarteten Gewährung wird man der Geduld Gottes bewußt. Am gestörten Verhältnis zur Zeit sind die Konkretionen der Sünde erkennbar. An dem Zeitdruck und der Versklavung unter die Zeit, an dem Übermaß ihrer Forderungen und an der Last der vertanen Zeit erfährt man die Macht des Gesetzes, an der Freiheit und Vollmacht gegenüber der Zeit die Stimme des Evangeliums und das Wirken des Geistes.

2. Die Ewigkeitserfahrung

Was Ewigkeit heißt, will im Horizont dieser Zeiterfahrung verstanden sein. Allein im Ernstnehmen der Zeit erschließt sich Ewigkeit. Darum hat Ewigkeitserfahrung da ihren Ort, wo sich die Zeiterfahrung aufs äußerste verdichtet. Das ist in der Gewissenserfahrung der Fall. Es empfiehlt sich aber, zunächst beim Problem der Identitätserfahrung einzusetzen.

a) Die Identitätserfahrung

In Anbetracht der hohen Beweglichkeit des Menschen in seinem Verhältnis zur Zeit sowie der starken Veränderungen, durch die sich der Wandel der Zeit an ihm abzeichnet, muß es erstaunen, was ihn dazu nötigt, die Identität seiner selbst festzuhalten, und was es ihm erlaubt, dies zu tun. Die Selbigkeit des leiblichen Substrats und bestimmter Formen seiner Individualität geben eine Erklärung, die das Problem nicht hinreichend erfaßt. Man könnte sich theoretisch das Verhältnis zur eigenen Vergangenheit auch als distanzierte Zuschauerhaltung vorstellen, als wäre der, an dessen Taten, Erlebnisse und Empfindungen ich mich erinnere, irgend jemand, nicht aber ich selbst. Solche Distanzierung läge besonders dann nahe, wenn es sich um belastende Dinge handelt, um ein Verhalten, dessen ich mich schäme, für das ich nicht

Verantwortung übernehmen möchte. Ebenso wäre auch ein Verhältnis zur Zukunft denkbar, in dem ich mich mit träumerischer Phantasie künftig für ein anderes menschliches Wesen halte, das von meinem gegenwärtigen Selbst verschieden ist. Solche Überlegungen erscheinen zwar spielerisch oder abstrus, weil uns gewöhnlich nichts selbstverständlicher ist als die Identität des eigenen Ich in allen Metamorphosen des Lebens. Wo uns das Gegenteil als krankhafter Zerfall der Bewußtseinseinheit begegnet, wird es ein grauenhaftes Widerfahrnis, etwa an einem lieben und vertrauten Menschen bei lebendigem Leibe die Zerstörung seiner Person mit ansehen zu müssen oder sich vorzustellen, dies könne einmal mir selbst zustoßen. Aber nicht nur in solchem tragischen Ausnahmefall wird das zugrundeliegende Problem akut. Die Identitätserfahrung hat wesenhaft widersprüchliche Aspekte.

Einerseits erfahren wir uns als mit unlösbaren Banden an uns selbst gefesselt. Man mag sich noch so gegenwartsvergessen in die Vergangenheit oder in die Zukunft versetzen, die Gegenwart kann man dadurch dennoch unmöglich verlassen. Aus Traum und Ekstase erwacht man schließlich doch wieder zu ihr. Man mag noch so sehr die eigene Vergangenheit verdrängen oder abzuschütteln versuchen. Aber man kann sie unmöglich von sich abtrennen. Man kann auch nicht durch eine noch so gewaltsame Flucht nach vorn sich selbst entkommen. Man nimmt sich selbst überall mit hin. Was als zauberhafte Veränderung erscheint, läßt alsbald die enttäuschenden Spuren der sich durchhaltenden Identität erkennen.

Anderseits jedoch wird diese außer Frage stehende und felsenfeste Identität als etwas überaus Fragliches und Fragiles erfahren. Entweder realisiert man die Spannweite des Ungleichen und Widersprüchlichen gar nicht, auf die sich die Identität bezieht. Man ist sich nicht mehr des Kindes, das man einst war, als seiner selbst bewußt und macht sich nicht die Einheit mit dem klar, der altert und abbaut, gewesen sein und verwesen wird. Oder man will die Identität nicht wahrhaben, nicht zu dem stehen, was man getan, gesagt oder unterlassen hat, nicht annehmen, was zu sein einem durch die Erfahrung der eigenen Grenzen oder eines Schicksalsschlages verordnet ist. Oder das Faktum der Identität läßt sich nicht begreifen, nicht nur in solchem Fall, wo es dem eigenen Ansehen abträglich ist, sondern auch dann, wenn das eigene Vermögen überschritten scheint. Ich soll das getan haben?, fragt man sich etwa im Rückblick auf ein gelungenes Werk. Bin wirklich ich das?, lautet die Reaktion darauf, wie das eigene Selbst gegebenenfalls aus den Augen und Worten des andern auf mich zurückstrahlt – diese Erfahrung, daß man sich sagen lassen muß: Ich kenne dich besser als du dich selbst. Oder man hat Not damit, die eigene Identität zu finden, zusammenzureimen, was auseinanderklafft, zur Einheit zu bringen, was sich widerspricht. Das ist der entscheidende Punkt in diesem anderen Aspekt der Identitätserfahrung: Obwohl unwidersprechlich gegeben, ist sie doch zugleich unweigerlich aufgegeben. Sie ist nicht bloß ein Faktum – das auch! –, sondern ebenfalls erst im Werden oder zutiefst verunsichert.

Die Identität des Selbstseins muß erst in einem bestimmten Sosein Gestalt gewinnen. Sie bedarf der Identifizierung. So zweifellos sie durch die Lebensgeschichte hindurch erhalten bleibt, so wird sie doch in eben dieser Lebensgeschichte durch alle Schwankungen und Zweifel, Irrungen und Wirrungen hindurch gewissermaßen abgefordert. Obwohl sie als selbstverständlich vorhandene Identität in mir selbst gesetzt ist, finde ich sie doch als erst zu suchende keineswegs ohne weiteres in mir vor, sondern erlange sie nur von außerhalb meiner selbst her durch ein Versetztwerden anderswohin. Der eine strebt seine Identität durch die Lebensaufgabe an, die er zu erfüllen sucht. Der andere findet sich selbst erst in dem Geliebt- und Getragensein durch einen Menschen, dem er ganz gehören und dem er sich völlig erschließen darf. Wieder ein anderer sucht seine Identität in der Zugehörigkeit zu einer Gruppe, in der er aufgeht, verschworen durch denselben Willen und verschweißt durch das gleiche Erleben. Oder er meint sie durch Teilhabe an großen Geschehnissen zu gewinnen, durch die er an geschichtlicher Bedeutung partizipiert und das Gefühl des eigenen Unbedeutendseins kompensiert.

Es ist nicht als eine bloße hyperbolische oder vermessene Redeweise abzutun, wenn sich solche Versuche der Identitätsfindung mit dem Pathos der Ewigkeit verbinden. Man möchte sich, wie die Redewendung sagt, in einem Werk verewigen. Man empfindet in einem Kunsterlebnis den Hauch der Ewigkeit, der einen über die Miseren der Zeit hinaushebt. Zarathustras Rundgesang mündet in den Refrain:

„...»Weh spricht: Vergeh!
Doch alle Lust will Ewigkeit –,
– will tiefe, tiefe Ewigkeit!«“[1]

Stunden großer politischer Entscheidungen, in denen die Welt den Atem anhält, können ein Ergriffenwerden auslösen, das den Schauer der Ewigkeit spüren läßt. Wer sich für andere aufopfert, hofft, in ihnen auf ewig weiterzuleben. Die vielleicht ewigkeitsträchtigste Inschrift eines Gefallenendenkmals beschwört die Ewigkeit, ohne sie ausdrücklich zu nennen, mit der Parole: Invictis victi victuri[2]. All solche Ansprüche auf Ewigkeit mögen als prometheischer Griff nach ihr durch die Zeit selbst

---

[1] Fr. Nietzsche, Also sprach Zarathustra, Vierter und letzter Teil, Das trunkene Lied, Abschn. 12, in: Ders., Werke in drei Bänden, hg. von K. Schlechta, II, 558.

[2] Auf dem nicht mehr existierenden Gedenkstein der Friedrich Wilhelms-Universität Berlin, der an die gefallenen Studenten des ersten Weltkrieges erinnerte. Die Inschrift stammt m.W. von U. von Wilamowitz-Moellendorf.

schnell widerlegt werden. Dennoch sind sie ein Signal der Ewigkeitssehnsucht. Und doch auch ein Hinweis darauf, daß Ewigkeitserfahrung keineswegs ohne weiteres durch den Gang der Zeit zu widerlegen ist, weil Ewigkeit eine andere Dimension als die unbegrenzte Fortsetzung der Zeit meint, vielmehr die Tiefe der Zeit, die sich in einem Augenblick erschließen kann. Solchen Äußerungen der Ewigkeitssehnsucht täte man darum Gewalt an, wenn man ihnen diese Zeitüberlegenheit nicht zugestände. Man bliebe ihnen allerdings auch den entscheidenden Respekt schuldig, wenn man sie als bloße Phrasen abtäte, anstatt trügerischen Ewigkeitsansprüchen mit der Wahrheitsfrage zu begegnen.

b) Die Gewissenserfahrung

Wie sich die theologischen Themen am Verhältnis zur Zeit abzeichnen, so sind sie auch mit dem Problem der Identitätserfahrung verknüpft. Der Mensch in seinem Vergangenheits- und Vergänglichkeitsaspekt ist der Mensch im Widerspruch: weil mit Gott im Widerspruch, darum auch mit sich selbst. Er muß seine Identität suchen, findet sie aber nicht in Wahrheit, solange er sie nicht in Gott findet. Der Mensch im Zeichen erfüllter Gegenwart gelangt zu seiner Identität, jedoch in dem Doppelaspekt der confessio vor Gott als confessio peccati und confessio laudis, als Ja zum Urteil des Gesetzes: peccator sum, und als Ja zum Urteil des Evangeliums: iustus es. In beidem miteinander erfüllt sich Identität von Gott her: „Ich bin ein sündiger Mensch" – „Dir sind deine Sünden vergeben". Der Mensch der eschatologischen Zukunft dagegen ist aus aller Anfechtung herausgerissen und in schlechterdings widerspruchslose Identität versetzt.

Damit ist die Identitätserfahrung als Gewissenserfahrung erfaßt und zugleich auf ihren Sinn als Ewigkeitserfahrung hin präzisiert. Der Mensch in seiner Zeitlichkeit ist daraufhin angesprochen, was es mit der Endlichkeit auf sich hat. Ihr zufolge scheint sich alles im Fluß und im Vergehen zu befinden und der Relativität zu unterliegen. Aber der irreversible Richtungssinn der Zeit drückt allem Vergangenen den Stempel des Einmaligen und nicht mehr Veränderbaren auf. Geschehenes läßt sich nicht ungeschehen machen. Daß es vom Menschen vergessen wird, ändert daran nichts. Daß etwas vergeben werden kann und muß, setzt gerade voraus, daß es anwesend bleibt. Deshalb hat die Vergangenheit für den Menschen ihren Schwerpunkt in der Zukunft, in die hinein er sie mitnimmt und wo er sie wieder antrifft: als die Folgen dessen, was er getan, die Ernte dessen, was er gesät hat. So gibt die Endlichkeit dem Zeitlichen seinen Ewigkeitsernst im Sinne eines unbedingten Entweder-oder. Am Gewissen vollzieht sich schon jetzt das Gericht, wenn das, was in der Zeit geschieht, den Menschen mit dem Gewicht der Ewigkeit trifft. Desgleichen ereignet sich am Gewissen schon jetzt die Befreiung zu eschatologischem Frieden. „Denn wo Vergebung der Sünde ist, da ist auch Leben und Seligkeit.“[3] Beides freilich geschieht nicht von selbst, wie der Mensch seine Identität eben nicht in sich selbst und aus sich selbst heraus gewinnt. Das ist die unersetzliche Funktion der biblischen Sprachüberlieferung, die sich im Bild des Gekreuzigten konzentriert: Sie wird zur Quelle dessen, was das Gewissen erreicht und mit der Macht der Ewigkeit bindet und befreit, zutiefst erschrecken läßt und zutiefst beglückt. Durch diese Überlieferung ist der Raum geöffnet, in dem es zu wahrer Identitätsfindung kommen kann kraft des Wirkens des Geistes, durch das sich der Mensch als Gefundener und Erkannter erfährt.

III. Gleichzeitigkeit und Gleichewigkeit

Was über den Erfahrungsgrund der Unterscheidung von Zeit und Ewigkeit ausgeführt wurde, muß noch auf den Ertrag hin bedacht werden, der sich daraus für diese Unterscheidung selbst ergibt. Die Erwartung, daß dadurch das Ineinander von Zeit und Ewigkeit deutlicher wird und das Eingehen der Zeit in die Ewigkeit ebenso zur Geltung kommt wie das Eingehen der Ewigkeit in die Zeit, wird dadurch angedeutet, daß in einer zunächst noch schwebenden Ausdrucksweise der Blick auf die Relationen gelenkt wird, indem Gleichzeitigkeit und Gleichewigkeit den folgenden Überlegungen als Leitgesichtspunkte dienen.

1. Das Nacheinander und das Zugleich

Für eine zeitbezogene Bestimmung der Ewigkeit entspricht die Kategorie des Zugleich der die Zeit bestimmenden Kategorie des Nacheinander. Geht man dem weiter nach, so bleibt es aber nicht bei diesem Nebeneinander beider Kategorien, sondern es ergeben sich perspektivenreiche Beziehungen.

a) Die Ewigkeit als das Zugleich aller Zeiten

Die Zeit, die von Aristoteles als „Zahl der Bewegung in bezug auf früher und später“ definiert wird[4], ist durch den sukzessiven Verlauf der Zeitmomente bestimmt. Auch wenn dabei durch den Gang der Zeit das Zukünftige zum Vergangenen wird, bleibt doch das Nacheinander auch des bereits Geschehenen erhalten. Und obwohl im Verhältnis des Menschen zur Zeit ihre Ekstasen ineinander geraten, ändert dies nichts

---

[3] BSLK 520,29f.

[4] Phys. IV,11 219b1f.

an der unaufhebbaren Folge von früher und später. Die gängige, von Boethius stammende scholastische Definition der Ewigkeit betont demgegenüber das Zugleich als die Grundbestimmung der Unbegrenztheit, Ganzheit und Vollkommenheit desjenigen Lebens, das die Ewigkeit ausmacht[5]. An der Ausrichtung auf den Lebensbegriff spürt man die theologische Orientierung dieser Definition von Ewigkeit. Darin ist es begründet, daß die Abgrenzung zur Zeit weder durch bloße Negation noch durch unendliche Steigerung vollzogen wird, sondern durch eine Zusammenballung, die den Unterschied so zur Geltung bringt, daß der Zusammenhang von Zeit und Ewigkeit gewahrt bleibt. Um der Relation zur Zeit willen wird Ewigkeit als ständige Gegenwart verstanden – so auch ausdrücklich in einer anderen Definition als nunc stans oder nunc permanens[6] –, als eine Gegenwart also, in der die Zeit in der Weise aufbewahrt ist, daß ihr Auseinandertreten nach Zeitphasen in das Zugleich vollkommener Präsenz „aufgehoben" ist (in der Mehrdeutigkeit dieses Ausdrucks). Der Begriff Ewigkeit bestreitet, daß die Gegenwart als ständig wechselnder perspektivischer Mittelpunkt meines Zeithorizontes und die Relativität dessen, was für mich augenblicklich vergangen und zukünftig ist, die letztgültige Erfassung von Zeit darstellen. Der Glaube bekennt Gott als den Ewigen, weil als diejenige Instanz, vor der nichts vergangen ist und nichts in ungewisser Zukunft liegt, vielmehr alles offenbar, entschieden und gegenwärtig und somit schlechterdings zugleich da ist.

b) Die Gleichzeitigkeit in der Zeit

Unbeschadet dieser scharfen Abgrenzung stellt sich nun aber doch auch innerhalb der Zeit selbst das Problem der Gleichzeitigkeit. Sie erschöpft sich nicht in der chronologischen Gleichzeitigkeit der Zeitgenossen, die sogar eine recht fragwürdige Art von Gleichzeitigkeit ist. Geschichtlich gesehen gehören die Menschen, die zu demselben Zeitpunkt leben, sehr verschiedenen Zeiten an. Steinzeit und Atomzeit prallen zuweilen aufeinander. Anderseits kann sich der Mensch in andere Zeiten versetzen und sie sich vergegenwärtigen, den Angehörigen anderer Zeitalter in einem geistigen Sinne gleichzeitig werden trotz aller Begrenzung, die dem gesetzt bleibt. Man mag sich in einem anderen Jahrhundert besser auskennen und es mehr lieben als das eigene, aber man bleibt dennoch trotz aller Unzeitgemäßheit Kind seiner Zeit.

---

[5] Boethius, Philosophiae consolatio, V, 6,4: Aeternitas ... est interminabilis vitae tota simul et perfecta possessio. CChr, SL XCIV, 101,8f.

[6] Boethius, De Trin., cap. IV, MPL 64, 1253.

Nun ist aber der Fähigkeit des Menschen im Umgang mit der Zeit noch in einer anderen Hinsicht eine Grenze gezogen. Es liegt nicht im Belieben des Menschen, von seiner eigenen Lebenszeit eine Auswahl zu treffen. Das Vergangene ist da, auch wenn es nicht gelten soll; die Zukunft steht bevor, auch wenn man die Augen davor verschließt. Unbeachtet dessen, was wahrgenommen wird, geht das Nacheinander der Lebensmomente in ein Zugleich ein, durch das sich das Selbstsein der Person in allen Lebensphasen durchhält und in das hinein sich alle Lebensphasen versammeln. Das Problem der Lebensganzheit, die nie beisammen ist und dennoch eine wirksame Realität darstellt, weist eine Berührung mit dem Begriff der Ewigkeit auf. Hinzu kommt nun aber noch der andere Aspekt. Dem Menschen ist nicht nur die Gleichzeitigkeit mit der Ganzheit aller seiner Lebensmomente unmöglich. Es gelingt ihm nicht einmal, je und je in strengem Sinne gleichzeitig mit sich selbst zu sein. Er wird nicht dessen gewahr, was die Stunde geschlagen hat. Er befindet sich auf der Flucht vor sich selbst. Er läßt es an ungeteilter Gegenwart mangeln.

c) Das Zugleich in der Theologie

Es ist auffallend, an wievielen Stellen sich in der Theologie die Notwendigkeit aufdrängt, das simul zu betonen. Christologisch gilt das Zugleich von Gott und Mensch, im Blick auf das Rechtfertigungsgeschehen das simul iustus et peccator, in Hinsicht auf die Glaubenserkenntnis das Zugleich von Gottes- und Selbsterkenntnis, für das Wort Gottes das Zugleich von Gesetz und Evangelium, in bezug auf den Menschen trotz des mythischen Nacheinanders in der Urgeschichte ein Zugleich von Erschaffen- und Gefallensein, in bezug auf das Heilsgeschehen am Kreuz trotz der sachlich entscheidend wichtigen Intention des Nacheinander ein Zugleich von Tod und Auferstehung, wie auch das Widerfahrnis der Gnade durch ein Zugleich von Schwachheit und Kraft gekennzeichnet ist. In all diesen und ähnlichen Fällen liegt der Sachverhalt je verschieden. In irgendeiner Weise hat das Nacheinander jedesmal sein Recht, aber auch das simul seine Notwendigkeit, und zwar so, daß davon zumeist gerade das rechte theologische Verständnis abhängt. Man könnte noch den Gesichtspunkt der Gleichzeitigkeit aller Menschen mit Adam sowie mutatis mutandis mit Jesus Christus hinzunehmen. Oder auch den noch einmal ganz anderen Aspekt, daß alles, was die christliche Dogmatik auf verschiedenen Stufen und als verschiedene Glaubensinhalte entfaltet, auf einen und denselben Menschen durchaus nicht nacheinander, sondern hier und jetzt zugleich zu beziehen ist und einen und denselben Glauben beschreibt. Die damit umrissene Problemstruktur greift viel weiter, als sie jetzt erörtert werden kann. Aber sie scheint in allen Variationen ein Hinweis auf das Eintreten des Ewigen in die Zeit zu sein, auf seine zeitüberwindende Macht. Nicht daß die Konstituierung des simul durch das Ewige stets die Verewigung des simul bedeutete. Im strengen Sinne trifft dies allein auf das christologische Zugleich zu, auf die in Ewigkeit nicht auflösbare Vereinung Gottes und des Menschen in einer Person. Dagegen haben das simul von Gerechtem und Sünder oder das von Gesetz und Evangelium ihre Grenze an dem vollen Anbruch der Ewigkeit und dem Ende der Zeit.

2. Das Problem der Gleichzeitigkeit des Ewigen

Die Gleichzeitigkeit des Ewigen scheint zunächst nur dasselbe zu besagen wie das simul aller Zeitmomente in der Ewigkeit. Aber dieses Stichwort gibt doch noch anderes zu bedenken.

a) Die Gegenwart der Ewigkeit zu jeder Zeit

Von der irreführenden Vorstellung getrennter Schichten oder Bereiche muß Abstand genommen werden, als grenze die Zeit in der Weise an die Ewigkeit, daß diese ihr nur voraufginge und folgte, die Zeit also eine Teilstrecke der Ewigkeit wäre, oder als bilde die Ewigkeit eine höhere Ebene über der Zeitebene. Allein dann sind Zeit und Ewigkeit in der rechten Weise zusammengedacht und unterschieden, wenn die Ewigkeit als die Tiefendimension der Zeit aufgefaßt wird. Es gibt keine Zeit, der die Ewigkeit nicht gleichzeitig wäre. Die Ewigkeit ist jederzeit da, wenn auch verborgen. So könnte man die Ewigkeit auch das Geheimnis der Zeit nennen. Geheimnis ist das, was nicht dem menschlichen Tun zur Bewältigung aufgegeben ist, sondern eine Herausforderung an den Glauben darstellt. Die Zeit ist in der Weise Herausforderung an den Glauben, daß sie als in der Ewigkeit gegründet und aufgehoben geglaubt sein will. Wohl haben wir mit dem, was die Zeit je und je von uns fordert, durch unser Tun fertig zu werden. Wir werden damit freilich nie fertig, geschweige daß wir mit dem fertig würden, was wir schuldig geblieben sind und womit wir uns schuldig gemacht haben. Schon dies lenkt die Aufmerksamkeit darauf, daß wir mit der Zeit als solcher nicht fertig werden können, ohne uns dem Geheimnis zu stellen, das in der Zeit verborgen ist. Wird jedoch das Geheimnis der Zeit wahrgenommen und erschließt sich uns die Ewigkeit in der Zeit, so ereignet sich darin schlechthinnige Zeitüberlegenheit, Erfüllung der Zeit. Dazu bedarf es dann nicht vieler Zeit, weil jeder Augenblick von Ewigkeit erfüllt sein kann. Unsere Werke sind allerdings von der Art, daß sie auf viel Zeit angewiesen sind und auf immer neue Zeit. Mit dem Glauben dagegen, der des Geheimnisses der Zeit gewahr wird, verhält es sich anders. Zum Glauben und zu seinen Früchten, dem Lieben und Hoffen, braucht man nicht viel Zeit, sondern nur den Augenblick, der jetzt da ist. Den aber ganz und in ungeteilter Hingabe. Ein so vom

Geheimnis der Zeit erfüllter und bestimmter Augenblick wird geradezu eine Quelle von Zeit. Wer glaubt, gewinnt Zeit, hat Zeit, hat sogar Zeit zu verschenken. Er ist nicht ihr Sklave, sondern hat an der Herrschaft dessen teil, der als der Schöpfer der Zeit Herr der Zeit ist. So ist wahrgenommene, geglaubte Ewigkeit ewiges Leben in der Zeit, ein Partizipieren an der Zeitvollmacht, welche die Ewigkeit selbst ist.

b) Der Verlust der Gleichzeitigkeit des Ewigen

Obwohl sich die Ewigkeit keiner Zeit entzieht, ist doch nicht jede Zeit ihr gleichermaßen nahe und nicht jeder Mensch jederzeit. Der Ewigkeitssinn und die Offenheit für Ewigkeitserfahrung unterliegen Wandlungen und ebenfalls die Art der Ewigkeitserfahrung. Es gibt Zeiten im Leben der Völker wie des Einzelnen, in denen die Ewigkeitsfurcht und die Ewigkeitssehnsucht mächtig sind, und wiederum solche, in denen das Erdrückt- oder auch Beglücktsein vom Zeitlichen alles absorbiert. Es gibt Geschichtsphasen, in denen Symbole der Ewigkeit entstehen, an die sich die in dieser Hinsicht dürftigeren Jahrhunderte halten können. Ebenso gibt es biographisch Augenblicke oder Perioden, von denen der Ewigkeitsbezug in das übrige Leben ausstrahlt. Auch hier hat alles seine Zeit. Dieser Unterschied der Zeiten in bezug auf das Ewigkeitsbewußtsein darf jedoch nicht pauschal beurteilt und dessen Dominanz nicht als solche von vornherein je nach Einstellung als obskur oder als etwas Lichtvolles gewertet werden. Unter der Berufung auf die Ewigkeit können sich in der Tat Verirrung und Verfinsterung ausbreiten, aber mit dem Anspruch der Aufklärung ebenfalls. Das Verhältnis zur Ewigkeit ist in sich selbst ambivalent wie auch das zur Zeit. So ist jede Zeit, gerade auch die ewigkeitssüchtige, in der Gefahr und wohl so oder so auch stets im Zustand eines gestörten Verhältnisses zur Ewigkeit und zur Zeit selbst, wobei eines das andere bedingt. Deshalb bedeutet es keinen absoluten, wohl aber einen gewichtigen relativen Unterschied, ob in dem allgemeinen Bewußtsein einer Zeit der Ewigkeitsbezug potentiell präsent ist und dafür eine Sprache bereit liegt oder ob die Kategorie der Ewigkeit selbst nicht bloß dem Buchstaben, sondern auch dem Geist nach entschwindet. Das heißt nicht, daß damit Ewigkeitserfahrung überhaupt erstirbt. Sie droht dann aber in ungewöhnlichem Maße zu verkümmern oder zu pervertieren. Die Ewigkeit gilt dann als etwas, was seine Zeit gehabt hat, als eine Zeiterscheinung früherer Zeiten. Man weiß sich nicht mehr mit ihr gleichzeitig. Sie gehört der Vergangenheit an. Weil Gott als der Ewige geglaubt wird, gilt er nun daraufhin als tot, als nicht mehr an der Zeit. Erinnert man sich seiner, so nur als eines geschichtlichen Relikts, nicht als eines Zeitgenossen, der mir begegnen, mir vielleicht sogar voraussein und mich von der Zukunft her erwarten könnte.

c) Die Gleichzeitigkeit kraft des Ewigen

Obwohl die Ewigkeit jeder Zeit gleich nahe ist, verkündet doch der christliche Glaube, daß sie zu ganz bestimmter Zeit der Welt erschienen ist als die Offenbarung des seit Ewigkeit verhüllten und verschwiegenen Geheimnisses (Röm 16,25f Kol 1,26), als das ewige Leben von Gott her (1. Joh 1,2). In Jesus Christus ist die Ewigkeit als Erfüllung der Zeit uns gleichzeitig geworden. Sein Kommen in der gleichen Gestalt wie das menschliche, der Sünde verfallene Leben sonst (Röm 8,3 Phil 2,7) ist das volle Gleichzeitigwerden der Ewigkeit mit der Zeit. Darum korrespondiert dem einmaligen Christusgeschehen als dem ein für allemal Gültigen, dem Endgültigen, das Geistgeschehen als das Widerfahrnis gegenwärtigmachender Gegenwart des Ewigen. Indem sich das Ewige dem Zeitlichen gleichzeitig macht, verhilft es diesem zu der ihm mangelnden eigenen Gleichzeitigkeit. Das besagt nicht weniger als dies, daß das Zeitliche am Ewigen partizipiert und ihm gleichewig wird.

3. Das Problem der Gleichewigkeit des Zeitlichen

Die verwegen und vermessen klingende Rede von der Gleichewigkeit des Zeitlichen bedarf der Erläuterung.

a) Das Nein zur Gleichewigkeit der Welt mit Gott

Die origenistische Auffassung von der Gleichewigkeit der Welt mit Gott ist durch die Kirche als eklatante Häresie verurteilt worden. Die Unterscheidung von Gott und Welt scheint nur dann klar erfaßt und gesichert zu sein, wenn die Welt nicht anfanglos und endlos gedacht, ihre Zeitlichkeit vielmehr im Gegensatz zur Ewigkeit Gottes so vorgestellt wird, daß sie einen zeitlichen Anfang und ein zeitliches Ende hat. Die zeitliche Begrenzung der Welt findet in dem chronologischen Verständnis von Protologie und Eschatologie ihren Ausdruck. Wird dieser Rahmen aller Glaubensaussagen fraglich, so scheint der Glaube selbst tödlich bedroht zu sein. Jedoch muß sich diese traditionelle Auffassung Gegenfragen gefallen lassen. Verfällt sie nicht einer Täuschung und verkennt sie nicht die hier bestehende logische Antinomie, wenn sie die Zeitlichkeit der Welt im ganzen nach Art des Innerzeitlichen in bezug auf Anfang und Ende meint zeitlich bestimmen zu können? Und gerät sie nicht dabei in einen schlechten Begriff von Ewigkeit, der sie formal als Unbegrenztheit bestimmt, ohne Anfang und Ende? Zweifellos widerspräche es dem Schöpfungsgedanken, aus dem Gegründetsein in der ewigen Allmacht Gottes auf die Ewigkeit des dadurch Hervorgerufenen zu schließen. Der Allmachtsgedanke ist deshalb im christlichen Verständnis mit dem Gedanken der souveränen Freiheit Gottes als schöpferischen Willens verbunden. Doch muß dies wiederum dadurch ein Korrektiv erfahren, daß nicht eine rein potentiell verstandene Allmacht und ein in Willkür umschlagender Wille dem spekulativen Verständnis Tür und Tor öffnen, woraus noch immer der Verlust des Unterschiedes zwischen Gott und Welt hervorgegangen ist. Deshalb würde, wie Schleiermacher mit Recht betont hat, die Auffassung der Welt als anfanglos und endlos den qualitativen Unterschied zwischen Zeit und Ewigkeit keineswegs aufheben[7].

b) Das Ja zur Gleichewigkeit der Erlösten mit Gott

Das scharfe Nein zu einer Vergöttlichung und gottgleichen Ewigkeit der Welt, sei es der Welt als ganzer, sei es bestimmter Weltelemente, hat den christlichen Glauben nicht daran gehindert, mit erstaunlicher Plerophorie zu bejahen, daß Geschaffenes als Erlöstes an der Ewigkeit Gottes teilhat. Am formalen Ewigkeitsbegriff gemessen, ergibt sich daraus der Widerspruch, daß etwas, was einen Anfang in der Zeit hat, als an der Ewigkeit Teilgewinnendes kein zeitliches Ende hat, sondern ewig lebt. Aber weder dieser Gedanke einer sozusagen einseitig sich in die Zukunft hinein erstreckenden Ewigkeit noch auch die Besorgnis einer Konkurrenz zur Ewigkeit Gottes hat den christlichen Glauben davon abgehalten, das Prädikat der Ewigkeit mit Nachdruck dem erlösten Geschöpf zuzusprechen. Dabei sind zugleich der qualitative Sinn von Ewigkeit sowie der qualitative Unterschied von Schöpfer und Geschöpf festgehalten. Denn Ewigkeit kommt für das Geschaffene nur in der Weise begnadender Teilgabe durch Gott selbst in Betracht, als das durch Gott gewährte Zusammensein mit Gott. In diesem Sinne wird sogar die Welt als ewig gedacht, freilich nicht dieser Äon, wohl aber der kommende. Denn Gott ist nicht ein einsamer Gott. Zu ihm gehört sein Reich, das ewig besteht. Das sind eschatologische Perspektiven, die hier zunächst nur angedeutet sind, auf deren Verständnis jedoch später noch einmal eingegangen werden muß.

B. Der Zukunftssinn von Ewigkeit

Der Zeitbezug der Ewigkeit findet seinen Ausdruck im Gedanken der Zeitvollmacht und der Erfüllung von Zeit. Wenn eine temporale Bezeichnung dafür in Anspruch zu nehmen ist, dann das Wort Gegenwart. Nicht im Sinne der flüchtigen Gegenwart, wie sich der Mensch in seiner Zeitlichkeit zwar ständig in der Gegenwart befindet, aber in einer Gegenwart, die ihm entflieht und der er entflieht, die ihm zwar ständig

---

[7] Der chr. Gl., (1830/31²) 1960, § 52,1 (I, 268 Z. 16 – 269 Z. 13).

zukommt, indem sie immer neu auf ihn zukommt, aber gerade so unwiederbringlich vergeht und ihn selbst vergehen läßt – einer Gegenwart, welche die Zeit des Menschen verbraucht und damit auch ihn selbst verbraucht. Ewigkeit als Gegenwart meint dagegen volle, bleibende, unvergängliche, unverbrauchbare Gegenwart. Sie hat in der Zeit ihren Erfahrungsanhalt an dem, was zwar gerade das Allerflüchtigste und Vergänglichste ist, dem Augenblick. Er vermittelt aber noch am ehesten eine Ahnung erfüllter Zeit, in der ich weder nach der Vergangenheit zurückschaue noch nach der Zukunft Ausschau halte, vielmehr beidem den Rücken kehre und ganz der Gegenwart hingegeben bin.

Nun verbinden sich aber dennoch im Sprachgebrauch von Ewigkeit mit ihr die Zeitekstasen der Vergangenheit und der Zukunft. Von Ewigkeit zu Ewigkeit – das ist eine Wendung, die in der Zeitstruktur Ewigkeit auszusagen versucht. Daß Gott alles von Ewigkeit her beschlossen hat, daß sein Erwählen von Ewigkeit her erfolgt ist, daß der Vater den Sohn von Ewigkeit her gezeugt hat, – solche Aussagen transzendieren die zeitliche Vergangenheit in das Perfectum der Ewigkeit hinein. Daß Gott kommt, daß sein Reich kommt, daß dem Glaubenden verheißen ist, er werde in das ewige Leben eingehen, – Aussagen dieser Art transzendieren die zeitliche Zukunft in das Futurum der Ewigkeit hinein. Derartige perfektische und futurische Aussagen werden über die Ewigkeit gemacht, weil sie nur dann ernstgenommen ist, wenn sie nicht nur auf den Augenblick bezogen wird, sondern auf das Ganze der Zeitlichkeit in seiner ekstatischen Erstreckung, das Ganze des Lebens, das Ganze der Geschichte, das Ganze der Welt. Von einer solchen Ganzheit haben wir freilich nur im Blick auf das menschliche Leben eine Vorstellung, auf sein Hineingeworfensein in die Zeit und sein Herausfallen aus der Zeit. Von daher drängt sich aber notwendig die weitergreifende Aussage auf, daß es ein Hineingeworfensein in die Welt und in die Geschichte ist und ein Herausfallen aus der Geschichte und aus der Welt und daß darum die Ganzheit des Lebens die der Welt und der Geschichte in ihre Problematik mit hineinreißt. Da nun aber das Zeitgefälle von dem Sog in die Vergangenheit hinein bestimmt wird, bis alle Zukunft erschöpft und vergangen ist, haben die Ewigkeitsaussagen als Ausdruck der Überlegenheit der Ewigkeit über die Zeit notwendig futurischen Richtungssinn. Auch die perfektischen Ewigkeitsaussagen haben für den Menschen in der Zeitlichkeit Zukunftssinn, werden zu Verheißungen dessen, was nicht vergeht, sondern bleibt und kommt. Deshalb dominieren unter den Ewigkeitsaussagen die ausdrücklich futurischen, weil sich angesichts des Schwindens der zeitlichen Zukunft der Gedanke der Ewigkeit als bleibender und künftiger Zukunft bewähren muß. Der Tod als Abscheiden von der Welt und als Ende aller zeitlichen Zukunft ist darum die entscheidende Herausforderung zu

Ewigkeitsaussagen, welche dieser Zukunftslosigkeit und dem Rätsel des Verbleibens entgegentreten und überlegen sind.

I. Die Sprache an der Grenze von Zeit und Ewigkeit

Futurische Ewigkeitsaussagen lassen das theologische Sprachproblem in äußerster Verschärfung akut werden. Ihren lebensmäßigen Ort haben sie angesichts des Todes: des bevorstehenden eigenen Sterbens sowie im Danebenstehen, wenn ein anderer stirbt und begraben wird. Ob da überhaupt etwas sagbar ist, was dieser Situation standhält, ihrer würdig und ihr überlegen ist, und worin dies besteht, das ist der Prüfstein alles Nachdenkens über die Eschatologie. Die Sprache an der Grenze von Zeit und Ewigkeit wird konkret als die Sprache am Sterbebett und am Grab: ob sie als Sprache des Abschieds vom zeitlichen Leben Sprache des Zuspruchs ewigen Lebens sein kann. Genau genommen, ist das innerhalb des theologischen Sprachproblems kein Sonderfall. Sowohl die Frage der Sprachvollmacht als auch die Frage der Sprachinhalte ist für die Theologie überhaupt – in dem weiten Sinne dessen, was an Glaubensaussagen zu verantworten Sache der Theologie ist – durch eben diese Ortsangabe gekennzeichnet: Es geht um die Sprache an der Grenze von Zeit und Ewigkeit. Das trifft auf das Reden von Gott und vom Glauben zu, von der Welt als Gottes Schöpfung, vom Menschen als Sünder und Gottes Ebenbild, von Jesus Christus als Menschgewordenem, Gekreuzigtem und Auferstandenem, vom heiligen Geist als dem Heiligmacher und Vollender – kurz, es gilt ausnahmslos von allen theologischen Aussagen: Sie sind Aussagen an der Grenze von Zeit und Ewigkeit, indem sie die Zeit auf die Ewigkeit und die Ewigkeit auf die Zeit beziehen. Was in der Sterbe- und Grabessituation extrem in Erscheinung tritt, ist im Leben keineswegs nur hier von Bedeutung und hier nicht einmal am allerdringlichsten. Wie leicht kann es sein, daß ich im Sterben von keinem Wort mehr erreichbar bin und der Leichnam wortlos von der Erde aufgenommen wird, von der er stammt. Wenn nur das Wort an der Grenze von Zeit und Ewigkeit mitten im Leben laut geworden und zu Gehör gekommen ist! Dennoch tritt einem die Problematik theologischer Sprache als der Sprache an der Grenze von Zeit und Ewigkeit nirgends so massiv entgegen wie in eschatologischen Zukunftsaussagen.

1. Das Problem sprachlicher Grenzüberschreitung

Der Zusammenhang mit einer allgemeinen Sprachlehre besteht darin, daß Sprache, sogar noch als zum Kalkül formalisierte, über das hinausweist, was sie selbst ist und enthält. Als Zeichen hat sie Verweischarakter. Darum ist sie in ihrer eigentlichen Gestalt als alltägliche Umgangssprache voller Anspielungen und Zumutungen über das hinaus, was unmittelbar gesagt ist. Das Metaphorische und Symbolische verrät nicht sprachliche Defizienz, sondern gehört zu dem, was die Eigentümlichkeit der Sprache in ihrer äußersten Möglichkeit ausmacht: die Grenzen zu überschreiten, die der exakten Feststellbarkeit gesetzt sind. Davon lebt die Sprache aller zwischenmenschlichen Beziehungen sowie die des Denkens und des Dichtens. Das entbindet nicht davon, die Unterscheidung zwischen angemessener und unangemessener, legitimer und illegitimer sprachlicher Grenzüberschreitung ernst zu nehmen. Damit hätte sich, wie jede spezielle Sprachtheorie, auch und erst recht eine theologische Sprachlehre auseinanderzusetzen. Selbstverständlich waren sich christliche Frömmigkeit und theologisches Denken stets mehr oder weniger bewußt, daß das Ewige unser Vorstellen und Begreifen übersteigt und daß davon nur stammelnd in Symbolen zu reden ist. Die Legende erzählt von zwei Mönchen, die sich nicht darüber einig werden konnten, wie es nach dem Tode aussehen werde. Wer zuerst sterbe, so verabredeten sie, solle dem andern im Hinblick auf dessen Vorstellung einen Wink geben mit einem bloßen taliter oder aliter. Die Auskunft lautete dann aber: Nec taliter, nec aliter, sed totaliter aliter. Das ist freilich nur die halbe Wahrheit. Wie die Gottesbezeichnung als „der ganz Andere" nur als Korrektiv positiver Aussagen über Gott ihre Funktion hat, so ist der Vorbehalt der Uneigentlichkeit bei eschatologischen Zukunftsaussagen nur dann sinnvoll, wenn er zu der rechten Auffassung dessen verhilft, was in dieser Hinsicht Wahrheit in Anspruch nimmt und als im eigentlichen Sinne zutreffend gelten will.

Nun ist allerdings zu berücksichtigen, daß sich die Verstehenssituation wandelt. Das Wirklichkeitsverständnis des vorneuzeitlichen Menschen mit dem relativ konfliktlosen Ineinanderübergehen naturalistischerund bildhafter Vorstellungsweise, mit dem Ineinanderverschwimmen des physikalischen und des mythischen Raums, der physikalisch-historischen und der mythischen Zeit oder mythisch vorgestellten Ewigkeit, ist dem typischen Menschen der Gegenwart nicht mehr erschwinglich, ob man dies nun als Gewinn des aufgeklärten Weltverhältnisses oder als Verlust infolge einer Pseudo-Verwissenschaftlichung des Bewußtseins einschätzt. Aber selbst wenn man zu der rechten Freiheit im Gebrauch metaphorischer Sprachelemente gelangt, ohne einen falschen Gegensatz oder einen faulen Kompromiß im Verhältnis zur wissenschaftlichen Welterklärung aufkommen zu lassen, ist doch die gegenwärtige Situation im Vergleich mit früheren Zeiten durch ein ungleich wacheres Bewußtsein der hier unbedingt zu meidenden falschen Grenzüberschreitungen geprägt. Die Nichträumlichkeit des sogenannten Jenseits und die Nichtzeitlichkeit der Ewigkeit in bezug auf die traditionelle eschatologische Symbolsprache durchzuhalten, sowie die

Notwendigkeit, auch bei der Verwendung temporaler Präpositionen in Ewigkeitsaussagen, etwa im Begriff der Prädestination oder der Präexistenz oder in der Redewendung „nach dem Tode", den zeitlichen Sinn zu transzendieren, erfordert ein solches Maß an Zurückhaltung und Sparsamkeit in bezug auf eschatologische Zukunftsaussagen, daß sich die Wendung „Nacht der Bildlosigkeit"[8] aufdrängt. Freilich gehören zum christlichen Glauben selbst, wenn er sich recht versteht, eine starke Abwehr gegen alle ausschweifende apokalyptische Phantasie und eine konzentrische Relativierung eschatologischer Metaphorik auf die Gottesbeziehung. Nur so ist dem Glauben gemäß auszulegen, was Hölle und was Himmel heißt: als Getrenntsein von Gott und als Zusammensein mit Gott.

2. Die Intention eschatologischer Zukunftsaussagen

Die Frage, wie sich eschatologische Zukunftsaussagen zu Zukunftsaussagen anderer Art verhalten und woran innerhalb eschatologischer Zukunftsaussagen das Besondere des christlichen Glaubens erkennbar wird, soll zusammen mit ihrer inhaltlichen Erörterung behandelt werden (§ 39 A, s. u. S. 438 ff). Jetzt genügen einige Bemerkungen über ihre Intention. Diese Hinweise haben theologisch normativen Charakter, ohne daß jetzt im einzelnen abgewogen wird, inwiefern damit die Intention religiöser Zukunftsaussagen überhaupt gegen deren säkularistisches Mißverständnis geltend gemacht oder gegen eine andersartige religiöse Auffassung das spezifisch Christliche hervorgehoben wird.

Eschatologische Zukunftsaussagen haben nicht den Charakter beschreibender Schilderung. Selbst wenn sie diesen Anschein haben, wie etwa im Gleichnis vom Weltgericht, intendiert die Aussage doch nicht eine bestimmte Vorstellung ferner Zukunft, sondern eine bestimmte Einstellung zur eigenen Gegenwart. Man verstünde die Intention solcher Aussagen ebenfalls dann falsch, wenn man sie expressiv interpretierte als Projektionen der Angst oder der Sehnsucht. Das mag mit im Spiel sein, zumindest als eine sich nahelegende Art ihrer Aneignung. Wenn sie aber als das genommen werden, was sie im theologischen Gesamtkontext sein wollen, haben sie als Glaubensaussagen zu gelten. Das meint nicht, daß ihnen die Autorität eines isolierten credendum zuteil wird, das so hinzunehmen ist, wie es klingt. Als Glaubensaussagen sind sie nur dann verstanden, wenn in ihnen die Beziehung zum Glaubensgrund in das Verhältnis zur Welt hinein expliziert wird. Wie sie ihren Ort an der Grenze von Zeit und Ewigkeit haben, so läßt sich auch ihre Art von der Wahrnehmung einer Grenzfunktion her bestimmen.

---

[8] E. Hirsch, Das Wesen des reformatorischen Christentums, 1963, 174.

Jede Glaubensaussage impliziert als das Ja, das sie ausspricht, ein Nein zu dem, was ihr widerspricht. Die eschatologischen Zukunftsaussagen stehen da, wo das Ja des Glaubens ein ausdrückliches Nein erfordert zu dem Eindruck der Allmacht der in sich selbst ohnmächtigen Zeit. Im Hinblick auf die Situation der Anfechtung durch die Macht des Todes und durch alle anderen dadurch ausgelösten Anfechtungsmächte explizieren sie den Glauben an Jesus Christus als Vollmacht gegenüber der Zeit. Sie sind darum als Kampfaussagen, als Dennoch-Aussagen gemeint. Sie verlieren ihren Sinn und werden gegenstandslos, wenn sie von der Anfechtungssituation losgelöst werden. Recht verstanden, sind sie nicht ein Vorhersagen von Zukunft, sondern ein Hineinsagen des Glaubens in die Zukunft, ein Urteilen über die zeitliche Zukunft in dem Sinne, daß weder sie selbst noch ihr Ende ein Einwand gegen die Ewigkeit ist. Eschatologische Zukunftsaussagen sind deshalb nur dann legitime Hoffnungsaussagen, wenn in ihnen der Glaube den Primat hat.

II. Das Wesen der Hoffnung

Über die Hoffnung im christlichen Verständnis läßt sich nur dann Klarheit gewinnen, wenn man das allgemein menschliche Phänomen der Hoffnung in den Blick faßt. Die christliche Hoffnung ist ebensowenig wie der christliche Glaube oder die christliche Liebe ein Fall für sich und bloß dem Namen nach mit dem verbunden, was sonst so heißt. Wie der christliche Glaube wahrer Glaube, Glaube schlechthin zu sein beansprucht und die christliche Liebe keine Sonderliebe sein will, sondern wirkliche Liebe, Erfüllung dessen, was Liebe im reinsten Sinne sein kann und soll, so muß auch die christliche Hoffnung dabei behaftet werden, daß sie dem menschlichen Verlangen nach Hoffnung gerecht wird und ihm den Zugang öffnet zu berechtigter, gewisser, nicht zu enttäuschender Hoffnung. Dieser Feststellung wäre freilich schlecht entsprochen, wenn man ein bestimmtes Modell von Hoffnung zum Maßstab dafür erhöbe, was von der christlichen Hoffnung zu halten sei. Dem Bezug christlicher Hoffnung auf das Phänomen menschlicher Hoffnung überhaupt wird nur dann Rechnung getragen, wenn man sich auf die Problematik von Hoffnung einläßt und sich darum auch nicht der Frage verschließt, ob nicht die Radikalität christlicher Hoffnung so sehr über das Ziel hinausschießt, daß es eine Täuschung darstellt, dafür das Wort Hoffnung zu beanspruchen. Was der Glaube zu hoffen gibt, erscheint leicht als eine hoffnungslose Sache. Es könnte darum der theologischen Erfassung der Glaubenshoffnung zugute kommen, wenn dabei Klarheit entsteht über den Zusammenhang, vielleicht aber auch Zusammenprall mit dem, was sonst gehofft oder zumindest als Hoffnung ersehnt und vermißt wird.

1. Hoffnungsinhalt und Hoffnungsgrund

Hoffnung ist so grundmenschlich, daß man ihr Vorhanden- und Wirksamsein leicht übersieht. Sie durchdringt das menschliche Dasein in all seinen Lebensvollzügen. Wie des Atmens oder der Herztätigkeit wird man ihrer nur dann bewußt, wenn Störungen eintreten, wenn also die Hoffnung zum Problem wird. Selbstverständliche, unbewußte Hoffnungsakte sind in allen normal funktionierenden Zukunftsbezügen enthalten. Man nennt es dann gar nicht Hoffnung, sondern, sofern man doch darauf aufmerksam wird, ein Sichverlassen auf Wirkungszusammenhänge, ein Rechnen mit erwarteten Folgen oder ein Vertrauen auf Gerechtigkeit. So verlasse ich mich darauf, daß mir der morgige Tag zur Verfügung steht, daß ich Vorhaben verwirklichen kann, daß sich ein bestimmtes Tun lohnt, daß etwas Gutes dabei herauskommt, daß erwiesene Freundlichkeit erwidert wird und so fort. Hoffnung ist überall da am Werk, wo man ein Ziel vor Augen hat und darauf hinlebt. Der Terminkalender weist zwar vielleicht wenige ausgesprochene Hoffnungsziele auf, die wie Leuchttürme den Weg durch das sonst noch dunkle Jahr markieren. Aber auch die eher Besorgnis und Furcht erregenden Daten sind Anlaß zum Hoffen, daß es gut ausgehe. Wie denn unser Leben bis in die alltäglichen Redewendungen hinein von Äußerungen der Hoffnung durchzogen ist. Jeder Gruß, mit dem man sich gegenseitig einen guten Tag wünscht, jede Verabschiedung mit einem Aufwiedersehen sind Worte der Hoffnung, gedankenlos vielleicht, aber nicht grundlos. Man bedarf der Hoffnung in dem doppelten Sinn, daß das Erhoffte sich nicht von selbst versteht und daß es schlimm stünde, wenn nichts zu erhoffen wäre. Das angedeutete Phänomen ist aber bislang noch so verschwommen, daß Präzisierungen erforderlich sind.

a) Der Erwartungshorizont

Die Menschen leben zumeist von sehr kurzfristigen und dürftigen Hoffnungen, für die dieses Wort kaum angebracht ist. Man hofft auf die nächste Lohnzahlung, das nächste Wochenende, die nächste Reise, den Zeitpunkt, an dem man sich ein Auto leisten kann, und dergleichen. Hoffnungen dieser Art sind schon deshalb schwache Hoffnungen, weil sie kaum eine Hoffnungszumutung darstellen. Man kann es sich ausrechnen, wann es so weit ist, es tritt je nachdem ganz von allein ein, und man kann nur hoffen, daß die Zeit bis dahin schnell vergeht. Der Hoffnungsgegenstand erscheint in sich selbst so evident erhoffenswert, er affiziert automatisch zum Hoffen und tritt mit so hoher Wahrscheinlichkeit ein, daß Hoffnung dieser Art nicht innerer Spontanität bedarf, sondern reaktiven Charakter hat wie das Schwanzwedeln des Hundes, der einen Bissen erwartet. Was an solcher Hoffnung ist, wird erst deutlich, wenn die Erfüllung versagt bleibt. Dann pflegt man sich Ersatz zu beschaffen, was man ohnehin auch in dem Falle muß, daß sie sich erfüllt. Hoffnungen, die sich an Verbrauchsgüter knüpfen, verbrauchen sich ebenfalls schnell. Und durch die Art, wie sie für die Zukunft in Anspruch nehmen, verkehrt sich die Hoffnung in Flucht aus der Gegenwart. Ihr Kriterium wäre doch aber, daß sie Mut zur Gegenwart machten. Natürlich kann auch aus den kleinen schnell erreichten und bald wieder überholten Hoffnungszielen Freude entspringen, die Widriges leichter durchstehen läßt. Vielfach tritt jedoch der gegenteilige Effekt ein. Man wünscht die Zeit weg, die von der Erfüllung noch trennt. Indem man aber auf das Vergehen der Zeit hofft, zerstört man die stillschweigende Voraussetzung aller Hoffnung, daß Zeit zum Hoffen vorhanden ist.

Nun verhält es sich freilich mit dem Sachverhalt der Hoffnung komplizierter, als diese trivialen Beispiele erkennen lassen. Gewöhnlich verbinden sich in einem und demselben Fall ganz verschiedene Hoffnungsaspekte. Etwa bei einer größeren Unternehmung, an der ich schaffe, die Hoffnung, daß ich gesundheitlich durchhalte, daß der Mut mich nicht verläßt, daß das Werk gelingt, daß es Anerkennung findet, daß es anderen zugute kommt und daß ich mir schließlich nicht etwa selbst etwas darauf zugute halte. Erst recht wenn man an kritischere Situationen denkt: an den Krebskranken, der entgegen der Prognose der Ärzte die Hoffnung nicht aufgibt, oder an die Mutter, die dem ihr entwachsenen und entfremdeten Sohn dennoch nicht die innere Begleitung unablässigen Hoffens für ihn entzieht, wird deutlich, daß der Gegenstand der Hoffnung durchaus nicht mit dem identisch ist, was Grund zur Hoffnung gibt.

Es liegt auch nicht einfach an den objektiven Verhältnissen, welche Mangelzustände Anlaß zum Hoffen geben und welche Erfüllungsmöglichkeiten den Hoffnungsgegenstand konkretisieren. Unter äußerlich gleichen Bedingungen kann der eine seine Hoffnung auf etwas richten, was dem andern gleichgültig ist. Es kommt auf den Erwartungshorizont an, in dem die vorgegebenen Bedingungen ihren Stellenwert erhalten, auf den Geist, in dem sie gedeutet werden.

b) Die Kraft des Hoffens

Noch in einer anderen Hinsicht stellt der Hoffende selbst eine entscheidende Bedingung der Hoffnung dar. Bei gleicher Situation und denselben Hoffnungsinhalten kann der eine hoffnungsvoll sein, der andere die Flinte ins Korn werfen und verzagen. Der erste kann seine Hoffnungschancen sogar objektiv verbessern, weil er die Hoffnung nicht sinken läßt, während der andere, weil er die Hoffnung verliert, seine Lage erst hoffnungslos macht. Bei der Hoffnung kommt es auf eine Kraft des Hoffens an, die nicht aus dem Inhalt und den Chancen der

Hoffnung geschöpft wird, sondern oft genug Hoffnung über das unmittelbar Erhoffte hinaus und wider alle Wahrscheinlichkeit ist. Natürlich bestehen gewisse Beziehungen zwischen dem, worauf einer hofft, und dem, woraufhin er hofft, zwischen dem Inhalt und dem Grund seines Hoffens. Hier greift ein, wie der Hoffende seine Situation einschätzt und wie er sich selbst beurteilt, aus welcher Gewißheit er lebt. Wer von starker innerer Gewißheit getragen ist, wird seine Hoffnung ohnehin nicht auf das Schlüpfrige, schnell Dahinschwindende und leicht Enttäuschende setzen, vielmehr von einem Hoffnungsgrund beseelt sein, der zum Ertragen großer Widerstände und bitterer Enttäuschung befähigt und von der Aussicht auf Teilerfüllung der Hoffnung weitgehend unabhängig ist. Selbst wenn es verzweifelt steht, läßt er die Hoffnung nicht fahren und verfällt nicht der Verzweiflung.

2. Grenzen und Erfüllung der Hoffnung

In einer Phänomenologie der Hoffnung wäre über Grenzen und Erfüllung der Hoffnung eine große Vielfalt von Beobachtungen zur Bedingtheit des Hoffens zusammenzutragen. Statt dessen soll jetzt unter beiden Gesichtspunkten sogleich zur entscheidenden Bedingung durchgestoßen werden.

a) Hoffnung gegen den Tod

Die selbstverständliche und meist unbedachte Vorbedingung der Hoffnung ist normalerweise die, daß Zukunft vorgegeben ist, innerhalb derer sich Hoffnung konkretisieren und erfüllen kann. Die Zukunft, mit der man rechnen kann, räumt die Möglichkeit von Hoffnung ein. Solange noch Zeit ist, ist auch in irgendeiner Weise noch Zeit zur Hoffnung. Ist also der Tod die Grenze der Hoffnung? Man kann diese Frage, wie es gewöhnlich geschieht, dadurch zu umgehen versuchen, daß man am Tode vorbei hofft. Die Hoffnung richtet sich dann auf Ziele, die innerhalb dessen liegen, was unabhängig von der Hoffnung ohnehin Zukunft hat. Die auch nach meinem Tode weiterbestehende Welt erlaubt es, in sie hinein zu hoffen, sei es auf ein Nachleben im eigenen Werk oder im Gedenken der andern, sei es völlig frei von dem Interesse an sich selbst: es möge mit dem, was einem am Herzen liegt, einen guten Fortgang nehmen, mit den Menschen, für die man Sorge trug und die man nun sich selbst oder anderen überlassen muß, oder mit dem Geschick der Menschheit in all den Bedrohungen, die den geschichtlichen Horizont verfinstern und zu denen man ohnehin so wenig helfend beitragen konnte, geschweige denn nun, da man selbst ausscheidet, so daß man nur noch mit Wünschen der Hoffnung davon Abschied nehmen kann. Die Selbstlosigkeit eines solchen Hoffens über den eigenen Tod hinaus mag dann sogar gegen den Heilsegoismus religiöser

Hoffnung auf ein Leben nach dem Tod ausgespielt werden. Jedoch, was bleibt für die Welt und das Leben in ihr letztlich zu hoffen, wenn der Tod die Grenze aller Hoffnung ist? Dann sind auch jene begrenzten Hoffnungen am eigenen Tode vorbei insofern hoffnungslos, als das darin Erhoffte selbst nicht am Tode vorbeikommt. Und wie steht es mit der Kraft zum Hoffen, wenn angesichts des eigenen Todes nichts anderes in die Waagschale geworfen werden kann als die ebenfalls todverfallene Welt, so daß, was nach Dante über dem Eingang zur Hölle steht[9], nun über dem Ausgang aus dem Leben steht: „Laß alle Hoffnung fahren!" Dies nicht gelten zu lassen, kann zwar nicht heißen, es müsse erst die weitere Vorgegebenheit von Zukunft auch nach dem Tode analog zur Zeitlichkeit durch eine Theorie wahrscheinlich gemacht werden, ehe man da hinein Hoffnung projizieren kann. In diesem Fall wäre es vielmehr Sache der Hoffnung selbst, Zukunft zu statuieren. Das setzt aber voraus, daß Hoffnung dieser Art im Glauben gründet. Denn wenn Gott als Herr der Zeit geglaubt wird, schließt dies die Hoffnung in sich, daß der Tod nicht die Widerlegung des Glaubens ist, die Unterwerfung Gottes unter die Zeit.

b) Hoffnung auf Gott

Für das Verständnis von Hoffnung ist die Frage ihres Erfüllungsmodus von wesentlicher Bedeutung. Das Verhältnis zur Zukunft steht in der Zweideutigkeit, daß der Mensch es ist, der sie gestaltet und Hoffnungsziele tätig anstrebt, und daß er sich als den erfährt, der zusammen mit allem, was ihm widerfährt, sogar sich selbst empfängt und seiner Verfügung entzogen ist. Auch im alltäglichsten Zukunftsbezug gilt der Vorbehalt des Unverfügbaren. Schon deshalb, weil das menschliche Miteinander dem eigenen Verfügen Grenzen setzt. Gerade weil der Mensch als zurechnungsfähiger unberechenbar ist, enthält eine noch so perfektionierte Zukunftsgestaltung durch den Menschen den Unsicherheitsfaktor, den er selbst darein einbringt. Doch auch abgesehen davon wäre Hoffnung zu bloßem Ersatz für Vorausberechnung degradiert und völlig entleert, wenn aus ihr das Moment des nicht in der Macht des Menschen Liegenden eliminiert würde, nenne man es Glück oder Gnade. Nun wäre aber die Aufteilung in zwei konkurrierende Ursachensphären unzureichend, von denen die eine in die Zuständigkeit des Menschen und die andere außerhalb ihrer stünde und deren Abgrenzung gegeneinander der geschichtlichen Veränderung unterläge. Dieser unbestreitbare Sachverhalt darf nicht kurzschlüssig mit der Unterscheidung prinzipieller Art identifiziert werden, was Sache des Menschen und

---

[9] Dante Alighieri, Divina Commedia, Inferno III, 9.

was Sache Gottes ist. Denn gerade auch als der tätig die Zukunft Gestaltende ist der Mensch von dem angegangen, was seiner Verfügung schlechterdings entzogen ist. Im Blick darauf wäre nun aber zu fragen, ob nicht allein das Sache der Hoffnung in ihrem eigentlichen Verständnis ist, was nicht Sache menschlichen Handelns, sondern – auch in Hinsicht auf das, was der Mensch unternimmt – Sache Gottes ist.

Die scholastische Definition von Hoffnung läßt sie als gewisse Erwartung künftiger Seligkeit sozusagen auf zwei Füßen daherkommen: sie leite sich ab aus der Gnade Gottes und aus den menschlichen Verdiensten[10], die dann freilich ebenfalls als Gottes Gnadengabe interpretiert werden können. Aber diese doppelte Verankerung der Hoffnung in dem, was Gott und was der Mensch zu ihrer Erfüllung beiträgt, erscheint dennoch notwendig in Anbetracht dessen, wie es anscheinend im menschlichen Leben zugeht: daß hier ein Zusammenwirken von Gott und Mensch statthat, von absolut Unverfügbarem und relativ Verfügbarem. Jedoch wäre zu fragen, ob nicht entsprechend einem strengen Verständnis dessen, wer Gott ist, diese Zweiteiligkeit der Hoffnungsbegründung als völlig abwegig zu bezeichnen ist, ob nicht den Namen Hoffnung allein das verdient, was ausschließlich auf Gott gegründet ist und nicht daneben auch noch oder gar allein auf das Leistungsvermögen des Menschen, selbst wenn dieses als Gabe Gottes verstanden wird. Luther spricht deshalb von der spes purissima in purissimum deum[11]. Dazu veranlaßt ihn nicht ein abstrakter Begriff der Alleinwirksamkeit Gottes, sondern die theologia crucis. Wie die Fortsetzung der zitierten Wendung zeigt: tunc demum homo vere purus et sanctus est[12], folgt dieses Hoffnungsverständnis aus der Rechtfertigung sola fide. Was dem unmittelbaren Zusammenhang nach eine kritische Auseinandersetzung mit dem scholastischen Verständnis eschatologischer Hoffnung ist, kann nun aber für das Hoffnungsverständnis überhaupt wegweisend werden. Es leitet dazu an, zu unterscheiden zwischen einer vorläufigen und uneigentlichen Hoffnung und der endgültigen Hoffnung, die allein im eigentlichen Sinne Hoffnung zu heißen verdient. Mit einer aufs letzte gehenden Intensität, die den Zeitunterschied zwischen dem 16. Jahrhundert und uns verschwinden läßt, kennzeichnet Luther in demselben Textzusammenhang die Hoffnungssituation an der Grenze von Zeit und Ewigkeit folgendermaßen: „Wohin gelangt denn,

---

[10] Petrus Lombardus, Sent. III dist. 26 cap. 1: Est enim [spes] certa exspectatio futurae beatitudinis, veniens ex Dei gratia et ex meritis praecedentibus, vel ipsam spem, quam natura praeit caritas, vel rem speratam, id est beatitudinem aeternam: sine meritis enim aliquid sperare, non spes, sed praesumtio dici potest.

[11] Hoffnung schlechthin auf Gott schlechthin. WA 5; 166,18.

[12] Dann erst ist der Mensch wahrhaft rein und heilig. WA 5; 166,18f.

wer auf Gott hofft, wenn nicht in das Nichts seiner selbst? Wohin aber entschwindet der, der in das Nichts entschwindet, wenn nicht dahin, woher er gekommen ist? Er ist aber aus Gott und dem eigenen Nichts hervorgegangen, deshalb kehrt zu Gott zurück, wer in das Nichts zurückkehrt. Kann doch unmöglich außerhalb von Gottes Hand fallen, der außerhalb seiner selbst und aller Kreatur zu fallen kommt, der Kreatur, die Gottes Hand von überall her umgreift. Denn er hält die Welt in seiner Hand, wie Jesaja sagt [40,12]. Stürze also durch die Welt hindurch, wohin stürzest du dann? Doch in die Hand und den Schoß Gottes."[13]

3. Glaube und Hoffnung

Im Verhältnis von Glaube und Hoffnung hat nach christlichem Verständnis der Glaube den Primat. Er ist nicht nur das Prius, aus dem die Hoffnung als die Hauptsache hervorgeht. Ihm kommt in dem Sinne der Primat zu, daß er die Hoffnung in sich schließt und ihr Wesen bestimmt.

a) Die in den Glauben integrierte Hoffnung

Vom sprachlichen Befund im Neuen Testament her ist bereits das quantitative Übergewicht der Wortgruppe des Glaubens gegenüber der des Hoffens eindrücklich. Die Christen heißen die Glaubenden. Die Möglichkeit, sich als die Hoffenden zu bezeichnen, trat nicht dazu in Konkurrenz. Allerdings konnte gelegentlich das Neue, das im Leben des Christen gegenüber der heidnischen Vergangenheit angebrochen ist, auch als die Hoffnung angegeben werden. Einst waren sie „ohne Hoffnung und ohne Gott in der Welt" (Eph 2,12). Die Götterfrömmigkeit war eine hoffnungslose und im Grunde gottlose Sache. Hoffnungslosigkeit und Gottlosigkeit werden hier in einem Atem genannt, während neuerdings das Prinzip Hoffnung im Namen des Atheismus proklamiert wurde. Der Unterschied liegt am Verhältnis zum Glauben. Das neutestamentliche Verständnis von Glauben schließt so eng den Hoffnungsaspekt in sich, daß definitionsartige Bestimmungen des Glaubens den Begriff der Hoffnung verwenden. Von Abraham heißt es, daß er „gegen alle Hoffnung auf Hoffnung hin glaubte" (Röm 4,18). „Glaube ist die Wirklichkeitsgrundlage für das, was man hofft." (Hebr 11,1)

---

[13] WA 5; 168,1–7: Quo enim perveniat, qui sperat in deum, nisi in sui nihilum? Quo autem abeat, qui abit in nihilum, nisi eo, unde venit? Venit autem ex deo et suo nihilo, quare in deum redit, qui redit in nihilum. Neque enim extra manum dei quoque cadere potest, qui extra seipsum omnemque creaturam cadit, quam dei manus undique complectitur. ‚Mundum enim pugillo continet', ut Isaias [40,12] dicit. Per mundum ergo rue, quo rues? utique in manum et sinum dei.

Im Unterschied zu der scholastischen Lehre von den theologischen Tugenden, innerhalb derer der Glaube von der Hoffnung ausdrücklich abgehoben wird, hat die Reformation die eschatologische Ausrichtung des Glaubens entsprechend der theologia crucis wieder neu zur Geltung gebracht. Dadurch ändert sich freilich das Verständnis der Hoffnung. Auf einer veränderten Reflexionsstufe hat Kierkegaard dem folgendermaßen Ausdruck gegeben: „Wer ein Boot rudert, kehrt dem Ziel, dem er sich doch entgegenarbeitet, den Rücken zu. So denn auch mit dem morgenden Tage. Wenn ein Mensch mit des Ewigen Hilfe als ein in den Tag heute Vertiefter lebt, so kehrt er dem morgenden Tag den Rücken zu ..., so sieht er den morgenden Tag überhaupt nicht, wohingegen er mit des Ewigen Hilfe ganz deutlich den Tag heute mit seinen Aufgaben sieht ... Man sollte meinen, der Gläubige sei dem Ewigen am allerfernsten, er, der ihm ganz den Rücken zugekehrt hat und heute lebt, während der Blinzelnde dasteht und darnach ausblickt. Gleichwohl ist der Gläubige dem Ewigen am allernächsten, wohingegen ein Apokalyptiker ihm am allerfernsten ist. Der Glaube kehrt dem Ewigen den Rücken zu, eben, damit er es ganz bei sich habe in dem Tag heute. Kehrt jedoch ein Mensch, zumal in irdischer Leidenschaft, sich dem Zukünftigen entgegen, so ist er am weitesten vom Ewigen fort, so wird der morgende Tag eine ungeheuerliche, verwirrende Gestalt ...“[14] Damit hat Kierkegaard nicht der Hoffnung die Absage erteilt, sondern ihrem Mißverständnis, das jeder Fata Morgana zum Opfer fallen läßt und dann in desto tiefere Enttäuschung treibt, in Gespensterseherei und Verzweiflung.

b) Geschichtliche Hoffnung im Fragmentarischen

Der Glaube gibt die Kraft zum Hoffen gerade auch in bezug auf begrenzte Hoffnungsziele, jedoch so, daß er ihnen ihre Relativität läßt, sie nicht übersteigert und deshalb auch nicht unter Enttäuschungen die Hoffnung fahren läßt. Die große, am Ewigen orientierte Hoffnung setzt auch die kleinen, zeitlichen Hoffnungen frei, macht aber zugleich ihnen gegenüber frei. Innergeschichtliche Hoffnung steht wie das irdische Leben insgesamt im Zeichen des Fragmentarischen. Es bleibt im Leben nicht bloß bei Bruchstücken, sondern das Leben selbst geht schließlich ganz zu Bruch. Der christliche Glaube macht von der Illusion einer Vollendung in diesem Leben und innerhalb der Geschichte frei. Das Ja zum Fragmentarischen lähmt nicht die Hoffnung, sondern erweist ihre Souveränität. Das Nein zur Umdeutung der Ewigkeitshoffnung in ein

---

[14] S. Kierkegaard, Christliche Reden 1848, in: Ders., Ges. Werke, übers. von E. Hirsch, 20. Abt. (1959), 77f.

innergeschichtliches Hoffnungsziel kann heute nicht scharf genug ausgesprochen werden. „Wenn wir nur in diesem Leben Hoffnung auf Christus haben, sind wir die bedauernswertesten Menschen." (1. Kor 15,19)

c) Eschatologische Hoffnung auf Vollendung

Eschatologische Hoffnung ist als Ewigkeitshoffnung Vollendungshoffnung und als solche Überwindung der Welt. Darin liegen drei fundamentale Ansatzpunkte, die bei der inhaltlichen Erörterung christlicher Hoffnung zu bedenken sind. Zum einen richtet sich die Hoffnung in dem Sinne auf Gott, daß er sich als Herr über den Tod erweist. Zum andern ist sie dessen gewärtig, daß schließlich alles einmal offenbar werden wird. Und endlich ist sie dessen gewiß, daß das Eschaton nicht Nacht, sondern Licht ist, ein Ende aller Anfechtung, ewiger Friede und ewige Freude.

§ 39 Tod und Auferstehung

Die christliche Dogmatik in ihrer klassischen Gestalt sah sich vor der Schwierigkeit, wie die Menge der Inhalte eschatologischer Zukunftsaussagen und der daran haftenden Detailfragen am sinnvollsten zu ordnen sei. Für uns ist die Schwierigkeit in das Gegenteil umgeschlagen. Ist es überhaupt verantwortbar und nicht vielmehr sinnlos, bestimmte inhaltliche Aussagen in dieser Hinsicht zu machen und darüber gar noch theologisch zu diskutieren, ob sie so oder so lauten sollen? Dennoch dürften beide Situationen, die der überbordenden Fülle sowie die des Schwundes zu äußerster Dürftigkeit, darin übereinkommen, daß die Frage der Auferstehung im Zentrum steht. Im ersten Fall läßt sich um sie herum alles andere in reicher Entfaltung gruppieren: was der Auferstehung vorausgeht, wie es sich mit ihr selbst und ihren Begleitumständen verhält und was ihr folgt[1]. Das Schema chronologischer Sukzession setzt sich dann als Ordnungsprinzip auch dort durch, wo die Grenze der Zeit zur Ewigkeit hin überschritten ist. Im zweiten Fall hingegen reduziert sich alles auf einen einzigen Punkt, den Wendepunkt vom Tod zum Leben, der in der Sprache religiöser Tradition Auferstehung vom Tode heißt. Wenn überhaupt der christliche Glaube zu einer eschatologischen Hoffnungsaussage berechtigt, dann zu dieser, mögen auch noch so schwere Probleme daran hängen. Sofern dieser eine Punkt überhaupt aussagbar ist, müssen ihm freilich nach dem Gesetz der Sprache verschiedene Merkmale eigen sein, jedoch nur so, daß es sich dabei nicht um die Abfolge eines Geschehens handelt, sondern um verschiedene Dimensionen eines einzigen Sachverhalts.

Diese Konzentration der eschatologischen Hoffnungsinhalte auf Tod und Auferstehung im Sinne eines einzigen, der Wende vom Tod zum Leben, entspricht sowohl dem, daß innerhalb der Erfahrung des zeitlichen Daseins eben hier die Frage nach eschatologischer Zukunft verankert ist, als auch dem, daß die Aussagen des christlichen Glaubens über Jesus Christus als seinen Grund genau dahin ausgerichtet sind.

---

[1] So z.B. Thomas v. Aquin, S.th.III Suppl. q. 69–74, 75–86, 87–99.

Der Ort, an dem letztlich alle eschatologischen Zukunftsaussagen ihre Erfahrungsverankerung haben, ist der Tod, sofern er das Innerste des Menschen bewegt und in die Gewissenserfahrung eingeht. Dabei handelt es sich nicht primär um den Augenblick des physischen Sterbens, vielmehr um die potentielle Ubiquität des Todes im Leben und das faktische Ausgeliefertsein des Lebens an den Tod. Desgleichen geht es nicht bloß um die Bewußtseinsvorgänge zu einem bestimmten Zeitpunkt, sondern um den Fluchtpunkt aller Lebensmomente, um ihre Zusammenfassung zu einem Totalurteil, das über Leben und Tod entscheidet. Damit ist nicht von vornherein eine Schrumpfung auf die sogenannte individuelle Eschatologie vollzogen. Denn einerseits strahlt auch sie notwendig ins Universale aus, da der Tod, obwohl je meiner, doch ein Weltphänomen ist und gerade als der meinige den totalen Weltverlust bedeutet. Anderseits entbehrte die sogenannte universale Eschatologie jeder Anschauung und wäre bar jeden Ernstes, wenn sie nicht auf den Tod anspielte, den jeder zu sterben hat.

Der Ort jedoch, an dem sich die Aussagen des christlichen Glaubens über seinen Grund aufs äußerste verdichtet haben, ist das Ereignis von Tod und Auferstehung Jesu Christi. Davon war in der Christologie ausführlich die Rede. Daß Christologie und futurische Eschatologie in dieser thematischen Konzentration auf Tod und Auferstehung einander entsprechen, ist für beide von fundamentaler Bedeutung. Sie sind miteinander an demselben Punkt erfahrungsmäßig verankert. Und sie sind in der Weise aufeinander bezogen, daß sich der Inhalt eschatologischer Zukunftsaussagen in strenger Korrespondenz zu der christologischen Aussage über den Glaubensgrund befinden muß, der als solcher der Grund eschatologischer Hoffnung ist. Trotzdem ist es nicht ratsam, unmittelbar von da aus die eschatologischen Zukunftsaussagen anzugehen oder gar deduzieren zu wollen. Der Entfaltung ihrer inhaltlichen Dimensionen nähern wir uns auf dem Umweg über eine schärfere Eingrenzung eschatologischer Zukunftsaussagen.

A. Die Eingrenzung eschatologischer Zukunftsaussagen

Die christlichen Hoffnungsaussagen stehen einerseits in der Nachbarschaft höchst verschiedenartiger Zukunftsaussagen überhaupt, anderseits innerhalb des Kontextes der christlichen Glaubensaussagen. In beiden Hinsichten sind Beziehungen zu berücksichtigen und Abgrenzungen vorzunehmen.

I. Das Verhältnis zu Zukunftsaussagen überhaupt

Obwohl im folgenden nach dem spezifisch Christlichen innerhalb der religiösen Zukunftsaussagen gefragt wird, soll doch, um auf Strukturen allgemeiner Art aufmerksam zu machen, der Umkreis der Beobachtungen sehr viel weiter gezogen werden und auch die säkularen Zukunftsaussagen mit umfassen.

1. Strukturen von Zukunftsaussagen

Die alltägliche Zukunftsaussage ist Mitteilung oder Austausch von Geplantem, Erwartetem, Ersehntem oder Befürchtetem. Sie bestimmt weithin das Gespräch im praktischen Leben. Die Zukunft drängt sich, da noch offen, naturgemäß besonders stark als das auf, was zu bedenken und zu besprechen ist. Da Sprache Abwesendes anwesend zu machen, Nichtgegenwärtiges zu vergegenwärtigen vermag, ist neben dem Vergangenen oder sonst Verborgenen die Zukunft als das Noch-nie-Gegenwart-Gewesene in besonders charakteristischer Weise Gegenstand der Sprache.

a) Die Vorzeichenstruktur

Zukunftsaussagen wären freilich unmöglich ohne einen gewissen Anhalt am Gegenwärtigen. Was für das Reden von der Vergangenheit deren Überreste bedeuten, leisten für das Reden von der Zukunft deren Vorzeichen. Alles Gegenwärtige weist in beide Richtungen. Als aus der Vergangenheit ins Jetzt Gekommenes enthält es übriggebliebene Vergangenheit. Und als jetzt Bestehendes hat es irgendeine Zukunft, wenn auch vielleicht die kürzeste und unbedeutendste. Darum ist es ein Vorzeichen von Zukunft, ein Faktor, mit dem gerechnet werden muß, wenn nach ihr gefragt wird. Zukunftsaussagen legen die Gegenwart auf das Zukünftige hin aus. Sie haben an der Gegenwart – und nicht etwa an der Zukunft selbst – gleichsam den zu entziffernden und zu deutenden Text.

Während nun aber die Gegenwart in diesem Sinne Vorzeichen der Zukunft ist, hat die Zukunft ihrerseits in einem anderen Sinne als Vorzeichen der Gegenwart zu gelten. „Wenn ihr im Westen eine Wolke heraufziehen seht, sagt ihr gleich: ‚Es wird Regen geben'; und so kommt es dann auch. Und wenn der Südwind weht, sagt ihr: ‚Es wird Hitze geben'; und es geschieht so." (Lk 12,54f) Die Zeichen der Zeit sind Vorzeichen der Zukunft, werden als solche aber zu Vorzeichen, die wie ein arithmetisches Zeichen vor der Gegenwart stehen und angeben, wie man sie in Rechnung zu stellen hat. Indem die Gegenwart etwas von der Zukunft erkennen läßt, wird sie selbst erst von der Zukunft her näher bestimmt. Für sich genommen, ist die Gegenwart ein vieldeutiger

Text. Je deutlicher die Zukunft an ihr erkennbar wird, desto eher gewinnt sie selbst Eindeutigkeit.

Diese beiden Deutungsrichtungen: die Gegenwart als Vorzeichen der Zukunft und die Zukunft als Vorzeichen der Gegenwart, hängen untrennbar zusammen. Im einen Fall geht es um die Ermöglichung von Zukunftsaussagen, im andern Fall um deren Notwendigkeit. Wie sie aus der Gegenwart geschöpft sind, so zielen sie auch auf sie ab. Der Aussagerichtung von der Gegenwart aus in die Zukunft hinein korrespondiert die Ansagerichtung hinsichtlich dieser Zukunft in die Gegenwart hinein. Denn Zukunftsaussagen stellen eine elementare Notwendigkeit dar, um die Gegenwart zu bewältigen.

b) Die Wirkstruktur

Was geschieht durch Zukunftsaussagen? Es wäre kurzsichtig zu antworten: durch sie werde die Zukunft festgestellt. Wird sie nicht im Gegenteil dadurch gerade in Bewegung gebracht, daß sie ausgesagt wird? Wäre eine Zukunftsaussage reine Feststellung dessen, was kommt, unabhängig davon, ob es festgestellt wird oder nicht, dann erschiene sie sinnlos, nicht etwa deshalb, weil sie nicht zuträfe, sondern deshalb, weil sie so unabwendbar zutrifft, daß daran nichts mehr zu ändern ist. Jedoch selbst in diesem Falle wäre sie sinnvoll, indem sie die Möglichkeit bietet, sich auf die Zukunft einzustellen. Dann wird jedenfalls die Gegenwart durch die Zukunftsaussage verändert. Denn sie wird eine andere, wenn das Vorzeichen erkannt ist, unter dem sie steht. Wenn aber die Zukunftsaussagen notwendig die Gegenwart verändern, weil sie die Gegenwart als Vorzeichen der Zukunft auslegen und so die Zukunft als Vorzeichen der Gegenwart zur Sprache bringen, können sie auch die Zukunft selbst verändern.

Daß eine bestimmte Zukunft eintritt, kann davon abhängen, ob sie angesagt wird. Indem sich solche Zukunftsaussage Geltung verschafft, kann sie die vorausgesagte Zukunft heraufführen helfen. Sie wirkt als Vorbild, auf das hin Zukunft gestaltet wird. Würde ein solches Zukunftsbild geheimgehalten und nur zwecks späterer Kontrolle fixiert, so brächte man es um seine Wirkung und deshalb um seine Wahrheit. Umgekehrt könnte aber der Fall eintreten, daß sich die Zukunft, weil sie vorausgesagt wird, so nicht realisiert. Auch dies bedeutete eine Veränderung der Zukunft. Ein simples Beispiel wäre das Ausplaudern einer geplanten Überraschung. Das klassische Beispiel einer Zukunftsaussage, die durch ihre erfolgreiche Wirkung sich selbst um ihre Wahrheit bringt, ist die Unheilsprophetie des Jona: „Es sind noch 40 Tage, so wird Ninive untergehen!" (3,4) Weil sich die Niniviten bekehren, läßt Gott es sich gereuen. Dadurch, daß der Prophet Unheil voraussagt, bewirkt er Heil. Weil er die Wahrheit sagt und dadurch ihre Voraussetzung verändert, steht er als Lügenprophet da. Töricht war an Jona nicht dies, seine Botschaft nicht konditional zu formulieren, sondern dies, nicht zu bedenken, daß Zukunftsaussagen die Zukunft in Bewegung bringen können.

2. Säkulare und religiöse Zukunftsaussagen

Die Verschiedenheiten von Zukunftsaussagen ergeben sich aus dem Zusammenspiel bereits berührter Gesichtspunkte: Woraus sie geschöpft sind, welche Art und welcher Grad der Gewißheit ihnen zukommt, welche Weise des Betroffenseins ihnen entspricht und was sie als Aussagen bewirken. Drei typische Gruppen seien genannt.

a) Zukunftsaussagen in exakten Wissenschaften

Die exakten Naturwissenschaften beruhen auf der Möglichkeit, die Zukunft unter bestimmten Bedingungen berechenbar und voraussagbar zu machen. Daraus leitet sich die Macht der Technik her. Man kann sich ihr anvertrauen, weil sie mit einem erstaunlichen Maß an Zuverlässigkeit partielle Zukunftserwartung erlaubt. Betriebsunfälle sind letztlich immer auf menschliches Versagen zurückzuführen, pauschal gesagt: auf Rechenfehler. Durch die Technisierung auch des Rechenprozesses wächst die Anwendungsmöglichkeit ins Ungeheure. Dank der Datengewinnung und Datenverarbeitung geraten Aufgaben wie die Wettervorhersage oder die Wirtschaftsprognose aus dem Bereich der Schätzung in den der Berechnung. Freilich nehmen mit der Ausweitung auch die Fehlerquellen enorm zu. Der Weg von der Kybernetik zur Futurologie endet leicht in science fiction. Aber auch wenn die alarmierenden Gefahren dieser Entwicklung zu pessimistischer Prognose Anlaß geben, bedeutet dies nur um so mehr den Appell an die geschichtliche Verantwortung.

b) Zukunftsaussagen im Bereich des Ethischen

Das Handeln ist auf Zukunft ausgerichtet. Die Zukunft erscheint darum unter ethischem Gesichtspunkt als Objekt des Handelns. Das bloße Zukunftswort hat hier schlechten Klang. Ob als Versprechen oder als sittliche Forderung, hat es doch nur Wert, wenn durch die Tat erwiesen wird, daß es kein leeres Wort ist. Im Bereich des Ethischen ist darum nicht die Voraussage oder Vorausplanung von Zukunft das Entscheidende, sondern daß der Mensch gegenüber den Wechselfällen der Zukunft verläßlich wird. Nicht die Zukunft gilt es auszusagen, sondern das, was ihr gewachsen ist, sie sei, wie sie wolle. Die Vermittlung nicht von Wissen um die Zukunft, sondern von Mut gerade zu der unbekannten und ungewissen Zukunft ist ein Kernproblem des Ethischen. Dennoch bleibt die Zukunftsaussage auch hier ein wichtiger

Faktor. Ordnungen, Gesetze, Institutionen, Sitte und Konventionen sind als Formen geschichtlichen Lebens gewissermaßen Vorzeichen der Zukunft, in denen Zukunft vorgeschrieben und vorgebahnt ist. Ohne die dadurch erzielte relative Konstanz und Voraussehbarkeit menschlicher Verhältnisse wäre ethisches Handeln in Frage gestellt. Dazu kommt die Notwendigkeit konkreter Prognosen, welche die ethischen Normen mit den gegebenen Verhältnissen vermitteln und ein Urteil darüber erlauben, was zur Erreichung bestimmter Ziele erforderlich und förderlich ist. Schließlich bedarf es der skeptischen Haltung, die davor bewahrt, ein Zukunftsbild etwa mit der Zukunft selbst zu verwechseln. Es bedarf aber auch der Bereitschaft, die begeisternde Schwungkraft von Leitbildern und Vorbildern gelten zu lassen.

c) Religiöse Zukunftsaussagen

Im Unterschied zu den beiden kurz skizzierten Komplexen, die man kaum unter dem Gesichtspunkt der Zukunftsaussage erwartet, scheint die Weissagung diesen Namen am ehesten zu verdienen. Angesichts der Variationsbreite eines Phänomens, das von abergläubischer Praxis bis zu lauterem Glaubenswort reicht, seien nur Fragen aufgeworfen: Woraus wird Weissagung geschöpft? Ist sie eine Flucht zu willkürlich gewählten Vorzeichen oder eine verdeckte Art, auf echte Zukunftsvorzeichen zu achten? Wird in ihr Zukunft vorweggenommen oder, genau genommen, nur so vorausgesagt, daß die Deutung offen gelassen und dem Adressaten zugemutet wird? Was intendiert die Weissagung? Will sie Freiheit geben oder nehmen, fatalistisch stimmen oder zu aktivem Handeln antreiben oder zur Glaubensgewißheit anleiten? Während nun Weissagung durch Aussagen über die Zukunft indirekt auf die Gegenwart einwirken will, zielt die Prophetie primär darauf ab, durch Aussagen über die Gegenwart auf die Zukunft einzuwirken. Die Apokalyptik hingegen ist weder konkrete Weissagung noch konkrete Prophetie. Sie hat mit der Utopie den Entwurf eines universalen Leitbildes der Zukunft gemeinsam und beruht auf einer universalgeschichtlichen Schau. Sie unterscheidet sich aber dadurch von der Utopie, daß sie auf den Appell an den Menschen verzichtet, die Zukunft selbst zu gestalten. Im Sinne der Apokalyptik kann der Zukunft als der Tat Gottes nur entgegengewartet werden. Die gleich einer überhängenden Wand bevorstehende Zukunft ruft jedoch zur Buße und zur Einhaltung des Gesetzes. Das ist etwas anderes als der Auftrag zur Geschichtsbewältigung.

3. Die Veränderung religiöser Zukunftsaussagen im Christentum

Weissagung, Prophetie und Apokalyptik spielen im Urchristentum eine wichtige Rolle, sind aber, wenn auch nicht völlig erloschen, so doch alsbald an die Peripherie geraten. Darin setzt sich z. T. eine schon vorchristliche Entwicklung fort, die mit der Apokalyptik selbst zusammenhängt. Vor allem aber ist es die Folge der Situationsveränderung in eschatologischer Hinsicht, wie sie im Glauben an Jesus Christus zum Ausdruck kommt.

a) Weissagung

Die Weissagung, die sich ursprünglich auf begrenzte Zukunftsvoraussage bezieht, hat schon im Alten Testament eine Ausweitung in das Eschatologische erfahren. In der Apokalyptik wurde sie ins Kosmologische universalisiert, wobei die spezielle geschichtliche Weissagung innerhalb der Voraussage des Endes von Welt und Geschichte nur noch allenfalls als Stilmittel dient. Im Urchristentum ist, von Randerscheinungen abgesehen, das Phänomen konkreter Weissagung nicht wieder lebendig geworden. Es ging völlig in der eschatologischen Verkündigung auf. Sie proklamiert die Erfüllung aller Weissagungen und bestreitet damit die Möglichkeit neuer echter Weissagung. Anderseits schöpft sie aus der Erfüllung der Weissagung den Zuspruch eschatologischer Verheißung. Das Evangelium ist als impletio promissionis selbst promissio. Die Verheißung richtet sich nicht auf Einzelheiten, sondern auf die in Jesus Christus erschienene Liebe Gottes, die gegen alle nur denkbaren Einsprüche und Anfechtungen für jeden Menschen in jeder Situation gültig und wahr bleiben wird.

b) Prophetie

Die Erscheinung der Prophetie im Sinne unmittelbarer Berufung und Geistbegabung ist im Judentum der hellenistischen Zeit weitgehend verschwunden. Die Apokalyptik übernimmt eine Ersatzfunktion, unterscheidet sich aber deutlich von der Prophetie. Der Apokalyptiker bleibt anonym oder wählt ein prophetisches Pseudonym. Und indem aus allgemeinen Einsichten in das Wesen des Menschen und der Welt ein Bild der Gesamtgeschichte und ihres Schlußdramas entworfen wird, entbindet dies im Unterschied zu prophetischer Verkündigung von unmittelbarer geschichtlicher Verantwortung. Die Tendenz geht eher auf Flucht aus der Geschichte. Bei Jesus selbst ist freilich die Beziehung zum prophetischen Wort, verbunden mit dem Stil der Weisheitsrede, stärker als der apokalyptische Einfluß. Und die ausdrückliche Erscheinung von Prophetie in urchristlichen Gemeinden hebt sich als nüchterne, verständliche Interpretation der gegenwärtigen Situation des Menschen unter dem Wort Gottes gegen enthusiastische Phänomene ab. Dennoch bleibt sie ein Randphänomen, das im Montanismus noch einmal aufflammt, aber mit ihm vollends verschwindet, von peripheren Randerscheinungen in der Kirchengeschichte abgesehen. Der Grund dafür liegt nicht einfach in dem Erlöschen des Geistes, sondern letztlich in einem Geistverständnis, das die Predigt des Evangeliums und den Glauben an Jesus Christus allen exzeptionellen Erscheinungen grundsätzlich vorordnet. Wenn derjenige erschienen ist und verkündigt wird, der mehr ist als ein Prophet, dann ist auch die Prophetie an ihr Ende gekommen, es sei denn, man nenne, wie dies in der Zürcher Reformation geschah, „Prophezei" das Eindringen in das überlieferte Wort Gottes überhaupt.

c) Apokalyptik

Der starke Einfluß der Apokalyptik auf die Genesis des Christentums ist unbestreitbar. Der dabei vorherrschende Zug ist allerdings der, daß sich die Entstehung und Ausformung des Urchristentums in kritischer Auseinandersetzung mit der Apokalyptik vollzogen hat. Die apokalyptischen Elemente leisteten zwar eine wichtige Interpretationshilfe, erfuhren aber zugleich vom Evangelium her eine entscheidende Veränderung. Nicht die Apokalypse wurde die charakteristische literarische Form des Urchristentums, sondern – abgesehen vom Brief – das Evangelium. Dahinein konnte eine kleine Apokalypse integriert werden (Mt 24 Mk 13 Lk 21). Jedoch stellte die Aufnahme einer gesonderten Apokalypse in den neutestamentlichen Kanon einen Grenzfall dar. Der Schwerpunkt liegt in dem, was als bereits eingetretenes Eschaton proklamiert wird. Dadurch verändert sich der eschatologische Zukunftshorizont. Während sich in Zukunftsaussagen als solchen stets Anlässe zur Hoffnung wie zur Furcht mischen, ist das Neue am Evangelium die Wendung zu uneingeschränkter, gewisser Hoffnung infolge des Glaubens. Er hat seinen Grund nicht in dem zukünftigen apokalyptischen Geschehen, sondern in dem gekreuzigten Jesus, nicht in der noch ausstehenden Offenbarung, sondern in der gegenwärtigmachenden Gegenwart des Wortes und Geistes Gottes. Dieser Glaube kann der Zukunft entgegensehen, ohne verstummen zu müssen. Was er über sie zu sagen hat, ist nichts anderes als die Konkretion des christlichen Bekenntnisses an den extremen Bedrohungen von der Zukunft her. Tod, Weltende und Verdammnis kommen als Instrumente antichristlicher Anfechtung in Betracht, denen der Glaube das Bekenntnis zu Jesus Christus entgegenstellt. Gegen die Schrecken der Zukunft beruft sich der Glaube auf das, was von Gott her geschehen ist und jeder Zukunft überlegen bleibt, weil darin die Zukunft aller Zukunft besteht.

II. Die eschatologischen Hoffnungsaussagen im Ganzen des christlichen Glaubens

Es diente vornehmlich der Abgrenzung, wenn die christlichen Aussagen eschatologischer Hoffnung zu den Zukunftsaussagen überhaupt in

Beziehung gesetzt wurden. Werden sie nun anstatt auf ihr Verhältnis nach außen hin daraufhin betrachtet, wie sie sich zu den übrigen christlichen Glaubensaussagen verhalten, so ist weniger die Abgrenzung das Problem als der innere Zusammenhang und die Übereinstimmung mit ihnen. Die Besonderheit drängt sich hier durch den futurischen Charakter von selbst auf. Darin liegt zugleich ein antithetisches Moment. Im Gegensatz zur Schöpfung geht es um deren Ende oder um eine neue Schöpfung. Im Gegensatz zum Glauben geht es nun um das Schauen. Im Gegensatz zu Kreuz und Leiden nun um ewige Freude und Herrlichkeit. Der Zusammenhang mit allem, wovon bisher in der Dogmatik die Rede war, drängt sich allerdings so stark auf, daß sich in der Eschatologie alle Linien treffen, wie sich ja im Unendlichen sogar die Parallelen schneiden.

Dieser eschatologische Brennpunkt, in dem alles zusammenläuft und auf den alles abzielt, wovon in der Schöpfungslehre, der Christologie und der Pneumatologie die Rede war, fungiert aber keineswegs bloß als beruhigender Endpunkt und harmonischer Schlußakkord. Man könnte sich im Gegenteil fragen, ob in jenem eschatologischen Brennpunkt nicht schließlich alles in Flammen aufgeht, die ganze Schöpfung ebenso wie das Kreuz Jesu Christi, ja selbst all das, was in diesem Leben als Wirkung des Geistes in Erscheinung getreten ist. Gewiß ist dies in den christlichen Hoffnungsaussagen nicht intendiert. Sie behaupten den inneren Zusammenhang. Geben sie ihm aber nicht einen Akzent, der nun doch auf das Gegenteil hinausläuft und einen Widerspruch zu allen bisherigen Glaubensaussagen in sich schließt? Dieses generelle Problem in bezug auf den Inhalt eschatologischer Zukunftsaussagen muß besprochen werden, bevor wir uns ihren verschiedenen Dimensionen zuwenden. Dabei darf freilich nicht allein das Antithetische in verzerrender Weise hervorgehoben werden. In der Beziehung der futurischen Eschatologie zu den Hauptaussagen des christlichen Glaubens muß vielmehr die Spannung der verbindenden und der gegensätzlichen Momente deutlich werden.

Von daher kann übrigens noch einmal auf die Beziehung zu den Zukunftsaussagen überhaupt ein Licht fallen. Durch bloße Abgrenzung wäre sie nicht hinreichend bestimmt. Die eschatologischen Hoffnungsaussagen des christlichen Glaubens haben allerdings nicht die Tendenz zu akkomodierender Gleichschaltung mit der Welt und ihren säkularen oder religiösen Zukunftsaussagen. Die Auseinandersetzung mit ihnen und gegebenenfalls das kompromißlose Nein zu ihnen scheuen sie nicht. Aber sie lassen nun doch in gewissen Grenzen den wissenschaftlichen wie den ethischen und auch den allgemein religiösen Zukunftsaussagen ihr Recht, geben ihnen sogar vielleicht in höherem Sinne recht, als diese es selbst geltend zu machen verstehen. Deshalb werden durch die

Reflexion auf den inneren Zusammenhang der Glaubensaussagen die Fenster nach außen nicht geschlossen, sondern weit aufgetan und die christlichen Hoffnungsaussagen dem Zugwind aller Zukunftsaussagen ausgesetzt.

1. Das Verhältnis zu Gott dem Schöpfer

Die christlichen Hoffnungsaussagen sind in der Weise auf den Glauben an Gott den Schöpfer der Welt bezogen, daß die Hoffnung nicht auf die Kreatur gesetzt wird, sondern auf Gott. Dementsprechend ist die futurische Eschatologie an der Unterscheidung zwischen Gott und Welt orientiert.

a) Das Eschaton und der Gottesglaube

Der Glaube als dasjenige Gottesverhältnis, das zwischen Gott und der Welt unterscheidet, hat eben daraufhin eschatologischen Charakter. Wer glaubt, weiß sich vor Gott stehend und befindet sich insofern bereits jetzt in eschatologischer Situation, als er in seinem Gottesverhältnis der Welt überlegen ist. Aber da er noch unter den Bedingungen der Welt lebt, hat dieses Sein vor Gott als das Unterwegssein zu Gott in die definitive Situation des Eschaton zugleich vorläufigen Charakter. Deshalb sind alle christlichen Hoffnungsaussagen vom Gottesbezug unablösbar. Weder läßt sich das, was hier das Ende bedeutet, unter Absehen von Gott angemessen bestimmen, noch auch das, was die Hoffnung dem Ende entgegenstellt. So erschöpft sich der Tod, auf den die eschatologische Hoffnungsaussage bezogen ist, nicht darin, daß er biologisch das Leben beendet und biographisch das Ausscheiden aus der Welt bedeutet. Ebensowenig wäre das Weltende, etwa als kosmische Katastrophe vorgestellt, als solches schon das, womit die eschatologische Hoffnungsaussage zu tun hat. Vielmehr kommen der Tod und das Weltende in ihrem eschatologischen Gewicht dadurch erst voll zur Geltung, daß für ihr Verständnis die Gottesrelation bestimmend ist. Nicht die Trennung von der Welt, sondern das Getrenntsein von Gott stellt dasjenige dar, wogegen sich die eschatologische Hoffnung in bezug auf den Tod wendet. Die Ausrichtung auf das Eschaton ist deshalb nur dann dem Glauben gemäß, wenn der unerbittliche Ernst des Definitiven nicht abgeschwächt wird, der dem Tod im Hinblick auf die Macht der Sünde zukommt. Anderseits wird der Inhalt eschatologischer Hoffnung nur dann dem Glauben gemäß bestimmt, wenn darin die ausschließliche Abhängigkeit von Gott zur Geltung kommt. Dem entspricht es, daß der Gedanke der Auferstehung nur in Verbindung mit dem Gottesglauben vertreten werden kann, was freilich für sich allein genommen noch nicht das angemessene Verständnis gewährleistet. Doch wird man sagen können: Nur dann ist mit dem Glauben an Gott als den Lebendigen

Ernst gemacht, wenn Gott in der Konfrontation mit dem Tod als der Lebendigmachende geglaubt wird.

b) Das Eschaton und der Schöpfungsglaube

Es hat den Anschein, als liege in der eschatologischen Zukunftserwartung ein schöpfungsfeindliches Moment. Die apokalyptische Vorstellung vom Weltende könnte den Eindruck eines göttlichen Strafgerichts nach Art der Sintflut, nur ins Universale gesteigert, erwecken, einer Zerstörung der Schöpfung durch den Schöpfer. Jedoch entspricht dies nicht der apokalyptischen Intention. Die Beziehung der Eschatologie zum Schöpfungsgedanken erscheint freilich zwiespältig. Einerseits ist das eintretende Ende durchaus schöpfungsgemäß in Anbetracht der Nichtewigkeit der Welt. Anderseits sträubt sich der Gottesglaube gegen den Gedanken einer totalen Vernichtung der Schöpfung, welche die Heilsgeschichte für gescheitert erklärt und kein Geschöpf zur Anbetung Gottes übrig läßt. Doch sei dieses Problem einer neuen Welt vorerst zurückgestellt. In bezug auf den Tod des Menschen läßt sich der Problemgehalt deutlicher erfassen. Das biologische Sterben samt seinen biographischen Aspekten ist Sache der Geschöpflichkeit. Wenn es sich im Frieden mit Gott vollzieht, kann es ein Abschiednehmen ohne Bitterkeit sein, wobei, wie eine fromme Wendung so schön sagt, das Zeitliche gesegnet, in seiner Zeitlichkeit Gott anheimgestellt wird. Was christliche Zukunftshoffnung erwartet, ist nicht, daß der Tod rückgängig gemacht wird, wohl aber dies, daß er dem wahren Leben nicht widersprechen kann, im Gegenteil, ihm Raum lassen muß, ja daß die Zerstörung wahren Lebens, die durch die Sünde eingetreten ist, nun erst von Grund auf samt allen Folgeerscheinungen überwunden wird.

Im Rahmen solcher eschatologischer Zukunftshoffnung hat der Umgang des Menschen mit der Schöpfung in den Grenzen des Zeitlichen und in haushälterischer Pflege der Kreatur sein Recht. Danach haben sich Zukunftsberechnung und Zukunftsverfügung zu richten. Durch ein Gegründetsein des Menschen im Ewigen und durch eine gottgemäße eschatologische Zukunftserwartung wird dies gerade gefördert.

2. Das Verhältnis zu Jesus Christus

Die christlichen Hoffnungsaussagen sind in der Weise auf den Glauben an Jesus Christus bezogen, daß der Kern futurischer Eschatologie: Tod und Auferstehung, den Kern der Christologie bildet, freilich in das Perfektische übersetzt und von einem einzigen ausgesagt, jedoch so, daß es aller Welt gilt. Derartiges war nur auf dem Hintergrund apokalyptischen Denkens aussagbar. Dennoch läßt es sich nicht als eine vorher schon vorgesehene Stufe des Endgeschehens identifizieren. Es sprengt vielmehr dieses Vorstellungsschema und mutet ein tiefgreifendes Umdenken in bezug auf die futurische Eschatologie zu. Die Grundfrage apokalyptischer Beschäftigung mit dem Eschaton lautet: Durch welche Zukunftsereignisse kommt es aus dem gegenwärtigen gottwidrigen Zustand der Menschheit zur Erlösung in die ungetrübte Gottesherrschaft hinein und worin besteht die Bedingung der Teilnahme daran? Diese Frage hat in der Person Jesu Christi eine Antwort erhalten, die zugleich die Fragestellung korrigiert. Nicht ein künftiges Drama führt die entscheidende Wende herauf. Sie hat sich in Jesus Christus vollzogen. Und nicht die Unsicherheit angesichts des Kommenden bestimmt die Ausrichtung darauf, sondern der Glaube an Jesus Christus und deshalb die Gewißheit der Zugehörigkeit zu ihm und durch ihn auch zur künftigen Gottesherrschaft. Wie die futurische Eschatologie im Verhältnis zu Gott dem Schöpfer an der Unterscheidung zwischen Gott und Welt orientiert ist, so im Verhältnis zu Jesus Christus an der in ihm geschehenen Versöhnung der Welt mit Gott.

a) Das Eschaton und der Glaube an den Auferstandenen

Was in bezug auf das Eschaton durch Jesus Christus eingetreten ist, sind nicht neue Vorstellungen von der eschatologischen Zukunft, keine Enthüllungen apokalyptischer Art. Es kommen auch nicht bloß weitere Vorzeichen der eschatologischen Zukunft hinzu, zu denen man Wunder wie Totenerweckungen zu zählen pflegte (Mt 11,5 vgl. auch 27,52f). Mit größerem Recht könnte man freilich die Person Jesu Christi selbst das Vorzeichen aller Zukunft nennen, an dem sich Widerspruch entzündet und sich Zu-Fall-Kommen oder Aufgerichtetwerden entscheidet (Lk 2,34) und dessen augenscheinlicher Zeichencharakter gerade nicht in einem eindrücklichen Wunder besteht, sondern in dem Verschlungenwerden wie Jona in die Finsternis hinein (Mt 12,39f). Daß der Gekreuzigte zum Vorzeichen aller Zukunft geworden ist, begründet freilich für den, der daran nicht Ärgernis nimmt, sondern daraus Glauben schöpft, ein Verständnis von Zukunft, dem vom Kreuzesgeschehen her ein Umdenken widerfahren ist. In diesem Sinne könnte man Jesus Christus das Generalvorzeichen der Zukunft nennen, das sie bestimmt und neu qualifiziert, und zwar keineswegs nur die Zukunft bis zum Eintreten des Eschaton, sondern auch das Eschaton selbst als die Zukunft aller Zukunft. Deshalb ist es fragwürdig, sich bei einer Zweistufigkeit analoger eschatologischer Phasen zu beruhigen: der perfektischen Eschatologie des Christusgeschehens mit der Abfolge von Tod, Auferstehung und Himmelfahrt sowie der futurischen Eschatologie mit der entsprechenden Abfolge von Tod, allgemeiner Totenerweckung und Aufrichtung des Reiches Gottes[2]. Entscheidend ist, ob das Ver-

[2] Vgl. meinen Aufsatz: Erwägungen zur Eschatologie, WG III, (428–447) 437.

ständnis des Christusgeschehens von Wunschbildern futurischer Eschatologie her geprägt wird oder ob durch den Glauben an den Gekreuzigten die betreffenden Vorstellungen umgeprägt werden.

Das kommt an dem Verhältnis heraus, in das der Glaube an den Auferstandenen und die Hoffnung auf die eigene Auferweckung vom Tode zueinander treten. Man könnte, vermeintlich legitimiert durch die paulinische Argumentation: „Wenn es keine Auferstehung der Toten gibt, so ist auch Christus nicht auferweckt worden" (1. Kor 15,13), das Verhältnis so ansehen: die allgemeine Überzeugung von der Totenauferstehung sei die weltanschauliche Vorgabe für die Anerkennung der Auferstehung Christi. Entfällt diese Vorgabe, so ergeben sich anscheinend drei Möglichkeiten. Entweder wird damit auch das Bekenntnis zur Auferstehung Christi hinfällig. Das liefe auf eine weltbildbedingte Reduktion des Christusglaubens hinaus, die allerdings so gut wie alle christologischen Prädikationen mit sich risse, da sie nahezu ausnahmslos eschatologisch orientiert sind. Oder man sucht nach neuen Wegen, den kollabierten Auferstehungsglauben aus allgemeinen weltanschaulichen Erwägungen neu zu begründen und wieder aufzurichten. Oder man sieht in der entstandenen Aporie eine Chance radikaler Christologisierung, indem der Glaube an die eschatologische Totenerweckung aus dem Glauben an die Auferstehung Christi hergeleitet wird, während dieser auf der Autorität des biblischen Zeugnisses gründet. Das ist dann freilich insofern unlogisch, als die Schriftautorität mit gleichem Recht auch die allgemeine Auferstehungshoffnung deckt. Und es ist insofern unhistorisch, als zweifellos die allgemeine Auferstehungshoffnung vor dem und unabhängig vom Glauben an den Auferstandenen besteht.

Dieses Problemknäuel löst sich auf, wenn man sich an folgende Gesichtspunkte hält. Zum einen ist Auferweckung der Toten, wie wir sahen, durchaus keine beliebige weltanschauliche Vorstellung und herrschte als solche Vorgabe auch keineswegs allgemein in der Antike. Vielmehr steht sie in innerer Korrespondenz zum biblischen Gottesglauben, wie er auch in den Islam hinein ausstrahlt, obschon sie ihrer Modalität nach durch Modifikationen des Weltbildes bedingt ist, vor allem aber ihre Reinheit von der Reinheit und Strenge des Gottesverständnisses selbst abhängt. Zum andern vermag gegebenenfalls in einer Zeit des angefochtenen Gottesglaubens allein die Erscheinung Jesu Christi selbst den Zugang zum biblischen Gottesverständnis zu öffnen. Jedoch wäre dieser Vorgang abstrakt gedacht, wenn angenommen würde, daß dann unmittelbar aus dem Zeugnis von der Auferstehung Jesu Christi der Glaube an den totenerweckenden Gott entspringe, statt daß der Weg von der Begegnung mit der Gestalt Jesu über biblische Gottesaussagen und über eigene Transzendenzerfahrungen in eine neue Offenheit für die Auferstehungshoffnung führte. Schließlich aber besteht die entscheidende Beziehung des Glaubens an den Gekreuzigten als Auferstandenen zur allgemeinen Hoffnung auf die Totenauferstehung in dem Zweifachen, was doch im Grunde ein einziges ist: Der Christusglaube ist als solcher die Gewißheit, durch das Sein in Christus in das Auferstehungsgeschehen mit hineingenommen zu werden. Und er bewirkt zugleich die Läuterung der Auferstehungshoffnung, indem sie sich nicht an apokalyptische Phantasie hält, sondern an die soteriologische Integration des Kreuzestodes Christi in das Verständnis seiner Auferstehung.

b) Das Eschaton und die theologia crucis

Für die Christologie ist es fundamental, daß sich das Verständnis der Auferstehung Christi nur über das Verständnis der Heilsbedeutung seines Todes erschließt. Damit tritt die Auferstehungsaussage nicht in pauschale Antithetik zum Tod als Weltphänomen. Sie hebt ihn in diesem Sinne keineswegs auf und läßt ihn nicht durch welthafte Wiederbelebung rückgängig gemacht werden. Weil es sich vielmehr bei Jesus Christus um den Tod handelt, der in einzigartiger Weise durch das Gottesverhältnis bestimmt ist, geht er als solcher in das Verständnis von Auferstehung ein und beeinflußt die Auffassung, in welchem Sinne hier von einer Überwindung und Aufhebung des Todes die Rede ist. Deshalb rückt die Auferstehungsaussage in den Zusammenhang der theologia crucis, und zwar nun nicht nur hinsichtlich der Auferstehung Christi, sondern von daher ebenfalls hinsichtlich der eschatologischen Auferweckung der Toten überhaupt. Sie hat ihr Gegenstück nicht einfach an dem, was an Verzichtenmüssen und Leiden in diesem Leben ertragen werden mußte und was nun nach dem Vergeltungsprinzip in sein Gegenteil umschlägt. Das wäre eine Auferstehungshoffnung im Zeichen der theologia gloriae. Vielmehr hält der christliche Glaube dazu an, das Verständnis von Auferstehung darauf auszurichten, daß sich in ihr das Zusammensein mit Gott vollendet und darum Versöhnung und Friede zur Vollendung kommen. Dies wird nicht durch die Erwartung der Parusie Christi als des Weltrichters eingeschränkt oder gar zurückgenommen. Vielmehr wird das Evangelium, das Jesus Christus in Person ist, durch diese Perspektive futurischer Eschatologie in seinem endgültigen Ernst und seiner unüberholbaren Wahrheit bestätigt.

Obschon sich das Noch-nicht des ausstehenden Eschaton auf dasjenige bezieht, was im Glauben schon jetzt da ist, wäre doch die Differenz als eine nur quantitative falsch eingeschätzt. Es geht nicht bloß um ein Wachsen und Zunehmen – dies freilich auch, wenn man es streng auf die sich steigernde Erfahrung des Angewiesenseins auf Gnade und des Getragenseins von ihr bezieht. Es geht vielmehr ebenfalls um ein Abnehmen und Sterben, um den positiven Sinn dessen, daß die Reichweite der eigenen Möglichkeiten und zeitlichen Hoffnungen schrumpft, daß die Leiden dieser Zeit schmerzhaft dazu einladen, an die Vergänglichkeit zu denken, aber auch an barmherziges Mitleiden, und daß das Ja zum Sterben dann kein bitteres Nein zum irdischen Leben ist, wenn es dem Ja zum wahren Leben entspringt. Wer nicht dazu bereit ist, sein Leben willig als den Weg zu seinem Sterben auf sich zu nehmen, verwirft zusammen mit der Kreuzesnachfolge den Hoffnungssinn des Kreuzes, wie ihn der Glaube an den Auferstandenen bekennt.

Von solcher Zukunftshoffnung des Glaubens, die alles transzendiert, legt sich die Verbindung zum Ethischen nahe, obwohl das Ziel der Hoffnung alle Möglichkeiten menschlichen Handelns übersteigt. Aber die im Zeichen des Kreuzes stehende Hoffnung verweigert nicht die Verantwortung für Zeit und Geschichte. Indem sie der definitiven Zukunft gewiß ist, gewährt sie ein souveränes und hoffnungsstarkes Verhältnis zur zeitlichen Zukunft.

3. Das Verhältnis zum heiligen Geist

Die christlichen Hoffnungsaussagen sind in der Weise auf den Glauben an den heiligen Geist bezogen, daß das eschatologische Perfekt, welches sich in der Sendung des Sohnes ereignet hat, in der Sendung des Geistes je und je eschatologisches Präsens wird (vgl. Gal 4,4–6). Wie aber das christologische Perfekt das eschatologische Futur nicht aufhebt, sondern es läutert und seiner gewiß macht, so tritt auch nicht das pneumatologische Präsens zum eschatologischen Futur in Konkurrenz, sondern ist selbst die angemessene Einstellung zur Zukunft. Im Verhältnis zum heiligen Geist erhält darum die futurische Eschatologie ihre Orientierung an der Unterscheidung zwischen diesem und dem ewigen Leben.

a) Das Eschaton und der Vorschuß des Geistes

Die Rede von einer Vorwegnahme des Eschaton im Widerfahrnis des Geistes kann Symptom eines verhängnisvollen enthusiastischen Mißbrauchs der Berufung auf Jesus Christus sein. Dafür sind die Vorgänge in Korinth das klassische Beispiel. Um derentwillen hat Paulus in pneumatologischer Abzielung durch die Entfaltung der Auferstehungshoffnung (1. Kor 15) seine theologia crucis nicht eingeschränkt, sondern bekräftigt. Die Gabe des Geistes hat nicht den Charakter der Vorwegnahme, sondern den des Vorschusses (vgl. Röm 8,23 2. Kor 1,22 5,5). Sie hebt nicht hinweg über die Niederungen und Ängste zeitlichen Daseins und vergleichgültigt nicht, was in ihm zur Entscheidung steht. Als Vorschuß ist die Gabe des Geistes voller Erwartung und Hoffnung entsprechend dem Verheißungscharakter des Evangeliums. Sosehr die Stimme des Dankens und des Jubelns zu den Registern des Geistes gehört, ist doch sein Grundton ein sehnsuchtsvolles Seufzen (Röm 8,22f.25). Und sein Urwort ist nicht der Triumphruf der eigenen Stärke und des Selbstruhms (vgl. 1. Kor 1,25–31 4,10 2. Kor 10,17f u. ö.), sondern der Gebetsruf „Abba, Vater!" (Röm 8,15 Gal 4,6). Je klarer der Zusammenhang des Geistverständnisses mit dem Kreuz Jesu Christi einerseits und mit der Präzisierung des Glaubensverständnisses in der Rechtfertigung sola fide anderseits erfaßt ist, desto deutlicher kommt darin der eschatologische Akzent zur Geltung.

b) Das Eschaton und die Fülle des Geistes

Ist die Teilhabe am Geist, wie sie zum christlichen Glauben gehört, stets nur der Empfang eines Vorschusses, so verweist der Glaube an den heiligen Geist auf den noch ausstehenden unermeßlichen Überschuß, der nicht nur je und je unserer Schwachheit aufhilft, sondern auch an dem Endgültigwerden der menschlichen Ohnmacht das Material seiner Vollmacht hat. Nur dann ist die futurische Eschatologie in einer dem christlichen Glauben gemäßen Weise zur Pneumatologie in Beziehung gesetzt, wenn auch das, was im Eschaton selbst geschieht, dem heiligen Geist als das Vollenden seines Werkes anheimgestellt wird. Ist doch alles, was vom Eschaton zu erwarten ist, vom heiligen Geist durchdrungen und darum auch geistlich zu verstehen. Nicht im Sinne einer Spiritualisierung, als bestehe die eschatologische Erlösung in der Trennung der Geistseele vom Leib – das galt der dogmatischen Tradition als Definition des Todes, aber nicht der Auferstehungswirklichkeit –, wohl aber im Sinne einer Vergeistigung des ganzen Menschen in Gegenwart des ewigen Gottes.

Damit ist auf einen Prozeß des Umdenkens eschatologischer Zukunftsvorstellungen verwiesen, der erst im Eschaton selbst zum Abschluß kommt. Die Vorstellungen als solche entstammen ausnahmslos dem, was das religiöse Empfinden und Sehnen der Menschheit als Symbole des Jenseits von Raum und Zeit, von Tod und Weltende hervorgebracht hat. So kritisch damit umzugehen ist, verdient es doch, mit Ehrfurcht behandelt zu werden, selbst wenn die transzendierende Phantasie bizarre Blüten getrieben hat. Denn alles, was an der Grenze von Zeit und Ewigkeit geschieht, ist vom Hauch der Ewigkeit berührt. Das legitimiert es nicht. Aber es gebietet, mit religiösen Zukunftsaussagen so umzugehen, daß man die Situation, die sie ansprechen, selber aufsucht, wenn man sich mit ihnen auseinandersetzt, zumal dann, wenn es dabei um die theologische Verantwortung für die christlichen Hoffnungsaussagen geht.

B. Die Dimensionen eschatologischer Zukunftsaussagen

Die futurische Eschatologie ist nicht nur von einem Übermaß an apokalyptischen Vorstellungsinhalten bedroht, sondern auch von einem Übermaß an Subtilität bei dem Bemühen, sie miteinander zu verbinden und rational zu durchdringen. Wer über die Vorstellungsarmut und Kargheit heutiger Theologie in diesem Bereich Klage führt, sollte sich über die eingehende Behandlung des Themas in einer scholastischen oder altprotestantischen Dogmatik informieren. Er wird feststellen, daß im Vergleich damit auch die ausführlichste gegenwärtige Erörterung einschließlich einer extrem fundamentalistischen den Anschein der Dürftigkeit hat und, vielleicht ohne es sich einzugestehen, viele Fragen gar nicht sieht oder sich vor ihnen drückt, obwohl sie bei der eingeschlagenen Methode eigentlich zu stellen wären.

In der klassischen Dogmatik fragte man sehr genau. Z.B. zu welcher Tageszeit die allgemeine Totenauferstehung stattfinden werde, wobei die Morgendämmerung als am wahrscheinlichsten galt. Oder welchem Lebensalter das Aussehen der Auferstandenen entspreche, das sich doch im Laufe des Lebens so sehr verändert. Die Antwort lautet: Falls der Betreffende nicht schon früher verstorben sei, käme der Kulminationspunkt des Lebens in Betracht, an dem es zur höchsten Entfaltung gekommen ist, wofür man – nicht ohne christologische Anspielung – das dreißigste Lebensjahr annahm. Oder man fragte nach dem Vorgang der Auferweckung in bezug auf seine zeitliche Erstreckung: ob er sich im Nu vollziehe oder in einem gewissen Nacheinander. Antwort: Soweit die Engel als dienstbare Geister beim Aufsammeln der leiblichen Überreste beteiligt seien, nehme es etwas Zeit in Anspruch, obschon nur wenig. Soweit hingegen Gott selbst dabei handle, indem er die Seele wieder mit dem Leib verbinde, geschehe es in einem Augenblick. Oder ein letztes Beispiel: Da an der Identität der Materie die Identität des Leibes hange, entstehe die Schwierigkeit, wohin das Fleisch eines Menschen gehöre, das ein Menschenfresser verzehrt und sich selbst einverleibt hat. Selbstverständlich, so lautet die Antwort, gehört es dahin, wo es von Natur seinen Ort hatte, und nicht dahin, wo es zum widernatürlichen Besitz geworden ist.

Nun mag man sich über Fragestellungen solcher Art leicht mit dem Urteil hinwegsetzen, sie seien lächerlich oder vorwitzig, spitzfindig oder absurd. Es ist aber ein heilsamer Test, sich darüber klarzuwerden, warum eine solche Fragestellung unzulässig ist. Genügt als Grund, daß die Bibel darauf keine Antwort gebe und eben deshalb die Frage unbeantwortbar und töricht sei? Oder reicht es gar aus, daß uns die Frage unbequem ist? Die Abweisung: so dürfe man nicht fragen, sollte doch nur dann statthaft sein, wenn man in der Lage ist, die Sinnlosigkeit der Fragestellung aufzudecken und alle Folgen auf sich zu nehmen, die sich daraus für die eigenen Aussagemöglichkeiten ergeben. Gegen jenen Typ von Fragen, die wir uns allenfalls nur als Fußangeln in plumper Gottlosenpropaganda vorstellen können, ist angesichts ihres Vorkommens innerhalb der klassischen Dogmatik keinesfalls der Vorwurf der Leichtfertigkeit oder gar Ehrfurchtslosigkeit zu erheben. Sie werden dort ernsthaft gestellt und mit einem erstaunlichen Mut zur Konsequenz vorangetrieben. Kein unfrommer Kritiker könnte es rücksichtsloser tun. Und sie werden mit einem hohen Aufwand an Scharfsinn und intellektueller Redlichkeit im Rahmen eines umfassenden Wirklichkeitsverständnisses beantwortet, wobei Probleme, die einen physischen Aspekt aufweisen, auch eine physikalische Erklärung verlangen. Daß uns heute diese Erklärungen haltlos und kindlich anmuten mögen, darf nicht darüber täuschen, wie hilflos und vage demgegenüber vielfach heutige Auskünfte lauten und wie sehr man es an einer entsprechenden Folgerichtigkeit des Fragens mangeln läßt. Darum ist die relative Dürftigkeit heutiger theologischer Äußerungen zur futurischen Eschatologie, soweit sie die Vorstellungsinhalte betreffen, ambivalent. Sie kann ein Zeichen dessen sein, daß in fahrlässiger Weise Schwierigkeiten übergangen werden, sei es, daß man trotz aller Reduktion immer noch in eschatologischer Plerophorie den Mund zu voll nimmt, sei es, daß man in theologischer Resignation das Thema überhaupt meidet. Eine bewußte, auf theologischer Denkerfahrung beruhende Sparsamkeit hat dagegen als die Frucht gewissenhafter Zurückhaltung zu gelten.

Wenn nun nach allem, was zum Methodischen bereits bemerkt worden ist, und über das hinaus, was sachlich schon berührt wurde, mit der erforderlichen Sorgfalt und in der uns gebotenen Bescheidung auf die Inhalte eschatologischer Zukunftsaussagen noch näher eingegangen werden soll, so gilt für die Auswahl folgender Grundsatz: Es darf sich nicht um das Konglomerat verschiedener Sachverhalte handeln, sondern nur um verschiedene Dimensionen eines einzigen Sachverhalts. Dieser Forderung entsprechen die drei Leitgesichtspunkte, die am Ende der Ausführungen über das Wesen der Hoffnung genannt wurden (§ 38 B II 3, s.o.S. 434ff). Wenn eschatologische Hoffnung sich auf Gott richtet, wie dies zuletzt noch trinitarisch im Blick auf das Ganze des christlichen Glaubens durchmeditiert wurde (A II, s.o.S. 444ff), so dürfte es einleuchten, daß die von Gott erhoffte Vollendung seines Werkes in drei Hauptrichtungen zu bedenken ist: als Überwindung des Todes, als endgültige Offenbarung sowie als Ende der Anfechtung. Dabei verbietet sich freilich ein konstruierendes Vorgehen. In diese aus der Sache selbst sich ergebenden Aussagerichtungen sind vielmehr die hauptsächlichen überlieferten Glaubensvorstellungen eschatologischer

Art einzufügen und in der damit gegebenen konzentrischen Betrachtungsweise auf ihren theologischen Gehalt hin zu explizieren.

I. Die Überwindung des Todes

Die Überwindung des Todes steht unter den eschatologischen Zukunftsaussagen aus zwei Gründen an zentraler Stelle. Dieses Thema bildet den Schnittpunkt dessen, was von der Erfahrung her in ein Transzendieren der zeitlichen Zukunft hineintreibt, sowie dessen, was vom biblischen Zeugnis her allen Glaubensaussagen den Stempel des Letztgültigen aufprägt. Die unwiderstehliche Stärke des Denkimpulses, der vom Tod auf das Leben ausgeht und über ihn hinausfragen läßt, wird zum einen daran deutlich, daß in allen Religionen und Weltanschauungen die Auseinandersetzung mit dem Tod ausdrücklich oder indirekt ein Hauptmovens darstellt; zum andern daran, daß der Tod die einzige Weise ist, wie das Eschaton in der Zeit anschaulich wird, so daß das Nachdenken über alle Problemsituationen des Eschatologischen am Tod seinen disziplinierenden Ernstfall hat. Von der Lebensrelevanz des Sterbens war bereits an anderer Stelle die Rede: beim Eintritt in die Darlegungen zur Heilsbedeutung des Todes Jesu (§ 19 A, s. Bd. II, 132ff). Hier dagegen wird der Tod nicht gesondert zum Thema, sondern nur im Hinblick auf seine eschatologische Überwindung.

Daß die Letztgültigkeit aller christlichen Glaubensaussagen in ihrem Bezug auf die Überwindung des Todes zum Ausdruck kommt, wie es in diesem Paragraphen schon dargelegt wurde, macht auf einen bemerkenswerten Sachverhalt aufmerksam. Die Vorstellung von der Totenauferstehung ist selbstverständlich vorchristlichen Ursprungs, war aber in urchristlicher Zeit im Judentum noch keineswegs allgemein anerkannt. Erst durch das Christentum gelangte sie zu ihrer überragenden Bedeutung. Hier jedoch wirkte sich von vornherein die Verbindung mit dem Glauben an die Auferstehung Jesu anscheinend gegensätzlich aus. Einerseits erhielt der Gedanke der Totenauferstehung überhaupt eine entschiedene Zentrierung auf ein einziges Zukunftsgeschehen hin, das mit der Wiederkunft Christi und seiner Funktion als Weltrichter verbunden ist. Der Vorstellung exzeptioneller Entrückungs- und Auferstehungsvorgänge, die sich vorweg bereits an einzelnen besonders Ausgezeichneten vollziehen, wird damit ein Ende gesetzt und die Totenauferstehung auf einen und denselben Moment hin universalisiert und futurisiert. Nur in bezug auf die Mutter Jesu hat die katholische Kirche durch das Dogma von der leiblichen Aufnahme Marias in den Himmel eine Ausnahme gemacht[3]. Anderseits aber erfuhr die Vorstellung von

[3] Denz. 3903.

der Totenauferstehung am Jüngsten Tage durch den Glauben an die bereits geschehene Auferstehung Jesu Christi eine gewisse Relativierung, nicht in temporaler, aber in sachlicher Hinsicht. Denn durch das Sein in Christus und die Teilhabe an ihm nehmen bestimmte Aspekte der futurischen Eschatologie auch für den Glaubenden selbst präsentischen Charakter an. Das zeigt sich besonders deutlich an der definitiven Gültigkeit des Evangeliums als eines Freispruchs, der dem Jüngsten Gericht zuvorkommt, sowie an dem Verständnis des ewigen Lebens als eines schon gegenwärtigen Heilsgutes.

1. Die Unsterblichkeit der Seele

Obwohl jetzt nicht religionsphänomenologisch auf die ganze Breite und Vielfalt von Jenseitsvorstellungen eingegangen werden soll, sondern der Blick auf die vom christlichen Glauben her verantwortbaren Aussagen konzentriert wird, muß doch unter dem Stichwort „Unsterblichkeit der Seele" eine wichtige und strittige Berührung außerchristlicher und christlicher Denkweise diskutiert werden. Die theologischen Meinungen differieren zwischen entschiedener Bejahung und nicht minder entschiedener Verneinung der Unsterblichkeit der Seele.

a) Außerchristliche Vorstellungen

Man muß hier, wenn auch etwas schematisierend, zwei verschiedene Anschauungsweisen unterscheiden: die religiöse und die philosophische. Zum religiösen Vorstellungsbereich gehört wohl nahezu ausnahmslos in allen geschichtlichen Ausprägungen ein Empfinden dafür, daß trotz des Erlöschens der Lebenszeichen und trotz der Verwesung des Leibes der Tote nicht einfach damit identisch und erledigt ist, vielmehr in irgendeiner Weise fortbesteht. Seine Seele hat den Leib verlassen und entweder sich an den Aufenthaltsort der Toten in der Unterwelt begeben oder irrt ruhelos umher oder muß den weiten Weg einer Wanderung durch verschiedene Reinkarnationen zur Erlösung vom Sein beschreiten. Die Existenz als separate Seele ist schattenhaft, aber doch nicht ohne jede Beziehung zur Welt der Leiblichkeit. Den Geistern der Verstorbenen erweist man kultische Verehrung, nicht aus bloßer Pietät, sondern vor allem aus Sorge für die Wahrung verborgener Lebenszusammenhänge oder in apotropäischen Riten. Die Toten können gegebenenfalls auf die Lebenden einwirken oder ihnen erscheinen. Die Lebenden können in gewissen Grenzen etwas für die Toten tun, in Ausnahmefällen sogar spiritistisch über sie verfügen, sie herbeibeschwören und befragen. Auf jeden Fall ist dieser ganze Komplex zwielichtig wie das Leben selbst, mehr Anlaß zu Beunruhigung und Furcht als zur Zuversicht. Die Fortexistenz der Toten steht völlig im Zeichen des Todes und ist Ausdruck des Gefühls, daß keineswegs deshalb alles aus ist, weil es mit dem irdischen Leben aus ist, und daß nicht alles davon als vergangen gelten darf, obwohl dessen weiteres Was und Wie tief verhangen und unheimlich ist. Das schließt nicht Vorstellungen des Zur-Ruhe-Kommens und vielleicht sogar einer gesteigerten Seligkeit aus. Eher aber dominieren die Schreckensbilder höllischer Qualen. In all dem spiegelt sich das Leben mit seiner Mischung von Glück und Unglück, von Sehnsucht und Angst, von Nicht-sterben-Wollen und Doch-sterben-Müssen und bisweilen auch von Sterben-Wollen und Nicht-sterben-Können.

Sofern philosophisches Denken die Vorstellung eines Lebens nach dem Tode teilt, bestehen selbstverständlich Rückverbindungen zu religiösen Ursprüngen. Aber im Unterschied zu dem grob gekennzeichneten religiösen Vorstellungskomplex kann man, ebenfalls etwas pauschalisierend, die sich vom griechischen Denken herleitende Auffassung von der Unsterblichkeit der Seele durch zwei Eigentümlichkeiten gekennzeichnet sehen. Einerseits nimmt hier die Erwartung eine betonte Wendung ins Positive. Die Geistseele, und nur sie, ist unsterblich und erreicht gerade durch die Loslösung vom Leib wie durch eine Befreiung aus dem Gefängnis ihre eigentliche Seinsweise. Anderseits lockert sich damit der Zusammenhang mit der ganzheitlichen Individualität des Menschen und seines Lebensschicksals. Es überwiegt die Tendenz, die Unsterblichkeit der Seele mit ihrer Befreiung auch aus der Begrenztheit ihrer Individualität zu verbinden und als ein völliges Aufgehen in die Allseele oder in den Weltgeist und in seine Unsterblichkeit aufzufassen. Die metaphysischen Argumente können entweder bei der Immaterialität und Unteilbarkeit der Seele einsetzen, woraus die wesenhafte Unzerstörbarkeit gefolgert wird, oder bei der Fähigkeit, sich dem Bleibenden, Unvergänglichen zuzuwenden und dadurch selbst seiner teilhaftig zu werden. So oder so ist die unsterbliche Seele etwas Göttliches im Menschen und gehört darum letztlich nicht auf die Seite der Sterblichen.

b) Theologische Integration

Die außerchristlichen religiösen Vorstellungen von einer postmortalen Existenz wirken im Christentum mannigfach nach, teils in apokrypher, teils in christianisierter Gestalt. Aber nicht darauf, sondern auf die Rezeption der philosophischen Lehre von der Unsterblichkeit der Seele wird ausdrücklich Gewicht gelegt. Bis auf wenige kritische Stimmen, die vornehmlich erst in unserer Zeit laut wurden, hat in der christlichen Tradition ganz überwiegend die Meinung gegolten, daß die Lehre von der Unsterblichkeit der Seele und die biblische Auffassung von der Auferstehung der Toten einander nicht ausschließen. Die erste sei in die zweite integrierbar und die zweite sogar auf die erste angewiesen. Das hat fundamentaltheologisch-apologetische Gründe. Wie die Beweisbarkeit der Existenz Gottes so gilt ebenfalls die philosophische Begründbarkeit, zumindest die Nichtwiderlegbarkeit der Unsterblichkeit der Seele als ein praeambulum fidei, durch das die Glaubensaussagen eine rationale Verankerung im natürlichen Wirklichkeitsverständnis besitzen. Beides hat die römische Kirche ausdrücklich dogmatisch definiert, die rationale Beweisbarkeit Gottes im ersten Vaticanum[4], die philosophische Gewährleistung der Unsterblichkeit der Seele gegen averroistische Einwände im fünften Laterankonzil[5].

Diese theologische Indienstnahme gab der philosophischen Lehre freilich eine ihr von Hause aus fremde Intention. Zum einen wurde nun auf die Unsterblichkeit der individuellen Seele alles Gewicht gelegt. Zum andern kam dieser Auffassung nicht ein anthropologischer Eigenwert zu, sondern nur eine Hilfsfunktion zur Überbrückung der Kluft zwischen dem individuellen Tod und der universalen Auferstehung am Jüngsten Tage. Insbesondere durch eine Weiterbildung der aristotelischen Auffassung der anima als forma corporis gelang es Thomas von Aquin, beides in ein Gleichgewicht zu bringen: die Erklärung dessen, daß die Seele im Tode getrennt vom Leib als forma substantialis für sich weiterbestehen kann, sowie die Ausrichtung auf die Wiedervereinigung der Seele mit dem Leib als die vollständige Seinsweise des Menschen in der Auferstehung. Schließlich wurde nach christlichem Verständnis immer daran festgehalten, daß die Unsterblichkeit der Seele als solche nicht Unsterblichkeit des Menschen bedeute. Sein Tod soll nicht abgeschwächt werden. Er wird erst durch die Auferstehung überwunden. Daß die Seele fortbesteht, besagt im Grunde nur, daß des Toten ein ewiges Geschick wartet. Denn die Auferstehung zum Gericht bringt allererst die Scheidung in ewiges Leben und ewigen Tod. Die Unsterblichkeit der Seele gibt kein Anrecht auf ewiges Leben. Richtiger spricht man darum von Unzerstörbarkeit der Seele, da ja auch dem ewigen Tod das Moment der Unzerstörbarkeit eigen ist. Darum steht diese theologisch integrierte Auffassung von der Unsterblichkeit der Seele zu ihrer Einschätzung als göttlich grundsätzlich in Gegensatz. Als Kreatur ist sie selbstverständlich von Gott unterschieden. Und obwohl unzerstörbar, ist gerade sie der Ort der Zerstörung wahren Lebens, der Sitz der Sünde, die den Charakter von Todsünde hat. Unzerstörbarkeit der Natur nach ist etwas anderes als das ewige Leben, das durch die Gnade zuteil wird und in der himmlischen Herrlichkeit zur Vollendung gelangt.

c) Theologische Kritik

Wenn man das biblische Verständnis von Auferstehung mit aller

---

[4] Denz. 3004.

[5] Denz. 1440.

Schärfe gegen den Gedanken der Unsterblichkeit der Seele meint ausspielen zu müssen, so trifft man damit zwar die griechisch-philosophische Fassung, nicht aber ohne weiteres die traditionelle theologische Verarbeitung dieses Gedankens. Überdies würde man zwangsläufig Verwirrung anrichten, wenn man die Kritik an der genuinen Konzeption von Unsterblichkeit der Seele einfach durch Negation zum Ausdruck brächte und die Sterblichkeit der Seele behauptete. Gewiß kommt nach biblischer Auffassung Unsterblichkeit Gott allein zu (1. Tim 6,16). Nur als von Gott verliehene eschatologische Gabe wird Unsterblichkeit dem sterblichen Menschen zuteil (1. Kor 15,53f). Anderseits unterscheidet auch die Bibel zwischen dem Leib, den Menschen töten, und der Seele, die sie nicht vernichten können, während in der Hölle beides miteinander dem Verderben übergeben wird (Mt 10,28). Ebenso hebt doch wohl die Bezeichnung des Sterbens als Entschlafens und des Todes als eines Schlafes den besonderen Aspekt des Seelenzustandes im Unterschied zur Leiblichkeit hervor. Obwohl also die Intention eine ganz andere ist als die der Auffassung von der Unsterblichkeit der Seele, besteht darin eine nicht zu unterschätzende Problemberührung, daß auf beide Weisen der Ewigkeitsbezug des Menschen angesprochen ist. Allerdings muß der traditionellen theologischen Rezeption der Unsterblichkeit der Seele in der Hinsicht scharf widersprochen werden, daß die philosophischen Argumente – das metaphysische Wesen der Seele und ihre Partizipation am Geistigen überhaupt – die theologische Neigung befördern, das Gewicht der Sünde wie des Todes nun doch abzuschwächen und die Überbrückung des Todes zur Auferstehung hin von der menschlichen Natur her zu begründen. Die Idee der Unsterblichkeit der Seele ist von dem personalen Gottesverständnis ablösbar. Wenn darum ihre theologische Inanspruchnahme und Umformung allein dies zum Ausdruck bringen soll, daß der Mensch in seinem Sein vor Gott der Ewigkeit ausgesetzt ist und ihr nicht entrinnen kann, dann wäre es am angemessensten, nicht im substanzhaften An-sich-Sein der Seele, sondern im Angesprochensein durch Gott den Grund einer Unsterblichkeit zu sehen, die nach beidem hin offen ist: zum ewigen Tod und zum ewigen Leben[6].

2. Das Problem des Zwischenzustandes

Wird der Tod, der dem Einzelnen gilt und ihn in äußerstem Maße zum Einzelnen macht, in seinem Weltbezug und seinem Gottesbezug erfaßt und darin mit dem zusammengedacht, was Jesus Christus als

---

[6] WA 43; 481,32–34: Ubi igitur et cum quocunque loquitur Deus, sive in ira, sive in gratia loquitur, is certo est immortalis.

Mittler zwischen Gott und Welt für den Glauben bedeutet, dann ist der Tod des Einzelnen nicht von der Ganzheit dessen isolierbar, was zwischen Gott und Welt geschieht. Darin besteht die Notwendigkeit, den individuellen und den universalen Aspekt der Eschatologie nicht auseinandertreten zu lassen, sondern zusammenzuschauen. Problematisch wird dies jedoch, wenn die Chronologie als verbindendes Medium dient. Dann wird die noch laufende Weltzeit für die Toten zur Wartezeit auf die Ewigkeit. So entsteht das Problem des Zwischenzustandes zwischen dem Sterben und dem Auferstehen, zwischen dem Entlassenwerden aus der Zeit und dem Eingelassenwerden in die Ewigkeit, zwischen dem Siegen des Todes und seinem Besiegtwerden. Das ist eine verständliche und doch widersinnige Konstellation. Im Neuen Testament klingt beides an: das Harren der Toten auf den Jüngsten Tag (1. Thess 4,13–17 1. Kor 15,20–26) sowie die Zusage, daß das Heute des Sterbens auch das Heute der Aufnahme in die Ewigkeit ist (Lk 23,43 16,22f). Man könnte mit dem Achselzucken des ignoramus darüber hinweggehen. Es ist jedoch lehrreich, über dieses Problem und seine Gefahren nachzudenken.

a) Raum und Zeit in eschatologischer Hinsicht

Die scholastische Dogmatik sah in bezug auf den Raum in eschatologischer Hinsicht kein Problem. Die geschaffene Wirklichkeit ist räumlich und bleibt es auch jenseits der Todesgrenze. Das Eschaton verwandelt das Geschaffene, hebt es aber nicht auf. Deshalb befinden sich sogar die körperlosen Seelen an bestimmten räumlichen Orten, wie denn der künftige Auferstehungsleib ebenfalls, weil wirklich, auch räumlich sein wird. An dieser naiven Denkweise beeindruckt die Entschiedenheit, mit der auch die Toten zur Wirklichkeit der Welt gerechnet werden. Wie nach materialistischer Auffassung der Sterbende nicht die Welt verläßt, sondern sich in seine physischen Bestandteile auflöst und in die Erde und den Kreislauf der Natur eingeht, so ist nach jener Anschauung weder die Welt die Toten los, noch sind die Toten aus ihrer Geschöpflichkeit und der Zugehörigkeit zur Schöpfung herausgefallen. Sie sind an einen anderen Ort der geschaffenen Wirklichkeit versetzt, an den sie nun gehören, obwohl zunächst auf unkörperliche Weise. Dagegen hat man mit dem Verständnis der Zeit Schwierigkeiten. Daß Zeit nicht mehr sein wird, bezog man nicht, wie diese Aussage in der Offenbarung Johannis (10,6) wohl gemeint ist, auf die ablaufende Frist, sondern verstand es als eine grundsätzliche Anordnung in Hinsicht auf die Zeit. Jedoch nicht als ihre Aufhebung schlechthin – die Zeitlosigkeit widerspräche der geschaffenen Wirklichkeit ebenso wie die Unräumlichkeit. Es endet die Zeit des Werdens und Vergehens, was man sogar astronomisch mit dem Stillstand der Gestirne erklärte, aber es bleibt die

Zeit der einfachen Sukzession von vorher und nachher. Während für Gott allerdings die Ewigkeit extra ordinem temporis gilt, besteht sie für die Kreatur nicht ohne die Komponente einer sich unendlich erstreckenden Zeit.

So anerkennenswert der Versuch ist, die Geschöpflichkeit über den Tod hinaus festzuhalten und dadurch den Wirklichkeitsbezug eschatologischer Aussagen zur Geltung zu bringen, führt er doch in Absurditäten, die für ein Denken, das auf Trennschärfe eingestellt ist, den gegenteiligen Effekt haben und den Wirklichkeitssinn des Eschatologischen zerstören. Das kam gelegentlich auch unter vorneuzeitlichen Bedingungen zumindest als störende Aporie zum Bewußtsein. Bezeichnenderweise gerade dann, wenn die theologische Durchdringung nicht das Vorstellungsschema geschöpflichen Seins zur Norm erhob, sondern sich zur Aufgabe machte, die eschatologischen Aussagen auf das Verhältnis zu Gott dem Schöpfer selbst hin zu verantworten. Deshalb wurde am ehesten die Christologie in Hinsicht auf die Probleme des Aufenthalts des Leibes Christi im Grab, der Niederfahrt zur Unterwelt, der Auffahrt zum Himmel und seiner leibhaftigen Gegenwart im Abendmahl zu der Stelle, an der das Vorstellungsmodell geschöpflicher Wirklichkeit transzendiert wird in Hinsicht auf die Schöpfermacht Gottes, die alles Begreifen übersteigt.

Wenn darum die vorchristlichen religiösen Vorstellungen der postmortalen Wirklichkeit in den christlichen Glauben wirklich integriert werden, so muß sich an ihnen die verändernde Kraft der weltüberwindenden Gottesgewißheit auswirken. Daraus ergibt sich folgende Weisung. An der Todesgrenze tritt das geschöpfliche Sein in die Unmittelbarkeit zu Gott. Was das für die Seinsweise bedeutet, kann nicht nach den Bedingungen geschöpflicher Wirklichkeit bestimmt werden, sondern muß in völliger Auslieferung an Gott den Schöpfer als ein schlechterdings ihm vorbehaltenes und uns verschlossenes Geheimnis dahingestellt bleiben. Nur daß darin Gott unverändert als der allmächtige Schöpfer und der grenzenlos liebende Vater geglaubt wird. Dazu leitet der Glaube an Jesus Christus an und macht dafür gerade deshalb frei, weil hier der Glaube in die ihm gemäßeste Situation eintritt als ein Glauben ohne Schauen, ein Glauben in die Finsternis hinein. Deshalb muß die Zeitdifferenz zwischen der Sterbestunde und dem Jüngsten Tag von Gott her ebenso für aufgehoben erklärt werden wie die Raumdifferenz zwischen dem geschöpflichen Ort der Toten und ihrem Sein vor Gott. Das schließt aber nicht aus, sondern ein, daß diese Aufhebung von Raum und Zeit in das unmittelbare Sein vor Gott hinein auf das Sein in Raum und Zeit bezogen werden muß, damit dieses wirklich in die Ewigkeit einbezogen wird. Deshalb muß, von uns her gesehen, der Ewigkeitsbezug des Zeitlichen immer neu zum Bewußtsein gebracht werden in der Bewegung metaphorischen Hinausweisens über Raum und Zeit. Als Antrieb und Richtungsbestimmung muß dafür unser Ja zu Gott auf Grund des Ja Gottes zu uns maßgebend sein.

b) Das Fegefeuer

Es mag überraschen, daß eine sich auf das Wesentliche konzentrierende Behandlung der Aussageinhalte futurischer Eschatologie ein anscheinend so abseitiges Thema berührt wie das Fegefeuer. Als eine katholische Spezialität liegt es protestantischem Empfinden fern. Und neuzeitliches Denken sieht darin nur ein Beispiel eschatologischer Phantasien und ihres Erledigtseins überhaupt. Es verdient jedoch deshalb Aufmerksamkeit, weil es der eklatante Fall der Verkehrung futurischer Eschatologie ist[7]. Die Interessenperspektive einer welthaft befangenen Frömmigkeit überschattet und trübt hier die klare Glaubensperspektive der Ausrichtung auf Gott selbst.

Diese Vorstellung verstößt gegen den Ernst der Endgültigkeit, der dem Tode gebührt. Das Purgatorium stellt eine dem Tode nachgeschaltete Phase dar, in der es mit dem Ausgeliefertsein an Gott noch nicht letzter Ernst ist. Man befindet sich dort weder in der Hölle noch im Himmel, sondern weiterhin unterwegs in einem Prozeß, dessen Läuterungscharakter allerdings sehr beschränkt ist. Er betrifft nicht das Wachsen in der Gnade, sondern nur ein Ableisten der noch ausstehenden zeitlichen Strafen, während die ewigen Strafen erledigt sind, da der Gnadenstand als Vorbedingung für den Eintritt in das Fegefeuer gilt. So ist es ein durchaus hoffnungsvoller, wenn auch peinvoller Ort, an dem noch abgebüßt werden muß, was an zeitlichen Sündenfolgen vor dem Tode nicht beglichen worden ist. Trotz schließlicher Aussicht auf den Himmel, ist es dennoch ein Ort der Ungewißheit in bezug auf Dauer und Maß der Strafen. Nicht das Licht der Ewigkeit, sondern der Schlagschatten der Zeit ist dann das, was einen nach dem Tode zunächst erwartet, ein weiteres Hoffen, doch nicht eigentlich auf Gott, sondern auf ein Ende des Strafleidens. An der Gnade kann man sich nicht genügen lassen, weil sie sogar im Tode nicht bedingungslos Gnade ist, sondern dem Menschen gewissermaßen in die Ewigkeit hinein noch etwas nachträgt, was von seinem zeitlichen Leben her unerledigt geblieben ist und ebenfalls nur zeitlichen Charakter hat. Von Gott ist dafür nichts zu erwarten, sondern nur von den noch Lebenden, die mit ihren Verdiensten die ungewisse Frist verkürzen und so den Toten etwas Gutes erweisen können. Dadurch ist auch insofern die Todesgrenze durchlöchert, als das, was dahinterliegt, nicht ausschließlich Gott überlassen, sondern zum Gegenstand menschlicher Einwirkung wird. Das

[7] Vgl. E. Hirsch, Das Wesen des reformatorischen Christentums, 1963, 163ff.

kann auch dahin umschlagen, daß die Heiligen, die schon im Himmel sind, kraft ihrer überschüssigen Verdienste den noch Lebenden beistehen.

Es spielt jetzt keine Rolle, ob und in welcher Weise der heutige Katholizismus diese Fegefeuer-Vorstellung selbst oder zumindest die darauf bezogene Praxis revidiert hat. An diesem geschichtlich außerordentlich wirksamen Beispiel sollte nur verdeutlicht werden, wohin futurische Eschatologie gerät, wenn sie nicht streng auf Gott selbst hin ausgerichtet wird. Was dabei in eine Zeit nach dem Tode verlegt wird, hat seine Wahrheit an dem, was das Sein in der Welt vor Gott notwendig enthält, nämlich ein Leiden an der Welt und an mir selbst und erst recht ein Leiden an Gott und seiner Ferne. Dies gilt es zum Objekt des weltüberwindenden Glaubens zu machen und inmitten der peinvollen Bedrängnisse sich der Hoffnung auf die Herrlichkeit Gottes zu rühmen (Röm 5,2), einer Hoffnung, die Gott gegen den Tod recht gibt. Was aber das Verhältnis zu den Toten betrifft, so bleibt außer dem schlicht menschlichen ehrfürchtigen und liebevollen Gedenken dem Glauben nichts anderes zu tun, als sie der Gnade Gottes zu befehlen. Wer dies ernst nimmt, weiß, daß es etwas Unüberbietbares ist.

c) Die eschatologischen Dehnungsfristen

Was an dem Zwischenzustand zwischen Tod und Auferstehung zu beobachten ist, weitet sich zu einem Strukturproblem der Eschatologie überhaupt aus. Ein Zwischenzustand nach Art eines retardierenden Moments tritt in der futurischen Eschatologie noch an anderer Stelle auf[8]: als die Vorstellung vom tausendjährigen Reich bei dem Übergang von der Parusie Christi zum Anbruch des Reiches Gottes. Dabei handelt es sich um eine vorläufige und begrenzte eschatologische Erfüllung, die noch auf irdische Bedingungen eingestellt ist. Diese beiden Zwischenzustände haben in der Christologie ihre Entsprechung: in den drei Tagen des Aufenthalts im Grab und den vierzig Tagen zwischen Auferstehung und Himmelfahrt. Endlich wiederholt sich dieses Motiv des Zwischenzustandes noch einmal zwischen dem ersten und dem zweiten Kommen Christi als die Zeit der Kirchengeschichte. Es besteht offensichtlich eine Gemeinsamkeit zwischen diesen chronologisch befristeten Zwischenzuständen im Ablauf des eschatologischen Geschehens. Indem sie trennend zwischen verschiedene Phasen treten, markieren sie das sukzessive Nacheinander, schlagen aber zugleich eine Brücke des Übergangs von einer Phase zur andern. Durch die trennende chronologische Zäsur und durch die Vermittlung zwischen zwei polaren Bestimmungen wird zwar einerseits das eschatologische Vorstellungsmaterial geordnet. Ander-

[8] Zum folgenden s.o.S. 448 Anm. 2.

seits leistet aber dieses stufenweise Verfahren der Tendenz Vorschub, durch die Auffächerung im Medium der Zeit die eschatologischen Aussageinhalte gegenüber dem Gottesbezug zu verselbständigen und ihr Verhältnis zueinander nach welthafter Vorstellung zu deuten. Das kann dann vor allem dazu verleiten, die zentrale Wende von Tod und Auferstehung im Sinne einer Antithetik zu interpretieren, die dem geschaffenen Sein und seinen Wertungen, jedoch nicht dem Willen Gottes entspricht. Demgegenüber ist es eine gute Regel, alle Aussagen futurischer Eschatologie testweise auf ein simul zu reduzieren, auf die eine Aussage, daß die Doxa Gottes, wie sie sich in Jesus Christus zu erkennen gegeben hat, endgültig zu ihrem Recht kommt.

3. Die Auferweckung der Toten

Zu dieser zentralen eschatologischen Aussage ist sowohl in der Christologie als auch in den generellen Bemerkungen zur futurischen Eschatologie so viel dargelegt worden, daß jetzt nur einige Hauptakzente zu setzen sind.

a) Antithetik und Kontinuität

Der Versuch, die Aussage der Totenerweckung vorstellungsmäßig zu realisieren, ringt mit Schwierigkeiten, die sich aus zwei unbedingt zu respektierenden Grenzmarkierungen ergeben. Einerseits ist die Identität zu wahren zwischen dem Menschen, der dem Tode unterworfen ist, und dem, der dem Tode entrissen ist. Anderseits kann der Gegensatz zwischen dem Sterblichen und dem Unsterblichen nicht radikal genug gefaßt sein. Die Versuche der Identitätssicherung laufen immer wieder darauf hinaus, durch eine Kontinuität der Substanz, sei es der der Seele, sei es der der Leibesmaterie, den Gegensatz abzuschwächen. Gerade dadurch wird der entscheidende Inhalt der Zukunftshoffnung mit einer solchen Last von Problemen und Aporien beladen, daß das, was Gegenstand der Hoffnung sein sollte, anstatt lebendigmachender Geist tötender Buchstabe wird. Diese Feststellung ist nicht eine apologetische Ausflucht, sondern läuft auf die Zumutung hinaus, um des wahren Gewichts dieser Hoffnungsaussage willen allen Ballast abzuwerfen, der aus falscher Sorge um sie aufgebürdet wird. Das ergibt sich aus der zentralen theologischen Einsicht, daß die Auferweckung der Toten durch alles verfälscht wird, was sich nicht in die spes purissima in purissimum deum[9] fügt. Auf das Problem der Identität bezogen heißt dies, daß sie allein in Gottes Treue und Anrede gründet. Dadurch ist seiner schöpferischen Allmacht die Freiheit gelassen, aus dem, was für

[9] S.o.S. 433 Anm. 11.

sich genommen nichts gilt und nichts ist, das zu machen, was vor ihm so viel gilt, daß es mit ihm ewig leben soll.

b) Auferstehung des Leibes

Auferstehung des Leibes ist im Rahmen der klassischen Dogmatik eigentlich eine Tautologie. In der Auferweckung der Toten geht es eben darum, der seit dem Tode separat fortbestehenden Seele wieder die ihr zukommende Leiblichkeit zu verleihen und eben dazu den Leib aus dem Grab, oder wo immer sonst er geblieben sein und sich verloren haben mag, hervorzurufen und zugleich in den Auferstehungsleib zu verwandeln. Die darin zum Ausdruck kommende Profilierung des Auferstehungsgedankens gegen die Vorstellung einer Entleiblichung der unsterblichen Seele ist noch schärfer durch die Credo-Wendung akzentuiert worden: Auferstehung des Fleisches[10]. Das kann kaum als polemische Spitze gegen die paulinische Aussage gedeutet werden, daß Fleisch und Blut das Reich Gottes nicht erben können (1. Kor 15,50). Vielmehr wird es eine undifferenzierte Pointierung dessen sein, was Paulus selbst mit dem Insistieren auf dem Auferstehungsleib im Auge hat. Es wäre nicht schwer, die schockierend klingende Rede von der Auferstehung des Fleisches gleichsam zum Exerzierplatz des Gedankens der Omnipotenz Gottes zu machen, sowohl hinsichtlich der Identifizierung der materiellen leiblichen Überreste als auch hinsichtlich ihrer Umwandlung in die Herrlichkeitsgestalt. Dennoch droht dieser Gedanke die Aufmerksamkeit statt auf Gott auf die Vorstellung von einem Wundergeschehen zu lenken, das, je drastischer es ausgemalt wird, desto mehr zu phantastischem Menschenwerk wird. Was dagegen mit der Leiblichkeit der Auferstehung theologisch gemeint ist, stellt etwas Grundeinfaches und – horribile dictu – im Grunde Selbstverständliches dar: Vor Gott erscheint der Mensch als ganzer, nicht bloß in der Einheit von Leib und Seele, sondern auch in der Ganzheit seines Leibeslebens, in der nun erst offenbar werdenden Identität seiner selbst. Wenn der Glaube an Gott nicht überhaupt ein bloßes Gedankenspiel sein, sondern dem Tod als äußerstem Ernstfall des Lebens standhalten soll, dann wäre alles andere unernst gedacht, was nicht die vollständige leibhaftige Präsenz des Menschen vor Gott aussagt.

Allerdings steht man damit an einer Gabelung des Auferstehungsgedankens. Wenn es hieß, daß vor Gott der Mensch als ganzer erscheint, so wäre dies zwiefach zu modifizieren: daß er als ganzer erscheinen muß und daß er als ganzer erscheinen darf. Das eine bringt den gewissermaßen neutralen Gedanken der Auferstehung zum Gericht zum Ausdruck, der in der systematisierten Eschatologie die Oberhand gewonnen

---

[10] BSLK 21,22.

hat. Das andere identifiziert die Auferstehung mit der Auferstehung zum ewigen Leben. Im ersten Fall meint die Ganzheit des Menschen gerade seine Bruchstückhaftigkeit, das Elend und die Armut einer Menschengestalt, die mit allen Spuren, die das Leben hinterließ, und doch eben völlig nackt, ohne Besitz und ohne Ruhm, ohne Schminke oder Maske vor Gott steht. Im zweiten Fall meint dagegen die Ganzheit des Menschen diejenige Gestalt, die der Mensch vor Gott annimmt, wenn er in Gnade angenommen ist und alles, was nach verfehltem und verpaßtem Leben aussah, dazu verklärt wird, wie es sich in Gottes Augen darstellt.

Diese Gabelung des Auferstehungsverständnisses weist auf eine noch verbleibende tiefe Widersprüchlichkeit in der eschatologischen Konfrontation von Gott und Tod hin. Einerseits taucht der erschreckende Gedanke vom ewigen Tod auf, dem zweiten Tod, wie es in der Offenbarung des Johannes (20,14) heißt. Anderseits wird die endgültige Vernichtung des Todes als des letzten Feindes ausgesagt, sozusagen der Tod des Todes (1. Kor 15,26 Offb 21,4). Beides steht in Beziehung zur Leiblichkeit des Menschen. Der zweite Tod ist die Besiegelung der Gottferne durch die ganzheitliche Begegnung mit Gott, die Behaftung bei der Sünde als der Zerstörung wahren Lebens durch den definitiven Ausschluß des ganzen Menschen vom wahren Leben. Der Tod des Todes hingegen ist die Besiegelung des Glaubens und die Vollendung des Werkes Gottes am Menschen, die definitive Befreiung von dem peccatum radicale und allen seinen Folgen.

II. Die endgültige Offenbarung

Die erste Dimension, auf die hin der Inhalt der eschatologischen Zukunftsaussagen bedacht wurde, betraf die Überwindung des Todes. Es leuchtet ein, daß dies der primäre und alles andere bestimmende Punkt ist, in dem sich der Gedanke an die endgültige Zukunft mit dem Gottesgedanken kreuzt. Das Verständnis von Auferstehung wies nun aber bereits in die zweite Dimension, in der es um die Aufhebung der Verborgenheit geht, um das Ende aller Dunkelheiten und Heimlichkeiten, um ein endgültiges Offenbarwerden. Die Auferstehung selbst stellte sich, jedenfalls in dem einen ihrer beiden Aspekte, als das Erscheinen-Müssen des Menschen vor Gott dar. In diesem Sinne hat jeder an der Auferstehung teil. Niemand ist in seinem Grab vergessen und verschollen, niemand kann sich tarnen und verstecken, jeder muß hervorkommen und sich auf Gottes Ruf hin einstellen, niemand kann sich taubstellen und seinen Namen überhören. Das sind freilich schon bildhafte Umschreibungen dessen, was es mit dem Tod auf sich hat. Er bringt den Menschen zwar vor der Welt zum Verschwinden, macht ihn aber vor

Gott offenbar und damit zu dem, was er für Gott, der in das Verborgene sieht, immer schon war, was er nun aber, weil definitiv vor Gott, in völliger Widerstandslosigkeit und ohne allen Trug sein wird. Wer sich zum Tod glaubend verhält, geht ihm als seinem eigenen Offenbarwerden entgegen. Jedoch läßt sich diese Ausrichtung auf den Gerichtsgedanken gar nicht leben, ohne entweder doch das völlige Versinken und Vergessenwerden herbeizusehnen oder aber auf ein anderes Offenbarwerden zu hoffen, von dessen Licht das Dunkel verschlungen wird.

1. Die Wiederkunft Christi

Der Gedanke der Wiederkunft Christi hat sich für unser Empfinden eher in das Gegenteil dessen verkehrt, was er eigentlich meint. Anstatt damit das endgültige und widerspruchsfreie Offenbarwerden dessen zu verbinden, was der Glaube von Jesus Christus hält, droht der Gedanke der Parusie Rätselhaftigkeit und Dunkelheit in den Christusglauben hineinzubringen. Das liegt einmal an den massiv mythisch-apokalyptischen Vorstellungen, die daran haften: seinem Erscheinen auf den Wolken des Himmels. Es liegt ferner daran, daß sich sofort die Erinnerung an die Parusieverzögerung damit verbindet, an das Ausbleiben dessen, was im Urchristentum als dicht bevorstehend geglaubt wurde. So liegt über dieser Erwartung der Schatten der Täuschung und Enttäuschung. Das Hinausschieben in weite Ferne wirkt sich auf den Inhalt des Erhofften selbst aus. Es hat nicht mehr die überwältigende Anziehungskraft des Lichten, sondern nimmt die Blässe und Undeutlichkeit von etwas völlig Vagem an. Und endlich scheint das Bild des Wiederkommenden dem zu widersprechen, was wir von Jesus wissen und an ihm haben. Man müßte befürchten, ihn gar nicht wiederzuerkennen, wenn er wiederkommt. Die Geste des Triumphators, in die sich die Gestalt des wiederkommenden Christus verdichtet, so daß sich vor ihm alle Knie beugen müssen (Phil 2,10), verfremdet die einladende Gebärde des einst Erschienenen: „Kommet alle zu mir, ihr Mühseligen und Beladenen, ich will euch erquicken. Nehmt mein Joch auf euch und lernt von mir; denn ich brauche keine Gewalt und halte mich in meinem Herzen zu den Geringen …" (Mt 11,28f) Entweder scheint er dann diese Maske des Demütigen abzuwerfen und sein wahres, gewalttätiges Gesicht zu zeigen oder seine Güte und sein Erbarmen in einem Auftritt zu verbergen, der den Eindruck erweckt, mit der Liebe und Gnade sei es am Ende.

Demgegenüber gilt es, den Grundsinn der Parusie-Erwartung zurückzugewinnen, der nichts anderes ist und sein kann als die selbstverständliche Implikation des Christusglaubens. Wird Christus als der geglaubt, der für alle da ist, so schließt dies die Gewißheit in sich, daß dies sich einmal auch definitiv für alle bewahrheitet. Wird er als der geglaubt, der unserem Leben und Sterben die wahre Bestimmung und Ausrichtung gibt, dann gehört notwendig dazu, daß der, der durch sein eigenes Sterben und Wieder-zum-Leben-Kommen dies bewirkt hat, der Herr aller ist, sowohl der Toten als auch der Lebenden (Röm 14,9), und daß er sich als solcher letztlich erweisen wird. Es ist entscheidend wichtig, seine Herrschaft so zu beschreiben, daß auch die Toten dazu gehören. Ein Herrscher nach dem Urteil der Welt wird daran gemessen, wieviel Lebende er in seinem Gefolge hat. Mit den Toten ist kein Staat zu machen. Jesus Christus hingegen übt die Herrschaft aus, bei der die Toten die ausschlaggebende Rolle spielen, weil an ihnen erst vollends offenbar wird, was es mit dieser Herrschaft auf sich hat. Die geglaubte Parusie ist darum nichts anderes als die geglaubte Bestätigung der Glaubensgewißheit, das Gegenwärtigwerden dessen, der schon jetzt als gegenwärtig geglaubt wird, das Offenbarwerden dessen, was ein für allemal offenbar ist. Wann und wie sich das vor aller Welt bewahrheitet, das nicht zu wissen, gehört zu eben der Verborgenheit, auf deren Enthüllung der Glaube unbeirrt wartet. Nur das steht außer allem Zweifel: Wenn es offenbar wird, ist es mit einer Welt vorbei, in der die Finsternis das Erdreich bedeckt und Dunkel die Völker (Jes 60,2). Dieses Offenbarwerden geschieht an der Grenze von Zeit und Ewigkeit. Es ist nicht ein innergeschichtliches Ereignis, von dem man in den Zeitungen wird lesen können, sondern das eschatologische Geschehen, dessen Weltöffentlichkeit darin gründet, daß die Welt selbst vor Gott offenbar wird. Es ist kein überholbares Ereignis. Der Glaube hat eben darin seine Gewißheit, daß er Jesus Christus stets als den erwartet, der aller Zeit und aller Zukunft überlegen ist.

2. Das Gericht

Die Erwartung der Wiederkunft Christi hat sich völlig mit dem Gerichtsgedanken verbunden. So ist sie trotz aller sogenannten Parusieenttäuschung in das Credo eingegangen[11] und repräsentiert die futurische Eschatologie schon im zweiten Glaubensartikel gewissermaßen als die Speerspitze der perfektischen Eschatologie. Diese Verbindung Jesu Christi mit dem Weltgericht erscheint jedoch irritierend. Das Gericht nach den Werken, bei dem Lohn und Strafe ausgeteilt werden und die endgültige Scheidung in Verdammte und Erlöste eintritt, spricht so stark die Sprache des Gesetzes, daß es den Anschein hat, zuletzt müsse doch das Evangelium dem Gesetz weichen, wenn schließlich Jesus Christus die Rolle des Richters übernimmt.

Um zu rechtem Verständnis dessen zu gelangen, muß man sich die

[11] BSLK 21,16f 26,20f.

Bedeutung des Gerichtsgedankens überhaupt vergegenwärtigen. Was wäre eine Welt, in der es keinen Richter und kein Gericht gäbe, in der jeder ungestraft sein Unwesen treiben könnte und jeder schutzlos der Willkür und Grausamkeit ausgeliefert wäre? Man verfehlte von vornherein das Wesen des Gerichts, wenn man es nur aus der Perspektive dessen betrachtete, der sich davor fürchtet und sich wünscht, daß es kein Gericht gäbe. Wie stark erweckt die Weltgeschichte eine echte, tief berechtigte Sehnsucht nach dem Gericht, nach Aufrichtung des mit Füßen getretenen Rechts, nach ausgleichender Gerechtigkeit. Es bleibt eine Quelle tiefster Beunruhigung, „daß es Fromme gibt, denen es geht, als täten sie Werke der Gottlosen, und daß es Gottlose gibt, denen es geht, als täten sie Werke der Frommen" (Pred 8,14). Daß diese verkehrte Welt richtiggestellt und zurechtgebracht werde, daß alles ans Licht und zur Wahrheit komme, darin besteht ein geschichtliches Verlangen von eschatologischem Ausmaß. Denn obwohl die Geschichte Beispiele dafür bietet, daß sich das Unrecht rächt und die Hybris zu Fall kommt, liefert sie doch ein Vielfaches an Beispielen dafür, daß das Unrecht ungestraft triumphiert und Hybris gar noch belohnt wird. Die Weltgeschichte als Weltgericht zu interpretieren, birgt das Risiko ständiger Fehlurteile in sich. Der Glaube aber weiß, daß Gottes Gedanken und Wege anders sind als die der Menschen (Jes 55,8f), und er bekennt, wie unerforschlich seine Gerichte und unergründlich seine Wege sind (Röm 11,33). Deshalb sehnt er sich nach dem Offenbarwerden dessen, was jetzt unter dem Gegenteil verborgen ist, nach der Auflösung aller Widersprüche, nach dem Gericht als der Vollendung geglaubten Heils. Das Wissen um das eigene Betroffensein bewahrt freilich davor, selbst den Richter zu spielen, die Rolle des Anklägers gegen andere zu übernehmen, anstatt sich an die eigene Brust zu schlagen und dessen zu gedenken, was das Gericht für mich selbst bedeutet. Das Reden vom Jüngsten Gericht entartet, wenn dabei nicht letztlich alles andere abgeblendet ist und nur ich selbst noch im Scheinwerferlicht stehe, ohne nach rechts und links zu schielen, um mich mit anderen zu vergleichen und daraus Entschuldigungsgründe zu schöpfen.

Es wäre auch eine Verkehrung zu meinen, daß ich mich selbst einigermaßen kenne und deshalb den Ausgang taxieren könnte. Der Gedanke des Endgerichts schließt auf jeden Fall das Moment der Überraschung in sich. Ich werde in anderem Lichte und mit anderen Augen gesehen, als ich mich selbst zu erkennen vermag. Das erstaunte Fragen derer zur Linken: „Habe ich nicht ...?"gehört ebenso dazu wie das erstaunte Fragen derer zur Rechten: „Wann habe ich ...?" (Mt 25,37.44) An dieser Umkehrung des eigenen Urteils durch das Urteil des Richters wird deutlich, was damit gemeint ist, daß das Weltgericht Jesus Christus übergeben ist. Es besagt zunächst, daß derjenige das

Gericht vollzieht, der sich selbst dem Gericht, das über die Welt ergeht, durch seinen Weg an das Kreuz unterzogen hat. Es besagt weiter, daß es mit dem Evangelium Jesu Christi Ernst ist. Dabei geht es nicht um etwas Vorletztes und letztlich Gleichgültiges, sondern um das Endgültige, an dem alles gemessen wird. Es besagt ferner, daß es sich um ein Gesamt- und Totalurteil handelt, um ein Entweder-oder, ein Angenommen- oder Verworfenwerden, aber nicht um ein Abwägen von Schulden und Entschuldigungen, von kleinerem oder größerem Strafmaß, um ein Gemisch von partiellem Schuldspruch und partiellem Freispruch. Hier kommt es zu klarer und definitiver Scheidung ohne jeden Rest von Zweifel. Ein Gericht nach den Werken kann es nur dann heißen, wenn dabei nicht die Werke isoliert, gegeneinander ausgespielt und verrechnet sowie dem äußeren Anschein nach gewertet werden. Allerdings geht es darum, was im Leben Wirklichkeit geworden, Tat geworden ist. Aber darin zeigt sich, daß Jesus Christus Richter ist: Der Zusammenhang wird durchschaut, der die Tat mit dem Glauben verbindet. Dieser Zusammenhang besteht nicht nur in der Motivation zum Tun, sondern vor allem in der Einstellung zu dem, was getan und nicht getan ist. Deshalb verweist die Stellung als Richter auf die Forumsituation, die im Glauben an ihn immer schon erfahren wird, und auf deren Bestimmtsein als Rechtfertigung allein aus Glauben. Das Gericht nach den Werken führt alle Rechtfertigung aus den Werken ad absurdum. Daß Jesus Christus das Weltgericht ausübt, besagt schließlich, daß der Glaube an ihn keine hoffnungslose, aussichtslose Sache ist. Menschlich geredet lohnt er sich. „Menschlich" meint dabei nicht den Sachverhalt, sondern die Ausdrucksweise. Denn man muß in bezug auf das, was Lohn heißt, gründlich umlernen, wenn man dieses Wort dafür verwendet, was bei dem Glauben herauskommt. Jedes rechnende Vergleichen, jedes Pochen auf Ansprüche ist hier verwehrt. Es geht völlig anders zu als bei der Lohnverteilung an einem Zahltag. Dem inneren Gefälle des biblischen Lohngedankens nachgehen heißt, bei dem sola gratia enden.

3. Das Schauen Gottes

„Selig, die reinen Herzens sind: Sie werden Gott schauen." (Mt 5,8) In diesem Wort sind die anscheinend auseinanderstrebenden Tendenzen futurischer Eschatologie auf eine einfache und einhellige Formel, in ein schlichtes Zugleich gebracht. Was als der Lohn gilt, ist nichts anderes als das Offenbarwerden der Seligkeit, die jetzt schon dem zugesprochen ist, der glaubt. Denn der Glaube, allein er, ist das, was das Herz rein macht (Apg 15,9). Deswegen hat der Glaube das Gericht bereits hinter sich. Er kann in scheinbar diametralem Gegensatz zu der Aussage über Jesus Christus als den Richter der Welt behaupten: „Gott hat seinen Sohn nicht in die Welt gesandt, um die Welt zu richten, sondern damit die

Welt durch ihn gerettet werde. Wer an ihn glaubt, wird nicht gerichtet. Wer nicht glaubt, ist schon gerichtet ..." (Joh 3,17f) Deshalb erwartet den Glauben auch nichts anderes als das Schauen dessen, was er geglaubt hat. Was sonst als tötend gilt: Gott zu sehen, das wird nun der Inbegriff und die Erfüllung der Seligkeit. Sie schließt in der Tat das Sterben in sich, aber ein Sterben, das zum Gewinn wird, weil es den Aufgang des ewigen Lichtes ermöglicht und ein Gegenüber von Angesicht zu Angesicht. Der Gegensatz von Glauben und Schauen (2. Kor 5,7) wird dadurch freilich relativiert. Einerseits gilt: „Selig sind, die nicht sehen und doch glauben." (Joh 20,29) Anderseits ist das eschatologische Schauen nicht die Widerlegung, sondern die Erfüllung des Glaubens und trägt darum ganz und gar das Gepräge des Glaubens. Will man beschreiben, was denn da geschaut wird, so kann man nur entfalten, was Grund und Inhalt des Glaubens ist.

III. Das Ende der Anfechtung

Die dritte Dimension eschatologischer Zukunftsaussagen braucht hier nur noch erwähnt zu werden, weil sie im Zusammenhang mit den Darlegungen über das Reich Gottes (§ 40 B, s. u. S. 491 ff) ihre Berücksichtigung findet. Dazu gehört die Klärung dessen, was ewiges Leben meint und was neue Schöpfung bedeutet und mit welchem Recht auf ein Abwischen aller Tränen gehofft werden darf, auf ein Ende allen Leides und allen Elendes, auf einen ewigen Frieden, der ewige Freude bedeutet.

Kapitel 12

Gott alles in allem

Einleitung

1. Die nochmalige Rückkehr zur Gotteslehre

Das letzte Kapitel der Dogmatik handelt von Gott. Dies wäre mißdeutet, wenn man meinte, nun endlich dringe die Glaubensrechenschaft zu Gott selbst vor, um sich noch vor ihrem Abschluß als *Theo*-logie auszuweisen. Indem das erste Kapitel beim Glauben einsetzte, stand vielmehr von vornherein der Gottesbezug am Anfang. Demgemäß wurde insgesamt gar nichts anderes entfaltet als der Glaube an Gott: den Schöpfer, Versöhner und Vollender der Welt. In jedem dieser drei Hauptteile wurde dem Gesamtplan gemäß je ein Kapitel gesondert der Gotteslehre gewidmet: zuerst ganz generell „Gott" überschrieben, dann anscheinend ganz speziell „Gott in Christus" und nun ganz umfassend „Gott alles in allem". Deshalb kann nicht davon die Rede sein, daß sich das Nachdenken mühsam zu Gott vorgekämpft habe und nun schließlich daran sei, gewissermaßen die Zitadelle einzunehmen. Es wird nur noch ein weiteres Mal die Rückkehr zur Gotteslehre vollzogen. Der Gedanke, daß damit ein definitives Ende erreicht werde, muß bei diesem Thema ohnehin als in sich fragwürdig gelten. Bei Jesus Sirach heißt es nach einer langen Beschreibung der Herrlichkeit Gottes in den Werken seiner Schöpfung: „Sagten wir auch doppelt soviel, wir kämen nicht zu Ende. Unser letztes Wort sei: Er ist alles. Lobpreisen wollen wir ihn immerdar, denn ergründen können wir ihn nicht, weil er noch größer ist als alle seine Werke." (43,27f [29f]) Wenn es um Gott geht, bleibt stets noch mehr zu sagen, als gesagt ist. Insbesondere bleibt das schon in sich nie fertige reflektierende Reden stets zu überholen durch das erst recht unerschöpfliche Reden zu Gott und von Gott im Modus des Betens und Preisens.

Unter diesem Vorbehalt besteht nun freilich dennoch ein gewisses Recht, das Kapitel als einen Abschluß anzusehen. Das trifft zunächst im Blick auf den Zusammenhang mit dem unmittelbar Vorhergehenden zu. Die Wahl der Überschrift erinnert an die letzte Stufe der paulinischen Eschatologie: „Wenn ihm [Christus] alles untertan geworden ist, dann wird sich auch der Sohn dem Vater unterstellen, der ihm alles unterworfen hat – damit dann Gott alles in allem ist." (1. Kor 15,28) So könnte man meinen, jetzt folge nur noch das Schlußkapitel der Eschatologie. Das ist zwar auch der Fall. Jedoch bei der engen Einbeziehung der Eschatologie in die Pneumatologie kann es gar nicht anders sein, als daß eine nochmalige Rückkehr zur Gotteslehre den gesamten Teil über den Glauben an Gott den Vollender der Welt zu seinem Abschluß bringt. Damit aber auch die Gotteslehre selbst. Denn nun muß deutlich werden, daß Gott nicht nur die Welt und damit sein Werk an ihr vollendet, sondern auch die Gotteserkenntnis zur Vollendung bringt, indem er sich wie als Schöpfer und in Christus so auch durch den heiligen Geist kundgibt. Wenn von Gott darüber hinaus nichts weiteres zu erwarten ist, vielmehr alles darin beschlossen liegt, dann ist damit freilich nicht bloß die Gotteslehre zu ihrem Abschluß gelangt, sondern auch die Dogmatik insgesamt, obwohl gerade an diesem Abschluß besonders spürbar werden mag, wie ungenügend und fragmentarisch alles Reden von Gott bleibt.

2. Gott und das All

Die nochmalige Rückkehr zur Gotteslehre bedeutet also nicht die Rückkehr zu ihrem Anfang. Sosehr dies in der Unerschöpflichkeit des Redens und Denkens über Gott mit gesetzt ist, daß unser Meditieren immer wieder von vorn beginnen muß und wir auf die Anfänge des Verstehens zurückgeworfen werden, besagt doch der Gesichtspunkt der Vollendung, daß nun auch der Anfang erst in seiner vollen Bedeutung erkennbar wird. Darum kann es nicht der Sinn dieses Abschlusses der Gotteslehre sein, den Gesichtspunkt des Zusammenseins mit Gott, der bisher die Gotteslehre ontologisch bestimmte, nun zugunsten eines Redens nur noch von Gott preiszugeben. Das liefe auf den Versuch hinaus, gewissermaßen hinter den Anfang noch zurückzugehen auf das Alleinsein Gottes, auf die Konstellation: Gott und das Nichts. Allerdings macht das Ausgehen von der eigenen Situation des Redens von und zu Gott und damit von dem Zusammensein der Kreatur mit ihrem Schöpfer dessen bewußt, daß das Nichts den unbegreiflichen Hintergrund der Schöpfung als der creatio ex nihilo bildet. Dennoch kann auf keinen Fall die Vorstellung als Ausgangspunkt oder auch als Endpunkt genommen werden, wie sich uns Gott sozusagen im Beisein des Nichts darstellt. Anstatt dann angeblich nichts als Gott zu erkennen, würde einem sicher Gott als Nichts erscheinen. Auf jeder Stufe der Gotteslehre geht deshalb die Tendenz im Gegenteil darauf, alles einzubeziehen und aufleuchten zu lassen, statt es abzublenden und auszuschalten. Alles, was ist, hat Gott geschaffen; für alle ist er in Christus da; auf die ganze Welt erstreckt sich sein vollendendes Handeln. Deshalb endet die Gotteslehre nicht in der Abstraktion Gottes vom All, sondern in der betonten Beziehung Gottes zum All.

Damit drängt sich die Nähe zur pantheistischen Formel *hen kai pan* auf sowie zum mystischen Aufgehen ins All oder, was auf das Gleiche hinausläuft, zum mystischen Untergehen in Gott, zu Vorstellungen der Identität Gottes und der Welt, der Emanation der Welt aus Gott oder der Evolution Gottes selbst, der Immanenz des Göttlichen oder der Entwirklichung der Welt durch ihre Relativierung auf eine Allkraft. Zu all dem bestehen vom biblischen Gottesglauben her durchaus gewisse Kontakte. Es wäre kein gutes Zeichen für die Theologie, wenn sie für solche Weisen des Denkens und Erlebens kein Verständnis besäße, kein Gespür für ihre Anziehungskraft und ihre Wahrheitsmomente. Dennoch ist die Grenze scharf gezogen. Wenn es bei Jesus Sirach (43,27f [29f]) heißt: „Er ist alles", so wird diese pantheistisch klingende Aussage sogleich wieder durch die andere zurechtgerückt: „Er ist größer als alle seine Werke." Ebenso verrät die Wendung *panta en pasin* samt ähnlichen *panta*-Formeln bei Paulus einen hellenistischen Sprachhintergrund mit pantheistischem Einschlag. Aber diese Ausdrucksweise und die sich darin aussprechende Erfassung der Einheit von Gott und Welt werden durch Paulus für den christlichen Glauben okkupiert und dadurch völlig anders ausgerichtet.

Schon dies läßt den tiefen Unterschied erkennen, daß sich die Prädikation, Gott sei alles in allem und somit doch eben ein und alles *(hen kai pan)*, als eschatologische Aussage einstellt, als etwas, was nicht generell gilt, sondern nur im Hinblick auf ein künftiges Dann, das alle irdische Zukunft übersteigt. Die Einheit entspringt nicht einem monistischen Wirklichkeitsverständnis. Sie hat eher einen schroff dualistischen Hintergrund. Sie hebt auch nicht den Unterschied zwischen Gott und Welt auf, bringt ihn vielmehr zurecht, so daß es nicht auf Verschmelzung hinausläuft, sondern auf ein lebendiges Beisammen von Gott und All. Der Schöpfungsgedanke bleibt bestimmend. Er läßt alles von Gott als dem principium und finis umspannt sein.

Für Paulus kommen deshalb im Blick auf die Geschichte das Handeln des Schöpfers und das des Erlösers zur Deckung. „Von ihm und durch ihn und auf ihn zu ist alles." (Röm 11,36 vgl. Eph 1,11 4,6). Deshalb spielen die *panta*-Formeln auch in die Christologie hinüber. Wie schon der eschatologische Ausblick darauf, daß Gott alles in allem ist, dem nur das Siegel aufdrückt, daß er Christus alles unterworfen hat, so werden angesichts der Herrschaftsverhältnisse der Welt die Herrschaft Gottes des Vaters als des Schöpfers und die Herrschaft Christi in einem Atemzug als ein einziges genannt: „Wenn von Göttern im Himmel und auf Erden die Rede ist, wie es (in der Tat) viele ‚Götter' und viele ‚Herren' gibt, – so gibt es für uns jedenfalls nur den einen einzigen Gott:

den Vater, von dem her alles ist und auf den hin wir leben; und den einen einzigen Herrn: Jesus Christus, durch den alles ist und durch den auch wir selbst leben." (1. Kor 8,5f)

Mit dieser christologischen Ausrichtung dringen die All-Aussagen auch in den pneumatologisch-ekklesiologischen Bereich ein. Die Formel „alles in allen" wiederholt sich bei der Beschreibung der Charismen wie bei der Bestimmung der Zugehörigkeit zur *ekklesia:* Es sind „verschiedene Kraftwirkungen, aber ein und derselbe Gott, der alles in allen zur Wirkung bringt" (1. Kor 12,6). Anderseits sind die natürlichen und geschichtlichen Verschiedenheiten für die Zugehörigkeit zum Leib Christi nicht von Bedeutung, „sondern alles und in allen ist Christus" (Kol 3,11). „Gott alles in allem" – das ist zwar eine eschatologische Formel, aber doch zugleich der Generalnenner aller Grundaussagen der Dogmatik: des Glaubens an Gott den Vater, an Jesus Christus und an den heiligen Geist. Deshalb fällt diesem Schlußkapitel in gewisser Weise die Funktion eines Summars der Dogmatik überhaupt zu.

3. Gott selbst

Obwohl Gott nicht getrennt von seinen Werken zu betrachten ist, gilt es doch, in ihnen Gott selbst als den zu erkennen, der größer ist als alle seine Werke. Diesem Zug zu Aussagen über Gott selbst wurde auf allen Stufen der Gotteslehre Rechnung getragen. Im ersten Teil der Dogmatik lag der Schwerpunkt der Gotteslehre darin, in welchem Sinne wir vom Sein Gottes reden können (§ 9 B, s. Bd. I, 211 ff). Innerhalb der Christologie führten die Darlegungen über das Sein Gottes in Christus zur Präzisierung der Attribute Gottes (§ 18 B II, § 19 B II, § 20 B II, s. Bd. II, 98 ff 229 ff 345 ff). Das Summar am Ende der Dogmatik formiert sich nun in Hinsicht auf den Glauben an Gott den Schöpfer, Versöhner und Vollender der Welt zur trinitarischen Wesensaussage über Gott (§ 42). Sie hat gewissermaßen rückwirkend die Unterscheidung Gottes selbst von seinen Werken zu bekräftigen und zu erläutern. Doch wäre es unzureichend, unter diesem Gesichtspunkt nun allein die Trinitätslehre zu behandeln. Für sie liegen allerdings am Ende der Dogmatik alle Voraussetzungen bereit.

Ein solcher trinitarischer Schluß muß nicht in dem Verdacht stehen, ein bloßer Anhang zu sein. Er kann nachdrücklich das Ganze auf die Weise zusammenfassen, daß er Gott selbst allem konfrontiert. Jedoch darf der trinitarische Charakter christlichen Redens von Gott nicht separat als bloße Summe des Ganzen hinzugefügt werden. Er gibt vielmehr noch einmal dazu Anlaß, die Aussagen über das Sein Gottes und über seine Attribute im Lichte des Ganzen zu bedenken. Dabei muß verschärft zur Geltung kommen, was über Gott selbst und was über sein Verhältnis zum All zu sagen ist. Das Sein Gottes ist deshalb als Herrsein zu interpretieren. Das ist die Aufgabe einer Besinnung über das Reich Gottes (§ 40), in der alles noch einmal daraufhin rekapituliert wird, daß und wie Gott Herr über alles ist. Was die Attribute Gottes betrifft, so soll unter dem Gesichtspunkt der Gerechtigkeit Gottes (§ 41) danach gefragt werden, ob sich die Widersprüche auflösen, die hinsichtlich der Werke Gottes und ihres Verhältnisses zu Gott selbst zu bestehen scheinen. Schließlich ist über die Dreieinigkeit Gottes (§ 42) als das offenbare Geheimnis aller Wirklichkeit und als die Quelle des wahren Lebens nachzudenken.

§ 40 Das Reich Gottes

Der Begriff Reich Gottes oder, wie es im Matthäusevangelium heißt, Reich der Himmel oder Herrschaft Gottes, wie man zur Vermeidung einer statisch-regionalen Vorstellung übersetzen kann, hat im Neuen Testament den Schwerpunkt seines Vorkommens eindeutig in der synoptischen Überlieferung der Verkündigung Jesu. Nur in diesem Zusammenhang war auch hier bisher davon die Rede: bei den Darlegungen über den Menschen Jesus (§ 22 B I 3, s. Bd. II, 446 ff). Im Unterschied dazu gibt es innerhalb der Neuzeit, insbesondere im Pietismus sowie im Gefolge des Idealismus bis hin zum religiösen Sozialismus und seinen Nachfahren, dogmatische Konzeptionen, in denen das Reich Gottes zum Zentralbegriff erhoben wird. Das ist überwiegend dann der Fall, wenn sich die Kritik an der reformatorischen Tradition, die vornehmlich paulinisch-johanneisch orientiert ist, mit dem Geschichtsproblem verbindet, wie es sich von der Neuzeit her aufdrängt. Diese Kombination führt zu dogmatischen Entwürfen, die von geschichtstheologischen, kulturoptimistischen oder kulturkritischen, sozialethischen oder sozialrevolutionären Interessen bestimmt sind. Durch die bisherige Abstinenz gegenüber dem Begriff Reich Gottes verrät diese Darstellung des christlichen Glaubens eine theologische Grundentscheidung zugunsten des Erbes reformatorischer Theologie. Allerdings wäre es ein Fehlschluß, wenn aus der Tatsache, daß erst an so später Stelle das Thema des Reiches Gottes dogmatische Relevanz erhält, gefolgert würde, es könne sich nun nur noch um einen eschatologischen Ausblick handeln. Das widerspräche, wie man dann sofort mit Recht einwendet, der Verkündigung Jesu. Denn dort spielt das Reich Gottes auf jeden Fall eine zentrale Rolle, die hier offenbar nicht mehr erreicht werden kann, schon gar nicht, falls der Sachverhalt in die futurische Eschatologie abgeschoben sein sollte. Das widerspräche ebenfalls, so lautet ein weiterer Vorwurf, dem brennenden Interesse an der religiösen Verwirklichung, das sich zumindest in der Moderne mit der Vorliebe für den Gedanken des Reiches Gottes verbunden hat, wie auch immer es dabei mit der unmittelbaren Berufung auf die Verkündigung Jesu bestellt sein mag.

Nun hat bereits die Kapiteleinleitung den dogmatischen Ort auch dieses Paragraphen erläutert. Die Absicht geht, ganz im Gegensatz zu dem naheliegenden Verdacht, auf eine denkbar umfassende Fragestellung, durch die das Ganze der bisherigen Glaubensrechenschaft noch einmal unter einen überaus kritischen Gesichtspunkt rückt. Wie könnte Gott anders Sein zugesprochen werden als so, daß es machtvolles Sein ist, ein nicht bloß postuliertes, sondern wirkliches Herrsein, das auf das All bezogen ist, also allmächtiges Sein eines Königs aller Könige und Herrn aller Herren? Wie könnte darum, sofern die Situation des Redens von Gott ernstgenommen wird, von Gott anders die Rede sein als so, daß zu ihm sein Reich gehört? Gott ohne Reich – das wäre der abgesetzte, ins Exil geschickte oder getötete Gott. Freilich sieht es eben danach aus. Das Reden vom Herrsein Gottes ist ausdrücklich oder stillschweigend stets ein Trotzen gegen das Herrsein anderer Mächte. „Herr, unser Gott, es herrschen wohl andere Herren über uns denn du; aber wir gedenken doch allein dein und deines Namens." (Jes 26,13 vgl. 1. Kor 8,5f) Man vergegenwärtige sich einmal, in wie hohem Maße die biblische Sprache von Ausdrücken der Herrschaft, der Herrlichkeit, der Macht, Kraft und Stärke, sowie den Gegenbegriffen des Unterworfenseins, des Dienens und Untertanseins durchsetzt ist. Das ist nur ein Symptom dessen, wie hier die Wirklichkeit der Welt und des Lebens erfahren wird: als ein Kampf von Mächten und Gewalten, als ein Unterliegenmüssen oder Siegen, als ein Ausgeliefertsein oder Erlöstwerden. In diese Situation ist nicht nur der Mensch verwickelt, sondern Gott selbst. Seine Herrschaft ist umstritten und verborgen. Obwohl sie von jeher bestehen sollte, ist sie doch allenfalls im Kommen und läßt, wer weiß wie lange, auf sich warten. Reich Gottes in dem Sinne, wie man meint es sich vorstellen zu müssen, scheint in der Tat nur ein Gegenstand der Sehnsucht oder eine Utopie zu sein. Wie aber ist dieser strittige Sachverhalt zu deuten? Sollte Gott wirklich dort abgedankt haben, wo andere ohne ihn und gegen ihn zu herrschen scheinen? Wie verhalten sich die Reiche der Welt zum Reiche Gottes? Oder müßte man in bezug auf Gottes Herrschaft selbst einen Unterschied machen: zwischen seinem Reich zur Linken und seinem Reich zur Rechten? Und in welchem Verhältnis zueinander stehen das Reich Christi und das Reich Gottes?

Hinter diesen nur tastenden Fragen tut sich in ganzer Weite und Tiefe das Problem auf, wie sich die Herrschaft Gottes zur Geschichte verhält. Will man diesem Problem standhalten, so muß man Widersprüchliches nebeneinander stellen und aufeinander beziehen. Der Glaube kann nicht darauf verzichten, uneingeschränkt von der Herrschaft Gottes über die Geschichte zu sprechen. Er kann aber ebensowenig darauf verzichten, in eschatologischem Sinne die Herrschaft Gottes als Ziel und Ende der Geschichte zu verstehen. Zwischen diesen beiden äußersten Polen: der Unbegreiflichkeit dessen, daß Gott faktisch seine Herrschaft über die Geschichte ausübt, und der nicht minder unbegreiflichen Aussicht, daß in völliger Wandlung die Herrschaft Gottes einmal widerspruchslos offenbar sein wird, bittet der Glaube um das Kommen der Herrschaft Gottes in der Geschichte und sieht sich vor der Frage, ob er selbst etwas zum Kommen des Reiches Gottes beitragen könne. Entsprechend diesem spannungsvollen Verhältnis zwischen der Herrschaft Gottes und der Geschichte der Menschheit ist das Thema des Reiches Gottes in den drei Variationen durchzuführen: als die Herrschaft Gottes über die Geschichte, das Kommen der Herrschaft Gottes in der Geschichte sowie die Herrschaft Gottes als Ziel und Ende der Geschichte. Zwei weitere Problemvariationen des Verhältnisses von Gottesherrschaft und Menschheitsgeschichte werden vorerst zurückgestellt. Die Fragen der Theodizee und der Prädestination gehören in den nächsten Paragraphen.

A. Die Herrschaft Gottes über die Geschichte

Von der Herrschaft Gottes zu sprechen, ist auf jeden Fall eine Glaubensaussage. In allen Variationen steht sie im Widerspruch zur Geschichte. Immerhin mag sie sich als die Botschaft vom Kommen der Herrschaft Gottes in der Geschichte an bestimmte Anzeichen halten können. Und als die Hoffnung auf ein jenseitiges Reich, das der Geschichte ein Ende macht, ist diese Glaubensaussage durch die Geschichte nicht widerlegbar. Im Gegenteil, was von daher an Widerspruch erfahren wird, bestärkt nur um so mehr in der Bitte: „Es komme die Gnade und es vergehe diese Welt.“[1] Daß dagegen die Geschichte, wie sie sich tatsächlich vollzieht, unter der Herrschaft Gottes steht, das ist eine Glaubensaussage von extremer Härte ohne jeden Anhalt daran, was die Geschichte von sich aus zu erkennen gibt. Um deshalb nicht etwa vorzeitig die Problematik durch Glaubensurteile abzuschwächen, ist es ratsam, mit Beobachtungen einzusetzen, wie sie jeder machen kann. Erst auf diesem Hintergrund gewinnt die Aussage Profil, daß Gott seine Herrschaft über diese Geschichte ausübt.

I. Die Herrschaftsverhältnisse der Welt

Herrschaft kann nicht sein ohne Macht[2]. Aber Macht allein begründet noch nicht Herrschaft. Auf diese Differenz gilt es in erster Linie die

---

[1] Did. 10,6.

[2] Wie schon in § 29 A (s. Bd. II, 541 ff) wird hier noch einmal, wenn auch in anderer Perspektive, das Phänomen der Macht erörtert. Lag dort der Hauptakzent auf der

Aufmerksamkeit zu richten, wenn das Hauptproblem in den Blick kommen soll, um das es in den Herrschaftsverhältnissen der Welt geht. Darum soll nicht die Unterscheidung zwischen den Herrschenden als den Machthabern und den Unterdrückten als den Machtlosen den Hauptgesichtspunkt bilden, unter dem sich die Beobachtungen ordnen. Sie ist allerdings ein alarmierendes Symptom. Aber sie würde den Blickwinkel verengen. In irgendeiner Hinsicht hat jeder Macht und erfährt jeder Ohnmacht. Damit soll nicht von dem, was die Geschichte im großen bestimmt, auf Individualprobleme abgelenkt werden. Nur durch eine differenzierende Betrachtung dringt man zu den Wurzeln dessen vor, warum sich das Geschichtsproblem auf das Herrschaftsproblem konzentriert. Darum ist auch vor dem Pauschalurteil zu warnen, daß Macht an sich, Herrschaft als solche böse sei. Der Kampf gegen Unterdrückung will doch gerade aus der Ohnmacht herausführen und legitime Machtansprüche zur Geltung bringen. Die Parole herrschaftsfreier Gesellschaft entspringt desgleichen dem Wunsch, daß jeder sein eigener Herr sein darf und ohne Repression von seinem Vermögen Gebrauch machen, also die Macht ausüben kann, die ihm zusteht. Die Warnung vor einer Verteufelung von Macht und Herrschaft überhaupt richtet sich freilich nicht bloß gegen eine verkürzende und verzerrende Einschätzung des Sachverhalts, sondern vor allem auch dagegen, daß infolge einer grobschlächtigen und demagogischen Plakatierung das eigentlich Böse an den Herrschaftsverhältnissen der Welt verkannt wird. Wir achten darum zunächst auf das Phänomen des Machthabers und wenden uns dann dem Phänomen des Herrschaftsgebildes zu.

1. Die Machthaber

Der Mensch kommt gleichermaßen als Machthaber und als Machtloser in Betracht. Diese Gegensätzlichkeit geht jedoch nicht in der Wechselbeziehung menschlicher Machtverhältnisse auf. Dem Problem transsubjektiver Mächte ist nicht auszuweichen.

a) Der Mensch als Machthaber

Die Wirklichkeit einer Sache bestimmt sich nach den in ihr liegenden Möglichkeiten. So auch das Sein des Menschen. Obwohl man mit der Meinung fehlginge, was einer ist, resultiere ohne weiteres aus dem, was er hat und vermag, entbehrt doch kein Mensch, solange er lebt, bestimmter Möglichkeiten, die sich aus seinem Vermögen ergeben.

Konfrontation mit Jesus und darum auf der Antithetik zum Thema der Christologie, so geht es nun vorwiegend um die Beziehung zur Erhaltung der Welt. Gewisse Überschneidungen gehören dabei zur Natur der Sache.

Insofern ist er wie alles Seiende, nun aber doch dank seinem Wesen in einer ungemein herausgehobenen Weise, auf jeden Fall Inhaber von Macht. Nur deshalb kann er so extrem unter Ohnmacht leiden, weil er so exzessiv Macht besitzen kann. Das beruht darauf, daß er Macht, die ihm von Natur nicht eigen ist, in Besitz zu nehmen und dadurch seine Macht ins Ungeheure zu steigern vermag. Macht über Macht zu gewinnen, das ist die Grundformel menschlicher Macht. Das läßt sich leicht an der Macht über die Natur veranschaulichen: vom Werkzeug, das die eigene menschliche Kraft potenziert, bis hin zu dem Erschließen und Verwenden verborgenster Energiequellen. Im alltäglichen Leben tritt diese Macht über die Natur kraft geschichtlicher Vermittlung in Gestalt von Besitzverhältnissen in Erscheinung, in dem Verfügen über nützliche oder schöne Dinge, die das Leben sichern und angenehm machen, wozu dann vornehmlich das Geld gehört als die kondensierte und konservierte Gestalt von Macht, deren Verwendbarkeit höchst variabel ist. Es wäre freilich töricht, allein daran den Machtbesitz zu messen. Er verbindet sich nicht nur ebenfalls mit anderen Dingen, sondern hängt vor allem auch davon ab, welchen Gebrauch man von ihm macht.

Damit öffnet sich diejenige Perspektive, in der man primär das Machtproblem zu sehen pflegt: als Macht von Menschen über Menschen. Die Beispiele eklatanten Mißbrauchs drängen sich hier so sehr auf, daß man in der Gefahr ist, Macht von Menschen über Menschen von vornherein nur als Mißbrauch einzuschätzen. Woran man begreiflicherweise sofort denkt, ist in der Tat himmelschreiend, weil unmenschlich und des Appells an die Menschlichkeit spottend: was sich in Kriegen und Konzentrationslagern zuträgt, was an Ausbeutung und Vergewaltigung geschieht, an Folter und Mord, und sei es bloßer Rufmord, samt all den schwer durchschaubaren Hintergründen und Schuldzusammenhängen solchen Geschehens. Das bedarf nicht weiterer Ausmalung. Jedoch muß daran erinnert werden, daß es auch eine rechte Art von Macht über den Mitmenschen gibt. Wir zehren von der überragenden Begabung und Leistung anderer. Wir werden bereichert durch die Macht ihrer geistigen Schöpfungen. Wir lassen uns tragen von der Macht ansteckender Begeisterung. Wir werden glücklich, wenn die Macht der Liebe uns widerfährt. Ein Kind ist geborgen im Vertrauen auf die schützende Macht der Mutter. Und ohne daß wir uns dies einzugestehen pflegen, sind wir beruhigt, daß andere für Recht und Ordnung sorgen und einen Schutzwall der Macht gegen den Mißbrauch von Macht aufrichten. An all dem wird die Grundbedingung legitimer Macht von Menschen über Menschen deutlich. Sie hat sich als Schutzmacht und Hilfsmacht zu erweisen, die dem anderen sein Menschsein ermöglicht und ihn nicht etwa dessen beraubt.

Nicht nur in der Hilfs- und Schutzbedürftigkeit meldet sich menschliche Ohnmacht an. Auch nicht nur dadurch, daß Macht natürlicherweise immer wieder auf ihre eigenen Grenzen stößt. Die Ohnmacht haftet der Macht noch in anderer Weise an. Sie begleitet wie ein Schatten das strahlende, aber auch trügerische Licht menschlicher Macht. Wer Macht besitzt, wird von ihr abhängig und erfährt daran seine Ohnmacht. Die Geister, die man rief, wird man nicht los. Die Schätze der Natur gewähren Freiheit von ihr, verursachen aber auch eine neue Art des Versklavtseins. Die Natur rächt sich am Menschen durch unvorhergesehene Folgen, die das Machtproblem auf eine andere, desto schwierigere Ebene verlagern. Der Besitz von Geld war von jeher ein Symbol der Ambivalenz von Macht, wer eigentlich über wen Macht hat: der Besitzende oder das Besessene, das besessen macht. Im Bereich der mitmenschlichen Beziehungen ließe sich der korrelative Charakter von Machtverhältnissen besonders veranschaulichen: an Machthabern, die vor den Entmachteten zittern; an Schwachen, die es mit Raffinement verstehen, auf Mitleid zu spekulieren; an einer Kritik der bestehenden Machtverhältnisse, die ein schlechtes Gewissen in bezug auf die Macht überhaupt erzeugt, um daraus skrupellos für das eigene Machtstreben Profit zu ziehen. Am bedrängendsten freilich erfährt jeder Mensch als Machthaber an sich selbst die Grenzen der Macht: die Abhängigkeit von Bedürfnissen, Trieben und Süchten; das Beschränktsein der Willensfreiheit schon in äußeren Dingen; das Hineingerissensein in Zeitverhältnisse, an denen man nichts ändern kann; das Ausgeliefertsein an unberechenbare und unausweichliche Schicksalsschläge und schließlich an die zweifellose Übermacht des Todes.

b) Transsubjektive Mächte

Nicht bloß das Leben des Einzelnen demonstriert, daß der Mensch infolge der Verzahnung in das Umweltgeschehen transsubjektiven Mächten unterworfen ist. Der Geschichtsprozeß als solcher veranschaulicht, daß nur in sehr begrenztem Sinne Menschen die Geschichte machen. Sofern sie überhaupt an weitreichenden Entscheidungen Anteil haben, versehen sie doch eher die Funktion eines Steuermanns, der sich den tatsächlich wirkenden Kräften anpaßt, um das Schiff auf Kurs zu halten. In der Geschichte dominieren überall rätselhafte anonyme Mächte. Was jeweils in bestimmten Krisensituationen herauskommt, ist ein Produkt vieler Faktoren, aber keineswegs einfach nur das Ergebnis eines Machtkampfes zwischen einzelnen Menschen, deren Anteil am Geschehen nachrechenbar wäre. Schon das Geschehen in einer Gruppe ist mehr als nur das Resultat des Zusammen- und Gegeneinanderwirkens der Einzelnen. Wieviel stärker gilt dies von einem Volk oder gar von einem Zeitalter. Was ist es z.B. um das Aufkommen einer neuen

Mode, eines anderen Kunststils, eines Wandels in der Denkweise, eines Umsturzes der politischen Konstellation? Vor allem aber: Was ist es um die in allen Umbrüchen gleichbleibende, nur unter neuen Bedingungen und Formen sich immer wieder durchsetzende Macht des Bösen, die der Geschichte das Gepräge einer Unheilsgeschichte gibt und die Erfüllung der Sehnsucht nach einem Friedensreich der Menschheit verhindert?

2. Die Herrschaftsgebilde

Mit dieser Beobachtung, daß die Geschichte von transsubjektiven Mächten beherrscht ist, deckt sich nicht, berührt sich aber die andere, daß das Ringen um die Macht zu Institutionalisierungen führt. Dazu gehört einerseits die Tendenz zur Konstituierung eines strukturierten Machtkomplexes, in äußerster Konsequenz zur Gründung eines Reichs, anderseits das Streben nach Legalisierung der Macht, nach Selbstrechtfertigung, nach Herstellung von Recht.

a) Strukturierung von Macht

Was zu Machtzusammenballungen treibt, die in sich strukturiert sind und eine Kontinuität ihres Bestandes gewährleisten, läßt sich weder aus bloßem Machttrieb erklären noch gar aus rein rationalen Erwägungen, wie sie nach der gesellschaftlichen Vertragstheorie der Sozialisierung zugrundeliegen. Gewiß ist von beidem etwas daran beteiligt: Ehrgeiz, Machthunger und Herrschsucht auf der einen Seite, die Einsicht in die Zweckmäßigkeit geordneter Machtverhältnisse auf der anderen Seite. Aber auch hier ist es nicht primär der Wille der Einzelnen, was zur Sozialisierung treibt. Das Leben selbst ist sozial bestimmt und erfordert dauerhafte soziale Lebensformen mit entsprechender Strukturierung. Was über die kleinsten Einheiten der Familie und des Stammes hinaustreibt, ist wohl in erster Linie dadurch verursacht, daß ein entsprechender Machtzuwachs zur Erhaltung und Entfaltung des Lebens notwendig ist. Jedoch wird darin mehr und mehr ein Eigengefälle der Machtzentrierung und Machtausweitung wirksam. Wie schon die Tiere das Bestreben haben, ihr Revier zu markieren und zu verteidigen, so haben die Herrschaftsgebilde einen regionalen Charakter und den natürlichen Drang, jedes Vakuum auszufüllen und die Grenzen gegenseitig festzulegen. Nicht zufällig assoziiert man mit dem Worte Reich die Vorstellung eines geographischen Bereichs, obwohl das eigentlich Konstitutive die darin geltende Herrschaftsstruktur ist, die Unterscheidung von Herrschenden und Beherrschten sowie die Art und Weise, wie das sozial gestufte Zusammenleben geregelt ist.

Daß diese Überlegung auf den politischen Machtbereich zusteuert und nicht auf irgendwelche andere Formen des gesellschaftlichen Lebens, weist auf die absolute Prävalenz des Macht- und Herrschaftsfaktors in sozialer Hinsicht. Das hat wiederum darin seinen Grund, daß das Streben nach Macht als Movens menschlichen Handelns, aber auch als abzuwehrende Bedrohung menschlichen Lebens zu der Existenz politischer Herrschaftsgebilde treibt. Dieses Zusammenschießen entgegengesetzter Motive, die doch derselben Quelle entspringen, kennzeichnet die Ambivalenz aller politischen Herrschaftsgebilde, das Janusgesicht jedes Staates: die Macht zu gebrauchen, um den Mißbrauch von Macht zu verhindern. So formuliert erscheint zwar der Widerspruch bereits überwunden. Und er kann auch bei entsprechender politischer Ordnung und Einstellung erheblich entschärft werden. Er bleibt aber dennoch stets latent. Das Gemeinwesen droht zum Spielball partieller Macht- und Interessengruppen zu werden, etwa wirtschaftlicher oder weltanschaulicher Art. Es muß aber auch solchen Gruppen einen angemessenen Spielraum lassen, und zwar insbesondere einen Spielraum dafür, daß Einzelne oder bestimmte soziale Gebilde innerhalb des Politischen für eine Öffnung zu anderen Dimensionen hin Sorge tragen. Nur dann, wenn ein Moment des Unpolitischen in das Politische hinein auszustrahlen vermag, kann der Dämonisierung der Macht gewehrt werden. Sonst schlägt die Inanspruchnahme von Macht zur Verhinderung des Mißbrauchs von Macht doch nur wieder dahin um, daß eben dadurch dem Mißbrauch von Macht Vorschub geleistet wird. Die geschichtliche Erfahrung zeigt, daß kein politisches Gemeinwesen von den Kräften der Selbstzersetzung frei ist und daß die Staaten, je mehr sie zu Großgebilden heranwachsen, um zu Imperien zu werden, desto mehr als Kolosse auf tönernen Füßen vom Zerfall bedroht sind.

b) Legalität von Macht

Herrschaftsgebilde sind in doppelter Hinsicht daran interessiert, daß sich mit der Macht das Recht verbindet. Sie berufen sich auf Recht, und sie setzen Recht. Das eine, um die eigene Legitimität zu behaupten und den Besitz der Macht nicht auf Macht allein gründen zu müssen. Das andere, um in ihrem Bereich den Umgang mit der Macht so zu regeln, daß sich der Gebrauch physischer Macht zur Durchsetzung des Rechts nach Möglichkeit erübrigt. Für beides wurde seit jeher die Religion politisch in Anspruch genommen: für die Legitimierung politischer Macht sowie für die Begründung von Recht. Freilich darf dies nicht rein pragmatisch gedeutet werden. Das Problem des Umgangs mit der Macht, der Berechtigung dazu sowie ihres rechtmäßigen Gebrauchs wurde unmittelbar als ein religiöses Problem empfunden. Man stellte nicht von vornherein einfach zynisch die Frömmigkeit in den Dienst der Machtinteressen – obschon dies dann trotzdem per nefas immer wieder reichlich und schamlos geschah –, sondern man erlebte an dem Macht-

und Herrschaftsphänomen etwas, was das Menschliche transzendiert und dem man in seiner Würde und seinen Gefahren nur auf religiöse Weise gerecht werden kann. Wie sich die Säkularisierung des Politischen in der Neuzeit langfristig auswirkt, ist schwer vorauszusagen. Einerseits wirken noch gewisse religiöse Reste als gesellschaftlich tragende Faktoren nach. Anderseits treten pseudoreligiöse Surrogate an ihre Stelle. Ob eine auf rein rationalen Zweckmäßigkeitserwägungen begründete Auffassung des Politischen tragfähig ist, hängt von der weitergreifenden Frage ab, ob das humane Ethos, das geschichtlich mit demokratischem Denken verbunden ist, lebensfähig bleibt, wenn es von seinen ursprünglich religiösen Wurzeln völlig abgetrennt sein wird.

In nüchterner Einschätzung der Problemlage wird man freilich die Veränderung der Herrschaftsverhältnisse, die in der Moderne noch von vielen anderen geschichtlichen Faktoren bestimmt ist, gegenüber den vorneuzeitlichen Zuständen als eine nur relative Veränderung bewerten können. Eine chaotische Auflösung des Politischen ist sicher nicht zu erwarten, da die Lebensnotwendigkeiten so oder so immer wieder zu Herrschaftsordnungen treiben, nur daß diese in dem Maße brutale oder – nicht weniger grausam – technisierte Machtordnungen zu werden drohen, wie die tragende und kritisch korrigierende Macht eines Verantwortungsethos schwindet. Das umgekehrte Extrem liegt eher im Bereich der Möglichkeiten, daß durch eine einseitige Kräfteverschiebung das weltpolitische Gleichgewicht aus den Fugen gerät und sich eine konkurrenzlose weltimperiale Vorherrschaft herausbildet, was freilich den Sprengstoff im Innern keineswegs beseitigte. Oder eine weltpolitische Katastrophe könnte die Menschheit in einen Zustand primitiver Barbarei zurückwerfen, freilich unter völlig anderen Bedingungen als in prähistorischer Zeit. Die Möglichkeit weiterer Evolution und wechselnder Balancen in dem bisherigen politischen Stil ist vielleicht das Wahrscheinlichste. Man wird jedoch diese Perspektive schwerlich mit der optimistischen Sicht verbinden können, daß der Staat mit der Zeit immer mehr abstirbt und überflüssig wird, weil der Konfliktstoff abnimmt und zugleich die Menschheit eine höhere Stufe ihrer geistigen Entwicklung erreicht, welche die Basis eines herrschaftsfreien Zusammenlebens liefert. Zu Hoffnungen solcher Art besteht leider weder ein rationaler Grund noch ein Glaubensgrund.

II. Die Verborgenheit der Herrschaft Gottes in den Herrschaftsverhältnissen der Welt

Die bisherigen Beobachtungen zu den Herrschaftsverhältnissen der Welt befleißigten sich großer Zurückhaltung. Die düsteren Farben hätte man viel stärker hervorheben können. Dazu brauchte man gar nicht in die Geschichte zurückzublicken. Eine Gegenwartsreportage würde völlig genügen, um die Züge der Unmenschlichkeit so hervorzuheben, daß einem darüber die Freude an der Welt und das gute Gewissen zum eigenen Leben vergehen könnten. Dazu bedürfte es keiner Übertreibungen, sondern nur chronistischer und statistischer Angaben und der nötigen Phantasie, sich das Ausmaß an radikal Bösem und an unsagbarem Leiden darin zu vergegenwärtigen, als träfe es einen selbst. Das Verrechnen mit anderen Eindrücken verginge einem dabei. Die Welt, wie sie ist, können wir nur ertragen, indem wir uns dem Unerträglichen in ihr nicht allzu stark aussetzen. Sein Anblick und die eigene Ohnmacht demgegenüber könnten einen sonst in die Verzweiflung treiben.

Nicht um uns in diesem Sinne zu schonen, sondern um die gestellte Aufgabe nicht zu simplifizieren, wurde das Gewicht stärker darauf gelegt, daß wir uns verständnisvoll in die Gegebenheiten und in ihr relatives Recht hineindenken, nicht ohne Kritik und sicher nicht mit optimistischen Prognosen, aber bereit, abzuwägen und nicht alles schwarz in schwarz zu malen. Wenn es nun darum geht, dieses abgewogene Bild mit der Glaubensaussage zusammenzubringen, daß Gott Herr der Welt ist, so könnte man allerdings meinen, die Problematik sei dadurch gemildert gegenüber der zuvor genannten Möglichkeit, die Herrschaftsverhältnisse der Welt rücksichtslos von daher zu charakterisieren, wo sie am finstersten sind. Jedoch das Gegenteil ist der Fall. In jener Version könnte man dessen jedenfalls sicher sein, daß die Gottwidrigkeit als solche einleuchtet. Man mag dann entweder daraufhin Gott für erledigt erklären oder aber in einer schlichten Antithese dem die Behauptung entgegensetzen, Gott sei dennoch der Herr und werde sich einmal als solcher erweisen. Wenn jedoch die differenziertere Sicht der Geschichte und der Herrschaftsverhältnisse in ihr zum Ausgangspunkt genommen wird, verschärft sich der Gegensatz insofern, als sich das Gottwidrige daran keineswegs in dem erschöpft, was nahezu jedermann dafür hält. Vielmehr fällt dann darunter auch vieles, was nach menschlichem Urteil recht und gut zu sein scheint. Damit stößt sich freilich die Tatsache, daß sich die Beziehung zur Herrschaft Gottes dennoch insofern positiv darstellt, als alles, was zur Erhaltung der Welt dient, Gottes Mandat für sich hat. Auch dort ist seine Herrschaft verborgen, aber in anderer Weise als unter der Macht des Bösen.

1. Gottwidrige Herrschaft

Nehmen wir die Welt so wahr, wie sie sich uns darbietet, und nehmen wir zugleich Gott so wahr, wie er sich in Jesus Christus als seinem Wort offenbart, so kann es nicht Sache einer Theorie sein, beides zur Deckung zu bringen, sondern nur Sache des Glaubens, den Widerspruch erst vollends zu verschärfen und ihn auszuhalten, ohne ihn aufzulösen.

a) Die Tiefe des Gegensatzes

Der Gegensatz reicht für den Glauben in eine solche Tiefe, daß ihm nur noch in dualistischer Terminologie Ausdruck gegeben werden kann. Finsternis und Licht, Tod und Leben stehen widereinander. Es gibt keine Abstufungen, kein Mittleres, kein Weder-noch. Gemessen an Gottes offenbarer Herrschaft ist diese Welt mit all ihren Reichen und ihrer Herrlichkeit das Reich des Widergöttlichen. Hier regiert die Macht der Finsternis (Kol 1,13 Lk 22,53), der Gott dieser Weltzeit (2. Kor 4,4 Eph 2,2 Joh 12,31 u.ö.). Es herrschen hier viele dämonische Mächte und Gewalten, die miteinander ein Reich bilden mit dem Satan an der Spitze. Bis in das eigene Sein des Menschen hinein erstreckt sich die gottfeindliche Herrschaftsstruktur der Welt. Das Fleisch, die Sünde, der Tod sind nicht nur etwas am Menschen, sondern transsubjektive Mächte, unter die er versklavt ist. „Jeder, der Sünde tut, ist ein Sklave der Sünde." (Joh 8,34) Darum kann es aber auch heißen: „Wer Sünde tut, stammt vom Teufel; denn der Teufel sündigt von Anfang an." (1. Joh 3,8) „Die Welt insgesamt unterliegt der Macht des Bösen." (1. Joh 5,19 Gal 1,4) Dessen Herrschaftscharakter wird dadurch unterstrichen, daß die neutrische Ausdrucksweise in die personale hinüberspielt: Das Böse erscheint als der Böse. Von ihm sind die Glaubenden angefochten, mit ihm stehen sie im Kampf, nicht bloß mit dem eigenen Fleisch und Blut (Eph 6,11–17 1. Petr 5,8f), zumal sich der Satan in einen Lichtengel verkleidet (2. Kor 11,14).

Diese dämonologisch-dualistische Sprache, die das ganze Neue Testament durchzieht, ist nicht ungefährlich. Sie kann in einen metaphysischen Dualismus abgleiten, wonach die Schöpfung als solche böse ist und zwei Gottheiten miteinander den Kampf führen. Sie kann, wenn sie unbedacht nachgeredet wird, nicht bloß die Verantwortlichkeit des Menschen aufheben, sondern auch Gott selbst in ein Reservat abdrängen, wo er von der Welt abgetrennt ist. Nur dann besteht ein Recht zu solcher Sprache, wenn sie das alleinige Gottsein Gottes nicht in Frage stellt, sondern nur die Spannung aufs äußerste zur Geltung bringt, die im Gottesverhältnis selbst besteht. Dann allerdings kann diese dämonologisch-dualistische Sprache sehr treffend erfassen, daß der Widerspruch zu Gott nicht bloß etwas Partielles und Punktuelles ist, sondern die Gewalt eines Herrschaftsbereiches hat, in dessen Bann sich die Menschheit befindet, ohne es wirklich wahrzunehmen. Denn es ist überhaupt nur dann wahrzunehmen, wenn dieser Bann schon aufgebrochen ist. Genau genommen kann man nur rückblickend so reden im Wissen darum, daß es eigentlich schon erledigt, diese gottwidrige Herrschaft schon am Ende ist, die Stunde der Befreiung bereits geschlagen hat.

b) Die Herrschaft des verborgenen Gottes

Der rechte Gebrauch solcher Sprache hat daran seinen Prüfstein, ob die Tiefe dieses Gegensatzes in das Gottesverständnis selbst einbezogen wird. Nicht um dadurch die Widersprüchlichkeit zu lösen, sondern um ihr die äußerste Zuspitzung zuteil werden zu lassen. Gott wäre nicht Gott, wenn er nicht in allem verborgen wirksam wäre. Nicht daß dies eine Erklärung des Bösen lieferte. Wohl aber so, daß selbst die Macht des Bösen nicht sein könnte, ohne von der Macht Gottes zu zehren und die tötende Kraft aus der Verkehrung der lebendigmachenden Kraft Gottes herzuleiten. In welcher Weise Gott auch in allem Gottwidrigen, das geschieht, verborgen ist, das kann nur aus der Analogie zum Kreuzesgeschehen heraus gedacht werden. Die absconditas Gottes im Kreuz Jesu Christi ist die Offenbarung der absconditas Gottes in der Weltgeschichte, seines eigenen Leidens am Bösen. Nur wenn die abgründige Verborgenheit Gottes unter dem Triumph des Gottwidrigen als der Durchgang und Übergang zur offenbaren Herrschaft Gottes geglaubt wird, kann auch gegen allen Augenschein Gottes Herrschaft als in den Herrschaftsverhältnissen dieser Welt wirksam geglaubt werden. Ohne daß Gott in der Gestalt des Bösen auf uns zukommt, vollzieht der Glaube nicht die ihn erst wirklich kennzeichnende Kehre von Gott weg zu Gott hin. Luther hat dies als eine Grundbedingung der Gotteserfahrung formuliert: „Gott kann nicht Gott sein, er muß zuvor ein Teufel werden, und wir können nicht gen Himmel kommen, wir müssen vorhin in die Hölle fahren, können nicht Gottes Kinder werden, wir werden denn zuvor des Teufels Kinder.“[3]

Es wird so oft dahergeredet, nach Auschwitz und Hiroshima könne man nicht mehr an Gott glauben. Abgesehen davon, daß dies wohl dem Grad nach, aber nicht der Art nach die Präsenz des Bösen in der Welt verändert hat, wäre doch zu fragen, ob nicht heute die Kraftlosigkeit des Glaubens an Gott gerade darauf zurückzuführen ist, daß man dem ausweicht, auch die Fürchterlichkeit solcher Geschehnisse mit Gott zusammenzudenken. Nicht um das Sphinxgesicht des verborgenen Gottes anzustarren oder in seine rätselhaften Züge die eigenen Deutungen einzutragen, sondern um sich auf die Wende einzulassen, die sich in Jesus Christus ereignet hat. Sie erhält nur dann ihre Entschiedenheit vom Evangelium her, wenn in ihm nicht etwas Fremdes zur Welt hinzutritt, vielmehr das Geheimnis der Welt selbst, eben dieser bösen

---

[3] WA 31,1; 249,25–28.

Welt, darin offenbar wird, wenn also der verborgene Gott als der nahe geglaubt werden darf. Jesus Christus kam nicht in die Fremde, sondern in sein Eigentum. Und die ihn nicht aufnahmen, waren nicht solche, auf die er keinen Anspruch hatte, sondern die Seinen (Joh 1,11). Deshalb läßt der Glaube auch in den dunkelsten Stunden der Geschichte, der Welt wie des eigenen Lebens, die Gewißheit nicht fahren, in der Hand und unter der Herrschaft Gottes zu sein, auch wenn nichts als das nackte Gegenteil davon zu erkennen ist.

2. Von Gott angeordnete Herrschaft

Dem christlichen Glauben ist es wesentlich, daß er die Gottesherrschaft keineswegs allein von der Zukunft erwartet, so stark allerdings der Akzent darauf gelegt wird. Zugleich muß aber noch pointierter formuliert werden: Dem christlichen Glauben ist es wesentlich, daß er auch die Gegenwart der Gottesherrschaft keineswegs allein mit dem verbindet, was in Jesus Christus Wirklichkeit geworden ist. Was das Reich Christi ist, läßt sich nur in der Unterscheidung von dem Reich der Welt bestimmen, in dem Gott allem Anschein zum Trotz dennoch in verborgener Weise sein Regiment führt. Wird dieser Unterschied aufgehoben, denkt man also allein in der Vorstellung eines Gegensatzes zwischen dem Reich des Bösen und dem Reich Christi, dann droht das Reich Christi zu einem Konkurrenzgebilde zu den Reichen dieser Welt zu werden, ein christliches Reich von dieser Welt, nicht aber das im Kommen begriffene eschatologische Reich Gottes selbst. Die Verborgenheit der Herrschaft Gottes in den Herrschaftsverhältnissen der Welt hat ein doppeltes Gesicht: neben dem Sphinxgesicht der Weltgeschichte unter der Macht des Bösen das, wenn auch undeutliche, so doch auf den Willen des Schöpfers hindeutende Antlitz, aus dem uns sogar noch unter den Zügen des Zornes die Güte des Vaters anblickt.

a) Die Geduld Gottes

Die Gottesbeweise, die einer vernünftigen Weltbetrachtung den Sinn des Wortes Gott aufzuschlüsseln versuchen, gehen stets von einer Welt aus, die in Ordnung ist. Nur so scheint das Unternehmen eines Gottesbeweises möglich zu sein. Das Böse in der Welt kann offenbar nur als Argument gegen Gott in die Waagschale geworfen werden. Das ist verständlich und auch bis zu einem gewissen Grade richtig. Dennoch muß man sich fragen, ob die Schwäche aller dieser Gottesbeweise nicht in der künstlichen Ausklammerung des Bösen ihren Grund hat. Sie gewinnen erst dann Gewicht, wenn auf dem Hintergrund der Erfahrung des Bösen die Tatsache des Bestehens der Welt und ihrer Ordnung bedacht wird. Dann wird der Blick nicht auf die dunkle Unbekannte eines primum movens gelenkt, sondern auf das freilich völlig unbegreifliche, aber doch ein Licht ausstrahlende Faktum, daß die Welt obwohl unter der Macht des Bösen, dennoch besteht, voller Leben und auch voller Güte und Schönheit ist. Daß eine anscheinend sich selbst überlassene Menschheit dennoch nicht an sich selbst zugrunde gegangen ist, dürfte zwar kein Beweis, wohl aber ein nachdenklich machender Hinweis darauf sein, daß sie keineswegs sich selbst überlassen ist, sondern von einer Geduld lebt, die alles übersteigt, was der Mensch an Geduld sich vorstellen und selbst erschwingen kann. Die Zeit der Verborgenheit der Herrschaft Gottes ist auf jeden Fall die Zeit der Geduld Gottes, von der im Glauben gesagt werden müßte, sie sei so offensichtlich Geduld, daß es unmöglich wird, sie als Geduld zu mißbrauchen, anstatt sich durch die daraus hervorleuchtende Güte zur Umkehr treiben zu lassen (Röm 2,4).

b) Das Mandat Gottes

Alles, was Menschen zur Erhaltung der Welt beitragen, unabhängig von der Absicht und der Einstellung Gott gegenüber, wird auch ohne Wissen darum und sogar wider Willen zur Exekution des Willens Gottes, selbst wenn es mit evident Gottwidrigem vermengt ist. Auch wer von Gottes Gebot nichts weiß oder wissen will, wird zum Mandatsträger Gottes in dem, was seinen Anteil an der Welterhaltung betrifft. Die Herrschaft Gottes als des Schöpfers kommt in viel höherem Maße, als man erwarten sollte, auch durch allen Mißbrauch hindurch zur Geltung, indem das Leben selber den Menschen dazu nötigt, den Auswirkungen des Bösen Grenzen zu setzen. Daß Paulus die politischen Machthaber als Diener Gottes bezeichnet (Röm 13,4), ist weder eine Akkomodation an die Adresse des Staates noch eine hyperbolische Redeweise, die modernem Denken nicht mehr nachvollziehbar ist. Es liegt darin eine ungemein scharfe kritische Note: Nicht göttlich ist der Staat, sondern er hat Gott zu dienen. Sein Janusgesicht: daß er zwar dem Mißbrauch der Macht zu wehren beansprucht, dabei aber selbst die Macht oft erschreckend mißbraucht, ändert nichts daran, daß die weltliche Herrschaft, so recht oder schlecht es auch immer geschehen mag, ein Werkzeug Gottes sein muß. Das schließt nicht aus, daß das Werkzeug völlig untauglich wird und durch ein anderes ersetzt werden muß, wobei sich Gott wiederum der Menschen als seiner Werkzeuge bedient. Diese Zwiegesichtigkeit entspricht dem, was über das doppelte Gesicht des in der Geschichte verborgenen Gottes gesagt wurde. Was von der Herrschaftsgestalt des Staates gilt, stellt nun aber nur die auffälligste Erscheinungsweise dessen dar, wie in den Lebensverhältnissen der Menschheit überhaupt Gottes Mandat wirksam ist. Wirksam freilich in einer Weise, daß dadurch die Macht des Bösen nie überwunden wird. Darum wird jenes Mandat Gottes, wenn man es als solches wirklich ernst nimmt, zum Anlaß, sich nur um so mehr nach dem Kommen des Reiches Gottes zu sehnen.

B. Das Kommen der Herrschaft Gottes in der Geschichte

Daß die Frage nach der Herrschaft Gottes über die Geschichte am Anfang der Erörterungen über das Reich Gottes stand, ist nicht unproblematisch. Für die gewählte Reihenfolge der drei Hauptgesichtspunkte: der Herrschaft Gottes über die Geschichte, des Kommens der Herrschaft Gottes in der Geschichte und der Herrschaft Gottes als des Ziels und Endes der Geschichte, spricht ein formales Grundprinzip: das heilsgeschichtliche Gefälle, das von der tiefsten Verborgenheit der Herrschaft Gottes zu deren endgültiger Offenbarung führt. Damit deckt sich jedoch nicht die innere Bewegung des Sachverhalts selbst: wie sich die Herrschaft Gottes zu erkennen gibt und sich durchsetzt. Unter diesem Gesichtspunkt fällt der bisher erörterten Thematik eine sekundäre Rolle zu. Wie die Beziehung der Herrschaft Gottes als des Schöpfers und Erhalters zu den Herrschaftsverhältnissen dieser Welt zu denken sei, ist ein Problem, das sich erst im Gefolge tatsächlich erfahrener Herrschaft Gottes aufdrängt. Der biblische Gottesglaube nimmt seinen Ausgang nicht von einer Besinnung auf die Welt, wie sie im ganzen ist und welche Rolle darin in bezug auf das allgemeine Geschehen Gott zuzusprechen sei. Diese Fragerichtung stellt sich zwar ebenfalls ein, in der Bibel selbst allerdings nur begrenzt, um so mehr aber dann in einer systematisch vorgehenden, durch die Begegnung mit der Philosophie geprägten Theologie. Die primäre biblische Thematik ist jedoch das Kommen der Gottesherrschaft in der Geschichte.

Um auf den gesamtbiblischen Tenor dieser Thematik aufmerksam zu werden, ist es weniger wichtig, den Gedanken der Königsherrschaft Gottes zu verfolgen. Im Alten Testament begegnet er erst in späteren Schichten stärker, während er in vielen Teilen überhaupt fehlt. Im Neuen Testament findet er sich vornehmlich bei den Synoptikern und verschwindet dann weitgehend. Dieser letztere Befund wird uns noch beschäftigen (s. u. S. 493). Zunächst aber liegt das Entscheidende nicht an diesem Ausdruck. Daß Gott der Herr ist, stellt unabhängig von der Königs- und Herrschaftsterminologie die Grundaussage des Alten Testaments dar. Der Gottesname Jahwe wird nach dem hebräischen Wort für Herr punktiert und im mündlichen Gebrauch durch es ersetzt. Als Herr ist er nicht wie Baal Besitzer und Eigentümer, sondern Gebieter, dessen Geheiß Gehorsam verlangt[4]. Aber auch dieser Kern des alttesta-

[4] Vgl. L. Köhler, Theologie des Alten Testaments, 1936, 11 f.

mentlichen Gottesverständnisses wird in seiner spezifisch biblischen Prägung erst im Zusammenhang mit der Vokabel „kommen" recht erfaßt. Viel bedeutungsvoller als das Reden vom Kommen der Gottesherrschaft – eine Wendung, die auffallend selten begegnet – ist die Fülle von Aussagen über Gottes Kommen und darüber, was er kommen läßt. „Unser Gott kommt und kann nicht schweigen." (Ps 50,3) „Er kommt, die Erde zu richten." (Ps 98,9) „Der Name des Herrn kommt von ferne." (Jes 30,27) „Ich habe es geredet, ich lasse es kommen." (Jes 46,11) „Bald wird mein Heil kommen und meine Gerechtigkeit sich offenbaren." (Jes 56,1) Damit rühren wir an eine biblische Spracheigentümlichkeit, die auch im Neuen Testament vorherrscht, keineswegs nur in futurisch-eschatologischen Äußerungen über das Gesandtsein und Gekommensein Jesu Christi, was sich dann ebenfalls auf das Reden vom Geist überträgt. Veni, Creator Spiritus, singt die Kirche[5]. In dieser Einstellung auf das, was kommt, was auf uns zukommt, hat das Verhältnis zur Herrschaft Gottes seinen primären biblischen Ort.

Wenn nun von dem Kommen der Herrschaft Gottes die Rede sein soll, so unterscheidet sich diese Aufgabe wesentlich von einer Darstellung der Reich-Gottes-Verkündigung Jesu, wie sie bereits bei der Erörterung über den historischen Jesus gegeben wurde (§ 22 B I 3, s. Bd. II, 446ff). Jetzt stellt sich die Frage so: Was bedeutet das Gekommensein Jesu Christi für das Kommen der Herrschaft Gottes? Oder knapper: Wie verhalten sich das Reich Christi und das Reich Gottes zueinander? Erst wenn diese Frage geklärt ist, soll die weitere gestellt werden, inwiefern das Reich Gottes als Geschichtsmacht in Betracht kommt.

I. Das Reich Christi als das Kommen der Herrschaft Gottes

Jesus hat zweifellos nicht von seinem Reich gesprochen. Er hat das nahe Gottesreich verkündet, die Herrschaft des nahen Gottes. Die Feststellung, daß statt des Reiches Gottes die Kirche kam[6], könnte man dahin abwandeln, daß statt des Reiches Gottes das Reich Christi kam. Bei dieser Formulierung wird jedoch die Ausdrucksweise, die auf Konkurrenz und Ersatz hindeutet, höchst fragwürdig. Das Reich Christi ist nichts anderes als das Kommen der Herrschaft Gottes. Dennoch ist damit eine Veränderung eingetreten, die genauer bedacht sein will.

---

[5] Hymnus von Magnentius Hrabanus Maurus zur Terz und zur Vesper am Pfingstsonntag.

[6] S. Bd. II, 468 Anm. 2.

1. Das Aufgehen der Reich-Gottes-Verkündigung in das Reich Christi

Eine Reihe historischer Symptome ist zu erörtern sowie die Verwicklung in die Fragen apokalyptischer Chronologie, um die Freiheit zu gewinnen, einen anscheinend komplizierten Sachverhalt auf seine einfachen Grundzüge zurückzuführen.

a) Die Erwartung des Reiches Gottes nach dem Tode Jesu

Wir rühren noch einmal an das Grundproblem der Genesis des christlichen Glaubens, wenn wir danach fragen, auf welche Weise die Verkündigung des Reiches Gottes durch Jesus nach seinem Tode ihren Fortgang nehmen konnte. Zwei Möglichkeiten, die man theoretisch annehmen könnte, scheiden angesichts des Überlieferungsbefundes aus. Die eine wäre die, daß die Verkündigung des Reiches Gottes durch andere einfach fortgesetzt worden wäre. Die zweite Möglichkeit wäre die, daß die Erwartung des Reiches Gottes durch den Tod Jesu enttäuscht worden und erloschen wäre. Daß beides nicht zutrifft, ist an der auffallenden Tatsache abzulesen, daß die Verwendung des Begriffs Reich Gottes, verglichen mit dem Vorkommen bei den Synoptikern, im urchristlichen Sprachgebrauch zwar außerordentlich zurücktritt, aber dennoch nicht völlig verschwindet.

In den echten Paulinen begegnet er spärlich, jedoch nicht so, daß man ihn dort als irrelevant einschätzen könnte. Einerseits hat er eindeutig futurische Ausrichtung auf das eschatologische Endziel. In formelhafter negativer Wendung ist viermal davon die Rede, was von dem künftigen Anteil am Reiche Gottes ausschließt, was also gewissermaßen die Enterbung zur Folge hat (1. Kor 6,9f 15,50 Gal 5,21). Daneben begegnet einmal die positive Wendung des Berufenseins zum Reiche Gottes (1. Thess 2,12). Anderseits wird zweimal in offensichtlich freier und selbständiger Formulierung von der Herrschaft Gottes als dem gesprochen, was im Christusglauben gegenwärtige Wirklichkeit ist. In beiden Fällen handelt es sich um eine antithetische Aussage, die sich auf die Art und Weise dieser Wirklichkeit bezieht, man könnte sagen: auf ihren geistlichen Charakter. „Das Reich Gottes besteht nicht in Essen und Trinken, sondern in Gerechtigkeit, Frieden und Freude durch den heiligen Geist.“ Durch die unmittelbare Fortsetzung wird der Bezug zu Christus ausdrücklich hergestellt: „Wer darin Christus dient, der ist Gott wohlgefällig und gilt etwas bei den Menschen.“ (Röm 14,17f) Dazu die andere Stelle: „Nicht in Gerede besteht das Reich Gottes, sondern in Kraft.“ (1. Kor 4,20) Damit wendet sich Paulus gegen seine korinthischen Gegner unter Berufung auf die spezifische *dynamis* des Evangeliums (vgl. Röm 1,16).

Von den wenigen außerpaulinischen Belegen erwähnt die Mehrzahl das Reich Gottes als futurisch-eschatologische Größe (Joh 3,3 Apg 1,3 14,22 Eph 5,5 2. Thess 1,5), während an drei Stellen gerade in bezug auf das Wirken des Paulus von einer Verkündigungstätigkeit für das Reich Gottes die Rede ist (Kol 4,11 Apg 19,8 28,23), ohne daß man doch die Verkündigung des Paulus von ihrem Wortlaut her als Verkündigung des Reiches Gottes bezeichnen könnte. Eine eigentümliche Brückenfunktion zwischen der Reich-Gottes-Verkündigung Jesu und der nachösterlichen Situation versieht die Bemerkung am Anfang der Apostelgeschichte (1,3), Jesus habe bei seinen Erscheinungen während der vierzig Tage zwischen Ostern und Himmelfahrt zu den Aposteln von Gottes Reich gesprochen. Das spiegelt doch wohl nicht bloß den Zentralbegriff der Verkündigung Jesu wider, sondern verrät auch ein Problembewußtsein in bezug auf den Übergang zur Christusverkündigung. Der Verfasser der Apostelgeschichte deutet damit an, daß der offenbarungsgeschichtliche Wendepunkt die Thematik des Reiches Gottes tangiert.

Nun wäre aber der Sachverhalt viel zu eng anvisiert, wenn man sich allein an das Vorkommen der Vokabel Reich Gottes hielte.

Zum einen muß berücksichtigt werden: Das außerordentlich häufige Reden vom Reiche Gottes in den Synoptikern beschränkt sich nicht auf das sogenannte echte Jesus-Gut, spielt vielmehr auch in der weiterbildenden Tradition eine Rolle und ist, obschon erzählende Überlieferung von Jesus, doch keineswegs historisierend gemeint. Die Gemeinden, in denen diese Tradition lebte und für die dann wiederum die Evangelien verfaßt wurden, machten sich Jesu Aussagen über das Reich Gottes zu eigen, hatten daran einen Hauptinhalt ihres Glaubens, erwarteten das Reich Gottes und beteten mit dem Unservater weiterhin um sein Kommen. Aber gerade deshalb, weil für sie der Begriff des Reiches Gottes so unablösbar an der Jesus-Überlieferung haftete, wußten sie um die transformierende Integration der Reich-Gottes-Botschaft Jesu in die gegenwärtige Christusbotschaft. Man konnte offenbar das Reich Gottes nicht mehr selbständig verkündigen, sondern nur noch unter Bezugnahme auf Jesus und so, daß man ihn als den Christus verkündigte.

Zum andern aber muß man auf die Anzeichen gewisser Veränderungen im Reden von der Königsherrschaft achten. Der Schwund im Gebrauch des Ausdrucks Reich Gottes wird keineswegs durch die Wendung Reich Christi ausgeglichen. Sie tritt ebenso wie die Bezeichnung Jesu als eines Königs noch am ehesten ebenfalls in den Evangelien auf. Bei Paulus selbst fehlt beides nahezu völlig. Einmal allerdings setzt er sehr betont in verbaler Ausdrucksweise das Herrschen Christi zur Herrschaft Gottes in Beziehung, läßt jedoch in der Aussage, daß Christus das Reich Gott und dem Vater übergeben wird, wohl absichtlich bei dem Worte Reich die Possessivbestimmung fort (1. Kor 15,24–28). In der späteren Briefliteratur und in der Offenbarung des Johannes begegnet nur gelegentlich der Ausdruck Reich Christi (Kol 1,13 2. Tim 4,1.18 Hebr 1,8 2. Petr 1,11 Offb passim), ein einziges Mal auch in der Kombination: Reich Christi und Gottes (Eph 5,5), was eine gewisse Unsicherheit der Sprachregelung verrät. Doch auch hier besagt wiederum die Wortstatistik relativ wenig angesichts einer überwältigenden Fülle von Sachaussagen, die von der Herrschaft Jesu Christi ohne Verwendung des Terminus Königsherrschaft oder Reich Christi sprechen. Die Auferstehung und Erhöhung zur Rechten Gottes, die Titulierung als *kyrios* – also mit dem häufigsten alttestamentlichen Gottesprädikat, wie sehr daran auch hellenistische Einflüsse beteiligt sein mögen –, die Unterwerfung aller Mächte unter Christus, seine Funktion als Weltrichter bei der Wiederkunft und in all das verflochten die messianische Deutung der Inthronisationspsalmen (Ps 2,7 110,1) und der Davidssohnschaft auf Christus: das weist darauf hin, daß die Christologie notwendig den Gedanken des Reiches Christi in enger Nachbarschaft zur Erwartung des Reiches Gottes in sich schließt.

b) Das Reich Christi im apokalyptischen Spannungsfeld

Obwohl Jesu Reden vom Reiche Gottes nur z. T. in der apokalyptischen Tradition verankert war und auch dieser gegenüber Anzeichen kritischer Distanz aufwies, lag es doch nahe, die neue Situation, die durch den Glauben an den Gekreuzigten als den *kyrios* entstanden war, in den apokalyptischen Rahmen einzuzeichnen und von daher zu deuten. Schematisierend kann man drei Ansatzpunkte dafür aufweisen, zwischen denen allerdings mancherlei Querverbindungen bestehen. Der eine Ansatzpunkt ist die Parusieerwartung. Das Reich Christi wird mit seiner Wiederkunft als Menschensohn hereinbrechen, wenn er Gericht halten und die Seinen an seiner Herrschaft beteiligen wird (z. B. Mt 16,28 19,28 25,31–46). Der andere Ansatzpunkt ist das Verständnis der Auferstehung Jesu als Erhöhung zur Rechten Gottes und damit als Inthronisation zum Herrscher und Richter der Welt (z. B. Röm 1,4 Apg 10,42). Der dritte Ansatzpunkt ist die Erwartung eines messianischen Zwischenreiches, das durch die Fesselung des Satans und eine erste Auferstehung allein der Christusgläubigen eingeleitet wird. Sie werden dann mit Christus zusammen tausend Jahre leben und regieren, worauf der Satan noch einmal losbricht, bis schließlich das apokalyptische Drama mit der allgemeinen Totenauferstehung und dem Weltgericht zu Ende geht (Offb 20). Dieser Vorstellungstyp klingt auch bei Paulus an, nur daß hier die Zäsur, die das messianische Reich als künftige Größe absondert, eingeebnet wird zugunsten der durchgehenden Herrschaft des Auferstandenen bis hin zu der vollen Unterwerfung aller Mächte und der Übergabe seines Reiches an den Vater (1. Kor 15,23–28). Es stellt einen seltsamen Umweg dar, wenn später Augustin im Gefolge von Tyconius die Vorstellung vom tausendjährigen Reich auf die Zeit zwischen dem ersten und dem zweiten Kommen Christi, also auf die Kirchengeschichte, deutete. Unabhängig von solchen apokalyptischen Umdeutungen, die wiederum einen Rattenschwanz chronologischer Spekulationen nach sich ziehen, legt sich als die schlichteste und sachgemäßeste Auffassung nahe, die Zeit der Christusverkündigung und des Glaubens an ihn als die Zeit des Reiches Christi zu verstehen.

c) Der Anbruch der Herrschaft Gottes in Jesus Christus

Marcion wird das eindrückliche Wort zugeschrieben: In evangelio est Dei regnum Christus ipse[7]. Die Textüberlieferung ist allerdings fraglich. Tertullians Referat an dieser Stelle bezieht sich nur auf die von ihm selbst anerkannte Unterscheidung zweier Phasen: daß das Gesetz und die Propheten bis zu Johannes dem Täufer gelten und von da an das Reich Gottes verkündigt wird (Lk 16,16). So handelt es sich wohl nur darum, daß unter Bezugnahme auf dieses Evangelienzitat in Abhebung gegen das Gesetz das Evangelium inhaltlich durch die Erläuterung bestimmt wird: in quo est dei regnum. Das „Christus ipse" scheint hier zusätzlich aus dem folgenden Satz eingedrungen zu sein[8]. Selbst als absichtliche Glosse würde es nur unterstreichen, woran das Besondere des Evangeliums gegenüber Gesetz und Propheten erkennbar ist. Die Differenz zu Marcion erstreckt sich nur darauf, ob der Wandel vom Gesetz zum Evangelium durch Auftreten einer anderen Instanz als des Schöpfers bewirkt worden ist. Das bestreitet Tertullian, während die Frage nach dem Verständnis von Reich Gottes hier überhaupt keine Rolle spielt. Evangelium, Proklamation des Reiches Gottes und Christus – das stellt offenbarungsgeschichtlich unbestritten eine Einheit dar. Isoliert genommen, wird die überlieferte Textform allerdings zu einer erstaunlichen Interpretation dessen, was Reich Gottes bedeutet: nicht etwas, was nur verkündigt wird und noch aussteht, sondern was bereits da ist, und nicht etwa in denen, die – nach der umstrittenen Deutung von Lk 17,21 – als Glaubende der Ort der Gegenwart des Reiches Gottes sind; auch nicht nur die Wirksamkeit Jesu selbst, wie dies

---

[7] Im Evangelium ist Gottes Reich Christus selbst. Tertullian, Adversus Marcionem IV, 33 CSEL 47; 532,6f. Vgl. RGG[3] 5,918. Der Kontext lautet 531,24–532,7: Possum iam colligere, cur tanto aeuo deus Marcionis fuerit in occulto. expectabat, opinor, donec haec omnia disceret a creatore. didicit igitur usque ad Iohannis tempora atque ita exinde processit adnuntiare regnum dei dicens: 'lex et prophetae usque ad Iohannem; ex quo regnum dei adnuntiatur' [Lk 16,16]. quasi non et nos limitem quendam agnoscamus Iohannem constitutum inter uetera et noua, ad quem desineret Iudaismus et a quo inciperet Christianismus, non tamen, ut ab alia uirtute facta sit sedatio legis et prophetarum et initiatio euangelii, in quo est ‚dei regnum' Christus ipse.

[8] So konjiziert der Herausgeber E. Kroymann: ... in quo est ‚dei regnum'. [Christus ipse.] Die Wendung Christus ipse sei aus 532,11 in diesen Satz eingedrungen.

einigen Reich-Gottes-Gleichnissen entnommen werden kann oder der Äußerung, wenn er die Dämonen mit dem Finger Gottes austreibe, dann sei ja das Reich Gottes schon da (Lk 11,20). Vielmehr legt die definitorisch klingende Formulierung: In evangelio est Dei regnum Christus ipse, den Gedanken nahe, daß in der Person Christi selbst das Reich Gottes da ist. Das beruht freilich eher auf Überlegungen des zwanzigsten als des zweiten Jahrhunderts. Die Analyse der Reich-Gottes-Verkündigung Jesu führt in der Tat darauf, daß die hier verkündigte Nähe in dem Gottesverhältnis Jesu selbst ihre Wurzel hat und insofern Jesus in Person die Gegenwart der Herrschaft des nahen Gottes ist. Diese Deutung wäre aber dennoch in verschiedener Hinsicht ergänzungsbedürftig.

Das in Jesus selbst präsente Reich Gottes ist mit seinem Tode nicht verschwunden, sondern nun erst recht da, wie der Glaube an ihn bekennt. Dann muß aber davon, wie das Reich Gottes in Jesus, der das Kommen des Reiches Gottes verkündigte, gegenwärtig war, die Weise der Gegenwart des Reiches Gottes in dem verkündigten Christus unterschieden werden. Das betrifft aber nicht nur den Situationswandel in bezug auf die Seinsweise Jesu Christi. Es verbindet sich damit auch eine Präzisierung dessen, was es mit der Gegenwart der Herrschaft Gottes auf sich hat. Was die Aussage, daß das Reich Gottes Christus selbst ist, als Definition – sofern sie so verstanden wird – hergibt, ist je nachdem etwas anderes, wenn wir uns dabei nur an den historischen Jesus halten können oder wenn wir uns auf das Evangelium vom Gekreuzigten und Auferstandenen berufen dürfen. Daß das Reich Gottes, das Jesus Christus selbst ist, im Zeichen des Kreuzes steht, läßt nun viel schärfer sowohl das Schon-jetzt als auch das Noch-nicht spürbar werden, jedenfalls für diejenigen, die sich zu diesem Herrn bekennen.

Damit stellt sich ein weiterer ergänzender Gesichtspunkt ein. Die Präsenz der Herrschaft Gottes in Christus, die sich nun als Christusverkündigung vollzieht, erweist sich als eine solche allein dadurch, daß sie an Menschen einen Herrschaftswechsel bewirkt. Dabei besteht die Herrschaft Gottes eben darin, daß er diesen Herrschaftswechsel in die Herrschaft Christi hinein vollzieht: „Er (der Vater) hat uns der Macht der Finsternis entrissen und in das Reich seines geliebten Sohnes versetzt. Durch ihn haben wir die Erlösung, die Vergebung der Sünden." (Kol 1,13f) Darum kann jener angeblichen Definition Marcions eine Äußerung Luthers zur Seite gestellt werden, die dazu nicht in Konkurrenz steht, sondern nur eine sachgemäße Erläuterung bietet: Gottes Reich sind wir selbst.[9] Die Bitte: Dein Reich komme, will

[9] WA 11; 57,26: Regnum dei nos ipsi sumus …

deshalb so gebetet sein: Gib, daß wir dein Reich seien[10]. Es hat darum seinen guten Sinn, wenn Aussagen Jesu über das Reich Gottes eine Interpretation auf die Kirche hin erfahren, so daß auf diese Weise nicht etwa das Reich Gottes verkirchlicht, wohl aber das Kirchenverständnis eschatologisch aufgesprengt wird. Denn in Christus geht es um eine Herrschaft, die darin Gottesherrschaft zu sein beansprucht, daß sie sich gleichermaßen auf Lebende und Tote erstreckt, also die Kluft zwischen einem Reich der Lebenden und einem Reich der Toten erledigt sein läßt (Röm 14,7–9).

Wird dies berücksichtigt, so tritt zu der Gleichsetzung des Reiches Gottes mit Christus selbst noch eine letzte Erläuterung hinzu, die nun doch auf eine Unterscheidung zwischen dem Reiche Christi und dem Reiche Gottes hintreibt. So wahr es ist, daß das Reich Gottes in Christus da ist, bleibt es doch stets durch ihn im Kommen. Solange die Geschichte währt und das Reich Christi im Schwange geht, befindet sich das Reich Gottes im Kommen. Mit dem Kommen des Reiches Gottes ist es erst dann vorbei, wenn es in Vollendung da ist. Deshalb hat die Christenheit keinen Grund, je mit der Bitte aufzuhören: Dein Reich komme, obwohl diese Bitte in der Gewißheit des Glaubens zu geschehen hat, daß das Reich Gottes in Christus da ist. Das ist der Grund dafür, warum im Urchristentum offenbar nicht mehr das Summar der Verkündigung Jesu als Summar der eigenen Verkündigung wiederholt wurde: „Das Reich Gottes ist nahe herbeigekommen." (Mk 1,15 Mt 3,2 4,17 10,7 Lk 10,9.11) Kraft dessen, daß es in Christus gekommen ist, erwartet man nun allerdings um so mehr sein baldiges Offenbarwerden. Dies steht freilich noch aus. Wenn darum überhaupt eine terminologische Fixierung erfolgt, muß sie darauf hinauslaufen, zwischen dem Reich Christi als der im Kommen begriffenen Herrschaft Gottes und dem Reich Gottes als der zur Vollendung gekommenen Herrschaft Christi zu unterscheiden.

2. Die Art der Herrschaft Christi

Was über die Art der Herrschaft Christi zu sagen ist, das hat in der Christologie seine Grundlegung und in der Pneumatologie seine Entfaltung erfahren. Dazu ist jetzt nichts Neues mehr zu sagen. Aus dem früher bereits Dargelegten sind nur einige Hauptgesichtspunkte aufzugreifen, die als Kriterien ständig präsent sein müssen, wenn von der Herrschaft Christi recht die Rede sein soll.

a) Geistlich

Daß die Herrschaft Christi geistlicher Art ist, gibt kein Recht, sie auf

[10] WA 30,1; 47,32: ... da, ut nos tuum regnum simus...

eine sogenannte Seinsschicht zu provinzialisieren, auf eine bloße Innerlichkeit und damit auf eine Ichbezogenheit, die man dann als Heilsegoismus karikiert. Weil im Reiche Christi die Darbringung der Leiber als lebendiges Opfer unser vernünftiger Gottesdienst sein soll (Röm 12,1), muß die Herrschaft Christi da eingreifen, von wo aus der ganze Mensch getroffen und ergriffen wird: in seinem Herzen und Gewissen. Weil im Reiche Christi keiner für sich selbst lebt, sondern dem Herrn und darum auch den Gliedern an dessen Leib, darum muß jeder selbst als Einzelner von diesem Herrn in Anspruch und in Besitz genommen sein. Weil im Reiche Christi diejenigen, die zu ihm gehören, ihm ganz gehören sollen, deshalb haben hier keinerlei Gewalt und Zwang nach Art der weltlichen Herrschaft ihren Platz, sondern allein diejenige Macht, die wahrhaft frei zu machen vermag. Weil im Reiche Christi diejenigen Mächte überwunden werden, welche diese Freiheit verhindern, bedeutet die Zugehörigkeit zu seinem Reich, an diesem Kampf ständig beteiligt zu sein, also in einem Frieden zu leben, der alle Vernunft übersteigt, darum aber den Rückhalt gibt, einen geistlichen Kampf durchzustehen, der so lange währt wie das Leben selbst. Weil es im Reiche Christi um einen solchen Kampf geht, kommen alle Mächte, mit denen zu streiten ist, in ihrer geistlichen Dimension in Betracht: das Fleisch ebenso wie die Sünde, der Tod ebenso wie das personhaft erfahrene Böse, so daß nicht irdische Güter und Glücksumstände die Frucht der Zugehörigkeit zum Reiche Christi sind, sondern Friede und Freude im heiligen Geist. Weil im Reiche Christi derjenige herrscht, der nicht gekommen ist, sich dienen zu lassen, sondern zu dienen, deshalb besteht sein Herrschen gegenüber den Seinen darin, ihnen an seiner Herrschaft Anteil zu geben, sie zu Mitherrschern zu machen, so daß es auch unter ihnen selbst anders zugeht, als in den Herrschaftsverhältnissen der Welt. Weil im Reiche Christi allein Christus der Herr ist, darum hat keiner das Recht, sich seiner selbst zu rühmen und sich auf sich selbst zu verlassen oder aber im Blick auf sich selbst zu verzweifeln, wozu stets am ehesten Anlaß wäre; vielmehr hat jeder sich selbst wie auch seinen Mitmenschen als den anzusehen, über den Christus deshalb der Herr ist, weil er sich für ihn hingegeben hat und für ihn gestorben ist. Weil im Reiche Christi nicht wie sonst in der Welt mit dem Gesetz regiert wird, sondern mit dem Evangelium, deshalb ist hier alles auf die Macht des Wortes und des Geistes, des Glaubens und der Liebe gestellt und so ein schlechterdings unverkennbarer und unverwischbarer Unterschied zu allen Reichen dieser Welt gesetzt.

b) Gegenwärtig

Das Reich Christi ist Gegenwart. Der Herr in ihm ist der Christus praesens. Und die Weise seiner Präsenz ist der Geist, der durch das Wort gegeben wird, dessen Kraft aber nicht in bloßen Worten besteht. Daß die Einsetzung Christi zum Herrn dieses Reiches als seine Erhöhung zur Rechten Gottes beschrieben wird, bedeutet nicht die Verlegung seiner Herrschaft in den Himmel, sondern die Autorisierung seiner Herrschaft auf Erden. Sosehr die zweite Bitte des Unservaters durch die dritte erläutert wird und das Kommen des Reiches Gottes sich darin realisiert, daß der Wille Gottes wie im Himmel so auch auf Erden geschieht, gilt doch im Blick auf das Reich Christi auch die Umkehrung des Zusammenhangs. Weil durch Christus der Wille Gottes wie im Himmel so auch auf der Erde zur Erfüllung gekommen ist und sich weiterhin erfüllt, deshalb besteht Grund zur Hoffnung auf das Kommen des Reiches Gottes und zu um so gewisserem Bitten darum. Die widersprechende Gegenwartsgestalt der Welt kann kein Einwand sein gegen die geglaubte Gegenwart des Reiches Christi in ihr. Denn weil sein Reich nicht von dieser Welt ist, kann es in dieser Welt gar nicht anders zugehen als so, daß ihm Widerspruch zuteil wird. Das Kreuz als Zeichen des Sieges ist nicht etwa bloß ein Symbol vergangener Leiden oder gar ein Schmuckstück, mit dem man gegenwärtig sich brüstet und stolziert, sondern gegenwärtig erfahrene Wirklichkeit und, sofern sie einem äußerlich erspart bleibt, der Hinweis auf dasjenige Leiden und Sterben, das keinem erspart bleibt. Aber dennoch ist es im Blick auf all dies die Erinnerung daran, daß ein Sieg errungen ist, dessen Konsequenzen im eigenen Leben noch der vollen Vergegenwärtigung harren.

c) Künftig

Da die Ewigkeit nicht unter dem Gesetz der Zeit steht, wäre es irrig, das Reich Christi in eine Zukunft zu vertagen, die zwar, nach ihrer Vollkommenheit zu urteilen, die Züge der Ewigkeit trägt, ihren Bedingungen nach aber irdisch ist und eine bestimmte Geschichtsphase darstellt. Unter dem Gesichtspunkt der Ewigkeit besteht kein Unterschied zwischen den Metaphern zeitlicher und räumlicher Transzendenz. Aussagen, die von der Wiederkunft Christi als einem Geschehen der Zeittranszendenz sprechen, dürfen nicht gegen solche Aussagen ausgespielt werden, die von Christus die vollkommene Herrschaft im Bilde der Raumtranszendenz aussagen wie etwa: „Ich hätte wohl Lust, von hier zu scheiden und bei Christus zu sein“ (Phil 1,23), oder: „Wenn ihr nun aber mit Christus auferweckt worden seid, so sucht, was droben ist, wo Christus ist, der seinen Platz zur Rechten Gottes hat. Erstrebt, was droben ist, nicht, was auf Erden ist.“ (Kol 3,1) Dennoch ist es für das Verständnis des Reiches Christi unabdingbar, daß die futurische Dimension im Blick bleibt. Was in den Wachstumsgleichnissen über das Reich Gottes ausgesagt ist, das hat bei der ins Auge gefaßten terminologischen Unterscheidung zwischen dem Reiche Gottes und dem Reiche Christi seine Gültigkeit für das Reich Christi. Daß sich daraus bestimmte Geschichtsprognosen ergeben, die eine Vollendung des Reiches Christi in der Zeit und einen kontinuierlichen Übergang in das Reich Gottes in Aussicht stellen, erscheint von vornherein fraglich. Die apokalyptischen Vorstellungen von einem schließlich erreichten Zustand völliger Unterwerfung aller Feinde unter die Füße Christi wären als geschichtliche Zukunftsaussagen mißverstanden, wenn man bedenkt, welche Feinde dabei gemeint sind. Deshalb bleibt das Reich Christi in dieser Weltzeit, mit den Symbolen der Apokalyptik zu reden, diesseits des völligen Umbruchs, der durch die definitive Scheidung im Gericht, den Sturz des Satans und die Aufhebung des Todes gekennzeichnet ist.

II. Das Reich Gottes als Geschichtsmacht

Gegen die bisherigen Darlegungen über das Kommen der Herrschaft Gottes in der Geschichte kann ein doppelter Einwand erhoben werden. Die Unterscheidung zwischen Reich Christi und Reich Gottes habe die Tendenz, zugunsten der Geschichtlichkeit des einen die völlige Ungeschichtlichkeit und reine Jenseitigkeit des andern zu betonen. Und ferner: Diese Unterscheidung habe zugleich die weitere Tendenz, das Geschichtswirksame auf die christlich-religiösen Aspekte zu beschränken und die welthaften Aspekte der Geschichte auszuklammern. Demgegenüber müssen folgende Gesichtspunkte in die Überlegungen mit einbezogen werden.

Wenn wirklich damit Ernst gemacht wird, daß das Reich Christi als Kommen der Herrschaft Gottes verstanden wird, dann darf die terminologische Unterscheidung keinesfalls dazu führen, den Gesichtspunkt des Kommens des Reiches Gottes in der Geschichte überhaupt zu eliminieren. Das wäre aber dann der Fall, wenn darüber gar nichts anderes mehr aussagbar wäre als der abstrakte Verweis auf ein irgendwann eintretendes Ende der Geschichte, mit dem eine Hoffnung verbunden wird, zu welcher der Geschichtsverlauf bis dahin anscheinend keinerlei positive Beziehung hat. Wenn ferner damit Ernst gemacht wird, daß die Herrschaft Gottes eine universale Ausrichtung hat, dann wäre die Beschränkung auf religiöse Ausstrahlungen in die Geschichte hinein eine unangemessene Horizontverengung. Nun hatten zwar die Bemerkungen zum Reiche Christi beide Gefahren vermeiden wollen. Sie wollten sowohl zum rechten Verständnis dessen anleiten, in welchem Sinne von dem Kommen des Reiches Gottes in der Geschichte und nicht allein nach der Geschichte zu reden sei. Und sie wollten ferner zur Geltung bringen, daß Christi Reich, obwohl es kein Reich dieser Welt ist, oder vielmehr gerade deshalb, weil es das nicht ist, auf die Welt als ganze bezogen ist und allen Mächten dieser Welt entgegentritt. Bei der rechten Auffassung vom Reiche Christi dürfte es weder an einer Anbahnung des Reiches Gottes in der Geschichte mangeln noch an der universalen Ausrichtung, die zum Begriff des Reiches Gottes gehört.

Dagegen steht nun freilich die Tatsache, daß es heute ungemein schwierig ist, dies auch entsprechend zur Geltung zu bringen. Sofern nicht die Beziehung zwischen Geschichte und Reich Gottes überhaupt zerschnitten ist und nur noch eine eschatologisch-punktuelle Berührung behauptet wird, die im Grunde bloß die Beziehungslosigkeit dokumentiert, gehen heute die Konzeptionen von einer geschichtsbestimmenden Macht des Reiches Gottes in zwei verschiedene Richtungen. Auf der einen Seite spricht man von einer Reichgottesarbeit und meint damit eine Anbahnung des Reiches Gottes durch Christianisierung der Welt. Auf der andern Seite ist man von dem Geschichtsproblem umgetrieben und darum bemüht, die Idee des Reiches Gottes in humane Handlungsziele zu übersetzen. Auf der einen Seite gilt das Interesse dem Religiösen, auf der andern Seite dem Politischen und Kulturellen. Diese Aufspaltung widerspricht offensichtlich auf beiden Seiten der Weite, aber auch der rechten Konzentration christlicher Reichgotteshoffnung. Das Reich Christi hat nicht einen partiellen Charakter. Als das geschichtliche Kommen des Reiches Gottes ist es so universal wie dieses selbst. Das Reich Gottes aber würde zu einer spekulativen geschichtstheologischen Idee, wenn man es von seiner Orientierung an Jesus Christus loslöste.

Wenn diese Problematik in Auseinandersetzung mit der Konzeption der Reichgottesarbeit sowie mit der Problemstellung der Geschichtstheologie noch etwas vorangetrieben werden soll, so kann man den Spielraum dessen, was hier zu bedenken ist, von vornherein folgendermaßen eingrenzen: Es muß schlechterdings als ausgeschlossen gelten, das Reich Gottes durch geschichtliches Handeln des Menschen in der Geschichte selbst herzustellen, so daß es als eine neue und endgültige Geschichtsperiode zu gelten hätte. Eine solche Auffassung widerspräche diametral dem Gedanken des Reiches Gottes, der wesenhaft dies in sich schließt, daß Gott allein sein Reich zu schaffen und zu vollenden vermag. Jene geschichtlich operationale Auffassung widerspräche ebenfalls einem humanistischen Geschichtsverständnis. Von beiden Seiten her wäre eine solche Konzeption von Reich Gottes ein Widerspruch in sich und bedarf keiner weiteren Berücksichtigung. Dagegen bleibt die Frage offen, in welcher Weise das geschichtliche Leben und das verantwortliche Handeln darin durch die Ausrichtung auf das Reich Gottes bestimmt sein können: inwiefern die Reichgotteshoffnung den Mut zur Geschichte begründet, inwiefern sie das geschichtliche Handeln inhaltlich bestimmt und inwiefern sie die Einstellung zu diesem Handeln beeinflußt.

1. Reichgotteshoffnung und Reichgottesarbeit

Gerade dort, wo man es am wenigsten vermuten sollte, bei Paulus, begegnet der Begriff des Mitarbeiters Gottes. Timotheus nennt er „unseren Bruder und Gottes Mitarbeiter bei der Verkündigung der Christusbotschaft" (1. Thess 3,2). Mit Apollos schließt er sich den Korinthern gegenüber unter der Bezeichnung „Mitarbeiter Gottes" zusammen (1. Kor 3,9). Das klingt auch im Kolosserbrief nach, wo von „Mitarbeitern für das Reich Gottes" die Rede ist (4,11). Auch wenn man, wie es wahrscheinlich ist, die Verbindung „Mitarbeiter Gottes" nicht in dem präzisen synergistischen Sinne als ein Zusammenarbeiten mit Gott versteht, sondern als ein Miteinanderarbeiten im Dienste Gottes, bleibt doch die klare Aussage, daß der Mensch in seinem Handeln die Sache Gottes zu betreiben hat, Diener Gottes sein kann und soll. So ist gegen den Begriff der Reichgottesarbeit nichts einzuwenden. Im Gegenteil, es wäre zu fragen, ob nicht seine spezialisierende Einengung auf die rein missionarische und evangelistische Tätigkeit problematisch ist, sofern dadurch verdeckt wird, daß jeder an seinem Ort und im Rahmen seiner Möglichkeiten zur Reichgottesarbeit berufen ist, ob also der Gesichtspunkt der Reichgottesarbeit nicht zum Schlüssel der Ethik überhaupt werden könnte. Trotzdem hat, wie der paulinische Sprachgebrauch zeigt, die Anwendung auf eine besondere Tätigkeit im Dienst des Evangeliums ihr gutes Recht.

Wenn wir die Beziehung zwischen solcher Tätigkeit und dem Reiche Gottes genauer bestimmen wollen, wird man nach den aufgestellten Gesichtspunkten zunächst darauf Wert legen müssen, daß die Reichgotteshoffnung selbst dabei der bestimmende Faktor ist. Es darf nicht ein Handeln auf bloßen Befehl hin sein, das Ableisten einer drückenden Pflicht – obwohl gerade wieder Paulus von einem solchen Zwang zu predigen reden kann, der von seinem Auftrag her auf ihm liegt, ob es freiwillig geschieht oder nicht (1. Kor 9,16f). Das kann jeder nachempfinden, der sich der ungeheuren Aufgabe auch nur einer einzigen Predigt bewußt ist. Dennoch wird solches Tun sinnlos und unfruchtbar, wenn nicht die Gewißheit darin die Oberhand behält, daß es eine rechte, lohnende, im wahrsten Sinne lebensnotwendige Arbeit darstellt. Deshalb ist es eine Grundbedingung von Reichgottesarbeit, daß aus der inneren Ausrichtung auf das Reich Gottes die Kraft und Zuversicht dazu geschöpft wird. Das muß sich dann auch auf die inhaltliche Bestimmung solchen Tuns auswirken. Es darf nicht zu einer vergewaltigenden und skrupellosen Propaganda ausarten, einem Erringen von Missionserfolgen um jeden Preis. Das scharfe Kriterium aller Verkündigungsarbeit, insbesondere gegenüber denen, die völlig fern stehen, liegt darin, daß der Inhalt des Evangeliums auch die Art und Weise seiner

Ausbreitung zu bestimmen habe. Darum ist das, was Reichgottesarbeit zu sein beansprucht, daraufhin zu prüfen, ob darin die Liebe der Antrieb ist, die sich ganz in die Situation des andern und in seine Sprache hineindenkt, ob bei aller Unvermeidlichkeit von Ärgernis doch das Aufleuchten von Freude das Entscheidende ist und ob eine Freiheit darin wirksam ist, die nichts anderes will als zur Freiheit helfen. Die Ausrichtung auf das Reich Gottes wird darum den Eifer und die Hingabe solcher Tätigkeit unter den selbstverständlichen Vorbehalt stellen, daß damit nichts erzwungen werden kann. Gott treibt seine Sache auch ohne mich voran und vielleicht auf ganz anderem Wege als es mir richtig erscheint, sogar durch mein eigenes Versagen und Scheitern hindurch. Das Ernstmachen mit der Gewißheit, daß Gottes Reich im Kommen ist, hat auf das eigene Tun dafür eine relativierende Wirkung, ohne ihm damit seinen Ernst zu nehmen.

2. Reichgotteshoffnung und Geschichtsverantwortung

Die Frage, ob das geschichtliche Handeln in seiner Profanität mit der Reichgotteshoffnung in Beziehung gebracht werden kann, unterscheidet sich von dem Problem, das im ersten Teil dieses Paragraphen zur Erörterung stand, ob und wie im Geschichtsverlauf und in den Herrschaftsverhältnissen dieser Welt etwas von Gottes verborgener Herrschaft erkennbar sei. Jetzt geht es nicht um Gott als causa efficiens des Weltgeschehens, sondern um Gott als causa finalis: ob also die Erwartung einer endgültigen Erfüllung in Gestalt des Reiches Gottes die Wahrnehmung der eigenen Verantwortung für den Gang der Geschichte bestimmen kann. Allerdings überlagern sich beide Aspekte in geschichtstheologischen Reflexionen. Doch sei von ihnen jetzt abgesehen. Angesichts dessen, was das Teilhaben am Geschichtslauf mit sich bringt – ob in konkreten Aktivitäten oder in leidendem Mitgeschleiftwerden oder, wie es häufig der Fall ist, in Verbindung von beidem –, ist gegenüber dem theoretischen Erörtern dessen, was der Lauf und der Sinn der Geschichte überhaupt sei, größte Zurückhaltung geboten, während die Frage der konkreten Geschichtsverantwortung überaus brennend ist. Was trägt dazu die Reichgotteshoffnung bei?

Wenn nicht doch in eine spekulative Geschichtstheologie ausgewichen werden soll, darf nicht davon abgesehen werden, daß die Reichgotteshoffnung über den Einzelnen, der geschichtliche Verantwortung wahrzunehmen hat, auf die Geschichte einwirkt. Hier stellt sich allerdings sofort die Frage, ob denn konkretes politisches Handeln – in engerem oder weiterem Sinne – eines letzten Hoffnungszieles bedarf, ob es sich überhaupt davon bestimmen lassen darf. In Anknüpfung an die früheren Ausführungen über die Hoffnung ist zwischen dem Hoffnungsgrund und bestimmten Hoffnungsinhalten zu unterscheiden (§ 38 B II 1, s.o.S. 429ff). Für politisches Handeln kann es wichtig sein, daß die Verantwortung in der Kraft einer die Geschichte transzendierenden Hoffnung wahrgenommen wird und dadurch in einer letzten Unabhängigkeit von der Geschichte. Man wird dies aber nicht zur conditio sine qua non rechten politischen Handelns machen dürfen. Auch wenn es sich ganz im Bereich des Vorläufigen und Relativen bewegt, kann es den Erfordernissen sehr wohl gerecht werden, zumal ja ein Hoffnungsgrund, der allem Geschichtlichen überlegen ist, eben darin seine Relevanz hat, daß er zu der rechten Freiheit dem Vorläufigen und Relativen gegenüber verhilft.

Die entscheidende Frage ist nun aber die, ob die Reichgotteshoffnung bestimmte inhaltliche Weisungen für das Handeln vermittelt, Anstöße für eine Humanisierung der Welt, deren Aufgabe auch dann einleuchtet, wenn der Hoffnungsgrund, von dem diese Anstöße ausgehen, nicht als solcher wirksam wird. Man könnte hier, sehr ins Allgemeine gehend, auf Beziehungen hinweisen, die zwischen der Idee des Reiches Gottes und einem vernünftigen Leitbild geschichtlichen Handelns bestehen. Wenn man die Idee des Reiches Gottes bejaht, wird man im konkreten geschichtlichen Handeln auf keinen Fall vergessen dürfen, daß jeder Einzelne vor Gott von bleibender Bedeutung ist und daß vor Gott kein Ansehen der Person gilt. Man wird dann ebenfalls nicht aus dem Auge lassen dürfen, daß die Menschheit eine Einheit bildet und die Unterschiede der Nationen und Rassen, der Weltanschauungen und wirtschaftlich bedingten Klassen zwar nicht einfach aufgehoben werden können, aber doch aus dem Verhältnis des gegenseitigen Kriegszustandes in die Beziehung gegenseitiger Achtung und Hilfeleistung zu überführen sind. Sofern die Vollendung in dem Reiche Gottes bejaht wird, muß man auch dies in allem politischen Handeln ernst nehmen, daß der Gemeinschaft wie dem Einzelnen im Rahmen des Möglichen das ihm zukommende Wohl auch tatsächlich zukommt, so allerdings, daß nicht unkritisch jede beliebige Wunschvorstellung von Wohlsein und Wohlstand als Maßstab genommen wird, vielmehr das Wohl aller auf die wahre Erfüllung des Menschseins hin relativiert wird. In dem allem aber darf die Orientierung am Gedanken des Reiches Gottes den entscheidenden Gesichtspunkt nicht außer acht lassen, daß menschliches Handeln begrenzt und fehlbar ist, sich im Bereich des Vorläufigen und Vergänglichen bewegt, nichts Endgültiges und Vollkommenes zustande bringt, darum das Reich Gottes nicht aufzurichten vermag, sondern sogar in den kleinsten Dingen auf Gottes Vergebung, auf seine Hilfe und seinen Segen angewiesen bleibt.

Daraufhin nicht müde, resigniert und gleichgültig zu werden, sondern die Aufgabe, die vor der Hand liegt, entschlossen anzugreifen, als hinge die Ewigkeit daran, und doch zugleich jederzeit bereit zu sein, sie aus der Hand zu geben, weil die Ewigkeit nicht daran hängt, – eine solche Einstellung zur geschichtlichen Handlungsverantwortung zu vermitteln, wäre nun allerdings Sache nicht der Idee eines Reiches Gottes, sondern des Glaubens an das im Kommen begriffene Reich Gottes. Wie der Welt, die in Hoffnungslosigkeit oder in Scheinhoffnungen befangen ist, Hoffnung in der Weise dieser Reich-Gottes-Erwartung zu vermitteln ist, das ist trotz aller bedrängenden konkreten Handlungsprobleme das Hauptproblem. Deshalb liegt das, was Reichgottesarbeit im rechten Verständnis darstellt, der Geschichtsverantwortung keineswegs so fern, wie es den Anschein haben könnte. Beides aufeinander zu beziehen, ist aber eine ständige Aufgabe der Selbstkritik derer, die sich zu beidem verpflichtet wissen.

C. Die Herrschaft Gottes als Ziel und Ende der Geschichte

Wird die Herrschaft Gottes als Ziel und Ende der Geschichte geglaubt, dann werden in der Geschichte selbst die Spuren ihres Kommens wahrgenommen und auch Zeichen der Hoffnung darauf gesetzt. Wo immer sich eine Hilfe zu wahrem Leben ereignet, wo eine echte Erneuerung einsetzt, wo unnötige Ärgernisse aus dem Wege geräumt werden, wo in Leid getröstet und die Ursache von Leid bekämpft wird, wo man sich gegenüber dem Schrei nach Gerechtigkeit und Frieden nicht taub stellt, sondern sich ihn zu Herzen gehen läßt, so daß daraus Taten hervorgehen, wo man bei aller Ohnmacht gegenüber dem menschlichen Elend doch nicht darin nachläßt, Tränen abzuwischen, Wunden zu verbinden und Sterbende zu geleiten, überall da wird man an das Reich Gottes erinnert, nimmt man sein Kommen wahr und wird in der Hoffnung auf seine schließliche Vollendung bestärkt. Was in dieser Hinsicht in der Geschichte Wirklichkeit wird und sich zu erkennen gibt, hat zwar selbst dann, wenn es noch so unscheinbar ist, ein unschätzbares Gewicht, vermag aber nie dem Abbruch zu tun, daß alles letztlich allein von Gott zu erbitten und zu erwarten ist. Sein Reich ist die Vollendung aller seiner Werke und darum allein sein Werk. Es ist darum, obwohl Ziel der Geschichte, ihr Ende, das Aufgehen alles menschlichen Wirkens im alleinigen Wirken Gottes.

Daß wir überhaupt vom Reich Gottes in seiner Vollendungsgestalt Aussagen zu machen vermögen, vom ewigen Leben und von der neuen Schöpfung, das beruht einzig und allein auf dem, was wir davon in diesem Leben und an dieser Schöpfung erfahren, und darauf, daß wir zugleich über dieses Leben und diese Schöpfung hinausgewiesen werden, weil sie nicht unsere ewige Bleibe sind. Deshalb kreuzen sich in den Aussagen über das vollendete Reich Gottes in eigentümlicher Weise das

Ja zur Schöpfung und das Ja zur Erlösung, der Glaube an Gott den Vater, der das, was nicht ist, ins Sein ruft, und der Glaube an Gott den spiritus creator, der alles neu macht und die Toten erweckt. In den beiden Hauptbegriffen, welche die Wirklichkeit des Reiches Gottes umfassen: ewiges Leben und neue Schöpfung, verbindet sich der Lobpreis des Schöpfers mit der Bitte um den heiligen Geist zur eschatologischen Vollendung. Je mehr man sich an diese Erfahrungsgrundlagen der Reichgotteshoffnung hält, wie sie im Glauben an Jesus Christus miteinander verbunden und erschlossen sind, um so weniger wird man der Gefahr erliegen, seine Phantasie spielen zu lassen. An dem, was an Hoffnungsgrund gegeben ist, hat man genug und muß nicht Hoffnungsbilder malen, die eher nur dazu angetan sind, von der Hoffnung selbst abzulenken und an ihr irre zu machen. Wenn angesichts der Verborgenheit der Herrschaft Gottes in den Herrschaftsverhältnissen der Welt der Glaube Gott ins Finstere hinein bejaht, so gilt dies nicht minder angesichts der Verhülltheit dessen, was in seiner Vollendung erst noch offenbar werden wird. Vor Augen haben wir dabei allein die undurchdringliche Finsternis des Todes und des Endes aller Dinge. Daß wir demgegenüber dem Zuspruch Raum geben: „Mache dich auf, werde licht; denn dein Licht kommt, und die Herrlichkeit des Herrn strahlt auf über dir" (Jes 60,1), das ist Sache des Glaubens allein, spes purissima in purissimum deum[11]. Aber es ist nun in der Tat dem Glauben wesenhaft, daß er in dieser Finsternis Licht, Freude und Frieden erwartet, ohne auch im geringsten sich davon eine Vorstellung machen zu können. Wenn trotzdem zu den beiden Hauptgesichtspunkten noch etwas bemerkt werden soll, dann nur, um den Glaubenssinn der Hoffnung auf die Vollendung des Reiches Gottes zu unterstreichen.

I. Das ewige Leben

Was ewiges Leben heißt, ist einerseits von dem Verhältnis zum Tod, anderseits von dem Verhältnis zum zeitlichen Leben her zu verstehen. Was das Verhältnis zum Tod betrifft, so nimmt das ewige Leben das zeitliche Sterben insofern in sich auf, als es dieses keineswegs rückgängig macht und sich auch nur durch das Sterben hindurch vollendet. Jedoch ist das ewige Leben das definitive Nein zum ewigen Tod, die Verneinung dessen, daß der Tod von Gott zu trennen vermag. Was das Verhältnis zum zeitlichen Leben betrifft, so unterstreicht der Begriff des ewigen Lebens zum einen den Gegensatz: Alles ist zu negieren, was den Anschein einer nur etwas veränderten Fortsetzung dieses zeitlichen Lebens vorspiegeln will. Zum andern aber liegt im Begriff des ewigen

---

[11] S. o. S. 433 Anm. 11.

Lebens die Entsprechung zu dem, was durch den Glauben bereits im zeitlichen Leben zuteil wird. Wie uns im Tode nichts als Gott erwartet, so auch nichts als das, was elementarster Inhalt des Glaubens ist: das Ja Gottes, der Gottesfriede.

II. Die neue Schöpfung

Der Begriff der neuen Schöpfung bringt nach Paulus zum Ausdruck, was es um das Sein in Christus ist (2. Kor 5,17). Diese Aussage zu überschreiten zu der Vorstellung von einem neuen Himmel und einer neuen Erde (2. Petr 3,13 Offb 21,1), kann nur dann berechtigt sein, wenn sich dies in der Disziplin jener Aussage über das Sein in Christus hält. Dann ist allerdings eines mit Gewißheit ausgeschlossen: daß darin noch irgendetwas von dem Raum hat, was diese Schöpfung der Nichtigkeit unterworfen sein läßt (Röm 8,20). Das bedeutet auf jeden Fall das Ende aller gottwidrigen Herrschaft und damit das Ende aller Anfechtung. Was dies positiv besagt, daß Gott allein und widerspruchslos herrscht, ist dem Vorbehalt zu unterstellen, daß noch nicht offenkundig geworden ist, was wir sein werden. „Doch wir wissen: wenn es erscheinen wird, werden wir ihm gleich sein; denn wir werden ihn sehen, so wie er ist.“ (1. Joh 3,2) Bei diesem Wort des Glaubens darf es der Glaube bewenden lassen.

§ 41 Die Gerechtigkeit Gottes

Was unter dem Gesichtspunkt der Herrschaft Gottes zu dem Verhältnis von Gott und Geschichte dargelegt wurde, scheint in disparate Sachverhalte auseinanderzubrechen. Da war zunächst von der Herrschaft Gottes die Rede, die unter den Herrschaftsverhältnissen der Welt verborgen ist. Diese Verborgenheit kann entweder als so total erscheinen, daß das Reich der Welt zum regnum diaboli wird und sogar der verborgene Gott der Allmacht unter der Maske des Bösen begegnet. Oder sie ist von der Art, daß in den Herrschaftsverhältnissen der Welt trotz allem Gottes Mandat und seine Providenz wirksam sind, wenn auch nicht als seine offenbare Herrschaft, sondern als das Reich Gottes zur Linken. Ob so oder so, das hängt nicht etwa von verschiedener Einschätzung der Tiefe des Gegensatzes ab, sondern davon, in welcher Perspektive er gesehen wird. Die an zweiter Stelle erwähnte Sicht ist von der Frage nach der Erhaltung der Welt trotz der Macht des Bösen bestimmt. Dazu tritt das Reich Christi als die Herrschaft zur Rechten Gottes nicht in Konkurrenz, sowenig es damit verwechselt werden darf. Die zuerst genannte Auffassung dagegen steht unter dem Einfluß der Frage nach der Erlösung der Welt von der Macht des Bösen. Deshalb nimmt hier der Gegensatz ausschließenden Charakter an. Dem Reich der Sünde und des Bösen tritt unmittelbar das Reich Christi entgegen. Diese beiden Perspektiven stehen nicht beliebig zur Wahl, sondern gehören zusammen. Sie lassen sich nicht voneinander trennen, weil das Reich Christi nicht von dieser Welt ist. Darum tritt es zu den gottwidrigen Mächten dieser Welt in einen unversöhnlichen Gegensatz. Dagegen ist es von denjenigen Mächten, die der Selbstzerstörung der Welt in nur vorläufiger und höchst unvollkommener Weise wehren, dadurch unterschieden, daß in ihm die Macht des heiligen Geistes das Gottwidrige entlarvt und von ihm trennt. In diesem Kommen des Reiches Gottes lag der Schwerpunkt der Darlegungen. Was darüber zu sagen war, entbehrte freilich schon deshalb nicht der Beziehung zu jener verborgenen Weltherrschaft Gottes, weil das Reich Christi, obwohl es nicht von dieser Welt ist, doch in dieser Welt besteht und die Herrschaft Gottes dadurch in der Geschichte im Kommen ist. Aber wie sich beides zueinander fügt, kam im wesentlichen nur in eschatologischer Perspektive durch den Ausblick auf die Herrschaft Gottes als Ziel und Ende der Geschichte in Sicht. Einst werden alle Mächte der Welt Christus zu Füßen liegen.

Auch wenn man dies bejaht, daß nur in eschatologischer Perspektive definitiv zueinanderkommt, was in der Geschichte auseinanderklafft, so bleibt nun dennoch in zweierlei Hinsicht ein Rest von Unklarheit und Dunkelheit. Soll von Gott gelten: „Was er sich vorgenommen und was er haben will, das muß doch endlich kommen zu seinem Zweck und Ziel"[1], so kann dies doch wohl nicht nur bedeuten, daß er allem Widrigen zum Trotz schließlich doch zu seinem Zweck und Ziel gelangt, als ob dieser Ausgang je hätte unsicher und unentschieden sein können. Vielmehr muß dies eingeschlossen sein, daß Gott sogar durch das Gottwidrige alles zu seinem Zweck und Ziel kommen läßt. So stellt sich das Problem der Theodizee: Wie reimt sich das Böse und alles Übel in der Welt mit Gott? In enger Nachbarschaft dazu steht das Problem der Prädestination. Denn selbst dann, wenn sich die Theodizeefrage wirklich nur eschatologisch beantworten ließe, entsteht doch angesichts des Gerichts und des doppelten Ausgangs der Weltgeschichte zu ewiger Seligkeit und ewiger Verdammnis das nun erst recht quälende Problem, wie sich dies mit Gott zusammenreimt, ob denn auch im Blick darauf gilt, daß alles auf eben diese Weise zu dem von Gott gesetzten Zweck und Ziel gelangt.

Obwohl die Fragen der Theodizee und der Prädestination ineinander verflochten sind, so daß jede aus der andern erwachsen kann, besteht dennoch ein deutlicher Sachunterschied. Die Theodizee geht die Frage nach dem Bösen teleologisch an. Hier wird eine Erklärung vom zweckbestimmten Zusammenhang des Ganzen her versucht. Dabei wird das Böse entschärft, indem es einen Sinn erhält. Das Maß dessen ist die schließliche Harmonie, die sittliche Weltordnung, das Wohl des Ganzen. Die Prädestination hingegen fragt auf den Ursprung hin nach der göttlichen Setzung, durch die alles gewollt ist. Dabei ist dem Problem nicht auszuweichen, wie sich denn das Böse zu Gottes Willen verhält. Wie auch immer die Antwort lauten mag, sie kann nicht darauf hinauslaufen, das Böse zu entschärfen oder gar wegzuerklären. Sie muß es vielmehr mit der Willenssetzung Gottes in Einklang bringen, wenn auch unter noch so starken Vorbehalten. Dabei ist das eigentliche Interesse nicht dem Wohl des Ganzen zugewandt, sondern der Frage nach dem Heil, die sich zwar von der Ausrichtung auf das Ganze nicht trennen läßt, ebensowenig aber von der Ausrichtung auf den Einzelnen.

---

[1] P. Gerhardt in: „Befiehl du deine Wege ...", Vers 5.

Im folgenden soll zuerst das Theodizeeproblem besprochen werden und an zweiter Stelle das Prädestinationsproblem. Diese Reihenfolge verhält sich zu dem historischen Vorkommen insofern gegenläufig, als jedenfalls das ausdrückliche Reden von der Theodizee erst in der Neuzeit aufgekommen ist und dies auch einleuchtende Gründe hat, während das Prädestinationsproblem in dieser ausdrücklichen Benennung tief in der christlichen Überlieferung verwurzelt ist. Der Grund der Umkehrung ist der: Die Frage der Theodizee kann theologisch nur dann wirklich verarbeitet werden, wenn sie von der Prädestinationslehre eingeholt und überholt wird.

A. Das Theodizeeproblem und die Selbstrechtfertigung Gottes

Theodizee heißt Rechtfertigung Gottes. Indem die ungewöhnliche Wendung Selbstrechtfertigung Gottes damit zusammengestellt wird, soll die theologische Kritik an einer Auffassung und einer Lösung des Theodizeeproblems angedeutet werden, die trotz des Redens von Gott nicht theologisch, sondern philosophisch sind.

I. Das Ringen um das Theodizeeproblem

Das Wort Theodizee hat Leibniz geprägt. Die dahinterstehende Frage ist allerdings uralt. Sie ist eine religiöse Frage und bleibt es auch in ihrer philosophischen Behandlung, solange am Begriff der Theodizee festgehalten wird. In ihm ist das Sein eines persönlichen Gottes vorausgesetzt, der bei seiner Güte und Vollkommenheit zu behaften und durch den die Welt ein zielgerichtetes Ganzes ist. Am Theodizeeproblem kann diese Gottesauffassung freilich scheitern. Auf ein solches Scheitern beruft sich gewöhnlich der Atheismus, obwohl er sich durchaus nicht etwa von da allein herleitet. Wenn auch seine Argumente gerne von daher geschöpft werden, ist es doch fraglich, ob sie jeweils auch die ausschlaggebenden Gründe darstellen. Fraglich ist ebenfalls, ob man durch die Wendung zum Atheismus zusammen mit der Verneinung der Theodizee auch das dahinterstehende Problem los wird. Es scheint sinnlos zu sein, in Ermangelung einer göttlichen Instanz die Welt als solche wegen der Übel in ihr zur Rechenschaft zu ziehen. Jedoch erweist sich das Problem in Gestalt der Sinnfrage als außerordentlich resistent. Die Neigung zum Klagen und Anklagen sitzt so tief im Menschen und der Anlässe dazu sind so viele, daß Abwandlungen des Theodizeeproblems in unreligiöser, aber wohl eher kryptoreligiöser Gestalt überall anzutreffen sind. Doch soll jetzt nicht davon die Rede sein, sondern nur von der Frage nach der Rechtfertigung Gottes.

1. Die Fragestellung

Die Theodizeefrage in ihrer schlichtesten Gestalt ist die Warum-Frage, die der leidende Mensch an Gott richtet. Das Alte Testament ist voll solchen Fragens. „Warum will uns der Herr in dieses Land bringen, daß wir durch das Schwert fallen, daß unsre Frauen und Kinder zum Raube werden? Ist es nicht besser, wir ziehen wieder nach Ägypten?" (4. Mos 14,3) „Warum, Herr, stehst du so ferne, verbirgst dich zu den Zeiten der Not?" (Ps 10,1) „Ich spreche zu Gott, meinem Fels: Warum hast du meiner vergessen? Warum muß ich trauernd einhergehn, da der Feind mich bedrängt?" (Ps 42,10) Besonders gehäuft und voll Leidenschaft tritt die Warum-Frage im Buche Hiob auf: „Warum starb ich nicht bei meiner Geburt, verschied nicht, als ich aus dem Mutterschoß kam?" (3,11) „Warum gibt er dem Elenden Licht und Leben den Seelenbetrübten – die des Todes harren, und er kommt nicht, und die nach ihm mehr als nach Schätzen graben, die sich freuen würden bis zum Jubel, die frohlockten, fänden sie das Grab ...?" (3,20–22) „Warum hast du mich dir zur Zielscheibe gemacht? Warum bin ich dir zur Last geworden? Und warum vergibst du mir nicht mein Vergehen, und lässest nicht hingehen meine Schuld?" (7,20f) „Verdamme mich nicht, laß mich wissen, warum du wider mich haderst." (10,2)

Im Neuen Testament ist diese Warum-Frage erstaunlicherweise nicht anzutreffen, mit zwei Ausnahmen, bei denen es sich um alttestamentliche Zitate handelt: „ Mein Gott, mein Gott, warum hast du mich verlassen?" (Mt 27,46 Mk 15,34 Ps 22,2); und ferner die Abweisung der Warum-Frage durch Paulus: „O Mensch, wer bist du, daß du von Gott Rechenschaft verlangen willst? Es kann doch das Gebilde nicht zu seinem Bildner sagen: Warum hast du mich gerade so gemacht?" (Röm 9,20 vgl. Jes 45,9) Es wäre voreilig geurteilt, durch die Auferstehung Jesu habe sich die Warum-Frage erledigt. Beides ist ernst zu nehmen: daß in der Tat durch den Glauben an Jesus Christus in dieser Hinsicht ein entscheidender Wandel eingetreten ist, daß aber auch die Glaubenden keineswegs von Situationen verschont bleiben, in denen diese Frage Macht über sie gewinnt und sie darum froh sind um ein Gebetswort des Alten Testaments, das ihrer Anfechtung Sprache verleiht.

Die echte Warum-Frage verändert sich, wenn aus dem leidenden Anklagen räsonierendes Anklagen wird. Kann Gott die Verhältnisse ändern, aber will er es nicht? Oder will es Gott, kann es aber nicht? Das Faktum des Übels wird in der Weise Gott zur Last gelegt, daß unter dieser Belastungsprobe der Zusammenhalt von Güte und Allmacht Gottes und damit der Gottesglaube selbst zu zerbrechen drohen. Jedoch sollte man der philosophischen Theodizeefrage nicht einfach diesen

Räsonnement-Charakter unterstellen. Sie drängte sich an der Grenze vom Barock zur Aufklärung mit besonderem Gewicht auf, als fromme Denker die Kluft zwischen einer erstarrenden Orthodoxie und dem aufkommenden Atheismus durch eine Rechtfertigung Gottes aus der neuen Welterfahrung heraus zu überbrücken suchten. Diese Art der Theodizee hat nicht den Charakter der Anklage, sondern der Verteidigung Gottes. Sie stellt eine neue Form des Gottesbeweises dar, da seine klassische Gestalt der neuen Denksituation nicht standhielt.

2. Die Lösungsversuche

Die Problemsituation sei von Hegel aus beleuchtet. Die Theodizee von Leibniz sei, so urteilt er, „für uns nicht mehr recht genießbar". Sie stütze sich „auf den hinkenden Gedanken ..., Gott habe, da einmal eine Welt habe werden sollen, aus den vielen möglichen Welten die möglichst beste, – die vollkommenste erwählt, insofern sie vollkommen seyn konnte bei dem Endlichen, was sie enthalten sollte"[2]. Dieser „langweilige Gedanke" lasse „die Realität und Negation ebenso gegeneinander über stehen, als vorhin". „Weil die Welt ein Inbegriff endlicher Wesen seyn sollte, so konnte das Uebel nicht von ihr getrennt werden, da Uebel Negation, Endlichkeit ist." Damit habe man jedoch nichts begriffen. Die entscheidende Frage sei dann vielmehr die: „Warum und wie ist im Absoluten und in seinen Entschlüssen Endlichkeit?"[3] Hegel seinerseits überträgt die von der Aufklärung betriebene Rechtfertigung der Weisheit Gottes aus der Zweckmäßigkeit aller möglichen einzelnen Naturerscheinungen auf die Weltgeschichte als ganze. Scheint dieser Stoff auch zu groß, so müssen wir doch „Gott nicht für zu schwach halten, seine Weisheit auf's Große anzuwenden" und die Erkenntnis darauf richten, „daß das von der ewigen Weisheit Bezweckte, wie auf dem Boden der Natur, so auf dem Boden des in der Welt wirklichen und thätigen Geistes herausgekommen ist"[4]. Auf diese Weise soll „das Übel in der Welt begriffen, der denkende Geist mit dem Bösen versöhnt werden". Nirgends liege „eine größere Aufforderung zu solcher versöhnenden Erkenntniß als in der Weltgeschichte". „Diese Aussöhnung kann nur durch die Erkenntniß des Affirmativen erreicht werden, in welchem jenes Negative zu einem Untergeordneten und Überwundenen verschwindet ..."[5] Die Vorlesungen über die Philosophie der Geschichte schließen darum mit der stolzen Feststellung: „Daß die Weltgeschichte dieser Entwickelungsgang und das wirkliche Werden des

[2] G. W. Fr. Hegel, Sämtl. Werke (Jub. Ausg.), hg. von H. Glockner, 19, 452f.

[3] AaO 465.

[4] G. W. Fr. Hegel, Sämtl. Werke (Jub. Ausg.), hg. von H. Glockner, 11,42.

[5] AaO 42.

Geistes ist, unter dem wechselnden Schauspiele ihrer Geschichten, – dieß ist die wahrhafte Theodicee, die Rechtfertigung Gottes in der Geschichte. Nur die Einsicht kann den Geist mit der Weltgeschichte und der Wirklichkeit versöhnen, daß das, was geschehen ist und alle Tage geschieht, nicht nur nicht ohne Gott, sondern wesentlich das Werk seiner selbst ist."[6]

II. Die theologische Antwort auf das Theodizeeproblem

Da die an Gott gerichtete Warum-Frage des leidenden Menschen die Wurzel des Theodizeeproblems ist, besteht unbestreitbar ein Zusammenhang zwischen seiner philosophischen Behandlung und der theologischen Antwort auf jene Grundfrage. Darüber hinaus weist die Theodizee im philosophischen Verständnis offensichtlich Beziehungen zum christlichen Glauben auf. Sowohl Leibniz wie Hegel verstanden die Philosophie als in Übereinstimmung mit dem christlichen Glauben und darum im Grunde als Theologie, wenn auch als philosophische Theologie. Trotz dieser Konvergenz ist jedoch das Verhältnis zwischen dieser Theodizee und einer den christlichen Glauben selbst entfaltenden Theologie höchst gespannt. Die Antwort des christlichen Glaubens beruht darauf, daß der Problemgehalt anders erfaßt ist und sogar die Fragerichtung selbst eine Umkehrung erfährt. Die Theodizee hingegen geht zwar von christlichen Voraussetzungen aus, hebt sie aber durch deren Verwendung letztlich auf.

1. Der Unterschied im Problemgehalt

Wie tief die Theodizee in die Thematik christlicher Theologie verwikkelt ist, zeigt die Berührung an den Hauptbrennpunkten der Dogmatik: der Gotteslehre, insbesondere im Hinblick auf die göttlichen Attribute, der Lehre von Schöpfung und Erhaltung, der Lehre vom Bösen, der Versöhnungslehre und der Eschatologie.

a) Der Anschein der Verwandtschaft

Man könnte sich fragen, ob nicht eine christliche Dogmatik selbst nichts anderes als das großangelegte Unternehmen einer Theodizee sei. Dafür scheint die Gesamttendenz zu sprechen. Denn ob sie stärker kerygmatisch oder bewußt apologetisch ausgerichtet ist, scheint es doch insofern auf dasselbe hinauszukommen, als sie dem Erweis dessen dienen soll, daß Gott recht hat und recht behält, daß also vor der Welt die Sache Gottes, und das heißt: die causa Dei, der Rechtsfall Gottes,

---

[6] AaO 569.

vertreten wird. Für diesen Theodizee-Charakter der Dogmatik scheint ferner die universalgeschichtliche Ausrichtung zu sprechen, der gemäß die Lösung des Problems allein im Gesamtrahmen der Welt und ihres Telos erfaßt werden kann. Und schließlich wird der Theodizee-Charakter auch durch den, wenn man so sagen darf, optimistischen Grundzug unterstrichen, daß letztlich allem Gerechtigkeit widerfährt, indem ein Gericht mit ewiger Vergeltung am Ende steht. Nun sind freilich die hervorgehobenen Gesichtspunkte nicht eindeutig und auch nicht eindeutig christlich. Der legitime theologische Sinn der Rechenschaft vor der Welt wird nicht durch einen Streit für oder wider die Apologetik sichergestellt, sondern allein durch den Inhalt der Rechenschaft selbst. Der Blick auf die Universalgeschichte garantiert nicht, daß dabei das theologisch Entscheidende wirklich erfaßt wird. Der Gedanke jenseitiger Vergeltung endlich ist, für sich allein genommen, weder spezifisch christlich noch auch ein notwendiges Moment der Theodizee. Er hat im Gegenteil mit ihr gegebenenfalls nur den formalen Gesichtspunkt eines Gesamtausgleichs gemein, nicht aber die Beziehung auf jeden Einzelnen. An dieser Stelle wird nun aber die Differenz zwischen philosophischer Theodizee und christlicher Theologie offensichtlich.

b) Die Wurzel der Verschiedenheit

Die Art, wie in der Theodizee das Übel in der Welt auf die Anlage, die Struktur oder den Prozeß des Ganzen verrechnet wird, gerät mit der Intention des christlichen Glaubens in scharfen Gegensatz. Sosehr es ihm um das Ganze geht, wendet er sich doch ganz entschieden an den Einzelnen. Nicht nur in dem Sinne, wie es von aller Weltdeutung gilt, die sich sprachlich expliziert und sich damit an das Verstehen des Einzelnen wendet, also auch von der Theodizee. Die Grundfigur einer Theodizee, die das einzelne Übel als im Ganzen der Welt aufgehoben und ausgewogen erklärt, mutet dem Einzelnen zu, sich dieses Aufgehens im All zu trösten, auf die Sinndeutung des Ganzen hin die Sinnproblematik des eigenen Daseins zu relativieren. Das ist aber durchaus nicht die Meinung des christlichen Glaubens. Es entspricht vielmehr den Möglichkeiten sowohl außerchristlicher Religiosität als auch säkularer Sinndeutungen des geschichtlichen Daseins. Von Hegel zu Marx war es nur ein kleiner Schritt, von Hegel her gesehen wohl ein Fehltritt, von Marx her gesehen dagegen die äußerste Konsequenz einer Auffassung der Weltgeschichte als Theodizee. In diesem Fall muß sich das konkrete Leiden unter der Entfremdung mit der Hoffnung trösten, daß durch den Umsturz der Verhältnisse im Zuge eines dialektisch notwendigen Geschichtsprozesses ein Zustand erreicht wird, der künftigen Generationen zugute kommt. An dessen Kommen mitgewirkt zu haben, muß dem gegenwärtigen Einzelnen als Ausgleich genügen.

Es geht jetzt nicht um das Recht dieser Geschichtsprognose, sondern um das grundsätzliche Problem, das in Hegels Verständnis von Theodizee im Grunde noch viel schärfer heraustritt. Für das Leiden des Einzelnen gibt es keinen anderen Trost, als daß die Weltgeschichte, die über ihn hinwegrollt, in sich selbst und als ganze die Rechtfertigung Gottes ist und, falls als solche begriffen, über den Standort des Einzelnen hinaushebt. Für den christlichen Glauben deckt sich dagegen das, was für das Ganze gilt, mit dem, was für den Einzelnen uneingeschränkt gilt und ihm zuteil wird. Es stellt eine Verkehrung des Christlichen dar, wenn die Rechtfertigung daraus geschöpft wird, daß der Einzelne gewissermaßen zum Dünger der Weltgeschichte wird. Sosehr gerade vom christlichen Glauben her der Gedanke der Hingabe des eigenen Lebens für andere und damit auch für die Zukunft der Welt wichtig werden kann, ist er doch nicht der Grund, sondern die Folge des Rechtfertigungsgeschehens. Und wenn dies schon unter den Begriff einer Theodizee, einer Rechtfertigung Gottes, begriffen sein sollte, so wäre doch gegen die philosophische Theodizee eine überaus scharfe Grenze dadurch gezogen, daß ein Schillern hinüber zu einer metaphysischen Rechtfertigung des Bösen schlechterdings ausgeschlossen ist.

Darauf läuft nun aber eben doch philosophische Theodizee hinaus. Die Rechtfertigung Gottes kommt durch eine Rechtfertigung der Übel in der Welt zustande. Daran wird erkennbar, daß das Problem der Theodizee von vornherein abgeschwächt und das Böse nicht radikal verstanden ist. Der Zusammenhang mit der Vergleichgültigung des Einzelnen liegt auf der Hand. Obwohl für den christlichen Glauben gerade vom Sündenverständnis her die Menschheit eine unteilbare Einheit bildet, kommt doch dieses Verständnis der Sünde als peccatum originale und radicale nicht auf Kosten des Einzelnen zustande, sondern schließt den Sinn von peccatum personale in sich und damit ein Verständnis des Bösen, das jede Relativierung des Einzelnen auf das Ganze hin ausschließt. Damit ist eine Rechtfertigung des Bösen schon deshalb ausgeschlossen, weil es in diesem Verständnis das völlig Unbegreifliche ist. Jeder Versuch einer Rechtfertigung Gottes durch Rechtfertigung des Bösen läßt erkennen, daß man nicht ermißt, quanti ponderis sit peccatum[7]. Unter diesem Aspekt ist es absurd, das Böse in der Gestalt der Sünde und so des schlechterdings Absurden erklären und von seiner Absurdität befreien zu wollen. Daraus ergibt sich schließlich die Frage, ob es nicht trotz gegenteiligen Anscheins letztlich ein Gerechtigkeitsverständnis nach Menschenmaß ist, woran die philosophische Theodizee orientiert ist. Damit verschärft sich die Differenz im Problemgehalt zu einer Kritik der Fragerichtung selbst.

---

[7] Welches Gewicht die Sünde hat. Anselm von Canterbury, Cur Deus Homo?, I,21.

2. Die Umkehrung der Fragerichtung

Es liegt nahe, den Gegensatz darauf zuzuspitzen: Dem christlichen Glauben geht es nicht um die Rechtfertigung Gottes durch den Menschen, sondern um die Rechtfertigung des Menschen durch Gott. Das ist wohl wahr. Aber es muß differenziert bedacht werden, damit die Wahrheit dessen wirklich erfaßt wird.

a) Die Forumsituation

Es erscheint in der Tat als der Gipfel der Gottlosigkeit, wenn Gott vor das Forum der Menschen zitiert und in die Rolle des Angeklagten versetzt wird. Steht doch der Mensch vor Gott, ob er sich dessen bewußt ist oder nicht. Sein Sein hängt am Urteil Gottes und nicht Gottes Sein am Urteil des Menschen. Deshalb richtet sich das Wehe des Propheten gegen den, der mit seinem Schöpfer hadert und ihn zur Rede stellen will (Jes 45,9–11 vgl. 40,13f). Selbst Hiob weiß, daß ein Mensch vor Gott nicht recht haben kann (9,2f). Aber nicht diese theoretische Einsicht, die ihm auch seine Freunde vorhalten, sondern die Gotteserfahrung selbst, die ihn zum Gefragten werden läßt, verändert seine Situation: „Siehe, ich bin zu gering, was soll ich antworten? Ich lege die Hand auf meinen Mund." (39,34) „Vom Hörensagen hatte ich von dir gehört; nun aber hat dich mein Auge gesehen. Darum widerrufe ich und bereue in Staub und in Asche." (42,5f)

Gott vor dem Forum der Welt – das bleibt freilich eine Tatsache, mit der auch der Glaube konfrontiert ist, eine Situation, in die er selbst eintreten muß, indem er Gott vor der Welt bekennt, vor den Menschen für Gott eintritt. Darin unterscheidet sich das Reden des Glaubens nicht von der Theodizee in philosophischer Reflexion. Auf beide Weisen wird Gott vor der Welt verantwortet, weil er hier in die Rolle des Angeklagten versetzt ist. Worin besteht dann der Unterschied? Wie wirkt es sich auf die Rechenschaft über Gott vor der Welt aus, daß im einen Fall das eigene Sein vor Gott für das Reden von Gott konstitutiv ist, während im anderen Fall das Eintreten für Gott in der Dimension des Urteilens über Gott verharrt?

Das dem Glauben entsprechende theologische Reden unterscheidet sich zum einen darin vom philosophischen Reden von Gott, daß auch da, wo es um das Eintreten für Gott geht, nicht die Rechtfertigung Gottes vor den Menschen, sondern die Rechtfertigung des Menschen vor Gott der bestimmende Sachverhalt bleibt. Nicht daß Gott durch Menschen gerettet werde, sei es im Sinne einer Ehrenrettung, sei es im Kampf um seine bloße Existenz, ist das primäre Thema, sondern daß die Menschheit durch Gott gerettet werde. Nicht die Lösung des Problems der Gerechtigkeit Gottes steht im Zentrum, sondern die Erlösung durch die Offenbarung der Gerechtigkeit Gottes.

Deshalb besteht zum andern der Unterschied in folgendem: Weil die Situation des Menschen vor Gott bestimmend bleibt, vollzieht sich das theologische Reden von Gott als ein Reden von Gott her, in seinem Auftrag, und nicht als ein Suchen nach Anhaltspunkten für das Reden von Gott, sondern kraft des Gefundenseins und Gehaltenseins durch ein bestimmtes Wort Gottes, das Wort, das in Jesus Christus kundgeworden ist. Diese Zentrierung des Redens von Gott als eines Redens „von Gott her unter Gottes Augen in Christus" gibt Paulus als die Eigenart christlichen Redens von Gott an (2. Kor 2,17).

Daraus ergibt sich schließlich auch noch ein Unterschied im Verhältnis zu der Frage, die der Theodizee zugrundeliegt. Während die philosophische Theodizee dem leidenden Menschen wenig Hilfe zu bieten hat, weil sie ihn nicht auf sein Sein vor Gott hin anzusprechen vermag, ist das dem Glauben gemäße theologische Reden von Gott darauf aus, die Solidarität mit dem leidenden Menschen und seiner Warum-Frage zu wahren. Insofern bleibt es dem Ursprung des Theodizeeproblems näher als die Theodizee selbst.

b) Die Selbstrechtfertigung Gottes

Die theologische Antwort auf das Theodizeeproblem besteht in dem Hinweis auf die Selbstrechtfertigung Gottes. Was bei Menschen ein Symptom der Gottvergessenheit ist, der Versuch, sich selbst zu rechtfertigen, das ist bei Gott die Weise, wie er der Menschen gedenkt und auf die Warum-Frage antwortet, so nämlich, daß er ihnen gegenüber seine Gerechtigkeit erweist (Röm 3,25f). Das Erstaunliche ist, daß er dies nicht in der Weise tut, daß er den Gottlosen richtet und vernichtet, vielmehr so, daß er den Gottlosen gerechtspricht (Röm 4,5) um des Glaubens an den gekreuzigten Christus willen. So werden ausgerechnet diejenigen Sachverhalte, welche die Theodizeefrage am brennendsten werden lassen: daß der Ungerechte am Leben bleibt und daß der Unschuldige leiden und sterben muß, miteinander zu der göttlichen Antwort auf die Theodizeefrage, zu dem, woran die Gerechtigkeit Gottes in bezug auf die gesamte Menschheit erkennbar wird. Nicht in der Weise einer Gerechtigkeit, die nach Menschenmaß beurteilt wird und urteilt, so daß sie an der Ungerechtigkeit der Welt nichts ändert und bestenfalls nur Gott selbst von dem Vorwurf der Ungerechtigkeit freispricht. Vielmehr ist es eine solche Gerechtigkeit, durch die sich Gott dadurch als gerecht erweist, daß er den gerechtspricht, der aus dem Glauben lebt, daß er also Gerechtigkeit schafft. So wird er in seiner Gnade allem, was ist, schöpferisch gerecht. Die Selbstrechtfertigung Gottes ist die Rechtfertigung des Menschen durch Gott. Das ist die entscheidende Antwort auf die Frage nach der Theodizee. Die Hiobfrage ist damit nicht verdrängt, sondern in das Christusgeschehen hineingenommen, so daß jeder Leidende glauben darf, sein Leiden und Sterben sei in dem Leiden und Sterben Christi mit aufgehoben. Daß die Selbstrechtfertigung Gottes die Rechtfertigung des Sünders ist, bedeutet im übrigen gerade nicht eine Rechtfertigung des Bösen. Sie läßt vielmehr so entschieden das Böse als unerklärliches Dunkel stehen, daß diese theologische Antwort auf das Theodizeeproblem das Problem der Prädestination nach sich zieht.

B. Das Vorausdenken Gottes und das Nachdenken des Menschen

Wie das Theodizeeproblem Anlaß gab, sich auf die Besonderheit des theologischen Redens zu besinnen, so nötigt auch das Problem der Prädestination dazu, sich darüber klarzuwerden, was menschliches Denken hier überhaupt vermag. Ist dieses Problem nicht etwas, was sich wesenhaft dem Denken widersetzt, so daß das Denken an ihm scheitern muß, während eine ausgeführte Prädestinationslehre nur Unglück anrichten kann? Um von vornherein auf die Beziehung zwischen dem Thema der Prädestination und den Bedingungen menschlichen Denkens das Augenmerk zu richten, wurde schon die Überschrift daraufhin formuliert – dem ersten Eindruck nach etwas gewaltsam. Der Begriff der Prädestination scheint durch das Wort Vorausdenken unzureichend wiedergegeben zu sein. Man erwartet: Vorherbestimmung. Allein, wenn Gott als Geist gedacht wird und Denken die Tätigkeit des Geistes ist, dann ist Gott Denken. Intelligere Dei est eius essentia, heißt es bei Thomas von Aquin[8]. Freilich muß davon die Vorstellung diskursiven Denkens völlig ferngehalten werden. Ebenfalls kann nicht eine Diskrepanz von Denken und Wollen in Betracht kommen wie auch nicht ein Auseinandertreten in das, was beschlossen ist, und das, was Tat wird und zur Ausführung gelangt. In Gott sind sein Gedanke, sein Ratschluß, sein Wille und sein Tun ein und dasselbe. Die Präposition prae hat dabei – wie im Begriff der Präexistenz – nicht zeitlichen Charakter, sondern bringt den Gesichtspunkt der Ewigkeit zum Ausdruck. Sie meint den unbedingten Vorrang und Vorsprung, der vor allem Geschöpflichen Gott zukommt. Läßt sich dabei der Zeitbezug nicht eliminieren, da es sich ja eben um die Beziehung zu allem Zeitlichen handelt, so kann vielleicht gerade die Ambivalenz des Perfektischen und Futurischen in dem Verhältniswort „voraus" noch am besten die Intention des Prädestinationsgedankens andeuten. Gott hat alles im voraus bestimmt und ist darum allem schon voraus. Da alles von Gott beschlossen ist, wird auch alles von ihm umschlossen.

[8] Gottes Erkennen ist sein Wesen. Summa contra gentiles I,45. S.th. I q.14 a.4 crp.

Das ist kein spekulativer Gedanke, sondern unmittelbarer Ausdruck der Frömmigkeit: „Herr, du erforschest mich und kennst mich. Ich sitze oder stehe, du weißt es; du verstehst meine Gedanken von ferne. Ich gehe oder liege, du ermissest es, mit all meinen Wegen bist du vertraut. Ja es ist kein Wort auf meiner Zunge, das du, o Herr, nicht wüßtest. Du hältst mich hinten und vorn umschlossen, hast deine Hand auf mich gelegt ... Deine Augen sahen all meine Tage, in deinem Buche standen sie alle; sie wurden geschrieben, wurden gebildet, als noch keiner von ihnen da war." (Ps 139,1–5.16) Die Fortsetzung des Psalms vollzieht denselben Schritt, der uns veranlaßte, die Prädestination als Vorausdenken Gottes anzusprechen, den Schritt von Gottes Gedanken zu unserem Nachdenken darüber: „Mir aber, wie schwer sind mir deine Gedanken, o Gott, wie gewaltig ist ihre Zahl! Wollte ich sie zählen, ihrer wären mehr als der Sand; wenn ich aufwache, ist mein Sinn noch bei dir." (Ps 139,17f) Gottes Denken und unser Denken können sich zueinander nicht anders verhalten als so, daß wir dem Vorausdenken Gottes als etwas Unerschöpflichem und Unbegreiflichem hinterdreindenken, ihm im wörtlichen Sinne nach-denken. Diese grundsätzliche Besinnung auf das rechte Denken über Gottes Denken steht darum unter dem Thema Prädestination als eine erste Aufgabe an.

Die zweite Aufgabe ergibt sich daraus: Wie ist mit den Spannungen umzugehen, die in der Prädestinationslehre als ein anscheinend hoffnungsloses Dilemma auftreten? Hoffnungslos nicht nur in theoretischer Hinsicht, sondern vor allem deshalb, weil davon auf das Leben selbst Hoffnungslosigkeit und Trostlosigkeit auszugehen drohen. Die Prädestinationsanfechtung, der Gedanke, zu den Verworfenen zu gehören und daran nichts ändern zu können, stellt die äußerste Verfinsterung dar. Nun kann aber der Prädestinationsgedanke ebenfalls Ausdruck unerschütterlicher und unüberbietbarer Zuversicht und Gewißheit sein: „Wir wissen, daß Gott denen, die ihn lieben, alles zum Guten ausgehen läßt. Sind sie es doch, die er nach seinem Vorsatz berufen hat. Denn sie, die er zuvor erwählt hat, hat er im voraus dazu bestimmt, dem Bilde seines Sohnes gleichgestaltet zu werden ..." (Röm 8,28f) Diese Widersprüchlichkeit der Prädestination, daß sie in Anfechtung treibt und in Anfechtung tröstet, umschließt und übersteigt alles, was die Prädestinationslehre sonst an Widersprüchlichkeiten aufweisen mag. Deshalb ist es so wichtig, sich zunächst über das rechte Nachdenken darüber Gedanken zu machen.

I. Die Prädestination als Prüfstein theologischen Denkens

Zu den Standardfragen des Aufbaus der Dogmatik gehört die Frage nach dem angemessenen Ort der Prädestinationslehre. Sollte sie schon am Anfang der Dogmatik behandelt werden in der Lehre von Gott, wie er in sich selber ist vor seinem Heraustreten ad extra, so daß sie der gesamten Ökonomie des göttlichen Handelns als der Ratschluß von Ewigkeit her vorausgeht, was ja der Prädestinationsgedanke in der Tat meint? Oder sollte sie erst am Anfang des Erlösungswerkes oder gar erst zusammen mit der Rechtfertigungslehre erörtert werden, um einen spekulativen Mißbrauch zu verhindern und sie allein von Christus her als Erwählung zum Heil zu erfassen? Vorzüge und Gefahren liegen in beiden Möglichkeiten, und die Art der Durchführung relativiert noch einmal die Bedeutung solcher Dispositionsentscheidungen. Daß hier das Thema der Prädestination erst am Ende der Dogmatik auftritt, nachdem zwar von der Erwählung schon bei der Gerechtigkeit des Glaubens die Rede war (§ 34 B I 2a, s.o. S. 234ff), darf nicht am üblichen Aufbau der Dogmatik gemessen werden. Denn nach dem Verfahren dieser Dogmatik durchzieht die Gotteslehre das Ganze und gelangt nun erst zu ihrem Abschluß. Deshalb widerfährt der Prädestinationslehre dasselbe wie der Trinitätslehre. Beide rücken an das Ende der Dogmatik als die umfassendsten Aussagen über Gott. Gewiß kann man sagen: Beide sollten bereits zuvor in der gesamten materialen Dogmatik präsent sein. Das kann aber durchaus der Fall sein, auch ohne daß sie schon im voraus behandelt würden. Denn es gilt ebenfalls: Erst dann können beide angemessen erwogen werden, wenn der christliche Glaube seinen verschiedenen Dimensionen nach entfaltet ist. Wer um die Tatsache weiß, daß hier alles mit allem zusammenhängt, bleibt vor der Torheit bewahrt, aus Gliederungsfragen Prinzipienfragen zu machen.

1. Das situationsvergessene Denken über Gott

Wie alles Reden von Gott so gerät auch das Denken über die Prädestination auf verhängnisvolle Abwege, wenn es von der Situation des Menschen vor Gott abstrahiert. Es ist ein Trugschluß, aus der Ewigkeitsperspektive, die im Gedanken der Prädestination gesetzt ist, die Möglichkeit oder gar die Notwendigkeit solcher Abstraktion von der eigenen Situation des Nachdenkens und Redens zu folgern. Verführe man dennoch so, dann geriete damit die Prädestinationslehre in zweifacher Hinsicht in die Isolation. Einerseits würde sie von dem losgelöst, was als Kundgabe des offenbaren Willens Gottes Grund und Inhalt des christlichen Glaubens ist. Es entstünde die gespensterhafte Situation, als wollte man gleichsam aus dem Nichts heraus die Prädestination postulieren, indem man zunächst Gott dem Begriff nach gewissermaßen kreiert und dann die Denknotwendigkeit ewiger Prädestination daraus erschließt. Ein solches spekulativ konstruierendes Verfahren wäre selbst bei bewußter Distanzierung vom christlichen Glauben unmöglich, da die Gedankenwege und Sprachmittel, deren man sich dabei bedient, aus der christlichen oder aus sonstiger religiöser Tradition entliehen sind. Ein Denken über Gott vermeintlich vom Nullpunkt aus, als ginge es um ein Erforschen von Neuland, wäre nur ein Zeichen von Gedankenlosigkeit. Anderseits aber trennte solche Isolierung die Prädestination von der Lebenserfahrung im weitesten Sinne. Das bedeutet einmal, daß die Konkretionen nicht in den Blick kommen, in denen der Schrecken, aber auch der Trost der Prädestination wirksam werden kann. Man ginge dann mit ihr im illusionären Zustande der Neutralität um, als handelte es sich um einen bloßen Gedanken und nicht um das Betroffensein des Lebens selbst. Die Prädestinationsfrage hätte sich so von der Frage nach dem Heil unabhängig gemacht. Ferner bedeutet die Isolierung von der Lebenserfahrung vor allem dies, daß man aus der Grundsituation herausfällt, welche die Verstehensbedingung alles Redens von Gott ist: der Situation des Seins vor Gott, des Angeredetseins von ihm und des Redens zu ihm, der Gebetssituation. Wird die Prädestination in dieser Situationsvergessenheit als ein Problem der objektivierenden ratio behandelt, so gerät man notwendig in Antinomien, die lösen zu wollen sinnlos ist. Sie sind ebensowenig wie irgendein echtes Lebensproblem rational zu entscheiden.

2. Das situationale Nachdenken der Gedanken Gottes

Alles Denken über Gott kann nur als ein Nachdenken der Gedanken Gottes sinnvoll sein. Daraus ergibt sich grundsätzlich für alles theologische Reden, in besonderem Maße jedoch für die Prädestinationslehre, in der es um das Ganze und das Innerste der Gedanken Gottes geht, eine doppelte Weisung.

Es gilt sich daran zu halten, was Gott kundgetan hat, an seinen offenbaren Willen. Natürlich könnte darüber sofort die auf den Anfang der Dogmatik zurückwerfende Frage entbrennen, was denn als Kundgebung Gottes, als sein offenbarer Wille zu gelten habe, und zwar sowohl in Hinsicht auf den Willen, der vom Menschen Erfüllung heischt, als auch in Hinsicht auf den Willen, der sich am Menschen und an der Welt überhaupt erfüllt. Jedoch muß jetzt der pauschale, aber doch zentrale und keineswegs vage Rückverweis auf Jesus Christus als das Wort Gottes, als die alles zusammenfassende Willensäußerung Gottes, genügen.

Dazu kommt die andere Weisung: den verborgenen Willen Gottes seinem offenbaren Willen zu unterstellen. Das heißt, ihn hinzunehmen und nicht willkürlich zu deuten, anzuerkennen, wie tief Gottes Gedanken sind (Ps 92,6). Ohne das Bewußtsein dessen, daß Gottes Gedanken nicht unsere Gedanken sind, sondern unendlich höher als sie (Jes 55,8f), daß seine Gerichte unerforschlich und seine Wege unergründlich sind (Röm 11,33), kann über Gott und nun zumal über seine Prädestination nicht recht gedacht werden. Und ohne die Bitte: „Nicht mein Wille, sondern der deine soll geschehen“ (Lk 22,42), kann die Situation des Menschen vor Gott überhaupt nicht wahrgenommen werden. Das kann jedoch nicht auf eine Neutralisierung oder gar Aufhebung des offenbaren Willens Gottes hinauslaufen, auf die Beugung unter ein dunkles Fatum. Es muß vielmehr darin bestehen, das Unbegreifliche in das Licht zu rücken, das von Gott her aufgegangen ist. Dann verhält es sich nicht so, daß hinter dem offenbaren Willen Gottes etwas Finsteres lauerte, was alles noch einmal in Frage stellt, weil es der tiefste und deshalb verborgenste Grund der göttlichen Gedanken wäre. Wer sich an den offenbaren Willen Gottes hält, kann dies nicht anders tun als in der Gewißheit, daß sich darin das Innerste Gottes kundgetan hat, wogegen es in Gott selbst keine Vorbehalte und Widersprüche gibt. Das heißt aber nicht, daß nach Maßgabe unseres Begreifens solche Widersprüche nicht bestünden. Im Gegenteil, der offenbare Wille Gottes ist überhaupt nur im Medium solcher Widersprüchlichkeit erfaßbar, was unübersehbar von Jesus Christus selbst gilt. Darum ist jene Gewißheit ohne ein Aushalten extremer Spannungen nicht zu haben. Nur dann wird über die Prädestination in einer dem Glauben gemäßen Weise nachgedacht, wenn diese Spannungen, anstatt vorschnell harmonisiert zu werden, in ihrer äußersten Schärfe und Gewalt zur Geltung kommen. Nur so kann vermieden werden, daß die Prädestinationslehre das wird, was sie auf keinen Fall werden darf: eine Verharmlosung Gottes oder ein resignierendes Denken über ihn, während sie nur in doxologischer Absicht richtig erfaßt wird, wie dies bei Paulus am Ende von Röm 8 und 11 deutlich wird.

II. Die Spannungen der Prädestinationslehre

Die Spannungen, die der Prädestinationslehre anhaften, konzentrieren sich, will man sie in äußerster Weise schematisieren, auf den Widerspruch, der teils zwischen Gottes Willen und der Verantwortung des Menschen klafft, teils zwischen Gott und Gott. Sie sind deshalb so erregend, weil sie nicht etwa darauf zurückgeführt werden können, daß hier die Stimme des Glaubens und die Stimme des Unglaubens miteinander im Streit liegen. Das spielt wohl ständig mit hinein. Die Spannungen treten jedoch innerhalb der Glaubensaussagen selbst auf. Die Überwindung derartiger Widersprüche ist darum auch nicht von bestimmten einzelnen Schriftworten her zu erwarten, da in der Schrift selbst widersprüchliche Aussagen begegnen, sogar ein und dieselbe Aussage widersprüchlich klingen kann. „Mit Furcht und Zittern erwirkt euer Heil. Denn Gott ist es, der in euch das Wollen wie das Vollbringen bewirkt nach seinem Willen.“ (Phil 2,12f vgl. auch 2. Petr 1,10) Dennoch wäre es ganz verfehlt, die Thematik als solche für unerlaubt, vorwitzig oder unwichtig zu erklären. Sie rührt vielmehr an den innersten Nerv der Bibel. Man würde sich um fundamentale Probleme herumdrücken, aber auch entscheidende Einsichten preisgeben, wenn man ihr um der Schwierigkeiten willen auswiche. Allerdings läßt sie sich nur in Hinsicht auf den Gesamttenor des christlichen Glaubens erörtern. Dabei lösen sich die Spannungen zwar nicht einfach auf. Aber ihre Funktion wird erkennbar.

1. Gottes Allmacht und die Schuld des Menschen

Daß alles an Gottes Willen hängt, durchzieht als Grundaussage das Ganze des christlichen Glaubens, ob es nun um die Schöpfung geht oder um die Versöhnung oder um die Vollendung der Welt. Von Gottes Allmacht wird nur dann recht gesprochen, wenn sie personal als allmächtiger Wille verstanden wird. Und die Spannung, die im Blick auf die Verantwortung des Menschen daraus entsteht, wird nur dann erfaßt, wenn man nicht von einem inexistenten ungestörten Verhältnis zwischen Gott und dem Menschen ausgeht, sondern von der wirklichen Situation des homo peccator coram Deo.

a) Determinismus oder Synergismus

Die Allmacht des Willens Gottes muß darum im Zusammenhang mit der Frage nach dem ewigen Heil gesehen werden. So ist auch das Problem der Willensfreiheit nur in Hinsicht darauf theologisch relevant, ob der Mensch irgendetwas von sich aus zum Heil vermag. Deshalb sind sowohl ein Synergismus wie ein allgemein weltanschaulicher Determinismus ausgeschlossen. Sofern man jedoch vom Willen Gottes theologisch spricht, kann man eine solche Isolierung gar nicht vollziehen, derzufolge von der Frage nach dem ewigen Heil abgesehen wird und das Thema psychologischer Willensfreiheit und die Alternative Determinismus oder Indeterminismus ihr Eigengewicht erhalten. Vielmehr gerät unter dem theologischen Aspekt schlechterdings alles in die Perspektive der Frage, worauf es letztlich hinausläuft. So erhält in der Tat alles, was geschieht, den Charakter einer unwiderstehlichen Notwendigkeit von Gott her. Aber das ist, wohl gemerkt, nicht Sache eines theoretischen Zuschauerurteils, sondern Sache des Glaubensurteils, das die Dinge nicht von ihrem Augenschein her einschätzt, sondern unter dem Aspekt der Gottesbeziehung.

Der eigentliche Problemknoten liegt dann bei der menschlichen Schuld. Sie wird nicht etwa hinfällig, im Gegenteil, sie erhält dadurch erst ihr volles Gewicht, daß der angemaßte Eigenwille Gott gegenüber etwas setzt, was vom Menschen her nicht wieder rückgängig zu machen ist. Dieses Urdatum des Widerwillens gegen Gott bleibt unverrechenbar. Hier liegt das völlig unaufklärbare Geheimnis göttlichen Willens, daß ein Widerwille da ist, der sich nicht aus Gottes Willen herleitet und dennoch durch Gottes Willen nicht verhindert ist. Man muß es schlicht heraus sagen: Das ist unbegreiflich. Es wird auch nicht begreiflich, wenn man von Gottes Zulassung spricht. Damit umschreibt man nur die Unbegreiflichkeit. Jeder Versuch, hier eine Erklärung zu liefern, verstieße gegen das Geheimnis, daß wir uns vor Gott in dieser Situation befinden. Demgegenüber ist dann die Theodizeeproblematik von relativ geringem Gewicht, welche die Folgen der Sünde betrifft, die Existenz der Übel in dieser Welt. Daß Gott seine Gottheit, seinen allmächtigen Willen, der die Welt trägt, nicht aufgibt, sondern die natürlichen Kräfte den Auswirkungen des Bösen überläßt, das ist zwar ebenfalls tief erschreckend und unbegreiflich, fällt jedoch mit unter das, worüber der Mensch mit Gott nicht hadern kann, wenn er um jenes Urdatum des Widerwillens gegen Gott weiß als um die nun einmal gegebene Bedingung der menschlichen Situation in der Welt vor Gott.

b) Vorherbestimmung oder Vorherwissen

Die Providenz als die allgemeine Welterhaltung, der gemäß der Vater über Böse wie Gute seine Sonne aufgehen und über Gerechte wie Ungerechte regnen läßt (Mt 5,45), ist ein Ausschütten von Güte ohne Ansehen der Person und nach Jesus ein Vorbild der Feindesliebe. Insofern weist die Providenz über sich hinaus auf das ewige Heil, das durch Versöhnung an denen bewirkt wird, die Feinde sind (Röm 5,10). Die göttliche Vorsehung hat es aber als solche nicht mit dem Heil zu tun. Die Prädestination hingegen betrifft gleichermaßen die Sünder, sie aber im Hinblick auf die Entscheidung zwischen Heil und Verdammnis. In der alten Dogmatik schwankt zwar die Terminologie: ob man von Prädestination ausschließlich als Prädestination zum Heil sprechen und davon die reprobatio unterscheiden soll, bei der dann die Vorherbestimmung gegebenenfalls in der Schwebe gehalten wird, oder ob man unterschiedslos in Hinsicht auf beide eschatologischen Möglichkeiten von Prädestination reden muß. Von dem Problem dieser gemina praedestinatio wird gleich noch die Rede sein.

Zunächst stellt sich die Frage, wie sich diese Prädestination, mit welcher Abzielung auch immer, zu der menschlichen Entscheidung verhält, ohne die doch Glaube und Unglaube nicht zustande kommen. Wenn auch der Synergismus noch so entschieden abgewehrt wird, stellt sich dennoch die Frage, ob die Prädestination als absolut zu gelten habe, so daß sie auch schon die Wirkursache des Glaubens oder Unglaubens ist, oder ob sie das Eintreten dieser Bedingung als conditio voraussetze, die wiederum dank der göttlichen Präszienz vorausgewußt wird. Diese Abmilderung des Prädestinationsgedankens durch die Zwischenschaltung der Präszienz verrät schon, daß man sich auf einem Geleise bewegt, das von der Orientierung an der Situation des Menschen vor Gott wegführt. Es ist eine Konstruktion zur Entlastung Gottes, ein Stück Theodizee. Wer sich von Gott geliebt und angenommen weiß, wird im Gebet schwerlich als Erklärung auf seinen eigenen Glauben und auf dessen Vorhergewußtsein durch Gott anspielen, sondern sich daran genügen lassen, daß er von Ewigkeit her von Gott erwählt ist. Was wäre es auch um ein Vorherwissen Gottes, das ausdrücklich von der Vorherbestimmung abgehoben wird? Hier befindet man sich bereits mitten im Dschungel der Antinomien.

2. Gottes Gnade und die doppelte Prädestination

Wer die Gnade Gottes von daher bestimmt sein läßt, daß Gott von Natur allgütig ist und eben deshalb der liebe Gott sein muß, denkt ganz gewiß situationsvergessen über Gott. Wenn von da aus Einwände gegen die Prädestinationslehre überhaupt und erst recht gegen die Auffassung von der gemina praedestinatio erhoben werden, dann kommt dem wenig Gewicht zu. Die eigentliche Problematik entspringt aus anderer Wurzel.

a) Universalität oder Partikularität der Gnade

Die biblischen Aussagen über Universalität und Partikularität der Gnade widersprechen sich offensichtlich. Mit Nachdruck wird das erste betont: Gott hat nicht am Tode des Gottlosen Gefallen, sondern an seiner Bekehrung, und daß er am Leben bleibe (Ez 18,23.32 33,11). „Gott hat alle in den Ungehorsam eingeschlossen, um allen sein Erbarmen zuzuwenden.“ (Röm 11,32) „Nach Gottes Willen sollen alle Menschen Rettung finden und zur Erkenntnis der Wahrheit gelangen.“ (1. Tim 2,4) Daß die Erwählung in Christus vor Anbeginn der Welt geschehen ist (Eph 1,4), nimmt der Prädestination den Schein individueller Wahl und verbindet sie mit dem Christusgeschehen, das allen gilt. So kann Jesus Christus als der Erwählte gelten, der die Erwählung der Menschheit insgesamt repräsentiert. Gegen diesen Universalismus der Gnadenwahl sind andere Worte und Argumente in die Waagschale zu werfen: „Viele sind berufen, wenige aber auserwählt.“ (Mt 22,14) Alle Aussagen über das Gericht und die ewige Verdammnis bezeugen die Partikularität des Heils. Sie scheint auch hinter der Erwartung zu stehen, daß schließlich alle Feinde Christus unterworfen werden, was doch wohl nicht ohne weiteres auf ihre Bekehrung gedeutet werden darf.

Am auffallendsten ist, daß Paulus in dem Textzusammenhang, der in den Preis des universalen Erbarmens Gottes ausklingt, mit aller Deutlichkeit den Gedanken der doppelten Prädestination ausspricht, indem er auf Esau und Jakob sowie auf die Verstockung Pharaos verweist und das Argument, daß ja dann niemandem Vorwürfe zu machen seien, weil niemand sich Gottes Willen widersetzen könne, mit dem Gleichnis vom Töpfer niederschlägt, der aus demselben Material ansehnliche Gefäße machen kann und solche, die er im Zorn wieder verwirft (Röm 9,11–24). Der übliche Ausgleich, daß Gottes universaler Gnadenwille ein Angebot ist, das aber nicht überall zum Ziel gelangt, leuchtet vordergründig wohl ein, scheitert jedoch an der Härte dieser paulinischen Aussage. Aber auch an ihr wird vom Kontext her deutlich, daß die doppelte Prädestination nur eine Grenzvorstellung innerhalb einer Gedankenführung ist, die auf die Universalität der Gnade hinstrebt. Das freilich ist auf jeden Fall klar: Weder in bezug auf mich selbst noch in bezug auf bestimmte andere ist die praedestinatio ad malum eine verantwortbare, im Wissen um das Sein vor Gott vertretbare Aussage. Der Schwerpunkt liegt bei völligem Ungleichgewicht beider Möglichkeiten auf der praedestinatio ad bonum, die in der Situation vor Gott nicht etwa nur vermutungsweise, sondern mit Gewißheit von dem ausgesagt wird, der glaubt. Weil allein in Gottes Entscheidung das Heil liegt, eben deshalb und allein deshalb gibt es Heilsgewißheit. Die zu Christus gehören, werden in Ewigkeit nicht umkommen, und niemand wird sie ihm aus der Hand reißen (Joh 10,28). Selbst die Höllenpforten sollen seine *ekklesia* nicht überwältigen (Mt 16,18).

b) Verewigung oder Vernichtung des Bösen

Die Bibel spricht einhellig von einem doppelten Ausgang des Endgeschehens unter den Symbolen von Himmel und Hölle. Dagegen mit der Erwägung zu argumentieren, daß doch die ewige Seligkeit nicht nur der Erlösten, sondern auch Gottes selbst beeinträchtigt sein müsse durch die wenn auch noch so ferne Nachbarschaft ewiger Qual, ist eindrücklich, aber sie bewegt sich bereits in einem Denken, das sich von der gegenwärtigen Situation vor Gott distanziert. Denn wie könnte man vor Gott vergessen, was es um die Sünde ist? Und wie könnte man vor Gott auf die Gnade spekulieren? Daß sich das Gericht bereits vollzogen hat (Joh 3,18 5,24), kann wohl Aussage der Glaubensgewißheit sein, aber nicht eine generelle Aufhebung dessen bedeuten, daß wir alle vor dem Richterstuhl Christi erscheinen müssen (2. Kor 5,10). Der Gedanke der Allerlösung, der *apokatastasis panton,* überschreitet zugunsten einer harmonisierenden Theorie das, was konkret aus der Situation vor Gott heraus gesagt werden kann. Wie es mit dem Ende des Bösen steht, bleibt uns ebenso verschlossen wie die Erklärung seines Ursprungs. Was über den ewigen Tod angedeutet wird, meint allerdings nicht eine Verewigung des Bösen, sondern seine ewige Vernichtung. Aber ob und wie dabei dennoch eine Trennung zwischen der Sünde und dem Sünder eintritt und der Rest an Negation darin von Gott vollends ins Positive gewandt wird, das ist uns völlig verborgen und gehört zu dem, was der Glaube, ohne es zu begreifen, Gott anheimstellt. Denn selbst wenn der Anschein bleiben mag, die ewige Gnadenwahl Gottes sei von einem ewigen Nein begleitet, so gilt doch auch hier: „Handelt Gott ungerecht? Auf keinen Fall!" (Röm 9,14)

§ 42 Die Dreieinigkeit Gottes

Die Christenheit hat zwei Symbole, in denen aufs dichteste und doch zugleich in schlichtester Weise der Glaube an Jesus Christus zusammengefaßt zur Darstellung kommt: das Kreuz und die Trinität. Beides verbindet sich zur Einheit, wenn unter dem Kreuzeszeichen im Namen Gottes des Vaters und des Sohnes und des heiligen Geistes der Segen gesprochen wird. Dennoch herrscht der Eindruck tiefer Verschiedenheit vor. Gemeinsam scheint ihnen nur dies zu sein, daß sie sich beide dem Begreifen widersetzen. Als Glaubenssymbole sind sie in ausgeprägtester Form Symbole dessen, was die Vernunft übersteigt. Doch auch in dieser Hinsicht drängt sich der Unterschied auf. Das Kreuz hat seinen Ort in der Unbegreiflichkeit des Lebens und Sterbens. Das trinitarische Dogma hingegen steht im Verdacht, seine Unbegreiflichkeit sei die Kehrseite der Entfernung vom Leben durch hochfliegende Spekulation. Das Kreuz steht auf der Erde. Es erinnert an ein Ereignis in der Zeit. Am Kreuz endet und erfüllt sich das Leben eines Menschen. Die trinitarische Gottesaussage jedoch weist gen Himmel. Sie umschreibt das, was von Ewigkeit zu Ewigkeit gilt. Sie spricht vom Sein Gottes als seinem inneren Leben. Während das Kreuz von tiefstem Leiden zeugt, von dem Sich-schuldig-Machen am Unschuldigen und von dem Tragen des Unschuldigen an der Schuld der andern, verbindet man mit der Aussage der Dreieinigkeit Gottes den Jubel in der Höhe: Gloria in excelsis Deo.

Nun sind aber trotzdem die so verschiedenartigen Symbole deutlich aufeinander bezogen. Nicht nur dem theologischen Anspruch nach: das Kreuzesgeschehen sei die zentrale Offenbarung des dreieinigen Gottes, sein entscheidendes opus ad extra, das unter dem Gegenteil verborgene Erscheinen dessen vor den Menschen, was für sie unter dem Lichtglanz der Ewigkeit nicht minder verborgen ist. Die Beziehung aufeinander besteht auch in allgemein zugänglichen historischen Zusammenhängen. Der Weg vom Kreuz Jesu zum trinitarischen Dogma mag weit sein, doch hat er ohne Zweifel dort eingesetzt. Die trinitarische Gottesaussage ist aus dem Glauben an den Gekreuzigten hervorgegangen. Mögen wir auch noch so sehr Bedenken hegen, ob die Wahrheit des Kreuzes Jesu in der Gestalt der kompliziert durchreflektierten Trinitätslehre gewahrt geblieben ist, ohne dabei Schaden zu nehmen, so können wir dennoch nicht mehr hinter die trinitarische Aussageweise des Glaubens an den Gekreuzigten zurückgehen und erst recht nicht darüber hinaus. Um dies jedoch nicht positivistisch hinzunehmen, um vielmehr zu verstehen, inwiefern die Wahrheit des christlichen Glaubens in der trinitarischen Gottesaussage erfaßt und aufbewahrt ist, muß die Spannweite der Erwägungen dazu beides umfassen: die kritische Einsicht in die Problematik der klassischen Trinitätslehre sowie die Erkenntnis dessen, daß es hier um den lebendigen Gott und deshalb auch um den lebendigen Glauben geht.

A. Die Problematik der klassischen Trinitätslehre

Von der Rechenschaft über den christlichen Glauben gilt es allgemein, daß die Problematik, die von seiner eigenen Geschichte her anfällt, die Gegenwartsprobleme zu überwuchern droht. Man hat mit Recht den Eindruck, eine entschlossene Konzentration darauf, was heute vom christlichen Glauben her an Lebensnotwendigem zu sagen wäre, müßte eine weitgehende Reduktion der Dogmatik bewirken. Tatsächlich besteht das dringende Bedürfnis, einem verhältnismäßig ausgebreiteten Reflexionsgang wie diesem die möglichst knappe Form eines Glaubenssummars zur Seite zu stellen, das eine analoge Funktion versehen könnte wie einst etwa Luthers Kleiner Katechismus. Aber selbst wenn derartiges gelänge, machte dies die Auseinandersetzung mit den Problemen, die aus der Glaubensüberlieferung erwachsen, nicht überflüssig. Darunter befindet sich einerseits allerdings in nicht unerheblichem Maße ein Ballast, von dem man sich trennen muß, wie es ja auch in dieser Rechenschaft geschehen ist. Anderseits meldet sich an allen wichtigen Punkten der Wunsch an, das oft nur kurz Berührte monographisch auszuarbeiten, nicht um sich in Historie zu verlieren, sondern um aus der Vertiefung in sie einen Sprachgewinn für die Gegenwart zu schöpfen, die in Sachen des Glaubens so spracharm ist.

Solches Hin- und Hergerissensein zwischen dem Verlangen nach äußerster Reduktion und der Notwendigkeit weiter ausgreifender Information wird wohl kaum irgendwo so stark akut wie bei der Behandlung der Trinitätslehre. Ist sie doch selber ihrem Anspruch nach ein Summar des christlichen Glaubens, das von uns freilich weitgehend als ein chiffrierter Text empfunden wird und deshalb ausführlicher Interpretation bedarf. Die Trinitätslehre ist das Paradebeispiel einer Thematik, die aus der Geschichte der Glaubensrechenschaft anfällt. In sie wirklich einzudringen, erforderte einen ausführlichen dogmengeschichtlichen Exkurs sowie die Vertiefung in überaus subtile Probleme ihrer orthodoxen Gestalt. Die naheliegende Versuchung freilich, hier das Abwerfen von Ballast zu praktizieren, findet daran ihre klare Grenze, daß sich ein Theologe über das fundamentale Dogma der Christenheit ein begründetes Urteil zu bilden hat. Dafür müssen jetzt einige Bemerkungen zum trinitarischen Dogma und sodann zur klassischen Trinitätslehre genügen.

I. Das trinitarische Dogma in seinen geschichtlichen Relationen

Unter dem trinitarischen Dogma im engen Sinne versteht man diejenige Interpretation, die einem triadisch aufgebauten Credo in den Auseinandersetzungen des vierten Jahrhunderts auf den ökumenischen Synoden von Nicäa und Konstantinopel durch einige Zusätze zuteil wurde. Sie bestehen in Präzisierungen des Verhältnisses Christi zum Vater, die in dem Stichwort *homoousios* gipfeln, sowie in der Umschreibung der Homoousie des Geistes durch die Aussage, daß er vom Vater ausgehe, was später im Westen durch das filioque ergänzt worden ist, und daß er mit dem Vater und dem Sohn zugleich angebetet und zugleich geehrt wird[1]. Nicht die historischen Fragen der Vorgeschichte und Entstehung dieser Formeln sollen uns jetzt beschäftigen, sondern die Beziehungen, die zwischen diesem Dogma und einigen Grundgegebenheiten des Christentums bestehen.

1. Das Dogma und die Bibel

Eine Trinitätslehre gibt es im Neuen Testament nicht. Sogar triadische Formeln treten nur selten auf, häufiger binitarische, in denen Gott der Vater und Jesus Christus nebeneinander genannt werden. Die Grußformel 2. Kor 13,13: „Die Gnade unseres Herrn Jesus Christus und die Liebe Gottes und die Gemeinschaft des heiligen Geistes sei mit euch allen", verrät liturgische Prägung, jedoch keine trinitarische Reflexion, wie schon die Reihenfolge erkennen läßt. Die späte trinitarische Tauformel (Mt 28,19) steht isoliert neben der sonst im Neuen Testament bezeugten Taufe auf den Namen Jesu Christi und ist ein erster Vorbote der sich alsbald auch in den Credo-Formulierungen durchsetzenden Dreiheit von Vater, Sohn und Geist. Allerdings ist diese Zusammenordnung vom übrigen neutestamentlichen Befund her keineswegs überraschend. Achtet man auf die Gravitationszentren der Aussagen über das, was von Gott her geschehen ist, so kann an der Konzentration auf das Christusgeschehen und das Geistgeschehen gar kein Zweifel beste-

[1] BSLK 26,10f 27,2–4.

hen. Es gibt nichts anderes, was damit in Konkurrenz treten könnte. Allerdings kommt der Primat eindeutig der Person Jesu Christi zu. Für die Christologie ist das Verhältnis des Sohnes zum Vater schlechterdings bestimmend, während die pneumatologischen Aussagen des Neuen Testaments in viel geringerem Maße die spätere trinitarische Problemstellung erkennen lassen.

Das trinitarische Dogma versieht somit den biblischen Texten gegenüber eine hermeneutische Funktion. Sie zielt darauf ab, daß man das, was als Jesus Christus und als heiliger Geist sich ereignet hat und gegenwärtig ist, als ganz und gar auf die Seite Gottes gehörend versteht und nicht als etwas Geschöpfliches, stehe es auch noch so hoch in dessen Hierarchie. Wer es mit Jesus Christus und mit dem heiligen Geist zu tun hat, hat es mit Gott selbst zu tun. Und doch nicht einfach nur mit dem Vater. Die hermeneutische Weisung, so über Christus und den Geist zu denken, daß sie Gott sind und doch nicht der Vater und daß es dennoch nicht drei Götter sind, sondern ein Gott, steckt freilich nur den Rahmen einer Problemstellung ab, die weit über das hinaus führt, was im Neuen Testament selbst reflektiert wird. Jedoch wie alle hermeneutischen Weisungen unterliegt auch diese der Bewährung an den Texten. In dieser Hinsicht ist für das Verhältnis von trinitarischem Dogma und Bibel aufschlußreich, daß sich eine Schwerpunktverlagerung im Denkstil vollzieht: von überwiegend narrativen und doxologischen Aussagen zu begrifflichen Bestimmungen der innergöttlichen Beziehungen.

2. Das Dogma und die Theologie

Das, was sich heilsgeschichtlich ereignet hat, in der Weise mit Gott zusammenzudenken, daß es nicht bloß als die Tat Gottes, als sein Werk, begriffen wird, sondern als die Offenbarung des Wesens Gottes selbst, stellte eine außerordentliche Herausforderung an die Theologie, ja zur Theologie dar. Es galt, ein bestimmtes Geschehen als Äußerung der Ewigkeit zu verstehen und in diesen seinen Ursprung hinein zu reflektieren, um es von daher zu begreifen. Die Konfrontation mit der griechischen Philosophie bedeutete dabei beides: Hilfe und Gefahr. Hilfe insofern, als sie dazu nötigte, den Glauben denkend zu durchdringen und in eine diskutierbare Beziehung zu dem Wirklichkeitsverständnis im ganzen zu setzen, – ein Impuls, der ein für allemal der Theologie durch die Begegnung mit der antiken Philosophie zuteil geworden ist. Gefahr insofern, als dieses Interpretationsmedium seine eigene Schwerkraft besaß und eine innere Gewichtsverschiebung verursachte. Man darf den Vorgang jedoch nicht kurzschlüssig als bloße Hellenisierung und Überfremdung des genuin Christlichen verurteilen. Daß hier Metaphysik und Geschichte in eine denkerische Beziehung traten, ohne daß beides seine Eigenart verlor und ins Mythische umgebogen wurde, war etwas Neues und durchaus Ungriechisches. Die Inanspruchnahme philosophischer Begriffe vollzog sich überdies als deren weiterführende Interpretation, so daß nicht einfach nur der Glaubensinhalt diesen Kategorien unterworfen wurde, sondern auch sie sich einem Sachverhalt fügen mußten, der ihnen von Haus aus völlig fremd war. Was dem Anschein nach eine Vermengung von Theologie und Philosophie darstellt, wurde zu einem Ringen um ihre Unterscheidung, kraft deren die Theologie erst zur Ausbildung ihrer Besonderheit gelangte. Das ging nicht ohne Schäden und Fehlentwicklungen ab, wie die Geschichte des trinitarischen Dogmas selbst zeigt.

Daß es überhaupt aus dem Durcheinander der Meinungen zu einer dogmatischen Fixierung kam, war bei aller daran haftenden Problematik der Umstände und der Folgen dem zu verdanken, daß sich auf dem Wege über das kirchliche Interesse an einem Konsens die Lebenswirklichkeit des christlichen Glaubens durchsetzte. Die unter vielen Kämpfen und Opfern sowie allzu menschlichen Begleiterscheinungen schließlich erreichte Bekenntnisformel hielt sich zwar gegenüber den theologischen Detailproblemen weitgehend zurück und verharrte im Bereich dessen, was als Sprache der Anbetung dienen konnte. Zusammen damit war aber doch sehr viel mehr an Theologie zu normativer Tradition geworden. Die unantastbare Autorität des Dogmas hatte freilich zunächst nur dies zur Folge, daß der theologischen Entfaltung gewisse Bedingungen auferlegt waren – etwas, was erfahrungsgemäß dem Denken keineswegs nur schädlich sein muß, sondern sich in seiner disziplinierenden und stimulierenden Wirkung als sehr förderlich erweisen kann. Deshalb darf die theologische Denkleistung, die durch das Dogma entbunden wurde, nicht unterschätzt werden. Die Weiterbildung der Trinitätslehre bei Augustin, in der Scholastik, in der reformatorischen Theologie und in der altprotestantischen Orthodoxie sowie ihre philosophische Interpretation nach der Krise der Aufklärung im idealistischen Denken und ihr überraschendes theologisches Wiederaufleben, nachdem sie bereits totgesagt schien, in der wiederum neuen Gestalt als theologischer Prolegomena bei Karl Barth, bezeugen die außerordentliche Fruchtbarkeit jener dogmatischen Grundentscheidung. Aber auch das Gegenteil muß bedacht werden: die Gefahr einer bloß repetierenden Routine oder eines geistvollen, aber erfahrungsarmen Glasperlenspiels oder eines sacrificium intellectus gegenüber der Autorität eines Denkmals der Kirchengeschichte, in dem der Geist erstarrt und zum tötenden Buchstaben geworden ist.

3. Das Dogma und die Kirche

Die beiden Hauptaspekte der kirchlichen Relevanz des trinitarischen Dogmas wurden bereits erwähnt. Einerseits hat es seinen Sitz im gottesdienstlichen Leben selbst: im Taufakt, in der Rezitation des Credo, in dem Gloria zum Abschluß der Schriftlesung und des Psalmgebets. In der bloßen Nennung der Trinität wird das Ganze des christlichen Glaubens als ein unerschöpfliches Geheimnis namhaft gemacht. Die trinitarische Formel dient als alles umschließendes Symbol. Anderseits kommt dem trinitarischen Dogma die Funktion des christlichen Einheitsbandes zu. Die damit vollzogene Abgrenzung – nicht nur gegen die Arianer und andere Dissentierende in der alten Kirche, sondern auch gegen die Antitrinitarier in der Reformation und der Neuzeit – ist von so grundlegender Bedeutung, daß damit definiert ist, was auf keinen Fall mehr als christlich gelten kann. Da in den Codex Theodosianus aufgenommen, hat das trinitarische Dogma reichsrechtliche Geltung mit politischen Konsequenzen gewonnen. Die trinitarische Formel garantiert der Taufe, in welcher Kirchengemeinschaft auch immer sie vollzogen sein mag, gesamtchristliche Anerkennung. Zwar hat der Streit um das filioque eine partielle Differenz im Verständnis des trinitarischen Dogmas zu einem der Gründe der Kirchenspaltung zwischen dem Osten und dem Abendland werden lassen. Aber das rührt mehr an Tiefenschichten des Frömmigkeitsstils, als daß es einen theologisch unüberwindbaren Dissensus beträfe.

In der Reformation stand die Rezeption des trinitarischen Dogmas nie in Frage. Anfängliche Zurückhaltung, z. T. unter humanistischem Einfluß, wie Melanchthons frühe Äußerung, es sei angemessener, die Geheimnisse der Gottheit anzubeten als sie zu erforschen[2], richtet sich gegen eine bestimmte Behandlung der Trinitätslehre, nicht gegen das trinitarische Dogma als solches. Man könnte jedoch fragen, ob die reformatorische Theologie an dieser Stelle nicht zu pauschal den Anschluß an die kirchliche Tradition vollzogen hat. Sollte sich eine so tiefgehende Differenz, wie sie hier im Verständnis des Christlichen aufgebrochen war, nicht auch an der Interpretation des trinitarischen Dogmas abzeichnen, zumindest an der Auffassung seines Autoritätscharakters als Dogmas? Beides ließe sich ansatzweise an der reformatorischen Theologie aufweisen. Aber nicht dies behielt im Protestantismus die Oberhand, sondern zunächst die Repristination und sodann eine weitgehende Destruktion. Daß dennoch auch im heutigen ökumenischen Bewußtsein das Trinitarische als ein fast zu selbstverständliches Bindeglied der Christenheit gilt, läßt weniger auf die Lebendigkeit dieses Glaubens schließen als auf die Scheu, das Schibboleth der Rechtgläubigkeit anzutasten.

---

[2] Ph. Melanchthon, Loci communes rerum theologicarum seu Hypotyposes theologicae (1521), in: Melanchthons Werke in Auswahl II,1; 6,16f: Mysteria divinitatis rectius adoraverimus quam vestigaverimus.

4. Das Dogma und der Glaube

Die Diskrepanz ist zweifellos groß, die zwischen dem hohen Anspruch des trinitarischen Dogmas als credendum und dem besteht, was von den Christen wirklich geglaubt wird und was diesem Glauben Grund und Inhalt gibt. Man muß freilich berücksichtigen, worauf Schleiermacher in seiner nicht unkritischen Behandlung der Trinitätslehre mit Recht hinweist, daß es mit ihr wie mit der Lehre von Gott überhaupt gehe. Viele meinen im Ernst, Gegner sein zu müssen, während sie sich doch nur gegen die gewöhnlichen Darstellungen dieses Glaubens auflehnen, ihm selbst aber faktisch gar nicht so ferne sind[3]. Diese Überlegung verstärkt aber eher noch den Eindruck, daß das trinitarische Dogma für das Glaubensverständnis in bestimmter Hinsicht auch eine verhängnisvolle Rolle gespielt hat. Seine Autorität als heilsnotwendige Lehre erzeugt in Verbindung mit völlig unzureichendem Verstehen oder gar Nichtverstehen seines Gehalts jene Auffassung vom Glauben als einem Akt blinden Gehorsams, die das gängige Verständnis des Glaubens sogar bei sonst klugen Menschen geprägt hat. Die zersetzende Wirkung der Hypokrisie eines Glaubens, der hochstaplerisch eine Sprache redet, die er selbst nicht versteht, ist mit der Rolle der Trinitätslehre in der Geschichte des Christentums unbestreitbar verbunden. Gefährlich wird dies besonders dadurch, daß der Begriff des Geheimnisses in äquivoker Verwendung das Dunkel rechtfertigen soll, in das die trinitarische Aussage geraten ist, während er doch in bezug auf die Trinität selbst das sagbar gewordene, verkündigte Geheimnis meint, dessen Erkenntnis erleuchtende Wirkung hat.

II. Problemaspekte der orthodoxen Trinitätslehre

Wie von den neutestamentlichen Aussagen über den Vater, den Sohn und den heiligen Geist das formelle trinitarische Dogma zu unterscheiden ist, so von ihm wiederum die voll ausgebildete Trinitätslehre. In ihrer klassischen Gestalt hatte sie einen erstaunlich weitgehenden theologischen Konsens erzielt. Die in diesem Rahmen dennoch strittigen Fragen wie z.B. die, ob entsprechend den Wendungen im Nicaeno-Constantinopolitanum „Gott von Gott, Licht vom Licht, wahrhaftiger Gott vom wahrhaftigen Gott"[4] die Zeugung im aktiven und passiven Sinne nicht nur von den einzelnen Personen der Trinität ausgesagt werden könne, sondern von der essentia divina selbst[5], sind von einer

[3] Der chr. Gl., (1830/31²) 1960, § 172,2 (II,471 Z. 2–7).

[4] BSLK 26,8–10.

[5] Petrus Lombardus, Sent. I dist. 5 cap. 1. Denz. 804. Vgl. auch WA 39,2; 287,31–288,4 334,11–17.

Subtilität, deren Glaubensrelevanz für uns, wenn überhaupt, nur noch schwer erkennbar ist. Jedoch erscheint es unausweichlich, daß eine heute mögliche und notwendige Gestalt der Trinitätslehre nicht nur sich mit deren klassischer Struktur vertraut macht, sondern auch weitgehend auf deren Sprache und Fragestellungen angewiesen ist. Der Spielraum, der für die Gestaltung der Trinitätslehre bleibt, ist wesentlich geringer als die Variationsbreite, die das christologische Dogma für die Explikation der Christologie offen läßt. Diese Feststellung ist ambivalent. Man kann darin einen besonderen Vollkommenheitsgrad der klassischen Trinitätslehre erblicken. Es läßt sich daraus aber auch auf die Grenzen schließen, die dem theologischen Umgang mit dem Trinitätsproblem gesetzt sind.

1. Die Terminologie

Die sprachliche Schwierigkeit bestand darin, Begriffe zu finden, welche die Einheit ohne Verletzung der Unterschiedenheit in Gott sowie diese Unterschiedenheit ohne Verletzung der Einheit zum Ausdruck bringen. Die Einheit muß bis an die Grenze des monarchianischen oder modalistischen Anscheins zur Geltung kommen, die Unterschiedenheit bis an die Grenze des subordinatianischen oder gar tritheistischen Anscheins. Da die Bibel dafür keine geeigneten Worte bereitstellt, war man auf philosophische Termini angewiesen. Sie konnten aber diesen ihnen zugemuteten Dienst ebenfalls nur durch eine Umformung hindurch versehen. Das liegt an der Schwierigkeit, wenn nicht Unmöglichkeit, Kategorien des geschaffenen Seins auf innere Relationen des ungeschaffenen Seins zu beziehen. Wenn die lösende Formel von einer *ousia* und drei Hypostasen spricht, so stellt das, wenn man so will, ein theologisches Diktat dar, eine Sprachregelung, die dem philosophischen Sprachgebrauch zuwiderläuft. Dieser verwendet beide Wörter gleichsinnig von dem konkreten Wesen, das selbständig besteht. Durch die Unterscheidung von *ousia* und *hypostasis* konnte schließlich das umstrittene nicänische Stichwort *homoousios* im Sinne von wesenseins gedeutet werden, ohne die Dreiheit in Frage zu stellen.

Bei solcher Sprachregelung wirkte die verschiedene Entwicklung des Wortgebrauchs im Griechischen und Lateinischen erschwerend. Die dem Wortsinn nach gleichen Vokabeln erhalten als trinitarische Termini eine verschiedene Funktion. Während essentia dem Wortsinn nach zwar *ousia* entspricht, setzt sich dafür doch im trinitarischen Sprachgebrauch substantia durch. Substantia deckt sich dem Wortsinn nach mit *hypostasis,* für dessen trinitarische Funktion im Lateinischen jedoch persona verwendet wird. Dessen griechisches Äquivalent *prosopon* vermag wiederum gerade nicht die innertrinitarische Distinktion auszusagen, weil es von seiner Vorgeschichte her modalistischen Klang angenommen hat. Deshalb lautet die lateinische Fassung für *mia ousia – treis hypostaseis*: una substantia – tres personae. Das ist ein Zeichen dafür, daß das Ergebnis der Auseinandersetzungen nicht mittels eines Übersetzungsaktes aus dem Osten in den Westen verpflanzt wurde, vielmehr aus einer komplizierten Geschichte getrennter Entwicklungen und gegenseitiger Beeinflussungen erwuchs. Für uns stellt darüber hinaus der Personbegriff eine schier unüberwindliche Schwierigkeit dar, weil er – nicht überhaupt erst in der Moderne, hier nun aber mit besonderem Nachdruck – für die Einheit der Persönlichkeit steht. Deshalb führt der trinitarische Personbegriff, der unbeschadet des einen göttlichen Ich die innergöttlichen Relationen benennen soll, geradezu zwangsläufig zu Mißverständnissen. Weicht man ihnen dadurch aus, daß man für Person Seinsweise sagt, so ist wiederum der Anschein des Modalismus unvermeidbar. Karl Barth nahm dies bei seiner terminologischen Wahl in Kauf, während Schleiermacher für den Modalismus offen Partei ergriff.

2. Die Homoousie

Die Wesenseinheit von Vater, Sohn und Geist hat zur Folge: Das eine göttliche Wesen ist ungeteilt von jeder göttlichen Person auszusagen. Dementsprechend kommen die göttlichen Attribute jeder von ihnen gleichermaßen zu. Da es sich bei diesen Attributen nicht um akzidentelle, sondern um Wesensattribute handelt, sind sie voneinander nicht real unterschieden, sondern nur sprachlich. Ebenso besteht auch kein realer Unterschied zwischen ihnen und den göttlichen Personen, denen sie zukommen. In der lehrmäßigen Durchführung dieses Gedankens entsteht daraus folgendes Problem. Die klassische Dogmatik pflegt die Behandlung des einen Wesens Gottes der Erörterung der Trinität vorausgehen zu lassen. Dabei ist die Behandlung der göttlichen Attribute naheliegenderweise an den biblischen Aussagen über Gott den Vater orientiert. Infolgedessen bedarf es innerhalb der Trinitätslehre keines Nachweises mehr dafür, daß die erste Person der Trinität uneingeschränkt am göttlichen Wesen teilhat. Um so mehr jedoch muß für den Sohn und den Geist dargelegt werden, daß ihnen wie dem Vater die göttlichen Eigenschaften wie Allmacht, Allwissenheit, Allgegenwart usw. zu eigen sind. Daran ist zu erkennen, daß trotz der Homoousie die innere Bewegung in Gott einen unumkehrbaren Richtungssinn hat, der vom Vater ausgeht. Insofern bleibt also dennoch ein Moment der Ungleichheit. Noch schwerer wiegt aber die Tatsache, daß die Lehre von den göttlichen Attributen auf diese Weise ohne ausdrückliche Rücksicht auf die zweite und dritte Person der Trinität und über sie auf die Heilsökonomie durchgeführt wird. Es bleibt auch dann und erst recht dann problematisch, wenn man die innertrinitarische Unterscheidung entschieden gegen die heilsökonomische Entfaltung abhebt. Nun betrifft aber die Homoousie nicht nur die Weise, wie von Gott in seiner dreifachen Personalität zu reden ist, sondern auch die Art, wie zu ihm zu reden ist. Obwohl jeder Person das Gottsein zukommt, sind es doch nicht drei Götter, sondern ein Gott. Darum erfolgt die Anrede nicht im Plural, sondern im Singular. Jedoch kann das Gebet wie zur Trinität als ganzer auch an jede Person der Trinität gerichtet werden, nicht nur an den Vater, sondern auch an den Sohn und den Geist. Schließlich folgen aus der Homoousie in Anbetracht der personalen Distinktion eine denkbar enge communio und eine gegenseitige Durchdringung und Einwohnung der göttlichen Personen, die sogenannte Perichorese.

3. Die Relationen ad intra

Das Einzige an realem Unterschiedensein in Gott sind die personalen Relationen. Sie kommen nicht etwa zu verschiedenen substantiellen Trägern hinzu, die für sich bestehen. Während die Substanzontologie der Relation nur ein Minimum an Seinshaftigkeit zuspricht, da die Relation an der Substanz haftet, veranlaßt die Trinitätslehre, in Hinsicht auf Gott selbst ontologisch umzudenken. Das Reale in Gott sind allein die Relationen. Ihnen gemäß besteht die unumkehrbare Ordnung, daß der Vater die erste Person der Trinität ist, der Sohn die zweite und der Geist die dritte. Das ergibt sich aus dem Geschehen, das sich hier vollzieht, nicht als ein zeitliches Nacheinander, sondern in ewiger Gleichheit. Obwohl die Wesensattribute den göttlichen Personen vollkommen gemeinsam sind, unterscheiden sich doch die Personen voneinander durch ihre proprietates. Dem Vater kommt das Ungezeugtsein (*agennesia,* innascibilitas) zu, dem Sohn das Gezeugtsein (*gennesia,* generatio), dem Geist das Hervorgehen (*ekporeusis,* processio). Darin sind verschiedenartige Relationen von jeder Person zu den beiden anderen gesetzt. Man kann sie nun geradezu errechnen. Die Beziehung des Vaters zum Sohn ist die generatio activa, zum Geist die spiratio *(pneusis)* activa; die Beziehung des Sohnes zum Vater die generatio passiva, zum Geist ebenso wie beim Vater die spiratio activa; die Beziehung des Geistes zum Vater wie zum Sohn die spiratio passiva.

4. Die opera ad extra

Ein Grundsatz der augustinischen Trinitätslehre, der die innergöttliche Trinität gegen die Auflösung in eine rein ökonomische Trinität absichert, lautet: Opera trinitatis ad extra sunt indivisa[6]. Die Schöpfung, die Versöhnung und die Vollendung der Welt sind gleichermaßen das

[6] .Die Werke der Trinität nach außen hin sind ungeteilt Werke der Trinität als solcher. Die obige Formel ist m.W. die spätere dogmatische Zusammenfassung entsprechender Äußerungen Augustins, z.B. De trin. I, 4,7 (22–24), CChr SL L, 36.

Werk der ganzen Trinität. Nach außen hin handelt keine Person für sich allein. Da gibt es vielmehr nur ein Zusammenwirken der drei Personen in jedem Werke Gottes. Freilich beruhen diese Werke nach außen hin auf dem innergöttlichen Geschehen. Wie in dem Ungezeugtsein des Vaters das Werk der Schöpfung angelegt ist, so in dem Gezeugtsein des Sohnes und in dem Gehauchtsein des Geistes die Sendung in die Welt. So wichtig dieser Rückbezug der opera ad extra auf die opera ad intra ist, so bedeutsam ist aber auch diese Unterscheidung. Das Handeln Gottes nach außen hin darf nicht als der notwendige Ausfluß seines Wesens mißverstanden werden. Es beruht vielmehr auf der unableitbaren Entscheidung göttlicher Wahl, obwohl ihr durchaus nicht der Charakter des Zufalls und der Willkür zukommt. Sie entspricht vielmehr vollkommen dem innergöttlichen Geschehen. Aber sie ist nicht damit identisch.

Trotz dieser Zuordnung der opera ad extra zur Trinität als solcher bleiben sie nun aber doch in bestimmter Weise den einzelnen Personen zugeeignet. Gemäß der Ökonomie des göttlichen Ratschlusses besteht eine Appropriation des Werkes der Schöpfung zur Person des Vaters, des Werkes der Versöhnung zur Person des Sohnes und des Werkes der Vollendung zur Person des Geistes. Würde dies nicht beachtet, so geriete man in irrige Aussagen wie die, daß der Vater Mensch geworden sei, gelitten habe und am Kreuz gestorben sei und dergleichen mehr. Die heilsgeschichtlichen Aussagen sind nicht beliebig austauschbar, sosehr das Mitwirken der je anderen Personen der Trinität zu beachten ist, wie dies etwa in der Erwähnung des Geistes im zweiten Glaubensartikel deutlich wird[7]. Geschieht die ewige Zeugung des Sohnes allein vom Vater her, so die Geburt aus Maria unter Mitwirkung des heiligen Geistes. Auf diese Weise soll die Trinitätslehre einer sachgemäßen Interpretation des Offenbarungsgeschehens dienen und nichts anderes zur Geltung bringen als dies: Was durch Gott geschehen ist und geschieht, entspricht völlig dem innergöttlichen Geschehen. Es hat in Gott allein seinen Grund und ist von Ewigkeit her beschlossen.

B. Der lebendige Gott und der lebendige Glaube

Mit der klassischen Trinitätslehre kann man sich wohl kaum befassen, ohne in zwiespältiger Weise auf sie zu reagieren. Was an ihr beeindruckt, ist mehr als nur der Scharfsinn und die geschlossene Konzeption. Je mehr man den ersten befremdenden Anschein überwindet und je tiefer

---

[7] BSLK 21,10f: ... qui conceptus est de spiritu sancto ... 26,14: ... incarnatus est de spiritu sancto ...

man in die Zusammenhänge und Motivationen eindringt, desto bewegender ist es, wie hier das Ganze des christlichen Glaubens in eins zusammengefaßt ist, ohne daß dadurch Verkürzungen und Verarmungen eintreten. Hier tut sich vielmehr ein unerhört weiter Raum auf, in dem man sich jedoch nicht orientierungslos verliert, sondern zu allem hingeleitet wird, was zum Inhalt der biblischen Offenbarung gehört. Damit konkurriert jedoch ein Erschrecken über die Art von Theologie, die hier droht. Nicht daß es sich um eine unvermeidbare Deformation handelte. Sie liegt jedoch nahe: eine logische Abstraktion von der Erfahrung, ein Sichentfernen von der Situation des angefochtenen Glaubens, ein gottvergessenes Durchspielen göttlicher Strukturen, eine Verwechslung der Vollkommenheit Gottes mit theologischer Perfektion.

Gewiß droht aller Theologie eine derartige Verfälschung, die fragen läßt, ob man eigentlich noch weiß, wovon man so vielwissend redet. Wir sollten nicht aus unserer geistigen Situation heraus von vornherein über einen uns fremden theologischen Denkstil abfällig urteilen, der vielleicht nur deshalb so problematisch erscheint, weil wir ihm nicht mehr gewachsen sind. Obwohl uns also auch Bewunderung angesichts einer so gesammelten Theologie erfüllen kann, sollten wir freilich die Möglichkeit nicht von vornherein ausschließen, daß uns in einer theologisch dürftigeren Zeit, wenn nicht gar in einer Zeit des theologischen Notstandes, vielleicht einiges deutlicher aufgeht als – wenn man so sagen darf – in Zeiten theologischen Wohlstandes. Solche Impressionen und Erwägungen dürfen jedoch nicht den Ausschlag geben. Entscheidend ist, was als die Intention der Trinitätslehre erkennbar ist und in welche Richtung durch sie das eigene theologische Denken gewiesen wird. Wenn es in der Aussage der Dreieinigkeit Gottes um das Einbringen aller christlichen Glaubenserkenntnis in den Gottesbegriff geht, dann läßt sich diese Intention dahin zusammenfassen: Gott soll als der lebendige Gott gedacht werden. Das hat sich daran zu bewähren, daß der Glaube als lebendiger Glaube erfaßt wird.

I. Der trinitarische Glaube als Bekenntnis zu dem lebendigen Gott

Der von außen gesehen anscheinend problematischste Punkt der Trinitätslehre: die angebliche Gefährdung des Monotheismus, bereitet in Wahrheit die geringste Schwierigkeit. Dagegen gibt der Monotheismus als solcher begründeten Anlaß zu der Sorge, er sei in sich leer, ein formales Einheitsprinzip der Welterklärung, das mit allen möglichen Inhalten zu füllen und zu beleben ist und sich eben dadurch als in sich selbst tot erweist. Der christliche Glaube hat nicht das Bekenntnis zu dem einen Gott aufgebracht. Indem er sich zu Christus bekennt, fügt er aber auch nicht etwas zu dem Glauben an den einen Gott hinzu, sondern bekennt er Gott als den lebendigen und legt das, was hier Leben heißt, als Liebe aus. Darum bekennt er Gott als den dreieinigen.

1. Jesus Christus als Offenbarung des lebendigen Gottes

Die Rückführung des trinitarischen Gottesbegriffs auf die Offenbarung des lebendigen Gottes macht es nötig, zum einen die Verbindung von der Christologie zur trinitarischen Gotteserkenntnis aufzuweisen, zum andern den Zusammenhang von ökonomischer und innergöttlicher Trinität zu klären.

a) Die Christologie als Quelle trinitarischer Gotteserkenntnis

Es bedarf jetzt keiner geschichtlichen Nachweise des Zusammenhangs zwischen Christologie und Trinitätslehre. Obwohl im Gefälle der frühchristlichen Lehrentwicklung die christologischen Streitigkeiten auf die trinitarischen Auseinandersetzungen folgten, gab doch die Frage, wie Christus mit Gott zusammenzudenken sei, den Anstoß zur Trinitätsproblematik. Daß dabei andere religionsgeschichtliche Motive triadischen Denkens eingewirkt haben mögen, sei unbestritten, hat aber allenfalls nur die Bedeutung einer Interpretationshilfe und ist nicht für das Hervorgehen des trinitarischen Gottesverständnisses aus dem Christusglauben konstitutiv oder gar in Konkurrenz dazu von eigenständiger Bedeutung. Man muß sogar noch weitergehen und sagen: Nur deshalb, weil durch den Kreuzestod Jesu die Frage nach seinem Verhältnis zu Gott so radikal gestellt war, konnte die Nötigung entstehen, Gott nicht bloß als den zu verstehen, der in Jesus Christus gehandelt hat, sondern auch und primär als den, der in Jesus Christus da ist. Angesichts des Kreuzes ist die Gegenwart Gottes in Jesus Christus nicht durch den Märtyrergedanken, sondern nur durch den Inkarnationsgedanken zur Geltung zu bringen. Damit wird Jesus Christus in den denkbar weitesten Horizont gestellt. Es ist richtig, daß dabei die Apokalyptik eine wichtige Rolle gespielt hat, aber nicht minder der Schöpfungsglaube. Deshalb steht der Gekreuzigte im Spannungsfeld von Protologie und Eschatologie. Dadurch ist der trinitarische Grundriß vorgezeichnet, sofern man Protologie und Eschatologie nicht auf ein zeitliches Verständnis reduziert, sondern das eine als Hinweis auf den Vater, den Schöpfer Himmels und der Erde, versteht und das andere als Hinweis auf den spiritus creator, der das Werk Gottes vollendet. In dem Schnittpunkt von Protologie und Eschatologie steht die Christologie. Hier wird die Vereinung Gottes und seines Geschöpfs, des Menschen, um der neuen Kreatur willen ausgesagt. Das Wort des Schöpfers wird zum verbum incarnatum, um zu dem Wort des Geistes zu werden, das die Toten ins Leben ruft.

Bei der Ausbildung der Trinitätslehre hat die Suche nach Analogien und nach vestigia trinitatis eine wichtige Rolle gespielt. Man dachte an Triaden in der Natur wie Sonne, Strahl und Strahlspitze oder Wurzel, Zweig und Frucht. Oder als Entsprechungen wurden geistige Strukturen herangezogen wie memoria, intellectus und voluntas oder mens, amor und notitia. Oder man dachte an das zwischenmenschliche Geschehen der Liebe in ihrer Struktur von Liebendem, Geliebtem und Lieben. Im Weiterspinnen dieser letzten Triade ist wiederholt die Frage aufgetaucht, ob es nicht angemessen wäre, gegen das vermeintlich einseitig männliche Prinzip des christlichen Gottesgedankens in der Trinität auch das weibliche Prinzip zur Geltung kommen zu lassen und sie nach dem Vorbild einer Familie zu denken. Jedoch sollten sich solche Überlegungen von daher erledigen, daß in Jesus Christus nicht mehr gilt: Mann oder Frau (Gal 3,28). Man könnte auch sagen, daß hier Mann und Frau völlig zum Menschsein integriert sind. Wenn dies aber vom Menschen gilt, wie töricht ist es dann, in der Vaterschaft Gottes nicht das vereint zu wissen, was dem Menschen Vater und Mutter miteinander sind. Für das Trinitätsverständnis ist hingegen der Sachverhalt überaus erstaunlich, auf den die klassische Trinitätslehre seltsamerweise nicht ihr Augenmerk gerichtet hat: Durch die in Ewigkeit nicht mehr auflösbare unio hypostatica des Sohnes Gottes mit der menschlichen Natur ist das Menschsein selbst an das Herz der Trinität gezogen. Deshalb scheint es sinnvoller zu sein, anstatt nach Analogien Ausschau zu halten, das Sein des Menschen zwischen Schöpfung und Vollendung als das Sein des von Gott angenommenen Sünders den nächstliegenden Sachverhalt sein zu lassen, von dem her das trinitarische Gottesverständnis erhellt werden kann: das Zusammensein des Menschen mit Gott zwischen Gott und Gott.

b) Die ökonomische und die innergöttliche Trinität

Der Gedanke, die trinitarische Gottesvorstellung in das heilsgeschichtliche Nacheinander aufzulösen, das von der Schöpfung über die Erscheinung Jesu Christi zum Wirken des Geistes hinführt, ist völlig haltlos. Das gilt entsprechend auch von der geschichtstheologischen Version der drei Zeitalter oder drei Reiche des Vaters, des Sohnes und des Geistes, woraus das mythische Symbol des „dritten Reichs" abgeleitet worden ist. Der trinitarische Gottesgedanke ist allein in der Weise der innergöttlichen Trinität sinnvoll. Das schließt aber nicht aus, sondern ein, daß die innergöttliche Trinität allein von der Dreiheit der Werke Gottes als Schöpfung, Versöhnung und Vollendung der Welt her sinnvoll ist. Man hat mit Recht darauf Wert gelegt, das innertrinitarische Geschehen als Grund und Urbild der opera trinitatis ad extra zu verstehen. Es wäre aber eine Illusion, wenn man es als Sache einer situationsgerechten Theologie ansähe, mit einer Beschreibung der innergöttlichen Liebesgeheimnisse einzusetzen, um von diesen innertrinitarischen Vorgängen aus den Weg mitzugehen, den die Trinität selbst in ihren opera ad extra beschritten hat. Man könnte erwägen, ob es nicht in extremem Gegensatz dazu der Situation des Menschen vor Gott gemäßer wäre, sich vom heiligen Geist zum Sohn und vom Sohn zum Vater führen zu lassen. Warum eine solche trinitarische Theologie vom Ende her ebenfalls nicht in Betracht kommt, sei vorerst zurückgestellt. Jedenfalls kann die Lehre von der innergöttlichen Trinität ihre Aufgabe allein dann sachgemäß erfüllen, wenn sie an dem orientiert ist, was durch die Offenbarung Gottes in der Geschichte, durch die Werke der Trinität, kundgeworden ist. Nicht zufällig ist das Werk der Trinität ebenfalls ein dreifaches. Und nur daraufhin sprechen wir von den drei Personen der Trinität, daß wir von den drei Werken der Trinität erfahren haben.

Die Offenbarung des lebendigen Gottes vollzieht sich nicht durch Kundgabe einer Trinitätslehre, durch die Eröffnung einer unmittelbaren Anschauung vom inneren Leben Gottes. Die Offenbarung des lebendigen Gottes ereignet sich als Mitteilung des Lebens Gottes selbst durch das Schöpfungsgeschehen, durch das Christusgeschehen und durch das Geistgeschehen. Wir hätten keinerlei Vorstellung davon, was Vater, Sohn und Geist im trinitarischen Sinne meint, ohne die anschauliche Erfahrung, die uns durch die Schöpfungswirklichkeit, durch die Erscheinung Jesu Christi und durch das Wirken des heiligen Geistes eröffnet ist. Deshalb ist die Trinitätslehre, obwohl sie auf den Grund und Ursprung aller Dinge verweist, doch eine aus dem christlichen Glauben erst abgeleitete, eine sekundäre Lehre, nicht ursprüngliches Kerygma, sondern nachträgliches Dogma.

2. Das Leben Gottes als Liebe

Die trinitarische Gottesaussage steht in dem Verdacht, in das Innerste Gottes eindringen, das Geheimnis aufdecken zu wollen, das dem menschlichen Denken wesenhaft entzogen ist. Ein solches Unterfangen wäre nicht nur vermessen, sondern könnte auch in die Verzweiflung treiben, sofern man sich wirklich dessen bewußt wird, was man tut, wenn man die unendliche Majestät Gottes erforschen will. Jedoch, so üblich es ist, im Blick auf die trinitarischen Aussagen über Gott von „den hohen Artikeln der göttlichen Majestät“ zu reden[8], trifft dies doch, genau genommen, nicht das rechte Verständnis der Trinität. Sie ist nicht Gott als der „ganz Andere“, nicht der seines übermäßigen Lichtglanzes

[8] BSLK 414,10f.

wegen finstere Hintergrund dessen, was in barmherziger, uns zugewandter und faßlicher Weise in Gestalt des Deus incarnatus und Deus humanus uns kundgeworden ist. Vielmehr bedeutet die trinitarische Aussage gerade dies: Was Gott durch Jesus Christus offenbar gemacht hat, ist sein Innerstes, menschlich geredet: sein Herz; nicht irgendwelche Lebensäußerungen, die nur von ferne ahnen lassen, wer Gott ist, oder gar den Zweifel nähren, ob sich nicht Gott in seiner Unerforschlichkeit nur dahinter verbirgt und entzieht. Daß Gott selbst Vater, Sohn und Geist ist, dies sagen zu dürfen, bedeutet den Einspruch gegen alle Spekulationen über Gottes Majestät.

Das Wesen Gottes ist nichts anderes als der Quellgrund des Lebens, das er lebenschaffend kundgemacht hat. Dieses Leben ist lautere Liebe, in sich selbst Liebe und deshalb eine so souveräne Liebe, daß sie nicht vom Geliebtwerden abhängig ist. Die Macht der Liebe erweist sich dadurch, daß sie in sich hineinholt, was von sich aus nicht Liebe ist und nicht Liebe verdient. So wird es „zurechtgeliebt" in dem doppelten Sinne: Diese Liebe geschieht zu Recht und sie bringt alles zurecht. Obwohl Gott in sich selbst Liebe ist, behält er dies eben deshalb, weil er in sich selbst Liebe ist, nicht für sich selbst, sondern verschenkt seine Liebe, schafft Empfänger seiner Liebe. Und obwohl Gott als Liebe vom Geliebtwerden unabhängig ist, besteht sein Liebeswille gerade darin, zu bewirken, daß er geliebt wird. Wie sein innerstes Wesen, so ist auch sein äußerstes Werk Liebe. Oder um dem Weg des Erkennens zu folgen: Wie sein äußerstes Werk, so ist auch sein innerstes Wesen Liebe.

II. Der dreieinige Gott als Grund und Inhalt des lebendigen Glaubens

Gott als den dreieinigen denken heißt, den christlichen Glauben auf seinen Grund und Inhalt hin bedenken. Denn der Glaube ist nichts anderes, als sich von Gott geliebt zu wissen und lieben zu lassen. Dieser Glaube kann aber nur auf die Weise rein bewahrt bleiben, daß er auf seinen Grund und Inhalt hin bedacht wird. Der Glaube hat das Denken nicht nur nicht zu scheuen, sondern setzt es in Bewegung, wie aus der Erfahrung von Liebe das Danken hervorgeht. Daß der dreieinige Gott der Grund des Glaubens ist, gilt infolge des christologischen Ursprungs trinitarischer Gotteserkenntnis. Denn in direktem Sinne ist allein Jesus Christus Grund des Glaubens. Über ihn werden wir zu dem dreieinigen Gott als dem Grund des Christusgeschehens geführt. Daß der dreieinige Gott Inhalt des Glaubens ist, bedeutet: Der Glaube hat nichts über das hinaus zu sagen, was in der trinitarischen Gotteserkenntnis begriffen ist. Was in ihr nicht Raum hätte, wäre auch nicht Sache des Glaubens.

1. Die trinitarische Struktur der Glaubensrechenschaft

Der weite Weg der Glaubensrechenschaft endet bei der Dreieinigkeit Gottes. Dadurch wird vom Ende her der Verlauf dieses Weges bestätigt. Die Orientierung an den drei Werken des dreieinigen Gottes, der Schöpfung, der Versöhnung und der Vollendung der Welt, ist dem Glauben gemäß, weil Gott gemäß. Die Erwägung, ob es nicht angemessener wäre, den Weg gegen den trinitarischen Richtungssinn rückwärts zu beschreiten, da doch allein der heilige Geist den Glauben an Jesus Christus bewirken kann und das Werk Jesu Christi darin besteht, zum Vater zu führen, erledigt sich ebenso wie die andere Erwägung, ob nicht das einzig mögliche Vorgehen dies wäre, das Ganze der Glaubensrechenschaft mit der Trinitätslehre zu beginnen und von daher zu entfalten. Beides mag man tun. Wie in des Vaters Hause viele Wohnungen sind (Joh 14,2), so gibt es auch viele Möglichkeiten der Glaubensrechenschaft. Für den eingeschlagenen Weg spricht dies, daß die Glaubensrechenschaft letztlich weder den Weg Gottes noch den Weg des Glaubens einfach rekonstruieren kann, vielmehr den Glauben im Hinblick auf die Lebenssituation selbst zu entfalten hat. Der Lebenssituation, in der wir uns befinden, entspricht es, daß wir uns als von Gott geschaffene und mit ihm zerfallene Menschen vorfinden, daß wir als solche von Gott durch Jesus Christus Gefundene sind und daß wir durch den heiligen Geist geleitet werden, um den rechten Weg zum Ziel und Ende des Lebens zu finden. Dieser Lebensbezug bestimmt die Glaubensrechenschaft, die der trinitarischen Struktur des Credo folgt.

2. Die Einheit des Glaubens

Wie die trinitarische Gotteserkenntnis die Einheit Gottes nicht als die Summe der Personen der Trinität versteht, sondern als den unteilbaren Relationszusammenhang des innergöttlichen Lebens, so kommt auch die Einheit des Glaubens nicht durch Addition verschiedener Glaubensinhalte zustande. Vielmehr sind diese nur die Artikulationen des einen unteilbaren Glaubens. Das muß mit besonderem Nachdruck in bezug auf die drei Hauptdimensionen der Glaubensrechenschaft unterstrichen werden. Der Glaube an Gott den Schöpfer der Welt, der Glaube an Gott den Versöhner der Welt und der Glaube an Gott den Vollender der Welt – das sind nicht drei verschiedene, aufeinander folgende und einander überbietende Weisen des Glaubens, sondern ein einziger Glaube. Nur dann wird recht an Gott den Schöpfer geglaubt, wenn er als der Versöhner und Vollender der Welt geglaubt ist und entsprechend umgekehrt. Der Glaube zerlegt sich nicht in verschiedene gegenständliche Bestimmungen und Ausrichtungen. Wo immer geglaubt wird, sind diese drei Dimensionen des Glaubens miteinander da, wenn auch in der sprachlichen Artikulation nicht immer in gleicher Weise miteinander expliziert. Wie die opera trinitatis ad extra ungetrennt die Werke der ganzen Trinität sind, so entspringt auch alles, was der Glaube am Menschen wirkt, aus dieser Einheit des Glaubens. Deshalb ist der Glaube in jedem Falle rechtfertigender Glaube, unabhängig von dem Schwerpunkt seiner jeweiligen Explikation. Und wie es für die Entfaltung der Trinitätslehre wichtig ist, die innere Perichorese zu beachten, so stellt es ebenfalls eine Grundregel der Glaubensrechenschaft dar, die gegenseitige Durchdringung und das Ineinander aller Glaubensaussagen zu bedenken.

Eine Rechenschaft, die in dieser Weise auf die Einheit des Glaubens bedacht ist, steht nicht in der Gefahr des Uniformierens. Weder wird nun alles auf Kosten der Vielfalt der Glaubensaussagen über einen Leisten geschlagen. Noch auch wird in ein gewaltsames Normieren und einen dogmatistischen Alleingültigkeitsanspruch verkehrt, daß die Glaubensrechenschaft berechtigter- und notwendigerweise bestrebt ist, dasjenige auszusagen, was alle Glaubenden eint und worein alle mit Amen sollten einstimmen können. Eine rechte Dogmatik des christlichen Glaubens steht unter dem Vorbehalt, daß sie nur eine Stimme in einem vielstimmigen Chor sein will. Das enthebt aber nicht von der Anforderung, so glockenrein wie möglich zu singen. Zu dieser Reinheit und Lauterkeit dogmatischen Denkens gehört der Vorsatz: „Wir wollten nicht Herren über euren Glauben sein, sondern an eurer Freude mitwirken." (2. Kor 1,24)

3. Das Leben des Glaubens

Die Rechenschaft über den christlichen Glauben ist schließlich auch darin trinitarisch ausgerichtet, daß sie in zweifacher Hinsicht das Reden über den Glauben auf das Leben des Glaubens selbst hin relativiert. Sie verweist auf den dreieinigen Gott, ohne dessen lebenschaffendes Leben der Glaube tot ist. Sie verweist zugleich auf das menschliche Leben, an dem der Glaube allererst das Material seines Lebens findet und an dem er sich zu bewähren hat. Deshalb ist mit einer Dogmatik des christlichen Glaubens nur dann für die Sache des Glaubens etwas getan, wenn sie durchweg zu erkennen gibt, daß der Glaube nicht nur irgendwo seinen Sitz im Leben hat, sondern das Leben selbst der Ort und die Aufgabe des Glaubens ist. Was in einer Dogmatik recht und wahr gesagt ist, das kann einem nur von der Erfahrung her aufgehen, die der Glaube mit dem Leben macht. Dann erst wird man begreifen, wie wahr es ist.

Register
zu
Band I–III

Bibelstellenregister

angefertigt von
Katrin Müller

1. Mos

1 I 267, 268, 297, 298, 299, 300, 301, 310; III 160
1,3 III 187
1,10 I 310; III 47
1,12 I 310; III 47
1,18 I 310; III 47
1,21 I 310; III 47
1,25 I 310; III 47
1,26 I 411
1,26f I 376, 407
1,26–30 I 376
1,28 I 322, 407
1,31 I 310; III 47
2 I 267, 268
2,7 III 84, 88, 104
2,24 III 144
3 I 316, 370, 371
3,1 I 368
3,4 I 370
3,6f I 368
3,15 I 370
4,1–16 II 52
5,1 I 376
5,3 I 376
6,5 I 317; II 533
6,6f I 316
6–9 II 193
7,15 III 84
8,21 I 317; II 533
8,21f II 193
9,6 I 376, 387
9,8–17 II 193
12,3 III 48
13,14–16 III 48
14,18 II 499
15,6 I 81; II 518
22 II 204
25,8 I 98
31,1 II 346
49,3 II 499

2. Mos

6,7 I 389
19,5f III 48
20,2f III 257
20,4 I 377, 387
20,5 II 109
20,5f III 256
20,12 III 256
20,13 II 145
20,13–15 I 331
33,20 I 180; II 242
34,14 II 109

3. Mos

17,11 II 172
19,2 II 236
19,18 II 55, 432
19,32 III 127
26 III 257

4. Mos

14,13 III 512
16,22 III 84
23,19 II 67
27,16 III 84

5. Mos

4,7 II 253
4,15 I 388
4,24 II 109
4,28 III 157
5,9 II 109
6,5 II 111; III 273
6,15 II 109
7,7f I 389
8,3 I 109; II 269
18,22 III 253
21,23 II 163, 189, 231
24,1 II 430
28 III 257
30,11–14 II 252
30,15 II 266
30,15f III 257

Ri

12,6 II 86
14,6 III 82

1. Sam
2,8 I 354
15,29 II 67
16,7 I 354; II 246; III 141
16,13 III 85

2. Chron
19,7 I 354

Hiob
1,21 I 330
3,11 III 512
3,20–22 III 512
4,17 III 202
7,20f III 512
9,2 III 202
9,2f III 517
10,2 III 512
25,4 III 202
39,34 I 162; III 517
42,5f III 517
42,17 I 98

Ps
2,7 III 495
2,9 II 329
8,6f I 376
8,7–9 I 407
10,1 III 512
14,1 I 170; II 60
18,10–13 II 248
18,26f II 246
18,30 II 272
18,31 III 48
19,2 II 349
19,8–15 III 278
19,13 III 203
22,2 II 191, 208; III 512
22,2–4 II 247
28,1 II 247
31,6 III 85
33,3 III 128
33,4 III 48
33,9 I 259, 323; III 187
34,13 II 273
34,19 II 254
38,10 II 249
39,13 II 247
40,4 III 128
42,4 II 248
42,10 III 512
42,11 II 248
50,3 II 95, 251; III 492
50,13 III 95
51,6 III 203
51,12 II 237; III 85, 128
51,13 III 95
51,19 II 254
53,2 I 170; II 60
69,6 II 249
73,2f II 188
73,25 I 354
90,5f II 275
92,6 III 522
93,1 II 447
96,13 II 95
97,1 II 447
98,9 III 492
99,1 II 447
102,8 II 248; III 188
103,8 III 48
103,15f II 354
104,29f I 323; III 85
110,1 III 495
113,7f I 354
115,4–8 I 230; III 157
115,8 I 230
116,11 I 17; III 149
119 III 278
135,15–18 I 230
135,18 I 230
139,1f III 201
139,1–5 III 520
139,7 III 85
139,7–12 II 252
139,16 III 520
139,17f III 520
143,2 III 202
148,5 I 323

Spr
1,7 III 280
13,7 III 18
20,12 II 249

Pred
1,2ff I 310
1,9f III 128
3,1–8 II 327
3,1ff I 162
8,14 III 469
12,7 III 85

Jes
2,2–4 II 237
4,2–6 III 48
5,20 II 216
6,3 II 237, 349, 530
6,5 I 180; II 237, 240
6,9f I 230
7,9 I 81
11,1–9 III 48
11,6–8 I 311
11,12 III 85
13,5 III 171
26,13 III 478
29,16 III 162
30,27 III 492
31,3 III 85
35,1–10 III 48
40,6f III 142
40,9 II 93
40,9f II 95
40,10 II 251
40,12 III 434
40,13f III 517
40,18–26 I 377
40,31 III 129
41,27 II 93
42,9 III 129
43,19 III 129

44,9–20 III 157
45,9 III 162, 512
45,9–11 III 517
45,16 III 157
46,11 III 492
48,6 III 129
48,22 I 367; II 60
50,4–11 II 74
50,8f II 252
52,7 II 93
52,13–53,12 II 74, 172
53 II 216
55,8 I 354
55,8f III 48, 469, 522
55,10f III 48
56,1 III 492
57,15f III 48
57,21 I 367; II 60
60,1 II 328; III 507
60,2 III 468
62,2 III 129
62,11 II 95
63,10f III 95
65,17 III 129
66,22 III 129

Jer
4,3 III 129
10,3–16 III 157
18,6 III 162
23,23f II 252
23,25–28 III 253
24,7 II 237
28,9 III 253
31,31–34 III 48, 129, 131
31,33 I 389

Klgl
3,23 III 128

Ez
11,19 II 237; III 129
18,23 II 194; III 526
18,31 III 129
18,32 II 194; III 526
28,2 II 67
28,9 II 67
33,11 II 194; III 526
36,26f II 237; III 129
37,1–14 III 162

Dan
7,13f II 306

Hos
6,2 II 293
10,12 III 129
11,9 I 126; II 67

Joel
3,1 II 237
3,1f III 8

Jona
3,4 III 440

Mi
3,8 III 85

Hab
2,3 III 48, 254
2,4 I 109; II 518
2,20 I 162

Zeph
3,9 II 237

Sach
14,8f II 237
14,20f II 237

Sir
7,36 (Vulg. 40) III 397
17,3 I 376
17,3f I 407
35,15 I 354
39,24 II 249
43,27f III 472, 474
43,29f III 472, 474

Mt
1,18 III 98
1,20 III 98
3,2 II 251, 447; III 498
3,9 III 162, 235
3,11 III 82
4,3f II 463
4,4 I 109; II 269
4,5–7 II 464
4,8 II 349
4,8f II 329
4,8–10 II 477
4,17 II 251, 447; III 498
5,3–12 II 441
5,8 I 180; II 242, 441; III 470
5,13f II 127; III 382
5,14 II 477
5,14f II 249
5,14–16 II 440
5,17 II 513
5,18 II 428
5,20 III 193
5,21–26 II 429
5,22 II 428, 441
5,27 II 430
5,27–30 II 429
5,28 II 428, 441
5,31f II 430
5,32 II 428
5,33–37 II 430
5,38–42 II 429
5,39 II 428
5,43–48 III 274
5,44 I 225; II 428
5,45 II 453; III 525

5,46–48	II 453	10,24	II 539	16,3	II 449
5,48	III 42	10,26	II 249	16,16–18	III 359
6,1–4	II 440	10,26f	II 440	16,18	III 358–360, 527
6,1–6	II 254	10,27	II 249	16,18f	II 467
6,2	II 429, 441	10,28	III 459	16,19	III 302
6,4	II 249, 441; III 141	10,28–31	II 453	16,22f	II 204
6,5	II 429, 441	10,29	I 311	16,23	II 535
6,5–8	II 440	10,32	II 440	16,27	II 350
6,6	II 249, 441; III 141	10,34	II 440	16,28	II 449; III 495
6,7	I 203	10,38	II 220	17,5	II 335
6,9	II 503	10,39	II 274	17,20	II 464
6,10	II 201	11,5	III 448	17,20f	II 464
6,12	II 206	11,6	II 440, 457	17,24–27	II 431
6,16	II 429, 441	11,19	II 434	17,26	III 175
6,16–18	II 254, 441	11,25	II 249, 441	18,3	II 441; III 44
6,18	II 249, 441; III 141	11,28	III 210	18,18	III 302
6,24	II 446	11,28f	III 467	18,19	II 458
6,25–30	I 311	12,2	II 436	19,4–6	II 453
6,29	II 349	12,6	II 435	19,14	II 441
6,30	II 452	12,10	II 436	19,17	II 273
6,31	II 269	12,25	II 332	19,19	II 55
6,32	II 452	12,28	II 450	19,21	II 445
6,33	II 441, 453	12,36	I 6	19,23f	II 441
7,3–5	II 446	12,37	II 72	19,28	III 43, 495
7,6	II 249	12,38–40	II 457, 464	19,30	II 441; III 42
7,7–11	II 458	12,39f	III 448	20,1–16	II 453
7,9–11	II 433	12,50	II 456	20,16	II 216
7,11	II 453	13,10–15	II 444	20,25–28	II 455
7,12	II 432f, 530	13,13–15	I 230; II 249; III 253	20,28	II 538
7,13f	II 439	13,16f	II 249	21,10–27	II 464
7,15	III 141	13,24–30	II 440	21,22	II 458
7,15f	III 255	13,31f	II 442	21,23–27	II 427
7,21	I 166; II 524	13,38	III 389	21,28–31	II 443
7,21–23	II 440	13,44	II 443	21,31f	II 452
7,29	II 411	13,45f	II 442	22,14	III 75, 236, 526
8,10	I 136; II 452	13,47–50	II 440	22,15–22	II 431, 450
8,11f	II 452	13,58	II 464	22,16	III 141
8,19–22	II 466	14,29	III 65	22,17	II 436
8,20	II 455	15,2–9	III 254	22,20f	II 541
9,2	I 52; II 445	15,4–6	III 255	22,21	II 242
9,12f	II 455	15,11	II 238, 435	22,23–30	II 448
9,32f	II 446	15,18f	III 141	22,31f	II 448
10,7	III 498	15,18–20	II 435	22,32	I 109; II 308
10,22	III 42	15,24	II 452	22,34–40	II 432
		15,28	II 452		
		16,1–4	II 439		

22,36–40 III 273
22,39 II 55
22,46 II 446
23,8 II 503
23,12 II 441
23,25–28 III 141
24 III 444
24,4–36 II 448
24,13 III 42
24,27 II 439
24,36 II 473
24,43 II 439
25,31 II 350
25,31–46 II 449; III 257, 495
25,32 III 75
25,37 III 469
25,37–39 II 440
25,40 I 387; II 455, 503, 538
25,44 III 469
25,44f II 440
25,45 I 387
25,46 III 75
26,31 II 457
26,39 II 201
26,52f II 204
26,53 II 257
27,40 II 257
27,46 II 191, 208; III 512
27,51–53 II 257
27,52f III 448
27,64 II 295
28,6 II 95
28,10 II 503
28,13 II 295
28,18 II 4, 323, 336, 478
28,19 III 531
28,19f II 467; III 316
28,20 II 319, 323; III 65

Mk

1,9–11 II 450
1,15 II 447; III 498
1,22 II 411
1,27 II 411
2,14 II 445
2,27f II 435
3,4 II 242, 435
3,28f III 238
3,33–35 II 503
4,26–29 II 443
5,25–34 II 69
6,13 III 302
7,8–13 III 254
8,35 II 216
9,23 II 459, 464
9,24 I 156; III 192
9,35 III 43
10,27 II 464
10,43f II 216
10,44 II 441
11,11–33 II 464
11,23 II 464
12,26f II 448
13 III 444
13,5–37 II 448
13,32 II 449, 473
14,36 I 330; II 76
15,34 II 191, 208; III 512
16,15f III 316

Lk

1,28 III 314
1,35 III 98
2,10 II 95, 96
2,14 II 50; III 45
2,34 II 63, 462; III 448
3,8 III 162
4,18–21 II 93
4,32 II 411
4,36 II 411
6,20–23 II 441
10,9 II 447; III 498
10,11 III 498
10,16 II 468
10,18 II 440, 450; III 97
10,27 II 55
10,30–37 I 132; II 452
11,2 II 503
11,20 II 440, 450; III 497
12,15 II 269
12,16–20 II 449
12,49 II 440; III 82
12,54f III 439
13,1–5 II 147, 453
13,28f II 452
14,28–30 III 52
14,28–32 II 186
15,3–7 II 443
15,7 II 451
15,10 II 451
15,11–32 II 442f
16,1–8 II 443
16,15 I 354; II 216, 441
16,16 III 496
16,22f III 460
17,11–19 II 452
17,20 II 440
17,20f II 449
17,21 II 449, 496
17,33 II 441
18,1–8 II 443
18,12 II 278
18,13 II 459
19,45–20,8 II 464
20,37f II 448
21 III 444
21,8–36 II 448
22,42 III 523
22,53 III 487
23,34 I 225; II 191
23,43 II 191; III 460
23,46 II 191
24,34 II 297

Joh

1,1 II 502

1,1f II 340
1,1–3 II 336
1,1–14 I 143
1,3 I 267; III 187
1,10 I 267
1,11 III 489
1,14 II 23, 91f, 118, 253, 340, 349, 504; III 151
1,17 II 88, 118, 253; III 131, 235, 282, 291
1,18 I 180
2,11 II 349
3,3 III 43, 494
3,7 III 43
3,8 III 82
3,14 II 309
3,16 I 75; II 44, 108, 230, 478; III 72, 151, 164
3,18 III 43, 527
3,21 II 117
3,22 III 316
3,35 II 105
3,36 I 109
4,1f III 316
4,24 I 313; II 246
4,50 II 519
5,14 II 502
5,24 III 527
5,26 II 122, 356
5,41 II 348
5,44 II 348
5,47 II 519
6,53 II 122
6,63 II 342
6,68 II 342
7,18 II 348
7,39 III 97
8,12 II 477
8,28 II 309
8,32 II 118; III 157
8,32–36 III 175
8,34 III 190, 487
8,44 I 369; II 117
8,50 II 348
8,54 II 348
9,5 II 477
10,28 III 65, 527
11,42 II 519
12,23 II 350
12,24 II 329
12,26 II 525
12,31 III 487
12,32 II 309
12,34 II 309
12,43 II 348
12,44 III 164
12,45 II 229
13,17f III 471
13,19 II 519
13,34 III 131
14,6 I 16, 135; II 117, 254, 355; III 164
14,9 II 229; III 164
14,11 II 121
14,12 III 545
14,13f II 331
14,16 II 330; III 67
14,20 II 121
14,26 II 330; III 67, 164
14,28 III 164
14,31 II 105
14–16 III 9
15,3 II 238; III 379
15,13 II 535
15,15 III 340
15,16 II 331
15,26 II 330; III 67, 164
16,7 II 330; III 67
16,23f II 331
16,24 II 100
16,26 II 100, 331
16,33 II 546; III 43
17 II 330
17,18 II 477
17,19 II 239
18,36 II 335, 544; III 366
19,5 II 530
19,7 II 208
19,10f II 543
19,26f II 191
19,28 II 191
19,30 II 191; III 47
19,34 III 302, 314
20,17 II 503
20,22 III 97
20,22f III 239
20,23 III 302
20,25 II 328
20,27 II 328
20,29 II 310; III 471
21,19 II 350

Apg

1,3 III 494
1,7 II 473
2,1–13 III 8
2,2 III 82
2,3 III 82
4,12 II 4; III 220
4,20 I 133
6,6 III 302
8,18f III 302
9,3 II 298
10,34 I 354
10,42 II 4; III 495
11,26 III 338
14,11f II 67
14,22 III 494
15,9 II 238; III 470
17,27f II 250
19,8 III 494
22,6 II 298
26,13 II 298
28,23 III 494

Röm

1,1 III 179
1,4 III 495

1,7 II 114
1,8 II 100, 330
1,16 III 254, 493
1,16f II 472
1,17 I 83, 109; II 518, 522
1,17f III 204
1,20 I 278, 386
1,20f II 349
1,21 I 230
1,24 II 194
1,25 III 163
1,26 II 194
1,28 II 194
2,1–11 III 267
2,4 III 490
2,7–10 III 257
2,11 I 354
2,13 III 223
2,14 III 268
2,14–16 III 268
2,15 II 57
2,16 II 249
2,28f III 235
2,29 III 141
3,4 I 17, 355; III 149
3,20 II 521; III 142, 285
3,21f III 153
3,22 II 228, 521f
3,22f III 202
3,23f III 285
3,25f III 518
3,26 II 521
3,27 III 221, 266
3,28 II 521
3,31 III 267
4,3 II 518
4,4 III 221
4,5 III 518
4,9 II 518
4,9–22 III 235
4,11 II 521; III 300
4,15 III 285
4,16 II 521
4,17 II 218, 259, 323, 522; III 162, 187
4,18 III 434
4,19 II 522
4,22f II 518
4,23f III 298
4,24 II 522
4,25 II 281; III 231
5 III 178
5,1 II 254; III 221
5,1–5 III 231
5,2 II 100, 254; III 463
5,2f III 221
5,5 III 119
5,10 II 535; III 525
5,12 II 146, 193; III 203
5,12–19 II 504; III 130
5,12–21 II 104, 320
5,14 III 178
5,17 III 178
5,18 II 4
5,19 II 521
5,20 II 522; III 268
6 III 178
6,2 II 197, 208
6,3 III 72, 323
6,3–5 III 322f
6,4 II 175, 350; III 131
6,6 II 175; III 107, 130f, 178
6,8 II 175, 519
6,9 III 178
6,9f III 152
6,10 II 197, 208; III 178
6,11 III 178
6,12f III 178
6,12–20 III 341
6,13 III 44
6,14f II 113; III 178, 262
6,17f III 178
6,19 III 178
6,19f III 178
6,20 III 179
6,21 II 146; III 106
6,21f III 42
6,22 III 178f
6,23 I 369; II 146
7 III 149
7,1 II 197
7,4 II 208
7,6 III 130
7,6–25 III 179
7,7 III 141
7,7–11 III 132
7,7–13 III 266, 284
7,9 III 268
7,10 II 343; III 257
7,12 III 131, 267
7,14 III 131, 267
7,14–25 III 109
7,15 II 55; III 156, 189
7,18 II 533
7,19 II 55
7,22 III 141
7,23 III 156, 266
7,24f I 294; III 149
7,25 III 266
8 III 523
8,2 II 431; III 80, 132, 179, 266
8,2–11 III 131
8,3 II 370, 504; III 422
8,3f III 132, 267
8,4 III 143
8,6–8 III 106, 142
8,9 III 63, 105, 360

8,9f III 63
8,11 III 44, 104
8,13 II 266; III 107
8,14 III 105
8,14–23 III 165
8,15 I 330; II 76, 330; III 105f, 179, 452
8,16 III 105
8,17f II 347
8,18 II 329
8,19–22 I 324
8,20 I 310; II 349; III 508
8,20f I 318; II 347
8,21 III 179, 186
8,21–39 I 354
8,22f III 452
8,23 III 104, 451
8,24 I 386
8,24f III 46
8,25 III 452
8,26 III 67, 105
8,26f I 244; II 330; III 106
8,28 II 127; III 39
8,28f III 520
8,29 II 503
8,29f III 231
8,31 II 224; III 223
8,31–39 II 252; III 44
8,32 II 170, 223; III 72, 361
8,33f III 223
8,34 II 330; III 67
8,38f II 127, 185
8,39 III 65
9,6–33 III 235
9,8 III 235
9,11–24 III 527
9,14 III 528
9,20 III 512
9,20f III 162
9,20–24 III 170
9,21–23 II 359
10,4 II 428; III 131, 267
10,5–11 III 131
10,6–8 II 252
10,9 II 519
10,9–14 III 339
10,12 II 228
10,14f III 223
10,17 II 311, 340, 519; III 223
11 III 523
11,6 II 113; III 221
11,32 III 526
11,33 I 180; II 331; III 469, 522
11,36 II 348; III 474
12,1 I 128; II 539; III 141, 361, 499
12,2 III 42
12,4–8 III 341
12,5 III 342
12,9 II 489
12,11 III 179
12,15 II 327
12,21 III 43
13,1–7 II 195
13,4 III 490
13,8–10 III 267
13,9 II 55
13,10 III 273
13,11 III 46
13,11f II 252
13,14 III 141, 323
14,1 III 108
14,1–23 III 299
14,7–9 II 539; III 122, 179, 498
14,9 III 468
14,10 III 72
14,12 III 366
14,14 II 239
14,15 I 387; II 242, 538; III 72
14,17f III 493
14,18 III 179
14,20 II 239, 437
14,23 I 373
15,1 III 108
16,16 III 337
16,18 III 179
16,25f III 422

1. Kor

1,2 II 100; III 339
1,11–17 III 322
1,13 III 373
1,17 II 219; III 316
1,18 II 154, 215
1,22 II 153
1,22f II 457
1,22–24 II 212
1,23 I 142; II 153, 213, 257
1,23–25 III 103
1,24 II 154
1,24f II 215
1,25 II 154
1,25–31 III 452
1,26–28 III 103
1,26–29 II 220
1,28 III 162
1,30 II 253; III 231
1–4 I 142
2,2 II 151, 219
2,4 III 193, 254
2,6 III 42
2,7 II 249
2,11 III 105
2,12 III 106
2,14 III 106
2,16 II 339
3,2f III 106
3,9 III 503
3,9–17 III 358
3,11 III 220, 358f
3,13 III 358
3,16 III 63, 105

3,16f	I 384
3,21–23	II 332; III 179
3,22f	II 545
4,3f	III 202
4,5	II 249
4,7	III 118
4,10	III 452
4,19f	III 254
4,20	III 493
5,4f	III 238
5,9f	II 181
6,2f	III 43
6,9f	III 493
6,11	III 153, 231
6,12	I 127; II 239, 437f
6,12–20	III 341
6,13	III 342
6,15	III 342
6,16	III 144
6,17	III 342
6,19	I 384; III 105, 177
6,19f	III 178
6,20	III 177
7,4	III 342
7,9	III 142
7,18	III 299
7,18f	III 176
7,21	III 176
7,22	III 177
7,23	III 177
7,29f	II 544
7,38f	III 142
8,1–3	II 337
8,1–13	III 299
8,5f	III 475, 478
8,6	III 109
8,9	III 108
8,11	II 242; III 72
9,1	II 298; III 179
9,16f	III 503
9,19	I 85; III 179, 190
9,19–23	III 381
9,21	III 268
10,1–4	III 302
10,11	III 42
10,16	III 323
10,16f	III 341
10,17	III 323
10,23	I 127; II 239, 437f
10,24	II 538
10,33	II 538
11,7	I 376
11,17–34	III 320
11,23f	II 338
11,23–25	II 468; III 316
11,25	III 131
11,29	III 43
11,34	III 43
12	III 341f
12,1–3	III 102
12,4	III 108
12,4–6	III 109, 373
12,6	III 475
12,12	III 342
12,12–31	III 341
12,13	III 323, 342
12,14	III 342
12,21	III 342
12,22–25	III 108
12,26	I 101
12,27	III 341f
12,31	II 538
12–14	III 8
13	II 350, 538; III 242
13,1–3	III 361
13,3	III 107
13,4f	III 108
13,5	II 538
13,7	II 546
13,10	III 409
13,13	II 538
14,14f	III 107
14,16	III 108
14,18	III 107
14,20	III 42
14,23–25	III 108, 254
14,28	III 108
14,32f	III 108
14,39f	III 108
15	III 9, 451
15,3	II 158, 188; III 65
15,3–7	II 298, 302f
15,4	II 259
15,5–7	II 301
15,8	II 298
15,9	II 515
15,10	II 126
15,13	II 313; III 449
15,17	II 128
15,19	III 436
15,20	II 320
15,20–26	III 460
15,21f	II 104; III 130
15,23	II 320
15,23–28	III 495
15,24	III 494
15,24–28	II 332, 547
15,25	II 332
15,26	III 43, 466
15,27f	II 329; III 72
15,28	I 75; II 252; III 46, 473, 494
15,36	II 329
15,42f	II 347
15,42–44	III 104
15,42–49	III 44
15,44	II 338; III 79
15,45	I 387; II 320, 522; III 42, 63, 67, 71
15,45–49	II 104; III 130
15,47	I 387; III 71
15,50	III 465, 493
15,53f	III 459
15,54	II 208; III 43
15,54f	III 43
15,56	I 369
15,58	III 155

2. Kor

1,12 III 255
1,19 II 202
1,19f II 100
1,20 II 202
1,21 III 323
1,22 III 451
1,24 II 302; III 546
2,17 I 345; III 255, 518
3,6 II 522; III 105, 130, 284
3,6–11 II 347; III 131
3,14 III 130
3,14–16 III 266
3,17 II 339; III 63, 105, 157, 179f
3,18 II 348; III 162
4,2 III 255
4,4 I 376; II 348f; III 487
4,5 II 302; III 179
4,6 II 331, 348; III 162
4,13 III 105
4,16 III 107, 141, 155
4,17f II 329
4,18 I 386; III 144
5,4 II 208
5,5 III 451
5,6–8 III 154
5,7 III 409, 471
5,10 III 72, 527
5,14 II 175, 205; III 72
5,14f II 4
5,15 II 175, 206f
5,16 II 370
5,17 II 487; III 63, 131, 187, 508
5,18 II 208, 222
5,18f II 221
5,19 II 40, 64, 221f
5,20 II 227, 290
5,21 II 168f, 188
6,2 III 43, 46
6,4–10 III 255
6,7 III 254
6,9 II 254
6,10 II 290
6,16 I 384
7,10 II 136
8,9 II 115
9,8 III 190
10,3 III 142
10,5 I 142
10,15 III 155
10,17f III 452
11,14 III 487
11,30 III 222
12,1–6 III 107
12,1–10 II 302
12,5 III 222
12,9 II 115, 126; III 47, 104, 222
13,4 III 103
13,13 III 531

Gal

1,4 II 157; III 389, 487
1,6f II 94
1,10 III 179
1,11–16 II 298
1,22 III 337
2,6 I 354; III 141
2,11–21 III 299
2,16 II 521
2,19 II 175, 197, 208; III 285
2,19f II 207
2,20 I 110, 252; II 122, 170, 339, 344, 523; III 63, 285, 360
3,2 II 521; III 104
3,3 III 28, 146
3,5 II 340, 521; III 104
3,5–13 III 131
3,6 II 518
3,7 II 521
3,10 II 521
3,11 I 109; II 518
3,13 II 163, 168, 189, 231, 428; III 177
3,14 III 105
3,17 III 268
3,19 III 268, 285
3,21 II 343, 522; III 130, 132, 257, 284
3,22 II 521f
3,23 I 82; II 517, 522; III 105
3,24 III 285
3,25 I 82; II 517, 522; III 105
3,27 III 323
3,27f III 109
3,28 I 137; II 228; III 323, 336, 375, 542
4,3 III 254
4,4 II 370, 428, 504; III 61, 151
4,4–6 III 99, 132, 451
4,5 III 177
4,6 I 330; II 76, 330; III 61, 106, 452
4,9 I 180; III 254
4,21–31 III 133, 235

4,22–31 III 130
4,24 III 133, 179
4,24–26 III 179
5,1 I 85; III 154, 157, 179
5,2–6 III 299
5,11 II 213
5,13 III 179
5,14 II 55; III 273
5,16 III 141
5,17 II 57; III 143, 145, 156
5,18 III 262
5,21 III 493
5,22f III 109
5,24 II 175; III 141
5,24f III 107
5,25 III 154
6,2 II 431; III 266
6,8 II 266; III 106, 143
6,14 II 151, 219, 492; III 72, 222
6,14f III 131
6,15 III 131

Eph
1,4 III 526
1,10 III 151
1,11 III 474
1,22 III 340
2,1–5 III 154
2,2 III 487
2,8f II 113
2,11–13 III 154
2,12 I 178; III 434
2,14 I 52; II 496
2,14–18 II 228
2,15 III 133
2,18 II 100, 254
2,20–22 III 358
3,8 II 515
3,9 II 249
3,12 II 100, 254
3,16 III 141
4,3–6 III 109
4,4–6 III 373
4,6 III 474
4,12f III 341
4,15f III 341
4,16 III 341
4,22–24 III 130
5,2 II 170
5,5 III 494f
5,20 II 331; III 119
5,23 III 341
5,25 II 170
6,2f III 256
6,9 I 354
6,11–17 III 487

Phil
1,1 III 179
1,21 I 110; II 208, 219; III 360
1,23 II 539; III 500
2 II 87
2,5–8 II 88, 538
2,5–11 II 28, 87, 394
2,7 II 370, 504; III 179, 422
2,7–9 II 325
2,8 II 521
2,9f II 4
2,9–11 II 478
2,10 III 467
2,10f II 332; III 72
2,12f III 523
2,22 III 179
3,8 I 354
3,12 III 42
3,13f III 146
3,15 III 42
3,18 II 212
3,18f II 128
3,19 III 42
3,20 II 272
4,5 II 252
4,7 II 119, 357

Kol
1,10 III 155
1,13 II 157; III 487, 495
1,13f III 497
1,15 I 376, 386; II 503
1,15f II 336
1,16 I 267, 386
1,18 II 503; III 340
1,26 II 249; III 422
1,27 I 375
1,28 III 42
2,2 II 249
2,3 II 249
2,8 III 254
2,9 I 384; II 88
2,19 III 341
2,20 II 175; III 254
2,22 III 254f
3,1 III 500
3,3 I 390; II 254
3,9f III 130
3,10 I 376
3,11 III 475
3,17 II 330
3,25 I 354
4,11 III 494, 503
4,12 III 42

1. Thess
1,1 III 337
1,5 III 254
1,9 II 117; III 179
2,1–12 III 255
2,6 II 348
2,7f III 255
2,12 III 493
2,13 III 253

2,14 III 337
3,2 III 503
4,13–17 III 460
4,13–18 III 8
4,14 II 519

2. Thess
1,1 III 337
1,5 III 494

1. Tim
1,1 I 375
1,8 III 282
2,4 III 526
3,16 II 349
4,3 III 142
4,4 III 143
4,14 III 302
5,14 III 142
5,22 III 302
6,16 I 180; II 331; III 459

2. Tim
1,6 III 302
4,1 III 495
4,2 II 328
4,18 III 495

Tit
1,15 II 239; III 143
3,4 II 529; III 274
3,5 III 44

1. Petr
1,11 II 350
1,17 I 354
1,21 II 350
2,4–8 III 358
2,23 II 329
3,3f III 141
3,4 I 390
3,10–12 II 273
3,18 III 152
4,7 III 42
5,8f III 487
5,9 I 225

2. Petr
1,10 III 523
1,11 III 495
2,19 III 175
3,13 III 129, 508
3,16 III 175

1. Joh
1,1 II 92, 342, 503
1,2 III 422
1,5 II 248, 331
1,8 III 156
1,8–10 III 238f
2,1 II 330; III 67
2,5 III 42
2,7f III 131
2,12 III 239
2,13 III 43
2,15 I 265; II 492; III 164
3,2 II 362; III 508
3,8 III 487
4,3 II 128
4,4f III 43
4,9f II 108
4,12 III 42
4,16 II 110, 230
4,17f III 42
5,4f III 43
5,19 III 487
5,20 II 117

2. Joh
5 III 131

Hebr
1,1f II 340
1,2 III 151
1,3 II 336
1,8 III 495
2,11f II 503
2,17 II 503
3,18 III 123
4,4–6 III 152
5,7 II 330
5,14 III 42
5–7 II 499
6,2 III 302
6,4–6 III 238
7 II 502
7,25 II 330
8 II 502
8,8–13 III 131
9 III 300
9,7 III 152
9,15 III 131
9,22 II 172
9,24 II 330
9,26–28 III 152
10,19 II 100, 254
11,1 I 386; III 434
11,3 III 162
12,2 I 82; II 523

Jak
1,22 II 524; III 223
1,25 II 431; III 175
2,8 II 55, 431
2,12 II 431; III 175
3,8 I 261
4,4 III 164
5,14f III 302

Offb
1,5 II 478, 503
1,17 III 43
2,7 III 43
2,8 III 43
2,17 III 129
3,12 III 129
5,9 III 129
10,6 III 460

11,15	II 478	19,13	II 503	21,4	II 357;
12,10	II 478	20	III 495		III 29, 466
14,3	III 129	20,14	III 466	21,5	II 487;
14,4	II 465	21,1	III 129, 508		III 129
19,6	II 478	21,2	III 129	22,13	III 43

Sachregister

angefertigt von
Walter Mostert

Das Sachregister dient als Ergänzung der Gliederung. Es erfaßt daher nicht die Kapitel-, Paragraphen- und Hauptabschnittüberschriften, sondern sucht unter möglichst vielen Stichwörtern möglichst viele Aspekte und Einzelheiten zu erschließen. Die Stichwörter sind koordiniert, nicht subordiniert, da die Systematik aus der detaillierten Gliederung hervorgeht. Querverweise werden nur sparsam gegeben. Adjektive erscheinen, mit wenigen Ausnahmen, unter dem zugehörigen Substantiv, also eschatologisch unter Eschatologie. Zu fremdsprachlichen Stichwörtern sind die deutschen Äquivalente zu vergleichen und umgekehrt. Namen werden nicht vollständig gegeben, sondern nur da, wo mit ihnen sachliche Erörterungen verbunden sind. Das Sachregister ist keine Wortstatistik und daher nicht auf Vollständigkeit angelegt.

Abendmahl II 333; III 249, 300, 315–330, 366
Aberglaube I 332
Abfall III 394f
Abhängigkeit, schlechthinnige I 185f, 199, 232, 309; II 422f; III 168, 185–188, 294
Ablaß III 239f
Abraham II 521–524; III 132f, 235, 259, 266
Absolute, das I 135
Absolutheit des Christentums I 132–137
Abwesenheit Gottes II 204f
actus purus I 230
Adam III 71, 130
Adiaphora III 297f
Ärgernis s. Skandalon
Agape III 320
Aktivität II 169–171
Aktualität III 92f, 123f
All, das III 473–475
Alleinwirksamkeit Gottes I 322–324
Allerlösung III 527
Allmacht I 165, 172; II 358f; III 167f, 422, 464f, 524–526
Alltägliche, das II 442–444
alt und neu III 126–133, 257
Alte, das II 487; III 127f
Altes Testament II 161f; III 265–268
Altes und Neues Testament I 27f; III 132f, 252, 257–260
Amen II 428f
Amt II 324; III 366–368
Amt Christi II 28, 498–501
analogia entis I 396f

analogia fidei I 397
analogia relationis I 397
Analogie I 392–404, 408
Anaxagoras III 86
Anbetung I 117
Anfechtung I 293; II 188; III 428, 471, 520
Angesprochensein, das I 201–204; II 512–514
Angst II 136, 144, 546; III 247
Anhypostasie II 80f; III 70–72
animal rationale I 156, 340; II 51; III 160, 188, 210
Anmut II 126
Anrede I 241f; III 187
Anselm von Canterbury II 26, 172, 421; III 516
Anthropologie I 69; II 48f, 261; III 79, 143, 224f
Anthropologie, philosophische I 339f
Anthropologisierung I 336
Anthropomorphismus I 161, 239f; II 67, 71
anthropopathisch I 161
anthropozentrisch I 69, 335
Antike I 69
Antinomie I 171–173
Antithetik III 133–150, 155f, 369–371
Anwesenheit Gottes II 65–76, 204f, 248, 334, 346
Apokalypse III 402, 444
Apokalyptik II 304–306, 313–318, 439f, 447–450, 454; III 9, 397, 402, 405f, 442–444, 495f
apokatastasis panton III 527
Apostolat II 301f
Appropriation III 539
arbitrium, liberum I 408
arbitrium, servum II 535
Aristoteles III 86, 140, 417
Armut II 112
Arnd, J. II 525
Arnold, G. III 27
ars moriendi II 143
Aseität Gottes I 224; II 352
Atheismus I 171, 177–179; II 60, 203; III 434, 511, 513
Atheist III 216f
Attribute Gottes I 211f, 235–244; II 99–107, 122–127, 229f, 235, 243, 259, 333f, 345; III 409, 537
Auferstandene, der III 448–450
Auferstehung s.a. Totenauferstehung, s.a. Totenerweckung II 17, 128, 130f, 159, 218, 259f, 448; III 43–45, 66, 158–163, 397, 419, 437f, 446, 448–451, 458f
Auferstehung des Leibes II 304f, 317; III 88, 465f
Auferstehung Jesu II 256, 258, 280–345; III 72f, 495
Auferstehungschristologie II 87
Auferstehungshoffnung III 449f
Auferweckung s.a. Totenauferstehung, s.a. Totenerweckung II 281, 302; III 161
Aufklärung II 40, 375f; III 182, 391f
Augenblick III 420f
Augustin III 141, 195, 303
Aussagen, dogmatische I 35–41, 43–53
Autonomie I 152; III 294
Autorität I 54; II 310f, 421, 428; III 376f

Barmherzigkeit II 126
Barth, K. I 14; III 533, 537
basileia III 338
Befreiung III 230
Bekehrung III 153, 240
Bekenntnis I 31, 142; II 20; III 348, 366
Bekenntniskirche III 354
Bekenntnisschriften I 39
Bergpredigt III 272, 277
Bernhard von Clairvaux II 372
Berufung II 300f, 466; III 236
Beschneidung III 299f
Bettelorden II 372
Bewußtsein I 394

Bewußtsein, historisches II 373–375
Bibel s.a. Heilige Schrift I 37, 149f; III 215, 256, 258f, 377
Bibelwissenschaft I 33
Biblizismus I 25; II 289
Bild I 377–380, 395f
Bilderverbot I 164, 381, 385–391
Bildlosigkeit Gottes I 377
Biographie I 285
Biologismus I 90
Bischof III 367
Böse, das I 289, 294f, 344, 361, 368–375; II 146, 489–491; III 161, 230, 486–489, 510, 513, 516, 525, 527f
Boethius, A.M.T.S. III 418
Bonhoeffer, D. I 47, 252; III 230, 241, 260
Brauchtum III 262
Bruder III 340
Buchstabe III 79, 123
Buchstabe und Geist I 41; III 252, 261
Bürgergemeinde III 364
Bullinger, H. III 307
Bultmann, R. I 36, 161, 187; II 400
Bund III 48f, 259, 270
Bund, alter und neuer III 129–133, 310f
Buße II 434, 450f; III 154f, 236–240
Bußsakrament III 326
Bußtaufe III 316

Calvin, J. III 12, 307
causa sui I 185
Chalcedonense II 77f; III 329
Chaos III 160f
character indelebilis III 305
Charisma II 126, 339, 538; III 8, 107f, 342, 361, 367, 475
Chiliasmus III 27
Christ III 194f, 338
Christenheit III 338
Christentum I 124–139, 208; III 243, 338
Christliche, das spezifisch I 208f
Christliche, das wesenhaft I 56
Christologie I 45, 74f; II 10–12, 16f, 41–45, 48f, 128–132, 150, 166, 178, 209, 229f, 255–258, 279, 283, 309, 330, 337, 365–367, 381f, 391–400, 403, 406–408, 474–482, 497f, 500f, 504, 537; III 14, 31f, 46f, 62, 69–75, 98–101, 130f, 151f, 313, 328f, 399, 404, 419, 438, 445, 450, 461, 463, 495, 498, 541f
Christologie, explizite II 475, 536
Christologie, implizite II 470f, 475, 536
Christologie, klassische II 23–30
Christologie, orthodoxe II 78f
Christologie von oben II 36–39, 365
Christologie von unten II 36–39, 365
Christsein III 225–248
Christus I 315, 384, 386f, 411; II 10f; III 102–104, 322
Christus, Amtstitel II 324f
Christus, dogmatischer II 286
Christus extra nos I 110
Christus in nobis I 110
Christus, mythischer II 391
Christus praesens II 319–340
Christus, verkündigter II 325
Christustitel II 499
Christusverkündigung II 384–391, 519
communicatio idiomatum II 28, 81, 332f, 382
coram I 348–355
coram Deo I 346, 353f, 384, 410; III 524
coram meipso I 355
coram mundo I 354f
creatio continua I 325–327
creatio ex nihilo I 296f, 307, 309f, 314; III 158–170, 224
creatura verbi III 360
Credo I 71, 210; III 545
credo quia absurdum I 154

daat I 180
Dasein Gottes I 213f

Daß, das bloße II 370
Definition I 182
Dekalog III 272
Denken I 200, 219f; III 76f, 519f, 522f, 544
Denken, biblisches II 68
Denken, griechisches II 68
Denken, philosophisches II 420
desperatio I 358; III 284
Deszendenz I 252
Determinismus III 182, 524f
Deus absconditus I 173, 250, 254–256, 295
Deus humanus I 255–257
Deus praedicatus I 257, 315
Deus revelatus I 173, 250, 254–256, 295
Dienst III 287f, 361, 363–365
Diskontinuität II 200, 389–391
Dogma I 12, 31, 38f; II 285, 375; III 543
Dogma, christologisches II 77f, 382
Dogma, trinitarisches I 172f; III 531–535
Dogmatik II 284–291, 297, 373; III 10–15, 50–60, 515
Dogmatik, altprotestantische s.a. Orthodoxie, altprotestantische I 255; III 233
Dogmatik, Bezeichnung I 11–13
Dogmatismus I 16, 130f, 152
Doketismus II 82–86; III 71, 344
Donatismus I 166; III 255
Doxa Gottes I 242, 414; II 334, 345–350, 355–357, 359–362; III 464
Doxologie II 336
Dreieinigkeit III 476
Dualismus I 233, 318
Dunkelheit I 162f

Ebenbild Gottes s. imago Dei
ecclesia militans III 354
ecclesia mixta III 356
ecclesia triumphans III 354
Ehescheidung II 430
Ehrfurcht I 117
Eid II 430
Eigenschaften, göttliche s. Attribute Gottes
Eikon I 376, 379, 384, 386f, 408, 411
Einheit III 50–53
Einmaligkeit III 326–329
Einsamkeit I 364; II 133–138
Einsetzungswort I 413f
Einverständnis II 514
Einzelleben II 264–266
Einzelne, der I 83, 88, 201, 203f, 227f, 262; II 11f, 429, 431, 445; III 73–75, 332, 366, 459f, 515f
ekklesia III 335–337, 475
Ekklesiologie I 75; II 337, 476; III 13, 27, 31, 314f, 332–334, 346f, 357
el I 183
elementum III 304
Emanzipation III 182f
Empirie III 208
Empirismus I 341f
Ende III 42, 386, 397, 405, 423, 506–508, 510
Ende aller Dinge III 6, 20, 401f
Endgeschichte III 404
Engel I 332f
Enhypostasie II 79–82; III 70
Entelechie III 34
Enteschatologisierung III 395
Enthusiasmus III 25–27, 98–100, 108, 197
Entmythisierung II 202
Entmythologisierung I 161; II 392f, 396, 400
Entscheidung II 457
Entsprechung I 189f, 390, 392–404, 410
Entweltlichung III 174
Entwicklung III 154f, 404
ephapax III 151–153
Episkopat III 367, 376f
Erbsünde I 374; II 491, 527, 533
Erde I 95f, 312
Ereignis II 7f, 21, 102–105

Erfahrbarkeit Gottes I 194–199
Erfahrung I 16, 35, 41f, 176, 336, 340, 347, 355–368, 403; II 76, 98–100, 112, 146f, 155–159, 161f, 171, 177, 223, 231–233, 246–249, 260f, 267, 287, 290–319; III 5f, 15–20, 33–39, 113, 126, 138, 208, 213f, 216, 279, 318, 344, 347–352, 405f, 410–428, 546
Erfüllung III 45f, 267
Erhalter II 451–453
Erhaltung I 277f, 289, 336; III 156
Erhöhung s.a. Erniedrigung und Erhöhung II 28, 87, 89, 294, 321, 324; III 495, 500
Erhörung III 137f
Erkenntnis I 179–182; II 76
Erkenntnis Gottes und des Menschen I 181f, 403
Erlebnis I 276
Erlöser III 474
Erlösung II 5–7, 15f, 242; III 150–156, 174, 230f, 507
Erniedrigung II 28, 86–90
Erniedrigung und Erhöhung II 325–336
Erscheinungen des Auferstandenen II 298–303, 310f
Erstgeborener II 499, 503f
Erwählung I 329, 388–390; III 234–236, 521
Erwartung III 429f, 451
erzählen I 64; II 129
Eschatologie I 75, 327, 329, 335; II 164f, 217, 305–307, 335f, 349, 447; III 5–32, 41f, 46f, 50–60, 104, 162, 385–387, 395–410, 422, 427f, 437f, 541
Eschatologie, futurische II 517; III 398, 404, 438, 444–454, 462f
Eschatologie, perfektische III 404, 448, 451
Eschatologie, präsentische II 517; III 398, 451
Eschaton III 17–22, 24f, 42f, 56, 387, 446–452
eschatos III 42f
Ethik s.a. Handeln I 21f, 331, 360, 362; II 494–496; III 31f, 56, 246, 288, 441f, 451, 503
ethisch – mitmenschlich II 175
Eucharistie III 314
Evangelien II 386; III 291
Evangelien, synoptische II 371
Evangelium I 30, 65, 134–139, 294, 366; II 6, 35f, 61, 90–97, 128f, 189f, 209, 221, 242, 331, 340, 343, 399, 421, 426, 457; III 180, 251, 261, 267, 275, 280, 285f, 288–295, 300, 318, 363, 396, 403f, 443f, 468, 496, 499
Evangelium und Gesetz s.a. Gesetz und Evangelium III 265f
Evidenz II 433
Evolution I 99f, 287f, 341; III 35, 38
Ewige, das III 408–410
ewiges Leben I 110; II 147, 319, 361; III 24, 397, 456, 506–508
Ewigkeit I 312f; II 334, 345; III 24, 410–428, 459, 468, 500, 519
Ewigkeit Gottes I 243; II 350–357
exestin II 436–438
Existenz I 205, 221; II 373
Existenz Gottes I 213
Existenzbegriff I 211f
Existenzphilosophie I 91
Exklusivpartikel III 220–225
exousia II 436–438
Externität I 217, 383f; II 238; III 224, 312
Externrelation II 419
extra nos III 225
extra se I 252, 350; II 360

Fall I 318, 346; II 422
Falsifizierbarkeit I 59
Familie II 271; III 364
Fasten II 434
Fegefeuer III 462f
Feindesliebe II 127, 186f, 202, 473, 535; III 274, 277

Ferne II 321–323
Ferne Gottes II 204
Feuerbach, L. I 212–219, 393; III 89
Fichte, J.G. I 211–214, 221
fides generalis I 296
fides historica II 373
fides specialis I 296
filioque III 531, 534
Fleisch II 57f; III 79, 141–145, 487
Forderung II 431; III 264, 273
forensisch und effektiv III 223f
Formalisierung I 86–88
Formalisierung des Glaubens I 84
Fortschritt I 287f; III 38, 182, 395, 405
Forum I 351; III 198, 200, 202f, 206f, 212
Forumsituation II 224; III 470, 517f
Fragment III 435f
Franz von Assisi II 372
Franziskanerspirituale III 27
Freiheit I 85f, 242f, 283, 302; II 15, 96f, 118, 179–185, 362, 417–426, 431, 433–438, 532–535, 542f, 545; III 115f, 168, 171–190, 245–247, 275, 285, 288, 294, 298f, 351f, 365, 376, 380f, 384, 504f
Freikirche III 354
Freispruch II 424; III 223
Freiwilligkeit III 190
Freude II 94–97, 434, 450f, 458; III 504
Friede II 15, 114, 182, 184, 226, 494–496; III 450
Friedlosigkeit II 61f, 224
Frömmigkeit I 264f
Frühkatholizismus III 356
Fürsprecher II 176f
fundamentalistisch II 289
fundamentaltheologisch III 408–410
Fundamentalunterscheidung I 145, 233–235, 383f; II 343; III 52–54, 84–90, 125, 148–150, 206, 289–295, 356–358, 408–423
Fundamentalwende III 125, 148–155
Futurologie III 396
Gabe III 117–119, 319, 321–323, 451f
Gebet I 192–244, 290–292, 295, 328, 333; II 99f, 230, 244, 247, 330–332, 335, 459; III 128, 216
Gebetssituation I 197; III 522
Gebot I 331; III 252, 255–257, 273, 490
Gebot, erstes I 87, 170; II 100, 282, 456f; III 274, 279f, 291
Geduld, Gottes III 489f
Gefühl I 247
Gegensatz II 167–169; III 487–489
Gegenüber, das I 351, 353, 355, 394
Gegenübersein I 213, 215–224, 384; III 210–215
Gegenübersein Gottes I 225
Gegenwart I 282f; II 426; III 19–24, 121f, 130, 407, 411f, 418, 420f, 424, 499f
Gegenwart Gottes II 248, 354; III 118
Geheimnis I 117f, 163, 187, 254, 291f; II 143–149, 244, 247, 276, 509
Geheimnis Gottes II 111
Gehorsam II 185, 535
Geist I 164, 278, 313f; II 57f, 158f, 238f, 516f, 544; III 6, 8f, 19f, 22f, 66f, 76–79, 81, 141–145, 191–193, 260f, 267, 519
Geist Christi II 338–340
Geist Gottes II 426
Geist, heiliger II 255, 337; III 13–15, 56f, 65f, 76, 94–124, 157–170, 190, 247, 250, 286, 293, 313, 316, 322, 326, 330, 339, 359–361, 376, 386, 451f, 499, 507
Geistchristologie II 40
Geisteswissenschaft I 313
Gemeinde III 323–325, 336f, 353, 366–368, 374
Gemeinschaft I 120; III 351f
Genugtuung II 27
genus maiestaticum II 28
Gerechter II 183, 188
Gerechtigkeit II 114f, 198; III 132, 198f, 231, 240, 469

Gerechtigkeit Gottes III 517
Gerechtigkeit, politische III 246
Gerechtsprechung I 167
Gericht II 147, 173, 224, 448; III 43f, 198, 202, 458, 465, 467–470
Gerichtsgedanke II 440
Gesamtleben II 264–266
Geschehen II 21, 308f
Geschehnis III 210
Geschenk III 117f
Geschichte I 1f, 174, 269, 271f, 278; II 32–34, 264, 398f; III 77f, 256, 331, 387–389, 395–397, 405, 479, 482, 490, 501–510
Geschichtlichkeit I 282–284
Geschichtsbezug des christlichen Glaubens I 64f
Geschichtstheologie III 504
Geschöpf I 386f; II 397; III 53f
Geschöpflichkeit III 447, 461
Gesellschaft III 365
Gesetz I 65, 294, 331, 365f; II 6, 61, 118, 128f, 185, 189f, 195, 213, 343, 421, 425f, 428–438, 456; III 80, 123, 131f, 172, 176, 180, 199, 223, 248, 251, 261–295, 468, 496, 499
Gesetz, Inhalt III 270–280
Gesetz, Macht III 280–288
Gesetz und Evangelium I 21, 32, 234, 261; II 456f; III 223, 247, 249, 251f, 257, 259–261, 274, 280, 288–295, 377, 403f, 419
Gesetzesbegriff III 262–270
Gesetzeserfahrung III 268–270
Gesetzeserfüllung III 284f, 292f, 318
Gesetzeswerke III 105
Gesetzlichkeit III 242, 376f
Gespräch I 202; II 509
Gewalt II 226; III 183
Gewissen I 6, 71, 103, 107, 313; II 12, 124, 165, 183, 420; III 115f, 254, 276, 293f, 413, 416f, 499
Gewißheit I 132f, 152, 278f; II 157, 225, 307, 509f; III 39–45, 113, 120, 128, 208, 214, 225, 234f, 246, 328, 330, 448, 450, 468, 489, 520, 527
Gewißheit, historische II 375f
Glaube I 67, 71, 73–75, 79–89, 106–110, 132f, 136, 138, 141, 158, 181, 200, 216–219, 256, 297, 301–315, 319–325, 329, 346, 362f, 365, 367, 373f, 384–390; II 12, 20, 73, 83–85, 97f, 100, 108, 128, 148f, 156f, 165, 178f, 184, 189, 206, 212–214, 218, 227, 229f, 258, 280–284, 288, 290, 292f, 300f, 310–312, 344, 361, 373, 398f, 402, 420, 427, 431, 456f, 459, 513, 517–526, 537f, 545; III 3f, 64f, 75, 104–106, 113, 118f, 132, 170f, 190–193, 199, 217–219, 224f, 231, 234, 240, 244–246, 267, 278, 288, 311, 318, 323, 380, 389–391, 420, 428, 432, 434–436, 446, 448–450, 465f, 470f, 489, 499, 517, 540–546
Glaube als Teilhabe I 108
Glaube an Jesus Christus I 81f; II 18, 511, 522f; III 461
Glaube, christlicher III 15f, 51f, 515f
Glaube, Grund III 544–546
Glaube, Inhalt III 544–546
Glaube Jesu Christi I 81f
Glaube und Geschichte I 128f; II 382f
Glaube und Leben I 105–110
Glaube und Vernunft I 143–157
glauben an III 62–64
glauben wie Jesus II 522f
Glaubende, der I 82f; III 362
Glaubenden, die III 339, 434
Glaubensartikel I 30f
Glaubensaussage I 43–53, 83; II 150, 281; III 370
Glaubensbegriff I 84f, 87
Glaubenserfahrung II 317–319
Glaubensfreiheit I 85f
Glaubensgegenstand I 63; II 11, 520, 523; III 3f
Glaubensgerechtigkeit III 199, 240, 246–248
Glaubensgewißheit II 375f; III 527
Glaubensgrund I 49–51, 82, 133; II 11, 301, 458, 520–523; III 3f
Glaubensinhalt II 11; III 3f

Glaubenslehre I 11–13
Glaubensrechenschaft III 545f
Glaubenssituation I 49–51
Glaubenszumutung II 427–456
Glaubenszuspruch II 427, 456–459
Gleichewigkeit III 417–423
Gleichheit II 532f
Gleichnis II 442–445, 450f
Gleichnisrede II 410
Gleichzeitigkeit I 40, 282; II 515–517; III 417–423
Gnade I 145f; II 125f, 174, 425, 487; III 11, 53f, 87, 117f, 166–170, 220f, 232, 240, 267, 292, 304, 419, 526–528
Gnade Gottes I 243; II 111–115
Gnade, heiligmachende III 241, 313
Gnadenlehre II 27; III 11, 168f, 232
Gnadenwahl III 528
Gnosis III 86
Götter, falsche I 170f
Gott I 71, 73–75, 175, 182–187, 263; II 62f, 116, 138, 144, 169f, 186, 189f, 192–207, 213f, 218, 221f, 229, 231–255, 303f, 307–309, 318f, 330–332, 345–360, 420–423; III 47–49, 52–54, 157, 164f, 184–190, 201f, 205, 212–214, 277–280, 405, 409, 422f, 432–434, 446f, 461, 466, 472–476, 478, 487, 491, 507, 509f, 517, 519, 523, 536, 540–546
Gott als Geist I 313
Gott der Geber alles Guten II 458
Gott, verborgener III 488f
Gottesbegriff I 402
Gottesbeweis I 169, 215f, 290f; III 489, 513
Gottesbewußtsein II 512
Gottesbeziehung III 64
Gottesbezug I 47; III 459f
Gottesbild I 377, 392f
Gottesbild, kultisches I 380–385
Gottesdienst I 119f, 127f; II 47f, 100, 218, 230; III 361–363, 534
Gotteserfahrung I 198f; II 331, 512
Gotteserkenntnis I 176–182, 193f, 204f, 365–367; II 99f, 229, 246
Gotteserkenntnis, natürliche I 218, 251f
Gottesfrage II 146, 495f
Gottesherrschaft s. Herrschaft Gottes
Gotteskindschaft II 72–76; III 186
Gotteslehre I 168–173, 182, 185, 192–194, 201f, 204–209, 212, 216–219, 224, 230f, 235f, 254-256, 290; II 229, 232, 243, 330; III 10, 472–476, 521
Gottesreich s. Reich Gottes
Gottesrelation II 536
Gottessohnschaft II 72–76
Gottesverhältnis I 200f; II 65, 164
Gottesverhältnis, Jesu eigenes II 454–456
Gottesverständnis II 103
Gottesverständnis, biblisches II 396f
Gott-ist-tot-Theologie I 71; II 12
Gottlose, der III 216f
Gottlosigkeit I 176–178; II 60
Gottsein Gottes II 98–119, 308
Gottverlassenheit Jesu II 155, 167, 191–209
Grab, leeres II 295–297, 302
gratia spiritus sancti applicatrix II 12; III 11, 233
Grenze III 425–428, 452, 468
Griechentum I 141–143; III 172–174
Grund III 357
Grundsituation I 16, 52f, 189–191, 194–199; II 121f; III 58f, 210–219, 224, 252, 280, 320, 522
Grundsünde I 374f
Güte Gottes I 315; II 458
Gunst Gottes II 113
Gut und Böse II 266f
Gute, das II 484f

Hadesfahrt II 282f
häämin I 81, 84, 141
Häresie III 25–28, 372
Handeln I 375; II 227, 417f, 525f; III 35–37, 502

Handeln Gottes I 230–233, 259f; II 104, 222f, 225, 227; III 47–49, 56, 158, 162, 170f, 187f, 539
Handeln, politisches III 504–506
Hass II 489–493, 539
Hegel, G.W.Fr. II 40, 69, 203; III 78f, 89, 513–516
Heil I 84; II 4–6, 8f, 14f, 154, 208f, 215–219, 251, 487; III 40, 126, 137, 152, 203f, 205f, 214, 282, 365, 524, 527
heilig und profan I 119, 126f, 147
Heilige, das I 118f, 125–127, 147f, 192; II 231–235, 240–242, 251; III 214
Heiligen, die III 339, 378
heiliger Geist s. Geist, heiliger
heilige Schrift s.a. Bibel I 41f, 55, 144; II 428–430; III 7–9, 215, 252, 260f, 376
heilige Schrift, Autorität I 33–35
heilige Schrift, Einheit I 30–33, 57
heilige Schrift, Vollständigkeit I 29f
Heiligkeit II 230–243, 251–253; III 369
Heiligkeit Gottes I 126f, 241f, 247–249; II 435f; III 284
Heiligung I 75; II 238, 255; III 30, 231, 240–242, 378
Heillosigkeit III 137f, 147–150
Heilsegoismus III 431, 499
heilsgeschichtlich I 68
Heilsgewißheit III 527
Heilsnotwendigkeit II 282
Heilsökonomie I 337; III 10f, 537
Heilsverständnis III 310–314
Heilswille Gottes II 164
Heilszueignung II 12; III 231–233
Heilung II 463
Hellenisierung III 532f
hellenistisch III 173
Hermeneutik I 27, 31, 34, 40–42, 56f, 59, 193; II 367, 381, 395f, 399–408, 501; III 261, 377, 399–407, 532
Hermeneutik, politische I 91
Herr III 491
Herrenmahl II 218
Herrlichkeit Gottes II 328f
Herrmann, W. II 40, 384
Herrschaft II 542; III 479–485
Herrschaft Christi II 320, 329, 332, 335–337; III 178–180
Herrschaft Gottes II 439, 444f, 447–451, 463, 467; III 448, 478f, 485–508
Herrschaft, gottwidrige III 486–489
Herrschaft Jesu II 544f
Herz I 88, 186; II 238; III 224, 363, 470, 499
Heteronomie I 152; III 294
Heuchelei I 131f
Himmel I 312; II 321–323; III 462
Himmelfahrt II 283, 293f, 319–325; III 448
Himmelfahrt Christi III 99
Hingabe II 185–188, 459, 505, 533–537; III 247
Hiob II 60; III 518
historisch I 36, 39f, 44, 55f; II 284–291, 297
historisch und dogmatisch II 367f
historisches Fragen nach Jesus II 369–376
historisch-theologische Disziplinen I 19–21
Historisierung II 397–399
Historismus II 32–34
historistisch I 40; II 289
Historizität Jesu II 369–376, 383f
Hochscholastik III 10–15
Hölle III 462
Hören III 187f
Hoffnung I 266; II 545f; III 406, 420, 428–436, 444–452, 463, 503–506
Hoffnung, Erfüllung III 430–434
Hoffnungslosigkeit I 375
Hoheit Jesu II 543–545
Hominisation II 119
homo sapiens II 119f
Homologie II 19f, 23f, 403, 471, 509
Homoousie II 84; III 537f
homoousios III 531, 536

Hugo von St. Victor III 303
Huld II 113
Humanismus II 34f, 533
Hypostase II 25, 81; III 536
hypostasis III 536f

Ich II 205–207
Idealismus III 477
Idealismus, deutscher III 78f, 89
Identifikation I 53, 55–58; II 265
Identität I 393–395; II 205–207, 265, 304f, 337; III 37, 413–416, 464f
Identitätskrise I 103
Ideologie III 369
Idololatrie I 381
Illusion III 435
imago Dei (Ebenbild) I 308, 345f, 376, 378–380, 386f, 389–391, 395f, 402–414; II 69, 122
Immanenz Gottes I 314f
immutabilitas Gottes I 172
impassibilitas Gottes I 172
in se II 360
Individualethik I 370
Individuum II 265; III 182
infralapsarisch I 168, 345
Inkarnation I 319; II 87, 91f, 111; III 541
Inkarnationschristologie II 25f, 36f, 38f, 79, 87, 321
Inspiration II 67f
Institution III 25, 27, 335, 367, 376
Intentionalität III 91f, 120–122
Interesse II 402f
Interpretation II 101–107, 171–177, 367f
Interpretation, existentiale II 395f
Interpretation Jesu, christologische II 399–408
Interpretation Jesu, historische II 399–408
Intersubjektivität I 203
Irrationalismus I 91f, 154
Israel III 338
iustificatio sola fide III 31
jada I 180
Jean Paul II 203
Jenseits III 452
Jenseitsvorstellung III 456
Jesus II 10f, 19f, 64, 307–309, 365, 384–391, 406–408, 511; III 8f, 97f, 317f
Jesus als Apokalyptiker II 376, 404
Jesus als Gesetzeslehrer II 404
Jesus als Sozialrevolutionär II 404
Jesus als Visionär II 404
Jesus, ferner II 380
Jesus, geschichtlicher II 41
Jesus, historischer II 18, 286, 367, 376–381, 391, 427, 474–476, 504f
Jesus in Person III 214f, 497
Jesus, irdischer II 160f, 325, 378f
Jesus, irdischer, und verkündigter Christus II 325–336
Jesus, objektivierter II 380f
Jesus, tatsächlicher II 379f
Jesus, ursprünglicher II 377
Jesus, wissenschaftlicher II 377f
Jesusbild, kirchliches II 371–373
Jesus Christus I 15f, 47, 49, 170, 294, 327; III 45–47, 118, 151–155, 164, 180, 209, 219–221, 240, 267, 282, 290f, 357–360, 372–374, 376, 379f, 383, 422, 447–451, 461, 496–498, 541–546
Jesus Christus, Amt III 366f
Jesus Christus, Bruder der Menschen II 502–504, 506
Jesus Christus, Herr der Welt II 502–504, 506
Jesus Christus, persona privata und persona publica II 323–325
Jesus Christus, Wort Gottes II 502–504, 506
Joachim von Fiore III 27, 30
Johannes II 370; III 9
Johannes der Täufer II 466f; III 238
Johannestaufe III 316
Jona III 440f
Judaismus III 197
Judentum, pharisäisches III 265
Jünger II 465f; III 340

Jüngster Tag III 461
Jüngstes Gericht III 397, 456, 469
Jungfrauengeburt II 282f

Kanon I 26–28
Kapitalismus III 347
Kasualien III 269, 349, 363
Kasuistik III 276
Katharer III 27
Katholizismus I 28–35, 38; III 25f, 308–315, 378, 382
kauchesis III 221f
Kenose II 88
Kerygma III 543
Kerygma und Paränese III 265f
Kierkegaard, S. I 193, 208; II 40, 180, 461, 525; III 435
Kindertaufe III 325–327
Kirche II 467f; III 179, 181, 314f, 324, 331f, 334–358, 370, 498
Kirche, Apostolizität III 369, 375–378
Kirche, Einheit III 356, 369, 371–375
Kirche, Fundament III 358–360
Kirche, Grund III 372–374, 376, 379f, 383
Kirche, Heiligkeit III 378–382
Kirche Jesu Christi III 337
Kirche, sichtbare und unsichtbare III 354f
Kirche und Staat III 243
Kirche, Universalität III 370, 382–384
Kirchenbund III 353
Kircheneinheit III 324
Kirchengemeinschaft III 353
Kirchengeschichte I 124; III 29, 124, 332, 335, 345f, 388, 463, 496
Kirchenjahr II 46f
Kirchenleitung III 353
Kirchenrecht III 29, 314
Kirchensprache III 350
Kirchentum III 355f
Kirchenvolk III 353
Kirchenzugehörigkeit III 350, 356f
Kirchgemeinde III 335, 353
Klages, L. III 79
Klerus III 353
Knecht Jesu Christi III 340
Knechtschaft III 177–180, 340
König II 28, 498–501
Königsherrschaft III 494f
Königsherrschaft Christi II 544
Königsherrschaft Gottes III 491
Körper III 79
Kohärenz, konzentrische I 50f
Kommen Gottes III 492
Kommunikation I 351f; II 105f, 107–110, 112–114, 116–118, 175, 185, 235–239, 245–247, 250f, 264, 338, 346–349, 351–355, 358f; III 118f
konfessionell I 12f
Konfessionsdifferenz III 166f
Konkretion I 52f, 197–199, 347, 375; III 56–58
Konkretion, situationale I 51–53
Konstantinische Wende III 356
Kontingenz I 272, 325
Kontinuität I 286; II 200, 304f, 337, 389–391; III 100, 464
kontroverstheologisch III 166f
Konvention III 262
Konzentration III 55f
Korrelation I 349f
Korrelation, Methode I 105f
Kosmologie II 305
Kosmos III 160f
Kreatianismus I 274, 326; III 88
Kreatur I 307–309, 314, 322–324
Kreuz I 256, 294; II 16f, 89, 128, 131f, 149–151, 155, 159, 162–171, 177f, 188–196, 199–228, 230, 239, 257, 260, 283, 290, 300, 308, 313, 326–329, 492f, 534; III 132, 167, 204, 327, 419, 448, 451, 470, 488, 497, 500, 529f, 541
Kreuzigung II 152
Krieg II 52f, 494f
Kriterien dogmatischer Aussagen I 53–60
Kriterium des Redens von Gott I 187–191

Kritik I 152
Kritizismus I 154
Kryptodoketismus II 85f
Kryptoreligion I 122
Kult II 172, 434–436
Kultur I 270f; III 288
Kultvorschriften II 431
Kunst I 247f, 270; II 484f
kyriakon III 335
kyrios III 495
Kyriostitel II 502

Laie III 353
Leben I 79, 89–105, 109f, 196, 199–207, 219f, 320–322, 368–371, 400–403; II 39f, 112, 118, 129–132, 134f, 138–143, 169f, 210, 261–279, 304, 316–319, 341–345, 355–357, 361, 402, 428, 432, 438–446, 483, 524–526; III 15, 17–20, 64–66, 77–79, 93, 104, 107, 118, 120–124, 126f, 214, 218f, 263–265, 347–352, 418, 541, 546
Leben, Bildsamkeit I 103f
Leben Christi III 64–66
Leben, Endlichkeit I 98f
Leben, Externität I 110
Leben Gottes II 48f, 258f; III 543f
Leben, Identität I 102f
Leben, Individualität I 101f
Leben, Interdependenz I 100f
Leben, Internität I 103
Leben, Irreversibilität I 99f
Leben Jesu II 219f, 259f
Leben, neues II 539
Leben, Potentialität I 98
Leben, religiöses III 227–230
Leben, Selbstentfaltung I 97
Leben, Sozialität I 102
Leben, Sprachlichkeit I 104
Leben, verfehltes II 266–268
Leben, wahres II 266–268
Leben, welthaftes III 242–248
Lebensakt I 106f
Lebensangst II 272
Lebensbedingungen II 268–274
Lebensbegriff I 89–94
Lebensbejahung II 273
Lebensbezug I 59f
Lebensbezug des Glaubens I 2
Lebenserfahrung I 198f; II 273
Lebenserfüllung II 274–279
Lebenserwartung II 273
Lebensgemeinschaft mit Jesus II 466f
Lebensgeschichte I 284f
Lebensgestaltung II 262–264
Lebenshingabe II 278f
Lebenslauf II 274–276
Lebensmaterial II 262–264
Lebensmittel II 269f
Lebensordnung III 271
Lebensphilosophie I 91
Lebensraum II 270–272
Lebenssituation I 50, 52f
Lebensspannungen II 262–268
Lebensverneinung II 273
Lebenswerk II 277f
Lebenswille II 272–274
Lebenswirklichkeit I 21, 41; III 268–270, 272, 277, 279, 281, 283
Lebensziel II 276
Lehramt, kirchliches I 31
Lehre I 251; III 218, 256
Lehre Jesu II 409–411, 427–459
Lehre, kirchliche I 23, 39
Leib I 273f; II 337; III 456–459, 465f
Leib Christi II 337f; III 324, 340–343, 358–368, 373, 384, 475
Leib und Seele I 93; III 140
Leiblichkeit III 74, 323, 341f, 405
Leibniz, G.W. III 511, 513
Leiden II 169–171, 185–188, 328f; III 516, 518f
Leistung II 112; III 221
Lessing, G.E. II 375
Licht II 248f
Liebe II 114f, 118f, 126f, 157f, 175f, 186f, 196, 202, 206, 223f, 235, 458, 484, 486, 491–493, 535, 537f, 546; III 37, 108, 119, 190, 245, 276f, 288, 311, 380, 420, 499, 504, 541, 543f

Liebe, Doppelgebot II 127, 129, 535–537; III 273f
Liebe Gottes I 232, 243; II 100–111, 230, 239–243, 349f, 358f
Liebe, leidende II 109f
Liebe, schöpferische II 108f
Liebe zu Gott II 536
Liebesgebot II 432
Lieblosigkeit I 375; II 108f, 127
Lob I 242
Lob Gottes I 310f
Logik des Glaubens I 157
Logos I 142f; II 512
Logoslehre I 69
Lohn III 470
Loisy, A. III 29
Lüge II 117
Luther, M. I 32–34, 46, 86–88, 168, 209, 216–219, 231f, 253–256, 296f, 310, 330, 365, 393; II 13, 105, 172, 216, 255, 498–501; III 12, 26f, 118, 154, 165, 170, 190f, 195, 203, 225, 232, 239–241, 260, 282, 294, 305f, 355, 360, 366, 433, 488, 497

Macht II 173, 336, 414f, 540–543; III 479–485
Macht Gottes II 193
Mächte III 480, 482f
Magie II 66, 542
Mahl, letztes II 473
Majestät Gottes II 350
Mandat Gottes III 490f
Manifestation I 117f
Manifestation des Geheimnisses der Wirklichkeit I 117f, 122f, 125f, 192
Marcion III 496
Mariologie III 314
Marx, K. I 307; III 515
marxistisch I 116
Materialismus III 79
Materie I 313; III 79, 162
media salutis III 249
Melanchthon, Ph. II 14; III 306
Mensch I 71, 73–75, 189–191, 250f, 253, 270, 272–279, 285; II 51, 119–127, 221, 246, 253–255, 261–279, 361f, 366; III 111–116, 184–190, 194f, 200–204, 210–219, 224f, 252, 272f, 411, 465f, 480–482, 517
Mensch, alter und neuer III 129–133, 139f, 161–163
Mensch, äußerer und innerer III 140f
Menschenbild I 392–395
Menschenrechte II 531f
Menschensohn II 306f, 448, 469, 504
Menschenwort I 260f
Menschenwort und Gotteswort III 252–255
Menschheit III 69–73
Menschheitsgeschichte I 280f, 326f; III 124
Menschlichkeit II 506, 530–533, 535f; III 109, 115
Menschsein I 177, 195, 225; II 59f, 119–123, 500; III 106–109, 113–116, 133–150, 196–225, 275–277, 542
Menschsein Jesu II 64–97, 334
Menschsein, Streit II 52–54
Menschsein, Widerspruch II 54–58
Menschsein, Zwietracht II 58–63
Menschwerdung II 119–123, 130f, 256f, 260; III 70–72
Menschwerdung Gottes II 48f, 149, 160, 164, 209, 230, 529
Messianologie II 10f
Messiasgeheimnis II 390
Meßopfer III 314
metanoia II 215; III 44, 164, 238f
Metapher I 239f; II 314f; III 426
Metaphorik I 48, 160, 398f, 403
Metaphysik I 160, 168f, 171f, 185f, 200f, 211, 227; II 356
Metasprache I 23, 48
Methode, historisch-kritische II 382–391
Mission I 133f, 137
Mitarbeiter Gottes III 503
Mitleid II 109f
Mitmenschlichkeit I 203, 387

Mitsprachlichkeit I 203
Mittelalter III 181f
Mittler II 81, 177, 186, 471, 537
Mittleramt II 27–30
Moderne II 312; III 89f, 180–183, 391–396, 409f, 485
Mönchtum III 27, 238f, 345, 383
Monotheismus I 227; III 78, 540
Montanisten III 27
Moral I 200f, 362f
Moralgesetz III 262f
Moralisierung I 357–359
Mose III 259, 266
Mündigkeit I 149
Müntzer, Th. III 27, 379
Mut II 419
Mysterienkult III 302
Mysterienreligionen III 303
mysterion III 302f
Mysterium III 302f
Mystik II 175; III 474
Mythologie II 36f, 391–399
Mythos I 48, 142f; II 66f, 77f, 202, 314, 392–399

Nachfolge II 220, 464–468, 506, 517–526; III 451
Nächstenliebe II 536f; III 273f, 276f
Nähe II 321–323
Nähe Gottes I 242; II 184, 204, 249–255, 428, 446–456, 458, 470f, 511, 516f
Naherwartung II 472f, 516f; III 29, 387, 396
Natur I 145f, 251, 262–279, 290–292, 313; III 34f, 79, 87, 481f
Natur des Menschen I 338f, 405–414
Natur und Gnade I 411f; III 166–170
Naturfeindlichkeit des Christentums I 273f
Naturgesetz III 262f
Naturkatastrophen I 275
Naturrecht III 271
Naturwissenschaft I 44, 297–300, 304, 306, 313
Neopositivismus III 89
Neue, das II 487; III 124, 127–133
neuprotestantisch I 28–35
Neuzeit I 179f, 340–345; II 30–40, 373–376; III 31f, 128, 180–183, 392–396, 477, 485, 511
Nichtobjektivierbarkeit Gottes I 199–207
Nichts I 167; III 160–162
Nietzsche, Fr. II 203, 205; III 207, 387
Nihilismus III 271
Nomos III 172–174
nomos III 265–268
nous III 80–86

Objektivation III 124
Objektivierung I 276; II 152, 395
Objektivität II 380f
Oekumene III 375, 382
Offenbarung I 144, 246–257, 267f, 278, 291, 390, 396, 398; II 7f, 243f, 249, 299, 439–442, 509, 514; III 43, 402, 466–471, 532, 541–544
Offenbarungspositivismus I 399
Offenbarungstheologie III 399f
Ohnmacht II 89, 471–473, 505, 543f; III 480, 482
Omnipräsenz Gottes I 294; II 323
Ontologie I 96, 98, 219–224, 226, 228f, 231, 235, 237f, 244, 249, 346–355, 370, 395; II 133, 326; III 63f
Ontologie, relationale I 215, 233; II 102, 330, 335, 346, 500; III 91, 142
Operationalisierung I 343f
Opfer II 148, 152, 172, 222
Optimismus I 275; III 39–41
opera trinitatis ad extra III 538f, 542f, 546
opus ad extra III 529
Ordnung I 331; II 194f
ordo salutis II 13; III 11, 233
Ort des Glaubens im Leben I 106
Ort des Lebens I 95f

Orthodoxie III 378
Orthodoxie, altprotestantische I 28–35, 55, 64, 66, 68; III 10–15
Orthopraxie III 378
Osterbotschaft II 311f
Osterereignis II 257f, 281–319
Ostergeschehen II 156, 159f, 292–309
Osterglaube II 26, 280, 291–319; III 101
Ostern III 98–101
ousia III 536f
Overbeck, Fr. III 29

Pantheismus III 474
Paradox s.a. Skandalon II 216
Paränese III 272
Paraklet III 67, 164
parrhesia III 172f
Partikularität III 69–75, 370, 526f
Partikularkirche III 356, 372f, 384
Partizipation II 253; III 91, 117–119
Parusie II 293; III 387, 450, 463, 467f, 495
Parusieverzögerung III 29, 467
Passionsgeschichte II 210f
Passivität I 199f, 204; II 169–171
Paulus II 370, 388f; III 8f, 101–109, 130–133, 141f, 174–180, 190, 195, 197, 239f, 259, 265–268, 494
Paulus und Jesus II 388f
peccatum actuale I 374
peccatum naturale I 374
peccatum originale I 374; III 516
peccatum personale I 374; III 516
peccatum radicale I 374; III 516
Perfektibilität I 59
Perichorese III 538, 546
persona II 351
Person II 25, 64, 69–76, 205–207, 304f, 324, 351, 412f, 419, 461, 537; III 140f, 202, 224, 244, 536f
Person Christi II 15, 27f
Person Jesu II 64, 455
Person und Werk II 72f
Personalität I 389; III 90f, 110–116
Personalität des heiligen Geistes III 116
Personbegriff I 228f
Personsein I 213, 224–229; III 114–116, 224, 246
Petrus II 467f; III 359f
Petrus Lombardus II 27; III 304
Pfarramt III 367
Pfingsten II 294; III 98–101
Pharisäer II 60
Philosophie I 15–17, 48, 142f; III 514
Philosophie, analytische III 89
Philosophie, antike I 144
Pietismus III 477
pisteuein I 81
pistis I 141
Plato III 86
Pneuma III 16–20, 24f
pneuma III 80, 82–86, 90, 341
pneuma hagion III 95f
pneuma kyriou III 95
pneuma theion III 95
pneuma theou III 95
Pneumatologie I 75; II 123, 255, 337, 344, 476, 516f; III 5–32, 46, 50–60, 62, 69–75, 98–101, 104, 163, 166, 184, 192f, 386, 445, 451f, 498
Polis III 172f
Politische, das III 286–288, 484f
Polytheismus I 227
Positivismus I 153; III 271
praedestinatio ad malum III 527
praedestinatio, gemina I 173
Prädestination I 328f; III 510, 519–528
Prädestination, doppelte III 526–528
Prädikate I 211f
Prädizierbarkeit Gottes I 207–210
Präexistenz II 336; III 519
Präsenz Gottes I 294, 383–385
praesumptio I 358; III 284
Präszienz III 525f
Praxis II 210
Predigt III 216, 218, 296f, 352, 503
Priester I 128; II 28, 498–501; III 361

Priesterliche, das III 25
Prinzip, theologisches I 30f
Privatisierung der Religion I 115
profan s.a. heilig und profan II 162f
Profane, das I 126, 147f; II 240–242
Profanität I 148; II 230–232, 234f
Prolegomena I 13f, 41
Prometheus II 60
Prophet I 372; II 28, 498–501; III 496
Prophetie III 25, 128f, 253, 442–444
Proportionalität I 400
Protestantismus III 25f, 308, 378
Protologie II 336; III 422, 541
Providenz I 328f; III 525
Psalter I 209
Psychologie I 106f, 150; III 111–113

Quelle I 35–41

Rationalismus I 153
Rationalität I 150f, 408
Raum III 460–462
Realpräsenz II 333; III 326, 328f
Realpräsenz Christi III 322
Rechenschaft I 2–7, 88, 131, 385; III 110
Recht II 172f; III 355, 469, 483–485
Rechtfertigung I 75, 295, 329; II 199, 218, 527f, 538f; III 11, 30, 43–45, 196–248, 284, 326, 378f, 452, 470, 517
Rechtfertigung allein aus Glauben I 32
Rechtfertigung Gottes III 511, 513–517
Rechtfertigungsglaube III 199
Rechtfertigungslehre III 195–248, 287
Rechtsein III 200–204
Redefreiheit III 173
Redegattungen I 48
Reden I 162
Reden und Tun I 165f
Reden von Gott I 396f; III 135, 517f
Reformation I 28–35; III 12, 26, 181f, 188, 197, 232f
regula fidei I 28
Reich Christi II 335; III 478, 489, 492–508
Reich der Welt III 489
Reich des Bösen III 489
Reich Gottes II 332, 439, 442–444, 448f, 458, 546f; III 13, 31, 45, 57, 448, 463, 477–479, 489, 491–508
Reich, tausendjähriges III 463, 496
Reichgottesarbeit III 503f
Reich-Gottes-Gleichnis III 497
Reichgotteshoffnung III 503–506
Reinheit II 238f, 434f
Relation s.a. Ontologie, relationale I 217, 228, 237, 249, 251, 348, 350, 370, 384, 397, 400, 410; II 81, 121, 233f, 244, 246, 337
relational I 195, 203, 222–228, 252; II 360
Relationen II 21, 133, 165–171, 224
Relationen, innergöttliche II 102
Relationen, innertrinitarische III 538
religio (vera) I 129f, 134f
religiös II 162f
Religiöse, das II 487
Religion I 111–124, 175f, 248; II 230–232, 234f, 267, 272, 485–487, 489, 512; III 16f, 40, 89, 180, 344, 363, 484f
Religion, Ende I 115
Religion, Entstehung I 112
Religion, Geschichtlichkeit I 120f
Religion, natürliche III 271
Religion, Wesen I 116–124
Religionen I 113f, 136; II 486f, 491–493
Religionsersatz I 122f, 343
Relionsgeschichte I 113f, 137; III 344f
Religionsgeschichtliche Schule I 124
Religonskritik I 17f, 118, 121, 130, 137–139; III 40, 135
Religionslosigkeit I 115, 121–124
Religionsphilosophie I 175
Religionswissenschaft I 17–19

reprobatio III 525
res III 304
Rettung III 230
Rituelle, das II 434–436
Ritus III 297f, 300
ruach III 82–85
Rühmen III 221f

Sabbat II 434f
sacramentum III 302f
sacrificium intellectus I 154
Säkularisierung I 85f, 116, 147; III 393–395, 485
Säkularismus III 394
Sakrament I 413; III 249, 282, 296–330, 366
Sakrament, Einsetzung III 315–318
Sakrament, kontroverstheologisch III 307–315
Sakramentalien III 305
Sakramentalismus III 304
Sakramente, Zahl III 308f
Sakramentsbegriff III 302–307
Sakramentslehre III 296–301
Sakramentsrecht III 314
sarx III 142f
Satan II 62f
Satisfaktion II 152, 172, 185
Satisfaktionschristologie II 26f
Satz des Widerspruchs I 172
Savonarola, H. III 27
Schauen Gottes III 470f
Schicksal I 329f
Schisma III 372
Schleiermacher, Fr.D.E. I 61, 74, 103, 186, 212, 232f, 240, 323; II 40, 69, 70; III 185, 333, 423, 535, 537
Schöne, das II 484f
Schöpfer I 74, 167, 314; II 5, 68f, 166, 195, 357–360, 397, 451–454; III 48f, 52–54, 158–166, 279, 446f, 461, 474f, 507
Schöpfermacht I 243; II 334, 345, 351
Schöpfersein II 458
Schöpfung I 66–68, 264–270, 277–279, 289, 334–336, 346, 385–388, 398, 407; II 5–7, 218, 242, 349, 447; III 41, 48f, 158–166, 187f, 404f, 447, 474, 507, 542, 545
Schöpfung, neue III 131, 506–508
Schöpfungslehre III 445
Schöpfungsmythos I 297–301
Scholastik III 86–89, 112f, 166, 168f, 232
Schrift s. heilige Schrift
Schrift und Tradition I 29
Schriftauslegung I 31
Schriftgemäßheit I 57f
Schriftprinzip I 25–35
Schuld II 145, 195, 423–425; III 524–526
Schwärmertum III 26, 197
Schweigen I 162
Seele I 92f, 150, 273f, 409; III 80, 87–89, 111–113, 159, 465
Seelenbegriff, aristotelisch-scholastischer I 92f
Segen II 499
Sehnsucht II 483–488
Sein I 160, 200, 219–224, 226, 252, 345, 351–355, 389, 394–396, 402; II 57f, 68f, 116, 122, 124–127, 173, 220, 403; III 37f, 62–69, 158, 162, 261f, 517
Sein als Zusammensein II 133; III 91
Sein Gottes I 169–171, 211, 213, 215–235, 262; II 110f, 330, 360; III 478
Sein in III 62f
Sein in Christus III 323, 325–330, 456, 508
Seinsbegriff I 211f
Seinsverständnis III 69
Seinsverständnis, relationales II 335
Sekte III 347, 354
Selbstbehauptung II 55
Selbstbewußtsein III 411
Selbstbewußtsein Jesu, messianisches II 469f

Selbsterfahrung II 55; III 411
Selbsterkenntnis I 204f, 367; III 174
Selbsterlösung III 395
Selbstkommunion III 322
Selbstkritik III 506
Selbstliebe II 55, 61
Selbstmord II 144
Selbstrechtfertigung III 222, 293, 483
Selbstrechtfertigung Gottes III 511, 518f
Selbstruhm III 221f, 286
Selbsttäuschung I 365
Selbstverständnis Jesu II 469f
Selbstvertrauen II 55
Selbstverwirklichung III 37f
Sexualität III 141f, 144
Sichtbare, das III 409
Siebenzahl (Sakramente) III 303f, 309
Sieg III 43
signum III 304
similitudo dei I 411f
simplicitas Gottes I 172
simul III 419, 464
simul iustus simul peccator III 155, 242, 311, 379, 419
Sinn I 288f; III 36, 206–208
Sinnfrage II 274, 278; III 206–208, 245
Sinntotalität III 208
Sitte III 262
Situation I 72, 189–191, 347f; II 35, 103, 110, 184, 223–225, 253f, 313f, 327, 335, 407f, 416, 426–428, 444–446, 456f, 510, 515, 522; III 51f, 110, 116, 184, 209, 252, 258, 319f, 518, 521–523
Situation, christologische II 476
Situation, eschatologische III 446
Situation, forensische II 173
Situationsbestimmung I 46, 52
Situationsbezug I 52f
Situationsvergessenheit I 168f; III 521f
Skandal II 212
Skandalon II 154, 212–214, 216, 228, 257, 288, 457
Sklave III 172–174, 176–180
Sohm, R. III 29
Sohn Gottes II 72–76
Sohnschaft III 179, 340
sola experientia I 42
sola fide I 375, 389f; III 11, 30, 224f, 241, 297, 310–314, 329, 452
sola gratia I 389f; III 166–170, 220f, 470
sola promissione III 311
sola scriptura I 25, 29f, 33f, 42; III 376f
Solidarität III 247
solo verbo I 389f; III 222–224, 297, 310–314, 329
solus Christus III 220f
soma III 341
soma Christou III 341f
Soteriologie I 84, 89, 251f, 343, 410–414; II 8f, 41, 217, 505–507; III 10, 13, 32f, 40f
Soteriologie und Christologie II 5–16
Soziale, das III 74f
Sozialethik I 370
Sozialisierung III 483
Sozialismus III 182f
Sozialismus, religiöser III 477
soziologisch III 346
Spekulation III 529
Spiritualismus III 26
Spontaneität III 185
Sprache I 41, 158, 160–163, 174, 189–191, 201f, 207–210, 239f, 286, 314, 391, 398–403; II 19–23, 116, 136–138, 262, 341f, 400, 403, 405, 414–417, 506, 508–510; III 41–45, 63f, 116, 262–265, 411, 425–428, 439
Sprache des Glaubens I 3, 22f
Sprache, geprägte und individuell spontane I 48f
Sprache, religiöse I 48
Sprachgeschehen I 190, 209f, 401–403
Sprachlehre II 381f
Sprachlichkeit I 203f, 207, 237, 389; III 411
Sprachlichsein I 352

Sprachlosigkeit I 175, 391
Sprachproblem I 235, 391, 396–399; III 425
Sprachvollmacht I 161–163
Staat II 53, 271; III 364f, 485, 490
Staatskirche s.a. Kirche und Staat III 354
Stände Christi II 28
status corruptionis I 337–339, 345
status integritatis I 337–339, 345
Stellvertreter II 205–209
Stellvertretung II 152, 172, 185–188, 219
Stellvertretung für den irdischen Jesus II 465
Stellvertretung Jesu II 467f
Sterben II 328f
Stoa III 79
Strauss, D.Fr. II 69, 400
Strittigsein I 169–171
Subjekt und Objekt I 179
Subjektivismus III 26f
Subjektivität II 380f
Substanz I 212, 221; III 537
Substanzmetaphysik I 215
Substanzontologie I 220–223, 228f, 348, 360, 370, 399; II 326, 360
Sühne II 152, 172, 222f, 309
Sühnetod II 148
Sünde s.a. Erbsünde I 15f, 72, 156, 224, 233f, 289, 294f, 316–319, 327, 337–339, 344–346, 356–375, 390f; II 27, 112, 134, 145–147, 164, 166f, 179–186, 190, 192–199, 201, 221f, 241, 459, 487, 491, 526f, 539, 546; III 53f, 87, 131f, 141f, 159f, 178f, 202f, 205f, 216, 230, 238f, 247, 266, 284f, 365, 396, 447, 487, 516
Sünde, Allgemeinheit I 363f
Sünde, Individualität I 363
Sünde, Konkretheit I 364
Sünde, Öffentlichkeit I 364
Sünde, Verborgenheit I 364
Sündenfall I 338; II 422
Sündenfolgen I 361, 369–371, 375
Sündenstrafe II 147
Sündenvergebung II 463; III 322f
Sünder I 72, 167, 310; II 158, 179–185, 197, 201, 238f; III 68, 161, 163, 199, 202–204, 225, 247, 292f, 362, 524
Sündlosigkeit II 201f
Sündlosigkeit Jesu II 155, 167, 177–191
Sukzession III 321
Sukzession, apostolische III 376f
supralapsarisch I 168
Symbol II 150f, 314f, 404–406; III 304, 426, 529
Symbolische, das I 119
Synergismus III 524f
System I 51, 64
Szientismus II 31f

Taboriten III 27
Tätigkeit III 77–79
Tätigsein I 213, 230–235
Tat III 222f, 470
Tatsache II 383
Tatsünde I 358, 374f
Taufe II 218, 528; III 72, 152f, 240, 249, 300, 315–330, 339, 366, 534
Taufe Jesu III 97f
Technik I 270; III 441
Teilgeben II 22
Teilhabe I 110, 408; II 175, 204f, 207f, 219f, 332f, 335–337, 361f, 459, 464, 526; III 64–66, 117–119, 131, 247, 323, 330, 366, 452, 456
Teilnehmen II 22
Teleologische, das III 34f
Telos III 34f, 42
telos III 42
testimonium spiritus sancti internum I 35
Teufel II 174; III 487f
Text I 39–41, 57f
Theodizee I 165, 295; III 510–519, 525f
Theologe I 18
theologein II 12
theologia I 129

theologia crucis I 256; II 151, 185, 216, 313, 326–329, 333, 357; III 29f, 103f, 311, 358, 404, 433, 435, 450f
theologia gloriae II 216, 326–329; III 29f, 357, 404, 450
Theologie I 18f, 131, 158, 200; II 12, 326f; III 514
Theologie, implizite II 536
Theologie, natürliche I 169, 278f; II 512, 536; III 400
Theologie, philosophische I 175; III 514
Theologie, reformatorische III 113
Theologie, systematische s.a. Dogmatik II 327f
Theonomie III 294
Theorie und Praxis I 52, 91
theos I 183f
theozentrisch I 69, 335
Thomas a Kempis II 524
Thomas von Aquin I 146, 339; II 27; III 267, 309, 458, 519
Tiefenpsychologie II 315
Tillich, P. I 186f, 212; III 355
Titel, christologische II 21, 283
Titelprädikation II 19f
Tod I 167, 321f; II 132–149, 176, 192–196, 198, 202–209, 217f, 241, 304, 316f, 318f, 472f; III 17, 20, 66, 72f, 104, 159f, 266, 419, 425, 428, 431f, 437f, 446–448, 450, 487, 507
Tod Christi III 448–451
Tod, ewiger III 397
Tod Gottes II 48f, 202–205, 258
Tod Jesu II 150–228, 302, 318f
Tod, Überwindung III 455–466
Todesstrafe II 148
Todestrieb II 273
Töten II 148f
Tötung II 144f
Toleranz I 86; III 183
Tora III 265, 270
tora III 266
Tora-Kritik II 429–431
Torheit II 154
Toten, die II 134; III 460f, 463, 468
Totenauferstehung III 455–458, 495
Totenauferstehung, allgemeine II 313f
Totenerweckung III 8f, 158–163, 448f, 464–466
Tradition I 29, 33f, 128f, 174–176, 283; II 33, 374f; III 5–15
Tradition, christologische II 41
Tradition, dogmatische I 37f, 63
Tradition, synoptische II 371
Traduzianismus I 273f; III 88
Transsubstantiation III 329
Transzendenz I 108, 122, 248, 252f; II 262, 272f, 276, 309, 350; III 213, 392–395, 397
Transzendenz Gottes I 312–315
Transzendenzerfahrung II 316–318; III 21–24
Transzendenzwiderfahrnis I 46
Transzendieren I 117, 185–187, 198, 208, 262, 395f, 399
Trauer II 136, 144
Treue Gottes III 464
Tridentinum III 232
Trinität I 169, 228, 255, 389, 397; II 25, 36, 80, 102, 111, 356; III 529
Trinität, innergöttliche und ökonomische III 541–543
Trinitätslehre I 14, 75, 314; II 336; III 4, 10f, 53, 475f, 521, 529–546
Trinitätslehre, orthodoxe III 535–539
Tun I 200

Übel, das I 368–371; II 59; III 510, 513, 515f, 525
Überlieferung I 62, 120, 174–176, 245, 253; II 288f, 309–312
Überlieferung, christologische II 18–30
Übernatürliche, das I 146
Übernatur III 87
Umkehr III 154f, 163f, 237f
Umwelt II 263
Unbegreiflichkeit und Unerforschlichkeit Gottes I 180
Unerkennbarkeit Gottes I 180

Unglaube I 155f, 303, 346, 374f; II 83–85, 456, 526f, 539; III 216, 224
unio hypostatica, unio personalis II 80, 113
Universalgeschichte I 288f
Universalisierung II 448
Universalität I 262; II 239; III 69–75, 370, 526f
Universalität Gottes I 312f
Universalkirche III 356
Unmenschlichkeit II 530f
Unmittelbarkeit I 206
Unservater I 210; II 447
Unsichtbare, das III 409
Unsichtbarkeit Gottes I 386f
Unsterblichkeit III 86, 88f, 159
Unsterblichkeit der Seele I 409; II 304; III 456–459
Unterscheidung III 352–358
Unverfügbare, das III 432f
Unverfügbarkeit II 446
Unvernunft I 155f
Urchristentum III 9, 95–101, 356
Urgeschichte I 337f; III 404
Uroffenbarung I 252
Ursächlichkeit, schlechthinnige I 186, 232
Ursakrament III 314
Urstand I 268f, 337f, 345
Urteil II 56f, 420; III 202, 222–224, 469, 517
Urvertrauen II 61
usus legis I 22; III 280, 282f
usus politicus legis III 286–288
usus theologicus legis III 282–286
Utopie I 266; III 39, 208, 395, 442

Vater I 315; II 451–453; III 164, 461
Veränderung II 121–124, 510, 515
Verantwortlichsein I 352f
Verantwortung I 175f, 344f, 354f, 407; II 59, 145, 263, 494; III 277, 451, 504–506, 524
Verbalinspiration I 14, 30, 33–35, 267; III 258
Verborgene, das III 409
Verborgenheit I 254–257, 390; II 90, 243–249, 439–442, 446, 453; III 43, 466, 468, 485–491
Verborgenheit Gottes I 242; II 204, 242–249
verbum III 304
verbum aeternum I 259
verbum Dei I 32
verbum incarnatum I 258f
verbum praedicatum I 258
verbum scriptum I 258
Verchristlichung III 390f
Verderben II 154
vere Deus – vere homo II 38, 63, 69, 77–79, 186, 256, 260, 334, 364, 379, 397, 529, 536
Verehrung I 117f
Vergangenheit I 282f; III 411f, 424
Vergebung I 373; II 198, 424f, 458f; III 230, 238f, 247
Vergeltung III 515
Verhängnis II 145
Verhalten III 63–69
Verhalten Jesu II 367, 409–411, 433, 459
Verheißung I 170, 414; II 522; III 132f, 224, 252, 255–257, 267, 292, 310f, 326, 330, 443, 451
Verheißung und Erfüllung III 254
Verifikation I 53, 55, 58–60
Verkündiger und Verkündigter II 387f
Verkündigung I 22f, 327; II 303, 311; III 218, 285, 294f, 297
Verkündigung Jesu II 388f, 449f, 519; III 97f, 477, 493f
Verläßlichkeit II 514
Vermessenheit I 358
Vernunft I 35, 141f, 217f, 251, 278, 340, 368, 391; II 195f
Verschuldung II 59
Versöhner I 167; III 52, 475
Versöhnung I 337; II 5–7, 15f, 27, 107, 220–228, 349; III 41, 54, 230, 362, 448, 450, 542, 545
Versöhnungslehre II 41–45

Versprechen I 186, 189f; III 264
Verständigung II 509, 514
Verstehen I 163, 188; II 152–154, 402; III 250
Vertrauen I 243
Verweltlichung III 390
Verwerfung III 235, 525
Verzweiflung I 358
vestigia trinitatis III 542
via causalitatis I 238
via eminentiae I 238
via negationis I 238
Vision II 299
Volk Gottes III 336–338
Volkskirche III 345, 354, 364
Vollender I 167; III 475
Vollendung III 32–52, 156, 386, 435f, 507, 542, 545
Vollkommenheit II 473
Vollkommenheit Gottes III 47f
Vollkommenheiten, göttliche I 238
Vollmacht II 86, 89f, 215, 409, 411, 436–438, 476, 500, 505, 511–517, 543f; III 367f
Vollmacht, Phänomen II 412–426
Vollmachtsanspruch II 461f
Vollmachtsübertragung II 468
Vorgegebenes I 58f
Vorherbestimmung III 519, 525f
Vorherwissen III 525f
Vorsehung I 328–330
Vorzeichen III 439f, 442, 448

Wahrheit I 16f, 54, 129–137, 142, 188; II 115–119, 124f, 288, 484f, 509f; III 72f, 173
Wahrheit Gottes I 244
Wahrheitsfrage II 495f
Wahrheitsverständnis I 60
Weisheit II 484
Weissagung III 442f
Weissagungsbeweis III 254
Welt I 71, 73–75, 163–169, 225–227, 253, 262–279, 307–311, 319–333, 335f, 354f, 357, 367f, 408; II 12, 225, 242, 305, 335, 477–482, 506; III 21–23, 156, 164, 243–248, 356f, 362, 385, 389–396, 409, 422, 446, 473f, 479–485
Welt, mündige I 149
Welt, neue III 447
Weltanschauung II 399
Weltbezug I 46, 225f; III 459f
Weltbild I 281, 299f; II 312, 317f; III 392f
Weltende III 446f
Welterfahrung I 269
Welterkenntnis I 367f
Welteroberung III 390–396
Weltflucht II 273; III 390
Weltgericht III 495
Weltgeschichte I 281, 287–289; III 38f, 387f, 397, 514f
Welthaftigkeit III 405
Weltmächte II 167–171, 174, 336
Weltregiment I 329f
Weltüberwindung III 390
Weltveränderung III 390f, 395
Weltverantwortung III 383
Weltverhältnis III 390
Weltverlust III 391–396
Werk II 64, 537; III 224, 244–246, 470
Werk Christi II 15, 27
Werk Gottes III 52
Werke, gute I 371; III 36f, 57
Werner, M. III 29
Wesen des Menschen I 406
Wesen Gottes I 231, 236–238; III 532, 537, 544
Widerspruch III 136f, 416, 523
Widersprüchlichkeit I 159, 189f
Wiedergeburt III 43–45
Wiederkunft Christi III 467f
Wiedertäufer III 27, 152
Wille II 55f
Wille Gottes II 189, 430, 432, 435, 448, 453, 456; III 522–525
Willensfreiheit III 181f, 188–190, 524
Wirken II 169–171
Wirklichkeit I 96, 98, 117, 187; II 42, 51, 83–85, 216, 225–228, 247f, 285; III 56f, 72f, 135, 244, 262–265

Wirklichkeit des Glaubens I 80
Wirklichkeitsverständnis III 313
Wirkungsgeschichte II 219f, 288
Wissen II 292f
Wissenschaft I 18, 58, 297–304; II 484; III 207f, 441
Wissenschaftlichkeit der Theologie I 60
Wissenschaftstheorie I 60
Wohl II 9; III 204, 365
Wohlfahrt II 9
Wort I 83, 158, 164, 314; II 70–72, 90–97, 209–228, 311f, 340–345, 414–420, 427, 461, 509f, 514f, 544; III 116, 170f, 187, 214, 222–224, 263–265, 296f, 499
Wort Christi II 340
Wort Gottes I 202, 257–261; II 69–76, 511, 514f; III 249–261, 282
Wort Jesu II 367, 455f, 459
Wort, mündliches III 252, 260, 322
Wort und Glaube III 249–251, 300
Wort und Person II 468–471
Wortgeschehen I 57, 401–403; II 91–93
Worthaftigkeit des Glaubens I 83
Wortwerdung II 91–93
Würdetitel II 405
Würdetitel, christologische II 394
Wunder I 332; II 256–258, 462–464
Wunder und Glaube II 464
Wundergeschichten II 463

Zauber I 332
Zeichen II 462; III 306f, 330
Zeichen der Vollmacht II 461–472
Zeichenforderung II 463
Zeit I 282, 312f, 325f; II 352–355; III 19f, 23f, 122, 295, 387, 410–428, 460–462, 468, 500
Zeit, Mitte II 3
Zeitliche, das III 408–410
Zeitlichkeit I 282f; III 23f, 411–413, 416, 422
Zeitsituation I 195f
Zeremonialgesetz III 297–300
Zeremonie III 297
Zeuge II 315f
Zeugenschaft II 300f
Zeugnis II 22f
Ziel II 432, 438; III 34f, 120f, 506–508, 510
Zinzendorf, N.L. von III 192, 366
Zorn II 223
Zorn Gottes II 194, 196
Zufall I 329f
Zukunft I 266, 282f; III 395f, 406f, 411f, 424, 431f, 448, 500f
Zukunftsaussage III 427f, 439–444
Zukunftsberechnung III 447
Zukunftserwartung III 447
Zukunftsverfügung III 447
Zusammensein I 222–228, 249, 251f, 262, 305f, 309, 315, 317, 319, 333, 335, 352–355, 369, 372, 374, 390; II 7, 68f, 81, 92f, 97, 113, 121, 403; III 65, 116, 361, 423, 542
Zweifel I 152
Zweinaturenchristologie II 332
Zweinaturenlehre II 70, 80f, 85f, 500; III 328
Zweireichelehre I 147, 157, 234; II 500; III 57, 156
Zwietracht II 122
Zwingli, U. III 306f
Zwischenreich III 495
Zwischenzustand III 459–464